국 제 사 법

[제4판]

김 연
박 정 기 공저
김 인 유

法 文 社

제4판 머리말

국제사법은 국가 간의 교류를 전제로 한다. 특정한 한 나라 안에서만 일어나는 문제에 관해서는 국제사법이 있을 필요는 없는 것이다. 말하자면 나라와 나라 사이에 인적 물적 교류가 활발한 경우에만 그 사이에서 일어나는 사법상의 문제에 적용할 준거법의 지정이 문제되는 것이다.

이렇게 볼 때 아직까지도 그 끝을 알 수 없는 코로나19(Covid 19)의 상황은 국가 사이의 교류를 실질적으로 차단하고 있다는 점에서 국제사법에 대해서는 제한요소이다. 물론 한정된 범위에서 물적인 교류는 어느 정도 이루어지고 있지만, 특히 사람에 관한 국제적 교류는 엄청난 제약이 따르고 있다. 물론 코로나가 이제 끝을 향해 가고 있다는 희망적인 조짐도 없지 않지만, 사실 그게 언제가 될지는 아직 아무도 알지 못하고 있다.

이러한 상황에서 새로이 국제사법이 개정된 것에 맞추어 새판을 내기로 하였다. 개정법 외에도 주목할 만한 몇 가지 판례도 나왔기 때문에 이를 반영할 필요가 있었기 때문이다. 물론 신법은 특히 국제재판관할 부분에 한정되어 있기는 하지만, 종래 제한적 범위에 그쳤던 규정을 일반적 규정으로 대거 입법함으로써 국제재판관할에 관한 한 법규의 흠결이라는 문제는 상당부분 해소되었다고 할 수 있다. 이러한 점에서 우리 법원이 특정한 외국적 요소가 있는 사건에 대한 재판권의 행사범위와 관련된 의문은 많이 해결되었다고 할 수 있을 것이다.

그러나 그 와중에서 이들 규정이 상당한 문제점을 내포하고 있다는 것도 지적하지 않을 수 없다. 특히 국제재판관할과 국내법에 의한 관할은 여러 가지 점에서 차이가 있음에도 불구하고 유사한 규정을 함으로써 오해를 살 소지가 있다거나, 우리 국제사법이 정하는 국제재판관할 규정이 외국에서 받아들여지기 어려울 것임에도 이 부분을 도외시한 것으로 볼 수밖에 없는 규정을 둔 것은 적어도 재판의 실무나 외국판결의 승인 내지 집행에서 일어날 문제점을 충분히 고려하지 않았던 것이 아닌가 의문이 생긴다. 이러한 점은 본문에서도 지적하고 있으나, 멀지 않은 시기에 시정이 되어야 할 것으로 생각한다.

이와 아울러 개정판을 내면서 기존의 저서에서 읽기 어려웠던 표현을 정리하는 작업도 하여 보다 읽기 쉽도록 노력하였으나, 얼마나 그러한 의도가 독자에게 전달될지에 대해서는 걱정이 앞선다. 이러한 점과 함께 저자들의 부족한 점이 있으면 기탄없이 지적해주기 바란다.

코로나로 어려운 시기에 새판의 출간을 허락하여 주신 법문사 사장님께 깊은 감사를 드리고, 이 책을 편집하느라 수고해주신 예상현 과장님과 영업부 유진걸 선생님께도 감사의 말씀을 전하고자 한다.

2022년 초여름
저자들 씀

제3판 보정판 머리말

　제3판을 낸 것이 2012년 8월이었으니, 벌써 1년 반의 시간이 지나갔다. 그 사이에 국제사법에는 직접적으로 큰 변화가 있는 것은 아니었지만, 성년후견제를 중심으로 한 민법이 발효되었고 중요한 몇 개의 판례가 나와서 이를 반영하여야 할 필요성이 생겼다. 다만 판을 갈아야 할 만큼 큰 변화가 있는 것은 아니어서 제3판의 보정판으로 내기로 하였다. 그러면서 손을 보는 김에 몇 가지 미진한 설명을 보충하고, 잘못된 부분을 바로잡았다.

　누차 하는 얘기지만, 국제사법은 그 분량에도 불구하고 엄청난 중요성을 가지고 있는 과목이기 때문에 학자보다는 실무가들이 더욱 관심을 가지고 있는 분야이다. 그럼에도 불구하고 학술적인 진전은 더디기만 해서 항상 안타까운 마음을 금하기 어렵다. 그래서 항상 하는 변명이지만 다음에는 더 많은 개선을 할 것을 다짐한다.

　많지 않은 수정작업이라고 해도 힘은 마찬가지로 드는 법이다. 판을 거듭하면서 더더욱 법문사 사장님께 깊이 감사드리고, 장정에서부터 세세한 편집까지 신경써주신 편집부 예상현 과장님의 노고에도 사의를 표하는 바이다. 그리고 대구까지 멀다않고 오가면서 애써준 영업부 정해찬씨에게도 감사의 인사를 전하고 싶다.

2014년 2월

저자들 씀

제3판 머리말

2012년 올해의 더위는 유난스러운 것 같다. 서울을 비롯한 전국이 찜통 속에서 힘들게 여름을 나고 있는 와중에 이렇게 또 다시 국제사법의 새 판을 내게 되었다.

이미 국제사법이 새로이 제정된 지도 10년을 넘겨 어느 정도 국제사법의 학설과 판례가 정착될 단계에 들어가야 하지만 아직은 부족한 점이 많다고 할 수밖에 없다. 그러한 연유로 새 판을 내는 것을 주저하다가 국내외의 변화를 다소나마 반영하여야 한다는 생각에 새 판을 내기로 하였다.

그에 따라 제3판에서는 새로운 교과서나 논문 등에서 나타난 학설을 반영하고, 대법원의 판례를 참조하여 내용을 보완하였다. 또 이론적으로 미진하였던 부분을 보완하여 충실한 서술이 되도록 애를 썼다. 그러면서 일본의 「법 적용에 관한 통칙법」 등 외국의 입법례도 반영하였다. 그 결과 다소 분량이 늘어났으나, 전체적인 모습은 구판과 크게 다르지 않다.

국제사법의 중요성은 현대사회에 있어서 더욱 커지고 있는 실정이다. 법체계상 국제사법의 위치가 애매한 점이 없지 않아 다소간의 혼란이 없지 않지만, 국제사법은 국제적인 교류가 일상화되어 있는 요즘 많은 재판과정에 거의 필수적으로 적용되는 법제라고 해도 과언이 아니다. 이러한 중요성에도 불구하고 필자들의 능력부족과 게으름으로 인하여 항상 어딘가 미진함을 느끼고 있고, 이러한 점은 다음에 보완하기를 약속한다. 독자 여러분도 기탄없이 잘잘못을 지적해주시기 바란다.

제3판을 내면서도 많은 분들의 도움을 받았다. 어려운 출판사정에도 불구하고 개정판을 내도록 허락해주신 법문사 사장님께 깊이 감사드리고, 영업부 김영훈 부장님과 전영완씨의 노고도 잊을 수 없다. 힘든 편집과 교정에 애써주신 편집부 예상현 과장님께도 감사드리고, 판례 정리를 해준 경북대 대학원 최기주 군에게도 감사의 말을 전한다.

2012년 8월
저자들 씀

제2판 머리말

새 국제사법이 제정된 지도 어언 5년여의 세월이 흘렀다. 이와 함께 우리의 국제사법 교과서도 독자 여러분의 과분한 사랑을 받아 지금까지 여러 차례 다시 찍는 기회를 가졌으나, 저자들이 틈을 내지 못하여 새 판을 내는 것을 지금까지 미루어온 데 대하여 유감스럽게 생각한다. 그 사이에 여러 주목할 만한 판례도 나오고, 몇몇 선생님들의 역저도 출간되어 국제사법에 관심을 가지고 있는 연구자들로서는 다행스럽게 생각한다.

이번에 제2판을 준비하면서, 특히 역점을 두었던 것은 총론 부분이었다. 이 부분은 국제사법의 기본이론을 펴나가는 부분인데, 구판에서는 지나치게 간략하여 서론이나 각론에 비해 균형이 맞지 않는 것으로 느껴졌기 때문이다. 다행히 이번에 이를 정리할 기회를 가지게 되어, 어느 정도 균형을 맞출 수 있게 된 점을 기쁘게 생각한다. 그 외에 이번 판에서는 그 사이에 나온 판례를 추가하였으며, 독자들이 이해하기 쉽도록 이론적 설명과 학설에 대한 논의를 보완하였다. 아울러, 국제사법을 이해하기 위해 필수적인 전통적 사례들에 대한 설명을 추가하였고, 사례연구 문제와 해답을 좀 더 보완하였다.

이러한 노력을 하는 이유는 물론 국제사법을 사랑하는 독자들의 기대에 부응하고, 다소나마 국제사법학계와 실무의 발전에 기여하고자 하는 것이나, 실제 얼마나 목표가 달성되었을지는 독자들의 평가에 맡긴다. 물론 앞으로도 저자들은 끊임없이 노력을 경주할 것을 약속한다.

제2판을 내면서도 많은 분들의 도움을 받았으나, 일일이 다 들어 감사하지 못함을 아쉽게 생각하면서, 법문사 영업부의 김영훈 차장님과 편집에 수고하여 주신 송병량 차장님께 더운 여름 수고를 끼친 데 대한 미안함과 감사의 마음을 전한다.

2006년 7월
저자들 씀

머 리 말

우리가 국제사법을 배운 것은 아마도 이 과목이 사법시험과목 중에 포함되어 있었기 때문일 것이다. 당시만 하더라도 선택과목 중에서 국제사법의 인기는 가히 절정이었다고 할 수 있을 것이다. 조문도 많지 않을 뿐 아니라, 교과서의 두께도 합리적인 수준이라서 쉽게 정복할 수 있는 과목으로서 한 세월을 구가했던 것이 아니었나 생각된다. 때문에 당시에는 사법시험을 준비하는 학생은 물론, 그렇지 않은 학생들도 대부분 이 과목을 수강하였기 때문에 법학과 학생거의 전부가 이 과목을 수강하였다.

그로부터 짧지 않은 세월이 지난 지금 국제사법의 지위는 전에 비해 많이 달라졌다. 우선 국제사법을 선택하는 가장 큰 이유였던 사법시험이 국제사법이 아니라, 국제사법을 포함한 국제거래법을 선택과목의 하나로 지정하고 있고, 학설과 판례가 누적되어 그것을 담은 교과서들이 적지 않게 출간되었다. 학생들로 봐서는 공부할 내용이 그만큼 늘어난 셈이다.

그러나 그 반면, 현대는 교통과 통신의 비약적인 발전으로 말미암아 내외국인의 출입국 수와 국제거래는 이제 무어라 형용할 수 없을 정도까지 증가하였다. 이는 그만큼 외국인 또는 외국 회사와의 접촉이 많아졌다는 것을 의미하지만, 법적으로 보면 그만큼 섭외사건이 많아졌다는 것을 의미하는 것이다. 물론 그에 따라 세계적으로 사법을 통일하려는 노력이 전에 비해 훨씬 강화되고, 또 적지 않은 성과를 거둔 것도 사실이다. 또 한편으로는 이러한 분쟁을 합리적으로 해결하기 위한 국제사회의 노력에 따라 국제중재 등도 괄목할 만큼 발전하였다고 할 수 있다. 그러나 이는 국제사법의 중요성이 줄어든 것을 의미하는 것은 절대 아니다. 왜냐하면 아직 국제사법에 의하지 않고서는 해결할 수 없는 문제들이 산적해 있기 때문이다. 따라서 국제사법은 철 모르는 학생들이 단지 '거름 지고 장에 가는 기분으로' 듣는 과목이 아니라, 국제화시대에 부응하기 위해 갖추어야 할 법지식의 하나로 꼭 필요한 과목이 되었다는 것이다.

저자들이 이 책을 처음 기획하게 된 동기는 지극히 단순하다. 2001년 4월 새로운 국제사법이 개정되었으나, 새로운 교과서를 접하지 못하였기 때문에 작년 2학기의 국제사법 강의는 그야말로 어둠 속을 헤매는 기분이었다. 그 전까지 금 과옥조처럼 여겼던 교과서들이 거의 무용지물이 될 정도로 법은 그야말로 '획 기적'인 수준으로 개정되었으나, 참고할 수 있었던 것은 법무부에서 발간된 '국 제사법 해설' 단 하나뿐이었다. 그러나 이마저도 개정된 부분에 대한 간략한 개 정이유의 설명에 그쳐, 개정된 부분에 대한 논리적인 해석을 하는 데는 한계가 있었다. 이 글을 쓰는 이 순간까지도 개정법에 대한 해설서는 나오지 않고 있는 데, 결국 이러한 상황이 저자들로 하여금 만용을 부리게 만들었던 것이다.

물론 처음에 저자들이 믿은 것은 적어도 각자 10여년 이상 이 과목을 강의 해 왔으므로, 새로운 학설을 창출하는 것은 몰라도 법조문의 해석 정도는 어렵 지 않게 할 수 있으리라는 생각이었다. 그러나 이러한 생각은 얼마 안 가서 허 황한 믿음이었다는 것이 드러났고, 그러한 잘못된 믿음의 결과는 아마도 이 책 여기저기에 나타나 있으리라고 생각된다. 그럼에도 불구하고 이 책을 세상에 내놓는 것은 국제사법을 위해서는 무엇이라도 있어야 한다는 생각 때문이었다. 물론 이 책이 세상에 나올 즈음이면 많은 우수한 해설서들이 나와 있으리라고 생각한다. 이 책이 감히 그러한 책들과 경쟁할 수 있으리라는 생각은 하지 않지 만, 이 책은 적어도 학생들에게 국제사법의 각 규정들이 어떠한 의미를 가지고 있는가를 밝혀 주려고 하였다는 데 주안점을 두었다는 점에서 한 가지의 특징 을 가지고 있다고 자부한다.

다시 말하면 기존의 법학 교과서들은 해석을 위한 해석에 그쳐서 그 조문이 나 이론이 실제 어떻게 활용될 수 있는가에 대해서는 그다지 친절하지 못하였 다. 그래서 법대를 졸업한 학생들은 시험은 볼 수 있어도 실제 사건을 해결하는 능력은 그다지 가지지 못하였던 것이다. 이 책에는 많은 항목의 해설 앞에 그 해설에 관련된 사례를 제시하고, 그 해설의 말미에 사례에 대하여 해설하는 방 법을 써 보았다. 이를 통해 학생들은 이론적으로 뿐만 아니라, 실질적인 활용에 대해서도 생각할 수 있게 될 것이다. 그리고 가급적 학생들이 입체적으로 이해 할 수 있도록 필요한 판례를 제시하였고, 또 학생들이 전에 보지 못하던 국제사 법 특유의 용어에 대해 간략하게 설명을 붙여 학습에 도움이 되고자 하였다. 그리고 내용설명에 관해서는 외국의 학설·판례보다는 가능한 한 우리의 것을 들어주려 노력하였다. 따라서 학생들이 이 책을 가지고 공부하면, 정말 필요한 지식만을 빠짐없이 얻었다고 할 수 있게 되는 것이 저자들의 희망이다.

그러나 저자들의 이러한 희망이 얼마나 이루어졌는지는 의문이다. 아마도 잘못 이해하고 쓴 부분이 적지 않을 것이다. 그러나 솔직히 말하면 저자들도 이 과정을 통하여 많은 점에서 공부가 되었다는 점을 시인하면서 앞으로 잘못되거나 미흡한 점은 두고두고 고쳐나갈 것이다. 많은 질정(叱正)을 바라마지 않는다.

끝으로 이 책을 만드는 데 도움을 주신 분들이 많으나, 일일이 다 들지 못함을 두루 용서하시기 바란다. 그러나 부경대학교 법학과 조진희 조교는 휴일은 물론, 밤늦은 시간까지 궂은 일을 마다하지 않고 도와 주었음을 생각하여, 특히 여기에 적어 감사의 뜻을 전한다. 또한 어려운 시기에 새 책을 내는 것을 허락하여 주신 법문사의 배효선 사장님과 영업부의 김영훈 과장님, 편집부의 이선미씨에게도 감사의 말씀을 전하는 바이다.

2002년 2월
저자 씀

차 례

제 2 편 총 론

제 1 장 서   장 　　　　　　　　　　　　　　　　　　(133~144)

제 3 편　각　　론

PART **1**

서 론

제1장 국제사법의 의의

제1절 국제사법의 개념

사 례

1. 23세인 한국인 장기원군은 18세인 미국인 로라 해밀턴(Laura Hamilton)과 결혼하려고 한다. 이때 두 사람은 어느 나라의 법이 정하는 요건을 갖추어야 적법한 혼인을 할 수 있는가? 또 이들은 어떠한 방식에 의하여 혼인을 하여야 하며, 혼인의 효과는 어떻게 규율되는가? 만약 이혼을 하는 경우는 어떠한가?

2. 컴퓨터에 소질이 있는 한소영씨는 요즘 시장으로서의 전망이 크다고 생각하는 중국 상하이(上海)에서 중국인 친구인 저우징(鄒晶)과 공동으로 벤처기업을 설립하여 운영하려고 한다. 이때 이 두 사람이 설립할 기업은 어느 나라의 법의 규제를 받게 되는가? 이 두 사람이 기업을 설립하기 위하여 체결한 계약에 문제가 생겨서 재판을 한다면 어느 나라의 법원이 재판하게 되며, 어느 나라의 법으로 규율하게 되는가?

Ⅰ. 외국 관련 요소가 있는 사법관계의 규율

1. 국제사법의 필요

교통과 통신수단의 발달에 따라, 이제는 세계화라는 말도 별로 새롭게 여겨지지 않을 만큼 외국과 외국인과의 교류도 이제는 거의 일상적인 것으로 되었다. 이에 따라 우리 주변에서도 외국 또는 외국인이 관련된 법률행위를 하거나 이들과 관련된 법률관계가 형성되는 경우도 흔히 볼 수 있다. 외국인과 결혼을 한다거나, 인터넷을 통하여 외국의 물건을 구입하는 것 또는 외국을 관광하는 것은 이제 그리 신기한 일도 아니다. 국제적 교류는 이러한 개인적인 것 외에도 무역을 하거나 외국의 자본을 도입하여 다국적기업을 설립하는 등 대규모적인 것도 있다.

이렇게 외국 또는 외국인과 관련하여 법률관계가 형성되는 때에는 그 법률관계에 어떠한 법을 적용할 것인가가 문제로 된다. 나라마다 법이 다르므로 어떠한 법을 적용하는가는 그 법률관계에 미치는 영향이 적지 않기 때문이다. 이때 공법적·형사법적 문제에는 이러한 문제가 거의 생기지 않는다. 왜냐하면 공법 등의 적용은 그 나라의 주권의 행사범위와 직접 관련이 있다고 할 수 있기 때문에 원칙적으로 해당 국가가 아닌 다른 나라에서 이들 법이 적용될 여지는 거의 없다. 따라서 외국 국적의 주민이 선거권을 가지는가의 문제는 그 나라의 법으로 결정할 문제이며, 또 예컨대 간통죄를 처벌할 것인가 말 것인가도 그 나라에서 스스로 정하는 바에 따라 결정되는 것이고, 그 행위자의 국적에 따라 규율이 달라지는 것이 아니다. 그래서 국제사법에 있어서 일반적이고도 전통적인 입장은 주로 재산법과 신분법을 중심으로 하는 사법관계에서 어느 나라의 법을 적용할 것인가의 문제로 된다.

이때 외국과 외국인이 관련되어 있는 사법관계를 「외국적 요소가 있는 법률관계」, 「외국 관련 요소가 있는 법률관계」 내지 「섭외적 법률관계」 라고 한다. 이를 사람을 중심으로 생각하면 ① 대한민국에서의 외국인과 대한민국 국민 간의 법률관계 및 외국에서의 대한민국 국민과 외국인 간의 법률관계라고 할 수 있을 것이다.[1] 물론 이같이 당사자 중 최소한 한 사람이 외국인이거나 무국적자인 경우, 즉 한국인이 아닌 사람과 관련된 법률관계 외에도, ② 법률관계에 관련된 목적물이 외국에 소재하는 경우, ③ 외국에서 발생한 법률행위나 불법행위에 의한 문제 등이 바로 외국적 요소가 있는 법률관계의 기본적 모습으로 된다.[2] 이러한 법률관계에는 상호 간에 관련 있는 각국의 민법이나 상법과 같

---

1) 구섭외사법은 이와 같이 인적(人的)인 측면에서 국제사법의 대상이 되는 법률관계를 규정하고 있었으나(구법 제1조), 현행의 국제사법은 보다 포괄적으로 규정하고 있다(제1조). 다만 인적인 측면도 실제로는 국적만이 문제되는 것은 아니고, 그 외에 주소나 일상거소, 거소, 현재지 등도 문제될 수 있다.

2) 참조: J.A.C. Thomas, Private International Law, Hutchinson, 1955, p.20; A.V. Dicey, Conflict of Laws, 7th ed., Stevens, 1958, p.6.

은 실체사법의 저촉이 발생하게 된다. 즉 세계 각국의 법규정이 서로 다르므로 동일한 사실이라고 해도 어느 나라의 법이 규율하는가에 따라 법적 효과가 달라지는 문제가 생기는 것이다. 이러한 경우에는 두 나라의 법을 다 적용할 수는 없으므로, 결국 어느 한 나라의 법을 선택하여 적용하여야 한다.

◎ **외국과 관련된 요소가 있는 법률관계**

　미국인과 독일인 부부가 대한민국에서 이혼하는 경우와 같이, 법정지의 입장에서 보아 당사자의 국적, 일상거소, 목적물의 소재지, 행위지, 불법행위지 등 법률관계를 구성하는 요소 중 적어도 하나가 외국 또는 외국인과 관련을 가지는 법률관계를 말한다. 구 섭외사법은 이를 섭외적 법률관계라고 하였고, 종전 구 국제사법도 외국적 요소가 있는 법률관계라고 하였다. 종래 섭외적 생활관계의 개념을 외국적 요소(foreign element)가 포함된 모든 사법적 생활관계 또는 외국관련이 있는 사법관계(Tatbestände mit Auslandsberührung)를 의미하는 것으로 넓게 이해하는 견해와, 단순히 외국적 요소를 포함하고 있는 것만으로는 부족하고 외국적 성격이 상당한 정도에 이르러 그 관계에 막연히 국내법을 적용함이 부당하고 섭외사법을 적용하는 것이 합리적이고 타당하다고 할 경우에 한하여 섭외적 생활관계를 인정할 수 있다고 하여 좁게 파악하는 견해가 있었다. 현행 국제사법은 「섭외」라는 용어가 「외부와 연락 또는 교섭」한다는 의미로 오해될 염려가 있어 외국과 관련된 요소가 있는 법률관계라는 표현을 사용하고 있다(제1조 참조). 한편 이를 「국제사법적 법률관계」라고 하는 사람도 있다.

---

2. 국제사법의 정의

(1) 좁은 의미와 넓은 의미의 국제사법

(가) 좁은 의미의 국제사법

　말하자면 국제사법은 이러한 『외국적 요소가 있는 사법적 법률관계에 관하여 적용될 법을 선택하여 지정하는 법제』라고 할 수 있다. 예를 들면 한국인과 미국인이 결혼할 때 대한민국법에 따라 하여야 하는가 아니면 미국법 규정에 따라 하여야 하는가 하는 문제를 해결하는 것이 국제사법이라고 하는 것이다. 이러한 의미에서 보는 국제사법을 전통적 내지 좁은 의미의 국제사법이라고 한다.

이때 국제사법에 의하여 당해 법률관계에 적용될 법으로 지정된 법을 준거법(準據法; applicable law; massgebendes Recht)이라고 부른다.

◎ **준거법**

국제사법은 문제로 된 외국 관련 요소가 있는 법률관계에 적용할 준거법을 연결점이라는 매개를 통하여 정하게 된다. 예를 들어 국제사법이 본국법을 준거법으로 규정하고 있다면 연결점은 본국이 되는데, 이는 기준으로 되는 당사자가 국적을 가지고 있는 나라의 법을 준거법으로 한다는 것이다. 이때 주의할 것은 준거법이 되는 것은 국제사법에 의해 지정된 나라의 사법전체(私法全體)를 의미하는 것이며, 특정 법률이나 특정 조항을 말하는 것이 아니다.

(나) 넓은 의미의 국제사법

후술하는 바와 같이 국제사법의 범위에 대해서는 논란이 있으나, 전통적으로는 이와 같이 각국의 실체사법이 서로 다름으로 인해 생기는 문제를 해결하기 위하여 창안된 법제가 바로 국제사법이라는 데 대해서는 이론(異論)이 없다. 그러나 현재에는 그 범위가 다소 확장되는 경향에 있으며, 현행 국제사법도 이를 반영하여 『국제재판관할에 관한 원칙과 준거법을 정함』을 목적으로 하는 것으로 규정하고 있다(제1조). 이렇게 좁은 의미의 국제사법에 여러 가지의 내용을 포함시켜 그 범위를 넓게 파악한 것을 넓은 의미의 국제사법이라고 할 수 있을 것이다. 다만 국제재판관할권에 관한 부분은 전통적으로 민사소송법의 한 부분인 국제민사소송법 영역으로서, 국제사법이 다루는 것이 옳은지에 대해서는 논란이 있다.

(2) 국제사법의 두 가지 측면

국제사법에 대해서는 위에서 본 것과 같이 외국과 관련된 요소가 있는 사법관계에 적용될 준거법을 지정하는 법이라고 하는 것이 일반적이면서 전통적인 정의이다. 이를 준거법의 측면에서 본 국제사법의 정의라고 할 수 있는데, 이에 대해서 국제사법을 내외사법의 적용범위를 정하는 법이라고 하는 입장이 있다.[3] 이는 법률에 의해 적용될 생활관계의 측면에서 국제사법을 본 것이다. 후자의 입장은 국제사법에 의해 내국법이 지정되면 그 내국법의 적용범위는 넓어지는 결과로 되겠지만, 역으로 외국법이 준거법으로 지정되는 경우에는 그만큼 내국법의 적용범위는 줄어드는 결과로 된다는 점을 지적한 것이다. 그러나 이 두 가지 측면은 관점의 차이에 불과한 것이다.

Ⅱ. 외국과 관련된 요소가 있는 사법관계의 규율방법

교통과 통신수단이 비교적 불편했던 과거에는 각국의 사법규정의 차이로 인한 불편은 특별히 거래가 왕성한 나라 사이가 아니면 대부분 인접국 간의 문제였다고 할 수 있다. 그러나 요즈음에 있어 이러한 문제는 몇몇 나라 간의 문제에 그치는 것이 아니라, 세계적인 문제가 되었다고 할 수 있을 것이다. 법이 다르다면 굳이 어떤 분쟁이 발생했을 때, 어느 법을 적용하여야 할 것인가의 문제도 생기지만, 본질적으로 거래를 할 때에도 어떤 법으로 규율하여야 할 것인지도 결정하여야 하기 때문이다. 종래 각국의 사법규정의 차이로 인한 문제를 해결하기 위하여 시도되어 온 해결방법으로는 ① 세계사법의 제정, ② 섭외관계에 적용되는 사법의 제정, 그리고 ③ 섭외관계에 적용할 사법을 지정하는 법규의 제정 등의 3가지가 있다. 이들 중 앞의 두 가지 방법은 실체법을 새로이 제정 내지 개정함으로써 섭외관계를 직접 규율하고자 하는 방법이고, 마지막의 것은 그 차이를 인정하고 그로 인한 폐해를 완화 내지 정리하기 위한 우회적 방법이다. 물론 법의 저촉을 가장 본질적으로 해결하는 방법으로서 이상적인 것은 첫째의 방법이나, 현재로서는 국제사법을 통하는 방법이 가장 현실적인 것으로 알려져 있다.

---

3) 국제사법은 私法의 지역적 가능성(Örtliche Anwendbarkeit)에 관한 법이라 한다. E. Zitelmann, Internationales Privatrecht, Bd. I, Leipzig, 1892, S.1.

1. 세계사법의 제정

이는 각국의 사법규정을 대체하는 전세계적으로 통일된 사법규정, 다시 말하면 이 지구상의 모든 사람에게 적용될 새로운 사법, 즉 세계사법(Welt-privatrecht)을 제정함으로써 그 차이로 인한 문제를 해결하자는 입장이다. 이러한 세계사법을 가지게 되면 내국인간의 거래나 외국인간의 거래나 다 같은 법을 적용하게 될 것이므로 섭외사법관계를 특별히 다룰 의의가 없게 될 것이다. 이는 외국법과 내국법의 저촉에 대한 해결방법으로서는 가장 직접적이고 완전한 방법이라고 할 수 있다.

이러한 세계법의 가능성을 최초로 거론한 것은 독일의 치텔만(Ernst Zitel-mann, 1852~1923)이다. 그에 의하면 첫째, 각국민에 있어 예컨대 권리와 의무, 청구권, 법인 등과 같은 법적 사고의 형식 내지 법규의 논리적 사유의 형식이 동일하고, 둘째, 법규의 실질적 내용에 있어서 정의의 관념과 같은 그 근저가 되는 각 민족의 윤리적·종교적 관념에 큰 차이가 없으며, 셋째, 각국민에 있어서 사법원칙의 기초가 되는 경제사정이 동일하다는 등의 이유로 세계사법이 가능하다고 하였다.[4] 치텔만의 이론은 세계사법의 가능성을 논증하였다는 점에서 의의가 있다고 할 수 있으나, 그 근거가 오늘날의 세계를 바탕으로 하는 것이 아니라 19세기의 유럽을 토대로 하여 수립한 것이므로 반드시 정확하다고 하기는 어려운 점이 있다.

치텔만의 이론은 그의 제자인 클라인(Peter Klein)에 의해 전수되었고, 이는 다시 일본의 타나카 코타로(田中耕太郎, 1890~1974)에 의하여 발전되었다.[5] 타나카의 세계법 개념은 보편적 인류공동체로서의 세계 사회를 규율하는 일체의 법을 의미하는데, 소위 「통일법」뿐만 아니라, 법의 저촉이나 국적의 저촉을 처리하는 국제사법과 국제법조차도 포함하는 개념이다. 그의 세계법론은 주권

---

4) 치텔만은 이러한 주장을 1888년의 Vienna 법률가회의에서 행한 『하나의 세계법의 가능성(Die Möglichkeit eines Weltrechts)』라는 제목의 연설에서 논증하였다.

5) 이외에 사법의 통일을 주창한 학자로 Gutteridge가 유명한데 그가 the British Yearbook of International Law에 발표한 다음 논문 참조. H.C. Gutteridge, The Technique of the Unification of Private Law, 20 BYIL 37(1939).

국가질서를 초월한 보편인류적 기반위에 선 세계사회의 법이 단순히 이념에 그치지 않고 부분적으로는 현실적으로 존재하는 것으로 주장한다. 그 근거로 들 수 있는 것은 『사회가 있으면 법이 있다(Ubi societas, ibi jus)』라는 전통적 명제와 초국가적 세계사회가 현실적으로 생성되어 왔다고 하는 판단이다. 특히 경제적 내지 법적인 측면에서 논리적·윤리적으로 발전해 온 법제와 같은 것은 통일이 어렵지 않은 것으로 보고 있다. 이러한 예에 속하는 것으로서, 해난구조·회사·어음제도 등 채권이나 상거래에 관한 것들이 있다고 한다. 그러나 그에 의하면 이러한 공통점에도 불구하고 이를 구체적인 점에 적용하여 보면, 각국민 간에 존재하는 구체적인 개성에 따라 여러 가지의 색채를 띠는 것이 있고, 이러한 점에서 모든 분야에서 세계법이 가능한 것은 아니라고 하고 있다. 역사적·전통적 내지 환경적·자연적 조건에 의해 영향을 받은 법제는 통일이 불가능하거나 곤란한데, 이러한 예에 속하는 것으로서 가족법이나 토지제도 같은 것이 있다고 한다.[6] 요컨대 타나카의 이론은 세계법의 가능성을 보다 구체적으로 고찰하여, 이것이 가능한 부분과 그렇지 않은 부분을 정리하였다는 점에 의의가 있다고 할 수 있을 것이다.[7]

그러나 법이 각국의 정치·경제·사회·문화·종교 등을 종합적으로 반영하고 있는 것이라고 한다면, 이를 전세계적으로 통일하는 것은 사실상 불가능하다. 실제 부분적으로 사법규정을 통일하려는 노력이 행해져 왔으나, 몇 개국 간에 극히 제한된 범위 내에서 통일의 합의가 있었을 뿐으로,[8] 아직 갈 길은 요원하고 완성될 날은 멀어만 보인다.[9]

---

6) 이러한 이론은 그의 역저, 世界法の理論, 全3卷(1932~1934)과 續世界法の理論, 全2卷(1972)에 잘 나타나 있다.

7) 신창선, 11면.

8) 후술하는 바와 같이 국제사법에 관한 국제조약이 일부 채택되어 효력을 가지고 있으나, 이들은 실제 그 범위와 가맹국에 있어서 극히 제한되어 있을 뿐이고, 또 국내적 효력을 가진다고 하기도 어려우므로, 실제 세계사법이라기보다는 다음 항목에서 보는 섭외관계에 적용되는 사법이라고 보아야 할 것이다.

9) 이와 같은 목적을 달성하기 위하여 『사법의 통일을 위한 국제기구』(UNIDROIT: International Institute for the Unification of Private Law)가 1926년 국제연맹의 산하기구로서 설립되어 현재까지 활동하고 있다. 대한민국도 이 기구의 가맹국이다.

2. 외국과 관련된 요소가 있는 법률관계에 적용되는 사법의 제정

이는 각국의 국내 사법과는 별도로 섭외관계에 적용될 사법을 제정하는 방법이다. 다시 말하면 내국인용 민법과 외국인용 민법을 따로 제정한다고 하는 것이다. 이러한 법은 국내법으로 정할 수도 있고,[10] 국제조약으로 정할 수도 있으나,[11] 이를 국제조약으로 정한다면 세계사법과 마찬가지의 난점을 가지게 된다. 따라서 이러한 법은 일반적으로 각국의 국내법으로 정하는 것이 보다 가능성이 큰 것으로 알려져 있다. 국내법의 예로서는 로마제국의 만민법(jus Gentium, 또는 萬民私法 jus gentium privatum)이나 고대 이집트 왕국의 혼합법(code Mixte) 등이 있다. 이 역시 각국이 사법을 여러 개 제정하여야 하므로 방법상 번거로울 뿐 아니라, 그 국내법과 얼마나 달리 국제성을 인정하여 사법을 제정할 수 있겠는가 하는 점에서 한계가 있고, 특정한 국가의 국내법에 의한다는 점에서 또 이러한 법들이 나라마다 다른 데에서 생기는 문제를 어떻게 해결할 것인가 하는 점이 해결되지 않았다는 점이 약점으로 지적되어 있다.

조약으로 정한 만민형 통일법의 예로서는 1890년의 「철도물품 운송에 관한 비엔나 조약」을 위시하여, 1910년의 「선박충돌에 관한 조약」 및 「해난구조에 관한 조약」, 1924년의 「선하증권 통일조약」, 1929년의 「국제항공운송에 있어서의 규칙의 통일에 관한 바르샤바 조약」, 1964년의 「유체동산의 국제적 매매에 관한 헤이그 통일법 조약」, 1974년의 「국제물품 매매의 시효에 관한 조약」과 1980년의 「국제물품 매매계약에 관한 국제연합 협약」(비엔나 협약)[12] 등이 있다. 다만 이들은 아직 특정 분야에 한정되어 있을 뿐 아니라, 가입국도 한정되어 있어서 세계적인 효력을 가지고 있는 것도 아니다. 우리나라의 경우 대체로 이러한 국제 협약에 가입하는 대신 국내법의 개정을 통해 이러한 협약내용을 수용하고 있는 실정이다.

---

10) 후술하는 외인법이나 재외법은 여기에 속하는 것이다.
11) 이러한 것을 『만민형 통일법』이라 한다.
12) 비엔나협약은 1980년 4월 11일 비엔나에서 채택되었으며, 1988년 1월 1일 발효되었다. 우리나라는 2004년 2월 17일 가입서를 기탁하였으며, 우리나라에 대해서는 2005년 3월 1일 발효되었다. 2012년 현재 77개국이 가입하고 있다.

3. 외국과 관련된 요소가 있는 법률관계에 적용할 사법을 지정하는 법규의 제정

이 방법은 현재 국제사법이 사용하고 있는 것이다. 즉 각국이 각자 섭외적 사법관계에 관하여 법의 충돌이 있을 때 적용할 법을 정하는 기준을 정하는 법규를 제정하는 것이다. 이는 각각의 경우에 원칙만을 정하면 되므로 실체법을 제정하는 것에 비하여 입법의 부담이 적다. 그리고 원칙을 정함에 있어서도 각국이 서로 교섭하여 적용할 수 있으므로 비교적 수월하게 국제적 원칙을 수립할 수 있다고 할 수 있다.

그러나 이 방법은 현재 국제사법학계와 법률실무가 안고 있는 문제점에서 보듯이, 개개의 사건에 극히 제한적으로 여러 나라의 법규를 짜깁기 식으로 적용하게 되어, 사건마다 적용하는 법규가 달라지는 문제가 생긴다. 또 개별적인 경우에 적용되는 원칙이 달라서 실체법상의 충돌을 실제 해결하지 못하고 있으면서도 이를 해결하였다고 착각하는 오류를 범하게 된다.

Ⅲ. 국제사법의 명칭과 규정체계

1. 국제사법의 명칭

국제사법이라는 명칭은 통일되어 있는 것은 아니다. 이 이름은 법명보다는 강학상의 명칭으로 더 널리 쓰이고 있다고 할 수 있는데, 국가나 학자에 따라서는 「사적 국제법」(Private International Law; droit international privé)[13] 또는 「국제사법」(International Private Law; Internationales Privatrecht)[14]

---

13) 사적 국제법이라는 이름은 J. Bentham(1748~1832)가 처음으로 사용한 국제법(International Law)이란 이름을 Foelix가 프랑스에 도입하면서 공적 국제법(Public International Law)과 사적 국제법으로 분류하여 사용한 것이라고 한다. J.J.G. Foelix, Trqité du droit international privé, 1843 참조.

14) 국제사법이라는 명칭은 Schäffner의 Entwicklung des internationales Privatrecht(1841)이라는 저서에서 비롯한다고 한다. 그는 이 책에서 독일에는 영미의 국제사법에 해당하는 명칭이 없다고 하였는데, 이로 미루어 보아 International Private Law를 번역한 것이 아닌가 생각된다.

이라고 하기도 하지만, 영미법계에서는 「저촉법」 내지 「법의 충돌」(Conflict of Laws)[15]이라는 용어로 더 많이 알려져 있다. 대체로 사적 국제법이라는 이름은 프랑스나 이탈리아와 같은 프랑스법계에서 일반적으로 사용하는 이름이나, 국제사법이라는 이름은 독일법계에서 통용되는 이름이다. 이와 관련하여 사적 국제법이라는 이름은 프랑스 등지에서 국제사법을 국제법으로 보는 경향이 강하기 때문에 사용하는 것이며, 국제사법이라는 이름은 독일 등지에서 이를 국내법으로 보기 때문에 유래한 것이라는 설명이 있으나,[16] 이에 반대하여 국제사법의 본질과는 무관하다는 견해도 유력하다.[17] 그러나 법의 충돌이라는 이름은 특히 미국에서 각 주 사이의 법률의 충돌도 동일한 법제에 의하여 해결하기 때문에 국제(international)라고 하기 곤란하여 채택된 것이라는 설명은 나름대로 의미가 있다고 생각된다.

우리나라에서의 일반적인 이름은 국제사법으로 되어 있다.[18]

◎ 저촉법

법률의 저촉 내지 충돌이라 함은 어떠한 국가의 법과 다른 국가의 법이 서로 다르게 규정하고 있어서 어떤 법률행위가 이들 나라에서 서로 다르게 취급되는 경우를 일컫는데, 국제사법은 이러한 소위 「법률의 저촉」을 해결하기 위한 법이라고도 할 수 있다. 이는 결국 각국의 민법이나 상법 등과 같은 실질사법이 서로 달라서 생기는 문제를 해결하기 위한 것이기 때문이다. 이러한 이유에서 국제사법을 저촉법이라 하기도 하는데, 이 용어는 독일법상의 Kollisionsrecht(저촉법)에서 나온 것이라고 한다. 한편 영미에서는 Conflict of Laws(법의 저촉)라는 용어를 많이 쓰고 있는데, 이는

---

15) 법의 충돌이라는 이름은 1653년 Rodenburg에 의해 사용되었다는 기록이 있으나, 일반화된 것은 Story가 그의 저서 Commentaries on the Conflict of Laws(1834)에서 사용한 이후부터이다. 다만 같은 영미법계라고 하더라도 영국에서는 Private International Law라는 이름도 사용되나, 미국에서는 전적으로 Conflict of Laws라는 이름만 사용된다. A. Kuhn, Comparative Commentaries on Private International Laws, Macmillan, 1937, p.1.

16) 황산덕, 21면.

17) 서희원, 13면.

18) 이 외에 학자들이 개인적으로 붙인 이름이 다수 있으나 이들은 거의 사용되지 않는다. 국가간사법(Zwischenstaatliches Privatrecht-독일의 Reichsgericht), 중간사법(Zwischenprivatrecht-Zitelmann), 한계법(Grenzrecht-Frankenstein), 대외사법(Aussenprivatrecht-Schnitzer), 대외사법(droit extranational-Jitta), 체계간법(droit intersystèmatique-Arminjon) 등.

국제사법을 국가 간에 발생하는 것뿐 아니라, 나라 안, 즉 주(state)와 주 사이에서도 발생하는 법의 저촉 문제를 해결하는 데에도 이용하고 있기 때문이다. 이를 특히 준국제사법이라 한다.

2. 국제사법의 입법례

국제사법을 어떻게 부르느냐 하는 것은 나라마다 많이 다르다. 우리나라의 경우를 보더라도 종전에는 국제사법의 「국제」라는 표현이 국제법과의 혼동을 일으킬 우려가 있다는 점이 지적되어, 개정전 법률은 「섭외사법」이라는 명칭을 사용하였으나, 「섭외」라는 용어가 법에서 의도하는 바와 달리 "외부와 연락 또는 교섭"한다는 의미로 인식되어 법의 내용이 오인되는 경향이 있었으므로 현행법은 「국제사법」이라는 이름을 사용하고 있다.[19]

우리 국제사법은 독립된 단행법규로서 규정되어 있으나, 외국의 경우에는 반드시 단행법규로 규정되어 있는 것은 아니다. 외국의 입법례를 간략히 살펴보면, 스위스와 오스트리아는 「국제사법에 관한 연방법률」(Bundesgesetz über das Internationale Privatrecht)이라는 명칭을, 이탈리아는 「국제사법」(Diritto internatzionale privato)이라는 명칭을 가진 단행법률로 되어 있다. 한편 일본은 「법의 적용에 관한 통칙법」(法の適用に關する通則法)이라는 명칭을 가진 단행법률로 규율하고 있다.[20] 독일은 단행법률이 아니라, 「민법시행법」(EGBGB)에서 그 내용을 규정하고 있으면서 국제사법이 규정된 章의 제목을 국제사법(Internationales Privatrecht)이라 하고 있고, 프랑스의 경우에는 민법의 일부로 규정되어 있다. 그리고 영미에서는 불문법에 의하여 규율하고 있으므로 성문법전은 없으나, 「국제사법」(private international law, international private law) 또는 「저촉법」(conflict of laws)이라는 용어가 통용되고 있다.

---

19) 국제사법해설, 19면.
20) 종래의 일본법은 「법례」(法例)라는 이름으로 규정되어 있었으나, 2006년에 전면 개정하여, 오늘에 이르고 있다.

사례의 해결

1. 이 사례를 보면 대한민국인과 미국인이 결혼할 수 있는가의 문제이므로, 대한민국과 미국의 민법 또는 혼인법이 문제되는 사건이고, 따라서 이는 이른바 외국과 관련된 요소가 있는 법률관계에 해당된다고 할 것이다. 이러한 사건에 대해서는 어느 나라에서 문제되느냐에 따라 어느 나라의 국제사법을 적용하여 문제를 해결할 것인가가 결정되는데, 일응 이 문제가 대한민국에서 생겼다고 한다면, 대한민국의 국제사법을 적용하여 문제를 해결하게 될 것이다. 그렇다면 혼인의 문제는 각자의 본국법을 적용하도록 되어 있으므로(국제사법 제63조 제1항), 장기원군은 대한민국 민법에 의해 혼인할 수 있는가의 여부가 결정되고, 로라의 경우에는 미국법에 의해 규율될 것이다. 이때 미국법은 주마다 혼인법이 따로 규율되고 있으므로, 로라가 실제 속한 州의 혼인법에 의해 혼인여부가 가려지게 된다. 또 혼인의 방식은 혼인의 거행지법이나 각자의 본국법인 대한민국법 또는 미국법 중 어느 법이 정하는 방식에 의해도 좋다(동조 제2항). 그 외에 혼인의 효과는 국제사법 제64조와 제65조에 의하여 규율되며, 또 이혼은 제66조에 의해 규율된다.

2. 중국에서 한국인과 중국인이 합작하여 세운 회사는 우리 법의 입장에서 보면 외국회사라고 하여야 할지 문제로 된다. 이때에도 역시 대한민국법과 중국법이 충돌하므로 이도 역시 외국과 관련된 요소가 있는 법률관계로서 국제사법의 규율대상이 된다. 회사는 법인의 일종으로서 설립의 준거법에 의하여 규율되는데, 만약 중국법에 의해 설립하였다면 중국법의 규제를 받게 될 것이다. 그 외에 당사자 사이의 계약의 문제는 계약의 준거법이 별도로 규정되며, 이를 규율하는 것은 국제사법 제45조이고, 또 재판은 일률적으로 말할 수는 없으나, 아무래도 중국과의 관련성이 크다고 본다면 제41조의 적용가능성은 높지 않으므로 중국에서 재판할 가능성이 크다고 할 것이다.

제 2 절 국제사법의 본질

Ⅰ. 국제사법의 본질에 관한 논의

국제사법도 법의 하나이므로, 다른 법과 대비하여 어떠한 특성을 가지는지 밝히지 않으면 안 될 것이다. 이와 같은 점에서 우선 국제사법이 법체계상 어떤 법에 속하는가를 밝혀야 할 것이고, 또 스스로 어떠한 성격을 가지는지도 살펴보아야 할 것이다. 전자의 문제는 국제사법이 국제법인지 아니면 국내법인지를 따져보고, 만약 국내법이라면 공법인지 사법인지를 알아보는 것이고, 후자의 문제는 국제사법이 외국과 관련된 요소를 가지는 법률관계에 적용될 실질사법과 대비하여 어떠한 특성을 가지는지를 알아보는 문제이다. 다만 이러한 논의는 저촉법으로서의 국제사법에 한정하는 것이고, 국제민사소송법 영역에 속하는 국제재판관할 규정과는 무관하다는 것을 밝혀둔다.

Ⅱ. 국제사법의 법체계상의 특성

1. 국제법설 · 국내법설

국제사법을 국내법으로 보아야 할 것인가, 아니면 국제법으로 보아야 할 것인가에 대한 논의는 국제사법의 근원에서 시작하여 장차 이 법이 나아갈 방향을 결정하는 지표로 된다. 국제사법은 한편으로 외국과의 관련을 가지는 소위 「국제적 사건」에 대해서 다루어지는 것이라거나, 다수의 국제사법 사항에 관한 조약 등이 체결되어 있는 점을 생각하면 국제법적 성격을 가지고 있는 것으로 생각할 수 있다. 그러나 다른 한편에서 볼 때, 각국의 국제사법은 다른 국내법과 마찬가지로 제정되어 시행되고 있어서 국내법이라고 보아야 할 점도 많이 있다. 이 논쟁은 과거 19세기 이래 「국제사법 본질론」으로서 활발히 다루어져 왔으나, 현재에는 논쟁의 의의가 크지 않다.

(1) 국제법설

국제사법을 국제법이라고 하는 견해도 여러 가지로 나누어 볼 수 있으나 대략 그 주장하는 바는 다음과 같이 정리할 수 있다.

즉 국제사법의 규율대상이 되는 법률관계가 특정국가의 것이 아니라 적어도 둘 이상의 국가와 관련하는 것이므로 국제적이라는 것이고, 또 이를 규율하기 위하여 많은 국제조약들이 체결되어 있는 것을 보더라도 이는 본시 국내법으로 제정할 사항은 아니고, 국제법으로 다루어야 할 사항이라는 것이다. 그 근거로서 특정 사건에 어떠한 국가의 법률을 적용할 것인가의 문제는 개인적 이익에 관한 부분도 있지만 법소속국의 국가적 이익에 관한 문제이므로 국제사법은 국제의례(國際儀禮)의 범위를 넘는 것으로서 국제법적 문제로 되는 것이며, 법저촉의 문제는 주권의 저촉문제이고 주권의 저촉문제는 주권자간의 문제이므로 국제사법은 국제법이 된다는 것이다. 또 국제사법은 각국의 사법의 적용범위를 정하는 것이며 이는 국가주권의 행사범위를 정하는 것이므로 국가 간의 관계를 규율하는 것이라고 할 수밖에 없다는 것이다. 이러한 점에서 국제사법이 다루는 문제는 국내법이 다룰 수 없는 부분이며, 설사 국제사법을 국내법의 형식으로 제정하였다고 하여도 그 본질은 국제법이라고 하여야 한다는 것이다.

국제법설을 주장하는 학자로는 사비니(F.K. von Savigny), 부르카르트(W. Burckhardt), 필레(A. Pillet), 롤랭(A. Rolin), 지타(J. Jitta), 웨스트레이크(J. Westlake), 치텔만(E. Zitelmann) 등이 있다.

(2) 국내법설

국내법설은 국제사법이 특정 국가내의 법적용의 문제를 해결하는 것으로서 본래부터 국내법으로 규율하는 것이 타당하다고 한다. 그 근거로서 국제사법을 국가의 개인에 대한 명령이라고 하거나, 입법자가 내외국의 사법의 적용원칙을 정한 것으로서 국내법이라고 할 수밖에 없다는 것이다. 외국과 관련된 요소가 있는 사건이라고 하여 여기에 반드시 특정한 외국법을 적용하여야 할 이유는 없으며, 내국법을 적용할 것인가 외국법을 적용할 것인가, 또 외국법을 적용한다고 해도 어느 나라의 법을 적용할 것인가는 입법자의 의사에 달려있는 것이라고 한다. 이러한 의미에서 국제사법은 본시부터 국내법이며 설사 국제조약으로 이를 제정한다고 하여도 그 본질이 국제법으로 바뀌는 것은 아니라고 한다.

국내법설을 주장하는 학자로는 베히테르(C.G. von Wächter), 칸(O. Kahn), 오펜하임(L.F. Oppenheim) 등이 있고, 우리나라의 법학자들은 모두 국내법설에 따르고 있다.[21]

---

21) 황산덕/김용한, 39면; 서희원, 10면; 이근식, 31면; 이호정, 11면; 신창선, 20면; 신창섭, 9면; 장문철, 19면. 다만 박기갑, 80면은 연원적인 측면에서는 국내법적인 측면이 강하나, 대상 및 그 영역이 갖는 성격을 고려할 때는 국제법적 성격이 강한 이중적 법규범의 총체라고 한다.

(3) 비 판

확실히 국제사법을 어떻게 정립할 것인가를 결정하는 초기에는 국제사법을 국제법으로 할 것인가 아니면 국내법으로 할 것인가는 무엇보다도 중요한 문제 중의 하나였을 것이다. 국제사법을 국제법으로 하여 발전시키는 것과 국내법으로서 입법하는 것은 법의 해석이나, 적용 및 효력에 커다란 차이가 생기기 때문이다. 그러나 현재 이 문제는 이미 국제사법도 어느 정도 그 기반을 구축하고 안정단계에 들어왔다는 점에서 볼 때 거의 그 의의를 상실하였다고 생각한다. 물론 앞으로도 국제사법의 발전을 위한 논의는 계속되어야 한다는 점에서 잊을 수는 없겠지만, 그 이상의 의의를 가진다고 하기도 어렵다. 따라서 조약 등과 같이 국제법적 성격을 가지는 형식의 법규가 존재한다고 하여 이를 단적으로 국제법이라 하기도 어려울 것이며, 반대로 각국이 독자적인 입법에 의하여 법제를 운용하고 있다는 것만으로 이를 국내법이라고 하기는 어려울 것이다.

이 문제를 해결하기 위해서는 먼저 국제사법이 가지는 성격을 구명하여야 한다고 생각한다. 즉 법규의 충돌로 인한 문제를 해결하는 것이 국제적인 필요에 의한 것인가, 아니면 각국의 독자적인 필요에 의한 것인가 하는 것이다. 물론 여기서 필요라고 하는 것을 타당한가 하는 말로 바꾸어 볼 수도 있다. 이렇게 볼 때 물론 그 필요가 국제적으로 존재하는 것으로 본다면 국내적인 것으로 보는 것보다는 훨씬 이상적일 수도 있을 것이지만, 아직은 그 필요는 국내적인 것으로 보지 않을 수 없다고 생각한다.

그렇다면 국제사법은 입법자가 스스로의 판단 내지 필요에 의하여 법률의 충돌을 해결하기 위하여 제정하는 법규이며, 그 범위나 내용 등을 입법자가 외국과 상관없이 자율적으로 결정할 수 있는 것이다. 국제사법 조약은 입법자가 외국과의 조화를 꾀하기 위하여 방법적으로 선택한 결과일 뿐이고, 그것이 국제법적 입법사항이라서 그런 것은 아니다.

2. 공법설 · 사법설 · 제3종법설

국제사법을 국제법으로 본다면 이는 당연히 공법으로 보아야 할 것이나,[22] 만약 이를 국내법으로 본다면 공법인지 사법인지 구별하여야 할 필요가 있을 것이다.23) 이를 공법이냐 아니면 사법이냐 하는 것은 국제사법 자체에 관해 분쟁이 생긴 경우, 이를 행정소송에 의할 것인가 아니면 민사소송에 의하여야 할 것인가의 문제를 해결하는 데도 필요할 뿐 아니라, 기타 법원칙도 다르게 적용되므로 구별하는 것이 좋을 것이다.

(1) 공법설

국제사법을 법관에 대하여 어떠한 법률을 적용하라고 명령하는 것이라거나, 입법권의 활동범위, 즉 주권의 작용에 관한 법규이므로 공법이라고 하는 견해이다. 이 견해는 독일의 노이마이어(Neumeyer) 외에 프랑스의 다수 학자들이 취하고 있다.

(2) 사법설

이 견해는 국제사법의 대상이 사법상의 법률관계라는 이유로, 또는 그 법률관계의 주체가 항상 사인(私人)이라거나 사인의 이익에 봉사한다는 점 또는 국제사법이 민법이나 상법 등 실체사법의 부속법이라는 이유로 국제사법을 사법이라고 한다.24) 대다수의 독일학자들이 취하고 있는 견해이다.

(3) 제3종법설

이 견해는 공법과 사법의 구별은 실질법에서만 가능한데, 국제사법은 실질법에 대응하는 저촉법 내지 적용법이므로 그 중의 하나라고 할 수 없고, 「법의 법(Recht über Recht)」 또는 「법질서의 법(Recht der Rechtsordnung)」, 「법원법(Rechtsquellenrecht)」이므로 공법 내지 사법과 구별되는 제3의 법이라고 할

---

22) 국제법설은 국제법을 국제공법과 국제사법으로 나누어, 전자는 국가가 국가로서 직접 교통·접촉하는 관계를 규율하고, 후자는 각국 사인간의 교섭에서 간접적으로 발생하는 국가 간의 관계를 규율하는 것이라고 한다. 또한 이 견해는 국가 상호간의 관계, 일국과 외국인 개인 간의 관계 및 외국인간의 관계를 구별하여 앞의 2가지는 국제공법, 마지막의 것은 국제사법이 규율한다고 한다. 그러나 이러한 견해는 현재 일반적으로 받아들여지고 있지 않다. 동지: 서희원, 11면.

23) 학설에 따라서는 구별의 필요가 없다고 하는 견해도 있다(서희원, 11면 주4). 실제 아래에서 보는 바와 같이 제3종법설을 취하게 되면 이러한 구별의 의의는 거의 없어진다.

24) 이호정, 6면: 신창선, 22면: 신창섭, 9면: 김명기, 16면.

수밖에 없다는 것이다.[25] 치텔만(Zitelmann)과 워커(Walker) 등이 이 견해를 취한다.

(4) 비 판

국제사법을 살펴보면 단순히 공법과 사법의 성질을 가지고 있는 것은 아니라고 하는 점은 확연히 드러난다고 할 수 있다. 특히 국제사법이 저촉법 내지 적용법으로서 법관에 대해 특정한 법을 적용하도록 명령한다는 점은 분명해 보인다. 그러나 그렇게 본다면 한 걸음 더 나아가서 법관에게 이러한 경우에는 이렇게 하도록 하라고 명령하였다고 할 수도 있는 민법이나 상법과 같은 실체법상의 규정들은 왜 사법인지 설명하기가 쉽지 않다. 즉 어차피 모든 법규정은 재판규범의 성격을 가지고 있으므로, 이러한 이유로 국제사법을 공법이라고 하기는 어려울 것이다. 또 국제사법을 주권의 활동범위에 관한 제약으로 보는 소위 주권이론은 국제법설의 근거이므로 이를 공사법의 구별근거로 보는 것은 논리적으로 모순이다.

또 사법설의 경우에도 국제사법의 대상이 사법상의 법률관계라는 견해 또는 그 법률관계의 주체가 항상 사인이라거나 사인의 이익에 봉사한다는 점을 근거로 드는 견해는 민사소송법이 공법이라는 것을 설명하지 못할 것이며, 국제사법이 민법이나 상법 등 실체사법의 부속법이라는 견해는 민사소송법도 민법이나 상법의 부속법이라고 하려는지 묻고 싶다.

이렇게 본다면 국제사법을 공법이나 사법 중 어느 한쪽에 속하는 것으로 보기보다는 이들과는 구별되는 새로운 것으로 보아야 할 것이 아닌가 생각된다. 다만 신법이 규정하는 관할에 관한 법규는 두말할 필요도 없이 공법이다. 그리고 국제사법에 관한 분쟁은 따로 이를 다루는 법원이 없으므로 일응 민사소송으로 해결하도록 할 것이다.

---

25) 황산덕/김용한, 41면; 김용한/조명래, 49면. 다만 박상조/윤종진, 20면은 국제민사소송법이 포함되는 것을 조건으로 제3종법으로 본다.

Ⅲ. 국제사법의 법내재적 특성

앞에서 정의한 바와 같이 국제사법은 실제적으로 법률관계 그 자체에 대해서 규정하는 법제는 아니다. 따라서 국제사법은 민법이나 상법과 같이 법률관계를 직접적으로 규율하는 소위 실질법(materielles Recht)이나 사항규정(Sachnorm)과 구별되는 것이다. 이렇게 볼 때 국제사법은 적용규범으로 간접규범이며, 상위규범성을 가지고 있다고 할 수 있다. 이러한 점을 반영하여 볼 때 국제사법은 임의규정과 대비되는 강행규정의 성격을 가지고 있다.

1. 국제사법 자체의 특수한 성격

국제사법은 다른 법과 구별되는 특수한 성격을 가지고 있는데, 이것이 간접규범성과 적용규범성이다. 전자는 법률관계를 직접적이 아니라, 간접적으로 규율하는 것을 설명하는 것이며, 후자는 국제사법이 각국 사법의 장소적 적용범위를 결정하는 것이라고 설명된다. 다만 이들 양자는 결국 마찬가지의 내용을 설명한 것으로 볼 수밖에 없어 별도로 설명하여야 할 의미가 크지 않으므로 한 가지 특성으로 설명할 수도 있으나, 여기서는 전통적인 설명방법에 따라 양자에 관한 관점의 차이를 고려하여 나누어 설명한다.

(1) 간접규범

국제사법은 법률관계를 직접 규율하는 내외의 실질법 중에서 어떠한 법을 특정한 법률관계에 적용할 것인가를 정하는 법제이다. 이러한 점에서 이는 문제된 법률관계를 직접 규율하는 것이 아니라 간접적으로 규율하는 간접규범으로서 작용하게 된다.

이에 비하여 실질사법은 직접 법률관계를 규율하므로 직접규범이라고 할 수 있을 것이다.

(2) 적용규범

국제사법을 간접규범이라고 하기 위해서는 그 적용규범성이 먼저 인정되어야 한다. 즉 국제사법은 저촉법으로서 내외의 실질사법의 적용여부를 결정하는 규범이므로, 실질사법은 국제사법에 의하여 적용범위가 결정되는 것이다. 따라서 이와 같은 점에서 국제사법은 법적용에 관한 법, 즉 적용규범(Anwendungsnorm)이라고 한다.

이에 비하여 실질사법은 법률효과의 존부를 결정하는 것이므로 효과법(lex causae; Wirkungsstatut)이라고 할 수 있다.

(3) 상위규범

국제사법을 적용법이라고 한다면 실질사법과 국제사법은 그 존재의 의의가 다르다고 할 수밖에 없다. 즉 국제사법은 실질사법의 적용여부를 결정하는 것으로 되고, 실질사법은 국제사법의 규정여하에 따라 그 적용의 여부가 결정되는 것이다. 이러한 점에서 본다면 국제사법은 「法의 法」으로서 실질사법의 상위에 있다고 할 수 있을 것이다.

다만 이러한 구별은 국제사법이 적용규범으로서 적용될 실질사법을 지정한다는 의미의 「기능상의 상위」를 뜻할 뿐이고, 법단계설이 말하는 상위규범 내지는 효력상의 상위규범이라고 하는 의미는 아니다. 따라서 국제사법과 그 적용의 대상이 되는 실질사법이 동일한 법질서에 속할 이유는 없는 것이고,[26] 실질사법과 국제사법이 저촉할 경우에는 신법우선의 원칙에 따라 양자의 효력관계가 정해지는 것으로 보아야 할 것이다.

2. 국제사법의 강행규범성

일반적으로 국제사법을 강행규범이라고 하는 데에는 이설(異說)이 없다. 그러나 논자 중에는 이와 입장을 달리하여, 당사자 중 적어도 한 사람이라도 명시적으로 그 적용을 요청한 경우에만 적용될 수 있다는 의미에서 임의적 저촉법

---

26) 따라서 국제사법이 실질사법의 상위규범이라고 하여 국제사법에 의해 지정된 준거법이 외국법인 때에 내국법으로 편입된다고 할 수는 없는 것이다. 동지: 신창선, 15면.

(fakultatives Kollisionsrecht)이라고 하거나,[27) 또 다른 입장에서 경미한 재산법적 사안에 대해서는 국제사법의 적용을 배제하자고 하는 견해가 있다.[28) 전자의 견해에 의하면 만약 당사자 중 어느 누구도 국제사법의 적용을 원하지 않은 경우에는 국제사법의 적용은 배제되고 따라서 이러한 경우에는 법정지의 실질사법이 적용되게 된다. 후자의 경우에도 경미한 재산법적 사안에는 국제사법이 적용되지 않으므로 외국법이 적용될 여지가 없게 되고 결국은 법정지법만 적용되는 결과로 된다. 이들 견해에 의하면 결국 경우에 따라서는 국제사법의 적용이 배제될 수도 있다는 것을 긍정하게 되므로 국제사법을 임의규정이라고 하는 것이다.

그러나 국제사법은 논자들이 말하는 바와 같이 경우에 따라 적용여부가 달라질 수 있는 규정은 아니다. 이는 외국과 관련된 요소가 있는 사법관계, 즉 국제간의 사법적 거래에서 그 법률관계에 가장 밀접한 관련이 있는 법규를 적용하여야 한다는 공익적인 고려에서 제정된 것이므로 이러한 법률관계에는 반드시 적용되어야 하는 규정이다. 소송상 준거법과 관련한 주장이 없더라도 외국적 요소가 있는 사건의 경우, 법원이 법률관계에 적용될 준거법에 관하여 심리, 조사할 의무가 있으므로 이는 당사자에게 맡겨져 있다고 할 수 없다.[29) 따라서 이는 강행규정이라고 하여야 하며, 임의규정이라고 할 여지는 없다.[30) 판례도 거래 당사자의 국적·주소, 물건 소재지, 행위지, 사실발생지 등이 외국과 밀접하게 관련되어 있어 곧바로 내국법을 적용하기보다는 국제사법을 적용하여 그 준거법을 정하는 것이 더 합리적이라고 인정되는 법률관계에 대하여는 국제사법의 규정을 적용하여 준거법을 정하여야 한다고 하여, 당사자가 그 적용 여부를 선택하는 것이 아님을 천명하고 있다.[31)

---

27) A. Flessner, Fakultatives Kollisionsrecht, RabelsZ, 1970, S.547ff.
28) Lando, Die Anwendung ausländischen Rechts in IPR, 1968, S.131ff.
29) 대법원 2022.1.13. 선고 2021다269388 판결.
30) 신창선, 16면.
31) 대법원 2008.1.31. 선고 2004다26454 판결.

제 3 절 국제사법의 영역

Ⅰ. 국제사법의 범위

1. 의 의

국제사법의 범위의 문제는 어떠한 사항이 국제사법의 내용 속에 포함되는가, 다시 말하면 국제사법의 관할에 속하는 사항이 무엇인가를 밝히는 것을 말한다. 국제사법의 범위는 단순히 국제사법이라고 하는 법규의 범위뿐만 아니라, 국제사법학의 본질적 내용으로서 그 연구대상의 범위를 구성한다.

국제사법의 범위는 국제사법을 어떻게 정의하느냐에 따라 달라지나,[32] 여기서는 이와 별도로 전통적으로 국제사법의 범위로 논의되어 온 것을 중심으로 살펴보기로 한다. 대체로 볼 때 전통적으로 국제사법 사항인가의 여부가 문제된 것은 다음의 3가지 분야이다.

① 국제재판권(Jurisdiction): 어느 나라의 어느 법원이 처리할 것인가

② 법의 선택(Choice of Law): 어느 나라의 법으로 재판할 것인가

③ 외국 판결의 승인 및 집행(Recognition and Enforcement of Foreign Judgment)

일반적으로 본다면 좁은 의미의 국제사법에 포함되는 것은 법의 선택, 즉 저촉법에 관한 문제뿐이라고 하여야 할 것이다. 그러나 현행 국제사법은 국제재판권에 관한 규정을 직접 도입하고 있고, 이외에 외국판결의 승인 및 집행의 문

---

32) 국제사법을 저촉법으로 정의할 경우, 국제사법의 범위에는 장소적 저촉법외에 인적 저촉법(인제법), 시간적 저촉법(한시법), 실질적 저촉법(상위법은 하위법에 우선한다는 원칙, 특별법 우선의 원칙)이 모두 포함된다. 또 국제사법을 장소적 저촉법으로 정의할 경우, 국제사법의 범위에는 사법의 장소적 저촉법(국제사법) 외에 공법의 장소적 저촉법이 모두 포함된다. 마지막으로 국제사법을 사법의 장소적 저촉법으로 정의할 경우, 국제사법의 범위에는 민법의 장소적 저촉법 이외에 상법 기타 사법의 장소적 저촉법이 포함된다. 김명기, 31-32면 참조. 이 마지막의 것이 국제사법에 관한 가장 일반적이면서 정확한 정의라고 할 수 있다.

제는 이를 국제사법의 문제로 하여야 한다는 논의가 꾸준히 행해지고 있는 실정이나, 이러한 문제는 전통적으로 국제민사소송법의 영역에 속하는 것이다.

2. 본래적 범위와 편의상 범위

국제사법의 범위를 살펴볼 때에는 이를 본래적 범위와 편의상의 범위로 나누어 살펴볼 수 있다. 여기서 본래적 범위란 본래부터 국제사법의 범위에 속하는 것으로 볼 수 있는 사항, 즉 이론상 국제사법의 관할에 속하는 것이 당연한 사항을 말한다. 이에 비하여 편의상의 범위란 본래적 국제사법의 관할에 속하지 않은 사항이라도 국제사법의 보다 깊은 이해를 위해 편의상 국제사법의 범위로 포함시키고 있는 사항을 말한다. 다만 이들 두 가지의 범위의 구별은 상대적인 것에 불과하다.

그런데 국제사법적 분쟁의 해결에 있어서는 준거법의 결정도 중요하지만, 절차적인 문제, 즉 국제재판관할권, 외국판결의 승인 및 집행도 중요한 문제이다. 따라서 영미법계 국가에서는 이들 모두를 법의 충돌이라는 법의 영역에서 다루고 있지만, 대륙법계 국가에서는 국제재판관할권과 외국판결의 승인·집행의 문제는 국제사법의 영역이 아닌 국제절차법의 영역으로 파악하여 준거법 지정의 문제만을 국제사법의 영역에서 다루고 있다. 우리나라의 경우, 외국판결의 승인·집행의 문제는 국제절차법의 영역으로 파악하여 편의상의 범위에 포함시키더라도 2001년 개정 국제사법 이후 국제재판관할에 관한 일반규정(제2조)을 두고 이후 2022년 개정법은 대거 관할 규정을 도입하고 있어서 국제재판관할권의 문제는 본래적 범위에 포함시켜야 한다는 입장이 있을 수도 있지만, 이들 문제는 전통적으로 민사소송법의 규율사항이다.

Ⅱ. 본래적 범위

이는 본래부터 국제사법의 범위에 속하는 것으로 생각되는 사항들이다.

1. 법률의 저촉

법률의 저촉 문제는 가장 일반적으로 국제사법의 범위에 속하는 사항이라고 할 수 있다. 전통적으로 좁은 의미의 국제사법이라 하면, 저촉법 즉 이러한 범위 내의 것만을 말하는 것이다.

여기서 저촉하는 법규가 사법인 경우, 즉 사법의 저촉문제를 해결하는 것이 국제사법의 범위에 속하는 것은 명백하다. 사법의 저촉문제인 한 민법의 저촉문제이건 상법의 저촉문제이건 묻지 아니한다. 다만 해상법과 같은 경우에는 그 특수성을 감안하여 독자성을 인정해야 한다는 것이 일반적으로 승인되어 있다.[33]

다만 저촉하는 법규가 공법인 경우에는 달리 생각하여야 한다. 법률의 저촉은 공법분야에서도 일어나는 것이나. 국제사법의 본질상 공법의 저촉은 국제사법의 범위에서 제외된다고 하여야 할 것이다. 국제사법 제19조는 "이 법에 따라 준거법으로 지정되는 외국법의 규정은 공법적 성격이 있다는 이유만으로 적용이 배제되지 아니한다."라고 하여, 공법의 저촉에 대해서도 규정하고 있다는 오해를 할 수 있다. 그러나, 이 규정은 국가에 따라서 공사법의 구별이 다소 다를 수도 있다는 점을 고려하여 외국법규정이 일응 공법에 속하는 경우라도 그 규정의 적용을 하여야 한다는 의미이고, 공법의 저촉에도 국제사법을 적용한다는 의미는 아니다. 따라서 국제형사법, 국제행정법 등은 국제사법의 범위에서 제외된다.[34] 다만 근로기준법은 의문이 있으나 구섭외사법 하의 판례는 일응 제외된다고 하고 있다.[35]

---

33) 서희원, 18면.

34) 여기에는 일련의 프랑스의 학자들과 Dicey, Westlake, Wharton, Beale 등을 중심으로 한 반대설이 있다. E. Foelix, Traité du Droit International privé; Tome I, 1886, p.2. 실제 리마회의 (1976), 몬테비데오회의(1888), 하바나 범미회의(1890~1928) 등 국제사법 이외에 국제행정법, 국제형법, 국제소송법 등 공법의 저촉법에 관한 회의가 다수 개최되었고, 이들을 국제사법에 포함시키고자 하는 광범위한 노력이 행해지고 있다.

35) 근로기준법은 사회법에 속하기 때문이다. 대법원 1970.5.26. 선고 70다523 판결.

2. 국적의 충돌

국제사법에 따라 본국법을 적용하여야 할 경우, 당사자가 수 개의 국적을 가지거나 무국적인 경우 준거법의 결정에 앞서서 국적의 저촉 내지 충돌의 문제를 해결해야 한다. 이렇게 본다면 국적의 저촉의 해결이 준거법의 결정에 선결문제로 되므로 국적의 저촉은 국제사법의 범위에 속한다고 하여야 할 것이다. 국제사법은 국적의 저촉에 대해 규정하고 있어서 전통적인 입장과 일치하고 있다(제16조). 다만 여기서 말하는 국적의 저촉의 문제는 국적법에서 중국적자(重國籍者)나 무국적자를 다루는 것과는 그 의미가 다르다. 즉 국적법에서는 대한민국 국민이 외국국적을 가지고 있어서 이중국적인 때 또는 대한민국 국민이 새로 외국국적을 취득하거나 외국 국민이 대한민국 국적을 취득하게 되어 중국적자가 된 경우에 이 사람의 국적을 어떻게 정리할 것인가 하는 국적취득 내지 정리 차원에서의 규제를 하고 있다(국적법 제10조 이하). 그러나 국제사법상의 국적의 저촉의 문제는 국적법에서 규제하고 있는 것과는 별도로 실질적으로 이중국적이나 무국적인 사람이 있을 때 이 사람에 대한 준거법을 결정하기 위하여 필요한 한도 내에서 이 사람을 어느 나라의 국민으로 보아야 할 것인가의 차원에서 논의하는 것이다. 따라서 국제사법에서 이 사람이 어느 나라의 국민으로 인정되더라도 국적법상 국적이 그렇게 인정된다는 의미는 아니다. 따라서 국제사법에서 국적의 저촉문제를 논의할 때 원칙적으로 국적법의 해당 규정을 참조하여야 하는 것은 아니다.

구섭외사법에 의하면 주소의 저촉이 생길 수 있었으므로 구법에는 주소의 저촉에 관한 규정도 있었으나, 현행법은 법개념인 주소 대신에 사실개념인 일상거소를 도입하고 있으므로 이의 저촉은 생길 여지가 없다.

다만 아래에서 보는 바와 같이 국적의 취득이나 상실의 문제는 국제사법에서 본질적으로 다루어야 하는 문제는 아니다.

3. 준국제사법

준국제사법(interlokales Privatrecht)은 하나의 국가 안에서 여러 지방의 법이 따로 규율되고 있는 소위 불통일법국 내지 일국수법국가(一國數法國家)에서 어느 지방의 법을 적용할 것인가를 결정하는 법을 말한다. 예컨대 미국의 경우, 각 주마다 법이 다르므로 이 사이에서도 사법의 충돌이 생길 수 있고, 이를 해결하는 법을 국제사법과 구별하여 준국제사법이라고 하는 것이다. 준국제사법은 형식상으로는 한 나라 안에서 법규의 충돌을 해결하는 것이므로, 어느 국가의 법을 적용할 것인가를 결정하는 국제사법과 구별된다.

그러나 준국제사법은 실질적으로 사법의 저촉을 해결하는 규범이라는 점에서 국제사법과 동일하다. 따라서 준국제사법은 국제사법의 범위에 포함된다고 하여야 할 것이다. 실제 영미에서는 양자를 구별하지 않고 있다.

◎ **법역(法域)**

일정한 법률이 시행되는 구역을 법역이라고 하는데, 일반적인 경우에는 한 나라의 영토 내에서는 그 국가의 법이 적용되는 것이므로 국가의 영역과 법역은 일치한다. 그러나 미국이나 캐나다와 같이 동일국 내에 법이 주마다 달리 시행되고 있는 연방국가나 외국영토의 점령·할양 등의 경우에는 법역이 국가의 영역과 달라진다.

Ⅲ. 편의상의 범위

이는 본래부터 국제사법의 범위에는 속하지 않으나, 편의상 국제사법에서 다루어지는 사항들이다. 이 중에서 특히 외인법 등 몇 가지에 대해서는 이와 유사한 성격의 법제와 아울러 설명한다.

1. 국제민사소송법

국제민사소송법의 영역 내에서 국제사법과 관련을 가지는 것은 국제적 민사소송사건의 재판권과 외국판결의 승인 및 집행에 관한 사항이다. 본래 국제민사소송법은 내외국의 민사소송법의 저촉을 해결하는 것을 목적으로 하므로 내외사법의 저촉을 해결하는 것을 목적으로 하는 국제사법과는 구별된다.

이들 중 재판권의 충돌의 문제는 국제민사소송법의 관장사항으로서 국제사법의 관장사항이 아니라고 하는 것이 일반론이었으나, 편의상 국제사법에서 다루기도 하였다. 외국의 경우를 보면, 독일과 일본에서는 이를 국제사법의 범위에서 제외하고 있으나, 영미와 프랑스에서는 이를 국제사법상의 문제로 취급하고 있는 것으로 보인다.[36]

개정 국제사법은 준거법 결정 외에 국제재판관할에 관한 원칙 결정을 국제사법의 목적에 추가하고(제1조), 이어 제2조에서 국제재판관할에 관한 원칙을 선언하고, 나아가 민사소송법상의 관할규정에 준하는 일반적 관할규정(제3조 내지 제15조) 외에도 사람(제24조, 제25조), 채권(제41조 내지 제44조), 친족(제56조 내지 62조), 상속(제76조), 어음·수표(제79조), 해상(제89조 내지 제93조) 등 엄청난 규정을 신설하여 이러한 전통적인 견해에 정면으로 도전하고 있다. 이외에 민사소송법에서 규정하고 있는 외국판결의 승인의 문제나 외국판결의 집행의 문제는 편의상 국제사법에서도 다루기는 하지만 국제사법의 범위로 보기에는 어려운 점이 많다. 다만 섭외적 사법관계를 현실적으로 해결함에는 재판권이 문제되고, 준거법의 적용에 있어서 외국판결의 승인이 문제되기 때문에 편의상 국제민사소송법을 국제사법에서 논의하는 것도 전혀 의미가 없다고 할 것은 아니다.

2. 외인법·재외법

외국인이 특정한 나라에서 어떠한 법적 지위를 가지는가 하는 것을 다루는 법을 외인법(Fremdenrecht)이라 하는데, 외인법에 대해서는 헌법 제6조 제2항에서 "외국인은 국제법과 조약이 정하는 바에 의하여 그 지위가 보장된다."고 규정되어 있고, 이에 따라 「외국인토지법」을 비롯한 단행법 외에도, 상법 제621조[외국회사의 지위]를 비롯, 「채무자회생 및 파산에 관한 법률」 제2조[외국인 및 외국법인의 지위], 저작권법 제3조[외국인의 저작물], 상표법 제7조[상표등록을 받을 수 없는 상표], 특허법 제25조[외국인의 권리능력] 등 많은 법에서 외국

---

36) 미국의 Restatement에는 소송법에 관한 규정이 포함되어 있으나(제12장), 독일의 민법시행법과 일본의 통칙법에는 소송법에 관한 규정이 없다.

인의 지위를 직접 규율하고 있다. 이 영역은 본래 실체법적인 문제로서 국제사법이 관장하는 사항은 아니다. 그러나 외인법이 외국 또는 외국인과의 관계를 규율한다는 점에서 편의상 국제사법에서 다루는 수가 있다. 또 학설 중에는 외국인의 법률상 지위를 인정하지 않는다면 실제 국제사법이 존재할 수 없게 되기 때문이라는 이유에서 국제사법이 이를 다루어야 한다는 입장도 있으나, 다수설은 외인법은 외국인의 법적 지위를 규정하는 실질법이므로 국제사법과는 다르다고 한다.37)

외인법과 대비되는 것으로서 재외법이 있는데, 이는 외국에 있는 내국인에 관한 사항을 규율하는 법이다. 재외법에 관해서는 헌법 제2조 제2항에 "국가는 법률이 정하는 바에 의하여 재외국민을 보호할 의무를 진다."고 하는 규정이 있는데, 이에 따라 민법 제814조[외국에서의 혼인신고]를 비롯, 「가족관계의 등록 등에 관한 법률」 제34조[외국에서 하는 신고], 민사소송법 제191조[외국에서 하는 송달의 방법], 형법 제3조[내국인의 국외범] 등에서 재외국민의 보호에 관하여 규정하고 있다. 외인법과 재외법은 그 양상만 정반대일 뿐 실질적인 내용에 그다지 차이가 있는 것은 아니라고 할 수 있다. 때문에 재외법의 경우에도 이를 편의적으로는 국제사법에서 다룰 수도 있을 것이나, 대체로 볼 때 재외법에 관한 사항에 대해서는 이를 국제사법을 적용하지 않고 국내법을 적용하여 처리하고자 하는 경향이 있다.

국제사법과 외인법 및 재외법의 성질을 비교하여 보면, 먼저 외인법과 재외법은 직접 내국에 있는 외국인 또는 외국에 있는 내국인에게 직접 적용되는 법으로서 모두 직접법이나, 국제사법은 간접법이며, 같은 의미에서 외인법·재외법은 사항규정이나, 국제사법은 적용규정이다. 한편 외인법·재외법은 공법적 사항과 사법적(私法的) 사항을 다 같이 규율하나, 국제사법은 사법적 사항만을 규율하게 된다. 또 국제사법은 사법적(司法的)으로 당연히 입법사항으로 인정된 것으로서 명시적인 헌법상의 근거가 없다.

---

37) 서희원, 24면 참조.

3. 국 적 법

국적의 충돌에 관한 사항은 국제사법의 범위에 속한다고 할 수 있으나, 국적의 취득상실에 관한 규정을 둔 국적법과 주소의 취득상실에 관한 규정을 둔 민법은 국제사법의 본래적 범위에 속하지 않는다. 국적의 득상(得喪)의 문제는 본래 국적법에서 해결할 사항이나, 연결점으로서 작용하는 범위 내에서 국제사법에서 논의할 수도 있을 것이다. 이러한 점에서 국적문제는 국제사법의 편의상의 범위에는 포함된다고 할 수 있다.

다만 주소의 충돌의 문제는 현행 국제사법이 일상거소 개념을 도입함으로써 생기지 않게 되었다고 함은 앞에서 본 바와 같다.

4. 인제법·시제법·체계제법

국제사법은 섭외적 사법관계를 규율하는 것으로 이는 장소적 저촉법이다. 그런데 이러한 저촉법은 국제사법 외에도 인적 저촉법인 인제법, 시간적 저촉법인 시제법, 그리고 법체계적 저촉법인 체계제법과는 구별된다.

먼저 인제법(人際法; interpersonales Recht)은 국민 이외의 사람의 집단(예컨대, 이슬람 제국에서 있어서의 종파, 힌두교도에 있어서의 종파나 가문 등)에 따라 다른 법이 적용될 경우 한 집단의 구성원과 다른 집단의 구성원 간에 법률관계에 적용할 법을 정하는 인적 저촉법이다. 그러나 인적 저촉법의 해결 방법도 장소적 저촉의 해결방법과 차이가 있는 것은 아니므로 이를 국제사법의 편의상의 범위에 포함시킬 수 있다고 하는 견해가 있다.

다음으로 시제법(時際法; intertemporales Recht)은 법의 변경으로 신구양법이 저촉되는 경우 신구양법 중 어느 법을 적용할 것인가를 정하는 시간적 저촉법이며, 체계제법(體系際法; intersystematische Recht)은 국제법과 국내법, 국가법과 교회법, 실질법과 저촉법, 성문법과 관습법, 상위법과 하위법 등 법체계간의 저촉의 경우 어느 법을 적용할 것인가를 정하는 체계적 저촉법이다. 인제법 외에 시제법이나 체계제법은 그 저촉의 양상이 다르므로 국제사법에서 다룰 수 있는 사항은 아니다.

그 외에 국제사법과 기타 저촉법이 구별되는 점을 살펴보면, 시제법·인제법·체계제법은 시간적·인적·체계적 저촉법이나, 국제사법은 장소적 저촉법이라는 점, 시제법·인제법·체계제법은 공법적 사항과 사법적 사항을 모두 규율하나 국제사법은 사법적 사항만을 규율한다는 점을 들 수 있다.

5. 국제거래법

외국과의 거래, 특히 상거래에 관한 법제로서 국제거래법(law of international trade)가 있다. 이는 국제적인 거래를 대상으로 하므로 국제사법과 마찬가지로 외국과 관련된 요소가 있는 법률관계를 규율하는 법제이다. 국제거래법이 정확하게 어떠한 법제를 가리키는 것인가 하는 문제는 아직 확립되어 있다고 할 수는 없으나, 통상 국제거래법은 사법적 관계에 한정하거나, 공법적 관계까지도 일부 포함한 국제적 상거래를 규율하는 실질법규의 총체라고 할 수 있다.[38] 공법을 포함하는가를 별도로 생각하더라도, 국제거래법은 직접 국제거래에 적용되는 실체법규의 총체라는 점에서 저촉법인 국제사법과는 그 성질을 달리하고, 국제사법과는 구별된다고 할 수밖에 없다.[39]

제 4 절 국제사법의 이념

Ⅰ. 실질법적 정의와 저촉법적 정의

법이 실현하고자 하는 궁극적인 목적이자 최고의 가치가 바로 정의이다. 국제사법도 섭외적 법률관계에 대한 준거법을 지정하는 법제이기는 하지만, 그 본질은 국내 법질서의 일부이다. 따라서 국제사법의 최고의 이념 또한 정의라고 할 수 있다. 다만 국제사법은 저촉법으로서 내·외의 실질사법의 적용여부

---

38) 서헌제, 국제거래법 제2판(법문사, 2000), 14면. 이에 비하여 최준선, 국제거래법 제3판(삼영사, 2001), 33면 이하, 38면은 「국제상거래에 공통적으로 적용되는 사법적 법규의 총체」라고 한다.
39) 山田鐐一, 國際私法 제3판(有斐閣, 2004), 19면.

를 결정하는 적용규범이고 문제된 법률관계를 직접 규율하는 것이 아니라 간접적으로 규율하는 간접규범이라는 점에서 법률관계를 직접 규율하는 실질사법과는 구별된다. 따라서 법의 이념으로서 정의에 이바지한다는 의미에서는 동일하지만, 정의를 실현하는 방식에는 차이가 있다. 즉 실질사법은 구체적이고 개별적인 권리와 의무의 확정을 내용으로 하기 때문에 그 이념인 정의의 실현도 구체적이고 개별적인 권리와 의무의 확정에 있어서 정의를 실현하는 방식으로 이루어진다고 할 수 있지만, 국제사법은 추상화된 법률관계에 적용될 준거법을 지정하는 법이기 때문에 그 이념인 정의의 실현도 준거법을 정함에 있어서 정의를 실현하는 방식으로 추구되는 것이다[40]. 이러한 점에서 저촉법상의 정의는 무엇을 기준(연결점)으로 준거법을 결정하는 것이 정의에 합치되는가의 문제가 된다.

예컨대 개정전 섭외사법 제16조[혼인의 효력] 제1항 "혼인의 효력은 부의 본국법에 의한다."는 규정과 국제사법 제37조[혼인의 일반적 효력] "혼인의 일반적 효력은 ① 부부의 동일한 본국법, ② 부부의 동일한 일상거소지법, ③ 부부와 가장 밀접한 관련이 있는 곳의 법 순서에 의한다."는 규정을 비교해 보면 남녀평등의 원칙을 실현하고 있는 현행 국제사법 규정이 보다 더 정의실현에 다가서 있음을 알 수 있다.

국제사법의 기능이 섭외적 법률관계에 대한 준거법의 단순한 기계적 연결이 아니라 정당한 법질서에의 연결에 있음을 고려한다면, 최근의 「가장 밀접한 관련지법」이라든지 「일상거소지법」 등과 같은 연결점의 등장은 법정지가 어디든지 간에 동일한 준거법이 지정될 수 있어 국제사법의 정의실현에 기여한다고 본다.

---

40) 신창섭, 37면; 신창선, 64면.

Ⅱ. 저촉법적 정의의 실현방법

1. 가장 밀접한 관련의 원칙

(1) 의 의

국제사법의 이상은 하나의 섭외적 법률관계에 대해서는 법정지가 어디이든 지간에 동일한 준거법이 지정·적용되어 동일한 판결을 구하는 것이다. 그런데 각국의 국제사법의 내용이 동일하지 않기 때문에, 즉 준거법 지정의 규칙이 동일하지 않기 때문에 법정지가 어디냐에 따라 준거법이 달라지고 그 결과 판결 또한 달라지는 현상이 발생한다. 법정지가 어디냐를 불문하고 동일한 준거법이 지정될 수 있는 것은 연결점을 통일하는 것인데, 국제사법은 당해 법률관계에 가장 밀접한 관련을 갖는 곳의 법에 연결하기 위한 새로운 연결점을 도입하고 있다. 즉 가장 밀접한 관련이 있는 국가의 법을 각종 법률관계의 준거법으로 지정함으로써 「가장 밀접한 관련」의 원칙을 도입하였으며(제16조, 제46조, 제64조 등), 위 원칙의 일환으로 사무관리, 부당이득, 불법행위 등 법정채권의 준거법 결정에 있어 기존의 당사자간의 법률관계를 규율하는 법을 원인된 사실의 발생지법보다 우선 적용함으로써 법률관계와 준거법의 실질적 관련성을 담보하였다(제50조, 제51조, 제52조 3항).

한편 가장 밀접한 관련의 원칙은 국제사법에서 규정되어 있는 연결을 수정하는 역할도 하고 있다. 예컨대 스위스 국제사법 제15조 제1항은 "이 법이 지정하는 법률은 제반 사정에 비추어 보아 당해 사안이 그 법과 사소한 관련을 맺고 있고, 오히려 다른 법률과 밀접한 관련을 맺고 있다면 예외적으로 적용되지 아니할 수 있다."고 규정하고 있는데, 우리 국제사법도 마찬가지의 태도를 취하고 있다. 즉 구체적인 사건에서 준거법을 지정한 결과가 위 원칙에 부합하지 아니하는 예외적인 경우에는 가장 밀접한 관련이 있는 다른 국가의 법을 적용하도록 하는 예외조항을 마련함으로써 위 원칙을 관철하였다(제21조).

(2) 가장 밀접한 관련의 기준

가장 밀접한 관련의 원칙의 적용과 관련해서 무엇을 기준으로 가장 밀접한 관련이 있는 국가 또는 법을 발견할 것인지가 문제이다. 가장 밀접한 관련의 구체적 내용은 법률관계를 어떤 특정의 법역에 연결하는 요인으로서 지역적 요소뿐 아니라 종교·문화·민족·사회·경제 등의 요인도 함께 고려하여야 한다.

참고로 미국의 법의 충돌에 관한 제2 리스테이트먼트 제6조는 준거법의 선택과 관련해서 고려해야 할 요소로서 첫째, 국가간 및 주간 질서의 필요, 둘째, 법정지의 관련 정책, 셋째, 다른 관련 국가의 정책 및 문제된 섭외적 사안의 해결에 대해서 그들 국가들이 갖는 상대적 이익, 넷째, 정당한 기대의 보호, 다섯째, 특정 법영역의 기초를 이루는 기본정책, 적용결과의 확정성, 예측가능성 및 통일성, 여섯째, 적용될 준거법의 확정과 적용에 있어서의 용이성 등[41]을 들고 있다.

2. 일상거소의 도입

개정 전 섭외사법은 본국법 결정과 관련하여 제2조 제2항에서 "국적이 없는 자에 대하여는 그 주소지법을 본국법으로 본다."고 규정하여 연결점으로서 주소지법을 채택하고 있었다. 그런데 2001년 개정 국제사법은 제3조 제2항에서 "당사자가 국적을 가지지 아니하거나 당사자의 국적을 알 수 없는 때에는 그의 상거소가 있는 국가의 법에 의한다."고 규정하여 주소라는 연결점 대신에 일상거소의 개념을 도입하여[42] 현행법에 이르고 있다(제16조 2항).

주소라는 개념은 법률상의 개념이므로 각국마다 그 정의가 달라 그 개념 해석 여하에 따라 준거법이 달리 적용되어 국제사법이 이상에 부응하지 못하는 측면이 있었다. 그런데 일상거소는 일정한 장소에서 정주(定住)의 의사 없이 상당기간 동안 정주한 사실이 인정되는 장소를 의미하고, 동시에 여러 장소에 거주하는 것이 일반적으로 용이하지 않다는 점에서 볼 때 하나의 장소로 확정되는 이른바 사실상의 개념이다.

---

41) 신창섭, 38-39면.
42) 당시에는 상거소라고 하였다.

이와 같이 일상거소가 주소를 대체하는 연결점으로 될 수 있는 것은 일정한 장소에 장기적으로 거주함으로써 그 장소와 사람 사이에 밀접한 생활관계를 이루게 되면 그 곳의 법이 당사자의 이해관계에 합치한다고 볼 수 있기 때문이다.

따라서 주소라는 개념과는 달리 여러 가지 해석상 분쟁이 생길 여지는 그만큼 줄어든 셈이고, 법정지가 어디냐에 따라 준거법이 달라지는 현상 또한 감소하여 저촉법상 정의에 기여하는 측면이 크다고 할 수 있다.

Ⅲ. 실질법적 정의의 고려

섭외사법은 준거법으로 지정된 실질법의 내용을 거의 고려하지 않았으므로 실질법적 정의는 고려대상이 아니었다. 그런데 국제사법은 子의 복지의 촉진과 사회·경제적 약자인 소비자 및 근로자를 보호하기 위하여 실질법의 내용을 고려한 국제사법적 차원의 조치로서 특별한 연결원칙을 마련하였다.

예컨대 부양과 관련하여 "부양의 의무는 부양권리자의 일상거소지법에 의한다. 다만, 그 법에 의하면 부양권리자가 부양의무자로부터 부양을 받을 수 없는 때에는 당사자의 공통 본국법에 의한다."(제46조 1항)고 규정하여 준거법으로 지정된 실질법의 내용을 고려하고 있다. 전통적인 국제사법 이론에 의하면 "부양의 의무는 부양권리자의 일상거소지법에 의한다."라고 하면 그것으로 준거법의 지정이라는 국제사법의 역할은 끝난 것이라고 할 수 있고, 구체적으로 부양권리자의 일상거소지 실질법의 내용이 어떠한지는 고려대상이 아니었지만, 국제사법은 실질법적 정의를 고려하여 준거법으로 지정된 실질법을 검토한 후 준거법으로 지정된 법에 의하면 부양받을 수 없는 때에는 준거법을 달리 정하고 있다.

같은 맥락에서 실질법적 정의를 고려한 국제사법의 규정은 子의 복지를 촉진하기 위하여 子의 일상거소지법에 의하여도 혼인 외의 친자관계와 준정의 성립을 가능하게 하였고(제67조 내지 제69조), 소비자와 근로자의 보호를 위하여 소비자계약의 경우 소비자의 일상거소가 있는 국가, 근로계약의 경우 근로자가 일상적으로 노무를 제공하는 국가의 강행규정이 소비자나 근로자에게 부여하는 보호를 박탈할 수 없도록 하였다(제47조 1항, 제48조 1항).

제 2 장 국제사법의 발전

제 1 절 국제사법학설사

영미법계의 법제는 판례법을 중심으로 하여 발전해 왔으나, 대륙법계의 경우에는 제정법을 중심으로 발전해 온 것은 주지의 사실이다. 때문에 통상 영미법은 법관들에 의해서 발전되어 왔다는 의미에서 법관법이라고 하고, 대륙법은 학자들에 의한 이론적 정립의 토대 위에서 제정되었다는 의미에서 학설법 내지 학자법이라고 한다. 그러나 국제사법의 경우는 영미법, 대륙법을 막론하고 학자법이라 말해지고 있다. 그것은 국제사법이 사회적 필요에 의해 자연스럽게 태동·발전해 옴으로써 인간의 자연스런 본성을 반영한 것이 아니라, 국제적 교류의 증가와 더불어 이성적인 숙고의 결과에 의해 인위적으로 만들어진 법제로서 학자들이 선호하는 방향으로 법제화되었기 때문이라는 데에 기인하는 것이다. 이렇게 된 것은 국제사법이 직접 사람들의 법률관계나 권리의무를 다루는 것이 아니라 적용법으로서 간접적으로 법의 지정에만 간여하였으므로, 사람들의 법적 확신이 작용할 여지가 없었기 때문이다. 같은 이유에서 법의 흠결이 발생한 경우 이를 메우는 조리로 작용하는 것은 바로 학자들의 연구결과라는 특수한 상황까지 초래되었던 것이다.

이러한 이유에서 국제사법의 발달사는 바로 국제사법의 학설사가 될 수밖에 없다. 여기서도 같은 이유에서 주로 학자들에 의해 국제사법이 어떻게 발전해 왔는지를 살펴보고자 한다. 다만 실질적으로 근대 국제사법이 발전한 것은 프랑스 나폴레옹 민법전에 국제사법에 관한 3대 기본원칙이 규정된 1804년 이후라고 할 수 있으나, 필요한 범위 내에서 그 이전의 역사에 대해서도 간략히 살펴보기로 한다.

I. 국제사법의 태동 이전

1. 로마법 이전

고대의 각국은 각기 외국을 적대시하여 외국인에 대해 법적인 지위를 인정하지 않았으므로, 국제사법은 필요하지 않았을 것으로 생각된다.

그러나 그리스는 대국가를 구성하였으므로 여러 지역과 여러 민족을 아우르는 법제가 필요하였을 것으로 보인다. 이를 해결하는 방법에 대해 상세한 것을 알 수는 없지만 당시에는 아마도 각자의 법을 적용하는 속인법제에 의해 법의 저촉을 해결하지 않았을까 생각되고 있다.

로마에 있어서는 이러한 문제는 시민법(jus Civile)과 만민법(jus Gentium)을 별도로 제정하여 로마 시민 사이의 법률문제는 시민법을 적용하고, 외인과 외인 또는 외인과 로마시민 사이의 법률문제는 만민법을 적용하여 해결하였다고 알려져 있다. 이렇게 만민법을 적용하는 사건에는 외인담당법무관(praetor peregrinus)을 두어 이를 전담하게 하였다. 다만 이는 거래법에 한정된 것이었고, 그 외에 친족상속 등의 분야는 각자 자신의 속인법이 적용되었던 것이 아닌가 생각된다. 만민법도 국제사법적 접근이 아니라, 경우에 따라 달리 적용되는 복수의 실체법을 제정한 경우로서 지금과는 접근방법이 많이 달라 국제사법의 기원을 여기서 찾기는 어렵다.

이 당시 이집트에는 비슷한 차원에서 혼합법(Code Mixte)을 제정하여 문제를 해결하였던 것으로 보인다.

2. 부족법시대

서기 5세기경 이동을 시작하여 급기야 부패한 로마를 무력으로 멸망시킨 게르만족은 이 당시까지만 하여도 문자도 가지지 못한 미개한 종족이었으므로 그들의 법생활은 소박하기 그지없는 수준이었다. 이들은 각자 출신 부족의 법을 구술법의 형태로 가지고 있었는데, 이들은 피정복지에 자신들의 법을 이식하지 않고, 종래의 법을 사용할 수 있도록 허용하였다. 이에 의하여 게르만 부족 간의 거래에도 자신의 부족법이 자신에게 그대로 적용되는 극단적인 속인법적 전통이 확립되었다. 이를 부족법주의(System der Stammesrecht)라 한다. 따라서 이 당시 계약에는 자신의 부족을 공시하는 것이 필요하였다. 그러나 이 경우 문제된 법률관계가 자신의 부족법에 합치하면 합법적인 것으로 된다는 정도에 불과한 것이었으므로, 만약 상호 간에 법이 다른 경우에는 해결책이 없었다고 할 수 있다.

다만 이 당시의 속인법주의는 그 부족의 법률이 그 부족에 속하는 자가 어디를 가든 그에게 적용된다는 뜻으로서 인제법적인 의미를 가지고 있는 것이므로, 근대의 속인법주의가 특정 지역에서 시행되고 있는 법이 그 지역에 주소 내지 국적을 가지고 있음으로써 그 지역에 속하는 자에게 적용된다는 의미와는 차이가 있다.[1]

3. 중세봉건시대

서기 10세기에 들어오면서 각부족 사이의 구별은 점차 희미해지고 유력한 부족의 지배가 강화되면서 본격적으로 봉건시대로 접어들게 된다. 따라서 법생활도 자신의 부족법이 아니라 그 지역을 실질적으로 지배하는 부족의 법에 의하여 이루어지게 되었다. 이렇게 되자, 그 지역에 있는 모든 사람은 그 지역의 법을 따라야 한다는 속지법적 전통이 세워졌다. 중세의 생활은 전적으로 장원 내에서 절대적인 권력을 가지고 있는 영주의 지배하에 이루어졌으므로, 실질적으로 영주가 입법, 행정, 사법의 모든 권력을 가지고 있는 셈이었다. 이러한 체제 속에서는 그 영역 내에서 영주의 법이 절대적으로 시행되었으므로 자연 영주의 법에 의한 속지주의에 의해 법생활이 이루어지게 되었다. 이러한 제도 하에서는 서로 다른 지역간의 교통과 통상은 거의 불가능하였으므로 국제사법의 필요도 가능성도 없는 것이었다. 그러나 이후 도시의 발전과 통상의 필요에 의하여 이러한 엄격한 규제는 점차 완화되었다.

---

1) 서희원, 29면; 신창선, 33면.

Ⅱ. 국제사법의 태동 ─ 법규분류학파

1. 후기주석학파 이전

11세기에 들어 북부 이탈리아에 제노아, 볼로냐, 밀라노, 베네치아, 피렌체 등 많은 상업도시들이 발달하였는데, 이들은 경제력을 바탕으로 자치권을 인정 받았다. 그런데 이들 도시국가들은 스스로의 법제, 즉 도시법(statuta)을 가지고 있었으므로 도시국가를 넘나드는 상거래가 빈번해짐과 더불어 재판관할의 문제와 법률충돌 문제가 발생하게 되었다. 처음에는 어느 사건이건 스스로 관할권을 가진다고 생각하였으며, 또 항상 자신의 도시법 즉 법정지법(lex fori)을 적용하여 재판하면 된다고 생각하였으나, 다른 도시에 있는, 자기 도시의 시민에 대한 관할권을 주장하는 도시가 늘어나면서 점차 이와 같은 문제를 해결하는 것이 필요하게 되었다.

이때 법관의 재량으로 「더 강력하고 나은 법」을 적용하자는 알드리쿠스 (Aldricus, 1200경)의 주장이 있었고, 항상 법정지법(lex fori)을 적용하자고 하는 아조(Azo, 1300경)의 주장도 있었으나, 재판권이 그 신민에만 미치는 것과 마찬가지로 어떠한 법규도 그 시민에게만 구속력을 가진다는 이론이 칙법휘찬 (Codex Constitutionum) 1,1,1에 대한 아쿠르시우스(Accursius)의 주해 안에 나타났다. 그는 1228년 소송지의 법과 도시법(statuta)에 따라야 한다고 주장하는 후고리누스(Hugolinus)의 이론을 발전시켜, 황제나 도시는 각각의 신민에 대해서만 명령을 내릴 수 있다고 주장하였다. 결국 이러한 주장이 발전하여 외국인에게 적용할 법의 필요성이 제기되었고, 국제사법의 본격적인 연구가 이루어지게 되었다.

한편 당시 프랑스에서는 13세기 후반 이래 툴루즈(Toulouse)와 오를레앙 (Orléans)에서 국제사법의 연구가 활발하게 진행되었는데, 베르덩(Verdung)의 주교였던 레비니(Jacques de Révigny)와 벨페르쉬(Pierre de Belleperche) 등 은 국제사법의 연구자로서 이름을 떨쳤다.

2. 이탈리아 학파(Bartolus)

이 시기에 국제사법의 기틀을 세운 것은 후기주석학파(Postglossatoren) 또는 주해학파(Kommentatoren)의 학자들이었다. 그중에서도 볼로냐(Bologna)에 근거를 두고 로마법을 연구하는 후기주석학파의 일원인 바르톨루스(Bartolus de Saxoferrato, 1314~1357)는 시민법대전(Corpus Iuris Civilis)에 대해 주석을 하였는데, 그 중 칙법휘찬 1.1.1에 대한 주해가 가장 유명하다. 그는 여기서 국제사법적 문제에 대한 여러 가지의 해결을 시도하였는데, 그중에서 현재까지도 가장 영향을 크게 남기고 있는 것은 법칙의 구별에 관한 것이다. 그는 법적 저촉의 해결을 위하여 법체계를 속인법적 적용을 받는 인법(statuta personalia)과 속지법적 적용을 받는 물법(statuta realia)으로 구별하였는데, 인법은 사람이 어디를 가든지 그에 따라서 적용되고, 물법은 속지적인 효력만을 가지는 것으로서 그 영역 내에서는 누구에게나 적용된다고 하였다. 예컨대 "사망자의 재산은 장남에게 귀속된다."(bona decedenttium ut venianti in primogentium)라는 규정은 재산에 관한 법이므로 물법이나, "장남이 상속한다."(primogentius succedat)라고 하는 규정은 장남이라는 사람에 관한 법이므로 인법이라고 하였다. 이러한 그의 학설은 문법적으로 구별하는 것이었으므로 후에 많은 비판을 받았으나, 그 구별에 관한 방법론은 세계 각국에 보급되어 지대한 영향을 미쳤다. 그로부터 비롯한 이러한 학설을 법칙구별설 또는 법규분류학설(statuten theorie, théorie des statuts)이라 한다. 그는 국제사법의 체계를 처음 세운 사람이므로 국제사법의 아버지라 불린다.

바르톨루스 외에 이탈리아에서 국제사법의 기초를 세운 사람으로는 발두스(Baldus de Ubaldis, 1327~1400), 바르톨로마에우스(Bartholomaeus a Saliceto, 1330~1412) 등이 있다.

3. 프랑스학파

바르톨루스에 의한 법규분류학설은 곧 프랑스에 퍼지게 되었는데, 이 당시의 프랑스는 대체로 성문법적 경향이 강한 남부지방과 관습법적 경향이 강한 북부지방으로 나뉘어져 있었다. 북부지방에서는 "모든 관습은 물적이다(Toutes contumes sont réelles)."라는 주장 아래 속지주의가 풍미하고 있었으나 곧 이탈리아학설(mos italicus)이 침투하여 속지주의가 완화되기에 이르렀다. 16세기에 들어서면 국제사법의 연구중심은 프랑스라고 하여야 할 정도로 프랑스의 학설은 후대에 많은 영향을 미쳤다.[2]

(1) 뒤물랭

바르톨루스의 학설은 로마법적 전통을 강하게 가지고 있던 프랑스 남부에서 뒤물랭(Charles Dumoulin, 1500~1566)에 의해 발전되었다. 그는 바르톨루스의 법칙구별이론을 받아들였으나, 그 구별을 법규의 실질내용에 의하여 구별하는 것으로 하여 한 단계 발전시켰으며, 인법, 물법의 구별 외에도 부부재산에 있어서의 의사자치를 주장하여 당사자의 의사가 연결점이 되는 기틀을 마련하였다.[3]

(2) 다르장트레

법규분류학설은 프랑스 북부의 귀족 출신 다르장트레(Bertrand d'Argentré, 1519~1590)에 의해 또 한 단계 발전하였다. 그의 학설은 그의 출신성분을 반영하여 다분히 봉건적 성향을 가지고 있다. 그 역시 법규분류학파의 전통에 따라 인법, 물법의 구별을 하면서 중간적 영역인 혼합법(statuta mixta)에 대해서는 속지법을 적용할 것이라고 주장하였다. 그가 말하는 혼합법의 영역에 속하는 것의 예로 사생아의 인지의 문제가 있는데, 그는 이것이 단순한 가족법상의 권리를 부여하는 행위가 아니라 부의 재산에 대한 상속권을 부여하는 것이므로 그 대상이 되는 재산인 부동산의 소재지법(lex rei sitae)이 적용되어야 한다고

---

2) 다만 프랑스학파에 대해서는 연결점의 파악이 불충분하였기 때문에 관련 법률관계를 파악함에 있어 자의적인 해석론에 빠져들었고, 인이나 물 이외의 계약, 불법행위, 소송행위에 관한 연결점을 몰랐으며, 거주지주의를 지나치게 고집함으로써 속지적 경향이 지나쳤고, 법률충돌관계가 법정지법에 의해 해결되도록 하는 결과를 낳았다는 비판이 있다. 박기갑, 94-95면.

3) 다만 Dumoulin이 의사자치의 원칙을 처음 주장한 것은 아니라는 지적이 제기되어 있다고 한다. 이호정, 48면 참조.

하였다. 이와 같은 다르장트레의 이론은 법규와 국가영토를 결합시킴으로써 물법 존중의 사상을 강화·발전시킨 것보다도, 인법, 물법, 혼합법의 3자로 구별한 것이 더 큰 의의를 가지고 있는 것으로 평가받고 있다.

다르장트레의 이론은 이후 프랑스와 네덜란드의 학자들에 의해 계승되었다. 이들은 인법과 물법을 구별하여, 물법을 원칙으로 하면서도 그 엄격성을 완화하여 인법의 적용범위를 확장하였는데, 인법의 영토외적 효력의 근거를 정의관념에 두었다.

Ⅲ. 속지주의의 강화 ― 국제예양설

다르장트레의 속지법적 이론은 네덜란드에서 크게 환영받았다. 17세기경의 네덜란드에서는 각기 다른 법을 가진 지방들이 서로 대립하고 있었으므로, 속지주의적 경향이 강한 그의 이론이 그들의 이익을 지키는데 유용하였기 때문이다. 이들은 원칙적으로 각국은 속지법적으로 자국 내에 있어서는 절대적으로 자국법을 적용하는 것이 옳다고 하면서, 다만 신분과 능력에 대해서는 외국인의 속인법으로서 외국법을 적용할 수 있는데, 이는 국제예양(國際禮讓; Comité, comitas gentium, comity of nations)에 의하는 것이라 하였다. 학자로는 보트(Paul Voet, 1619~1667; Johannes Voet, 1647~1714) 부자와 후베르(Ulrich Huber, 1636~1694) 등이 있다.

국제예양설을 일목요연하게 정리한 후베르의 학설을 요약하면 다음과 같다. "① 각국의 법은 그 영토 안에서만 적용되며, 영토 밖으로는 미치지 못한다. 그러나 그 법은 영토 내의 모든 신민(臣民)을 구속한다. ② 일국의 영토 내의 모든 사람은 영주자든 일시적 거주자든 막론하고 모두 그 나라의 신민으로 본다. ③ 각국의 군주는 각국의 영토 내에서 효력을 가지는 각 민족의 법이 다른 나라의 군주의 권력과 시민의 권리를 해치지 아니하는 한, 예양으로써 자국 내에서 효력을 가지는 것을 승인할 수 있다."

이 학설은 후에 스토리(J. Story)에 의하여 영미에 도입되어 그 기틀을 이루었다.

이러한 국제예양설은 자국 내에서 외국법이 적용되는 근거를 제공하였다는데 의의를 가지고 있다고 할 수 있으나, 이를 예양에서 찾음으로써 결국은 국제사법이론이 국수주의적 경향을 띠도록 하였다는 비판을 받고 있다. 이는 궁극적으로는 법의 저촉을 부인할 수 있는 근거가 되었다는 것이다.[4]

Ⅳ. 새로운 개념 ── 본거설

독일에서도 19세기에 이르기까지는 법칙구별설이 지배하고 있었으나, 헤르트(Johan Nikolaus Hert, 1651~1710) 같은 학자들은 네딜란드의 국제예양설에 대해서는 반대하면서 독자적으로 연구하여 법칙구별설을 더욱 발전시켰다. 19세기 중반에 들어와서 사비니, 셰프너(Schäffner), 베히테르, 바(Bar) 등과 같은 학자들에 의하여 국제사법 학설이 획기적으로 발전하였는데, 이들은 이전의 법칙구별설을 극복하고 새로운 이론을 정립하였다. 특히 이 중에서도 법칙구별설의 극복의 단초를 연 것은 베히테르(Carl Georg von Wächter, 1797~1880)이었으나, 이를 체계적으로 정립한 사비니의 이론이 가장 크고 뚜렷한 영향을 남겼다고 할 수 있다.

전통적 로마법학자(Römanisten)이었던 사비니(Carl Friedrich von Savigny, 1779~1861)는 그의 명저 현대로마법체계(System des heutigen römischen Rechts, 1849)에서 국제사법의 기초를 상호교통하는 민족의 국제법적 공동체에서 찾아야 한다고 하고, 법규와 법률관계를 고찰하여 국제사법상의 문제를 해결하려고 하였다. 다시 말하면 그는 법률관계의 성질에 따라 각기 적용할 법을 찾아야 한다고 하여, 준거법을 찾기 위해서는 각 법률관계가 어디에 본거(本據; situs, Sitz) 내지 고향(Heimat)을 두고 있는지 찾아내서 이에 근거하여 준거법을 정해야 한다고 하였다.

그가 제시한 법률관계의 본거를 결정하는 중요한 인자는 다음과 같은 것이다.

---

4) 박기갑, 96면; 박상조/윤종진, 33면.

① 법률관계와 연결된 사람의 주소(domicile) : 주로 능력, 상속, 가족관계와 관련된 것

② 법률관계와 관련된 물건의 소재지(rei sitae) : 주로 물권에 관한 것

③ 법률관계가 행해진 장소 : 계약상의 의무를 지배

④ 법원의 소재지 : 절차사항

사비니의 이러한 이론은 섭외적 사법관계가 어느 나라에서 재판을 받건 간에 동일한 판결이 되어야 한다는 보편주의 내지 세계주의를 이상으로 하고 있다. 이는 당시 세계의 국제사법 학계와 입법을 풍미하던 당시의 상황을 반전시켜, 법칙구별설에 대한 반성과 아울러 새로운 이론의 수립을 생각케 하였다.

◎ **본거(本據)**

본거라 함은 어떤 법률관계가 특히 중심적 관련을 가지는 특정장소를 말한다. 예컨대 사람에 관해서는 본국 또는 주소지, 물권에 관해서는 물건의 소재지에 그 본거가 있다고 한다. 종래의 국제사법 학설은 법을 인법과 물법으로 구별하여 인법에 대하여는 속인법을, 물법에 대하여는 속지법을 각각 준거법으로 하는 이른바 법규분류학설을 취하고 있었으나, 모든 법을 기계적으로 이분하는 것은 법률관계의 실질을 반영하지 못하는 문제가 있어 비판을 받게 되었다. 그리하여 사비니는 법률관계의 성질에 따라 각기 적용할 법을 찾아야 한다고 하여, 준거법을 찾기 위해서는 각 법률관계가 어디에 본거(situs, Sitz) 내지 고향(Heimat)을 두고 있는지 찾아내서 이에 근거하여 준거법을 정해야 한다고 한 것이다.

V. 민족주의로의 회귀 — 신이탈리아학파

19세기까지의 이탈리아는 로마제국 이래 분열된 상태로 있었으므로 이를 통일시키기 위한 시도가 일어났다. 피렌체의 만치니(Pasquale Stanislao Mancini, 1817~1888)는 이를 위하여 모든 경우에 속인주의적인 준거법을 적용할 것을 주장하였다. 그에 의하면 하나의 민족으로 구성된 나라에 있어서 법이란 항상 그 민족을 위하여 제정되는 것이며, 이러한 법은 그가 어디에 있건 적용되는 것

이다. 따라서 사람의 지위는 항상 본국법에 의하게 되며 주소지법 등에 의할 수 없는 것이라고 하고, 법률은 사람을 위한 것이지 물건을 위한 것이 아니므로, 법률이란 원칙적으로 인법이며, 물법은 부차적인 것에 불과하다고 하였다. 그는 물론 모든 경우에 본국법이 적용되어야 한다는 것은 아니고, 예외적으로 속지주의에 따르는 경우도 예정하였는데, 그러한 예로 주장된 내용을 정리하면 다음의 세 가지이다. ① 계약에 적용될 법은 당사자의 자유의사에 맡겨야 한다. ② 편의상 행위지법이 "장소는 행위를 지배한다(Locus regit actum)."는 원칙에 따라 행위의 방식의 문제에 적용되어야 하며, ③ 본국법이 법정지법의 공서에 위반될 때에는 본국법의 적용을 포기한다.

만치니의 이러한 이론은 이탈리아에서 선풍적인 지지를 얻어, 1865년의 이탈리아 민법전의 제정에 지대한 영향을 미쳤고, 이어 1889년의 스페인 민법전, 및 1896년의 독일민법시행법 기타 일본법과 대한민국법 등 많은 나라의 입법에 영향을 미쳤다.[5] 이론가로서 이를 따르는 학자로는 이탈리아의 에스페르손(Esperson)과 피오레(Fiore)외에도 벨기에의 로랑(F. Laurent)과 롤랭(Rolin) 그리고 프랑스의 바이스(André Weiss) 등이 있는데, 이 학설은 영미를 제외하고는 전세계적인 지지자를 얻었다.

만치니에 의해 주도된 이 이론은 이탈리아를 중심으로 발전하였다는 의미에서 이전의 법류분류학설과 구별하여 신이탈리아학파라고도 하고, 속인법적 경향이 강하다는 의미에서 속인법학파라고도 한다. 그러나 이 학설은 현대에 들어와 다수 민족으로 구성된 국가가 증대하고, 사람들의 이동이 빈번한 현대에서는 받아들일 수 없는 이론이라는 비판이 있다. 이러한 비판은 그후 본국이라는 연결점을 대체하는 일상거소의 개념이 탄생하는 밑거름이 되었다.[6]

후에 이 이론은 프랑스의 필레(Antoine Pillet, 1857~1926)의 주권충돌이론으로 발전되었다. 그는 법률충돌은 주권의 최대한 존중이라는 원칙에 비추어 해결되어야 한다고 하면서, 그 축으로서 속인성이 강한 「영구성」과 속지성이

---

[5] 실제 본국법주의를 최초로 입법에 도입한 것은 1804년의 프랑스 나폴레옹 민법전인데, 이는 Mancini의 학설과는 무관하다.

[6] 박상조／윤종진, 35면.

강한 「일반성」의 두 가지를 제시하였다. 여기서 영구성이란 개인이 어디에 있든 따라 다니는 법성질을 말하고, 일반성이란 영토 내에 있는 모든 사물에 대한 지배력을 말하는 것인데, 이 두 가지의 충돌이 있을 때 목적에 따른 배분원칙에 따라 개인적 이익의 보호측면이 강한 경우에는 영구성이 우선하고, 사회질서의 보호측면이 강한 경우에는 일반성이 우선한다고 보았다. 필레의 이론은 명쾌하다는 점은 인정되나 대체로 국제법적 접근방법을 취한 것으로서 현실성이 떨어진다는 비판을 받고 있다.[7]

VI. 영·미의 국제사법

18세기초에 이르기까지도 영국에서는 보통법에 의하여 보편적인 상관습법이나 해상법이 발전하여, 배타적·획일적으로 시행되었으므로 법률충돌문제가 발생할 여지는 거의 없었다. 그러나 미국의 경우는 각 주(州)가 서로 다른 법 아래에서 움직이고, 또 유럽 대륙으로부터 많은 이민자가 들어왔기 때문에 비교적 일찍부터 법률충돌 문제에 관심을 가지게 되었다. 이후 영국에서 법률충돌문제에 대해 관심을 가지고 발전시킨 것은 네덜란드의 이론이었다.

대체로 볼 때 영미의 국제사법은 속지주의적 색채가 강하고, 속인법에 대해 주소지법주의를 취하며, 또 외국법 적용근거를 국제예양에 두고 있다는 점에 특색을 가지고 있다.

1. 영·미 각국의 국제사법

(1) 영 국

영국의 국제사법 이론을 수립하고 발전시킨 것은 헨리(Jabez Henry)를 위시하여, 웨스트레이크(Westlake), 푸트(Foote), 다이시(Albert Venn Dicey, 1835~1922), 체샤이어(Geoffrey Chevalier Cheshire, 1886~1978) 등이다. 특히 다이시의 저촉법(Conflict of Laws, 1896) 교과서는 명저로서 높이 평가받고 있으

---

7) 박기갑, 102면.

며, 체샤이어의 이론이 나오기까지는 절대적인 지지를 받았다.

(2) 미 국

미국의 국제사법 저술은 처음 리버모어(Samuel Livermore, 1786~1833)와 켄트(James Kent, 1763~1847)에 의해 이루어졌으나, 실제 그 기틀을 세운 것은 스토리(Joseph Story, 1794~1845)의 「법률충돌론 주석」(Commentaries on the Conflict of Laws, 1934)이라고 할 수 있다. 그는 이를 통하여 영미는 물론 유럽대륙의 사비니, 바 등과 같은 저명한 학자에 이르기까지 각국 국제사법 전반에 지대한 영향을 주었다. 그의 국제사법에 관한 3대 기본원칙은 후베르의 영향을 받아 이루어진 것인데, 그 주요 내용은 다음과 같다. "① 각국은 각기 그 영토 내에서 주권과 재판권을 가지며, 따라서 각국의 법률은 그 영토 내의 모든 사람과 재산, 그리고 모든 법률행위에 대해 직접 효력을 미친다. ② 어느 나라도 그 영토 밖에 있는 재산이나 사람에 대해 국적을 불문하고 법적 효력을 미치게 할 수 없다. ③ 한 나라의 법률이 외국에서 어떠한 효력을 가지는가는 전적으로 그 외국의 법에 의하여 결정된다. 그 나라의 법제에 외국법에 관한 규정이 없을 때에는 국제예양에 따라 외국법을 채용한 것으로 추정한다."

20세기에 들어와 미국의 국제사법은 비일(Joseph Henry Beale, 1861~1943)에 의해 일신되었다고 할 수 있다. 그는 방대한 수의 판례를 정리하여 미국의 국제사법의 체계를 세우고, 1934년에는 리스테이트먼트(Restatement of the Law of Conflict of Laws)를 기초하였는데, 이는 1971년 리스(Willis L. M. Reese, 1913~1990)를 중심으로 한 일단의 학자들에 의해 제2 리스테이트먼트(Restatement of the Law Second, Conflict of Laws)로 고쳐 발간되었다. 제2 리스테이트먼트는 종래의 제1 리스테이트먼트가 기계적으로 정해진 법을 적용하였던 것에 비하여, 그 경직성을 완화하고, 「가장 밀접한 관계(the most significant relationship)」를 계약, 불법행위 등의 분야에 도입하는 등 혁신을 가하였다고 평가되어 있는데, 우리 국제사법도 가장 밀접한 관계 이론을 도입하고 있다. 다만 아직도 미국에서 제1 리스테이트먼트를 따르고 있는 주가 3분의 1 정도는 된다고 한다.

◎ **리스테이트먼트**(Restatement of the Conflict of Laws)

리스테이트먼트는 미국법률협회(American Law Institute)가 미국법의 주요 분야에서 가장 권위적인 학자를 위촉하여, 판례를 중심으로 발달한 여러 가지의 영역에 대해 판례의 내용을 검토케 하고, 법역에 따라 나뉘어진 판례에 대해서는 당해 준칙의 합리성을 기준으로 취사선택한 것을 조문의 형태로 정리하고, 이에 설명을 붙여 간행한 것이다. 계약법, 불법행위법, 신탁법, 부동산법, 대리법, 국제사법 등이 있다. 리스테이트먼트는 법원으로서의 효력은 없지만(즉 법은 아니지만), 당사자들이나 판례 중에서도 자주 인용되어 실제상의 권위는 매우 높다. 그리고 주별로 각각인 미국법의 통일에도 일정한 역할을 하고 있다.

2. 주요 이론

(1) 기득권 이론

기득권 이론(the theory of vested rights)은 다이시와 비일에 의해 대표되는 이론이다. 이는 처음 다이시에 의해 주장되었는데, 그는 영국의 법원은 외국법을 적용하지 않으며, 자기 나라의 법을 적용하는 것이라고 하고, 만약 외국법을 적용한다고 하여도 실제 적용하는 것은 외국법이 아니라, 그 외국법 하에서 적법하게 취득된 권리라고 하였다. 그에 의하면 국제사법은 외국법에 의하여 적법하게 취득된 기득권을 보호한다는 것을 기본원리로 삼고 있다고 한다. 그는 후베르(Huber)의 영향을 받아 한 나라의 법질서는 그 영토 내의 모든 사람과 물건을 지배한다는 법의 속지성을 인정하면서, 개개의 경우에 기득권을 발생케 하기 위하여 적용되는 법이 어떤 법인가를 판례에서 찾아 이들 법규를 정립하려 하였던 것이다.[8]

이 이론은 비일에 의해 지지되었는데, 그는 법원이 외국법을 적용하는 것은 이를 법으로서가 아니라 그 외국법이 부여한 권리를 법정지 국제사법의 입장에서 이를 승인한 것에 지나지 않는다고 하였다. 비일의 이론은 그가 기초한 1934년의 국제사법 제1 리스테이트먼트에 반영되었고, 후에 홈즈(Oliver Wendell Holmes Jr., 1841~1935) 대법관도 이에 따랐다.

---

8) 서희원, 36면 주2).

요컨대 기득권 이론은 후에 체샤이어와 쿡에 의하여 영미의 보통법체계와 조화되지 않는다는 비판을 받기는 하였으나, 성문법이 아니라 판례법에 의하여 규율되는 보통법의 성립과정을 반영한 이론이라고 할 수 있을 것이다.

(2) 지역법 이론

지역법 이론(local law theory)은 외국법의 적용이 자국의 주권에 반하지 않는다는 점을 설명하기 위하여 미국에서 주장된 이론이다. 이 이론을 주장한 대표적 학자는 쿡(Walter W. Cook)인데, 그에 의하면 법원은 항상 그 자신의 법을 적용하는데, 그 과정에서 법원은 다른 주 또는 외국법 중에서도 발견되는 규범을 자신의 법으로 채택하여 적용한다고 하였다. 이때 적용되는 외국의 법에서 발견되는 자신의 법을 지역법(local law)라고 한다. 쿡의 이론은 법적 권리란 법원이 원고를 안심시키는 예언(prediction)에 지나지 않는다는 미국의 법현실주의자들의 이론에 그 배경을 두고 있다. 그에 의하면, 권리는 법원이 추후에 그것을 집행하기 전까지 독자적으로 존재하는 것이 아니므로, 국제사법상 기득권을 집행(enforcing vested rights)하는 것은 있을 수 없다는 것이다.[9] 이 이론은 제1 리스테이트먼트의 엄격성을 비판하고, 사회적 정의와 실천적 편의를 고려하여야 한다는 취지에서 발전하였다. 로렌첸(Ernest G. Lorenzen), 핸드(Learned Hand) 판사와 이탈리아의 아고(Ago) 등이 이 이론의 지지자이다.

Ⅶ. 국제사법의 개혁 ― 기능적 분석방법론

미국의 저명한 국제사법학자인 비일(Beale)의 이론은 스토리의 이론을 계승한 정통적인 이론으로서 리스테이트먼트에 반영되었다. 그러나 그것이 가지는 법선택원칙의 경직성과 미리 정하여진 일정한 국가의 법을 기계적으로 적용함으로써 사건에 대해 가장 적정한 결과를 도출할 수 있다고 하는 보통법 법원이 가지는 장점을 반영하지 못할 뿐 아니라, 경우에 따라서는 현실적으로 불합리

---

9) 신창선, 43면.

한 결과가 생기게 한다는 비판을 받게 되었다. 이에 리스(Reese)를 비롯한 학자들에 의하여 경직성을 완화하고, 「가장 밀접한 관련(the most significant relationship)」원칙을 도입하는 제2 리스테이트먼트가 기초되어 새로운 국제사법의 지평을 열게 되었다.

이에 대해 유럽대륙의 학자들의 반응은 획기적인 것이라고 하면서도 당연히 부정적이었다. 그만큼 미국의 신이론은 기존의 유럽대륙의 이론과는 여러 가지로 달랐던 것이다. 이들 신이론은 각국 실질사법의 내용을 파악함이 없이 단지 미리 정해진 법선택 원칙에 따라 기계적으로 준거법을 선택하는 전통적 국제사법에 비하여, 미리 관련된 각국 실질법의 내용을 구체적으로 검토·분석하여 개개의 사건에 가장 타당하다고 생각되는 법을 선택케 한다는 점에서 근본적인 차이를 가지고 있다. 이들은 그 근거로서 「법의 목적(policy)」, 「정부의 이익」, 「가장 밀접한 관련」, 「보다 좋은 법(better law)」 등을 내세우고 있는데, 이러한 방법론을 기능적 분석방법론이라 한다. 이 방법론은 1963년 미국 뉴욕주 법원에 의하여 받아들여졌는데, 이것이 바로 유명한 뱁콕(Babcock v. Jackson) 판결이다.[10]

간단히 사건의 개요를 살펴보면, 1960년 가을, 뉴욕주에 살고 있는 피고인 잭슨(Jackson)부부는 같은 주민인 뱁콕(Babcock)양을 초청하여 캐나다의 온타리오로 주말여행을 가던 중 그만 운전부주의로 사고를 내어 뱁콕에게 심각한 부상을 입혀서 뱁콕이 뉴욕주법원에 손해배상 청구를 한 사건이다. 본래 전통적 국제사법이론이나 제1 리스테이트먼트에 의하면 불법행위의 준거법은 불법행위지법이 된다. 따라서 이 사건에서는 사고발생지인 온타리오의 법이 적용되어야 하는 사안이었는데, 온타리오 법에 의하면 호의동승의 경우에는 운전자에게 중과실이 없는 한 손해배상청구권이 인정되지 않도록 규정되어 있었으므로 그러한 규정이 없는 뉴욕주의 법원에 뉴욕주의 *法*을 적용해서 재판해 주도록 청구한 것이다. 이에 대해 뉴욕주 항소법원은 뉴욕주의 법을 적용하여 손해배상을 인정하였는데, 그 이유는 온타리오의 관련성은 우연히 사고가 그곳에서

---

10) Babcock v. Jackson, 12 N.Y. 2d 473, 191 N.E. 2d 279, 240 N.Y.S.2d 743, 95 A.L.R.2d. 1, Court of Appeals of New York, 1963.

발생하였다는 것 뿐인데 비하여, 원고와 피고가 모두 뉴욕주에 살고 있을 뿐 아니라, 사고차량이 뉴욕주에 등록되어 있고, 뉴욕주에서 보험에 가입되어 있으며, 사고의 원인인 여행의 출발지와 도착지가 모두 뉴욕이므로 뉴욕주에 보다 밀접하게 연결되어 있다는 점에서 뉴욕주의 법을 적용하는 것이 보다 타당하다는 것이다. 뿐만 아니라, 온타리오의 법이 호의동승자 간의 사고에 중과실을 요구하는 것은 상호 간의 공모에 의해 보험금을 타내는 것을 방지하기 위한 것인데, 이 사고에 있어서는 보험회사가 뉴욕주의 회사여서 그러한 이익을 받을 수 없으므로 뉴욕주의 법을 적용하는 것이 타당하다는 것이다.

이 판결은 미국에서 제2 리스테이트먼트의 성립을 촉진하고, 여기에 「가장 밀접한 관련」 원칙을 도입하는 계기가 되었다.[11]

이후 기존의 국제사법이론으로서는 새로운 시대의 변화에 대처할 수 없고, 바람직한 결과를 얻을 수 없다고 해서 유럽대륙에서도 많은 국가들이 국제사법을 개정하였다. 그런데 이들 개정법들은 모두 종전까지도 비판적이었던 미국의 영향을 받고 있다는 점이 흥미롭다.

제 2 절 국제사법의 법원(法源)

다른 제외국과 마찬가지로 우리나라도 국제사법이라는 이름의 성문저촉법규를 가지고 있어서, 이 법이 외국과 관련된 요소가 있는 사법관계의 저촉법을 지정하고 국제재판관할을 정하고 있다. 이러한 형식적 의의의 국제사법 외에도 실질적 의의의 국제사법에 속하는 것으로 주장되고 있는 것으로는 외국판결의 승인에 관한 민사소송법 제217조와 민사집행법 제26조 내지 제27조의 규정, 그리고 국제사법공조에 관한 「국제민사사법공조법」, 중재에 관하여 중재법, 국제도산과 관련하여 「채무자회생 및 파산에 관한 법률」 제2조[외국인의 지위] 등이 있다. 그러나 좁은 의미의 국제사법, 즉 저촉법에 한정해서 보면 형식적 의미의

---

11) 박상조/윤종진, 42면.

국제사법 외에 실질적 의미의 국제사법을 찾기는 쉽지 않다.

물론 국제사법의 법원에 불문법도 생각할 수 있는데, 민법 제1조의 취지상 당연히 성문법의 흠결시에는 관습법과 조리 등이 이를 보충할 수 있을 것이다. 다만 구섭외사법 제28조는 "상사에 관한 사항에 관하여 본장(섭외사법 제3장)에 다른 규정이 없는 사항은 상관습에 의하고, 상관습이 없으면 민사에 관한 준거법을 적용한다."고 규정하고 있어서 흡사 상사에 관하여만 관습법이 적용되는 것으로 오인할 수 있었으므로 현행 국제사법은 이러한 규정을 삭제하였다. 따라서 민사관계나 상사관계를 막론하고 당연히 관습법이나 조리가 적용될 수 있다. 다만 국제사법상의 조리는 성질상 학설의 도움을 많이 받게 된다는 특성이 있으나, 순수한 판례나 학설은 어디까지나 성문법주의를 취하는 우리나라에서는 법원이 되기 어려운 실정이다.

국내법과 아울러 국제사법은 국제조약 등 국제법적 법원에서도 찾을 수 있는데, 이하에서는 이들 두 가지의 법원에 대해 살펴보기로 한다.

I. 국내법적 법원

1. 국제사법의 연혁

국제사법은 애초부터 학설을 중심으로 발전해 왔고, 18세기에 들어와 비로소 성문화되기 시작했다고 한다. 그러나 실제 중요한 의미를 가지는 것은 1804년의 프랑스 나폴레옹 민법전(code civile)이라고 할 수 있는데, 동법 제3조에 다음과 같은 내용이 규정되었다.

제1항 경찰 및 안녕에 관한 법률은 영토 내에 거주하는 모든 자를 구속한다.

제2항 부동산은 외국인의 소유일지라도 프랑스법에 의하여 지배된다.

제3항 사람의 신분 및 능력에 관한 법률은 외국에 있는 프랑스인도 지배한다.

이들 규정은 제1항부터 각기 공서의 원칙과 부동산물권에 대한 소재지법주의, 그리고 신분 및 능력에 관한 본국법주의의 원칙을 정한 것으로서 비교적 간단히 규정된 것임에도 불구하고 그 후의 유럽 대륙의 입법에 큰 영향을 미쳤다.

이후 1811년 오스트리아 국제사법을 시작으로 여러 국가에서 국제사법이 성문화되었는데, 1829년의 네덜란드, 1865년 이탈리아, 1867년 포르투갈, 1888년 스페인, 1891년 스위스, 1896년 독일, 1898년 일본 등지에서 국제사법의 입법이 이루어졌다. 이러한 입법은 20세기에 들어와서도 계속되어 1916년 브라질, 1918년 중화민국, 1926년 폴란드에서 국제사법이 입법되었다. 그런데 이전의 국제사법들은 프랑스나 이탈리아의 경우처럼 民法에 부속하거나, 독일의 경우처럼 민법시행법(Einführungsgesetz zum Bürgerlichen Gesetzbuch; EGBGB)과 같은 타 법령에 부속되는 것으로서 독자적인 법전을 가지지 못하였으나, 폴란드의 국제사법은 국제사법이라는 이름을 가진 독립법전으로서 입법되어 커다란 의의를 가지고 있다.

이러한 입법은 제2차 세계대전 후에도 계속되어 우리나라의 섭외사법과 같이 새로운 법률이 입법되는 예가 많아졌다. 당시의 이 법률은 독립된 단행법전이라는 점 외에도, 그 규정이 점차 상세해지는 경향을 가지고 있었다.

참고로 영미에서는 성문법전을 가지고 있지 않으므로, 미국에서는 각주에서 각기 판례법에 의하여 규율하고 있으나,[12] 이를 정리하기 위하여 미국법률가협회(American Law Institute)를 중심으로 리스테이트먼트(Restatement of the Law of Conflict of Laws)를 발표하고 있는데, 1934년에 제1 리스테이트먼트가 발표되었고, 1971년에는 제2 리스테이트먼트가 발표되었다. 이 중 제2 리스테이트먼트는 제1 리스테이트먼트의 엄격성을 완화하고 새로운 저촉이론을 도입한 것으로서 이후의 입법과 학설발달에 큰 영향을 미쳤다.

먼저 1978년 오스트리아 개정국제사법은 「가장 강한 관계(die stärkste Beziehung)」에 의해 준거법을 정하도록 하였고, 1979년의 헝가리의 개정법도 미국의 신축성 있는 국제사법이론을 채용하였다.

1986년의 독일 민법시행법(EGBGB)의 개정은 인(人)·가족법과 상속, 반정, 공서 등의 부분에서 이루어지고, 물권이나 불법행위는 후일로 미루어졌는데, 여기서는 양성평등원칙과 선택적 준거법지정주의가 도입되었고, 또 연결점

---

12) 루이지애나(Louisiana)주는 프랑스법계에 속하기 때문에 여기는 성문민법이 있고, 이 속에 국제사법 규정이 포함되어 있다.

의 하나로 일상거소(habitual residence)의 개념과 「가장 밀접한 관계(the most significant relationship)」 원칙이 도입되었다. 특히 계약에 관해서는 1980년의 「계약상의 의무에 적용될 준거법에 관한 EC 협약」을 채용하였는데 여기서도 마찬가지의 개념들을 도입하였다.[13]

한편 1989년 스위스는 「국제사법에 관한 연방법」을 제정하였는데, 여기서는 재판관할, 준거법 결정, 외국판결의 승인문제 등을 도입하는 등 혁신적인 내용을 담고 있다. 이 법에서는 기존의 법률관계 외에 지적 소유권, 파산, 국제중재, 제조물책임, 불공정 경쟁 등 새로운 법률관계에 대해서도 규정하고 있다.

2. 우리 국제사법의 연혁

현행의 국제사법은 법률 제6465호로 2001년 4월 7일 개정 공포되어 같은 해 7월 1일자로 시행된 것을 토대로 한다. 이 법의 시행 전에는 법률 제966호로 1962년 1월 15일 제정 공포된 「섭외사법」이 있었고, 그 이전에는 일본의 「법례(法例)」가 의용되고 있었다. 법례는 일본의 강점에 의하여 우리나라에 강제적으로 도입된 최초의 국제사법이라 할 수 있으나, 상사에 관한 규정을 가지지 않은 점을 제외하고는 섭외사법과 큰 차이가 있는 것은 아니었다.

여기서 참고로 일본의 법례의 입법경과를 잠시 일별하면,[14] 이는 1898년에 일본 민법과 함께 제정되었으나 당시로서는 독일의 민법시행법규정보다도 진일보한 것으로 평가받고 있었다. 그러나 2차대전 후 미국을 비롯하여 유럽 대륙에 불어닥친 국제사법 개정의 신경향은 1989년 일본의 법례 개정에도 나타났다. 이 개정은 독일과 마찬가지로 능력과 가족법 관계 등 부분적인 개정에 그쳤는데, 이어 2006년에는 「법의 적용에 관한 통칙법」이란 이름으로 전면개정하였다. 이는 위와 같은 국제사법의 흐름에 발맞춘 것으로 볼 수 있다.

---

13) 다만 1986년의 개정은 미국의 혁명적 이론의 도입이 명백히 거부된 것이라는 입장도 있다. 여기에 대해 새로운 방법론은 ① 실무적으로 볼 때 법적 안정성에 기여할 수 없고, ② 새로운 입법에 기초를 제공할 수 있을 정도로 일치된 관념이 형성되어 있지 않으며, ③ 법적용의 예측가능성이나 불변성이 결여되어 있기 때문에, 입법자들로 하여금 분쟁시에 발생하는 이해관계를 조정하기 위한 규정의 제정을 어렵게 한다는 점을 들어 거부했다고 한다. 장문철, 86면 참조.

14) 일본의 경우에는 상술한 법규 외에도 「유언의 방식의 준거법에 관한 법률」(1964)과 「부양의무의 준거법에 관한 법률」(1986) 등의 특별법이 있다.

2001년의 우리 국제사법의 전면개정도 이와 같은 맥락으로 파악할 수 있으며 당연히 획기적인 것이라고 할 수 있다. 종래 우리 섭외사법의 경우, 해양구조에 관한 1개 조문이 1999년 2월 5일에 개정[15]된 것을 제외하면, 제정된 이후 30년 가까운 세월이 지나도록 방치되다시피 하였으나, 국제사법은 이를 전면적으로 손질하여 전문을 개정하였으며(2001.7.1.), 그 후 2011년 5월 19일 일부 개정[16]과 후술하는 2022년의 개정이 있었을 뿐이다.

3. 2001년 개정 국제사법의 주요골자[17]

(1) 법 명칭 및 체제의 변경

법 명칭을 현재 국제적으로 널리 통용되는 국제사법으로 변경하였다.

한편 구섭외사법은 「총칙」, 「민사에 관한 규정」, 「상사에 관한 규정」 등 3장으로 구성되어 있었으나, 개정법률에서는 이를 세분하여 「총칙」, 「사람」, 「법률행위」, 「친족」, 「상속」, 「물권」, 「채권」, 「어음·수표」, 「해상」 등 9개의 章을 두었다.[18]

(2) 남녀평등의 구현

구섭외사법은 혼인의 효력, 부부재산제, 이혼 및 친생자에 관하여 夫의 본국법을 준거법으로 하고, 친자간의 법률관계에 관하여는 父의 본국법을 준거법으로 하는 등 처법(妻法)에 대한 부법(夫法)의 우위, 모법(母法)에 대한 부법(父法)의 우위를 인정함으로써 헌법이 보장하고 있는 남녀평등의 원칙에 반한다는 비판을 받아왔다.

따라서 국제사법은 혼인의 효력에 있어 부부 공통의 속인법을 준거법으로 지정하고 이를 부부재산제, 이혼에 준용하는 등 종전 섭외사법의 규정을 적절

---

15) 섭외사법 제47조의 제목 「(해난구조)」를 「(해양사고 구조)」로 하고, 같은 조 본문 중 「해난구조」를 「해양사고 구조」로 하는 것으로서 해난심판법의 개정에 따른 자구수정에 불과한 것이었다.
16) 국제사법 제24조의 제목 「(지적재산권의 보호)」를 「(지식재산권의 보호)」로 하고, 같은 조 중 「지적재산권」을 「지식재산권」으로 개정한 것으로서, 지식재산 기본법의 개정에 따른 자구수정에 불과하다.
17) 국제사법해설, 11면 이하에서 전재함.
18) 이하 이 항목에서의 조문은 2001년 개정법의 조문이다.

히 수정함으로써 가족법 분야에 있어 남녀평등의 원칙을 구현하였다(구 국제사법 제37조 내지 제40조, 제45조).

(3) 「상거소」 개념의 도입

국제사법은 국제적인 조류에 부응하여 국제조약 및 다수 입법례에서 사용하는 상거소(habitual residence)[19]를 새로운 연결점으로 도입하였다(제3조 2항, 제4조, 제37조 내지 제39조, 제41조, 제42조, 제45조, 제46조, 제49조 및 제50조 등).

국제사법은 또한 가족법 분야에 있어 원칙적으로는 종래의 본국법주의를 유지하였으나, 혼인의 일반적 효력, 부부재산제, 이혼, 혼인 외의 친자관계, 상속, 유언 등에서 상거소지법을 본국법과 선택적·보충적으로 적용하도록 하였고(제37조 내지 제39조, 제41조, 제42조, 제45조, 제49조 및 제50조), 부양에서는 부양권리자의 상거소지법을 원칙적 준거법으로 삼았다(제46조).

한편 소비자계약, 불법행위 등에서도 상거소를 연결점으로 채택하여 상거소지법에 의하도록 하였고(제27조, 제32조), 중국적자와 무국적자에 대한 속인법의 결정기준으로서 상거소지법이 도입되었으며(제3조 2항), 상거소를 알 수 없는 경우의 결정방법에 대한 규정도 신설하였다(제4조).

(4) 국제재판관할 규정의 신설

국제민사사건에 대하여 어느 나라의 법원이 재판할 권한을 갖는지의 문제인 국제재판관할에 관하여 종전 국내법상으로는 이를 규정하는 성문법규가 존재하지 아니하였다. 국제재판관할의 문제는 국제민사소송이 빈번한 현실에 있어 그 중요성이 날로 증대되고 있으므로 국제사법은 그에 대한 근거규정을 마련하였다.

다만, 현 단계에 있어서 완결된 내용의 국제재판관할 규정을 두기는 어려운 실정이므로 과도기적인 조치로서 총칙에서는 종래 대법원 판례가 취해온 입장을 반영하여 국제재판관할에 관한 일반원칙을 규정하고(제2조), 각칙인 채권의

---

19) 상거소라는 용어는 2022년 개정법에서는 일상거소로 변경되었다.

章에서 사회·경제적 약자인 소비자와 근로자를 보호하기 위하여 소비자계약
및 근로계약과 관련된 사건에 관하여 국제재판관할에 관한 특칙을 규정하였다
(제27조, 제28조).

(5) 법 흠결의 보충과 완결된 국제사법 체제의 지향

국제사법은 종전에 아무런 규정이 없던 권리능력, 법인 또는 단체, 임의대
리, 운송수단, 이동 중의 물건, 채권 등에 대한 약정담보물권, 지적재산권, 채무
인수, 법률에 의한 채권의 이전, 準正 등에 관한 규정을 신설하여 법의 미비를
보완함으로써 법적 안정성을 확보하였다(제11조, 제16조, 제18조, 제20조, 제22조
내지 제24조, 제34조, 제35조 및 제42조).

또한 그간 학설상 논란이 있었던 외국법의 적용문제, 준거법의 지정범위, 내
국 강행법규의 적용문제 등에 대하여 명시적인 규정을 둠으로써 완결된 국제사
법 체제를 지향하였다(제5조, 제6조, 제7조).

(6) 「가장 밀접한 관련」원칙의 관철

국제사법은 가장 밀접한 관련이 있는 국가의 법을 각종 법률관계의 준거법
으로 지정함으로써 「가장 밀접한 관련」의 원칙을 도입하였으며(제3조, 제26조,
제37조 등), 위 원칙의 일환으로 사무관리, 부당이득, 불법행위 등 법정채권의
준거법 결정에 있어 기존의 당사자간의 법률관계를 규율하는 법을 원인된 사실
의 발생지법보다 우선 적용함으로써 법률관계와 준거법의 실질적 관련성을 담
보하였다(제30조, 제31조, 제32조 3항).

또한 구체적인 사건에서 준거법을 지정한 결과가 위 원칙에 부합하지 아니
하는 예외적인 경우에는 가장 밀접한 관련이 있는 다른 국가의 법을 적용하도
록 하는 예외조항을 마련함으로써 위 원칙을 관철하였다(제8조).

(7) 탄력적 연결원칙의 도입

국제사법은 종전에 법률행위의 방식에서만 인정되던 선택적 연결방법을 대
폭 확대하여 인정함으로써 각종 법률관계의 성립을 용이하게 하였다(제17조, 제

36조, 제40조 내지 제42조, 제50조 3항 등).

또한 구섭외사법에서는 인정되지 않던 단계적 연결방법(제37조 내지 제39
조) 및 보정적 연결방법(제46조)을 새로이 도입함으로써 다양한 연결점을 매개
로 하여 탄력적인 연결이 가능하도록 하였다.

(8) 반정의 인정범위의 확대

구섭외사법은 본국법이 적용되는 경우에만 반정(직접반정)을 허용하고 있으
나, 국제사법은 본국법외의 다른 법이 적용되는 경우에도 반정이 가능하도록
함으로써 그 인정범위를 확대하였다(제9조 1항). 다만, 부당한 확대를 방지하기
위해 반정을 인정하는 것이 국제사법이 정한 지정의 취지에 반하는 경우 등에
있어서는 반정이 인정되지 않는 것으로 하였다(제9조 2항).

한편 전정의 경우에는 어음·수표행위능력에 관하여만 제한적으로 인정하
는 종래의 입장을 그대로 유지하였다.

(9) 당사자자치 원칙의 확대

구섭외사법에서는 계약 분야에서만 당사자간의 의사에 의하여 준거법을 결
정할 수 있도록 하는 당사자자치원칙이 인정되었으나, 국제사법에서는 부부재
산제, 상속, 법정채권 분야에까지 당사자자치원칙을 인정함으로써 그 적용범위
를 확대하였다(제33조, 제38조, 제49조).

(10) 실질법적 내용의 고려

구섭외사법은 준거법으로 지정된 실질법의 내용을 거의 고려하지 않았으나,
국제사법에서는 子의 복지의 촉진과 사회·경제적 약자인 소비자 및 근로자를
보호하기 위한 국제사법적 차원의 조치로서 특별한 연결원칙을 마련하였다.

子의 복지를 촉진하기 위하여 子의 일상거소지법에 의하여도 혼인외의 친자
관계와 준정의 성립을 가능하게 하였고(제40조 내지 제42조), 소비자와 근로자
의 보호를 위하여 소비자계약의 경우 소비자의 일상거소가 있는 국가, 근로계
약의 경우 근로자가 일상적으로 노무를 제공하는 국가의 강행규정이 소비자나

근로자에게 부여하는 보호를 박탈할 수 없도록 하였다(제27조, 제28조).

(11) 국제조약의 고려

국제사법은 국제계약의 준거법 결정에 관하여 그 분야의 선진적 조약인 「계약상 채무의 준거법에 관한 EC협약」(1980, 속칭 로마협약)의 내용을 대폭 수용하였다(제25조 내지 제29조, 제34조, 제35조).

또한 부양 및 유언의 경우에는 「부양의무의 준거법에 관한 헤이그 협약」(1973) 및 「유언의 방식에 관한 헤이그 협약」(1961) 중 주요 내용을 반영하여 국제적 흐름과 조화를 도모하고자 하였다(제46조, 제50조 3항).

국제재판관할에 관하여는 「민사 및 상사사건의 국제재판관할과 외국판결의 승인·집행에 관한 EC협약」(1968, 일명 브뤼셀협약)과 그에 대한 병행협약인 일명 「루가노협약」(1988)을 참작하였다(제27조 4항 내지 6항, 제28조 3항 내지 5항).

4. 2022년의 개정

2022년 개정법률은 국제재판관할 규정을 대거 도입한 전부개정(법률 제18670호, 2022.1.4., 전부개정, 시행 2022.7.5.)이다. 관할 규정 외에는 거의 구법을 답습하고 있기 때문에 그 부분에 한정하여 살펴본다.

1999년과 2000년 섭외사법을 국제사법으로 개정하는 작업 당시에는 헤이그 국제사법회의가 아직 진행 중이어서 그 경과를 볼 필요가 있었기 때문에, 국제재판관할에 관한 과도기적 조치로써 단편적인 규정만을 두게 되었으나, 이후 2001년 유럽연합이 「민·상사사건의 재판관할과 재판의 집행에 관한 규정(브뤼셀규정 I)」을 도입하고, 이어서 2005년 헤이그 국제사법회의가 「관할합의에 관한 협약」을 성안하면서, 우리도 그동안 축적된 판례, 외국 입법례, 국제규범 성안 논의 결과 등을 검토하여 구체적인 국제재판관할 규정을 마련하게 되었다고 한다.[20]

---

20) 국회, 2102818_국제사법개정안 법제사법위원회 검토보고서, 9면.

II. 국제법적 법원

국제사법은 전통적으로 국내법이라고 하는 것이 일반적인 견해이나, 국내법으로 제정된 국제사법은 또 다른 법저촉을 야기하는 것이므로 국제조약에 의하여 국제사법을 통일할 필요성도 끊임없이 제기되어 왔다. 국제조약에 의하여 제정된 국제사법 규정은 각국이 모두 같을 것이므로 각국이 조약을 통하여 국제사법의 입법을 한다면 자연적으로 법저촉의 문제는 상당부분 해결될 수 있을 것이기 때문이다. 따라서 국내법설의 입장에서도 굳이 국제조약을 통하여 국제사법규정이 제정되는 것을 반대하는 것은 아니다.

국제사법의 통일의 필요성은 일찍이 사비니(F.C. von Savigny)에 의하여 주창된 이래, 많은 학자들이 이에 공감하고 있었다. 실제 국제사법 통일을 실천에 옮기기 위하여 애쓴 사람은 이탈리아의 만치니(P.S. Mancini)이다. 그러나 그도 살아서는 결과를 보지 못하였으나, 그의 사후 라틴아메리카 각국에서 결실을 볼 수 있게 되었다. 한편 만치니의 친구인 아세르(J.M.C. Asser)도 만치니의 사후 국제사법의 통일을 위하여 노력하였는데, 그는 네덜란드 정부의 도움을 얻어 헤이그 국제사법회의를 개최하는 성과를 얻었다.

그러나 이러한 국제조약들은 실제 전세계의 모든 나라들을 아우르는 것도 아니고, 또 국제사법상의 모든 사항을 포괄하는 것도 아니므로 아직은 제한적일 수밖에 없다. 다만 국제연합(UN)이나 유럽공동체(EC)를 중심으로 한 노력들은 많은 국가들을 끌어들이고 있고, 또 헤이그 국제사법회의의 경우에도 점차 비준국가가 늘고 있는 추세이다.

특히 현행의 국제사법은 이들 국제사법에 관한 국제조약을 대거 수용하여 입법되었는데, 먼저 「계약상 채무의 준거법에 관한 EC협약」(1980, 속칭 로마협약)은 제45조 내지 제49조, 제54조, 제55조에 반영되었고, 또한 부양 및 유언의 경우에는 「부양의무의 준거법에 관한 헤이그 협약」(1973) 및 「유언의 방식에 관한 헤이그 협약」(1961) 중 주요 내용이 반영되었으며(제73조, 제78조 3항), 또 국제재판관할에 관하여는 「민사 및 상사사건의 국제재판관할과 외국판결의 승인·집행에 관한 EC협약」(1968, 일명 브뤼셀협약)과 그에 대한 병행협약인 일명 「루가노협약」(1988)을 참고로 하여 제정되었다(제47조, 제48조).[21]

아래에서는 각 대륙 또는 주체별로 국제사법 조약들을 간략히 설명한다.

1. 아메리카 대륙

국제사법에 관한 통일운동이 최초로 결실을 맺은 것은 라틴아메리카 대륙에서부터이다.

(1) 리마(Lima) 조약

이는 1878년 페루정부의 발의로 리마에서 국제사법·국제형법·국제소송법 등에 관하여 체결한 조약이나, 페루 이외의 국가에서는 비준을 하지 아니하여 시행되지는 못하였다.

(2) 몬테비데오(Montevideo) 조약

몬테비데오 조약은 1888년 아르헨티나와 우루과이 양국 정부가 발의하여 몬테비데오에서 국제민법·국제상법·국제형법·국제소송법·저작권·특허권·상표권 등에 관하여 체결한 조약이다. 이 조약을 비준하지 않은 국가도 있었으나, 결국 시행이 이루어졌다. 제2차 몬테비데오 조약은 1939년 몬테비데오 회의의 50주년을 기념하여 국제민법·해상·형법·소송법 등에 관한 조약을 체결하였다.

(3) 부스타만테(Bustamante) 조약

1890년 미국에 의해 제의된 범미회의는 회를 거듭하여 결국 1928년 쿠바의 수도 하바나에서 쿠바의 학자 부스타만테가 기초한 소위 부스타만테 조약을 체결하였다. 미국은 이 조약을 비준하지 않았으나, 현재 10여개의 국가들에 의해 비준되어 시행되고 있다. 그 내용은 국제민법·국제상법·국제형법·국제소송법 등을 포함하고 있다.

---

21) 국제사법해설, 16면. 다만 이는 2022년 개정법에서는 다소 변화가 있다.

2. 유럽 대륙

유럽대륙은 그 지리적 특성으로 인하여 가장 국제사법의 통일의 필요가 크다고 할 수 있는데, 그래서인지 가시적인 성과도 가장 크다고 할 수 있다.

(1) 헤이그(Hague) 국제사법회의

국제사법에 관한 국제조약 중 가장 많은 조약이 헤이그 국제사법회의의 결과라고 할 수 있다. 이 회의는 당초 아세르의 건의에 의하여 1893년 네딜란드 정부가 개최한 것인데, 이때의 제1회 대회 이후 2000년까지 18회에 걸쳐 매 4년마다 회의가 개최되어 오고 있다. 이 회의는 본래 유럽대륙에만 한정된 것이었으나, 일본과 영국 그리고 미국을 비롯한 남미제국 등도 이 회의에 가입하여 지금 현재는 약 47개국 이상의 국가가 이 회의에 참가하여 전세계적인 규모로 발전하고 있다. 우리나라는 1997년 8월 네딜란드 정부에 수락선언을 기탁함으로써 이 회의에 가입하였다.

이 회의에서 합의된 사항은 개별적인 조약의 모습으로 이루어지는데, 대체로 볼 때 ① 사람의 신분, 능력 및 기타 관련 사항, ② 재산법 관련 사항, ③ 국제민사소송절차 등 3개 부문을 중심으로 하고 있다. 이 회의에서는 처음 본국법주의를 기조로 하고 있었으나, 최근에는 주소지법주의도 받아들이고 있으며, 현재 국제사법계의 신경향으로 되어 있는「일상거소」나「가장 밀접한 관련」등의 개념을 채용함으로써 유연한 입장을 보이고 있다. 바야흐로 이 회의는 국제사법 회의 중에서는 가장 중요한 것으로서 장래 국제사법 통일운동의 장래는 이 회의의 발전 여하에 달려 있다고까지 한다.[22]

(2) 기 타

이외에 유럽 대륙에서 체결된 국제사법 조약으로서 몇 가지가 있다. 먼저 제네바 회의는 1923년에서 1931년까지 수차에 걸쳐 중재, 어음, 수표에 관한 조약

---

22) 신창선, 62면.

을 체결하였으며, 다음으로 「스칸디나비아 각국과 북유럽 연합(Union scandinave et nordique)」이 있는데, 이 연합은 스칸디나비아 3국과 덴마크, 아이슬란드 등이 참가하여, 1931년 이래 주소지법에 입각한 수개의 조약을 성립시켰다.[23) 또 폴란드, 불가리아, 체코슬로바키아, 유고슬라비아 등 4개국 대표가 1933년에 「슬라브 국제사법 통일위원회」를 구성하였으나 조약의 성립에까지 이르지는 못하였다. 이외에 베네룩스 3국이 헤이그에서 국제사법의 통일조약에 서명하고 작업을 하였으나, 아직 결실을 맺고 있지는 못한 것으로 알려져 있다.

3. 국제기구

(1) 국제연맹(League of Nations)과 국제연합(UN)

국제연맹과 국제연합에 의해서도 국제사법 조약이 체결되었고, 이러한 노력은 계속되고 있다. 국제연맹에 의한 조약은 중재, 어음 등의 분야에서 체결되었고, 국제연합에 의한 조약은 주로 난민이나 재난에 의하여 사망한 자의 처리 외에 부양 및 외국 중재판정의 승인 등에 관한 것이 체결되었다.

(2) 유럽연합(EU)

과거 유럽공동체(EC)는 국제사법의 통일화를 위해서도 노력하였는데, 그 성과는 괄목할만한 것으로 알려져 있다. 특히 「민사 및 상사사건에 관한 재판관할 및 판결의 승인·집행에 관한 조약」(1968)과 그 추가의정서, 「국제상사중재에 관한 조약」(1961), 「계약채무의 준거법에 관한 조약」(1980) 등이 알려져 있다. 이후 유럽연합은 리스본조약으로 알려져 있는 유럽연합조약(Treaty on the European Union, 2009)에는 국제사법 관련조항이 포함되어 있다(제81조).[24)

---

23) 본래 스칸디나비아 제국은 관습법국으로서, 성문법으로 된 규정은 몇 개에 불과하다고 한다.
24) 채형복 옮김, 리스본 조약, 국제환경규제 기업지원센터, 2010, 102면.

제 3 장   국제민사소송법

제 1 절   국제민사소송법의 의의

Ⅰ. 국제사법상의 국제민사소송법

전통적인 견해에 의하면 절차법, 즉 소송법에 관한 사항은 본래 법정지법을 적용하는 것이므로 법의 저촉이 일어나지 않는다. 따라서 외국의 민사소송법을 적용하여 재판을 하여야 하는 경우는 존재하지 않는 것으로 보아야 한다는 것이다. 따라서 법원에 소가 제기된 경우에는 그 법원에 관할권이 있는가 하는 따위는 고려할 필요 없이 당연히 재판을 해주어야 하며, 이때에는 당연히 법정지의 소송법을 적용하여 재판을 하고, 이 판결은 재판을 한 나라에서는 효력이 있지만, 외국에서 그 재판을 인정하는가의 여부는 그 외국의 문제로서 이를 고려할 수도 없고 고려할 필요도 없다는 것이다.

그러나 외국과 관련된 요소를 가진 사건에 대해 좀 더 이를 거시적으로 본다면 위와 같은 논의는 타당하다고 할 수 없다. 당장 이러한 사건에 대해 소를 제기하려고 하는 당사자는 어느 나라의 법원에 소를 제기하여야 하는가가 큰 문제로 될 것이며, 이 경우에는 승소판결을 받았다고 하더라도 강제집행과 같이 판결의 효력을 유효히 행사할 수 있는가의 문제를 반드시 고려하여야 하는 것이다. 그렇지 않고 자신이 손쉽게 소송수행을 할 수 있는 국가에 소를 제기하였다가, 실제 목표로 하는 권리행사를 하지 못하게 되어 다시 소를 제기하여야 하는 낭패를 볼 수도 있는 것이기 때문이다. 따라서 소송의 상대방을 구속할 수 있는 법원이나, 적어도 소송의 상대방이나 소송의 목적물에 대해 법적 구속력을 가지고 있는 국가의 법원에서 재판을 받아야만 그 소송이 유효한 것으로 될 수 있는 것이다.

이와 같은 이유로 지금의 국제사법 학설은 절차법적 사항에 대해서도 접근하고 있는데, 특히 절차법적 사항 중에서 섭외사건, 즉 외국과 관련된 요소가 있는 소송사건에 대해서 적용될 절차법을 국제민사소송법이라 한다. 물론 이는 국제사법의 본래의 내용은 아니라고 하는 것이 통설적인 입장이다. 그럼에도 불구하고 섭외사건이 소송의 대상으로 되는 것은 흔히 있는 일이므로 국제사법이 절차법적 사항을 무시할 수는 없다. 이러한 이유에서 국제민사소송법 사항은 국제사법의 편의적인 범위 내에 있다고 하여 논의의 대상으로 삼아온 것이다. 같은 맥락에서 현행 국제사법은 명문으로 국제재판관할에 관한 규정을 두어 정식으로 이를 국제사법에서 다룰 수 있도록 하는 근거를 마련하였다.

참고로 보면 외국의 국제사법 중에도 이러한 국제민사소송법 규정을 두고 있는 것이 있는데, 예컨대 스위스 국제사법은 개별적 법률관계별로 국제재판관할, 준거법 및 외국판결의 승인·집행에 관하여 규정하는 방식을 취하고 있고,[1] 이탈리아 국제사법도 제2장에서 국제재판관할에 관한 조항을 두고 있다(제3조 내지 제12조). 그러나 독일의 국제사법은 국제재판관할에 관한 별도의 규정을 두지 않고 있다. 그 이유는 독일의 경우 국제사법이 민법시행법에 포함되어 있으므로 국제재판관할을 함께 규정하는 것이 체계에 맞지 아니하고, 대한민국이나 일본과 달리 민사소송법의 토지관할규정이 국내 토지관할뿐만 아니라 국제재판관할도 동시에 규율하는 「이중적 기능」을 가진다고 이해되고 있어 이를 별도로 규정할 필요가 없기 때문이라고 한다.[2]

---

[1] 스위스 국제사법의 관할규정은, 대체로 스위스 법원의 관할을 정하는 것으로 규정하고 있으므로, 엄밀히 말한다면 국제재판관할에 관한 규정은 아니다. 오히려 이는 섭외사건에 관한 스위스 내국 관할을 정하고 있으므로 이 나라의 민사소송법이 정할 사항을 규정하고 있는 것이다. 이러한 점에서 이 나라 국제사법 관할규정은 적어도 체계상 적절한 것이라는 평가를 받기는 어려울 것 같다.
[2] 국제사법해설, 25-26면.

┌─────── ◎ **법정지법(法廷地法, lex fori)**

소송이 개시된 법원이 있는 나라의 법률을 법정지법 또는 소송지법이라고 한다. 이 는 준거법의 일종으로서 주로 소송법은 법정지법을 적용한다. 그 외에 법규의 흠결, 법률관계의 성질결정 등 문제를 해결할 필요가 있는 특별한 경우에 이용되어야 할 법 으로서 주장되어 왔으나, 최근에는 특히 법정지법을 다른 법에 비해 우대할 이유가 없 다고 하여 점차 주장자가 줄고 있다. 이는 소송지의 입장에서 본다면 내국법이 될 것 이므로 때로는 내국법이라고도 한다.

Ⅱ. 국제민사소송법의 성질과 법원

국제민사소송법적 사항을 국제사법에서 다룬다고 하여도 양자는 상당히 많 은 점에서 차이를 가지고 있다. 앞에서 살펴본 바와 같이 국제사법은 저촉법 내 지 적용법이라고 하여 본래 실체법의 충돌을 해결하여 여기에 적용될 사법을 지정하는 법규이나, 국제민사소송법은 절차법인 것이다. 이러한 점에서 국제사 법은 이를 국내법이라고 하여도 공법인지 사법인지 다투어지고 있고, 결론적으 로 이도 저도 아닌 제3종의 법이라는 것이 일반론이나, 국제민사소송법은 국내 법이며 공법이다.

법원(法源)에 대해서 보면, 국제사법은 명문으로 국제사법이라는 이름을 가 진 형식적 규범을 가지고 있으나, 국제민사소송법은 지금까지 방치되어 왔다고 할 수 있을 만큼 명문의 규범을 가지지 못하였고, 다만 민사소송법에서 외국판 결의 승인과 집행에 관한 규정을 두었을 뿐이었다. 그러던 것이 국제사법에 국 제재판관할에 관한 규정을 두는 외에, 국제사법공조와 관련해서는 국제민사사 법공조법이 제정되어 있다. 물론 국제민사소송사항에 대해서도 국제조약이 체 결되어 있는데, 이들 조약도 특정한 한도 내에서 법원이 된다.

Ⅲ. 논의의 범위

국제민사소송도 그 대상이 외국과 관련된 요소를 가진 사건, 즉 섭외사건이라는 것만 제외하면 통상의 민사소송사건과 다를 바 없다. 따라서 이러한 사건에도 민사소송법상의 모든 내용들이 문제로 될 수 있으나, 실제 그러한 내용을 전부 다루는 것은 불필요하므로 섭외사건에 특유한 사항들이 그 대상으로 되어 있다. 물론 그 범위에 대해 일치된 의견은 없으나, 대체로 여기에 속하는 것으로 생각되는 것으로는 국제재판관할권과 민사재판권의 면제, 외국인이나 외국법인의 소송상의 지위, 국제사법공조에 기한 증거조사나 송달, 국제적 중복제소, 외국법의 발견과 적용, 외국판결의 승인과 집행 등이다. 이외에 국제파산이나 화의 등에서 절차법적 부분도 이에 속하는 것으로 볼 수 있을 것이다.

이 중 국제사법에서 전통적으로 논의의 대상으로 삼아온 것은 섭외사건의 재판관할권과 외국판결의 승인·집행의 두 가지 문제이다. 여기서도 주로 이들 문제를 중심으로 하여 살펴보되 필요한 범위 내에서 국제사법공조 등의 문제도 살펴보기로 한다.

제 2 절 국제재판관할권

사 례

1. A국 국민인 甲은 B국 국민으로서 자국에 주소를 가지고 있는 乙로부터 C국에서 매매계약을 체결하여 D국에 있는 토지를 매수하였다. 甲은 이 토지에 빌딩을 건축하여 사업을 할 예정이었으나, 갑자기 乙이 이 토지를 丙에게 이중매매하는 바람에 곤란을 겪게 되었다. 이에 甲은 乙을 상대로 계약한 대로 토지를 명도해주든가 아니면 계약파기로 인한 손해배상을 청구하는 소를 제기하려고 한다. 그런데 이 사건의 경우, 甲은 어느 나라의 법원에 소를 제기하여야 하는가?
2. 甲은 A국 국민, 乙은 B국 국민으로서 이 두 사람은 C국에서 함께 살고 있는 부부이다. 그런데 이 두 사람이 D국을 여행하던 중 乙의 옛 애인 丙을 만나, 乙이 수개월 전부터 丙과 불륜관계를 계속하고 있음을 알게 되었다. 이것이 원인이 되어 甲은 乙을 상대로 이혼소송을 제기하려고 한다. 甲은 D국의 법원에 이 소를 제기할 수 있는가?

I. 국제재판관할권의 의의

1. 국제재판관할권의 개념

국제재판관할권이란 일반관할권(compétence. générale)이라고도 하는 것으로, 어느 특정한 외국과 관련된 요소가 있는 사건, 즉 섭외사건에 대해 어느 국가의 법원이 재판할 수 있는가의 문제이다. 이를 당사자의 입장에서 본다면 어느 나라의 법원에 제소하여야 할 것인가의 문제로 되며, 특정한 국가의 입장에서 보면 특정사건에 대해 재판할 수 있는가의 문제로 된다. 이러한 의미에서 국제재판관할권(internationale Zuständigkeit)의 문제는 특정 법원과 사건과의 관련성을 말하는 것이 아니라, 특정 국가와 사건과의 관련성을 의미하게 되는 것이다. 따라서 국제재판관할권은 국내법상의 관할과는 그 모습의 유사성에도 불구하고 본질적인 차이가 있는 것이다.

본래 어느 국가가 주권의 발현으로서 특정 사건이나 특정인에 대해 재판을 할 수 있는 권한을 가지고 있을 때 재판권(Grichtsbarkeit, jurisdiction)이 있다고 한다. 그러나 이 개념은 특정 국가 또는 그 국가의 사법부 전체의 입장에서 본 권한을 지칭하는데 비하여, 국제재판관할권은 이를 좀더 보편적 입장에서 특정 사건을 어느 나라에서 재판하여야 할 것인가 하는 분배의 관점에서 고찰한 개념인 것이다. 따라서 특정 국가가 어느 사건에 대해 재판권을 가지고 있다면, 이 사건은 그 나라의 국제재판관할에 속하는 것으로 볼 수 있다. 이 점에서 국제재판관할을 재판권의 대물적 제약으로 논하는 것이 잘못된 것이라고 할 수는 없는 것이다.[3]

또한 국제재판관할은 민사소송법상의 관할의 문제와는 구별하지 않으면 안

---

[3] 학설 중에는 재판권의 대물적 제약으로서 국제재판관할을 논하는 것이 잘못된 점이라는 점을 지적하는 견해(석광현, "국제재판관할의 몇 가지 문제점", 인권과 정의, 262호, 1998.6, 33~34면)도 있으나, 재판권과 국제재판관할권이 다른 개념이라는 것은 사실이지만, 국제재판관할이 인정되면 결국 재판권을 행사할 수 있게 되고, 역으로 재판권이 인정되는 사건은 국제재판관할권이 있는 것으로 되어야 하므로 상호 간에 관련성이 없다고 할 수 없다.

된다. 민사소송법상의 관할은 재판권이 있는 특정 사건을 국내의 여러 법원 중에서 어느 법원이 재판할 것인가의 문제이므로, 실제 재판권 내지 국제재판관할권이 인정된 이후에 검토하게 되는 것이다.

국제재판관할권의 문제도 국제적 통일의 노력이 행해지고 있는데, 아직 이에 관하여 전세계적으로 확립된 일반원칙은 없으나, 대다수 유럽국가들간에는 국제재판관할 원칙을 성문화한 브뤼셀 협약(1968), 루가노 협약(1988)이 체결되어 민·상사사건의 국제재판관할 및 외국판결의 승인·집행에 관한 규범이 상당 부분 통일되어 있다. 한편 헤이그 국제사법회의에서 1999년에 범세계적인 차원의 「민사 및 상사사건의 국제재판관할과 외국재판에 관한 협약」을 성안하였으며, 2001년에는 그 수정임시초안을 작성하였지만 협약타결이 난관에 부딪혔다. 그 결과 협약의 범위를 축소하여 2005년 6월 30일에 서명된 재판관할권합의 협약을 채택하였다.[4]

2. 국제재판관할권의 발현형태

국제재판관할권은 직접적인 측면과 간접적인 측면의 양면을 가지고 나타난다. 직접적인 측면이라 함은, 소제기 또는 재판시에 나타나는 문제로서, 자국의 법원이 이 소송사건에 관하여 국제재판관할권을 가지고 있는가 하는 것이다. 이를 자국의 국제관할권(eigenstaatliche internationale Zuständigkeit), 심리재판관할권(Entscheidungszuständigkeit) 또는 직접적 일반관할권(compétence générale directe)이라고 한다. 이에 비하여 간접적 측면은 외국판결의 승인시에 나타나는데, 외국의 법원이 우리나라의 법에 의하여 국제재판관할권을 가지지 못하면 승인이 거부되기 때문에 이를 검토하지 않으면 안 되는 것이다. 이를 외국의 국제관할권(fremdstaatliche internationale Zuständigkeit), 승인관할권(Anerkennungszuständigkeit) 또는 간접적 일반관할권(compétence générale indirecte)이라 한다.

한편 이러한 국제재판관할권의 분배는 전속적인 성격을 가지는 것과 임의적

---

4) http://www.hcch.net/index__en.php?act=conventions.text&cid=98

인 성격을 가지는 것이 있는데, 전자는 반드시 그 나라의 법원만이 배타적으로 재판권을 행사할 수 있는 경우로서 다른 나라에서는 이에 대해 재판을 할 수 없는 것을 말하고, 후자는 그 나라에 관할권이 있음에도 불구하고 다른 나라에서 재판을 하는 것이 불가능하지 않은 경우를 말한다. 전자의 예로서는 부동산 소재지 국가의 재판관할권이 이에 속하고, 혼인에 관한 소송은 후자의 예로 될 수 있다.5)

3. 국제재판관할권의 귀속

앞에서 본 바와 같이 국제재판관할권에 관한 문제는 본래 국제사법상의 문제가 아니라, 민사소송법 내지 국제민사소송법에서 다루어야 하는 문제이다.6) 그럼에도 불구하고 현행법은 국제재판관할에 관한 규정을 직접적으로 도입함으로써 기존의 주류적 학설의 태도와는 다른 법규정을 두고 있다.

물론 구섭외사법에도 국제재판관할에 관한 규정이 전혀 없었던 것은 아니다. 즉 섭외사법은 국제재판관할에 관한 일반규정을 두고 있지는 않았으나, 한정치산·금치산(구섭외사법 제7조 2항), 실종선고(제8조), 후견(제25조 제2항) 등 비송사건의 경우에 우리 법원이 관할권을 행사할 수 있다고 하는 규정을 두고 있었으며, 이는 개정전 국제사법에서도 그대로 유지되고 있었다(제12조, 제14조, 제48조 제2항). 다만 이러한 규정은 그 규정의 양상이 직접적·포괄적인 국제재판관할에 관한 규정이 아니라, 우리나라의 법원이 재판권을 행사할 수 있는 경우만을 편면적·보충적으로 규정하고 있기 때문에 국제사법의 이들 규정이 직접 국제재판관할에 관하여 규정하고 있다고 단정하기는 어렵다. 다만 현행 국제사법은 이에 더하여 일반적으로 관할규정을 두고 있어서 이러한 논의는 더 이상 의미가 없게 되었다.

국제사법이 이와 같이 그 범위를 넓혀가는 경향을 취하고 있는 이유 중의 하나는 국제거래법이라는 새로운 법영역과 관련한 것으로 이해된다. 즉 국제거

---

5) 정동윤, 민사소송법, 111면.
6) 이 점에서 국제재판관할권이라는 용어보다는 국가관할권이라는 표현이 더 적절하다는 견해도 있다. Schütz, Deutsches Internationale Zivilprozeßrecht, 1985, S.32.

래법에서는 국제거래와 관련된 전반적 문제에 관하여 법적 접근을 시도하고 있는데, 이 법은 실체법·절차법, 국내법·국제법·외국법, 공법·사법을 막론하고 국제거래와 관련이 있는 것이면 모두 포섭하여 그 영역으로 삼고 있는 것이다. 이와 같은 태도에 의하면 국제사법은 국제관련 재판을 하는 것을 그 기본적인 범주 내에 두지 않을 수 없고, 그렇다면 당연히 재판을 어느 나라에서 하느냐 하는 문제도 그 범위 내에 포섭된다고 하여야 한다는 것이다.

이러한 입장을 전적으로 타당하다고 할 수는 없으나, 종래 우리나라에서 이를 직접 규정하는 성문법규가 없어 국제재판관할에 관한 문제가 학설과 판례에 맡겨져 있었던 상황에서, 국제민사소송이 빈번한 현실을 감안할 때 그 중요성이 날로 증대하고 있는 국제재판관할의 문제를 개정 국제사법이 근거규정을 둔 것을 나무라기 어려운 점이 있는 것도 사실이다.

다만 국내에서의 이론 발전이 충분히 이루어지지 아니하였고, 헤이그 회의의 통일된 국제재판관할원칙의 수립 노력은 2005년 관할합의에 관한 협약으로 축소된(전속적인 국제재판관할합의에 관한 헤이그 협약: Convention on Choice of Court Agreements) 점을 고려한다면 몇몇 대법원 판례[7]를 토대로 대거 관할규정을 둔 것은 성급한 입법으로 비판받을 여지가 충분하다.

Ⅱ. 국제재판관할권 결정의 일반원칙

국제재판관할은 재판권의 분배에 관한 것, 다시 말하면 섭외사건을 어느 나라에서 재판하는 것이 가장 타당할 것인가의 문제이므로 엄밀히 말하면 이는 특정한 국가의 법으로 규정할 사항은 아니라고 할 수도 있다. 그러한 점에서 자기 나라의 재판관할권에 관한 규정만을 두고 있는 입법례[8]도 이해할 수 있으나, 가장 바람직한 것은 통일된 국제조약으로 국제재판관할권을 배분하는 것이라 할 수 있다.

---

7) 국제사법 입법자들이 지적한 판례는 대법원 1992.7.28. 선고 91다41897 판결과 대법원 1995.11.21. 선고 93다39607 판결 등 2개의 판례이나, 이 판례 외에도 다양한 견해를 가진 판례가 있고, 또 이들 판례도 뒤에서 보는 바와 같이 동일한 입장이라고 하기에는 어려운 점이 있다.

8) 예컨대, 스위스 국제사법.

그러나 아직 국제적으로 확립된 일반원칙은 없으므로, 종래 학설·판례 등에서 논의되어 오던 기본적 입장을 중심으로 살펴보고, 우리 국제사법의 태도를 검토하기로 한다.

1. 국제재판관할권에 관한 기본입장

국제재판관할에 대해서는 이를 어떠한 기준에서 살펴볼 것인가에 대해 상반된 입장의 대립이 있다. 대체로 보면 자국의 입장만을 대변하는 국가주의에서 시작하여, 주권의 대립으로 보는 국제주의, 그리고 이를 하나의 새로운 분배법칙이 필요한 내용으로 보는 보편주의 등이 있는데, 이에 대해 살펴보면 다음과 같다.

(1) 국가주의

이는 자국의 국제재판관할을 정함에 있어서는 아무런 국제적 배려를 할 필요 없이 오로지 자국과 자국민의 이익만을 고려할 것이라는 입장이다. 프랑스 민법이 이 입장을 취하고 있는데, 당사자가 프랑스인이면 항상 프랑스의 재판권을 인정하고 있다(동법 제14조, 제15조). 여기서는 이외의 사항은 아무 것도 고려하지 않는다. 프랑스의 판례도 충실히 이 입장에 따르고 있다고 한다.

(2) 국제주의

이는 국제재판관할권을 대인주권 및 대물주권 등 국가주권의 저촉문제로 보아 국제법상의 원칙에 따라 결정하려는 입장이다. 예컨대 부동산을 직접 목적으로 하는 권리관계의 소송은 그 소재지국 법원의 재판권을 인정하고, 또 혼인사건과 같은 신분관계의 소송에 관하여 당사자의 본국의 관할을 인정하면서 이를 국가의 영토고권(領土高權) 또는 대인고권(對人高權)으로 설명하는 것은 이 이념의 발현이다.

(3) 보편주의

이는 각국의 재판기관은 국제적으로 협력하여 국제적 교섭으로부터 발생하는 민사사건의 재판기능을 분담하여야 하며, 국제재판관할권의 결정은 국제사회에서 재판기능을 각국의 재판기관 사이에 분배하는 것에 다름 아니라고 하면서, 결국 이는 재판관할권을 장소적으로 분배한다는 점에서 민사소송법에 의한 토지관할과 다를 바 없는 것이라고 하는 입장이다. 이 입장이 국제주의와 다른 점은 분배 내지 충돌을 주권을 기준으로 하는 것이 아니라, 적정·공평·신속·경제라고 하는 민사소송법의 기본이념을 통하여 어느 나라의 법원이 재판을 하는 것이 가장 합리적인가 하는 점을 기준으로 하는 점에서 서로 다르다고 할 수 있다.

2. 국제재판관할권 분배에 관한 학설

이는 구체적으로 국제재판관할을 어떻게 배분할 것인가의 방법론에 관한 학설들이다.

(1) 역추지설(逆推知說)

섭외사건에 관하여 우리 민사소송법이 규정하는 재판적이 우리나라에 있으면 이것은 국제재판관할권이 인정되는 것을 전제로 하고 있는 것이므로, 우리나라의 법원에 국제재판관할권이 있다고 하는 견해이다.[9] 즉 이 입장은 먼저 국제재판관할이 인정된 사건에 관하여 내국의 관할을 분배한다는 순서에 의하는 것이 아니라, 특정 사건에 대해 내국에 관할법원이 있는가를 살펴보고, 관할법원이 있으면 이 사건에 대해서는 국제재판관할도 인정하고, 우리나라의 어느 법원도 관할권을 가지고 있지 않는 때에는 국제재판관할권도 없다고 하는 통상의 사고와는 거꾸로 생각하기 때문에 역추지설이라 한다. 판례는 "대한민국에 주소가 없는 자 또는 주소를 알 수 없는 자에 대한 재산권에 관한 소는 청구의 목적 또는 담보의 목적이나 압류할 수 있는 재산이 대한민국 내에 있을 때에는 그가 외국인이라 할지라도 그 재산소재지의 법원에 제기할 수가 있는 것인바(민사소송법 제9조), 이와 같은 경우에는 그를 상대로 승소판결을 얻으면 이를

---

9) 주석 민사소송법(구판), 61면.

집행하여 재판의 실효를 거둘 수 있기 때문에 특히 그 재판관할권을 인정하는
것"이라고 하여, 재산소재지 법원에 국제재판관할권을 인정하고 있다.[10]

이 학설은 자국의 상황을 우선적으로 고려한다는 점에서 국가주의 내지 국
제주의의 입장을 전제로 하고 있는데, 이에 의하게 되면 국제재판관할권의 존
재가 국내적 관할권의 전제가 된다는 논리관계를 무시하고 있고, 각국의 국제
재판관할권을 국제적 요청에 대한 고려 없이 각국이 순전히 국내적인 입장에서
독자적으로 자유로이 정한 자국의 민사소송법상의 관할규정에 따라 결정하므로
합리성도 없게 된다. 또 특정사건에 대해 어느 나라에도 관할법원이 없으면 국
제재판관할을 가진 국가도 없게 되고, 여러 나라의 법에서 관할법원이 인정되
면 여러 나라에 국제재판관할도 인정되게 되어, 국제재판관할배분의 원칙에 어
긋나게 된다는 문제가 생긴다.[11]

(2) 관할배분설

이는 국제재판관할의 분배도 민사소송법상의 관할분배와 마찬가지로 재판
의 적정, 당사자간의 공평, 소송의 신속과 경제라는 이념을 고려하여 조리에 따
라 결정한다는 입장이다. 즉 각국 간에 사람과 물자의 거래가 빈번히 일어나고
대량화한 오늘날에 있어서는 섭외사건에 관하여 어느 나라에서 재판하는 것이
사건의 적정한 해결에 도움을 주고, 양당사자에게 공평하며, 또 능률적·경제적
인가 하는 점을 고려하여 조리에 따라 국제재판관할권을 결정하여야 한다는 견
해이다.[12] 이에 의하면 가장 이상적으로 관할권을 배분하고 있다고 할 수 있는
민사소송상의 토지관할에 관한 규정을 유추 내지 참작하여 국제재판관할권을
배분하게 된다. 대법원 판례 중에는 "외국인 간의 가사사건에 관하여 우리나라

---

10) 대법원 1988.10.25. 선고 87다카1728 판결. 민사소송법상 물건소재지 법원에 관할권이 있으므로
    이를 통하여 국제재판관할을 인정한 것이다. 이와 동지의 판례로서 "우리나라 회사와 일본국 회
    사간의 차관협정 및 그 협정의 중개에 대한 보수금지급 약정이 일본국내에서 체결되었다 할지
    라도 그 중개인의 영업소가 우리나라에 있다면 다른 사정이 없는 한 우리나라의 법원은 그 중
    개보수금 청구사건에 관하여 재판관할권이 있다."고 한 대법원 1972.4.20. 선고 72다248 판결이
    있다.
11) 정동윤, 113면 참조.
12) 정동윤, 114면: 강현중, 민사소송법, 818면.

의 법원에 재판관할권이 있는지 여부는, 우리나라 가사소송법상의 국내 토지관할에 관한 규정을 기초로 외국인 사이의 소송에서 생기는 특성을 참작하면서 당사자 간의 공평과 함께 소송절차의 적정하고 원활한 운영과 소송경제 등을 고려하여 조리와 정의관념에 의하여 이를 결정하여야 할 것이다. 우리 가사소송법 제46조가 이혼부부 간의 자의 양육에 관한 처분과 그 변경 및 친권을 행사할 자의 지정과 그 변경 등을 포함하는 마류 가사비송사건에 관하여 이를 상대방의 보통재판적 소재지의 가정법원의 관할로 하도록 규정하고 있는 점을 참작하여 볼 때, 이 사건과 같이 외국에서 이혼 및 출생자에 대한 양육자지정의 재판이 선고된 외국인 부부 사이의 출생자에 관하여 부부 중 일방인 청구인이 상대방을 상대로 친권을 행사할 자 및 양육자의 변경심판을 청구하고 있는 사건에서, 우리나라의 법원이 재판권을 행사하기 위해서는 상대방이 우리나라에 주소를 가지고 있을 것을 요하는 것이 원칙이고, 그렇지 않다면 상대방이 행방불명 또는 이에 준하는 사정이 있거나 상대방이 적극적으로 응소하고 있는 등의 예외적인 경우를 제외하고는, 우리나라의 법원에 재판관할권이 없다고 해석하는 것이 상당하다."라고 하여, 이에 따른 것이 있다.[13]

다만 이 견해에 대해서는 그 기준이 명확하지 않아서 예측가능성이 없다든가 법적 안정성을 해친다고 하는 비판이 가해지고 있다.

(3) 절충설

위의 두 가지 학설을 절충하여 주장되고 있는 학설 몇 가지를 살펴보면 다음과 같다. 판례 중에서도 역추지설의 요소와 관할배분설의 요소를 다같이 가지고 있는 것도 있다.[14]

(가) 수정역추지설

이 견해는 역추지설에 따라 국내토지관할규정을 기반으로 하면서 그 결과가 재판의 적정·공평·신속 등 소송법의 기본이념에 반하는 특별한 사정이 있는

---

13) 대법원 1994.2.21. 자 92스26 결정. 이 결정과 同 취지의 것으로, 대법원 1988.4.12. 선고 85므71 판결.
14) 대법원 1992.7.28. 선고 91다41897 판결.

때에는 국제관할권을 부정하여야 한다는 입장이다.[15] 특별한 사정을 국제재판 관할의 한 요소로 삼기 때문에 특별사정설이라고도 한다. 정면으로 이에 따른 판례도 있다.[16]

(나) 유형적 이익형량설

이 견해는 국내 토지관할규정의 기능을 재점검하되, 반드시 이에 얽매이지는 않고, 사건과 우리나라와의 관련성을 중심으로 전체적인 이익형량을 행하여 유연하게 대응하여야 한다는 입장이다.

(다) 신유형설

이는 국내 토지관할규정을 떠나서 독자적인 사건유형을 구성하고 그 각각에 관하여 우리나라의 관할을 인정하기 위한 요건을 정립하되, 구체적 사건의 특별사정을 고려하려고 하는 입장이다.

■ 판 례

(ㄱ) "섭외사건에 관하여 국내의 재판관할을 인정할지의 여부는 국제재판관할에 관하여 조약이나 일반적으로 승인된 국제법상의 원칙이 아직 확립되어 있지 않고 이에 관한 우리나라의 성문법규도 없는 이상 결국 당사자간의 공평, 재판의 적정, 신속을 기한다는 기본이념에 따라 조리에 의하여 이를 결정함이 상당하다 할 것이고, 이 경우 우리나라의 민사소송법의 토지관할에 관한 규정 또한 위 기본이념에 따라 제정된 것이므로 위 규정에 의한 재판적이 국내에 있을 때에는 섭외사건에 관한 소송에 관하여도 우리나라에 재판관할권이 있다고 인정함이 상당하다고 할 것이다"(대법원 1992.7.28. 선고 91다41897 판결).

(ㄴ) "섭외사건의 국제재판관할에 관하여 일반적으로 승인된 국제법상의 원칙이 아직 확립되어 있지 아니하고, 이에 관한 우리나라의 성문법규도 없는 이상 섭외사건에 관한 외국 법원의 재판관할권 유무는 당사자간의 공평, 재판의 적정, 신속을 기한다는 기본이념에 따라 조리에 의하여 이를 결정함이 상당하다 할 것이고, 이 경우 우리나라의 민사소송법의 토지관할에 관한 규정 또한 위 기본이념에 따라 제정된 것이

---

15) 이시윤, 민사소송법, 52면; 전병서, 민사소송법강의, 61면.
16) 대법원 1995.11.21. 선고 93다39607 판결은 앞에서 인용한 대법원 1992.7.28. 선고 91다41897 판결과는 그 취지가 전혀 같은 것은 아니다. 즉 1995년도의 판례는 소위 간접적 일반관할권에 관한 것으로서 "특별한 사정"에 대한 언급이 있으나, 1992년의 판례는 직접적 일반관할권에 관한 것으로서 단순히 우리 민사소송법의 토지관할 규정에 따를 것으로 하고 있다.

므로 위 규정에 의한 재판적이 외국에 있을 때에는 이에 따라 외국 법원에서 심리하는 것이 조리에 반한다는 특별한 사정이 없는 한 그 외국 법원에 재판관할권이 있다고 봄이 상당하다고 할 것이다"(대법원 1995.11.21. 선고 93다39607 판결).

(ㄷ) "국제재판관할권을 결정함에 있어서는 당사자 간의 공평, 재판의 적정, 신속 및 경제를 기한다는 기본이념에 따라야 할 것이고, 구체적으로는 소송당사자들의 공평, 편의 그리고 예측가능성과 같은 개인적인 이익뿐만 아니라 재판의 적정, 신속, 효율 및 판결의 실효성 등과 같은 법원 내지 국가의 이익도 함께 고려하여야 할 것이며, 이러한 다양한 이익 중 어떠한 이익을 보호할 필요가 있을지 여부는 개별 사건에서 법정지와 당사자와의 실질적 관련성 및 법정지와 분쟁이 된 사안과의 실질적 관련성을 객관적인 기준으로 삼아 합리적으로 판단하여야 할 것이다"(대법원 2005.1.27. 선고 2002다59788 판결; 대법원 2013.7.12. 선고 2006다17539 판결도 같은 취지).

3. 국제사법상의 국제재판관할제도

국제사법은 국제재판관할에 관하여, "① 대한민국 법원(이하 "법원"이라 한다)은 당사자 또는 분쟁이 된 사안이 대한민국과 실질적 관련이 있는 경우에 국제재판관할권을 가진다. 이 경우 법원은 실질적 관련의 유무를 판단할 때에 당사자 간의 공평, 재판의 적정, 신속 및 경제를 꾀한다는 국제재판관할 배분의 이념에 부합하는 합리적인 원칙에 따라야 한다. ② 이 법이나 그 밖의 대한민국 법령 또는 조약에 국제재판관할에 관한 규정이 없는 경우 법원은 국내법의 관할 규정을 참작하여 국제재판관할권의 유무를 판단하되, 제1항의 취지에 비추어 국제재판관할의 특수성을 충분히 고려하여야 한다."(제2조)라는 규정을 두고 있다.[17] 아래에서는 이 규정의 취지를 검토한다.[18]

---

17) 2001년 개정 당시 국내 법원에 제기된 국제민사소송에 있어 국내 법원이 관할권을 가지더라도 외국 법원이 더 적절한 법정지임이 명백한 경우 영미에서 인정되는 「부적절한 법정지」(forum non convenience)의 법리에 따라 소송을 중지하거나 소를 각하할 수 있는 근거규정을 신설할 것인지 여부를 검토하였으나, 많은 논란이 있어 국제사법에서는 그에 관한 명문의 규정을 두지 않기로 하였기 때문에, 국제사법 아래에서 과연 그것이 가능한지 여부는 향후 판례와 학설에 맡겨지게 되었다.

18) 이하 기본적인 설명은, 국제사법해설, 24-25면.

(1) 실질적 관련원칙

국제사법은 소송원인인 분쟁이 된 사안 또는 원·피고 등의 당사자가 법정지인 대한민국과 「실질적 관련」을 가지는 경우 우리나라 법원에 국제재판관할권을 인정하였고, 이러한 실질적 관련의 유무는 국제재판관할 배분의 이념과 합리적인 원칙에 따라 결정되어야 함을 선언하였다(제2조 1항). 여기서 「실질적 관련」이라 함은 우리나라 법원이 재판관할권을 행사하는 것을 정당화할 수 있을 정도로 당사자 또는 분쟁대상이 우리나라와 관련성을 갖는 것을 의미하며, 그 구체적인 인정 여부는 법원이 개별사건마다 종합적인 사정을 고려하여 판단하게 될 것이다. 결국 이 규정은 일단 「실질적 관련」이라는 것이 과연 무엇을 의미하는가에 대하여 '당사자 간의 공평, 재판의 적정, 신속 및 경제를 꾀한다'는 것을 제시하고 있다. 이 점에서 국제사법은 관할배분설적 입장을 가지고 있는 것으로 생각된다.

(2) 국내법의 관할규정 참작

국제사법은 많은 관할 규정을 신설하면서도 이 법이나 그 밖의 대한민국 법령 또는 조약에 국제재판관할에 관한 규정이 없는 경우 민사소송법의 토지관할규정 등 국내법의 관할규정[19]을 참작하여 국제재판관할권의 유무를 판단하도록 하였다(제2조 2항 전단). 일단 이 규정을 보면 이는 역추지설에 의한 국제재판관할권 분배를 인정하고 있는 셈이 된다. 따라서 관할규정이 없는 사건의 경우, 피고의 주소, 법인이나 단체의 주된 사무소 또는 영업소, 불법행위지 기타 민사소송법이 규정하는 재판적중 어느 것이 대한민국 내에 있는 경우에는 피고에 대하여 일응 대한민국의 국제재판관할을 인정할 수 있을 것이다. 다만, 국내법상의 재판적에 관한 규정은 국내적 관점에서 제정된 것이므로 국제재판관할의 특수성을 충분히 고려하여야 한다(제2항 후단)는 것은 당연한 점을 주의적으로 규정한 것이다.

---

19) 민사 및 상사사건의 경우에는 민사소송법의 토지관할규정이고, 가사사건의 경우에는 가사소송법의 토지관할 규정이 될 것이다.

(3) 국제사법 규정의 비판

(가) 일반원칙 규정의 의의 상실

국제사법상의 국제재판관할규정에 관하여는, 기본적으로 제2조에서 규정하는 일반원칙의 의의가 거의 없게 되었다는 점을 우선적으로 지적할 수 있을 것이다. 구법이 국제재판관할을 정하여야 한다는 원칙에 관한 단편적인 규정만을 두었다면 구체적인 국제재판관할권의 여부를 정하기 위해서는 원칙의 정립이 중요하고, 구법상 해당조항의 기능은 그러한 점에서 의미가 있었다고 할 수 있다. 그러나 현행법은 개별구체적으로 국제재판관할에 관하여 규정하고 있기 때문에 이러한 원칙규정의 의의는 예외적으로밖에 고려할 필요가 없게 되었다.

여기에서 나아가 종합적 규정을 두었다는 것은 구법상 종전의 학설·판례에 의해 발전되어 온 국제재판관할의 법리, 특히 토지관할규정을 기초로 국제재판관할 규칙을 정립하려는 노력은 현행법 하에서는 대부분 유지될 수 없게 되었다. 그러면서 종전과 같이 일단 국제재판관할에 대해서는 일차적으로 국내법의 관할규정을 참작하되 국제재판관할의 특수성을 함께 고려하는 것이 올바른 국제재판관할 규칙의 정립이라 하는 구법에 관한 설명[20]도 더 이상 유지될 수 없게 되었다.

(나) 일반원칙 규정의 문제점

이와 함께 국제사법 제2조의 규정은 기존의 판례가 가지고 있던 혼란을 여과 없이 그대로 승계하고 있다는 점에서 구법상의 문제점을 그대로 유지하고 있다. 법규정을 면밀히 살펴보면 역추지설을 부정하고, 절충설에 의하여 국제재판관할을 정하여야 할 것처럼 말하고 있으나, 그 대상으로 삼은 학설은 역추지설이 아니라, 수정역추지설이 쓰는 표현을 그대로 옮겨놓는 등 혼란스럽다. 이로 인해, 국제사법 제2조는 제2항이 제1항을 보완하는 듯이 규정되어 있으나, 실제로는 제1항이 취하는 학설과 제2항이 취하는 학설이 서로 상반되어, 궁극적으로 이를 해석·적용하는 것이 용이하지 않게 되고 말았다. 입법론적으로 본다면 국제재판관할에 관한 원칙을 규정하는 한도에서는 제2항의 규정은 불필

---

20) 국제사법해설, 25면.

요한 것이었다고 생각한다. 제2항에서 규정하고 있는 내용은 법이 규정할 사항이 아니라, 제1항의 「실질적 관련」의 해석과 관련하여 방법론적으로 거론할 수 있을지는 몰라도, 또 다른 원칙의 하나로 생각할 수 있는 것은 아니기 때문이다. 따라서 현행 국제사법의 해석으로서는 제2항은 제1항을 보완하는 범위에서 제한적으로 보아야 할 것이다.[21]

(다) 개별적 규정의 문제점

국제사법이 외국과 관련된 요소가 있는 사건에 관한 국제재판관할 규정을 두는 것은 어느 의미에서는 의의가 있다고도 할 수 있으나, 이러한 규정에 의하여 대한민국 법원에 국제재판관할권이 인정된다는 것이 사건을 종국적으로 해결하는 방법인지에 대해서는 살펴볼 요소가 없지 않다. 그중 하나만 들더라도 이 규정에 의하여 대한민국 법원이 한 재판이 외국에서도 효력이 인정될지는 별개 문제이다. 우리나라에서도 마찬가지이지만 대다수 외국에서도 재판한 국가의 법원이 국제재판관할권을 가지고 있는가를 가장 중요한 요건 중의 하나로 꼽는데, 대한민국 국제사법이 대한민국 법원에 국제재판관할권을 가진다고 규정하였다고 하여, 해당 국가에서 반드시 이를 인정하는 것은 아니라는 점이다. 즉 이 규정은 일반관할에 더하여 특별관할의 성질을 가지고 있고, 또 대한민국 법원이 국제재판관할권을 가지는 경우에 한정된 편면적 규정이라고는 하지만, 당연히 대한민국 내에서만 효력이 있는 것이고, 해당 외국에서는 별도로 국제재판관할권의 유무를 검토할 것이기 때문에, 최악의 경우에는 대한민국 법원의 관할권이 해당 외국에서 부정되어 당사자와 법원의 노력이 일거에 수포로 돌아가는 경우도 충분히 예상할 수 있다는 것이다. 특히 제10조가 규정하고 있는 전속관할의 의미가 단순히 국내법적인 의미에 그치는지, 아니면 외국에서의 재판과 관련하여서도 효력을 미치고자 하는지 우려스러운 점이 적지 않다. 그러한 점에서 이들 국제재판관할 규정이 외국에서도 인정될 수 있는 것인지는 추후

---

21) 미국의 관할권 존부의 판단은 피고, 주, 원고, 법원, 국가 등의 이익을 고려한 합리성의 원칙에 따라 인정되고 있으나, 이는 최소관련(minimum contact)이론에서 시작하여, 이를 확장한 관할확대규정(Long Arm statutes)으로 발전하였으나, 결국 피고의 이익을 고려하지 않을 수 없다는 반성과 함께 부적절한 법정지(forum non convenience) 법리에까지 이르고 있다. 상세는, 박상조/윤종진, 160면 이하.

깊은 검토가 있어야 할 것이다.

　이와 아울러 개별적 국제재판관할 규정이 대부분 민사소송법리에 따라 규정하고 있으나, 누차 설명한 바와 같이 국제재판관할과 국내 법원의 관할은 유사한 부분도 많지만 본질적인 차이도 분명히 존재하는 것이다. 이러한 것이 개별 구체적으로 검토될 때에는 그러한 본질의 차이를 반영할 수 있지만, 명문규정으로 된 국제재판관할 규정을 적용할 때 그러한 검토가 가능할지는 의문스러운 점이 많다.

판 례

　(ㄱ) 국제사법 제2조가 제1항에서 "법원은 당사자 또는 분쟁이 된 사안이 대한민국과 실질적 관련이 있는 경우에 국제재판관할권을 가진다. 이 경우 법원은 실질적 관련의 유무를 판단함에 있어 국제재판관할 배분의 이념에 부합하는 합리적인 원칙에 따라야 한다."고 규정하고, 이어 제2항에서 "법원은 국내법의 관할 규정을 참작하여 국제재판관할권의 유무를 판단하되, 제1항의 규정의 취지에 비추어 국제재판관할의 특수성을 충분히 고려하여야 한다."고 규정하고 있으므로, 당사자 간의 공평, 재판의 적정, 신속 및 경제를 기한다는 기본이념에 따라 국제재판관할을 결정하여야 하고, 구체적으로는 소송당사자들의 공평, 편의 그리고 예측가능성과 같은 개인적인 이익뿐만 아니라 재판의 적정, 신속, 효율 및 판결의 실효성 등과 같은 법원 내지 국가의 이익도 함께 고려하여야 하며, 이러한 다양한 이익 중 어떠한 이익을 보호할 필요가 있을지 여부는 개별 사건에서 법정지와 당사자의 실질적 관련성 및 법정지와 분쟁이 된 사안과의 실질적 관련성을 객관적인 기준으로 삼아 합리적으로 판단하여야 할 것이다.

　원심판결 및 원심이 인용한 제1심판결 이유에 의하면, 피고 회사는 중화인민공화국(이하 '중국'이라고 약칭한다)의 법령에 의하여 설립되어 대한민국 내에도 영업소를 두고 국제항공운송사업 등을 영위하는 중국 법인으로서 보잉 767-200 기종 129편 항공기(이하 '이 사건 항공기'라고 한다)의 항공운송인이고, 소외인(중국인)은 1997. 4. 1.경 피고 회사와 사이에 근로계약을 체결하고 그 무렵부터 피고 회사에서 근무해온 사람이며, 원고들은 위 소외인의 부모인 사실, 이 사건 항공기는 2002. 4. 15. 08:37경 중국 베이징을 출발하여 2002. 4. 15. 11:21경 대한민국 김해공항 활주로 18R에 착륙하기 위하여 곡선을 그리듯 진로를 바꾸면서 활주로로 접근하는 선회접근을 하던 중 활주로 18R 시단(threshold)으로부터 북쪽 4.6km 지점에 있는 돗대산 중턱(표고 204m) 부분에 부딪혀 추락(이하 '이 사건 사고'라고 한다)하였고, 그로 인하여 이 사건 항공기의 탑승객 166명 중 당시 객실승무원으로 이 사건 항공기에 탑승하였던 위 소외인을 비롯한 129명이 사망하고, 나머지 37명이 부상을 당한 사실, 이에 이 사건 사고로 인한 일부 사상자 및 그 유가족 등은 피고 회사를 상대로 하여 대한민국 법원에 손해배상을 청구하는 소송을 제기하였고, 제1심법원은 이 사건 사고에 대한 피고 회사의 책임을 인정하여 유가족 등의 손해배상청구를 일부 인용하는 판결을 선고하였으며, 항소심법원 역시 같은 이유를 들어 유가족 등의 손해배상청구를 일부 인용하는 판결을 선고하였는데, 이에 유가족 등만이 상고하여 일부는 상고기각되어 확정되었고, 일부는 위자료에 관한 유가족 등 패소 부분을 파기환송한 사실을 알 수 있다.

제1심은, 이러한 사실관계를 토대로 판시와 같은 사정을 종합하면 원고들의 이 사건 소는 국제재판관할권이 없는 대한민국 법원에 제기된 것으로서 모두 부적법하다고 판단하였고, 원심은 제1심판결을 유지하였다.

그러나 원심 및 제1심의 판단은 앞서 본 법리에 비추어 다음과 같은 이유로 수긍하기 어렵다.

첫째, 원고들이 내세우고 있는 이 사건 소송의 청구원인은 피고 회사의 불법행위 또는 근로계약상 채무불이행으로 인한 손해배상청구이므로, 불법행위지(이 사건 사고의 행위지 및 결과발생지 또는 이 사건 항공기의 도착지) 및 피고 회사의 영업소 소재지가 속한 대한민국 법원에 민사소송법상 토지관할권이 존재한다고 봄이 상당한데, 당사자 또는 분쟁이 된 사안이 대한민국과 실질적 관련이 있는지를 판단하는 데 있어서 민사소송법상 토지관할권 유무가 여전히 중요한 요소가 됨을 부인할 수 없다.

둘째, 국제재판관할권은 배타적인 것이 아니라 병존할 수 있으므로, 지리상, 언어상, 통신상의 편의 측면에서 중국 법원이 대한민국 법원보다 피고 회사에 더 편리하다는 것만으로 대한민국 법원의 재판관할권을 쉽게 부정하여서는 곤란하고, 원고가 대한민국 법원에서 재판을 받겠다는 의사를 명백히 표명하여 재판을 청구하고 있는 점도 쉽사리 외면하여서는 아니 된다. 그리고 이 사건에서 피고 회사의 영업소가 대한민국에 존재하고 피고 회사 항공기가 대한민국에 취항하며 영리를 취득하고 있는 이상, 피고 회사가 그 영업 활동을 전개하는 과정에서 대한민국 영토에서 피고 회사 항공기가 추락하여 인신사고가 발생한 경우 피고 회사로서는 대한민국 법원의 재판관할권에 복속함이 상당하고, 피고 회사 자신도 이러한 경우 대한민국 법원에 피고 회사를 상대로 손해배상소송이 제기될 수 있다는 점을 충분히 예측할 수 있다고 보아야 한다. 따라서 개인적인 이익 측면에서도 대한민국 법원의 재판관할권이 배제된다고 볼 수 없다.

셋째, 일반적으로 항공기 사고가 발생한 국가의 법원에 사안과 증거조사가 편리하다는 재판관할의 이익이 인정된다고 할 것인데, 관련 사건에서 이미 증거조사가 마쳐졌다든지 관련 사건에서 당사자가 책임 자체를 인정하고 있다든지 하는 사정은 소송 제기 시점에 따라 좌우되는 우연적인 사정에 불과하므로 이러한 우연적인 사정에 의하여 재판관할권 유무가 달라진다는 것은 합리적이라고 할 수 없다. 그리고 준거법은 어느 국가의 실질법 질서에 의하여 분쟁을 해결하는 것이 적절한가의 문제임에 반하여, 국제재판관할권은 어느 국가의 법원에서 재판하는 것이 재판의 적정, 공평을 기할 수 있는가 하는 서로 다른 이념에 의하여 지배되는 것이기 때문에, 국제재판관할권이 준거법에 따라서만 결정될 수는 없는 점, 더구나 오늘날 외국적 요소가 있는 법률관계에 관하여 재판관할과 별도로 준거법에 관한 합의를 하는 경우가 드물지 않은 점에 비추어 보면, 이 사건에 적용될 준거법이 중국법이라고 하더라도 그러한 사정만으로 이 사건 소와 대한민국 법원과의 실질적 관련성을 부정하는 근거로 삼기에 부족하다. 또한, 피고 회사의 영업소가 대한민국에 있음에 비추어 대한민국에 피고 회사의 재산이 소재하고 있거나 장차 재산이 형성될 가능성이 있고, 따라서 원고들은 대한민국에서 판결을 받아 이를 집행할 수도 있을 것이고, 원고들도 이러한 점을 고려하여 이 사건 소를 대한민국 법원에 제기한 것으로 볼 수 있다. 따라서 법원의 이익 측면에서도 대한민국 법원에 재판관할권을 인정할 여지가 충분하다고 할 것이다.

넷째, 국제재판관할권은 주권이 미치는 범위에 관한 문제라고 할 것이므로, 형식적인 이유를 들어 부당하게 자국의 재판관할권을 부당하게 넓히려는 시도는 타당하지 않지만, 부차적인 사정을 들어 국제재판관할권을 스스로 포기하는 것 또한 신중할 필요가 있다. 그리고 같은 항공기에 탑승하여 같은 사고를 당한 사람의 손해배상 청구에 있어서 단지 탑승객의 국적과 탑승 근거가 다르다는 이유만으로 국제재판관할권을 달리하게 된다면 형평성에 있어서도 납득하기 어려운 결과가 될 것이다(대법원 2010.7.15. 선고 2010다18355 판결).

(ㄴ) [1] 국제사법 제2조 제1항은 "법원은 당사자 또는 분쟁이 된 사안이 대한민국과 실질적 관련이 있는 경우에 국제재판관할권을 가진다. 이 경우 법원은 실질적 관련의 유무를 판단함에 있어 국제재판관할 배분의 이념에 부합하는 합리적인 원칙에 따라야 한다."라고 정하고 있다. '실질적 관련'은 대한민국 법원이 재판관할권을 행사하는 것을 정당화할 정도로 당사자 또는 분쟁이 된 사안과 관련성이 있는 것을 뜻한다. 이를 판단할 때에는 당사자의 공평, 재판의 적정, 신속과 경제 등 국제재판관할 배분의 이념에 부합하는 합리적인 원칙에 따라야 한다. 구체적으로는 당사자의 공평, 편의, 예측가능성과 같은 개인적인 이익뿐만 아니라, 재판의 적정, 신속, 효율, 판결의 실효성과 같은 법원이나 국가의 이익도 함께 고려하여야 한다. 이처럼 다양한 국제재판관할의 이익 중 어떠한 이익을 보호할 필요가 있는지는 개별 사건에서 실질적

관련성 유무를 합리적으로 판단하여 결정하여야 한다.

[2] 국제사법 제2조 제2항은 "법원은 국내법의 관할 규정을 참작하여 국제재판관할권의 유무를 판단하되, 제1항의 규정의 취지에 비추어 국제재판관할의 특수성을 충분히 고려하여야 한다."라고 정하고 있다. 따라서 국제재판관할권을 판단할 때 국내법의 관할 규정을 가장 기본적인 판단 기준으로 삼되, 해당 사건의 법적 성격이나 그 밖의 개별적·구체적 사정을 고려하여 국제재판관할 배분의 이념에 부합하도록 합리적으로 수정할 수 있다.

국제재판관할권에 관한 국제사법 제2조는 가사사건에도 마찬가지로 적용된다. 따라서 가사사건에 대하여 대한민국 법원이 재판관할권을 가지려면 대한민국이 해당 사건의 당사자 또는 분쟁이 된 사안과 실질적 관련이 있어야 한다. 그런데 가사사건은 일반 민사사건과 달리 공동생활의 근간이 되는 가족과 친족이라는 신분관계에 관한 사건이거나 신분관계와 밀접하게 관련된 재산, 권리, 그 밖의 법률관계에 관한 사건으로서 사회생활의 기본토대에 중대한 영향을 미친다. 가사사건에서는 피고의 방어권 보장뿐만 아니라 해당 쟁점에 대한 재판의 적정과 능률, 당사자의 정당한 이익 보호, 가족제도와 사회질서의 유지 등 공적 가치를 가지는 요소도 고려할 필요가 있다. 따라서 가사사건에서 '실질적 관련의 유무'는 국내법의 관할 규정뿐만 아니라 당사자의 국적이나 주소 또는 상거소(常居所), 분쟁의 원인이 되는 사실관계가 이루어진 장소(예를 들어 혼인의 취소나 이혼 사유가 발생한 장소, 자녀의 양육권이 문제 되는 경우 자녀가 생활하는 곳, 재산분할이 주요 쟁점인 경우 해당 재산의 소재지 등), 해당 사건에 적용되는 준거법, 사건 관련 자료(증인이나 물적 증거, 준거법 해석과 적용을 위한 자료, 그 밖의 소송자료 등) 수집의 용이성, 당사자들 소송 수행의 편의와 권익보호의 필요성, 판결의 실효성 등을 종합적으로 고려하여 판단하여야 한다.

[3] 재판상 이혼과 같은 혼인관계를 다투는 사건에서 대한민국에 당사자들의 국적이나 주소가 없어 대한민국 법원에 국내법의 관할 규정에 따른 관할이 인정되기 어려운 경우라도 이혼청구의 주요 원인이 된 사실관계가 대한민국에서 형성되었고(부부의 국적이나 주소가 해외에 있더라도 부부의 한쪽이 대한민국에 상당 기간 체류함으로써 부부의 별거상태가 형성되는 경우 등) 이혼과 함께 청구된 재산분할사건에서 대한민국에 있는 재산이 재산분할대상인지 여부가 첨예하게 다투어지고 있다면, 피고의 예측가능성, 당사자의 권리구제, 해당 쟁점의 심리 편의와 판결의 실효성 차원에서 대한민국과 해당 사안 간의 실질적 관련성을 인정할 여지가 크다.

나아가 피고가 소장 부본을 적법하게 송달받고 실제 적극적으로 응소하였다면 이러한 사정은 대한민국 법원에 관할권을 인정하는 데 긍정적으로 고려할 수 있다(대법원 2021.2.4. 선고 2017므12552 판결).

Ⅲ. 국제재판관할의 결정

국제사법이 국제재판관할에 관한 구체적 규정을 대거 신설하였으므로 학설이나 판례에 의하여 관할권의 존부를 고려할 여지는 극히 적게 되었다. 이에 따라 아래에서는 국제사법이 정하고 있는 관할기준에 관하여 살펴보기로 한다. 다만 여기서 보는 국제재판관할은 소송법 이론으로는 재판권의 행사에 관한 부분이므로 민사소송상의 관할에 관한 내용과는 본질적인 차이가 있음을 주의하여야 한다. 따라서 국제사법이 민사소송상의 관할규정과 유사하게 규정하고 있지만 보충적으로라도 민사소송법상의 관할에 관한 설명이나 내용을 이용할 때에는 주의를 요한다. 따라서 여기서의 설명은 국제사법규정에 입각하여 최소한도에 그친다.

1. 일반관할

(1) 의 의

국제사법상 일반적 국제재판관할권을 정하는 것이 제3조의 일반관할(general jurisdiction) 규정이다. 굳이 대비하자면 민사소송상 보통재판적에 상당하는 것으로서 가장 보편적으로 국제재판관할권을 정하는 규정이라 할 수 있다. 이때 국제재판관할을 정하는 기준을 본거(本據, Sitz)라고 한다. 국제사법의 적용을 받는 모든 사건은 이 조항에 의하여 국제재판관할권이 정해져야 하는 것이 원칙이지만, 국제사법의 해당 규정이 완전한 규정이 아니기 때문에 예외가 있다.

후술하는 특별관할(special jurisdiction)에 관한 규정은 일반관할 규정과 일반법-특별법의 관계에 서는 것이 아니므로, 특별관할 규정이 있다고 해서 우선적으로 해당규정이 적용되는 것이 아니다. 따라서 예컨대 피고로 될 자가 대한민국에 일상거소가 있으면서 재산권에 관한 소로서 청구목적물이 대한민국 내에 있는 경우라면 제3조 제1항과 제5조에 의하여 일반관할과 특별관할이 동시에 인정된다는 것이다. 다만 이 경우 국제재판관할권을 가지는 것은 대한민국 법원이므로 2개의 국제재판관할권은 의미가 없어서 경합의 문제는 발생하지 않는다.

국제사법상의 국제재판관할권에 관한 규정이 불충분하거나 해석을 할 때에
는 민사소송법상의 토지관할에 관한 규정을 참조할 수 있을 것이다.[22]

(2) 일반관할의 결정기준
(가) 자연인

국제사법은 대한민국에 일상거소(habitual residence)가 있는 사람에 대한 소
(訴)에 관하여 대한민국 법원에 국제재판관할권이 있는 것으로 규정하고 있다(제
3조 1항 전단).

민사소송상 관할의 기본 원칙이 피고의 이익을 지키기 위한 것이므로 피고
의 주소지[23]는 가장 기본적인 관할결정 기준이 된다(민소 제2조).[24] 예컨대 외
국인 간의 사건이라도 피고측의 주소가 대한민국에 있다는 등의 사정이 있으면
대한민국 법원이 재판관할권을 가질 수 있는 것이다.[25] 이는 전통적으로 "원고
는 피고의 법정지를 따른다."(actor sequitur forum rei)는 로마법상의 원칙을
따르는 것이다.

국제사법도 같은 취지에서 피고가 대한민국에 일상거소가 있을 것을 요건으로
하고 있다. 일상거소에 관해서는 뒤에 상세히 설명할 것이나, 주소나 거소에 준하
는 국제사법상의 특수한 개념이므로 이에 따라서 국제재판관할을 정하고자 한 것
이다. 따라서 원고가 대한민국에 일상거소가 있다고 하더라도 그 이유에서 대한
민국 법원에 국제재판관할권이 인정되는 것은 아니다.

---

22) 그러나 민사소송상의 토지관할규정을 참조하여 국제재판관할을 결정한다고 하여도 학설에 따라
　　많은 차이가 있다. 즉 역추지설의 경우는 이것이 중요한 기준으로서 작용하게 될 것이나, 관할
　　배분설의 경우에는 이것이 조리에 상당한 것으로서 참작됨에 그친다.
23) 연결점으로서는 일상거소보다 주소가 민사소송법상의 보통재판적과 쉽게 연계되고, 또 비교적
　　주소의 개념이 명확히 정립되어 있어 국제재판관할의 판단이 명확하게 된다는 장점이 있다는
　　의견으로, 한애라, 국제사법 제2조 및 자연인, 법인의 국제재판 일반관할 조항의 개정방향, 국제
　　사법연구, 2013.6. 394면.
24) 관할결정의 기준은 법적 정의의 확보라는 차원에서 결정되어야 한다. 이와 같은 관점에서 다음
　　판례 참조. 대법원 1975.7.22. 선고 74므22 판결.
25) 외국인간의 혼인관계사건이라도 피청구인의 주소가 대한민국에 있으면 우리 법원에 국제재판관
　　할권이 있다고 한 것에, 대법원 1988.4.12. 선고 85므71 판결.

또한 일상거소가 어느 국가에도 없는 경우에는 문제가 될 수 있으므로, 일상거소가 없거나 일상거소를 알 수 없는 사람의 거소가 대한민국에 있는 경우에도 대한민국 법원에 국제재판관할권을 인정하고 있다(제3조 1항 후단).

이에 따르면 대한민국 법원이 국제재판관할권을 가지기 위해서는 대한민국에 일상거소가 있어야 하나, 치외법권(extraterritoriality)이 있어서 외국의 재판권 행사대상이 되지 않는 대한민국 국민, 즉 외국주재 대사나 공사 등은 대한민국에 일상거소가 없어도 대한민국 법원에 국제재판관할권이 있다(동조 2항). 이들은 이미 민사소송법에 의하여 대법원 소재지 법원에 보통재판적이 인정되어 있다(민소 제4조).

(나) 법인 또는 단체

법인이나 단체는 일상거소라는 개념이 인정되지 않으므로 별도의 기준이 필요하다. 이에 따라 국제사법은 대한민국 법원에 국제재판관할이 인정되는 기준을 두 가지 정하고 있다. 그 하나는 ① 주된 사무소·영업소 또는 정관상의 본거지나 경영의 중심지[26]가 대한민국에 있는 법인 또는 단체이고, 다른 하나는 ② 대한민국 법에 따라 설립된 법인 또는 단체인데, 이들에 대한 소에 관하여는 대한민국 법원에 국제재판관할권이 있는 것으로 규정한다(제3조 3항).

주된 사무소나 영업소가 대한민국에 있는지 내지 대한민국 법에 따라 설립되었는지의 여부는 당해 법인 또는 단체의 활동이나 정관 등을 종합적으로 고려하여 판단하여야 할 것이다.

2. 특별관할

(1) 의 의

앞에서 본 일반관할이 피고의 본거지(Sitz)를 기준으로 한 국제재판관할이라고 한다면 그 외의 기준으로 국제재판관할권을 정하는 것을 특별관할(special jurisdiction)이라고 할 수 있다.[27] 따라서 이는 민사소송법상의 특별재판적이

---

26) 경영의 중심지라는 개념은 불확정성이 크다는 이유로 연결점으로서 바람직하지 않다는 의견도 있다. 법무부, 국제사법 개정 방안 연구, 2014, 72면.

27) 피고의 주소지에 대한 관할은 그 피고에 대한 모든 소송을 그 국가의 법원에 제기할 수 있다는 의미에서 일반관할이라 할 수 있고, 여타의 관할은 그 특정사안에 제한되는 관할이므로 이를 특

피고의 이익 이외의 재판의 적정·공평·신속·경제와 같은 소송상 근본이념을
추구하기 위하여 정해지는 것과는 다르다.

국제사법이 특별관할이라 하여 규정하고 있는 것은 사무소·영업소 소재지
등의 특별관할(제4조)와 재산소재지의 특별관할(제5조) 두 가지와 더불어, 각
론에서 개별적으로 규정하는 것들이 있다. 여기서는 앞의 두 가지만 본다.

(2) 사무소·영업소 소재지 등의 특별관할

사람이나 법인 또는 단체가 피고로 되는 외국 관련 소송에서 대한민국 법원
이 국제재판관할권을 가지려면 앞에서 본 바와 같이 일상거소 내지 주된 사무
소·영업소 또는 정관상의 본거지나 경영의 중심지가 대한민국에 있거나 대한
민국 법에 따라 설립되었어야 한다. 이외의 사람이나 법인 또는 단체를 상대로
소를 제기하는 경우 적어도 제2조에 기한 국제재판관할권이 대한민국 법원에는
인정되지 않는다.

그러나 대한민국에 사무소나 영업소를 두고 있는 사람이나 법인·단체라면
그 사무소 또는 영업소의 업무와 관련된 소는 대한민국 법원에 제기할 수 있는
것이 옳다. 이러한 취지에서 국제사법은 이러한 경우에는 대한민국 법원에 국
제재판관할권을 인정하고 있다(제4조 1항).[28] 다만 대한민국에 사무소나 영업
소가 있더라도 그 업무와 무관한 소는 대한민국 법원에 국제재판관할권이 인정
되지 않음은 당연하다.

한편 대한민국에 영업소나 사무소조차도 없는 경우라고 하더라도 대한민국
에 영향이 큰 사업이나 영업을 하는 경우에는 대한민국 법원이 재판할 수 있어
야 할 것이므로, 대한민국에서 또는 대한민국을 향하여 계속적이고 조직적인
사업 또는 영업활동을 하는 사람이나 법인·단체에 대하여 그 사업 또는 영업

별관할이라 하는 것이 종래의 구별방법이나, 국내법인 국제사법이 국제재판관할에 관한 규정을
두었다고 해서 이것이 일반적으로 외국에서도 인정되는 것은 아니므로, 이러한 구별은 우리 국
제사법에서의 구별방법일 뿐이다.

28) 국제사법은 특별관할과 관련된 제4조, 제5조, 그리고 그 외의 몇 개 규정에서 "국제재판관할이
있다."라고 하지 않고, "소를 제기할 수 있다."고 규정하고 있으나, 그 의미가 다르다고 할 수는
없다.

활동과 관련이 있는 소는 대한민국 법원이 국제재판관할권을 가진다(제4조 2
항). 이러한 소는 대한민국의 이익에 큰 영향이 있기 때문이다.

(3) 재산소재지의 특별관할

국제재판관할에 관한 재산소재지의 특별관할은 특히 부동산과 같은 재산에
관한 외국 관련 사건은 당해국의 재산제도를 따르지 않을 수 없다는 점에서 인
정되는 관할이다.[29]

국제사법은 ① 청구의 목적 또는 담보의 목적인 재산이 대한민국에 있는 경
우와 ② 압류할 수 있는 피고의 재산이 대한민국에 있는 경우의 두 가지 경우
에 대한민국 법원의 국제재판관할권이 인정되는 것으로 규정한다(제5조). 다만
후자의 경우에 분쟁이 된 사안이 대한민국과 관련이 없거나 무시할 수 있을 정
도로 적은 관련성이 있는 경우에는 굳이 우리나라에서 재판할 필요가 없을 것
이므로 제외하고 있고, 또 그 재산의 가액이 현저하게 적은 경우에도 마찬가지
로 보고 있다(제5조 1호 단서). 여기서 후자의 경우는 국제재판관할권이 없는
것이 아니라, 소의 이익이 부정되는 경우이기 때문에 법이 국제재판관할권을
부정한 것은 의문이 있다.

그리고 특히 부동산소재지의 관할권은 배타적·전속적으로 인정된다고 하
는 것이 일반적으로 인정되어 있다.[30]

◎ **의무이행지와 불법행위지의 특별관할에 관한 논의**

국제사법이 규정하는 두 가지의 특별관할 외에 종래 이들과 마찬가지로 논의되던
것으로는 의무이행지와 불법행위지의 관할을 들 수 있다.

먼저 의무이행지의 경우는 법률관계의 성질상 의무이행지가 그 법률관계의 최종적
목적지가 된다는 점에서 문제가 된 법률관계와 가장 밀접한 관련을 가지고 있다고 할
수 있는데, 우리 민법상 채무의 이행은 지참채무가 원칙이므로 의무이행지인 채권자의
주소지가 대한민국인 경우에 대한민국 법원의 국제재판관할권을 인정한 판례가 있다

---

29) 우리나라에 주소가 없는 외국인에 대한 소송이라도 문제된 재산이 대한민국에 있을 때는 대한
민국이 국제재판관할권을 가진다는 것에, 대법원 1988.10.25. 선고 87다카1728 판결.
30) 정동윤, 115면.

(대법원 1972.4.20. 선고 72다248 판결).

한편 불법행위지의 경우는 그 곳에 소송에 관련된 자료가 가장 많다는 점에서 소송을 수행하기에 가장 적당하므로 관할권을 가지게 하는 것이 좋다는 점에서 논의된다. 특히 내국에서 일어난 항공기 사고에 대한 소송은 불법행위의 성격을 가진 것이므로 사고발생지가 관할권을 가진다고 하는데, 그 예로 특히 2002년 김해공항 인근에서 발생한 중국 항공기 추락사고로 사망한 중국인 승무원의 유가족이 중국 항공사를 상대로 대한민국 법원에 손해배상청구소송을 제기한 사안에서, 대법원은 민사소송법상 토지관할권, 소송당사자들의 개인적인 이익, 법원의 이익, 다른 피해유가족들과의 형평성 등에 비추어 위 소송은 대한민국과 실질적 관련이 있다고 보기에 충분하므로, 대한민국 법원의 국제재판관할권을 인정하였다(대법원 2010.7.15. 선고 2010다18355 판결). 이러한 항공기 사고와 같은 것은 동시에 제조물책임의 성격도 있는 것이므로 항공기의 제조지도 관할권을 가지게 되며, 외국에서 일어난 사고에 대해서는 사고발생지, 제조지와 더불어 유족의 권리보호의 필요에서 내국의 국제재판관할권을 인정할 수 있다는 견해가 있다.[31]

3. 다른 사건과 관련된 관할

(1) 배 경

본래 관할은 해당 사건 자체에 관하여 정해지는 것이 원칙이므로, 피고를 비롯한 당사자나 청구, 즉 소송물과 관련하여 생기는 것이고, 이러한 것은 국제재판관할이라고 하여 다를 것이 없다. 다만 이러한 원칙을 고집하게 되면 관할권의 유무에 따라 따로 재판하여야 하는 경우가 생기므로 소송의 지연을 비롯한 소송불경제와 더불어 재판의 모순저촉이라고 하는 문제점이 생긴다. 이러한 취지에서 당사자의 관할의 이익을 해치지 않으면서 병합하여 재판을 받을 필요가 큰 사건에 대해서는 특정사건에 관하여 관할권이 있는 법원에서 다른 사건에 대해 재판할 수 있는 소위 관련사건의 재판적이 인정된다.

국제사법도 이러한 취지에서 관련사건의 관할(제6조)과 반소를 제기하는 경우의 관할(제7조)에 관하여 규정하고 있다.

---

31) 정동윤, 116면. 이를 최소관련(minimum contact)이론이라 한다. 장문철, 180면.

(2) 관련사건의 관할

(가) 의 의

하나의 소에서 여러 개의 청구를 하는 청구병합소송이나, 원고나 피고가 다수인 공동소송과 같은 경우에는 하나의 절차에서 하나의 판결로 재판하는 것이 이익이라는 전제하에서 인정된다.[32] 그런데 이러한 복합소송은 사건을 복잡하게 하여 재판이 지연되는 우려가 있기 때문에 민사소송법은 그러한 우려가 없는 경우에만 이러한 병합을 인정한다. 다만 그 경우에도 법원이 모든 청구나 당사자에 대해 관할권이 있어야만 병합을 할 수 있기 때문에, 당사자의 이익에 침해가 되지 않고 소송지연의 우려가 없는 경우에 관련재판적이 인정된다(민소 제25조). 국제사법은 이를 수용하여 국제재판관할에도 관련사건의 관할을 인정하고 있다.

(나) 병합청구에 관한 관련사건 관할

동일한 당사자 사이에서 서로 관련이 있는 여러 개의 법률관계와 관련된 소를 제기할 때, 그중 하나 청구와 관련하여 대한민국 법원에 국제재판관할권이 있으면 다른 청구도 대한민국 법원에 제소할 수 있다(제6조 1항). 이 경우 법원은 청구병합사건으로 재판하게 될 것이다. 이때 만약 각 청구가 서로 다른 상대방에 대한 것이라면 밀접한 관련이 있다고 하여도 관련사건 관할을 인정하여서는 안 된다. 이러한 것은 피고의 이익을 해치는 것으로서 위법하기 때문이다. 법도 이러한 경우에는 관련사건의 관할이 생기지 않는 것으로 규정하고 있다(제6조 2항).

여기서 밀접한 관련이라 함은 각 청구가 하나의 법률관계에 기반을 두고 있거나, 그와 마찬가지의 관계에 있어서 재판을 따로 할 경우에 생길 수 있는 모순저촉을 회피하여야 하는 경우로 정의할 수 있을 것이다. 따라서 단순히 재판의 신속을 꾀하거나 소송비용을 줄이기 위한 경제적 목적으로 병합하는 경우에는 밀접한 관련이 있다고 할 수 없다.

---

32) 관련재판적의 장점에 관해서는 증거자료의 수집 편의 등 효율적인 심리를 도모하고, 상이한 국가에서 소송이 계속됨으로써 초래될 수 있는 판결의 모순·저촉을 피하는 한편, 피고에 대한 부당한 응소 강요 및 과잉관할을 방지할 수 있을 것이라는 점이 들어진다. 국회, 2102818_국제사법개정안 법제사법위원회 검토보고서, 23면.

(다) 공동소송에 관한 관련사건 관할

원고가 여러 피고를 상대로 하여 소를 제기하고자 한다면 공동소송의 요건을 갖추어야 한다. 이때 만약 그 중에서 대한민국 법원에 국제재판관할권이 없는 사람이 있다면 다른 요건이 갖추어져 있더라도 이를 공동소송으로 묶어서 제소할 수 없게 된다. 이러한 경우에 관하여 국제사법은 공동피고 가운데 1인의 피고에 대하여 대한민국 법원이 제3조에 따른 일반관할을 가지는 때에는 그 피고에 대한 청구와 다른 공동피고에 대한 청구 사이에 밀접한 관련이 있어서 모순된 재판의 위험을 피할 필요가 있는 경우에만 공동피고에 대한 소를 하나의 소로 대한민국 법원에 제기할 수 있다고 규정한다(제6조 2항).

이러한 관련사건 관할이 인정되기 위해서는 우선 ① 피고 중의 한 사람에 대하여 제3조에 의한 일반관할로서의 국제재판관할이 인정되어야 한다. 따라서 예컨대 두 사람의 피고가 모두 외국에 일상거소가 있으나 그중 1인의 청구에 관하여 재산소재지의 특별관할이 인정되어 대한민국 법원에 국제재판관할권이 인정된 경우라면 관련사건의 관할이 인정될 수 없는 것이다.

이와 더불어 ② 그 피고에 대한 청구와 다른 공동피고에 대한 청구가 밀접한 관련이 있어서 모순된 재판을 피하여야 할 필요성이 인정되어야 한다. 이 요건은 관련사건의 관할에 의하여 본래 대한민국 법원에 국제재판관할권이 없음에도 불구하고 피고의 관할의 이익을 넘어서는 필요성이 인정되어야 한다는 의미이다.

다만 공동소송에 관한 관련사건 관할이 대한민국 법원에 인정되어 판결이 선고된다고 하더라도 이것이 외국에서도 받아들여질 수 있을지는 의문이 있다. 특히 이 피고의 본국 등에서 집행을 하여야 하는 경우 등에 많은 문제가 생길 수 있을 것은 아닌지 우려된다.

(라) 부수적 청구의 관할

혼인관계 사건(제56조), 친생자관계 사건(제57조), 입양관계 사건(제58조), 친자관계 사건(제59조), 부양사건(제60조), 후견사건(제61조) 등은 이에 따라 친족관계가 발생하거나 소멸하기도 하고 이와 관련된 권리의무가 생기기도 하지만, 한편으로 이에 따라 친권자·양육자 지정, 부양료 지급 등 해당 주된 청구에 부수되는 부수적 청구를 하게 되는 경우도 종종 발생한다. 이럴 때 주된 청구를 하는 국가의 법원이 부수적 청구에 대해서도 함께 재판하는 것이 적절할 것이므로, 국제사법은 위 주된 청구에 관하여 대한민국 법원에 국제재판관할권이 인정되는 경우에는 그 청구에 부수되는 청구에 대해서도 대한민국 법원에 국제재판관할권을 인정하고 있다(제6조 3항).

다만 이러한 것은 대한민국 법원에 부수적 청구에 관한 국제재판관할권이 있다고 하여 주된 청구에 관하여 국제재판관할권이 인정된다는 의미는 아니다(제6조 4항).

(3) 반소의 관할

반소는 피고가 본소의 소송계속 중에 원고를 상대로 본소와 관련성이 있는 청구를 본소법원에 제기하는 것이다(민소 제269조). 반소를 제기하기 위해서는 본소청구 내지 방어방법과 관련성을 가져야 하고, 이에 의하여 소송절차가 지연되지 않아야 하며, 반소청구가 다른 법원의 전속관할에 속하지 않아야 한다. 이러한 요건이 갖추어지면 설령 반소청구가 다른 법원의 관할에 속하는 경우라도 본소법원에 반소를 제기할 수 있다.

국제사법의 규정(제7조)도 대략 같은 취지로 이해되나, 문제는 이에 의하여 인정되는 것이 국제재판관할이라는 점이다. 특히 관련성과 관련하여 살펴보면, 본소청구와 반소청구가 직접 관련성을 가지는 경우는 청구병합에 준하여 생각할 수 있을 것이므로 크게 문제가 된다고 하기는 어려우나, 본소청구와 방어방법이 관련성을 가진다고 하여 반소청구를 하는 경우는 얘기가 다르다. 예컨대, 甲이 乙에 대해 대여금 채권의 이행을 구하는 본소를 제기하였는데, 乙이 甲에 대해 가지는 물건대금 채권을 자동채권으로 하여 상계항변을 하였을 때 그 상계항변을 하고 남은 금액을 반소청구로 할 수 있다는 것이다. 그렇게 되면 아무 실질적 관련성이 없는 대여금 채권과 물건대금 채권이 국제사법상 한 나라의 법원에서 재판된다는 것이 국제사법의 취지이다. 이는 우리 국제사법의 원칙에 비추어 보더라도 甲의 청구는 乙의 일상거소지 국가, 그리고 乙의 청구는 甲의 일상거소지 국가가 국제재판관할권을 가지는 것인데, 이것이 모두 乙의 일상거소지 국가에서 재판된다고 하는 것이다. 이 절차에서 乙이 반소청구가 인용되었다고 하여 甲의 일상거소지국에 강제집행을 신청하였을 때, 과연 이것이 받아들여질 것인지 의문이 아닐 수 없다.

4. 당사자에 의한 관할

(1) 당사자의 거동에 의한 관할

국제재판관할은 물론 민사소송상의 관할도 원칙적으로는 법규정에 의하여 정해지는 법정관할이 원칙이다. 이러한 점에서 당사자가 법정관할을 변경하는 것은 예외적인 것이다. 다만 관할의 문제는 특히 당사자의 사적 이익에 관한 문제이므로 특히 전속관할과 같이 공익적 의미를 가지는 경우를 제외하면 당사자가 합의한 때 발생하는 합의관할이나 원고가 관할권이 없는 법원에 제소하였음에도 피고가 이의 없이 응소하면 발생하는 변론관할도 인정되고 있다.

종래 국제재판관할의 경우에도 합의관할이나 변론관할도 인정된다고 하는 것이 일반적인 것으로 받아들여지고 있었다. 국제사법은 이러한 입장에 바탕을 두고 국제재판관할에 관한 합의관할과 변론관할을 인정하고 있다(제8조, 제9조). 이러한 관할을 통상 당사자의 거동에 의한 관할이라고 하며, 임의관할에만 인정된다.

(2) 합의관할

(가) 의 의

국제재판관할에 관한 합의는 당사자 간의 합의로 국제재판관할권을 가지는 국가를 정하는 것이다. 이러한 합의가 성립되면 원칙적으로 합의된 국가의 법원이 국제재판관할권을 가지게 된다.

(나) 요 건

① 관할합의는 소송상의 계약이므로 합의를 하는 당사자는 소제기 전후를 막론하고 소송능력이 있어야 한다(제8조 1항 2호).

② 관할합의는 제1심의 임의관할에 관한 것이어야 한다(민소 제29조 1항). 국제재판관할의 경우에는 크게 문제가 되지는 않을 것으로 보이나, 국제사법은

대한민국의 법령 또는 조약에 따를 때 합의의 대상이 된 소가 합의로 정한 국가가 아닌 다른 국가의 국제재판관할에 전속하는 경우는 무효가 되는 것으로 하고 있다(제8조 1항 3호).

③ 관할합의는 일정한 법률관계에 관한 합의라야 하는데, 이는 소송의 대상인 법률관계를 특정하여야 한다는 의미로서, 포괄적으로 당사자 사이의 모든 소송에 대한 관할합의를 할 수 없다는 것이다. 이러한 합의는 관할제도를 무력화하는 것이 되어 피고가 될 자의 이익을 해치게 되기 때문이다. 제8조 제1항의 일정한 법률관계로 말미암은 소라고 하는 것은 이러한 의미이다.

④ 관할합의는 서면에 의한 것만 유효하다. 관련 법률관계의 분쟁을 원활히 해결하기 위하여 관할합의를 하는 것인데, 그 합의가 불분명하다는 이유로 또다른 분쟁이 생기는 것은 바람직하지 않기 때문이다. 관할합의의 존재와 내용은 어떠한 형태로든 문서로 증명하여야 한다. 국제사법은 또한 전자문서도 여기서의 문서에 포함시키기 위해 합의의 방식으로서의 서면에는 전보, 전신(電信), 팩스, 전자우편 또는 그 밖의 통신수단에 의하여 교환된 전자적 의사표시를 포함한다고 규정한다(제8조 2항).

⑤ 본래 관할합의의 시기는 묻지 않으므로, 제소 전이나 제소 후에 하여도 무방하지만, 이송제도가 없는 국제재판에서 제소 후에 합의를 하는 것은 소취하 후 해당국가에서 다시 소를 제기하자는 의미가 아니면 그 효력이 인정되기는 어려울 것이다.

⑥ 합의에 의하여 국제재판관할권을 가지는 국가의 법원이 특정되어야 하는데, 그 방법은 기존의 국제재판관할권을 가지는 국가를 배제할 수도 있고, 국제재판관할권을 가지는 국가를 특정할 수도 있을 것이다.

(다) 합의의 태양

관할합의는 그 결과 하나의 국가에만 국제재판관할권을 인정하는 전속적 합의와 기존의 국제재판관할권에 더하여 추가적으로 인정하는 부가적 합의가 있다. 이 중 부가적 합의는 특별한 제약 없이 인정된다고 할 수 있으나, 전속적 합의는 원고의 제소권을 제약하는 것이므로 다소 제한적으로 인정된다.

종래의 판례에 의하면 외국 법원의 관할을 배제하고 대한민국 법원을 관할

법원으로 하는 전속적인 국제관할의 합의가 유효하기 위해서는, 당해 사건이 외국 법원의 전속관할에 속하지 아니하고, 대한민국 법원이 대한민국법상 당해 사건에 대하여 관할권을 가져야 하는 외에, 당해 사건이 대한민국 법원에 대하여 합리적인 관련성을 가질 것이 요구되며, 그와 같은 전속적인 관할 합의가 현저하게 불합리하고 불공정하여 공서양속에 반하는 법률행위에 해당하지 않아야 한다고 한다.[33]

국제사법은 원칙적으로 합의의 태양을 전속적인 것으로 추정한다고 하는 다소 이례적인 규정을 하고 있는데(제8조 3항), 이러한 규정은 당사자의 의사해석 이전에 원고의 제소권과 피고의 관할이익을 해칠 우려가 있는 것으로서 그 정당성이 의심스럽다.

(라) 합의의 효력

① 우리 국제사법에 의하여 이루어진 국제재판관할에 관한 합의가 대한민국 내에서 유효함은 의문이 없다. 따라서 당사자 간에 외국법원을 선택하는 전속적 합의가 있는 경우 법원에 그 소가 제기된 때에는 우리 법원에 국제재판관할권이 없다고 하여야 할 것이므로, 법원은 해당 소를 각하하여야 함(제8조 5항)은 당연한 이치이다. 다만, 합의가 효력이 없으면 원칙에 따라 국제재판관할권을 가지는 국가의 법원이 재판할 수 있을 것이고, 합의에 불구하고 변론관할이 발생한 경우에는 해당 국가의 법원이 재판할 수 있게 될 것이다. 국제사법은 또한 합의에 따라 국제재판관할을 가지는 국가의 법원이 사건을 심리하지 아니하기로 하는 경우와 합의가 제대로 이행될 수 없는 명백한 사정이 있는 경우에도 우리 법원이 소를 각하하지 않을 수 있다고 규정하고 있다(이상 제8조 5항 각호).

그러나 이 합의가 외국에서도 효력이 있을지는 별개 문제이다. 누누이 설명한 바와 같이 국제사법은 대한민국 내에서만 효력이 있는 국내법이므로 외국에서 우리 국제사법 규정에 따라야 할 필요는 없기 때문이다. 또한 이러한 합의는 소송계약인데, 소송계약은 법정지법에 따르므로, 이 계약이 유효한가의 여부는

---

33) 대법원 2010.8.26. 선고 2010다28185 판결; 대법원 2011.4.28. 선고 2009다19093 판결.

해당 국가의 민사소송법 등 절차법에 따라야 하는 것이다. 국제사법은 이와 관련하여, 합의에 따라 국제재판관할을 가지는 국가의 법(준거법의 지정에 관한 법규 포함)에 따를 때 그 합의가 효력이 없는 경우(제8조 1항 1호)와 합의의 효력을 인정하면 소가 계속된 국가의 선량한 풍속이나 그 밖의 사회질서에 명백히 위반되는 경우(4호)에는 효력이 없다고 규정하고 있으나, 이는 당연한 것을 규정한 것에 불과하다.

또한 외국법원을 관할법원으로 하는 국제적 관할의 합의에 관하여 판례는, "당사자들이 법정 관할법원에 속하는 여러 관할법원 중 어느 하나를 관할법원으로 하기로 약정한 경우, 그와 같은 약정은 그 약정이 이루어진 국가 내에서 재판이 이루어질 경우를 예상하여 그 국가 내에서의 전속적 관할법원을 정하는 취지의 합의라고 해석될 수 있지만, 특별한 사정이 없는 한 다른 국가의 재판관할권을 완전히 배제하거나 다른 국가에서의 전속적인 관할법원까지 정하는 합의를 한 것으로 볼 수는 없다."[34]고 하여, 외국에서의 합의의 효력에도 의문을 표시하고 있다.

② 합의의 효력은 합의한 당사자는 물론, 그 일반승계인에게도 미친다. 다만 특정승계의 경우, 국내에서의 승계라면 물권과 같은 정형화된 권리의 양수인에는 물권법정주의나 합의를 공시할 수 없다는 등의 이유로 효력이 미치지 않는다[35]고 하나, 내용결정이 자유로운 채권과 같은 것에 대해서는 효력이 미친다[36]고 하는 것이 판례이다.

그러나 판례는 "채권양도 등의 사유로 외국적 요소가 있는 법률관계에 해당하게 된 때에는 다른 국가의 재판관할권이 성립할 수 있고, 이 경우에는 위 약정의 효력이 미치지 아니하므로 관할법원은 그 국가의 소송법에 따라 정하여진

---

34) 대법원 2008.3.13. 선고 2006다68209 판결. 일본국에 거주하던 채권자와 채무자가 일본국에서 일본국 통화를 대차하면서 작성한 차용증에 채무자들의 일본 내 주소를 기재하고 차용금액 등을 기재하였는데, 위 증서는 당시 문구점에서 판매하던 것으로서 분쟁 발생시 채권자의 주소지 법원을 제1심 관할법원으로 한다는 문구가 부동문자로 인쇄되어 있던 사안에서, 위 문구는 예문이 아니고 법정 관할법원 중 하나인 일본국 내 채권자 주소지 법원을 관할법원으로 하기로 하는 전속적 관할합의에 해당한다고 한 사례이다.

35) 대법원 1994.5.26. 자 94마536 결정.

36) 대법원 2006.3.2. 자 2005마902 결정.

다고 봄이 상당하다."37)고 하고 있다. 이 사례는 일본국에 거주하던 채권자와 채무자가 돈을 대차하면서 채권자 주소지 법원을 제1심 관할법원으로 하는 전속적 관할합의를 하였는데, 그 후 위 채권이 국내에 주소를 둔 내국인에게 양도되어 외국과 관련된 요소가 있는 법률관계가 된 경우, 위 관할합의의 효력이 이에 미치지 아니하여 대한민국 법원에 재판관할권이 있다고 한 것이다.

③ 합의가 당사자 간의 계약 조항의 형식으로 되어 있는 경우 계약 중 다른 조항의 효력은 합의 조항의 효력에 영향을 미치지 아니한다. 이는 관할의 합의가 통상 실체법상의 계약에 포함되는 경우가 많으므로, 그 계약에 관한 분쟁이 관할합의에는 영향이 없어야 그 합의된 국가의 법원에서 분쟁을 해결할 수 있다는 취지이다.

(3) 변론관할
(가) 의 의

변론관할은 관할권 없는 법원에 한 제소에 대해 피고가 이의 없이 본안에 관하여 변론함으로써 생기는 관할이다. 원칙적으로 변론이라는 소송행위로부터 생기는 효력이라는 의미에서 붙은 이름이다. 이는 결국 피고의 응소에 의해 생기는 관할이므로 응소관할이라고도 한다. 과거 이를 묵시적 합의관할이라 하는 입장도 있었으나, 피고의 응소에 관할권을 발생시키려는 의사가 필요하지 않으므로 묵시적이라도 합의가 있다고 하는 것은 옳지 않다.

국제재판관할에 관해서도 종래 판례는 변론관할이 발생한다고 하고 있었기 때문에,38) 국제사법은 변론관할에 의한 국제재판관할의 발생을 인정하고 있다(제9조).

(나) 요 건

변론관할이 발생하기 위해서는 ① 원고가 국제재판관할권이 없는 국가의 법원에 소를 제기하였으나, ② 피고가 이에 관한 항변을 제기함이 없이 ② 본안에 대하여 변론하거나 변론준비기일에서 진술하여야 한다(제9조).

---

37) 위 대법원 2008.3.13. 선고 2006다68209 판결.
38) 대법원 2014.4.10. 선고 2012다7571 판결.

(다) 효 과

대한민국 법원에 적법하게 국제재판관할에 관한 변론관할이 발생하면, 다른 규정에 의한 관할권이 없다고 하더라도 대한민국 법원은 해당 사건에 관하여 국제재판관할권을 가지게 된다. 따라서 이후 법원은 국제재판관할권이 없다고 하여 소를 각하할 수 없다.

변론관할은 당해 소송에 한정되는 것이므로, 이후 소가 취하되거나 다른 소송요건 흠결로 각하된 후에 다시 소를 제기하는 경우에는 종전의 국제재판관할에 관한 변론관할을 주장하지 못한다.

5. 국제사법상 국제재판관할 규정의 한계

국제사법이 국내법이라는 한계를 가지고 있는 이상, 외국에서 효력을 가지지 못함은 당연하고, 이는 특히 법정지법이 원칙으로 되어 있는 절차법상의 원칙상 어쩔 수 없는 부분이다.

따라서 국제사법 규정은 대한민국 법원이 국제재판관할권을 가지는가의 여부에 한정되고, 외국법원이 국제재판관할권을 가진다고 규정하더라도 이는 큰 의미가 있다고 하기 어렵다는 점을 인정하여야 한다.

또한 우리 국제사법에 의하여 우리 법원에 국제재판관할권이 인정되어 재판을 한 경우라도, 그 판결이 반드시 외국에서 승인되어 집행될 수 있다는 보장도 없다. 이 문제도 해당 국가의 민사절차법에 의하여 결정되기 때문이다.

그러한 한계에도 불구하고 국제사법이 정하고 있는 국제재판관할은 대한민국에서는 의미가 있다고 할 것이고, 예컨대 재간이 대한민국에 있는 경우나 대한민국에 이해관계가 있는 소송은 대한민국 법원에 국제재판관할권이 있다고 하는 것이다. 그러나 이를 거꾸로 보면, 재산이 외국에 있는 경우나 외국의 권리나 그 이해에만 관계있는 소송, 그리고 외국인간의 소송은 원칙적으로 대한민국에 국제재판관할권이 있다고 할 수 없다는 것이다.

그러나 어느 나라에서도 사법적 구제를 받을 수 없는 경우에는 국내에 토지
관할권이 없어도 우리나라의 국제재판관할권을 인정하여야 한다. 이를 긴급 또
는 보충관할(Not-oder Ersatzzuständigkeit)이라 한다.39) 그리고 외국인이 우리
재판권에 복종할 의사를 나타낸 때에는 우리 법원에 재판권이 있다고 하여야
할 것이다.40)

판 례

(ㄱ) "외국인 간의 이혼심판 청구사건에 대한 재판청구권의 행사는 소송절차상의
공평 및 정의관념에 비추어 상대방인 피청구인의 행방불명 기타 이에 준하는 사정이
있거나 상대방이 적극적으로 응소하여 그 이익이 부당하게 침해될 우려가 없다고 보
여져 그들에 대한 심판의 거부가 오히려 외국인에 대한 법의 보호를 거부하는 셈이
되어 정의에 반한다고 인정되는 예외적인 경우를 제외하고는 상대방인 피청구인의
주소가 우리나라에 있는 것을 요건으로 한다"(대법원 1975.7.22. 선고 74므22 판결).
(ㄴ) "대한민국 회사가 일본 회사에게 러시아에서 선적한 냉동청어를 중국에서 인
도하기로 하고 그 대금은 선적 당시의 임시 검품 결과에 따라 임시로 정하여 지급하
되 인도지에서 최종 검품을 하여 최종가격을 정한 후 위 임시가격과의 차액을 정산
하기로 한 매매계약에서, 그 차액 정산에 관한 분쟁은 최종 검품 여부 및 그 결과가
주로 문제되므로 인도지인 중국 법원이 분쟁이 된 사안과 가장 실질적 관련이 있는
법원이나, 피고가 원고를 상대로 하여 중국 법원에 제기한 소가 각하되었고, 청어에
포함된 성자(청어알 중 완전한 형태를 갖춘 것)의 비율을 직접 확인할 수 있는 증거
인 이 사건 청어가 더 이상 존재하지 않으며, 피고가 이 사건 청어를 인도받고 처분
해 버린 시점으로부터 약 5년이 경과하여 이제 와서 대한민국 법원의 국제재판관할
을 부정한다면 당사자의 권리구제를 도외시하는 결과를 야기할 수 있는 점, 피고가
이 사건 본소에 대하여 반소를 제기하고 있으므로, 원·피고 사이의 분쟁을 종국적
으로 일거에 해결할 필요성이 있는 점, 원고가 대한민국 회사로서 우리나라에서 계
약의 체결과 관련된 서류를 팩스로 전송받는 방법으로 이 사건 계약을 체결하였고,
이 사건 정산금을 송금받기로 한 곳이 대한민국인 점 등을 고려할 때, 대한민국 법원
에도 당사자 또는 분쟁이 된 사안과 실질적 관련이 있어 국제재판관할권을 인정할
수 있다"(대법원 2008.5.29. 선고 2006다71908, 71915 판결).

---

39) 이시윤, 52면.
40) 외국인이 우리 법원에 보전명령이나 임의경매신청을 낸 경우에 국제재판관할을 인정한 것으로,
   대법원 1989.12.26. 선고 88다카3991 판결.

IV. 국제재판관할의 효력과 행사

1. 국제재판관할의 전속성 여부

(1) 전속관할과 임의관할의 의의

민사소송법상 법원의 관할은 전속관할과 임의관할로 나눌 수 있는데, 전자는 특히 공익적 견지에서 특정법원에만 속하게 한 것을 말한다. 전속관할은 당사자의 관할항변과 무관하게 법원이 심리하여야 하는 직권조사사항의 특징을 강하게 가지고 있고, 당사자가 이에 반하여 관할합의를 할 수 없고, 변론관할도 발생하지 않는다. 전속관할을 위반하면 그 소가 각하되거나 관할법원으로 이송되어야 하지만 이는 재심사유는 아니므로 판결이 확정되고 나면 문제 삼을 수 없다. 임의관할은 전속관할이 아닌 관할로서 피고의 항변에 의하여 법원이 조사하는 것이 보편적 심리방법이고, 관할합의나 변론관할의 대상이 된다.

국제재판관할이 전속관할이 될 수 있는가는 쉽지 않은 문제이나, 일반적으로 보면 그 필요성은 크지 않다. 왜냐하면 국제재판관할은 한 나라의 모든 법원이 그 대상이 되므로 대한민국 법원이 국제재판관할권을 가지고 있다고 하여 재판권을 행사하는 경우에 이것이 임의관할이냐 아니면 전속관할이냐에 따라 달라지는 것이 없기 때문이다. 굳이 대비를 한다면 동시에 다른 외국의 국제재판관할과 경합할 때를 생각할 수 있는데, 우리나라의 국내법으로 외국의 관할권 여하를 결정할 수 없으므로 외국의 국제재판관할을 부정하거나 인정하는 것도 의미가 없다.

(2) 국제사법상의 전속관할 규정
(가) 대 상

국제사법은 제10조에서 전속관할이라는 이름으로 대한민국 법원에 국제재판관할권이 있는 경우를 규정하고 있다(제1항). 그 대상이 되는 것을 살펴보면 다음과 같다. 다만 이들 사항이 다른 소의 선결문제가 되는 경우에는 전속관할

규정을 적용하지 않는다(제5항).

① 대한민국의 공적 장부의 등기 또는 등록에 관한 소. 다만, 당사자 간의 계약에 따른 이전이나 그 밖의 처분에 관한 소로서 등기 또는 등록의 이행을 청구하는 경우는 제외한다(제10조 1항 1호). 통상 공적 장부에 등재를 위한 소는 이를 관장하는 국가에 제기하여야 할 것으로 규정되어 있으나, 본문과 단서의 차이를 이해하기 쉽지 않다.

② 대한민국 법령에 따라 설립된 법인 또는 단체의 설립 무효, 해산 또는 그 기관의 결의의 유효 또는 무효에 관한 소(2호). 법인 또는 단체의 존립에 관한 소는 그 법인 또는 단체의 존립근거가 있는 국가에서 판단하는 것이 좋다는 취지이다.

③ 대한민국에 있는 부동산의 물권에 관한 소 또는 부동산의 사용을 목적으로 하는 권리로서 공적 장부에 등기나 등록이 된 것에 관한 소(3호). 이 경우도 일반적으로 부동산 소재지 국가 내지 등기부를 관장하는 나라에서 판단하는 것이 좋기 때문이다.

④ 등록 또는 기탁에 의하여 창설되는 지식재산권이 대한민국에 등록되어 있거나 등록이 신청된 경우 그 지식재산권의 성립, 유효성 또는 소멸에 관한 소(4호). 위에서 설명한 것과 마찬가지이다.

⑤ 대한민국에서 재판의 집행을 하려는 경우 그 집행에 관한 소(5호). 이는 아마도 민사집행법상의 집행판결(민집 제26조, 제27조)를 의미하는 것으로 보인다. 그렇지 않고 집행의 대상이 되는 모든 소의 국제재판관할권을 대한민국 법원에 주려고 하는 것이라고 이해하는 것은 옳지 않다.

(나) 전속관할 규정의 효력

만약 특정한 사건에 대해 대한민국 법원이 전속적으로 국제재판관할권을 가진다고 하면 외국의 국제재판관할권은 부정될 수밖에 없다. 그 경우, 우리나라에서는 해당 사건을 외국법원이 재판하여도 이를 승인할 수도 없고, 집행도 불가능하게 된다. 또한 드물기는 하겠지만, 이들 사건에 대한 대한민국 법원의 판결이 외국에서 문제된 경우, 외국법원이 이 판결의 효력을 인정해줄지 하는 것은 별개의 문제이다.

또한 통상 전속관할은 법정관할의 효력이 전속적인가 아닌가 하는 문제인데, 국제사법은 특이하게 대한민국의 법령 또는 조약에 따른 국제재판관할의 원칙상 외국법원의 국제재판관할에 전속하는 소에 대해서는 일반관할(제3조), 특별관할(제4조, 제5조), 관련사건의 관할(제6조), 반소관할(제7조) 및 변론관할(제9조)에 관한 규정을 적용하지 않는 것으로 규정한다. 외국법원의 국제재판관할이 전속적이라는 것이 어떻게 정해지는지도 알 수 없지만, 그 경우에 무조건적으로 우리 법원의 재판권을 포기하는 규정을 둔 것도 이해할 수 없다.[41]

2. 국제적 재판관할의 경합

(1) 국제재판관할의 경합 문제

관할과 마찬가지로 국제재판관할도 여러 나라에 인정됨으로써 경합이 생길 수 있다. 특정한 사건에 관하여 대한민국 법원과 외국에 함께 국제재판관할권이 인정되는 경우를 말하는데, 이러한 경우 어느 나라에서 재판권을 행사할 수 있느냐가 문제된다.

종래 이러한 경우, 당연히 자국의 이익을 보호하기 위하여 재판권을 행사할 수 있다는 입장이 강하였으나, 최근 합리적으로 해결하기 위한 시도가 제기되면서 좀더 밀접한 관련성을 가지는 국가가 재판하는 것이 옳다는 것이 대세로 되어 있다.

(2) 국제재판관할 경합시의 재판권 행사

우리나라와 외국의 법원에 다같이 국제재판관할권이 있는 경우에 어느 나라가 재판권을 행사하느냐의 문제는 국익에도 밀접한 관련이 있기 때문에 섣불리 판단할 문제는 아니다.

그럼에도 국제사법은 동법 규정에 의하여 대한민국 법원에 국제재판관할이 있는 경우에도, 대한민국 법원이 국제재판관할권을 행사하기에 부적절하고 국

---

41) 다만 이들 경우, 전속관할을 그대로 수용한다면 관련사건의 관할, 반소관할, 변론관할의 규정을 적용하지 않는 것은 이론적으로 이해할 수 있으나, 여기서 왜 합의관할을 제외하였는지도 의문스럽다. 통상 전속관할에 대한 관할합의는 허용되지 않기 때문이다. 제8조 제5항과 함께 이해할 수 없는 규정 중 하나로 꼽힐 수 있다.

제재판관할권이 있는 외국법원이 분쟁을 해결하기에 더 적절하다는 예외적인 사정이 명백히 존재할 때에는 피고의 신청에 의하여 법원은 본안에 관한 최초의 변론기일 또는 변론준비기일까지 소송절차를 결정으로 중지하거나 소를 각하할 수 있다고 규정한다(제12조 1항 본문). 다만, 당사자가 합의한 국제재판관할권이 대한민국 법원에 있는 경우에는 예외로 규정하고 있다(동 단서).

이는 합리성이라는 측면에서 만들어진 조항으로 보이지만, 우리 법원이 소송절차를 중지하거나 소를 각하하는 사유인 대한민국 법원이 국제재판관할권을 행사하기에 부적절하고 국제재판관할권이 있는 외국법원이 분쟁을 해결하기에 더 적절하다는 예외적인 사정이 명백히 존재한다는 것은 주관적인 판단에 불과하기 때문에 궁극적으로 적절한 것인지 의문이 있다. 또 그러한 판단이 어떠한 심리방법을 통하여 취득하여야 하는지 등의 구체적 절차에 대한 규정도 없이 절차의 중지나 소각하의 판결을 하도록 한 것은 적절하지 않다. 더군다나 이러한 판단은 아직 외국 법원에 소가 제기되어 있는 것도 아니기 때문에 우리 법원이 소송절차를 중지하거나 소를 각하하게 되면 언제 어디서 구제를 받을 수 있게 될지의 문제도 아직 알 수 없는 상태일 수도 있는 것이다. 물론 이 경우 법원이 반드시 소송절차를 중단하거나 소각하 판결을 하여야 하는 것은 아니라 하더라도 외국법원의 조치와 무관하게 우리나라의 절차부터 접게 만드는 것은 의문스럽다.[42)]

법은 그러한 문제를 의식하였는지 법원이 소송절차를 중지하거나 소를 각하하기 전에 원고에게 진술할 기회를 주어야 한다고 규정하면서(동조 2항), 당사자는 법원의 중지 결정에 대해서는 즉시항고를 할 수 있다고 규정하여(동조 3항), 다소간이라도 이러한 판단이 잘못되었을 경우에 대한 구제의 여지를 남겨두고 있다. 물론 소각하 판결에 대해서도 당연히 상소가 가능할 것이다.

---

42) 국회 검토보고서는 이로써 서로 다른 국가의 법원에서 동일한 소송이 제기되는 경우 판결의 모순·저촉을 피하는 한편, 외국 법원의 재판이 지연되는 경우 등에는 우리 법원에서 신속히 재판을 진행할 수 있는 근거를 마련한다는 것에 의의가 있다고 하고 있으나(국회, 2102818_국제사법개정안 법제사법위원회 검토보고서, 29면), 동법의 규정은 오히려 우리 법원의 재판권이 제한되는 점에 방점이 있다.

(3) 국제적 소송경합

(가) 국제적 중복제소의 발생

동일한 사건이 대한민국과 외국 법원에 동시에 소송계속 중이라면 통상 국제적 중복제소의 문제가 생긴다. 이때 만약 외국법원이 하는 재판이 대한민국에서 승인될 수 있는 것으로 판단되는 경우에는 가급적 이를 회피하는 것이 바람직할 것이다.

(나) 소송계속 중에는 소송 중지

국제사법은 같은 당사자 간에 외국법원에 계속 중인 사건과 동일한 소가 대한민국 법원에 다시 제기된 경우에 외국법원의 재판이 대한민국에서 승인될 것으로 예상되는 때에는 법원은 직권 또는 당사자의 신청에 의하여 결정으로 소송절차를 중지할 수 있다고 규정한다(제11조 1항 본문). 말하자면 국제적 중복제소의 경우에는 외국 법원에 계속된 소가 선소(先訴)라면 외국 법원이 재판할 때까지 우리나라의 법원의 절차를 중지시키라고 하는 것이다. 이때 소의 선후는 소를 제기한 때를 기준으로 한다(제11조 5항). 당사자는 법원의 중지 결정에 대해 즉시항고를 할 수 있다(제11조 2항).

국제사법은 이에 대한 예외로서, 전속적 국제재판관할의 합의에 따라 대한민국 법원에 국제재판관할이 있는 경우나 대한민국 법원에서 해당 사건을 재판하는 것이 외국법원에서 재판하는 것보다 더 적절함이 명백한 경우의 두 가지를 들고 있다(제11조 1항 단서). 이러한 경우에는 적어도 대한민국 법원이 재판하는 것이 외국 법원이 재판하는 것보다 더 적절하기 때문이다.

대한민국 법원의 재판 중지는 외국법원이 재판을 적절하게 하는 것을 전제로 하는 것이므로 그렇지 않은 사정이 있으면 재판을 계속할 수 있어야 한다. 이에 따라 국제사법은 외국법원이 본안에 대한 재판을 하기 위하여 필요한 조치를 하지 아니하는 경우 또는 외국법원이 합리적인 기간 내에 본안에 관하여 재판을 선고하지 아니하거나 선고하지 아니할 것으로 예상되는 경우에 당사자의 신청이 있으면 대한민국 법원은 중지된 사건의 심리를 계속할 수 있다고 규정한다(제11조 4항).

(다) 외국법원의 재판 시 소 각하

국제사법은 대한민국 법령 또는 조약에 따른 승인 요건을 갖춘 외국의 재판이 있는 경우에는 같은 당사자 간에 그 재판과 동일한 소가 대한민국 법원에 제기된 때에는 그 소를 각하하여야 한다고 규정한다(제11조 3항). 앞의 경우와 같이 외국 법원에 소가 계속 중이어서 중지하였다면, 후에 판결이 선고되면 그 소가 각하될 것이다. 그렇지 않더라도 이미 외국법원이 동일한 소에 대해 재판한 경우에, 우리 법원에 제기된 소를 각하하도록 한 것이다.

V. 소송 이외의 절차에 관한 국제재판관할

1. 소송 이외의 절차

통상 국제재판관할은 소송절차를 중심으로 논의되는 것이 일반적이나, 소송절차의 부수절차인 보전처분절차나, 소송절차와 구별되는 비송사건절차도 외국과 관련된 요소를 가지는 경우가 있을 수 있으므로 이에 대한 국제재판관할을 논의할 필요가 있을 것이다.

2. 보전처분 절차의 국제재판관할

보전처분은 가압류와 가처분을 말하는 것인데, 통상 가압류의 관할법원은 가압류할 물건이 있는 곳을 관할하는 법원이나 본안의 관할법원이 되고(민집 제278조), 가처분의 관할법원은 본안의 관할법원 또는 다툼의 대상이 있는 곳을 관할하는 법원이 된다(민집 제303조). 본안의 관할법원이 가압류나 가처분의 관할법원이 되는 것은 가압류나 가처분이 본안소송에 부수하는 절차이기 때문이고, 가압류할 물건 내지 다툼의 대상이 있는 곳을 관할하는 법원은 가압류·가처분의 긴급성에 비추어 가장 신속하게 보전처분을 할 수 있는 법원이기 때문이다.[43]

국제사법도 같은 취지에서 대한민국 법원에 본안에 관한 국제재판관할권이

---

43) 김연, 민사보전법, 59면 이하.

있거나 보전처분의 대상이 되는 재산이 대한민국에 있는 경우에는 대한민국 법원에 보전처분에 대한 국제재판관할권이 있다고 규정한다(제14조 1항).

다만 대한민국 법원에 보전처분에 관한 국제재판관할이 없는 경우에도 긴급한 경우에는 대한민국 법원에 가압류·가처분의 신청을 할 수 있는 것으로 규정한다(동조 2항). 다만 이 경우에는 본안에 관하여 대한민국 법원에 국제재판관할이 없으므로 그 보전처분은 대한민국 내에서만 효력이 있게 될 것이다. 국제사법의 취지도 같다.

3. 비송사건의 국제재판관할

비송사건이 무엇인지에 대해 정의하기는 쉽지 않으나, 대체로 보면 법률이 비송사건으로 규정하고 있는 사건이 비송사건이라고 하는 학설(실체법설)[44]이 가장 유력한 것으로 알려져 있다. 비송사건절차를 규율하는 기본법으로서 비송사건절차법이 있는데, 비송사건은 대체로 절차의 진행이나 재판에 대해 당사자의 지위가 약하고 대신 법원이 후견자적 지위에서 재량권을 행사하여 최선의 결과를 도출하는 절차라고 한다.

국제사법은 비송사건의 국제재판관할에 관하여는 성질에 반하지 아니하는 범위에서 제2조부터 제14조까지의 규정을 준용한다고 하여(제15조 1항), 원칙적으로 소송사건과 마찬가지의 방법으로 국제재판관할을 인정하는 것으로 하고 있다.

이와 함께 개별적인 사건에 대해서는 따로 국제재판관할에 관한 규정을 두고 있다(동조 2항). 즉 실종선고 등에 관한 사건은 제24조에서, 친족관계에 관한 사건은 제56조부터 제61조까지, 상속 및 유언에 관한 사건은 제76조에서, 그리고 선박소유자 등의 책임제한에 관한 사건은 제89조에서 규정한다. 그 외에 개별 비송사건의 관할에 관하여 이 법에 다른 규정이 없는 경우에는 제2조의 일반원칙에 따라 국제재판관할을 정하는 것으로 하고 있다(동조 3항).

---

44) 이시윤, 신민사소송법 14면; 정동윤 외, 15면.

사례의 해결

1. 이 사례는 토지매매계약으로 인한 소송으로서 명도청구 또는 손해배상청구를 하려는 경우이므로, 일단 피고 乙의 주소지인 B국의 국제재판관할권을 인정할 수 있게 될 것이다. 문제는 토지에 관한 소송이므로 부동산 소재지인 D국의 국제재판관할권이 문제로 되나, 명도청구와 같은 경우에는 후일 강제집행의 필요가 있으므로 D국에 관할권을 인정할 수 있을 것이다. 그렇지 않고 다른 나라에서 재판을 한다면 추후에 D국에서 외국판결의 승인·집행절차를 밟아야 하는 경우가 생긴다. 그리고 손해배상 소송의 경우에는 나중에 강제집행을 하더라도 B국에서 해야 할 것이므로 B국 이외의 재판관할을 인정할 필요가 없을 것으로 생각된다.

2. 이 사례에 대해 보면, 일단 甲乙 부부의 국적이 다르므로 소를 제기한다면 공통의 거소지인 C국의 재판관할권이 우선하는 것으로 생각된다. 그러나 이혼관계소송은 가족관계등록과 관련이 있으므로 乙이 국적을 가지는 B국에 訴를 제기하는 것도 물론 가능하다. 현재지인 D국의 관할권이 문제로 될 수 있으나, 쌍방이 합의하에 재판을 받고자 한다면 불가능한 것도 아니다. 그러나 물론 이때에는 외국판결의 승인 문제가 대두될 것이다.

제 3 절 외국재판의 승인과 집행

사 례

휴가차 미국을 방문한 甲은 라스베가스에 묵을 기회가 있었는데, 시간을 보내기 위하여 호텔 카지노에 들렀다가 그만 돈을 많이 잃게 되었다. 그런데 이 손해를 만회하기 위하여 甲은 호텔에서 여러 차례에 걸쳐 돈을 빌려 도박을 하였으나, 결국 한 푼도 건지지 못하고 말았다. 그런데 돈을 조금 더 빌려서 손해를 만회하려고 생각하던 甲은 어느 날 법원으로부터 호텔이 자신에 대해 대여금의 반환을 구하는 소를 제기하였으므로 법정에 출석하라는 통지를 받고 몰래 호텔을 빠져나와 귀국하였다. 그런데 수개월 후 이 호텔의 대리인인 乙로부터 미국법원에서 甲에 대한 승소판결을 받아 위 판결이 확정되었으므로 채무를 이행하지 않으면 강제집행을 하겠다는 통보를 받았다. 甲은 미국법원의 판결로 강제집행을 당하게 되는가?

Ⅰ. 외국재판 승인의 의의와 근거

1. 의   의

통상적으로 판결은 그 국민이 국가기관인 법원으로부터 받게 되는 것이나, 외국과 관련된 요소가 있는 사법관계에 있어서는 외국이 국제재판관할권을 가질 수도 있고, 이때에는 외국에서 재판을 받을 수도 있다. 외국재판이란 이와 같이 사법상의 법률관계에 관한 소송에 대해서 외국의 법원이 한 종국적 재판을 말하는데, 그 외국법원에서 선고된 재판의 효력을 자국 내에서도 이를 인정하고 집행할 수 있는가 하는 것이 문제된다. 본래 재판은 주권의 발현으로서 통치권의 일부인 사법권이 행사된 것이므로, 그 판결의 효력은 그 나라의 영토 내에서만 생기는 것이고, 다른 나라에서는 아무런 효력이 인정되지 않는 것은 당연하다.

그러나 오늘날의 빈번한 국제교류로 인하여 국제적 사법관계가 급증하고 있는 현실에 비추어 볼 때, 외국 재판의 효력을 전혀 인정하지 않는 것은 바람직하지 못한 것으로 인정되고 있다. 국내적으로 보면 동일한 사항에 대해 다시 재판하여야 하는 비경제성도 생기게 될 뿐 아니라, 당사자에게는 각국 재판의 저촉으로 인한 문제까지도 생기게 된다. 따라서 각국에서는 일정한 조건 아래 외국 재판을 승인하여 자국 내에서 그 효력을 인정하는 제도를 두고 있다. 그러나 역시 외국재판의 승인의 문제는 그 나라의 자체적인 문제이며, 의무사항이라고는 할 수 없으므로, 나라마다 그 내용이 서로 다르다.[45] 이러한 점을 해결하기 위하여 많은 노력이 행해져 왔는데, 헤이그 국제사법회의에서 체결된 「미성년 자녀의 부양의무에 관한 판결의 승인과 집행에 관한 협약」(1958), 「입양에 관한 재판관할, 준거법 및 명령의 승인에 관한 협약」(1965), 「이혼과 법정 별거의 승인에 관한 협약」(1970), 「부양의무에 관한 판결의 승인과 집행에 관한 협약」

---

45) 예를 들면 영국과 같은 보통법 국가들 중에는 단순히 외국판결에 대해 승인을 하는 것이 아니라, 다시 소를 제기하게 하는 등 좀 더 엄격한 제도를 가지고 있는 나라도 있다. 최공웅, 393, 402면.

(1973) 등 몇 개의 협약과 유럽 공동체 각국이 가입한 「민사 및 상사에 관한 재판관할과 판결의 집행에 관한 조약」(일명 브뤼셀 협약, 1968) 및 그 병행협약인 「루가노 협약」(1988) 등이 있다.

2. 승인의 근거

원칙적으로 본다면 외국 재판을 승인하는 것은 그 나라의 자유에 속하는 사항으로서 의무는 아니다. 그럼에도 불구하고 이제 외국재판을 전혀 승인하지 않고 있는 나라는 거의 없다고 할 수 있다. 이와 같이 외국재판을 승인하는 근거는 무엇인가에 대해 다음과 같은 의견들이 제시되어 있다.

(1) 영미법계

(가) 국제예양설

이 학설은 과거 영미법계에서 주장되던 것으로서 외국재판의 승인은 국제예양(comity)에 근거한 것이므로 국가의 의무에 속하는 사항은 아니라는 전제하에 주장되어 있다. 따라서 자국이 외국재판을 승인하게 되면 다른 나라의 법원으로부터 상호적인 대우를 받을 수 있을 것이라는 신뢰에 기초한 것으로서 필연적으로 상호주의와 결합하게 된다. 외국 재판의 승인은 국가가 그 영역 안에서 국제적 임무와 편의를 다하고, 또 법률의 보호를 받고 있는 자국민이나 타국민의 권리를 존중하여 타국의 사법행위를 호의적으로 허용한다는 것이다. 이 학설은 양국간의 관계가 정치적으로 악화되는 경우에는 그 승인자체도 무의미해질 가능성이 존재한다는 단점이 있으며, 또한 당사자에게 항변의 기회가 주어지지 않기 때문에 자연적 정의에 반한다는 반론도 가능하다.

(나) 의무이론

의무이론(doctrine of obligation)은 1842년 이후 영국에서 받아들여진 것으로서 국제재판관할권을 갖는 외국법원의 재판은 자국 내에서도 소송을 통하여 집행될 수 있는 법적 의무가 된다는 이론이다. 외국법원의 재판에 의해 새로운 권리의무가 생긴다는 의미에서 이를 「기득권이론(vested rights doctrine)」이라 하기도 한다. 이 이론은 상호주의를 요하지 않으며, 승인에 대한 항변사유를 규정하는 데 난점이 없다.

오늘날 영국의 외국관련법은 의무이론을 그 배경으로 하고 있으며, 미국의 일부법원에 있어서도 이 이론이 원용되고 있으나, 대륙법계에 있어서는 이 이론을 인정함에 상대적으로 소극적인 태도를 보이고 있다.

(2) 대륙법계

대륙법계에서는 승인의 근거를 외국재판에 의해 얻어진 분쟁해결의 종국성의 확보라는 실제적 필요성과 국제적으로 파행적 법률관계의 발생을 방지하고 섭외적 법률관계의 안정을 도모한다는 데서 구하고 있다. 이러한 입장은 섭외적 정의의 확보 또는 외국재판의 기판력에 근거하는 것으로 설명되기도 한다.

Ⅱ. 외국재판 승인의 대상

승인의 대상이 되는 외국재판은 민사소송법상의 요건을 갖추었는가를 심사하기 전에 전제적으로 갖추어야 할 내용이 있는데, 그것은 그 재판이 당해 외국법에 의하여 유효하게 성립되어야 하는 것과 확정판결 또는 이와 동일한 효력이 인정되는 재판이어야 한다는 것이다. 다시 말하면 우리나라에서 외국재판의 승인을 논의하기 위해서는 먼저 그 외국재판이 당사자 사이의 법률관계에 관하여 종국적으로 판단한 재판으로서, 재판국의 국내법에 의하여 무효가 되지 않아야 하고, 또 더 이상의 다툼이 허용되지 않는 확정된 재판이어야 한다. 민사소송법은 종래 승인의 대상을 외국법원의 확정판결에 한정하고 있었으나, 2014년에 그 대상을 "외국법원의 확정판결 또는 이와 동일한 효력이 인정되는 재판"으로 바꾸었다. 이에 의하여 판결 외에도 결정으로 한 재판 중에서도 특히 확정판결과 동일한 효력이 인정되는 재판은 승인될 수 있게 되었다.

이 개정에 의하여 승인의 대상으로 되는 것은 법원이 직접 심리, 판단한 재판으로서 확정판결과 이와 동일한 효력이 인정되는 결정 등의 재판이다. 따라서 예컨대 조정조서나 화해조서와 같은 것은 법관이 확인을 하였다고 하더라도 스스로 재판한 것이 아니므로 승인 대상이 아니다. 이와 함께 외국의 중재판정도 승인의 대상으로 하여야 하는 것이 아닌가 하는 논의가 있다. 중재판정을 승인하는 나라도 있고, 우리나라에서도 긍정적으로 보는 입장이 있다. 그러나 중재판정을 민사소송법 제217조의 승인의 대상으로 보기에는 개정 민사소송법의 취지에 비추어 보더라도 무리가 없지 않다. 따라서 현행법상으로서는 승인의 대상인가 하는 문제는 부정적으로 볼 수밖에 없을 것이다.

Ⅲ. 외국재판 승인의 요건

우리나라 민사소송법은 외국재판이 승인을 위한 요건을 규정하고 있고, 그 요건을 갖추었을 때에만 승인할 수 있도록 하고 있다. 그러나 따로 승인을 위한 소제기 등 절차가 필요한 것은 아니고, 승인요건을 갖추면 당연히 승인된 것으로 된다.

민사소송법 제217조가 외국재판의 승인을 위하여 필요한 요건으로 규정하고 있는 네 가지는 취지만으로 보면 ① 그 외국법원에 국제재판관할권이 있고, ② 절차적으로 보호를 받았을 것, ③ 그 재판이 공서양속에 반하지 아니할 것, 그리고 마지막으로 ④ 상호보증이 있을 것 등이다. 이는 구민사소송법 제203조의 규정과 거의 같은데, 외국 재판이 승인을 얻기 위해서는 이 요건을 모두 갖추어야 한다. 이들 요건은 재판의 대상이 되면 법원이 직권으로 충족여부를 조사한다(민소 제217조 2항).

이 외에 외국재판이 우리 국제사법이 지정하고 있는 준거법을 적용한 경우에 한하여 이를 승인할 것인가의 문제, 즉 준거법 요건의 문제가 있다. 이에 대해서는 준거법요건이 필요하다고 하는 적극설[46]과 필요하지 않다는 소극설[47]이 대립하고 있으나, 민사소송법이 승인요건으로 준거법에 관한 국제사법 규정을 따를 것을 요구하고 있지도 않고 있고, 또 우리 국제사법이 준거법 규정을 가지고 있더라도 외국 법원에 대해서까지 그 규정을 따르게 한 것은 아니므로 소극설이 타당하다고 생각된다.

---

46) 김용한/조명래. 194면; 서희원. 128면.
47) 신창선. 238면.

1. 국제재판관할권의 존재

민사소송법 제217조는 제1호에서 "대한민국의 법령 또는 조약에 따른 국제 재판관할의 원칙상 그 외국법원의 국제재판관할권이 인정될 것"을 우선적으로 규정하고 있다. 구민사소송법 제203조 제1호는 "법령 또는 조약으로 외국법원 의 재판권을 부인하지 아니한 일"이라고 해서 소극적으로 규정하고 있었는데, 이를 적극적으로 국제재판관할권이 필요한 것으로 개정하였다. 구법의 태도는 아직 국제재판관할에 관한 국제적인 인식도 미진하고, 또 우리나라의 학설의 상황이나 판례를 볼 때 아직 명확히 그 범위나 내용이 정립되어 있는 것은 아 니므로 국제재판관할권이 부정된 경우만 아니면 승인을 할 수 있도록 한 것이 었으나 이제는 적극적으로 국제재판관할권이 인정되지 않은 경우에는 승인을 할 수 없도록 한 것이다. 이러한 것을 간접적 국제재판관할(compétence indirecte, indirekte Zuständigkeit)이라 한다. 다만 구법상의 재판권이란 용어는 이미 국 제재판관할권이라는 의미로 이해되어 오던 것이었으나, 최근 이에 대한 비판[48] 도 있고, 실제 구민사소송법 규정이 국제재판관할권이 아니라, 재판권이라 표현 한 것은 정확한 것이라 할 수 없으므로 민사소송법은 국제재판관할권이 있는 국가에서 한 재판에 대해서만 승인할 것임을 명백히 하였다.[49]

다만 현행 국제사법이 구체적으로 국제재판관할에 관하여 규정하고 있기 때 문에 이 문제가 다소 복잡하게 되었다. 물론 이들 규정은 대한민국 법원에 국제

---

48) 이에 대한 상세한 비판은 석광현, 전게 "국제재판관할의 몇 가지 문제점." 33-34면 참조.
49) 그러나 일설이 말하는 바와 같이 우리나라에서는 재판권과 관할권이 구별되어 사용될 뿐 아니 라 재판권은 관할권의 전제개념임이 명백하므로 당연히 국제재판관할과 재판권을 구별하여 사 용함이 타당하다는 것은 재판권과 국제재판관할권의 개념을 정확하게 이해하지 못한 것이다. 통상 재판권은 특정 국가의 사법부가 사건에 대해 주권의 일환으로 재판을 포함한 사법행위를 할 권한을 가지느냐의 문제이므로 당연히 관할권의 전제가 된다. 따라서 재판권이 인정된 사건 에 대해 국내의 어느 법원이 재판할 것이냐의 문제, 즉 관할권이 논의되는 것이다. 즉 국제재판 관할은 국내법원의 관할권과 마찬가지로 재판권이 있는 사건에 대해 논의하여야 할 대상이 아 니라, 재판권과 동시에 접근하여야 할 동전의 앞뒷면과 같은 성격을 가지는 것이다. 따라서 우 리 법원에 국제재판관할이 인정되는 사건은 우리 법원이 재판권을 가지는 것이고, 우리 법원이 재판권을 가지지 못하는 사건은 다시 말하면 우리 법원에 국제재판관할권이 없다고 하게 되는 것이다. 그러나 양자는 같은 개념은 아니고, 국제재판관할권은 재판권의 한 측면에 불과한 개념 이다.

재판관할권이 있는 편면적 효력규정이기는 하지만, 동법이 대한민국 법원에 국제재판관할권이 있다고 규정한 사건을 외국법원이 재판한 경우에도 승인이 가능할지 추후 검토가 필요할 것으로 본다. 이중 특히 국제사법이 대한민국 법원에 전속적으로 국제재판관할권이 있다고 한 경우에는 승인이 되기 어려울 것으로 예상된다.

2. 패소한 피고를 위한 절차적 요건

민사소송법 제217조 제2호는 "패소한 피고가 소장 또는 이에 준하는 서면 및 기일통지서나 명령을 적법한 방식에 따라 방어에 필요한 시간여유를 두고 송달받았거나(공시송달이나 이와 비슷한 송달에 의한 경우를 제외한다) 송달받지 아니하였더라도 소송에 응하였을 것"을 요건으로 규정하고 있다. 이는 구민사소송법 제203조 제2호의 "패소한 피고가 대한민국 국민인 경우 공시송달에 의하지 아니하고 소송의 개시에 필요한 소환 또는 명령의 송달을 받은 일 또는 받지 아니하고 응소한 일"과 거의 같은 요건이다. 이 규정에 의하면 구법상의 요건은 패소한 피고가 대한민국 국민이어야 한다는 요건이 있었지만, 이러한 요건이 없어짐으로써 패소한 피고가 외국인인 경우에도 이 규정을 적용할 수 있게 되었다. 다음으로는 당해 소송에서 피고가 소장 또는 이에 준하는 서면 및 기일통지서나 명령을 적법한 방식에 따라 방어에 필요한 시간여유를 두고 송달을 받았어야 한다. 물론 이때 공시송달이나 이와 비슷한 송달에 의한 경우는 부적법하게 된다. 이는 피고가 실질적인 절차보장을 받았는가 하는 점을 말하는 것이다. 그리고 마지막으로 이러한 절차적 방어권이 침해된 상태라 하더라도 피고가 응소를 하게 되면 그 하자는 치유되어 당해 외국재판은 승인될 수 있다. 따라서 이 요건은 항변사항으로서 직권조사를 할 필요는 없다.

(1) 방어를 위한 실질적 절차보장의 필요

통상의 민사소송이 정당성을 가지는 근거 중의 하나는 소송상 원고와 피고에게 균등한 절차보장을 해주기 때문이다. 만약 소송절차에서 원고나 피고 중 일방만에 대해 절차보장을 해주고 그 상대방에 대해서는 절차보장을 해주지 않았다고 한다면 소송의 정당성은 현저히 줄어들 수밖에 없다.

외국재판의 승인은 대체로 승소한 원고가 패소한 피고에 대해 그 재판을 집행하거나, 재판의 효력을 공식화하려고 할 때 필요한 것이다. 그런데 이는 피고가 승소한 경우와는 구별하지 않으면 안 되는 것이다.[50] 원고가 소송에서 승소하는 것은 물론 공평한 소송수행의 결과로서 법적으로 가치판단을 받은 때이겠지만, 드물게 원고와 법원과의 관계에서만 소송이 이루어지고 피고에 대한 관계는 거의 무시되는 경우가 있을 수 있다는 것이다. 특히 피고가 외국에 있다거나 주소 내지 근무지를 알 수 없어 공시송달을 하는 경우(민소 제194조)에는 이 송달이 피고에게 실제 전달될 가능성이 극히 희박하므로, 피고의 절차보장이 불가능하게 되는 것이다. 결국 국제사법은 피고가 소장 또는 이에 준하는 서면 및 기일통지서나 명령을 송달받았다고 하여도 공시송달에 의해 받은 경우에는 그 재판은 공평하지 않으므로 승인해 줄 수 없는 것으로 판단하고 있다는 것이다. 발신주의에 의해 처리되는 우편송달의 경우도 마찬가지이다.

이때 외국법원의 소장 등의 송달은 적법한 방식에 따라 방어에 필요한 시간 여유를 두고 행해져야 하므로 송달 방식 자체가 무효로 되거나, 실제 소송의 준비에 필요한 시간적 여유없이 송달이 이루어진 경우에는 재판의 승인이 거부될 것이다. 이를 송달의 적법성(Ordnungsmäßigkeit)과 적시성(適時性; Recht-zeitigkeit)이라 한다. 송달의 적법성은 재판을 한 나라의 법에 의한다.[51]

(2) 피고의 자발적 응소

국제사법이 요구하고 있는 피고에 대한 절차보장의 요구는 피고가 자신의 이익을 방어할 기회도 가지지 못한 채 억울하게 패소재판을 받은 경우에는 그 피고를 보호하기 위하여 승인을 할 수 없다는 의미이다. 그러나 피고가 자발적으로 응소한 경우에는 피고가 스스로 자신의 이익을 위해 방어행위를 할 기회를 가졌을 것이므로 그 보호의 필요가 없는 것이다. 따라서 이때 피고가 본안에

---

50) 피고가 승소한 경우에 피고가 원고를 제쳐두고 법원과의 사이에서 불공평하게 재판을 받는 경우란 생각하기 어렵다.
51) 석광현, 국제사법과 국제소송 제1권, 297면.

관하여 진술하는 등의 경우뿐만 아니라, 예컨대 관할항변을 제출하기 위하여 출석한 경우에도 자신을 위한 방어기회를 가진 것으로 볼 수 있으므로 응소한 것으로 볼 수 있을 것이다. 응소 여부의 최종 판단은 재판을 승인할 나라의 법에 의한다.[52]

3. 선량한 풍속 기타 사회질서에 반하지 않을 것

민사소송법 제217조 제3호는 "그 확정재판 등의 내용 및 소송절차에 비추어 그 확정재판 등의 승인이 대한민국의 선량한 풍속이나 그 밖의 사회질서에 어긋나지 아니할 것"을 요건의 하나로 규정하고 있는데, 이는 구민사소송법 제203조 제3호와 거의 같은 규정이다. 다만 구법상에는 외국법원의 재판이 대한민국의 선량한 풍속이나 그 밖의 사회질서에 위반하지 않아야 하는 것으로 규정되어 있었으나, 개정 민사소송법은 그 재판의 효력을 인정하는 것이 그에 위반되지 않아야 하는 것으로 하고 있는데, 구법상에서도 학설은 그 판결을 승인한 결과가 문제되는 것이고 그 판결 자체를 문제삼는 것은 아니라고 하고 있었으므로 그 의미가 달라진 것은 아니다.

통상 선량한 풍속이나 그 밖의 사회질서를 공서(公序)라고 하는데, 이는 국내법 질서의 보존이라는 방어적 기능을 가진다. 그러나 이는 대외적 관계에서 요구되는 최소한의 것으로 외국의 입법례[53]나 판결례[54]에서도 인정되고 있는 것이다. 따라서 이는 국내법적 질서를 유지하기 위한 민법 제103조의 공서와는 다르다. 민법상의 공서를 국내적 공서(domestic public policy)라 한다면, 민사소송법이 요구하는 공서는 외국과의 관계에서 요구하는 것이므로 국제적 공서(international public policy)라고 할 수 있을 것이다. 문제는 이것이 국제사법 제10조가 규정하는 「대한민국의 선량한 풍속 그 밖의 사회질서」와 어떠한 관계

---

52) 석광현, 304면.
53) 외국 입법례 중 공서규정을 가지고 있는 것으로 대표적인 것을 들어보면, 영국의 외국판결상호집행법(Foreign Judgments Reciprocal Enforcement, 1933) §4(a), 미국 통일외국금전판결승인법(Uniform Foreign Money-Judgment Recognition Act, 1962) §4(b), 독일 민사소송법(ZPO) §328 Ⅰ 등이 있다. 이외에 브뤼셀 협약도 공서조항을 가지고 있다.
54) 프랑스의 경우에는 파기원(Cour de Cassation)의 판결로서 공서원칙을 인정하고 있다.

를 가지고 있는가 하는 것이다. 이 규정도 역시 공서라고 할 수 있는데, 이는 통상 저촉법적 공서라고 한다. 이에 관하여는 앞으로 좀 더 연구해 보아야 할 문제이겠지만, 대체로 볼 때 국제사법상의 공서에 비해서는 엄격하게 해석되어야 할 것으로 생각된다.55) 법원 역시 동 규정의 해석은 엄격히 하여야 한다는 것을 명백히 하였다.56)

외국재판의 공서 위반 여부를 판단할 때에는 당해 재판의 주문뿐만 아니라 판결이유도 고려하여야 할 것이다.

(1) 실체법적 공서

실체법적 공서라 함은 문제가 된 재판의 실체법적 판단이 대한민국의 선량한 풍속 기타 사회질서에 위반하는 경우를 말한다. 따라서 재판이 대한민국의 공서법상 도저히 받아들이지 못할 내용을 명령하거나, 대한민국의 공서에 위반하는 법률관계를 형성할 때, 대한민국의 선량한 풍속 내지 사회질서를 부정할 때 등은 공서법에 저촉하는 대표적인 사례가 될 것이다.

이와 관련하여 최근의 대법원 판례가 주목된다. 일제강점기에 국민징용령에 의하여 강제징용되어 일본국 회사인 미쓰비시중공업 주식회사(이하 '구 미쓰비시'라고 한다)에서 강제노동에 종사한 대한민국 국민 甲 등이 구 미쓰비시가 해산된 후 새로이 설립된 미쓰비시중공업 주식회사(이하 '미쓰비시'라고 한다)를 상대로 국제법 위반 및 불법행위를 이유로 한 손해배상과 미지급 임금의 지급을 구한 사안에서, 甲 등이 미쓰비시를 상대로 동일한 청구원인으로 일본국에서 제기한 소송의 패소확정판결(이하 '일본판결'이라고 한다) 이유에는 일본의 한반도와 한국인에 대한 식민지배가 합법적이라는 규범적 인식을 전제로 하여 일제의 국가총동원법과 국민징용령을 한반도와 甲 등에게 적용하는 것이 유효하다고 평가한 부분이 포함되어 있는데, 대한민국 헌법 규정에 비추어 볼 때 일

---

55) 예컨대 국제사법 제10조의 규정에 따르면 우리 공서에 저촉되어 적용되지 못할 규정을 적용하여 재판한 판결이라도 무조건 승인이 거부된다고는 할 수 없다. 이를 완화된 공서이론(Theorie vom ordre public atténué)이라 한다.

56) 서울지법 1982.12.30. 선고 82가합5372, 7439 판결. 엄밀히 말해서 同 사안은 뉴욕 중재협약 제5조 제2항에 규정되어 있는 공서규정에 대한 해석과 관련한 판결이다.

제강점기 일본의 한반도 지배는 규범적인 관점에서 불법적인 강점(强占)에 지나지 않고, 일본의 불법적인 지배로 인한 법률관계 중 대한민국의 헌법정신과 양립할 수 없는 것은 그 효력이 배제된다고 보아야 하므로, 일본판결 이유는 일제강점기의 강제동원 자체를 불법이라고 보고 있는 대한민국 헌법의 핵심적 가치와 정면으로 충돌하는 것이어서 이러한 판결 이유가 담긴 일본판결을 그대로 승인하는 결과는 그 자체로 대한민국의 선량한 풍속이나 그 밖의 사회질서에 어긋나는 것임이 분명하므로 우리나라에서 일본판결을 승인하여 효력을 인정할 수 없다고 한 사례57)가 있다.

실체적 공서와 관련하여 의문이 있는 것은 외국 법원이 과도한 손해배상을 명한 경우 또는 징벌적 손해배상(punitive damages)과 관련한 문제이다. 이에 대해서는 한 하급법원의 판례58)가 흔히 거론되는데, 이 사건은 강간 및 폭행피해자인 원고가 가해자를 상대로 미국법원에 손해배상소송을 제기하여 받은 미화 50만 달러의 배상판결을 우리나라에서 승인 및 집행을 청구한 사건에 대한 판결이다. 여기서 1심 법원인 서울지방법원 동부지원은 징벌배상은 불법행위의 효과로서 손해의 전보만을 인정하는 우리의 민사법 체계에서 인정되지 아니하는 형벌적 성질을 갖는 배상형태로서 우리나라의 실체적 공서에 반할 수 있다고 하였다. 그러나 이 판결은 문제된 미국의 판결이 그 절차와 문언에서 징벌배상을 포함하고 있지 않다고 결론지으면서도 구섭외사법 제13조 제3항59)을 적용하여 대한민국에서 인정될만한 금액을 현저히 초과하는 부분에 한해서는 대한민국의 공서양속에 반한다고 하여 25만 달러 부분에 대해서만 집행을 허용하였다. 동 판결은 대법원에서 그대로 확정되었으나, 상고심에서는 징벌적 배상판결

---

57) 대법원 2012.5.24. 선고 2009다22549 판결. 동지: 대법원 2012.5.24. 선고 2009다68620 판결.
58) 서울지법 동부지원 1995.2.10. 선고 93가합19069 판결.
59) 개정 전의 법규정을 말한다. 당시의 섭외사법 제13조 제3항은 "외국에서 발생한 사실이 대한민국의 법률에 의하여 불법행위가 되는 경우일지라도 피해자는 대한민국의 법률이 인정한 손해배상 기타의 처분이외에 이를 청구하지 못한다."라고 규정하고 있는데, 이 규정은 국제사법 제35조 제4항에서 "제1항 내지 제3항의 규정에 의하여 외국법이 적용되는 경우에 불법행위로 인한 손해배상청구권은 그 성질이 명백히 피해자의 적절한 배상을 위한 것이 아니거나 또는 그 범위가 본질적으로 피해자의 적절한 배상을 위하여 필요한 정도를 넘는 때에는 이를 인정하지 아니한다."로 정리되어 있다.

및 과도한 판결금액에 대한 공서 위반 여부에 대해 전혀 언급이 없었다는 점이 아쉬움으로 지적되어 있다. 징벌적 손해배상 또는 배상금이 과도한 경우에 이를 공서법 위반으로 승인을 거부하는 것은 독일이나 일본의 판례에도 인정되는 사안이나, 실제 필요성에도 불구하고 논리적으로는 문제가 없지 않다.[60]

(2) 절차법적 공서

절차법적 공서라 함은 문제된 재판을 심리함에 있어 외국법원이 당사자에게 실질적 방어의 기회를 주지 않거나 당사자가 적법하게 대리되지 않은 경우, 또는 기망에 의하여 외국재판이 획득된 경우 등 절차법적으로 당해 재판의 정당성을 인정하기 어려워서 그 재판을 승인하면 내국의 법질서에 좋지 않은 영향이 미치는 것으로 인정되는 것을 말한다. 그러나 재판서에 이유를 붙이지 아니한 것만으로는 절차적 공서에 위반된다고 볼 수는 없을 것이다. 이러한 절차적 공서는 앞에서 본 "패소한 피고가 소장 또는 이에 준하는 서면 및 기일통지서나 명령을 적법한 방식에 따라 방어에 필요한 시간여유를 두고 송달 받았거나 (공시송달이나 이와 비슷한 송달에 의한 경우를 제외한다) 송달 받지 아니하였더라도 소송에 응하였을 것"(동조 제2호)의 규정과 밀접한 관련을 가지고 해석하여야 한다. 다만 제2호의 요건은 패소한 피고를 보호하기 위하여 피고가 자신을 방어할 기회를 가졌는가 하는 점을 고찰하는 것인데 비하여, 절차법적 공서는 실제 재판절차가 적법하게 이루어짐으로써 우리의 공서법을 위반하지 않았는가를 따지는 점에 양자의 차이가 있다.

외국재판이 우리나라의 기판력과 모순·저촉되는 때 절차적 공서에 위반하는지 문제로 될 것이나, 이러한 재판을 승인하면 국내에서 서로 저촉하는 재판이 복수로 존재하게 되어 문제가 발생하므로 절차적 공서에 반한다고 하는 것이 옳을 것이다. 대법원 역시 이혼청구사건에서 "동일 당사자간의 동일사건에 관하여 대한민국에서 판결이 확정된 후에 다시 외국에서 판결이 선고되어 확정되었다면 그 외국판결은 대한민국 판결의 기판력에 저촉되는 것으로서 대한민

---

60) 이와 관련하여 2014년 민사소송법 제217조의2가 신설되었다.

국의 선량한 풍속 기타 사회질서에 위반되어 민사소송법 제203조(현행법규정으로는 제217조) 제3호에 정해진 외국판결의 승인요건을 흠결한 경우에 해당하므로 대한민국에서는 효력이 없다."고 명시적으로 선언한 바 있다.[61]

4. 상호보증

상호보증(Gegenseitigkeit)이란 우리 법원이 외국 법원의 재판을 승인하는 만큼 그 외국에서도 우리 재판을 승인하는 것이 인정되어야 한다는 것을 말한다. 우리 민사소송법은 "상호보증이 있거나 대한민국과 그 외국법원이 속하는 국가에 있어 확정재판 등의 승인요건이 현저히 균형을 상실하지 아니하고 중요한 점에서 실질적으로 차이가 없을 것"이라는 모습으로 규정하고 있다. 이는 본래 국제예양설에 바탕을 두고 인정된 제도로서 현재 이를 부정하는 입법례[62]도 없지 않다. 상호보증의 필요에 대해서는 외국은 우리의 재판에 대해 승인이나 집행을 하지 않는데도 우리만이 일방적으로 외국재판을 승인 및 집행함으로써 입게 되는 불이익을 방지하고, 이 나라의 재판을 승인 또는 집행해 주지 않음으로써 장차 이 나라가 우리의 재판을 승인 및 집행하도록 하는 압력으로 작용하게 하여, 외국의 요건과 우리의 요건이 균형을 이루도록 하기 위한 것이라고 설명한다.[63] 상호보증의 구체적 의의에 대해서는 현재 우리나라에서는 재판국이 조약에 의하여 또는 그 국내법에 의하여 대한민국 재판의 당부를 조사함이 없이 법 제217조의 규정과 같거나 또는 이보다 관대한 조건 아래에서 대한민국 재판의 효력을 인정하는 것을 의미한다고 하는 것이 판례[64]이나, 재판국이 제217조의 요건과 중요한 점에서 차이 없는 조건 하에 대한민국 법원의 재판을 승인하면 족하다는 학설[65]도 있다. 이 두 견해의 차이는 판례가 승인의 요건을 개별적으로 검토하여 승인여부를 결정하는데 비하여, 학설은 설사 외국의 승인요건 중에 우리 법보다 엄격한 것이 있더라도 전체적으로 보아 동등하다고 인

---

61) 대법원 1994.5.10. 선고 93므1051, 1068 판결.
62) 스위스 국제사법이나 독일 민사소송법 등.
63) 석광현, 국제사법과 국제소송 제1권, 321면.
64) 대법원 1971.10.22. 선고 71다1393 판결. 동지: 주석민사소송법(Ⅲ), 218면.
65) 석광현, 국제사법과 국제소송 제1권, 323면; 오윤덕, 외국재판의 승인, 법조 1990.8, 100면 이하.

정되면 승인할 수 있다는 것이다.

한편 상호보증은 반드시 조약으로 정할 것을 요구하지 않으며 당해 외국의 법령, 판례 또는 실제의 관행 등에서 대한민국법원의 재판효력을 동등하게 인정하고 있으면 되며, 구체적 선례가 있을 필요는 없고, 사실상의 승인 내지 집행가능성으로 충분하다.

다만 상호보증을 요구하는 것이 외국재판이 정당한 경우에도 상호보증이 없다는 이유만으로 승인을 거절하게 되어, 보복의 성격을 가질 뿐이고 정당한 권리를 가지고 승소한 자를 보호하지 못한다는 불합리한 결과를 초래한다는 비판이 있다. 특히 신분법상의 재판에 대해 승인을 거부하는 것은 파행적 법률관계를 초래한다는 점도 문제이다.66) 이러한 점에서 가급적 상호보증의 문제는 엄격하게 해석하기보다는 완화하는 쪽이 타당하다고 할 수 있다.67)

판 례

(ㄱ) "민사소송법 제203조 제4호에 이른바 상호의 보증이 있는 일이라 함은 당해 외국이 조약에 의하여 또는 그 국내법에 의하여 대한민국 판결의 당부를 조사함이 없

---

66) 이러한 이유에서 신분법상의 재판에 대해서는 상호보증을 적용해서는 안된다는 견해가 있다. 송상현, 민사소송법, 553면; 강현중, 933면. 그러나 이에 반대하는 견해도 물론 있다. 신창선, 237면.

67) 이러한 점에서 보통법 국가들에 있어서 외국재판에 대해 집행판결을 하지 않고, 「외국재판에 기한 소」(action upon the foreign judgment)를 요구하더라도, 항변이 제한되고 또 법원이 이미 행해진 외국재판을 되풀이할 따름인 때에는 상호보증이 인정된다고 하는 견해가 있으나. 대법원 1987.4.28. 선고 85다카1767 판결은 "호주국의 외국판결상호집행법에 의하면 외국판결의 등록에 단기의 시간적 제약이 있고 그 등록에 관하여 사실상 외국판결의 실질내용에 대한 심사까지 행하고 있으며 위법의 적용 대상국을 총독명령으로 결정하기 때문에 법적 안정성이 결여되어 있을 뿐만 아니라 총독명령 발효 이전의 외국판결에 대하여는 위법의 적용을 거부하고 있어, 일정한 조건에 합치되는 이상 시간적 제약 없이 형식적 심사만으로 당해 외국판결을 승인하고 있는 우리나라 민사소송법 제203조의 입장으로서는 호주국의 위 제정법과 사이에 상호보증이 존재한다고 볼 수 없다."고 하고 또 "호주국의 보통법상으로는 승인요건이 갖추어진 경우라 하더라도 외국판결 자체를 승인하는 것이 아니라 외국판결에 의하여 확정된 의무의 존재를 인정하는 것이고, 따라서 이를 집행하기 위해서는 단순히 집행판결을 구하는 것이 아니라 그것을 청구원인으로 하여 일반소송절차에 따라 소를 제기하고 새로운 판결을 받아야 하므로, 형식적 심판만으로 외국판결을 승인하고 있는 우리나라와는 상호보증이 존재하지 아니한다."고 하여 승인을 거부하였다. 그러나 1999년 대한민국과 호주와의 사이에는 민사사법공조조약이 체결되어, 호주는 외국재판법(Foreign Judgment Act, 1991)의 하위규정을 개정하여 대한민국의 법원을 상호주의가 존재하는 법원으로 명시하였다.

이 민사소송법 제203조의 규정과 같던가 또는 이보다도 관대한 조건 아래에서 대한민국의 판결의 효력을 인정하고 있는 경우를 말하는 것이라 할 것"이다(대법원 1971.10.22. 선고 71다1393 판결).

(ㄴ) "민사집행법 제27조 제2항 제2호, 민사소송법 제217조 제3호에 의하면 외국법원의 확정판결의 효력을 인정하는 것이 대한민국의 선량한 풍속이나 그 밖의 사회질서에 어긋나지 아니하여야 한다는 점이 외국판결의 승인 및 집행의 요건인바, 외국판결의 내용 자체가 선량한 풍속이나 그 밖의 사회질서에 어긋나는 경우뿐만 아니라 그 외국판결의 성립절차에 있어서 선량한 풍속이나 그 밖의 사회질서에 어긋나는 경우도 승인 및 집행을 거부할 사유에 포함된다고 할 것이나, 민사집행법 제27조 제1항이 "집행판결은 재판의 옳고 그름을 조사하지 아니하고 하여야 한다."고 규정하고 있을 뿐만 아니라 사기적인 방법으로 편취한 판결인지 여부를 심리한다는 명목으로 실질적으로 외국판결의 옳고 그름을 전면적으로 재심사하는 것은 외국판결에 대하여 별도의 집행판결제도를 둔 취지에도 반하는 것이어서 허용할 수 없으므로, 위조·변조 내지는 폐기된 서류를 사용하였다거나 위증을 이용하는 것과 같은 사기적인 방법으로 외국판결을 얻었다는 사유는 원칙적으로 승인 및 집행을 거부할 사유가 될 수 없고, 다만 재심사유에 관한 민사소송법 제451조 제1항 제6호, 제7호, 제2항의 내용에 비추어 볼 때 피고가 판결국 법정에서 위와 같은 사기적인 사유를 주장할 수 없었고 또한 처벌받을 사기적인 행위에 대하여 유죄의 판결과 같은 고도의 증명이 있는 경우에 한하여 승인 또는 집행을 구하는 외국판결을 무효화하는 별도의 절차를 당해 판결국에서 거치지 아니하였다 할지라도 바로 우리나라에서 승인 내지 집행을 거부할 수는 있다"(대법원 2004.10.28. 선고 2002다74213 판결).

(ㄷ) "우리나라와 외국 사이에 동종 판결의 승인요건이 현저히 균형을 상실하지 아니하고 외국에서 정한 요건이 우리나라에서 정한 그것보다 전체로서 과중하지 아니하며 중요한 점에서 실질적으로 거의 차이가 없는 정도라면 민사소송법 제217조 제4호에서 정하는 상호보증의 요건을 구비하였다고 봄이 상당하고, 또한 이와 같은 상호의 보증은 외국의 법령, 판례 및 관례 등에 의하여 승인요건을 비교하여 인정되면 충분하고 반드시 당사국과의 조약이 체결되어 있을 필요는 없으며, 당해 외국에서 구체적으로 우리나라의 동종 판결을 승인한 사례가 없더라도 실제로 승인할 것이라고 기대할 수 있는 상태이면 충분하다 할 것이고, 이와 같은 상호의 보증이 있다는 사실은 법원이 직권으로 조사하여야 하는 사항이라 할 것이다"(대법원 2004.10.28. 선고 2002다74213 판결).

Ⅳ. 승인의 절차 및 효력

1. 승인의 절차

외국의 확정재판이 승인을 얻기 위해서는 법원에서 승인요건을 갖추었는지를 심사받고 그에 관한 재판을 얻어야 하는지가 문제된다. 이를 인정하는 견해도 있으나,[68] 승인요건을 구비한 외국재판은 별도의 절차없이 자동적으로 승인되며 따로 재판이나 선언을 필요로 하지 않는다는 것이 일반적 견해이다. 이를 자동적 승인(automatische Anerkennung)이라 한다. 결국 민사소송에 있어 외국재판의 승인여부가 법원에 의하여 심사되는 것은 주로 선결문제로서 당사자의 항변 등 주장이 있는 경우이다. 물론 필요한 경우에는 외국재판을 받은 당사자는 소로써 그 외국재판이 승인요건을 갖추었다는 것의 확인을 구할 수도 있다. 그 외에 당사자의 항변 등으로 외국재판의 존재가 밝혀지면 법원은 직권으로 그 승인요건의 존부에 대하여 심사하여야 한다.

2. 승인의 효력

승인요건의 구비로서 외국재판은 당연히 기판력 및 형성력을 갖게 된다. 따라서 외국재판은 당해 외국에서 효력을 발생한 시점에서 국내에서도 효력을 발생한다고 할 것이다. 문제는 법 제217조가 단순히 "승인된다"라고만 규정하고 있어 효력의 범위와 내용에 대해 견해의 대립이 있다. 즉, 재판국 법률에서 인정되는 모든 효력이 그대로 대한민국에서도 인정되는지[69] 아니면 대한민국법상 이에 상응하는 범위 내에서만 효력이 인정되는지[70]가 문제된다. 다수설은 전설의 입장을 취하여 재판국에서의 효력을 그대로 인정하여야 한다고 하는데, 이

---

68) 김주상, 외국판결의 승인과 집행, 사법논집 제6집(1975), 513면.
69) 김주상, 512-53면; 최공웅, 337면; 주석민사소송법(Ⅲ), 215면. 이 견해는 외국재판의 승인의 본질을 재판의 효력확장으로 보는 효력확장설(Wirkungserstreckungstheorie)에 따라 주장되고 있다.
70) 김용진, 국제적 제조물책임에 관련한 제3자소송의 비교법적 고찰, 인권과 정의 1998.9(제265호), 94면. 이를 누적설(Kumulationstheorie)이라 한다.

때에는 대한민국법에서 인정하지 않는 쟁점효(issue preclusion)와 같은 재판의 효력을 어떻게 할 것인지가 문제로 된다. 승인은 절차법적 효력이므로 외국에서의 효력은 모두 인정하는 것은 무리이고, 구체적으로는 국내법에 의하여 그 효력 여하를 판단하는 것이 옳다.

V. 외국재판의 집행

1. 집행판결의 의의

우리 민사집행법은 외국법원이 선고한 재판을 대한민국에서 집행하기 위하여는 집행판결(exequatur, Vollstrekungsurteil, Vollstreckbarerklärung)을 받아야 하는 것으로 규정하고 있다. 즉 동법 제26조 제1항은, 외국법원의 재판에 의한 강제집행은 대한민국법원에서 집행판결을 얻어 그 적법함이 선고된 때에 한하여 할 수 있도록 하는 집행판결제도를 두고 있는 것이다. 집행판결제도의 취지는, 민사소송법 제217조의 승인 요건을 갖춘 외국재판이 이행판결인 경우에는 채무자에게 미치는 영향을 고려하여 이에 따른 강제집행을 신중히 하기 위하여 그 외국재판의 효력을 미리 심리하고자 하는 데 있다. 그러나 최근에 이르러 외국재판이 이행재판이 아니고 확인재판이나 형성재판인 경우에도, 승인 요건을 구비하였는가에 관하여 다툼이 있을 때에는 이를 명확히 할 목적으로 법원에 그 판단을 구할 수 있다고 보는 견해가 많다.

집행판결을 구하는 소송의 성질이 무엇인지에 대해서, 이행소송설은 외국재판에서 확정된 청구권에 대해 채무자에게 채무의 이행을 명하는 재판을 구하는 소라고 하고, 확인소송설은 외국재판의 효력 특히 집행력의 존재에 대해 확인을 구하는 소라고 한다.[71] 그리고 형성소송설은 외국재판에 집행력을 부여하는 소라고 한다.[72]

---

71) 이영섭, 신민사소송법(하), 64면.
72) 방순원, 민사소송법(하), 58면.

2. 집행판결의 소송절차

집행판결을 청구하는 소의 원고로 되는 자는 당해 외국재판에서 원고, 즉 채권자로 표시된 자 또는 그 승계인이고, 피고로 되는 자는 외국재판상 피고, 즉 상대방으로 표시되어 있는 자 또는 그 승계인이다.

이 소송은 채무자의 보통재판적 소재지의 지방법원이 관할하고 보통재판적이 없는 때에는 민사소송법 제11조에 의한 재산소재지의 특별재판적 규정에 의하여 채무자에 대한 소를 관할하는 법원이 관할한다(민집 제26조 2항).

또한 민사집행법 제27조 제1항에 의하여 집행판결은 재판의 옳고 그름을 조사하지 않는 이른바 형식적 심사에 그치고, 그 내용에 대한 실질적 심사는 허용되지 않는다. 다시 말하면 집행판결에서는 그 소송상의 사실관계를 조사하여 외국재판과 다른 결론을 도출할 수 없다는 것이다. 따라서 외국재판에 실체법 내지 절차법상의 하자가 있다고 하여도 집행판결을 거부할 수 없다.[73] 다만 당해 외국재판의 기준시 이후에 생긴 사유로 항변을 제기할 수 있는가에 대해서 다수설은 긍정하고 있으나,[74] 소수설은 별소로 주장하여야 한다고 한다.[75]

동조 제2항은 외국법원의 재판이 확정된 것을 증명하지 아니한 때와, 외국재판이 제217조의 조건을 구비하지 아니한 때에는 집행판결을 청구하는 소를 각하하도록 규정하고 있다. 제217조의 요건은 앞에서 본 외국재판의 승인의 요건을 말하는 것이다.

집행판결을 받더라도 바로 집행을 할 수는 없고, 집행문(민집 제28조)이 있어야 강제집행을 할 수 있다.

---

73) 방순원, 60면.
74) 이영섭, 64면; 김주상, 518면.
75) 방순원, 59-60면.

사례의 해결

　만약 대한민국에서 도박을 하기 위하여 돈을 빌렸다면 불법원인급여(민법 제746조)에 의하여 변제를 하지 않아도 좋을지 모르지만, 합법적인 카지노에서 도박을 하기 위하여 돈을 빌린 경우에는 그렇지 않다. 따라서 소비대차와 관련해서 본다면 甲은 호텔에 대해 당연히 변제의 의무가 발생한다. 다만 甲은 실제 미국 법정에서 직접 재판을 받은 것은 아니므로 이 재판이 정당하지 않은 것으로 생각될 수도 있으나, 이러한 상황은 甲이 재판을 위한 소환을 받고도 몰래 귀국해 버림으로서 스스로 자신을 방어할 수 있는 기회를 포기한 것이므로 이 미국법원의 재판은 대한민국에서 승인될 수 있고, 따라서 당연히 집행판결을 받을 수 있는 것이다. 따라서 호텔의 대리인인 乙이 집행문을 얻어 강제집행을 한다면 甲은 이에 대항할 방법이 없게 된다. 따라서 甲은 미리 대금을 변제하는 것이 그 손해를 줄이는 일이 될 것이다.

제 4 절　국제민사사법공조

Ⅰ. 국제사법공조의 필요

　국제사법공조(國際司法共助; international judicial assistance, international judicial cooperation)라 함은 주로 송달과 증거조사와 같은 사법행위에 관한 국제적 협력을 의미한다. 외국관련 민사소송이 증가함에 따라 외국에서 송달을 하거나 증거조사를 할 필요성은 해마다 증가하고 있으나, 본래 이러한 사법행위는 주권의 행사이므로 원칙적으로 영토를 벗어나서는 이를 할 수 없는 것이다. 따라서 송달이나 증거조사가 필요한 때에는 해당 국가의 협조를 얻는 것이 필수적이었으므로 국제사법공조의 필요성은 일찍부터 인식되어 왔다. 때문에 우리나라는 자체적으로 「사법공조업무처리 등에 관한 예규」(대법원 1985. 10. 14, 송민예규 85-1)를 제정하여 처리해 오다가, 1991년 국제민사사법공조법을 제정하였다. 그러나 동법은 우리의 일방적 선언에 불과하여 그다지 유효한 것이 되지 못하였으므로, 정부는 1997년 헤이그 국제사법회의에 가입한 후 2000년 1월 「민사 또는 상사에 관한 재판상 및 재판외 문서의 외국송달에 관한 송달협약」 가입서를 네덜란드 외무부에 제출하여 동 협약이 같은 해 8월 1일부터 발효되었다. 또 그 전해인 1999년 9월 17일 호주와 「재판상 문서의 송달, 증거 조사 및 법률정보의 교환에 관한 민사사법공조조약」을 체결하여 2000년 1월 16 일자로 효력을 발생시켰다. 그 외에 2003년 중국, 2008년 몽골, 2013년 우즈베키 스탄, 2015년에는 태국과 사법공조협정을 체결하였다.

여기서는 국제민사사법공조법의 대체적인 내용을 살펴보기로 한다.

II. 국제사법공조의 내용

1. 국제사법공조의 실시

국제사법공조는 국제민사사법공조법상 재판상 서류의 송달 또는 증거조사 에 관한 국내절차의 외국에서의 수행 또는 외국절차의 국내에서의 수행을 위하 여 행하는 법원 기타 공무소 등의 협조를 말하는 것이나, 이에는 「외국으로의 촉탁」 즉 대한민국 법원이 외국법원 기타 공무소 또는 외국에 주재하는 대한민 국의 대사·공사 또는 영사에 대하여 하는 사법공조촉탁과 「외국으로부터의 촉 탁」 즉 외국법원이 대한민국의 법원에 대하여 하는 사법공조촉탁의 양자가 있 다(동법 제2조).

국제사법공조는 원칙적으로 국제민사사법공조법에 의하여 이루어질 것이나, 다만 이 법에 정한 사법공조절차에 관하여 조약 기타 이에 준하는 국제법규에 다른 규정이 있는 경우에는 그 규정에 따르게 되어 있으며(제3조), 사법공조에 관한 조약이 체결되어 있지 아니한 경우에도 사법공조를 촉탁하는 외국법원이 속하는 국가가 동일 또는 유사한 사항에 관하여 대한민국법원의 사법공조촉탁 에 응한다는 보증을 한 경우에는 상호주의에 의하여 사법공조를 해줄 수 있다 (제4조).

2. 외국으로의 촉탁

외국으로의 촉탁, 즉 대한민국 법원이 외국법원 기타 공무소 또는 외국에 주재하는 대한민국의 대사·공사 또는 영사에 대하여 하는 사법공조촉탁은 수소법원의 재판장이 그 외국의 관할법원 기타 공무소에 대하여 하는데(제5조 제1항), 이때 수소법원의 재판장은 송달받을 자 또는 증인신문을 받을 자가 대한민국 국민으로서 「영사관계에 관한 비엔나협약」에 가입한 외국에 거주하는 경우에는 그 외국에 주재하는 대한민국의 대사·공사 또는 영사에 대하여 한다. 이 경우 그 외국의 법령 또는 의사표시에 위배되지 아니하여야 한다(동조 2항 1호). 그러나 외국이 명백한 의사표시로써 승인하는 경우에는 그 의사표시에 따른 실시기관에 대하여 한다(2호).

외국으로의 촉탁을 하고자 하는 재판장이 속하는 법원의 장은 법원행정처장에게 촉탁서 기타 관계서류를 송부할 것을 요청하여야 하며(제6조 제1항), 이때 법원행정처장은 외무부장관에게 제1항의 규정에 의한 촉탁서 기타 관계서류를 외교상의 경로를 통하여 제5조에 규정된 수탁기관으로 송부할 것을 의뢰하여야 한다(2항). 이때 송부하는 모든 서류에는 그 외국의 공용어 또는 공용어를 알 수 없는 경우에는 영어로 된 번역문을 첨부하여야 하며(제7조), 또 외국에 주재하는 대한민국의 대사·공사 또는 영사가 이 법에 의한 송달을 실시하는 경우에는 송달 받을 자에게 송달서류를 직접 교부하거나 송달받을 자에 대한 배달사실을 증명할 수 있는 우편의 방법에 의하여야 한다(제8조).

한편 민사집행법은 외국에서 강제집행을 할 경우에 그 외국 공공기관의 법률상 공조를 받을 수 있는 때에는 제1심 법원이 채권자의 신청에 따라 외국 공공기관에 이를 촉탁하여야 하는 것으로 규정하고 있는데(제55조 1항), 이것도 광의의 사법공조에 속하는 것으로 볼 수 있을 것이다. 이에 따라 외국에 머물고 있는 대한민국 영사에 의하여 강제집행을 할 수 있는 때에는 제1심 법원은 그 영사에게 이를 촉탁하도록 되어 있다(동조 2항).

3. 외국으로부터의 촉탁

외국으로부터의 촉탁에 대한 사법공조는 그 촉탁이 다음 요건을 갖춘 경우에 한하여 할 수 있는데, 이 요건을 살펴보면 다음과 같다(제12조 각호). 즉 ① 촉탁법원이 속하는 국가와 사법공조조약이 체결되어 있거나 제4조의 규정에 의한 보증이 있을 것, ② 대한민국의 안녕질서와 미풍양속을 해할 우려가 없을 것, ③ 촉탁이 외교상의 경로를 거칠 것, ④ 송달촉탁은 송달받을 자의 성명·국적·주소 또는 거소를 기재한 서면에 의할 것, ⑤ 증거조사촉탁은 소송사건의 당사자, 사건의 요지, 증거방법의 종류, 증인신문의 경우에는 신문받을 자의 성명·국적·주소 또는 거소와 신문사항을 기재한 서면에 의할 것, 국어로 작성된 번역문이 첨부되어 있을 것, 그리고 마지막으로 ⑥ 촉탁법원이 속하는 국가가 수탁사항의 실시에 필요한 비용의 부담을 보증할 것 등이다.

외국으로부터의 촉탁은 송달촉탁의 경우에는 송달을 할 장소, 증거조사 촉탁의 경우에는 증인의 주소 또는 증거물 기타 검증·감정목적물의 소재지를 관할하는 제1심 법원이 관할하는데(제11조), 외국으로부터의 사법공조촉탁서는 법원행정처장이 이를 접수하여 제11조의 규정에 의한 관할법원에 송부하게 된다(제13조 1항).

외국으로부터의 촉탁에 따른 수탁사항은 대한민국의 법률에 의하여 이를 실시하되, 다만 외국법원이 특정방식에 의한 실시를 요청하는 경우 그 방식이 대한민국의 법률에 저촉되지 아니하는 때에는 그 방식에 의하며(제15조), 외국으로부터의 촉탁이 송달촉탁의 경우에는 수탁법원의 장이 송달결과에 관한 증명서를, 증거조사촉탁의 경우에는 수탁판사가 증인신문조서 기타 증거조사의 결과를 기재한 조서 또는 증거조사가 불능하게 된 사유를 기재한 서면을 각각 외국법원에 송부하여야 한다. 다만, 외국법원이 특정방식에 의한 회신을 요청하는 경우 그 방식이 대한민국의 법률에 저촉되지 아니하는 때에는 그 방식에 의한다(제16조 1항).

ART **2**

총 론

제1장 서 장

제1절 국제사법의 적용단계

Ⅰ. 서 설

국제사법도 일반적인 경우와 마찬가지로 전체를 먼저 파악하지 못하고서는 각각의 부분을 정확하게 이해하기란 쉽지 않다. 국제사법상 그 전체구조를 파악하기 위해서는 국제사법 총론을 먼저 공부하여야 한다. 총론에서는 준거법을 결정하고 적용하는 과정에서 발생하는 기술적인 문제에 관하여 논한다.

외국과 관련된 요소가 있는 생활관계에 관하여 국제사법을 적용하여 준거법을 지정할 때까지는 국제사법의 특수성으로 말미암아 몇 가지 단계를 거쳐야 한다. 이러한 국제사법의 적용단계는 준거법의 지정단계와 준거법의 적용단계로 나누어 볼 수 있다. 준거법의 지정단계에는 법률관계의 성질결정, 연결점의 결정, 선결문제, 적응문제, 반정 등이 포함되고, 준거법의 적용단계에는 외국법의 성질과 공서법 등이 포함된다.

Ⅱ. 준거법의 지정단계

외국과 관련된 요소가 있는 사건에 대해 어느 나라의 법을 적용하여 법적인 문제를 해결할 것인가 하는 것이 준거법의 지정 단계의 문제이다. 준거법의 지정단계에서 제일 먼저 문제되는 것은 법률관계의 성질결정문제로서, 준거법을 지정하기 위해 문제가 된 법률관계가 국제사법상 어떤 성질을 가지는가를 결정하는 것을 말한다. 여기서 법률관계란 국제사법상 각조가 규율대상으로 하고 있는 권리능력, 행위능력, 법률행위, 물권, 채권 등의 법률개념을 말하며 이러한 법률개념을 어느 법에 의해 결정할 것인가의 문제를 법률관계성질결정이라 하는 것이다.

다음으로 연결점의 결정은 섭외적 사법관계와 준거법을 연결하는 요소인 연결점을 결정하는 것을 의미하며, 이는 국적, 일상거소 등을 어느 나라의 개념으로 정할 것인가의 문제인 연결개념의 결정문제와 국적, 일상거소의 저촉 등의 문제인 연결점의 저촉문제로 구분된다. 이와 더불어 연결점이 준거법을 지정하는 단계에서 복잡하게 얽혀있을 경우에 이를 해결하는 선결문제와 적용문제도 나타난다.

국제사법이 외국법을 지정하고 있을 경우에 그 나라의 국제사법을 고려하여야 하는가의 문제가 있는데, 이를 반정의 법리로 살펴보게 된다. 이는 한편으로 외국법 적용의 문제로 보아 적용단계에서 설명할 수도 있으나, 여기서는 국제사법에 의해 지정되는 준거법의 범위에 관한 문제로 보아 지정단계에서 살펴보기로 한다.

◎ **연결점(連結點)**

국제사법상 외국과 관련된 요소가 있는 법률관계와 준거법을 매개해 주는 요소를 연결점 또는 연결소라고 한다. 여기에는 당사자의 국적, 일상거소, 물건의 소재지, 법정지, 당사자의 의사, 행위지 등이 있다. 국제사법은 개개의 단위법률관계에 관하여 연결점을 매개로 하여 규정되어 있으므로, 준거법을 결정하기 위해서는 연결점의 확정이라는 과정이 필요하게 된다.

Ⅲ. 준거법의 적용단계

법률관계의 성질결정 및 연결점의 결정을 통해 준거법이 지정된 후, 당해 법률관계에 준거법을 적용하게 된다. 여기서는 준거법으로 지정된 외국법의 성질을 어떻게 볼 것인가 하는 문제로부터, 당해 외국법의 조사 및 해석 그리고 외

국법을 적용하는 것이 우리 법제에 중대한 영향이 있을 경우에 그 적용을 제한
하여야 하는 문제인 공서법 등의 문제가 있다.

총론상의 구조를 도식화해 보면 다음과 같다.

〈국제사법 총론구조의 흐름도〉

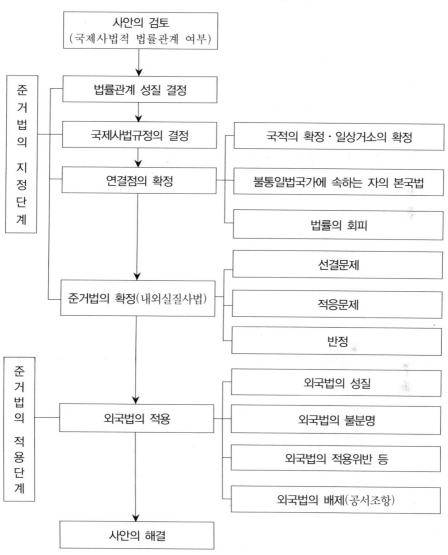

제 2 절   저촉규정

외국과 관련된 요소가 있는 법률관계에 적용할 준거법을 지정하는 국제사법 규정은 세계 각국의 사법규정의 저촉을 해결하기 위한 법규정이라는 의미에서 저촉규정이라고도 한다는 것은 앞에서도 본 바와 같다. 저촉규정은 준거법 지정의 방법이나 독자성에 따라 여러 가지로 나누어 볼 수 있는데, 이러한 구별은 국제사법 규정의 성질을 명확하게 파악할 수 있게 한다.

Ⅰ. 준거법지정의 독자성 여하에 의한 구별

먼저 준거법지정의 독자성 여하에 따라 저촉규정을 구별하면, 자족적 저촉규정(독립적 저촉규정, 주규정)과 비자족적 저촉규정(비독립적 저촉규정, 보조규정)으로 나눌 수 있다. 전자는 국제사법 제28조 제1항 "사람의 행위능력은 그의 본국법에 따른다."는 규정과 같이 그 규정만으로 준거법을 지정할 수 있는 규정을 말한다. 국제사법 규정 중 각론 규정의 대부분이 이에 속한다. 그리고 후자는 그 규정만으로 준거법을 지정하지 못하고 이를 보완하는 다른 규정이 있어야만 준거법을 지정할 수 있는 규정을 의미한다. 예컨대, 제22조 제1항의 "이 법에 따라 외국법이 준거법으로 지정된 경우에 그 국가의 법에 따라 대한민국법이 적용되어야 하는 때에는 대한민국의 법에 따른다."는 규정은 이것만으로는 준거법을 정할 수 없고, 국제사법 규정에 의해 지정된 국가의 저촉규정이 대한민국법을 지정하는 때에 한하여 적용되는 것이다. 이러한 규정은 그 예가 많지 않다.

Ⅱ. 준거법지정의 방법에 의한 구별

저촉규정을 준거법지정의 방법에 따라 구별하면 일방적 저촉규정과 완전쌍방적 저촉규정, 불완전쌍방적 저촉규정으로 나누어볼 수 있다.

1. 일방적 저촉규정(개별적 저촉규정, 확장규정, 배제규정)

국제사법상 어떤 법률관계에 적용할 준거법을 지정함에 있어서 널리 일반적으로 준거법을 지정하지 않고, 단지 내국법이 적용되는 경우만을 규정하고 있는 것을 일방적 저촉(충돌)규정(einseitige Kollisionsnorm)이라고 한다. 일방적 저촉규정은 대개 원칙에 대한 예외규정 내지는 배척규정으로서의 역할을 한다. 예컨대 제66조의 "이혼에 관하여는 제64조를 준용한다. 다만 부부 중 한쪽이 대한민국에 일상거소가 있는 대한민국 국민인 경우 이혼은 대한민국의 법률에 따른다."는 규정과 같은 것이다. 이외에도 제27조, 제30조, 제63조 제2항, 제65조 제3항, 제73조 제4항, 제75조 제2항, 제82조 제3항 등이 일방적 저촉규정에 속하는 규정들이다. 일방적 저촉규정은 자국법이 적용되는 경우만을 규정하는 형식이기 때문에 준거법 지정방법으로서는 불완전하며, 국제사법규정의 일부흠결이 생길 수 있다. 즉 일방적 저촉규정은 대개 섭외적 법률관계 중에서 내국과 일정한 관련이 있는 법률관계에 대하여는 내국법을 준거법으로 적용할 것을 규정하고 있으나, 내국과 아무런 관련이 없는 법률관계에 대해서는 어떤 법을 준거법으로 적용할 것인가를 규정하고 있지 않다.[1]

일방적 저촉규정은, 완전쌍방적 저촉규정에 따라 외국법이 일반적으로 적용되는 것과는 달리 대한민국에 있어서의 거래의 안전, 공서조항 등 법정책적인 고려하에 외국법의 적용이 제한되고, 내국법의 적용이 확장된다는 의미에서 확장규정(Ausdehnungsnorm) 또는 배제규정(Exklusivnorm)이라고도 한다.

2. 완전쌍방적 저촉규정(일반적 저촉규정, 한계규정)

국제사법상 어떤 법률관계에 적용할 준거법을 지정함에 있어서 내국법이 적용되는 경우만을 규정하는 것이 아니라 내·외국법을 구별함이 없이 널리 일반적으로 지정하는 규정을 완전쌍방적 저촉규정(vollkommene Kollisionsnorm)

---

1) 신창선, 76면.

이라 한다. 완전쌍방적 저촉규정에는 준거법으로 본국법, 일상거소지법, 행위지법, 가장 밀접한 관련이 있는 법 등이 연결점으로 되어 있다. 예컨대 "사람의 권리능력은 그의 본국법에 따른다."(제26조)라든지 "당사자의 일상거소지법에 따라야 하는 경우 당사자의 일상거소를 알 수 없는 때에는 그의 거소가 있는 국가의 법에 따른다."(제17조) 및 "당사자가 지역에 따라 법을 달리하는 국가의 국적을 가질 경우에는 그 국가의 법 선택규정에 따라 지정되는 법에 의하고, 그러한 규정이 없는 경우에는 당사자와 가장 밀접한 관련이 있는 지역의 법에 따른다."(제16조 3항)는 것 등이다.

한편 완전쌍방적 저촉규정은 외국법과 내국법 적용의 한계를 설정한다는 의미에서 한계규정이라고도 한다.

국제사법의 본질과 기능에 비추어 완전쌍방적 저촉규정이 가장 이상적이라고 할 수 있다. 대부분의 입법례는 이를 원칙적 규정으로 삼고 있으며, 우리 국제사법도 마찬가지이다. 통설[2]도 이에 찬성하고 있다.

3. 불완전쌍방적 저촉규정

국제사법의 대부분의 규정은 내·외국법의 구별 없이 널리 일반적으로 지정하고 있지만, 모든 경우에 그렇게 하고 있는 것이 아니다. 특정한 경우, 즉 내국과 일정한 관련이 있는 경우에 한하여 내·외국법을 널리 일반적으로 지정하는 규정을 불완전쌍방적 저촉규정이라 한다. 예컨대 독일 구민법시행법 제13조 제1항 "혼인의 체결은 예약자의 일방만이 독일인인 때에는 예약자 각자에 대하여 그가 속하는 국가의 법률에 의한다."는 것이 그 예로 될 수 있다.

---

2) 황산덕/김용한, 78면; 이호정, 99면; 김명기, 70면; 신창선, 76면.

제 3 절 국제사법규정의 해석적용 및 흠결

I. 국제사법규정의 해석

국제사법은 주권의 작용으로서 제정된 국내법이기 때문에, 국제사법규정의 해석도 다른 일반법률의 해석원칙과 마찬가지로 문리해석 및 논리해석 원칙에 따라 당해 법규가 가지는 취지를 고려하여 그 법질서의 목적에 비추어 합리적으로 해석하여야 한다. 또한 국제사법의 각 규정이 가지는 취지와 목적은 국제사법 전체와의 관련을 고려하여 해석하여야 한다.

다만 국제사법 규정을 해석할 때에는 국제사법 특유의 해석원칙으로서 다음과 같은 점을 고려하여야 한다. 먼저 국제사법은 국제적 사법생활의 안정 내지는 국제적 사법교통의 원활한 수행을 기하는 데 그 목적이 있으므로 절대적인 배타주의는 국제사법의 존재를 위태롭게 한다. 대한민국의 입장만을 따진다면 애초부터 국제사법의 필요는 없다고 생각할 수도 있을 것이다. 따라서 국제사법의 해석은 항상 국제주의적 입장에서 행해져야 한다. 다른 한편 국제사법은 실질법과는 달리 준거법을 지정하는 법이므로 국제사법의 해석은 국제사법 자체의 입장에서 행해야 한다. 즉 국제사법과 실질법은 이론상 차원을 달리하는 별개의 법이며 동일한 평면에 존재하는 것은 아니다. 그러므로 편의상 같은 용어로 되어 있다고 해도 국제사법상의 법률용어가 반드시 실질법상의 법률용어와 동일한 의미를 갖는다고도 할 수 없으므로 이러한 법체계상의 차이로 인한 해석의 문제는 당연히 국제사법 자체의 입장에서 해석해야 함이 타당하다.[3] 그렇게 하지 않으면 내외국의 실질법 사이에서 균형을 잡을 수 없게 될 것이다. 이와 함께 국제민사소송법 영역에 속하는 국제재판관할에 관한 규정들은 절차법적 해석기준에 따라야 함은 물론이다.

---

3) 동지: 김용한/조명래, 101면; 황산덕/김용한, 79면; 서희원, 26면; 三浦正人, 國際私法, 靑林書院新社, 1983, 35면.

II. 국제사법규정의 적용

국제사법은 본질적으로 저촉법으로서 외국과 관련된 요소가 있는 법률관계에 적용할 준거법을 지정하는 법규이므로 국제사법이 적용되면 해당 법률관계에 적용할 법규가 결정되고, 이에 의하여 해당 법률관계가 규율된다. 이때 기본적으로는 그 준거법은 실체법이 규율하는 법률관계에 한정되고, 절차법적 사항에까지 준거법 지정의 효과가 미치는 것이 아니다. 따라서 예컨대 외국과 관련된 요소가 있는 채권에 대해 상계가 문제된 경우에 상계의 준거법이 외국법으로 지정되었다 하더라도, 채권자가 대한민국법에 의하여 채권압류를 하였다면 이때 압류명령을 송달받은 제3채무자가 채무자에 대한 반대채권을 가지고 대항할 수 있는가 하는 문제는 압류의 효력에 관한 집행법상의 문제이므로 이는 우리나라의 민사집행법이 적용되어야 하고, 상계의 준거법에 의하지 않는다.[4]

또한 국제사법은 국내법이면서 재판규범으로서의 특질을 가지고 있기 때문에, 법 적용 과정에서 여러 가지 문제가 생길 수 있다. 여기서는 특히 저촉법으로서의 국제사법 규정의 적용한계와 관련한 사항을 검토해 보기로 한다.

1. 인적 한계

국제사법의 적용단계에 있어서 인적 한계의 문제는 누구에게 국제사법을 적용할 것인가의 문제이다. 국제사법은 재판규범이기 때문에 엄밀히 말하면 특정한 행위에 대한 규범, 즉 행위규범으로 되는 것은 아니다. 그러나 외국과 관련된 요소가 있는 법률행위를 하는 자에게 있어서는 자신의 법률행위 또는 법률관계에 적용할 법규가 필요할 것이므로 스스로도 국제사법을 적용하여 준거법을 찾아낼 필요가 있을 것이라는 점에서 재판 이외의 단계에서 국제사법이 전혀 무관하다고 하기는 어렵다.

그럼에도 불구하고 실제 국제사법은 우리나라의 법정에서 해당 법률관계에

---

4) 대법원 2015.1.29. 선고 2012다108764 판결.

대해 심리할 때만 의미가 있는 것이므로 당해 법률관계에 대해 우리 법원에 제소가 행해진다는 보장이 없는 한, 우리 국제사법의 적용은 무의미하다.

이러한 점에서 우리 국제사법의 적용을 받는 자는 국적이나 주소 등과도 무관하고 우리나라에서 법률행위를 하였는가의 여부도 국제사법의 적용여부와 관련하여 직접적 의미가 있다고 하기 어렵다. 굳이 말한다면, 우리나라의 법정에서 심리하고 있는 사건의 당사자라면 우리 국제사법의 적용을 받는다고 할 것이다.

2. 물적 한계

국제사법의 물적 한계란 우리 국제사법이 외국에서 적용될 수 있는가 하는 문제와 관련된다. 일부 규정, 즉 반정과 관련되는 경우에는 외국의 법원이 우리나라의 국제사법을 고려하는 경우가 있지만, 일반적으로 본다면 외국법원은 자기 나라의 국제사법을 적용하여 준거법을 지정하게 되므로 우리 국제사법이 외국에서 적용될 가능성은 희박하다. 따라서 법원에 제기된 사건이 우리 법규를 적용하는 것이라거나 우리나라에서 발생한 것이라는 등의 문제도 준거법을 결정하는 단계에서 의미가 있을지 몰라도, 그러한 이유에서 우리 국제사법이 적용되는 것이라고는 할 수 없다.

3. 시적 한계

국제사법이 실체법규라고 한다면 행위시의 규정을 적용하게 될 것이고, 만약 절차법규라고 한다면 재판시의 규정을 적용하게 될 것이다. 그런데 저촉법은 어느 쪽에 속한다고 하기 어렵기 때문에 행위시와 재판시의 국제사법이 개정 등으로 다르게 되었을 경우, 어느 때의 법을 적용할 것인가가 문제된다.

이에 관하여 판례는 행위시의 국제사법을 적용하여 준거법을 정하여야 한다고 판시하고 있다.[5] 이 사건은 우리나라 국적의 원고와 피고 1이 일본국에서 일본국 소재 주점에서의 근로제공을 내용으로 근로계약을 체결하고 그 근로계약

---

5) 대법원 2007.11.15. 선고 2006다72567 판결.

의 내용이 된 약정의 유무효가 문제된 것이다. 판례는 문제된 내용이 2001. 7. 1.부터 시행된 국제사법 시행 이전에 생긴 사항이므로, 구 섭외사법에 의하여 그 준거법을 정하여야 한다고 하였다. 이 판례의 논거는 근로계약 당시의 구 섭외사법 제9조는 법률행위의 성립 및 효력에 관하여 당사자의 의사에 의하여 법을 정하되 당사자의 의사가 분명하지 아니한 때에는 행위지법에 의하도록 규정하고 있었던바, 근로계약의 당사자 사이에 준거법 선택에 관한 명시적인 합의가 없는 경우에는 근로계약에 포함된 준거법 이외의 다른 의사표시의 내용이나 소송행위를 통하여 나타난 당사자의 태도 등을 기초로 당사자의 묵시적 의사를 추정하여야 할 것이고, 그러한 묵시적 의사를 추정할 수 없는 경우에도 당사자의 국적, 주소 등 생활본거지, 사용자인 법인의 설립 준거법, 노무 급부지, 직무 내용 등 근로계약에 관한 여러 가지 객관적 사정을 종합하여 볼 때 근로계약 당시 당사자가 준거법을 지정하였더라면 선택하였을 것으로 판단되는 가정적 의사를 추정하여 준거법을 결정할 수 있다는 것이다. 다만 이 판례가 일반적으로 행위시의 국제사법을 적용하여야 한다고 하는 취지인지에 대해서는 다소 의문이 있다. 차라리 사견으로서는 당사자 자치가 적용되는 위 사안 이외의 경우에는 행위시가 아니라 재판시의 국제사법의 적용을 검토하여야 할 것이 아닌가 생각된다.

판 례

"외국적 요소가 있는 채권들 사이에서의 상계의 요건과 효과에 관한 법률관계가 상계의 준거법에 따라 해석·적용된다고 하더라도, 채권자가 대한민국의 민사집행법에 의하여 가압류명령 또는 채권압류명령 및 추심명령을 받아 채권집행을 한 경우에, 채권가압류명령 또는 채권압류명령을 받은 제3채무자가 채무자에 대한 반대채권을 가지고 상계로써 가압류채권자 또는 압류채권자에게 대항할 수 있는지는 집행절차인 채권가압류나 채권압류의 효력과 관련된 문제이므로, 특별한 사정이 없는 한 대한민국의 민사집행법 등에 의하여 판단함이 원칙이고 상계의 준거법에 의할 것은 아니다"(대법원 2015.1.29. 선고 2012다108764 판결).

Ⅲ. 국제사법 규정의 흠결 및 그 해결

국제사법 규정의 흠결이란 어떤 국제사법적 법률관계에 적용될 준거법을 지정하는 저촉규정이 없는 경우를 말한다. 대부분의 국가들처럼 우리 국제사법규정도 모든 사법관계에 대해 준거법을 지정할 규정을 가지고 있는 것은 아니다. 이러한 불완전성은 내국의 실질법이 모든 내용의 법률관계를 입법화하지 못하듯이 이에 대응하는 준거법을 지정하는 법인 국제사법 규정을 완비하기 어렵기 때문에 나타난다.

국제사법규정의 흠결은 전부흠결의 경우와 일부흠결의 경우가 있다. 전자는 외국과 관련된 요소가 있는 특정한 법률관계에 대해 저촉규정이 아예 없는 경우를 말하며, 국제사법 개정 전의 구섭외사법에서는 권리능력, 대리행위 등이 전부흠결에 해당되었으나, 개정 국제사법에서는 권리능력이나 대리행위, 채권자대위권, 채권자취소권, 지적재산권 등에 관한 규정을 신설함으로써 섭외사법에 비해 국제사법 규정의 흠결을 많이 보완하였다. 현행법상으로도 약혼과 같은 부분은 전부흠결로 되어 있다. 한편 후자는 국제사법 규정이 일방적 저촉규정으로 이루어진 경우나 불완전 쌍방적 저촉규정으로 이루어진 경우를 말한다. 국제사법은 구법에 비하여 많은 점을 보완하였으나 아직 많은 흠결이 존재하고 있다. 이와 같이 국제사법 규정의 흠결이 있는 경우 이를 어떻게 해결할 것인지 문제된다. 이와 관련해서는 다음과 같은 학설의 대립이 있다.

1. 내국법 적용설

국제사법 규정의 흠결이 있는 경우에 관하여 베히테르(Wächter)는 "의심스러운 경우에는 법정지법에 의한다(in dubio lex fori)."라는 원칙에 따라 국제사법규정의 흠결 내지는 어느 나라의 법에 의할 것인지가 불분명한 경우에는 법정지법인 내국법에 의해야 한다고 한다.

그러나 국제사법적 법률관계에 준거법으로 지정되는 내·외국법은 평등하게 취급하는 것이 국제사법의 이념이므로 법정지법인 내국법을 외국법에 우선시키는 견해는 국제사법의 이념에 반하여 타당하지 않다.

2. 조리 적용설

어떤 국제사법적 법률관계에 적용될 완전쌍방적 저촉규정이 흠결되어 있는 경우에는 현존하는 일방적 저촉규정 또는 불완전 쌍방적 저촉규정을 유추해석하여 준거법을 결정하여야 한다는 것이 통설이다. 저촉규정의 전부가 흠결되어 있어서 유추할 규정이 없는 경우에는 문제이나, 이러한 경우에는 조리에 의할 수밖에 없다고 한다.6) 예컨대 우리 국제사법에는 약혼에 관한 명문의 규정이 없는데, 이때에는 혼인에 관한 법규정을 참고하여 조리를 적용하여야 한다는 것이다. 그 이유는 국제사법적 법률관계도 국내 실질사법과 마찬가지로 법의 흠결을 이유로 재판을 거부할 수 없기 때문이다.

생각건대 섭외적 법률관계에 있어서 준거법으로 지정되는 내외국법은 평등하게 취급해야 하고, 또한 국내법과 마찬가지로 섭외적 법률관계도 법의 흠결을 이유로 재판을 거부할 수 없기 때문에 조리설이 타당하다고 본다. 따라서 외국의 국제사법규정이나 판례 및 학설 등도 내국의 법규정 등과 함께 검토하여 준거법을 결정하여야 할 것이다.

---

6) 서희원, 27면; 황산덕/김용한, 80면; 김용한/조명래, 102면; 신창선, 79면; 三浦正人, 35면.

제 2 장 법률관계의 성질결정

사 례

　미국 뉴욕주의 변호사인 甲은 자기의 사무소에서 대한민국회사 뉴욕주재 영업소 대표자
인 乙로부터 대한민국회사와 그 거래처간의 거래에 관하여 대한민국회사를 대리하는 법률
업무를 위임받아 처리했으나, 보수청구와 관련한 분쟁이 발생하여 대한민국법원에 소를 제
기하였다. 이 소송에서 乙은 소멸시효로 항변하였다. 소멸시효에 대한 준거법을 선택하기
위한 전제로서 소멸시효라는 제도의 성질이 어떠한지가 문제되었다. 이 부분은 어느 국가
의 법으로 해결해야 하는가?

Ⅰ. 의의 및 연혁

1. 의 의

　국제사법적인 법률관계에 관해서 국제사법규정에 따라 그 법률관계의 준거
법을 선정하기 위해서는 그 법률관계가 어느 국제사법규정에 해당하는지를 알
아야 한다. 예컨대 국적을 달리하는 부부 중 일방이 사망한 경우, 그 배우자가
사망한 배우자의 재산에 대해서 갖는 권리를 부부재산제상의 권리(제65조)로
보느냐, 아니면 상속(제77조)으로 보느냐에 따라서 적용되어야 할 국제사법의
규정이 달라진다. 이와 같이 법률관계의 성질결정은 특정한 섭외적 법률관계에
관하여 어느 국제사법 규정이 적용되어야 하는가를 정하기 위해 사전적으로 풀
어야 할 문제이다.

　여기서 문제되는 법률관계는 국제사법 각 조문이 규율대상으로 하고 있는
행위능력, 부부재산제, 혼인의 성립, 물권관계, 채권관계 등의 법률개념의 단위
를 의미한다. 이를 단위법률관계라고 하는데, 국제사법을 적용하기 위해서는 문
제된 섭외사건이 국제사법상의 어떤 단위법률관계에 해당하는지를 결정해야 한

다. 이와 같이 법률관계의 성질결정은 한편으로는 법률관계의 측면에서, 다른
한편으로는 저촉규정의 측면에서 저촉규정에 포함되어 있는 단위법률관계를 나
타내는 개념인 지정개념의 내용을 명백히 하는 것, 즉 지정개념의 해석을 의미
하기도 한다.[1] 따라서 법률관계의 성질결정은 국제사법 규정의 적용을 위한 논
리적인 전제가 되는 중요한 문제이다.

◎ **단위법률관계**

저촉규정은 부부재산제, 상속 등 각종의 법률관계를 단위로 하여 각각의 준거법을
지정하는데, 이와 같이 준거법결정의 단위가 되는 법률관계를 단위법률관계라고 한다.
이에 대하여는 연결대상을 법률행위, 계약, 부당이득, 불법행위 등으로 구성하는 경우
에는 단위법률관계라는 용어가 적절하다고 할 수 있고, 「법률관계의 성질결정」이라는
표현과도 일관성이 있으나, 준거법이 분열되어 연결대상이 세분화되는 경우, 예컨대
계약의 성립, 해석, 효력을 단위법률관계라고 부르는 것은 적절하지 않다고 하여 이
표현을 사용하지 않는 것이 좋다는 견해도 있다.

2. 연   혁

법률관계의 성질결정의 문제는 1891년 독일의 칸(O. Kahn)이 「법률충돌론」
이라는 논문 중 제3장에서 「잠재적 법률충돌론」을 발표하여, 국제사법의 충돌
에는 명시적 충돌, 연결개념의 충돌, 잠재적 법률충돌(각국 실정법이 부여하는
상이한 법률관계의 성질로 인한 충돌)이 있음을 주장하면서 법률관계의 성질결
정에 대한 단서를 제공하였다. 이는 그 후 1897년 바르탱(E. Bartin)이 「법률충
돌의 결정적 제거불능론」이라는 논문을 발표하면서 중요한 과제로 등장하게 되
었다. 법률관계의 성질결정은 일반적으로 Qualification이라는 용어가 널리 사용
되고 있지만, 그 외에도 독일에서는 Einreihung 또는 Qualifikation, 영미에서는
Classification 또는 Characterization이라는 용어가 사용되고 있다.

---

1) 廣江健司, 國際私法, 成文堂, 2000, 67면.

◎ **말도나도 사건(In re Maldonado)**[2]

말도나도(Eloisa Hernandez Maldonado)라고 하는 스페인 국적의 한 여인이 스페인에 주소를 두고 살다가 1924년 10월에 사망하였다. 사망 당시 그녀는 유언을 하지 않았고, 남편도 사망한 상태였으며 그 외에 스페인법에 의해 그의 재산을 상속받을 만한 아무런 친척도 존재하지 않았다. 그런데 그녀는 사망 당시 영국에 약 31,515파운드에 해당하는 동산을 남겼다. 스페인 민법 제956조는 국가(State, 스페인)가 상속권을 가지는 것으로 규정하고 있고, 이에 비해 영국의 상속법은 그러한 재산은 무주물 (bona vacantia)로서 국왕(Crown)에게 귀속되도록 되어 있었다.

1930년 6월 스페인국(the State of Spain)은 스페인 법정으로부터 상속권의 존재를 확정 받고, 유언 없는 사망자에 대한 유일하고 보편적인 상속권을 가진 스페인국이 임명한 대리인(attorney)이 유산관리장(letters of administration)의 발급을 받아야 한다고 주장하여, 영국 법원에 소를 제기하였다. 이에 대해 영국 재무부 법무관(the Treasury Solicitor)은 유언 없는 사망자의 영국 내의 재산은 무주물로서 국왕에게 귀속되는 것이므로 그 신청에 반대하여, 권리는 국왕의 이익을 위하여 발급되어야 한다고 주장하였다.

이 소송에서 논점이 된 것은 상속인이 없는 경우에 국가에 재산이 귀속하는 것이 상속의 문제인가, 아니면 무주물 선점의 문제인가 하는 것이었으나, 영국 항소법원은 이를 상속에 관한 사건으로 보아 스페인국이 상속인의 권리를 가지고 있음을 인정하였다.

3. 입 법 례

대륙법계 국가와는 달리 미국은 국제사법에 관한 제2 리스테이트먼트 제7조에서 법률관계성질결정에 관하여 다음과 같이 규정하고 있다. 즉 제7조[3] 제1항에서는 "리스테이트먼트에서 사용되는 용어인 법률관계의 성질결정의 문제는

---

2) State of Spain v. Treasury Solicitor, [1953] 2 All E.R. 1579; [1954] 2 W.L.R. 64, C.A.
3) Article 7. Characterization
   (1) The classification and interpretation of legal concepts and terms involve questions of characterization, as the term is used in the Restatement of this Subject.
   (2) The classification and interpretation of Conflict of Law concepts and terms are determined in accordance with the law of the forum, except as stated in Article 8.
   (3) The classification and interpretation of local law concepts and terms are determined in accordance with the law that governs the issue involved.

법률개념 및 용어의 분류와 해석에 관한 것을 포함한다."라고 규정하고 있고, 제2항에서는 "저촉법상의 개념 및 용어의 분류와 해석은 제8조[반정]에 규정된 경우를 제외하고는 법정지의 법에 따라 결정된다." 마지막으로 제3항에서는 "지역법상의 개념 및 용어의 분류와 해석은 문제된 사건을 지배하는 법에 따라 결정된다."고 규정하고 있다. 여기서 사용된 지역법(local law)이란 저촉법을 제외한 개념으로 실질법을 의미한다.[4]

다른 한편 우리 국제사법을 비롯한 대륙법계 국가의 국제사법은 법률관계 성질결정에 관하여 아무런 규정을 두고 있지 않기 때문에, 그 해결은 학설에 위임되어 있는 실정이다. 법률관계 성질결정의 유형이 다양하므로 일일이 입법하는 것은 타당하지 않다는 것이 이유이다.

Ⅱ. 학   설

법률관계의 성질결정 문제에 관해 아래에서 보는 바와 같이 여러 학설이 대립되고 있는데, 그 원인은 다음과 같이 생각해볼 수 있다. 첫째, 국제사법상 법률개념이 문언상으로는 내국 실질법상의 법률개념과 동일하기 때문에 양자가 같은지 다른지 문제로 되는 때가 많다. 그러나 양자는 통상 구별하여야 하는 경우가 대부분이다. 둘째, 내국 실질법에는 존재하지 않는 법률개념이 외국 실질법에 존재하는 경우에 그 법률개념에 관한 사항이 국제사법상 어느 단위법률관계상의 문제인가를 결정해야 할 경우가 있다. 국제사법에 관한 사건이 내국 실질사법에 관한 것만 발생하는 것은 아니기 때문이다. 셋째, 능력 및 혼인의 효력과 같은 포괄적인 법률개념이 사용되고 있기 때문에 국제사법상 어느 규정에 해당되는지를 평가하여야 할 경우에 평가의 구체적 기준이 분명하지 않는 경우가 있다는 것이다.

---

4) 장문철, 81면.

1. 법정지법설

법률관계의 성질결정은 법정지의 실질법(민상법)이 결정해야 한다는 견해로서,[5] 법정지실질법설이라고도 한다. 이 학설은 칸(O. Kahn)과 바르탱(E. Bartin)이 주장한 이래 독일의 경우 다수의 학자가 이에 찬성하고 있으며, 독일의 판례도 이를 원칙으로 삼고 있다. 이 견해에 의하면 자국 내에 외국법이 적용되는 것은 자국의 주권을 제한하는 것이며, 이 주권의 제한을 자국법에 의해 저지하지 못하면 이중으로 주권을 침해받게 되는 것이라고 한다. 바르탱(E. Bartin)은 외국법을 적용한다는 것은 정의를 위하여 자국의 주권을 포기하는 것을 말한다고 하여 법정지법설을 주장하였고, 칸(O. Kahn)은 국제사법은 법정지의 국내법이므로 어떤 경우에 외국법을 적용할 것이냐를 결정해야 하는 것은 법정지의 일이고, 따라서 법정지의 저촉규정의 체계개념들은 법정지의 실질법의 의미로 이해되어야 한다고 하여 법정지법설을 주장하였다. 한편 학자에 따라서는 법률관계의 성질결정의 문제는 각국의 국내에 있어서 국제사법규정의 적용에 관한 전제문제로서, 국제사법도 국내법인 이상 국내법 해석의 일반원칙에 따라 당연히 법정지법이 결정해야 한다는 등의 근거를 들기도 한다.

2. 준거법설

법률관계의 성질결정은 공서에 관한 것을 제외하고는 법정지의 저촉규정이 준거법으로 지정하는 나라의 실질법, 즉 준거법상의 체계개념이 그 기준이 되어야 한다는 견해로서, 바르탱(E. Bartin)의 견해를 반박하기 위하여 데파네(Despagnet)가 기술한 「법률관계의 성질결정에 관한 법률의 저촉에 대하여」라는 논문에서 제시되었다.[6]

그 근거는 국제사법이 법률관계에 대하여 준거법을 지정하는 것은 그 법률

---

5) O. Kahn, Abhandlungen zum Internationalen Privatrecht, Bd Ⅰ, Lenel und Lewald, 1928, S.11 ; E. Bartin, Etudes de droit International Privé, Paris, 1899, p.14 ; 跡部定次郞, 國際私法論, 弘文堂, 1925, 270면.

6) Despagnet, "Des conflits de lois relatifs á la qualification des rapport juridiques," Journal de Droit International, Année 25, 1898, p.267ff.

관계의 전부에 대하여 지정하는 것이므로 그 법률관계가 어떤 성질의 것이냐도 당연히 포함되어 지정된다는 데에 있다. 데파네(Despagnet)는 문제된 법률관계에 적용되어야 할 법률, 즉 그 준거법이 동시에 법률관계의 성질까지 결정하여야 하며, 다만 공서에 관한 경우만은 예외라고 하고 있고, 볼프(M. Wolf)는 독일의 국제사법질서는 외국법규를 외국법 자신이 그것을 파악하려고 한 것과 같이 정확하게 파악한다고 하는 일반적인 현상으로부터 출발하여 법정지법에 의한 성질결정 대신에 준거법이 그 기준이 된다고 하여 준거법설을 주창하였다.[7] 볼프(M. Wolf)는 법정지 법원이 어떤 외국의 법을 적용할 때에는 그 나라에서 적용되는 것과 동일하게 적용하여야 하므로 법률관계 성질결정 역시 준거법의 체계개념에 따라야 한다는 것을 그 논거로 들고 있다. 이외에 일본의 야마다(山田三良)[8] 등이 이 견해에 따르고 있다.

3. 국제사법자체설

앞에서 설명한 법정지법설이나 준거법설은 법률관계의 성질을 어느 한 나라의 실질법에 의해 결정하는 견해인데 반해, 국제사법 자체설은 법률관계의 성질결정의 문제는 법정지의 국제사법의 적용에 관한 문제이므로 법정지의 국제사법자체의 입장에서 독자적으로 결정해야 한다는 견해로서[9] 법률관계의 성질결정의 구체적 기준을 어디서 구할 것인가에 관해서는 학설이 갈린다.

(1) 비교법설

법률관계 성질결정은 어느 나라의 실질법의 체계개념에서 벗어나 마땅히 국제사법 자체의 입장에서 이루어져야 하며, 저촉규정 상의 체계개념의 내용은 비교법적 방법을 통하여 결정되어야 한다는 견해로서 라벨(E. Rabel)에 의해 주장되었다. 즉 국제사법은 모든 국가의 법체계와 관계를 맺게 되므로 모든 법

---

7) M. Wolff, Private International Law, 2nd ed., Clarendon, 1950, p.156.

8) 山田三良, 國際私法, 有斐閣, 1932, 452면.

9) E. Rabel, The Conflict of Laws, A Comparative Study, 2nd ed., Vol. I, Michigan, 1958, p. 47ff.; G. Kegel, International Privatrecht, 4 Aufl., C.H.Beck, 1977, S.142; 久保岩太郞, 國際私法 構造論, 有斐閣, 1955, 98~99면; 田中耕太郞, 世界法の理論 II, 岩波書店, 1933, 260면 등.

체계를 자신 속에 포용할 수 있도록 배려하여야 한다. 따라서 저촉규정의 구성
요건은 처음부터 법정지의 법현상만이 아니라 모든 국가의 법현상에 있어서 공
통적인 것과 관련되어 있고, 저촉규정의 해석도 그 공통적인 것을 충분히 포섭
할 수 있어야 한다. 이를 위해서는 국제사법자체의 입장에서 개념을 형성할 필
요가 있고 그 방법론은 오로지 비교법적인 접근이라는 것이다. 즉 라벨의 비교
법설은 국제사법상의 개념은 특정국의 실질법에 의해 정립할 것이 아니라 여러
나라의 실질법을 비교하여 공통적인 법률개념을 도출하는 방법으로 결정하자는
견해이다.[10] 다시 말하면 비교법적 연구를 통하여 전 문명국가가 일반적으로
인정할 수 있는 공통의 개념을 찾아내어 이를 국제사법상의 법률개념으로 이용
하자는 것이다.

　그러나 전세계적으로 공통된 법률개념을 찾아내는 것은 현실적으로 쉽지는
않을 것이다.

(2) 저촉규정목적설

　케겔(G. Kegel)의 저촉규정목적설은 저촉규정상의 단위법률개념은 각각의
저촉규정이 추구하는 목적, 즉 각각의 저촉규정이 실현하고자 하는 국제사법적
이익이 무엇인가를 파악하여 그에 맞추어 해석되어야 한다는 견해이다.[11] 이
견해는 케겔이 어느 한 국가의 실질법 개념에 구애됨이 없이 국제사법 자체의
입장에서 법률관계의 성질결정을 하여야 한다는 라벨(E. Rabel)의 생각을 비판
적으로 발전시킨 이론으로서, 그 논거는 다음과 같다. 즉 법규정의 체계적 위치
설정이라는 것은 법규범의 내용과 무관한 편의성의 문제일 뿐이다. 그러므로
중요한 것은 체계적 위치가 아니라 그 내용이다. 그런데 저촉규정상 체계개념
의 내용과 한계는 법정책적 목적에 따라 결정되고 각 저촉규정은 일정한 국제
사법적 정의를 실현하게 된다. 그러므로 사실문제인 다양한 법현상에 대한 학
문적 비교만으로는 법률관계 성질결정의 기준을 발견할 수 없다. 오히려 저촉
규정상 체계개념은 추구하는 목적에 맞게 해석되어야 하며 이를 위해서는 이익

---

10) E. Rabel, op. cit., p.47.
11) G. Kegel, a.a.O., SS.203ff.

분석이 필요하다. 즉 저촉규정의 해석은 국제사법적 이익의 분석을 기초로 이루어져야 한다는 것이다.

저촉규정목적설은 이익법학의 입장에서 국제사법의 이익을 전면에 내세우는데 그 특색이 있으며, 그 이익으로서 당사자 이익, 거래이익, 질서이익 등을 내세우고 있다. 이 이론도 전술한 비교법설과 마찬가지로 법률관계 성질결정을 위해서 어떠한 정해진 공식을 제공해 주는 것은 아니다.

(3) 신소송지법설(신법정지법설)

신소송지법설은 국제사법상의 법률개념을 법정지 국제사법의 해석문제로 파악하여 먼저 법정지의 국제사법의 정신과 목적이나 지도원리를 파악한 후, 법정지의 문제된 국제사법규정과 다른 규정과의 상호관계, 법정지의 실질법, 그 법과 동일법계에 있는 타국의 실질법 및 타국의 국제사법 등을 비교법적으로 검토하여 개념을 도출하자는 견해이다.[12] 이 견해는 라벨(E. Rabel)과 케겔(G. Kegel)에 의해 확립된 독자적인 법률관계 성질결정의 원칙을 출발점으로 하면서 비교법적 성질결정방법론과 저촉규정목적설을 비판적으로 발전시킨 이론으로서 다수 학자들의 지지를 받고 있다[13]. 이 견해의 논거는 라벨의 접근방법은 실현가능성이 없고, 케겔이 주장하는 국제사법적 이익인 당사자 이익, 거래이익, 질서이익의 분석은 준거법지정의 원리로서는 기능을 할 수 있지만 법률관계 성질결정의 기준은 되지 못한다는 것이다. 즉 저촉규정상의 법개념이 법정지의 실질법상 개념으로부터 도출된 것임을 부인할 수 없다 하더라도 저촉규정상의 법개념을 해석함에 있어서 중요한 것은 체계적 위치나 제도적 유사성이 아니라 기능적 비교가능성이므로, 저촉규정상의 법개념은 법정지 실질법상의 어떤 법개념과 기능면에서 비교될 수 있는 생활관계 및 그 생활관계를 규율하는 외국 법규범을 충분히 포섭할 수 있도록 해석되어야 한다고 한다.

결국 이 견해는 비교법적 방법을 취하되 법정지 국제사법의 이념에 비추어 개념을 구성하자는 것이다.

---

12) 久保岩太郎, 98면.
13) 溜池良夫, 國際私法講義, 有斐閣, 1993, 136-137면; 신창선, 85면 등.

4. 소 결

법정지법설에 대해서는 법정지의 실질법상 개념을 국제사법상의 개념으로 원용하는 것은 부당하며, 국제사법의 이념에서 볼 때 내국의 실질법과 외국의 실질법은 동등한 것임에도 불구하고, 아무런 근거 없이 내국의 실질법에 우월적인 지위를 부여하는 것은 부당하다는 비판이 가해진다.

준거법설에 대해서는 법률관계의 성질이 결정되어야 준거법이 어떤 것인가를 결정할 수 있으므로 법률관계의 성질이 결정되기 전에는 준거법이 있을 수가 없고, 법률관계의 성질이 결정되지 않고서는 당해 법률관계의 준거법을 알수 없음에도 불구하고 당해 법률관계의 준거법에 의해서 법률관계의 성질을 결정한다는 것은 순환논법이 되어 모순이라는 비판이 가해진다.

결론적으로 볼 때, 이미 설명한 법정지법설이나 준거법설은 모두 국제사법상의 개념을 어느 한 국가의 실질법에 의해서 결정하려고 하는 점에서 타당하지 않다. 국제사법의 규정도 다른 법규와 마찬가지로 그 자체가 하나의 확정된 의의 및 내용을 가지는 것이며, 어느 나라의 실질법상의 개념을 빌려야만 그 의의 및 내용을 확정지울 수 있는 것은 아니다. 결국 법률관계의 성질결정의 문제는 국제사법규정의 해석문제라고 할 수 있다. 따라서 법률관계의 성질결정문제가 국제사법규정의 해석문제라고 한다면 이는 국제사법규정자체의 입장에서 결정되어야 하는 것이며, 법정지의 실질법이나 그 밖의 어느 국가의 실질법에 의해서 결정해야 할 문제는 아닌 것이다.[14]

다만 법정지 국제사법상의 체계개념은 법정지의 실질법상 체계개념에 기초한 것이기 때문에 법정지 저촉규정상의 체계개념에 대한 해석은 물론 하나의 사실관계를 어떤 법률관계로 분류함에 있어서도 법정지 실질법상의 체계개념을 도외시할 수는 없다. 따라서 법정지법이 하나의 기준이 되어야 하지만 기능성을 갖춘 국제사법이 되기 위해서는 외국법도 고려해야 한다는 것이다. 그렇다면 법률관계 성질결정의 문제는 국제사법자체설에 의해서 결정[15]해야 할 것인

---

14) 동지: 서희원, 60면.
15) 황산덕/김용한, 85-86면; 김용한/조명래 112면; 김명기, 77면; 신창선, 82면; 신창섭, 88면.

데, 그 기준이 무엇이냐가 문제된다. 비교법설에 의하는 것은 이론적으로는 가능할 것이지만, 현실적으로는 쉽지 않을 것이다. 따라서 이 문제는 법정지의 국제사법의 해석문제로 파악하여 법정지 국제사법의 정신과 목적 및 지도원리를 파악한 후, 문제된 국제사법의 규정과 다른 여러 나라의 국제사법 규정과의 상호관계, 법정지의 실질법과 외국의 실질법상의 개념 등을 참작하여 비교법적인 고찰에 의해서 공통개념을 마련해야 한다고 하는 신소송지법설이 타당하다고 본다.

사례의 해결

사례에서 변호사의 보수청구에 대한 乙의 소멸시효의 항변에 관해 그 준거법을 선택하기 위한 전제로서 소멸시효라고 하는 제도의 성질이 어떠한지가 문제된다. 원칙적으로 영미법에 의하면 소멸시효는 절차법적인 것이며, 대륙법에 의하면 실질법적인 문제로서, 실질사항은 원인된 사실의 준거법에 의하고, 절차사항은 법정지법에 의하게 된다.

영미법에 있어서의 소멸시효는 소제기기간 즉 소권의 소멸시효문제로 규정하는 예가 많지만, 그것도 결국은 일정기간의 경과에 의해 채무자가 이용할 수 있는 방어방법으로서 부여됨과 동시에 그의 원용을 조건으로서 채무를 면책한다고 하는 점에서 우리나라를 비롯한 대륙법계의 소멸시효와 성질상 차이가 없다고 해석되고, 또 이는 절차법상의 제도라기보다 실체법상의 제도라고 보는 것이 타당하기 때문에 국제사법상의 문제로 보아야 한다. 위 사례의 소멸시효의 문제는 그 채권관계에 있어서 채권자가 그 채권을 장기간 행사하지 않았던 때에 어떻게 되는가하는 채권의 운명에 관한 문제이기 때문에 그 성립 및 효력에 관한 준거법은 채권관계의 준거법즉 채권자체의 준거법에 의해야 할 것이다. 따라서 위 사안의 경우 묵시적으로 선택된 법 또는 가장 밀접한 관련을 가지는 것으로 인정되는 미국 뉴욕주법에 의해 해결해야 한다.

참고로 소멸시효라고 하는 법률관계를 한편으로는 실체법상의 제도라고 하여 국제사법상의 문제라고 하면서, 다른 한편으로는 그 법률관계를 채권의 운명의 문제라고 성질결정해서 채권 자체의 준거법에 의한다고 하는 판례가 있다.[16] 즉 이 판례는 두 가지 형태의 법률관계 성질결정에 관해 단계적인 과정을 거치고 있다. 만약 소멸시효라고 하는 법률관계를 절차에 관한 사안이라고 성질결정한다면 절차는 법정지법에 의한다는 원칙에 따라 법정지법, 즉 대한민국의 민사소송법 기타 절차법에 의하게 된다.

16) 日本德島地裁 1970.12.16判決(判夕 254호 209면).

제3장 연결점의 확정

제1절 서 론

Ⅰ. 의 의

1. 연결점의 개념

법률관계의 성질결정이라는 과정을 거친 후, 적용되어야 할 국제사법규정이 결정되려면 그 국제사법규정이 정하고 있는 연결점의 확정이라는 과정으로 옮겨가게 된다. 이때 국제사법적 법률관계와 준거법(내외사법)을 연결시켜주는 요소가 필요한데 이를 연결점(連結點) 또는 연결소(連結素)라고 한다. 예컨대 어떤 국제사법적 법률관계가 행위능력에 관한 문제라고 성질결정이 되면 국제사법 제28조 제1항을 적용하여 준거법인 당사자의 본국법에 의하여 실질법적 평가를 하게 된다. 이때 이 법률관계와 준거법을 연결하는 요소인 연결점은 당사자의 국적인데, 그 국적이 어디인가를 확정짓는 것이 연결점의 확정문제이다. 이를 도식화하면 다음과 같다.

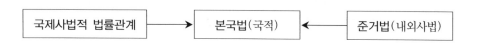

2. 연결점의 종류

국제사법상 주요한 연결점으로는 다음과 같은 것들이 있다. 즉 국적(제16조 1항, 제26조, 제28조, 제63조, 제77조 등), 일상거소지(제17조, 제47조, 제49조 2항,

제64조 등), 가장 밀접한 관련이 있는 지역(제16조 3항, 제46조, 제64조 등), 거소지(제16조 2항), 목적물의 소재지(제33조), 행위지(제31조 2항), 침해지(제40조), 사실의 발생지(제50조 내지 제52조), 혼인거행지(제63조 2항) 등이다. 한 나라의 국제사법상 연결점이 되는 법률관계의 요소는 한정되어 있고 또한 연결점의 수만큼 그것에 대응하여 준거법이 결정되므로 결국 연결점에 따라 준거법의 종류도 한정될 수밖에 없다. 다만 현행 국제사법은 종래의 섭외사법과는 달리 새로운 국제사법 이론에 따라 국제조약이나 외국법에서 인정하고 있는 새로운 연결점을 채택하고 있다. 예컨대 일상거소나 가장 밀접한 관련이 있는 곳 등은 국제사법이 새롭게 도입한 연결점이다.

> ◎ **법정지법(法廷地法; lex fori)**
>
> 법정지법은 글자 그대로 법정이 있는 곳의 법, 즉 현재 당해 사건에 관하여 재판을 하고 있는 곳의 법을 말하는 것이다. 이는 국제사법상 상당히 중요한 준거법의 하나로 되어 있으나, 실제 우리 국제사법은 법정지법에 대해 직접적으로 규정하고 있지는 않다. 대신에 「대한민국법」이라는 표현을 쓰고 있는데, 이는 우리 국제사법을 적용하는 사건은 통상 대한민국이 법정지인 경우이므로, 법이 대한민국 법을 적용한다는 것은 실질적으로 본다면 법정지법이 적용되는 경우라고 할 수 있다. 그러나 좀 더 정확히 말하면 법정지법은 「현재」 재판 중이 아니어도 있을 수 있는데, 이는 재판이 열릴 것을 상정해서 법정지법을 생각할 수 있기 때문이다. 통상 자국이 법정지인 경우에 자국의 법 즉 법정지법을 내국법이라고 하나, 법정지가 외국인 경우에는 법정지법이 외국법이 되는 경우도 있다.
>
> 절차법은 일반적으로 법정지법이 적용되며, 또 전통적으로 법의 해석적용과 관련하여 법정지법에 의하여야 한다고 주장되는 경우가 몇몇 있다.

연결점은 다시 단순한 사실상의 개념인 좁은 의미의 연결점과 법적으로 그 의미를 파악하여야 내용을 알 수 있게 되는 연결개념의 두 가지로 나누어 살펴볼 수 있다. 연결개념은 법적인 해석을 필요로 하므로 단순히 그 내용을 알 수 있는 연결점과는 성격이 다르다. 국적은 국적을 정하는 국적법의 해석적용에 따라 그 내용을 알 수 있으므로 연결개념에 속한다.

Ⅱ. 연결개념 및 연결점의 확정

1. 연결개념의 확정

국제사법이 규정하는 연결점 중에서 「목적물의 소재지」라든가 「거소」 등과 같은 사실상의 연결점은 사실상의 개념이므로 연결점을 확정하는 데 별문제가 발생하지 않는다. 그러나 국적 등과 같이 법률상의 연결점인 연결개념은 각국마다 동일하지 않으므로 이를 어떻게 확정할 것인가의 문제가 제기된다. 즉 연결개념을 어떤 국가의 어떤 법에 의해 확정할 것인가의 문제를 연결개념의 확정문제라 한다. 예컨대 국제사법 제28조 제1항의 "사람의 행위능력은 그 본국법에 따른다"라는 규정에서 본국의 개념을 어느 나라의 법으로 결정해야 할 것인가의 문제와 같다. 이는 법정지의 국제사법을 적용하기 위해 그 국제사법의 규정을 해석하는 문제이므로 법정지의 국제사법 자체의 입장에서 결정되어야 한다.[1]

2. 연결점의 확정

어떤 외국과 관련된 요소가 있는 법률관계의 성질이 결정되고 연결개념이 확정되었다고 하여 곧바로 준거법이 결정되는 것은 아니다. 왜냐하면 연결개념이 여러 국가에 존재하거나 전혀 존재하지 않는 경우에는 국제사법을 통하여 준거법을 결정할 수 없다. 예컨대 본국법을 결정하여야 할 사안에서 당사자가 이중국적자라든지 무국적자인 경우에는 준거법인 당사자의 본국법을 바로 결정할 수 없게 된다. 이와 같은 경우에 연결점인 본국법을 어떻게 결정하느냐 하는 문제를 연결점의 확정문제라 한다. 국제사법상 연결점의 확정은 주로 국적의 적극적 저촉인 이중국적 또는 소극적 저촉인 무국적의 해결문제로 나타난다.

연결점의 확정문제도 국제사법규정의 해석문제이므로 법정지의 국제사법에 해석규정(예: 제16조)이 있으면 그 규정에 의하고, 그 규정이 없을 때에는 법정

---

1) 황산덕/김용한, 88면; 서희원, 65면; 김명기, 79면.

지의 국제사법자체의 입장에서 결정하여야 한다.[2]

Ⅲ. 연결점의 주장 및 증명책임

외국과 관련된 요소가 있는 법률관계에 관하여 소송이 제기되었을 때 연결점의 주장 및 증명책임은 어떻게 되는지가 문제로 될 수 있다. 통상 법률관계에 관한 사항은 법원이 수집하게 되나, 사실관계에 관해서는 당사자가 이를 수집하여 법원에 제출하여야 한다. 특히 후자를 변론주의라 한다. 변론주의는 주로 재산관계 소송사건에 채용되는데, 여기서는 사실 및 증거의 수집·제출이 당사자의 책임으로 되고, 법원도 당사자가 주장·입증하지 않은 사항에 대해서는 재판의 자료로 삼지 못한다.

만약 연결점에 관한 사항이 사실자료라면 변론주의의 적용을 받을 것이나, 이를 법률자료라고 한다면 이는 법원이 직권으로 조사하여 재판에 반영할 수 있는 자료로 된다. 생각건대 일반적으로 연결점에 관한 문제는 이를 통하여 국제사법 규정을 적용하는 과정이지 변론주의가 적용되는 순수한 사실관계로 볼 수는 없다고 생각한다. 따라서 이러한 자료는 법원이 직권으로 조사하여야 할 것이고, 당사자의 주장에 구애되지 않을 것으로 본다.[3] 그러나 법원이 이를 조사함에 있어서는 직권탐지를 할 필요는 없고, 당사자에게 자료를 제출하게 하여 그를 토대로 판단하여도 좋을 것이다.

Ⅳ. 연결점의 기준시

보통의 연결점은 거의 인위적으로 변경이 가능하다. 예컨대 국적이나 주소, 물건의 소재지와 같은 것은 그 변경이 쉬운 것도 있고 그렇지 않은 것도 있지만 결과적으로 본인이 이를 바꿀 수 있는 것이다. 물론 행위지, 불법행위지, 침해지, 부당이득지와 같이 발생에 의해 고정되는 연결점도 없지 않다. 이와 같이

---

2) 서희원, 66면.
3) 廣江健司, 76면.

사후에 변경가능한 연결점이 있을 때, 어느 시점의 연결점을 통하여 준거법을 정하여야 할 것인가의 문제가 있다.

이에 관해서는 입법주의로서 불변경주의와 변경주의가 있다. 양자 중 어느 입장을 채택할 것인가는 구체적인 단위법률관계의 성질여하에 따라 결정되는 것이 보통이다. 즉 어느 법률관계의 형성에 관한 것 즉 확정된 관계라면 어느 시점에 고정된 연결점으로 지정된 준거법을 기준으로 하는 것이 옳으므로 불변경주의를 취하게 되지만, 이미 형성된 법률관계의 내용에 관한 것이라면 현재 즉 소송당시(구체적으로는 변론종결시)의 연결점을 통해 지정된 준거법을 기준으로 하는 것이 타당하므로 변경주의를 취하게 된다.

불변경주의가 그 시점을 어느 법률관계의 형성시에 고정하는 것은 이러한 법률관계가 그 요건 완성시점에 확정되고 또한 그 법률상의 효과가 부여되기 때문이다. 따라서 물권변동의 경우(제33조 2항)와 같이 그 시점을 기준으로 연결점이 소재하는 국가가 가장 밀접한 관계를 갖는다고 해석된다. 반면에 변경주의를 채택하는 것은 이미 발생한 권리의무관계 또는 신분관계에 관해 성질상 연결점을 고정할 필요가 없고, 오히려 새롭게 발생한 연결점의 변경이라는 사정을 고려하여 준거법을 정함으로써 외국과 관련된 요소가 있는 법률관계의 거래안전을 보호하는 것이 기대될 수 있는 경우이다.

현행 국제사법상으로 그 연결점에 관해 명문으로 기준시를 정해놓고 있는 규정, 즉 불변경주의를 취하고 있는 것은 물권(제33조 2항), 무기명증권(제35조), 혼인 중의 친자관계(제67조 1항), 혼인 외의 친자관계(제68조 1항), 준정(제69조), 입양 및 파양(제70조), 상속(제77조), 유언(제78조) 등이다. 불변경주의를 취하게 되면 특정된 시점 이후에 연결점을 변경하더라도, 그러한 변경은 준거법의 지정에 아무런 영향이 없게 된다.

물론 각 조문마다 개별적으로 연결점의 확정시점에 관해 해석하고, 연결점의 확정을 검토하는 것은 각론의 과제이다.

제 2 절 준거법의 연결방법

I. 총   설

국제사법상 준거법을 지정함에 있어서는 연결점을 매개로 한다. 이때에는 보통 하나의 법률관계에 하나의 연결점을 정하여 이를 통해서 준거법이 결정된다. 예컨대 사람의 권리능력은 그의 본국법에 연결되어 있고(제26조), 물권의 법률관계는 목적물의 소재지법에 연결되며(제33조 1항), 상속의 법률관계는 피상속인의 본국법에 연결되는(제77조 1항) 것과 같다. 그런데 연결점 가운데에서는 이것이 결정되는 과정이 일정하지 않고 다양한 것도 많다. 즉 하나의 법률관계가 복수의 준거법에 연결되거나 종국적으로는 단일준거법에 연결되지만 그에 도달하는 과정에서 여러 준거법이 고려되는 경우 등이다. 물론 각종의 단위법률관계와 준거법의 연결방법은 구체적으로는 국제사법 각론에서 개별적으로 결정할 과제이지만, 여기에서는 이와 같은 특수한 연결점의 결정방법을 원론적으로만 살펴보기로 한다.

II. 각종의 연결방법

1. 누적적 연결

어떤 법률관계가 복수의 연결점으로 지정된 각각의 준거법에 의하여 누적적 내지 중복적으로 인정된 경우에만 그 법률관계가 성립되는 연결방법을 누적적 연결(kumulative Anknüpfung) 또는 중복적 연결(haufends Anknüpfung)이라고 한다. 다시 말하면 준거법으로 지정되는 법으로 A국법과 B국법이 있는 경우에, 문제된 법률관계가 성립하기 위해서는 이들 양국법에 다같이 규정되어 있는 요건을 갖추어야 하는 경우를 말한다. 구섭외사법상 불법행위의 성립에 관하여 불법행위지법과 대한민국법이 누적적으로 연결되는 경우가 대표적인 예이다(구섭외사법 제13조 2항, 3항). 현행의 국제사법에서는 완전한 의미의 누적적 연결은 찾아보기 어렵지만, 가장 이에 가까운 것으로서 국제사법에 의하여 외국법이 준거법으로 지정되는 경우에도 입법목적에 비추어 준거법에 관계없이 해당 법률관계에 대한민국의 강행규정이 적용되는 경우(제47조)를 생각해볼 수 있고, 부분적인 누적적 연결에 해당되는 예로서는 소비자계약에서 당사자가 선택한 준거법과 소비자의 일상거소지법이 누적되는 경우(제47조 1항), 근로계약에서 당사자가 선택한 준거법과 지정된 준거법 소속국가의 강행규정이 누적되는 경우(제48조 제1항) 등을 들 수 있다.

2. 배분적 연결

어떤 법률관계에 관하여 복수의 당사자가 있는 경우에 각각의 당사자에게 필요한 요건을 개별적으로 갖추도록 하는 연결방법을 배분적 연결(distributive Anknüpfung) 또는 결합적 연결(gekoppelte Anknüpfung)이라 한다. 다시 말하면, 甲과 乙에 공통하는 어떤 법률관계에 관하여 甲에 관한 부분은 甲의 준거법으로, 그리고 乙에 관한 부분은 乙의 준거법에 따라 정해지는 것이다. 예컨대, 혼인의 실질적 성립요건의 법률관계는 각 당사자의 본국법에 배분적 내지 결합적으로 연결되도록 되어 있으므로(제63조 1항), 夫가 되어야 할 자에 대한 요건은 부의 본국법에 의하고 妻로 되어야 할 자에 대한 요건은 처의 본국법에 각각 따로 정하게 된다.

3. 선택적 연결

어떤 법률관계의 성립에 대하여 연결하여야 할 준거법을 복수로 규정하고 그 중 하나의 준거법에 의해 요건이 충족되면 당해 법률관계의 성립을 인정하는 것을 선택적 연결 또는 택일적 연결(alternative Anknüpfung)이라 한다. 다시 말하면 특정 법률관계에 관하여 준거법을 A국법과 B국법으로 정하고, 이 중 A국법에 의해 요건이 갖추어진 경우는 물론, B국법에 의해 요건이 갖추어진 경우에도 그 법률관계의 성립을 인정하는 것이다. 예컨대 법률행위의 방식은 그 행위의 준거법이나 행위지법 중 어느 것에 의하든 그 효력이 인정된다 (제31조 1항, 2항). 그리고 당사자가 계약체결시 서로 다른 국가에 있는 때에는 그 중 어느 한 국가의 법이 정한 법률행위의 방식에 의하여도 무방한데(동조 3 항), 이도 선택적 연결의 예로 될 수 있다.

4. 임의적 연결

어떤 법률관계의 성립 및 효력에 대하여 연결해야 하는 준거법을 당사자의 임의의 선택에 맡겨 결정하는 수가 있는데, 이를 임의적 연결(fakultative Anknüpfung)이라고 한다. 이는 국제사법에서 당사자의 의사를 연결점으로 정하여 준거법을 결정하는 것이라고 볼 수도 있다. 예컨대 계약의 당사자가 명시적 또는 묵시적으로 임의로 선택한 법을 준거법으로 하는 경우가 이 예에 속한다 (제4조 1항). 이러한 연결방법과 위의 선택적 연결과의 차이는 선택적 연결은 당사자가 적극적으로 선택하지 않더라도 결과적으로 용이하게 연결되는 법률에 의하여 준거법이 정해지는데 비하여, 임의적 연결은 당사자에 의한 준거법선택 행위가 필요하다는 것이다. 따라서 복수의 준거법 중에서 당사자가 선택하여야 하는 경우는 선택적 연결이 아니라, 임의적 연결에 해당한다.

5. 단계적 연결

어떤 법률관계에 대하여 준거법으로 될 법이 여러 개 있고, 그 중에서 단계적으로 순서를 정하여 지정되는 것을 단계적 연결(Kaskadenanknüpfung) 또는 보충적 연결(subsidiare Anknüpfung)이라 한다. 다시 말하면 어떤 법률관계에 준거법이 될 법으로 A국법, B국법, C국법이 있을 경우에, 우선적으로는 A국법이 준거법이 되지만, A국법이 준거법이 되는 연결점이 없는 때에는 B국법, 그리고 B국법이 준거법이 되는 연결점도 없는 때에는 C국법을 준거법으로 지정하는 것과 같다. 예컨대 혼인의 일반적 효력에 관하여 "1. 부부의 동일한 본국법, 2. 부부의 동일한 일상거소지법, 3. 부부와 가장 밀접한 관련이 있는 곳의 법"의 순위에 따르도록 한 것(제64조)이 그 예이다. 이때 혼인의 일반적 효력은 제1단계인 부부의 동일한 본국법이 있으면 이에 의하지만, 서로 국적이 다른 경우에는 부부가 함께 일상거소지를 가지는 곳의 법인 제2단계의 준거법에 의하고, 부부가 서로 일상거소를 달리하여 제2단계의 준거법도 없는 때에는 제3단계의 준거법에 의하여 부부와 가장 밀접한 관련이 있는 곳의 법에 의하게 된다.

6. 보정적 연결

어떤 법률관계의 성립에 대하여 연결되는 준거법이 여러 개 있는 경우에, 제1단계의 준거법에 의해 그 법률관계의 성립이 인정되지 않는 때에는 제2단계의 준거법에 의하고, 제2단계의 준거법에 의해도 성립이 인정되지 않는 때에는 제3단계의 준거법에 의하는 것을 보정적 연결(Korrektive Anknüpfung)이라고 한다. 다시 말하면 어떤 법률관계에 준거법으로 A국법, B국법, C국법이 지정되어 있을 때, 문제된 법률관계가 A국법에 정해진 요건을 갖추어야 하는 것이 원칙이나, A국법상의 요건을 갖추지 못한 때에는 B국법의 요건을 갖추어도 그 성립을 인정해주고, 또 만약 B국법상의 요건도 갖추지 못한 경우에는 C국법에서 정한 요건을 갖추면 성립을 인정해주는 것과 같다. 예컨대 부양의무에 관하여 우선 부양권리자의 일상거소지법에 의하나 만약 이 법에 의하여 부양권리자가 부양의무자로부터 부양을 받을 수 없는 때에는 당사자의 공통본국법에 의하는 것과 같다(제73조 1항).

보정적 연결은 단계적 연결과 비슷하지만, 단계적 연결은 제1단계의 준거법이 없는 경우에만 제2단계, 제3단계의 준거법으로 연결되지만, 보정적 연결은 제1단계의 준거법이 있더라도 그 법에 의하면 당해 법률관계의 성립이나 효력이 인정되지 않은 경우에 다른 준거법으로 연결된다는 점에서 차이가 있다.

7. 가중적 연결

어떤 법률관계에 대해서 적용할 준거법을 결정할 때, 복수의 연결점을 가중적·누적적으로 연결하여야 하는 것을 가중적 연결이라 한다. 다시 말하면 문제된 법률관계에 연결점으로 A, B, C 등이 있을 때, 어떤 국가의 법이 준거법으로 지정되기 위해서는 A연결점과 B연결점 혹은 A연결점과 C연결점이 이 국가에 연결되어 있어야 하는 것과 같다. 예컨대, 헤이그 국제사법회의에서 정해진 「제조물책임의 준거법에 관한 조약」 제4조는 손해의 발생지가 직접피해자의 일상거소지나 책임을 추궁당하고 있는 자의 영업소소재지 또는 직접피해자가 당해제조물을 취득한 곳 가운데 어느 곳과 일치하는 경우, 그 곳의 법률에 의한다고 규정하고 있다. 즉 단순한 손해발생지나 직접피해자의 일상거소가 연결점이 되는 것이 아니라, 준거법의 지정에 있어서 이러한 두 가지의 연결점이 동시에 가중적·누적적으로 연결되어야 한다는 것이다.

그러나 가중적 연결의 경우에는 그와 같은 가중된 연결이 존재하지 않는 경우에 대비하여, 보충적 연결을 정해둘 필요가 있다. 이렇게 본다면 가중적 연결은 일종의 단계적 연결이라고도 할 수 있으나, 이 경우는 연결점이 가중되는 모습이 보통의 단계적 연결의 경우와 다르므로 단계적 연결과는 구별된다.

제 3 절   국적의 확정

I. 서   설

1. 속인법과 본국법

국제사법상 본국법이 준거법이 되는 경우가 상당히 많이 있는데, 예를 들면, 권리능력(제26조), 행위능력(제28조), 혼인의 성립(제63조), 혼인의 효력(제64조, 제65조), 이혼(제66조), 친자관계(제67조, 제68조), 준정(제69조), 입양 및 파양(제70조), 동의의 요건(제71조), 친자간의 법률관계(제72조), 부양(제73조 1항 단서), 친족관계(제74조), 후견(제75조), 상속(제77조), 유언(제78조) 등의 경우에는 전면적 내지 부분적으로 본국법을 준거법으로 하고 있다. 이렇게 본국법을 준거법으로 하는 경우에는 국적이 연결점으로 된다.

사람을 중심으로 하는 법률관계에 관한 연결점을 국적으로 하는 입법주의를 본국법주의라고 하고, 이에 대하여 주소를 연결점으로 하는 입법주의를 주소지법주의라고 한다. 대체로 보면 본국법주의는 민족 내지 국가주의적 사상이 반영된 것으로서 국적은 비교적 변경하기 어렵다는 이유에서 안정적이고 또 확인이 용이하다는 장점이 있고, 주소지법주의는 어느 나라의 국적을 가지고 있느냐를 묻지 않고, 현재 살고 있는 곳의 법을 적용한다는 것이므로 주소지의 거래 안전을 보호하기 쉽다는 것을 특징으로 한다. 우리나라는 대륙법적 전통과 국가 내지 혈통을 중시하는 사상이 결합하여 본국법주의를 취하고 있다. 한편 본국법주의와 주소지법주의의 대립을 완화하기 위하여 일상거소지법주의가 헤이그 국제사법회의의 결과로 생겨났는데, 이들을 모두 합하여 속인법주의라고 한다. 속인법주의에 대립하는 입법주의로는 특정한 장소를 연결점으로 하는 속지법주의가 있다.

속인법주의는 법률관계를 사람 중심으로 파악하여 가급적 법률관계에 관련된 사람에게 가장 알맞은 법을 그 준거법으로 하여주겠다는 고려의 산물임에 비하여, 속지법주의는 해당 지역의 법질서를 지키기 위한 제도이다. 주소지법주의는 속인법주의 중에서도 속지법적 내용을 강하게 가지고 있으나, 본국법주의는 한 나라의 국민에 대해서는 어디를 가더라도 그 본국의 법이 준거법이 되도록 함으로써 비교적 충실하게 사람을 중심으로 하는 법률관계의 전통을 보전하고자 하고 있다.

2. 국제사법상의 국적

국제사법상 연결점의 하나로서 국적을 고려함에는 두 가지의 문제가 제기된다. 그 하나는 외국과 관련된 요소가 있는 법률관계에 관하여 준거법이 본국법으로 되어 있는 경우, 어느 나라의 법으로 국적의 개념을 정할 것인가의 문제 즉 연결개념의 확정문제이고, 또 다른 하나는 연결개념이 결정된 후 국적의 적극적 저촉인 이중국적 또는 소극적 저촉인 무국적인 때에 어느 국적으로 본국법을 결정할 것인가의 문제, 즉 연결점의 확정으로서 국적의 결정문제이다.

연결개념의 확정으로서의 국적의 결정은 국적법에 의하게 된다. 즉 국제사법은 별도로 국민의 국적을 결정하는 것은 아니기 때문에, 특정인이 어느 나라의 국민인가를 정함에 있어서는 국적법의 정함에 따르게 되며, 그 해석적용도 마찬가지로 된다. 이에 비하여 국적의 충돌이 있는 경우에 연결점을 확정하기 위하여 국적을 결정하는 것은 국적법과 별도로 국제사법의 자체적 해석론에 의하게 된다. 이에 관하여 국제사법에 규정이 있는 경우에는 그에 따르게 됨은 물론이다. 그러나 이러한 것도 궁극적으로는 국적법상 적법하게 국적을 취득하여 충돌이 생긴 경우를 전제로 하는 것이며, 또 국제사법에 의하여 충돌이 해결되었다고 하여 그가 특정 국가의 국적을 취득하거나 상실하게 되는 것은 아니다. 이는 다만 연결점을 정하기 위하여 국제사법의 해석적용의 범위 내에서 이루어지는 작업에 불과하다. 따라서 충돌의 실제적 해결은 국적법에 의해 최종적으로 이루어지게 된다.

◎ 속인법주의(屬人法主義)

하나의 법률관계에 적용할 수 있는 법이 여러 개 있을 때 사람을 기준으로 하여 적용할 법을 결정한다면 이를 속인법이라 한다. 따라서 결과적으로 속인법을 취하게 되면 어떤 사람이 어디를 가더라도 이 사람이 속한 법이 적용되게 된다. 이에 대비되는 것으로 속지법이 있는데, 이는 장소를 기준으로 하여 적용할 법을 정하는 것이다. 결과적으로 속지법은 특정한 장소에 있는 모든 사람에 적용되는 법이라고 할 수 있다. 고대에는 속인법주의가 강하였으나, 중세에 들어와서 봉건제도의 발달로 속지법주의가 발달하였는데, 현대에 들어와서는 양 주의가 혼합되어 있는 실정이다. 현대 국제사법상의 속인법은 사람의 능력이나, 친족관계, 상속 등 주로 사람에 관계된 법제의 준거법을 지정하는 과정에서 이용된다. 이때 그 연결점으로는 국적, 주소, 일상거소 등을 들 수 있는데, 이에 의해 지정된 준거법을 각각 본국법, 주소지법, 일상거소지법이라 한다.

속인법의 근대적 기준은 당사자의 국적과 주소를 연결점으로 하는 것인데, 어느 것을 기준으로 하느냐에 따라 본국법주의와 주소지법주의가 대립하고 있다. 이는 각국의 입법정책상의 문제이지만, 대륙법계 국가들 중에는 본국법주의를 취하는 나라가 많고, 영미법계 국가들은 주소지법주의를 많이 채택하고 있으나, 점차 국제교류의 발달로 주소지법주의의 비중이 커지고 있는 실정이다. 우리나라 국제사법은 국적을 기준으로 하는 본국법주의를 채택하고 있으나, 양 주의의 대립을 해결하기 위하여 도입된 일상거소지를 부분적으로 도입하고 있다.

Ⅱ. 국적의 취득

1. 출생에 의한 국적취득

출생에 의한 국적의 취득을 생래취득이라고도 하는데, 이때 국적을 정하는 기준에 관해서는 혈통주의(ius sanguinis)와 출생지주의(ius soli)가 있다. 전자는 혈연관계에 의해 국적을 부여해 주는 것으로 부모의 국적을 자식에게 인정하여 주는 것임에 비하여, 후자는 지연관계에 의한 국적제도로서 출생지 국가의 국적을 부여해주는 것이다. 중세 봉건국가에서는 출생지주의가 우세하였다고 하나, 근대 민족주의국가에서는 혈통주의가 많이 적용되었다. 그러나 오늘날 순수하게 어느 한 주의만을 채용하는 국가는 드물고 대부분의 국가가 절충주의를 채용하고 있는 실정이다.

각국의 입법례를 살펴보면 여러 가지가 있다. 즉 ① 비교적 순수한 혈통주의를 채택하고 있는 국가로는 독일, 일본, 중국, 오스트리아, 루마니아, 스웨덴 등이 있고, ② 비교적 순수한 출생지주의를 채택하고 있는 국가는 아르헨티나, 브라질, 페루, 우루과이 등의 중남미제국이며, ③ 혈통주의를 원칙으로 하고 출생지주의를 보칙으로 하는 국가로는 프랑스, 벨기에, 이탈리아, 네덜란드 등이 있고, ④ 출생지주의를 원칙으로 하고 혈통주의를 보칙으로 하는 국가는 미국, 영국, 캐나다 등이다. 우리나라는 비교적 순수한 혈통주의를 취하고 있다(국적법 제2조 참조).

2. 출생 이외의 사유로 인한 국적취득

출생 이외의 사유로 인한 국적취득에는 출생 이후의 후천적인 사유에 의한 것으로서, 친족법상의 원인에 의한 국적취득과 자유의사에 의한 국적취득, 국제법상 원인에 의한 국적취득 등이 있다.

(1) 친족법상 원인에 의한 국적취득

친족법상의 원인에 의한 국적취득으로는 혼인에 의하여 배우자가 상대 배우자의 국적을 취득하는 경우, 인지에 의해 子가 부모의 국적을 취득하는 경우, 입양에 의해 양자가 양친의 국적을 취득하는 경우 등이 있다.

특히 문제되는 것은 혼인에 의한 처의 국적취득여부이다. 이에 관해서는 부부국적동일(일체)주의와 부부국적별개(독립)주의가 있다. 종래 부부국적동일주의가 다수 국가에 의해 채택되었으나, 이는 처의 인격권을 차별한다고 하는 비판을 받아. 오늘날에는 남녀평등사상에 입각한 부부국적별개주의가 미국, 프랑스, 영국, 일본 등 여러 국가에서 지지를 받고 있다. 우리나라의 국적법도 외국인인 처가 혼인과 동시에 대한민국 국적을 취득하지는 않으므로(제6조 2항)[4] 부부국적 별개주의를 취한다고 볼 수 있다.

외국인인 미성년자가 인지된 경우에도 대한민국의 국적을 취득하도록 되어 있으며(국적법 제3조), 미성년인 양자도 친자에 준하여 대한민국의 국적을 취득한다. 또한 성년이 된 후에 입양을 하게 되면 당연히 대한민국의 국적을 취득하지는 않으나, 보다 쉽게 귀화를 할 수 있다(국적법 제6조 1항 3호).

(2) 자유의사에 의한 국적취득

종래에는 「영구충서(永久忠誓)의 원칙」이라고 하여, 한 나라의 국민된 자가 다른 나라의 국민으로 되는 것을 부정하는 것이 일반적이었으나, 지금은 자유의사에 의하여 국적을 변경하는 것을 대부분 인정하고 있다. 이때 스스로 타국의 국적을 취득하는 것을 귀화라 하는데, 이를 위해서는 귀화국이 요구하는 일정한 법정요건을 갖추어야 한다.

우리나라도 국적법 제5조[일반귀화요건], 제6조[간이귀화요건], 제7조[특별귀

---

4) 제6조[간이귀화 요건] ②배우자가 대한민국의 국민인 외국인으로서 다음 각 호의 1에 해당하는 자는 제5조(일반귀화요건) 제1호 및 제1호의2의 요건을 갖추지 아니하여도 귀화허가를 받을 수 있다.
   1. 그 배우자와 혼인한 상태로 대한민국에 2년 이상 계속하여 주소가 있는 사람
   2. 그 배우자와 혼인한 후 3년이 지나고 혼인한 상태로 대한민국에 1년 이상 계속하여 주소가 있는 사람
   3. 4. (생략)

화요건]에서 일정한 요건을 갖춘 자에게 법부무장관이 귀화를 허가해 주고 있다.

(3) 국제법상 원인에 의한 국적취득

국제법상 영토의 할양 또는 국가가 합병된 경우 피할양지의 국민 또는 피합병국의 국민은 종래의 국적을 상실하고 새로운 영유국의 국적을 취득한다. 다만 이 국제법상의 원칙은 강행규정이 아니기 때문에 당해 국가 간에 다른 합의를 할 수 있음은 물론이다.

Ⅲ. 국적의 상실

국적의 상실사유로서 당사자가 사망함으로써 자연스럽게 국적을 상실하는 경우 외에는 상대적으로 국적을 상실하는 경우로서, 국적취득사유의 반대사유로 된다. 이들을 유형별로 살펴보면 첫째, 친족법상의 원인에 의한 국적상실(이혼, 파양), 둘째, 외국국적 취득에 의한 국적상실(외국으로의 귀화), 셋째, 국제법상의 원인에 의한 국적상실(영토의 할양, 영토의 합병), 넷째, 외국국적의 선택에 의한 국적의 상실(외국국적도 가지고 있는 한국인이 외국국적을 선택한 경우) 등이 있다.

Ⅳ. 국적의 충돌

1. 국적 충돌의 의의

우리나라 국민이 되는 자격, 즉 국적의 득실에 관한 사항은 국적법에 규정되어 있다. 이처럼 세계 각국은 국적의 득실에 관하여 규정하는 법제를 가지고 있다. 자기 나라 국민의 자격은 자기 나라 스스로 정하여야 한다는 사상이 지배하고 있기 때문이다. 이는 한편으로 국제법상 국적의 득실에 관한 초국가적이고 보편적인 원칙이 없음을 의미한다. 따라서 한 사람이 여러 나라의 국적취득요건을 갖춤으로써 다수의 국적을 갖는 이중국적의 경우가 발생하는가 하면, 어느 나라의 국적도 취득하지 못하여 국적이 하나도 없는 무국적의 경우도 발생하게 된다. 더구나 오늘날 세계 각국에서는 국적의 득실에 관하여 개인의 자유의사를 존중하는 한편 국적을 강제하지도 않으므로 이러한 문제의 발생은 더욱 많아지고 있다.

다만 국제사법상 국적의 충돌에 대한 해결을 강구하는 것은 어디까지나 당사자에게 적용할 본국법을 결정하기 위함에 그치고, 내외국인의 국적문제를 해결해 주려는 것이 아니므로, 국적충돌의 문제를 종국적으로 해결하기 위해서는 국적법에 의할 수밖에 없음은 앞에서 본 바와 같다. 따라서 국제사법에서 특정 국가의 국민으로 해석하였다고 하여, 그 사람이 국적법상으로도 그 국가의 국민으로 된다는 의미는 아니다.

2. 국적의 적극적 충돌

(1) 의 의

여러 나라의 국적법에 의한 국적취득의 요건을 갖춘 경우에는 한 사람이 여러 국적을 가지게 됨으로써 이중국적자가 될 수도 있는데, 이러한 경우를 국적의 적극적 충돌이라 한다. 이중국적은 출생에 의한 경우와 혼인을 비롯한 후천적 취득에 의한 경우 등이 있을 수 있다. 출생에 의한 국적의 적극적 충돌은 예컨대 혈통주의를 취하고 있는 A국가의 국민인 부부가 출생지주의를 취하고 있는 B국가에서 자식을 출산한 때에 그 子는 출생지인 B국적과 부모의 국가인 A국적을 동시에 취득하게 됨으로써 발생한다. 후천적 원인에 의한 이중국적은 여러 가지가 있으나, 예컨대 부부국적 동일주의를 취하는 국가의 남자와 부부국적 별개주의를 취하는 여자가 혼인한 경우 처는 출생에 의한 본래의 국적 외에도 혼인에 의하여 남편 국가의 국적을 취득함으로써 발생하는 것이 전형적인 원인으로 된다.

국제사법에 의한 국적충돌의 해결은 당사자의 법률관계를 기준으로 결정한다. 따라서 문제된 사안과 관련하여 당사자가 보다 밀접한 관계를 갖는 곳을 본국법 결정의 연결점으로 삼아야 하는데, 우리 국제사법은 내외국적의 충돌과 외국국적 상호간의 충돌을 구별하는 태도를 취하고 있다. 다만 구섭외사법은 이시취득(異時取得)에 관한 규정을 두고 있었으나,[5] 현행 국제사법은 국적의 동시취득이나 이시취득을 구별하지 않고 있다.

(2) 적극적 충돌의 해결방법

이중국적의 경우에 어떠한 기준으로 이를 해결할 것인가에 관해서는 여러 가지의 방법이 있다. 먼저 출생에 의한 국적과 후천적 원인에 의한 국적을 구별하여, 어느 하나를 선택하는 방법이 있는데, 출생에 의한 국적을 선택하는 견해는 전통을 중시하는 것이고, 후천적 원인에 의한 국적을 선택하는 입장은 본인의 의사를 존중하는 취지로 해석된다. 이는 또 단순히 국적취득시기를 기준으로 하여 결정하는 경우도 있는데, 앞의 국적을 우선하는 입장[6]은 후의 국적이 이중국적으로서 위법하다는 생각이고, 뒤의 국적을 우선하는 입장[7]은 본인이 스스로 선택한 국적을 우선시켜야 한다는 생각에 기반을 두고 있다.

출생에 의한 국적 사이에서도 혈통주의를 우선하는 입장[8]과 출생지주의를 우선하는 입장이 있으나, 전자가 다소 우세한 것으로 알려져 있고, 이와 관련하여 이때 당사자가 주소를 가지고 있는 나라를 선택하여야 한다는 입장[9]과 당사자에게 선택케 하자는 입장[10]도 있다. 또 법정지국의 국적과 외국 국적을 구별하여 자국의 국적을 우선시키는 경우도 있다.

(3) 국제사법의 규정
(가) 외국국적 상호간의 충돌

국제사법 제16조 제1항 본문은 "당사자의 본국법에 따라야 하는 경우에 당사자가 둘 이상의 국적을 가질 때에는 그와 가장 밀접한 관련이 있는 국가의

---

5) 구섭외사법은 제2조 제1항에서 "당사자의 본국법에 의해야 할 경우에 있어서 그 당사자가 둘 이상의 국적이 있는 때에는 최후에 취득한 국적에 의하여 그 본국법을 정한다."고 규정하여 동시취득과 이시취득을 구별하여 이시취득에 대해서만 규정하고 있었다. 이에 따라 동시취득에 의한 국적 충돌의 문제를 어떻게 해결할 것인가가 문제되었다.

6) Zitelmann, Internationales Privatrecht Bd. I, 1897, S.176.

7) 구섭외사법 제2조도 이러한 입장을 취하고 있었다.

8) Ludig von Bar, Theorie und Praxis des Internationales Privatrecht, 2 Aufl. Bd. I, 1889, S.260.

9) Despagnet, Précis de droit international privé, 5 éd., 1909, p.369 et suiv.

10) Valéry, Manuel de droit international privé, 1914, p.328 et suiv.

법을 그 본국법으로 정한다."고 규정하고 있다. 즉 당사자가 대한민국이 아닌 외국국적 간에 이중국적을 갖는 경우 그 국적이 속하는 국가 중에서 당사자에게 가장 밀접한 관련이 있는 국가의 법을 당사자의 본국법으로 하여 준거법, 즉 본국법을 정한다는 것이다. 이때 관련국간의 국적취득 사유나 시기는 문제삼지 않는다.

여기서 어떤 경우에 가장 밀접한 관련을 가지고 있다고 할 것인가는 한 마디로 말할 수 없기 때문에 아래에서 따로 살펴볼 것이나, 개략적으로 본다면 당사자가 특정 국가에 주소가 있거나 직장이 있는 경우, 연중 대부분을 그 나라에서 지내거나 주로 그 나라의 여권을 이용하여 여행을 하는 경우 등에는 밀접한 관련을 인정할 수 있을 것이다.

(나) 내외국적 상호간의 충돌

이중국적자인 당사자가 가지는 국적 중 하나가 대한민국인 때에는 국제사법은 대한민국법을 본국법으로 한다고 규정하여 내국국적을 우선시 하고 있다(제16조 1항 단서). 따라서 이러한 경우에는 그 외국국적이 출생에 의한 것이든, 후천적 이유에 의한 것이든 가리지 않는다. 심지어 외국이 대한민국보다 더 밀접한 관련이 있는 경우라도 준거법은 대한민국법이 된다.

(4) 가장 밀접한 관련이 있는 국가의 법

이중국적의 경우, 가장 밀접한 관련이 있는 국가의 법을 본국법으로 정하게 되어 있는데(제16조 1항), 여기서 당사자와 가장 밀접하게 관련하는 국가의 법을 찾아내야 할 필요성이 생기게 된다. 국제사법은 이외에도 제21조[준거법지정의 예외], 제46조[준거법 결정시의 객관적 연결], 제64조[혼인의 일반적 효력] 등에서 가장 밀접한 관련이 있는 곳의 법에 관한 규정을 하고 있다.

여기서 「가장 밀접한 관련」이라는 개념의 의미를 해석할 필요가 있는데, 일반적으로 가장 밀접한 관련이란 법률관계의 본거에 상당하는 것이라고 생각되고 있다. 이는 사비니(Savigny)가 국제사법의 방법론으로 제창한 법률관계의 본거(Sitz)에 근거하고 있다. 여기서 본거란 법률관계에 가장 밀접한 관련을 갖는 곳을 말하고, 그에 의해 가장 밀접한 관련이 있는 곳의 법에 연결하게 된다.

이 법은 일반적으로 거리 · 시간 · 정도 · 대상이라고 하는 기준을 통하여 확정할 수 있다. 결국 단위법률관계에 대해서 관련이 있는 법역이 여러 개 있고, 그중에서 밀접한 관련, 보다 밀접한 관련, 가장 밀접한 관련이라고 하는 것처럼 단위법률관계와 법역과의 관계에 있어서 밀접도가 가장 높은 관계가 있는 경우를 말하는 것이다.[11)]

그리고 가장 밀접한 관련의 구체적 내용은 법률관계를 어떤 특정의 법역에 연결하는 요인으로서 지역적 요소뿐 아니라 종교 · 문화 · 민족 · 사회 · 경제 등의 요인도 함께 고려하여 확정되는 것이다.[12)] 이렇게 본다면 본국법을 정함에 있어서 가장 밀접한 관련이란, 국적취득의 경위, 현재 및 과거의 거주상황, 친족의 거주여부, 그 나라에 왕래하는 정도, 현재 그 나라와 맺고 있는 관련 등의 여러 사정을 종합적으로 감안하여 결정하게 될 것이다.

◎ **가장 밀접한 관련**(the most significant relation; Prinzip der engsten Beziehung)

대상으로 되는 생활관계와 가장 밀접한 관련을 가지는 법역의 법을 준거법으로 하는 것은 국제사법이 준거법을 결정하는 가장 기본적 방법이다. 밀접한 관련(혹은 관계)이 있는 법의 선택은 대상으로 되는 생활관계와 관계있는 장소 중에서 가장 관련성이 강하다고 인정되는 것을 선택하는 것이다. 이 방법에 의하면 내외법 평등을 전제로 실질법에 대하여 가치중립적인 연결점을 선택할 수 있고, 세계 각국이 이 방법에 따른다면 국제사법 또는 준거법의 국제적 통일이 가능하게 되므로, 당사자에 의한 준거법에 대한 예견가능성도 높아진다.

이 원칙은 본래 리스(Reese) 교수에 의하여 제2차 리스테이트먼트에 도입이 되었으나, 그 기준이 너무 일반적이어서 법선택에 있어 정확한 지침이 되지 않는다는 비판이 있으며, 이에 대해서는 리스 교수 자신도 해당 조항은 규칙(rule)을 정한 것이 아니고 접근방법(approach)을 제시한 것이라고 설명하고 있다.[13)]

---

11) 廣江健司, 87면.
12) 「신분관계를 형성하는 국제신분행위를 함에 있어 신분행위의 성립요건구비여부의 증명절차에 관한 사무처리지침」(가족관계등록예규 33호, 2007.12.10)은 가장 밀접한 관련이 있는 곳의 법을 섭외신분행위의 준거법으로 하고자 하는 경우, 당해 장소가 신분행위당사자와 가장 밀접한 관련이 있는 곳인지 여부는 구체적 상황에 있어서 당사자의 체류기간, 체류목적, 가족관계, 근무관계 등 관련 요소를 종합적으로 고려하여 판단할 것이며, 그 판단이 어려울 때에는 감독법원에 질의하고 그 회답을 얻어 처리하여야 할 것이라고 하고 있다.
13) Reese, Choice of Law: "Rules or approach" 57 Cornell L. Rev., 315.

3. 국적의 소극적 충돌

(1) 의 의

국적의 소극적 충돌이라 함은 어느 국가의 국적도 갖지 아니하는 경우를 말한다. 출생지주의를 취하는 국가의 국민의 子가 혈통주의를 취하는 국가에서 출생한 경우[14]와 같이 출생과 동시에 무국적이 되는 경우와 이미 국적을 가졌던 자가 신국적을 취득하지 못하고 구국적을 상실한 경우가 여기에 해당된다.

(2) 국제사법의 규정

국제사법은 제16조 제2항에서 "당사자가 국적을 가지지 아니(… 중략 …)한 경우에는 그의 일상거소가 있는 국가의 법(「일상거소지법」이라 한다)에 따르고, 일상거소를 알 수 없는 때에는 그의 거소가 있는 국가의 법에 따른다."라고 규정하고 있다.[15] 이에 의하여 국적의 소극적 충돌 즉 국적이 없는 경우에는 그 자의 일상거소지법에 의하게 된다. 일상거소에 관해서는 뒤에서 상세히 설명할 것이므로 중복하지 않으나, 만일 일상거소를 알 수 없는 경우에는 그 자의 거소가 있는 국가의 법을 준거법으로 하고 있다. 일상거소와 거소의 차이는 시간적인 계속성의 여부에 의하여 판단한다.

◎ **피난민의 국적**

국제정세가 불안해짐으로 인해 정치적 상황이 불안한 나라가 많이 생기게 되자, 박해를 피해서 다른 나라로 피난하는 사람들의 수가 많아지고 있다. 국제사법상으로는 이들의 속인법을 어떻게 정하여야 할지가 문제로 된다. 이러한 경우에는 본인이 빠져나온 원래의 국적을 적용하여야 할지, 아니면 국적이 없는 경우로 보아서 일상거소지의 법을 적용하여야 할지 의문스러우나, 「난민의 지위에 관한 제네바 협약」(the

---

14) 그러나 보통은 이러한 경우에도 국적을 정하는 규정을 두기 때문에 실제 무국적자가 생길 가능성은 거의 없다.

15) 1954년 뉴욕에서 체결되고, 우리나라가 1962년 가입한 「무국적자의 지위에 관한 협약」(Convention relating to the Status of Stateless Persons)에 따르면 무국적자의 신분은 원칙적으로 주소지법에 의하여, 주소지법이 없으면 거소지의 법으로 결정하도록 하고 있다(동 협약 제12조 제1항).

Convention relating to the Status of Refugees, 1951)이나 「난민의 지위에 관한 의정서」(the Protocol Relating to the Status of Refugees, 1967)는 피난민의 속인법을 정할 때, 주소지법을 원칙으로 하고, 보칙으로 거소지법을 적용하도록 하고 있다(동 협약 제12조 제1항). 우리나라는 위 협약과 의정서에 1992년 가입하였다(협약은 1993년 발효).

4. 국적을 알 수 없는 때

국제사법은 구섭외사법과는 달리 국적을 알 수 없는 경우에 대하여도 규정하고 있다. 즉 제16조 제2항에서 "(… 전략 …)당사자의 국적을 알 수 없는 경우에는 그의 일상거소가 있는 국가의 법(「일상거소지법」이라 한다)에 따르고, 일상거소를 알 수 없는 때에는 그의 거소가 있는 국가의 법에 따른다."라고 규정하여 국적을 알 수 없는 경우에도 국적이 없는 경우와 같이 일상거소지법에 의하고, 일상거소를 알 수 없는 때에는 그 자의 거소가 있는 국가의 법을 준거법으로 하고 있다.

V. 불통일법국가에 속하는 자의 본국법

1. 의 의

국제사법에 의해 지정된 국가가 미국, 영국, 스위스, 캐나다 등과 같이 연방국가로 되어 있어서 다수의 법역으로 구별된 경우, 즉 불통일법국가 또는 일국수법국가(一國數法國家)인 경우에는 그 중 어느 법역의 법을 준거법으로 하여야 할 것인가의 문제가 생긴다. 이 문제는 모든 준거법에 대해 다 생길 수 있는 문제이나, 본국법을 제외한 보통의 준거법(예컨대 소재지법, 행위지법 등)은 대개 해당 국가의 특정지역과 직접 관계하는 것이 보통이어서 이런 때에 어떤 법을 적용하여야 할지 바로 해결된다. 그러나 본국법의 경우에는 당사자가 본국에 연고지가 없어서 직접 그 국가의 특정지역과 관계를 가지지 않는 수도 있으므로 외국과 관련된 요소가 있는 법률관계에서 본국법을 결정함에 있어서는 특히 어떤 법을 본국법으로 삼아야 할 것인지의 문제가 발생하게 된다. 예컨대 대한민국에 거주하는 미국인 甲이 사망하여 대한민국법원에서 상속문제가 제기된 경우에, 상속은 우리 국제사법 제77조 제1항에 의하여 사망 당시 피상속인의 본국법에 의하게 되므로, 甲의 본국인 미국법이 준거법으로 되는데, 미국은 주마다 상속에 관한 법이 다르므로 어느 주법을 적용해야 하느냐의 문제가 발생하는 것이다. 이것을 불통일법국가에 속하는 자의 속인법 결정의 문제라고도 한다.

2. 학   설

불통일법국가의 본국법을 결정하기 위한 문제를 해결하기 위한 학설로서는 아래에서 보는 바와 같이 직접지정설과 간접지정설의 대립이 있다. 이 외에도 주소지법설을 주장하는 입장(Asser)이 있으나, 이 입장은 주소가 본국 밖에 있는 경우에는 전혀 다른 나라의 법을 준거법으로 결정하게 되므로 타당하지 않다.

(1) 직접지정설

직접지정설은 법정지의 국제사법이 명시적 또는 묵시적으로 직접 본국법으로 적용할 본국의 일정한 지역의 법을 지정하여야 한다는 견해이다. 그 근거로는 어차피 법정지의 국제사법이 그 국가를 연결점으로 삼은 것이라면, 그 국가의 어떤 지역을 연결점으로 할 것인가도 법정지의 국제사법이 결정할 수 있다는 것이다. 이 경우에 본국의 어느 지역의 법을 지정할 것인가에 대해서는 본국에서의 당사자의 현주소, 현주소가 없는 경우에는 최후의 주소, 이것도 없으면 수도의 법에 의해야 한다고 한다.[16]

이 견해에 대해서는 본국법은 속인법 중에서도 안정된 규율을 유지하기 위하여 적용하는 것인데, 직접지정설을 취하게 되면 법정지에 따라 지정되는 법역이 달라질 수 있어서 안정된 준거법을 적용할 수 없게 된다는 비판이 있다.[17]

---

16) R. G. Neumann, Internationales Privatrecht in Form eines Gesetzentwurfs nebst Motiven Materialien, 1896, S.44; T. Niemeyer, Das Internationales Privatrecht, 1901, S.68.

17) 서희원, 77면; 이호정, 167면.

(2) 간접지정설

간접지정설은 이때 본국의 어느 지역의 법을 본국법으로 지정할 것인가는 법정지의 국제사법이 결정할 것이 아니라 본국의 법제를 통하여 간접적으로 지정한다는 견해이다.[18] 이 견해에 의하면 일국수법국가의 경우에는 통상 자체적으로 이러한 법분열을 해결하기 위한 법제가 있으므로, 당해국가의 사정에 따라 본국의 보통법, 공통법 또는 준국제사법을 통해서 해결하여야 할 것이라고 한다. 그 근거로서 첫째, 국제사법은 해당 국가의 법체계를 총체로서 지정한 것이므로 그 국가에서 어느 지역의 법을 지정할 것인가를 자체적으로 결정하는 것이 타당하다는 것, 둘째, 본국법을 준거법으로 지정하는 것은 당사자 본인과 가장 밀접한 법을 적용함으로써 당사자에게 안정적이고도 예측가능한 법적용을 하겠다는 것이므로, 최종적으로 어느 지역의 법을 적용할 것인가의 문제는 본국법에 맡기는 것이 타당하다는 것, 그리고 셋째, 반정에서도 준거법으로 지정된 본국법이 다른 나라의 법을 다시 지정하는 것을 인정하고 있으므로 같은 원리로 이해할 수 있다는 것 등을 들고 있다.

다만 간접지정설은 해당국가의 법분열이 실질법에 한정되고, 준국제사법은 통일되어 있다는 것을 전제로 한 것인데, 만약 준국제사법이 없거나 있더라도 통일되어 있지 않은 경우에는 적용하기 곤란하다는 문제가 있다. 학설로서는 이러한 경우에는 법정지국에서 직접 준거법을 지정할 수밖에 없다는 견해가 유력하다.[19]

3. 국제사법의 규정

구섭외사법은 "지방에 따라 법이 상이한 국가의 국민에 대하여는 그 자가 속하는 지방의 법에 의한다."(제2조 3항)고 규정하여 그 해석을 놓고 학설의 대립이 있었다. 그러나 국제사법은 "당사자가 지역에 따라 법을 달리하는 국가의 국적을 가질 경우에는 그 국가의 법 선택규정에 따라 지정되는 법에 따르고 그러한 규정이 없는 경우에는 당사자와 가장 밀접한 관련이 있는 지역의 법에 따

---

18) E. Zitelmann, a.a.O., Bd. Ⅰ, S.307.; 서희원, 78면; 황산덕/김용한, 99면; 신창섭, 102면.
19) 서희원, 77면; 이호정, 169면 이하.

른다."(제16조 3항)고 규정하여 통설인 간접지정설의 입장을 반영하고 있다. 즉 불통일국가의 본국법 선택에 있어서 우선 그 국가의 법역간 충돌문제를 해결하는 법 선택규정에 따라 지정되는 법에 의하도록 규정하고 있다. 여기서 「법 선택규정」이라 함은 해당 국가의 준국제사법을 의미하는 것이므로20), 그 국가에 그러한 준국제사법이 없는 때에는 당사자와 가장 밀접한 관련이 있는 지역의 법에 의하도록 하고 있다. 따라서 미국의 경우에는 통일적인 준국제사법이 없고, 각 주가 준국제사법을 가지고 있을 뿐이므로, 우리 국제사법에 의해 당사자와 가장 밀접한 관련이 있는 지역의 법이 준거법으로 지정되게 된다.

제 4 절 일상거소의 확정

Ⅰ. 의   의

1. 일상거소의 개념

(1) 일상거소의 연혁

종래에는 속인법의 연결점으로서 국적과 더불어 주소가 연결점으로 많이 채택되어 본국법주의와 주소지법주의가 대립하여 왔으나, 사실상 주소지법주의가 다소간 우세한 형편이었다. 그러나 양 주의의 대립을 해결할 방안도 마땅하지 않았지만, 한편 주소 자체에 관해서도 이는 법률상의 개념이므로 각 국가마다 그 정의가 달라 성질결정의 문제가 제기되어 왔고, 또한 그 개념 여하에 따라 준거법이 달리 적용되는 등 연결점으로서의 기능을 제대로 수행하지 못한다는 비판이 제기되었다. 이러한 상황하에서 속인법의 결정에 관한 본국법주의와 주소지법주의의 대립을 대치하는 개념으로 일상거소(日常居所; habitual residence; gewöhnlicher Aufenthalt)라는 연결점이 타협의 산물로 만들어졌다. 1928년 「혼인에 관한 법률의 저촉에 관한 헤이그 개정조약」에서 일상거소가 처음 연결점

---

20) 석광현, 해설 제2판, 79면.

으로 채택된 이래 다수의 국제사법 조약과 각국의 입법이 이를 채택하고 있다. 우리나라도 구섭외사법에서는 주소를 국적을 보완하는 연결점으로 규정하고 있었으나, 현행 국제사법은 이를 일상거소로 대체하였는데, 구법은 이를 상거소라고 부르고 있었다.

(2) 일상거소의 정의

일상거소의 개념과 관련하여 각국의 견해가 통일되지 않아 명확한 정의가 이루어지지 않고 있다. 통상적으로 볼 때 일상거소는 일정한 장소에서 정주(定住)의 의사 없이 상당기간 동안 정주한 사실이 인정되는 장소를 말한다고 할 수 있을 것이다.[21] 정주의 의사가 필요 없다고 함은 그러한 의사가 없어도 장기간 거주하면 그 거주장소를 일상거소로 인정할 수 있다는 뜻이며, 따라서 장기간 거주할 의사로 주거를 정하게 되면 이 장소는 거주기간에 무관하게 일상거소로 인정하여야 할 것으로 본다.[22] 그러나 실제 일상거소를 인정함에 있어서는 거주기간 만으로는 그 여부를 정할 수 없고, 거주목적이나 거주상황 등을 종합적으로 감안하여 인정하여야 한다.[23]

일상거소가 본국이나 주소를 대체하는 연결점으로 될 수 있는 것은 일정한 장소에 장기적으로 거주함으로써 그 장소와 사람 사이에 밀접한 생활관계를 이루고 있다면 그 곳의 법이 당사자의 이해관계에 합치한다고 볼 수 있기 때문이다.[24]

한편 일상거소지법이란 일상거소라는 연결점에 의해 연결되는 법으로서 일상거소가 속하는 곳의 법을 의미한다.

일상거소는 동시에 복수의 일상거소를 가질 수 있다는 견해도 있으나,[25] 동시에 여러 장소에 거주하는 것이 일반적으로 용이하지 않다는 점에서 볼 때 하나의 장소로 확정되는 것이라고 해석한다.

---

21) 박상조/윤종진, 94면.
22) 동지: 이호정, 193면.
23) 山田鐐一, 國際私法 제3판, 有斐閣, 2004, 117면.
24) 동지: 박상조/윤종진, 94면.
25) 廣江健司, 85면.

2. 주소 · 거소와의 구별

일상거소는 사람이 상시 거주하는 곳을 의미한다면 거주라는 사실상의 상황을 반영하는 것이므로 거소와 유사한 점이 있으나, 상시라는 요소가 상당히 장기간이라고 하는 의미라고 해석한다면 이는 거소와는 다르다. 또한 일상거소는 정주의 의사를 필요로 하지 않으므로 우리 민법상의 주소의 개념과 유사한 점을 가지고 있지만, 거주라고 하는 요소가 객관적인 거주의 사실 즉 사실개념을 의미한다고 해석한다면 이를 필요로 하지 않는 주소와도 다르다.[26] 이러한 의미에서 일상거소를 「법률적 요소가 포함되지 않은 주소」 내지 「사실상의 주소」라고도 한다.

주소의 경우는 연결개념으로서 여러 나라의 실질법상 그 개념의 차이가 크기 때문에 조약에서 주소라는 개념을 사용하면 여러 가지 해석상 분쟁이 생길 수 있지만, 일상거소는 연결점으로서 사실개념이므로 연결개념의 확정문제는 발생하지 않는다.[27]

◎ **주소(Wohnsitz; domicile)**

국제사법상의 주소는 속인법의 연결점으로서 중요한 의미를 가지고 있으나, 우리나라의 경우는 주소보다 국적에 의해 속인법을 결정하는 본국법주의를 취하고 있으므로, 그 중요성은 비교적 덜하다고 할 수 있다. 다만 구섭외사법은 국적이 없는 경우(제2조 제2항), 채권양도의 제3자에 대한 효력(제14조), 승낙자가 청약의 발신지를 알지 못한 때에 청약지로 간주되는 곳(제11조 2항 후단) 등 제한적으로 주소를 활용하였으나, 현행의 국제사법은 그 대신에 일상거소라는 개념을 사용하고 있으므로, 현재에는 주소는 의미를 상실한 상태이다.

주소도 연결개념이므로 이를 어떻게 또는 어느 나라의 법으로 결정할 것인가가 문제되었는데, 이에 대한 학설로서는 당사자의사설, 본국법설, 영토법설, 법정지법설, 국

---

26) 국제사법해설, 31면. 우리 민법은 생활의 근거되는 곳을 주소로 한다고 규정함으로써 정주의사를 필요로 하지 아니하는 객관주의를 취하고 있으므로, 실무상 일상거소는 대부분 주소와 일치할 것으로 보인다. 동지: 장문철, 122면; 이호정, 193면.

27) 국제사법해설, 31면; 廣江健司, 85면.

제사법자체설 등이 대립되었고, 또한 국적과 마찬가지로 적극적 내지 소극적 저촉이 문제될 수 있다.

II. 입 법 례

헤이그 국제사법회의에서 만들어진 일상거소에 대해서는 최근 국제사법 입법시 이를 연결점으로 채택하는 국가가 증가하고 있다. 특히 일상거소의 개념에 관해서도 규정한 국가가 있는데, 예컨대 헝가리 국제사법에는 "일상거소란 사람이 정주의 의사 없이 상당기간 체재하는 장소"(제12조 2항)라고 규정하고 있으며, 스위스 국제사법은 "자연인의 일상거소는 미리 기간이 한정되어 있다고 하더라도 상당한 기간 거주하는 국가에 있다."(제20조 1항 b호)고 규정하고 있다.

일본의 경우 통칙법이 당사자가 준거법을 지정하지 않은 경우(제8조), 소비자계약(제11조), 생산물책임(제18조), 명예 또는 신용훼손(제19조), 혼인의 효력(제25조), 부부재산제(제26조), 친자간의 법률관계(제32조), 본국법을 알 수 없는 경우(제38조) 등의 연결점으로서 일상거소지법을 규정하고 있고, 일상거소를 알 수 없는 때에는 거소지법에 따른다고 한다(제39조). 「유언의 방식의 준거법에 관한 법률」에도 유언의 방식이 유언자가 유언의 성립 또는 사망 당시 일상거소를 갖는 곳의 법률에 적합한 때에는 그 유언은 유효한 것(제2조 4호)으로 규정하고 있다. 일상거소의 인정에 관한 행정적인 해석기준으로서 호적사무처리지침(1989년 10월 2일 法務省 民二 제3900호 民事局長通達)이 마련되어 있다.[28]

---

28) 溜池良夫, 117-118면; 廣江健司, 85-86면. 그 내용은 우리 가족관계등록예규와 대동소이하다.

Ⅲ. 국제사법상 일상거소의 결정

1. 국제사법의 규정

우리 국제사법은 구섭외사법에는 없던 일상거소의 개념을 도입하고 있다. 즉 당사자가 국적을 가지지 아니하거나 당사자의 국적을 알 수 없는 경우에는 일상거소가 있는 국가의 법에 따르고(제16조 2항), 당사자의 일상거소지법에 따라야 하는 경우에 당사자의 일상거소를 알 수 없으면 그의 거소가 있는 국가의 법에 따른다(제17조). 그 외에 소비자가 직업 또는 영업활동 외의 목적으로 일정한 계약을 체결하는 경우에는 당사자가 준거법을 선택하더라도 소비자의 일상거소가 있는 국가의 강행규정에 의하여 소비자에게 부여되는 보호를 박탈할 수 없다(제47조 1항)는 규정도 있다.

다만 일상거소라는 연결점은 속인법에 관하여 본국법주의를 취하고 있는 우리나라의 국제사법에서는 주된 연결점으로 사용하기보다는 주로 보충적인 연결점으로만 사용되고 있다. 즉 혼인의 일반적 효력(제64조), 부부재산제(제65조), 이혼(제66조) 등의 경우 부부의 동일한 일상거소지를 보충적인 연결점으로 사용하고 있다.

2. 일상거소의 내용 및 기준

(1) 일상거소의 결정기준

국제사법은 일상거소의 개념, 결정방법 및 일상거소의 인정기준에 대해서는 아무런 규정을 두지 않고 있다.29) 따라서 일상거소의 개념 등에 관해서는 앞으로 학설 및 판례에 의해 정립되어야 할 것이지만, 일상거소라 함은 상당기간의 거주에 의하여 일응 『사람이 그의 생활의 중심(Lebensmittelpunkt)을 가지는 장소』를 말하는 것으로 이해하여야 한다.30) 일상거소의 존재여부는 구체적인

---

29) 일상거소의 경우 국제적으로 통일된 개념이 사용되는 것이 바람직함으로 국제사법에서는 일상거소 개념의 고착화를 우려하여 정의규정을 두지 않았다고 한다. 석광현, 63면 참조.

30) 이호정, 193면: 석광현, 63면. 그리고 일상거소의 구성요소와 판단기준에 관해서는, 최흥섭, "국

상황에 따라 당사자의 체류기간, 체류목적, 가족관계와 근무관계 등 관련요소를
종합적으로 고찰하여 판단하여야 한다.[31]

국제사법은 구섭외사법하의 주소의 경우처럼 일상거소의 적극적 저촉을 해
결하기 위한 규정(구섭외사법 제3조 제2항)을 두고 있지 않다. 따라서 일상거소
는 1인에 1개에 한해서 인정된다고 해석된다.[32]

(2) 실무의 태도

국제사법이 일상거소를 새로운 연결점으로 규정함에 따라 대법원은 「신분관
계를 형성하는 국제신분행위를 함에 있어 신분행위의 성립요건구비여부의 증명
절차에 관한 사무처리 지침」(가족관계등록예규 제33호 제정 2007. 12. 10, 개정
2015. 1. 8.)을 제정하여 일상거소의 의의와 인정기준을 마련하였다. 이는 기존
의 호적예규(제172호, 제정 1992. 3. 28, 개정 2001. 9. 5 제596호)를 대체한 것이
나, 내용에는 변화가 없다.

이에 의하면 일상거소라 함은 사실상 생활의 중심지로 일정기간 지속된 장
소를 말한다고 하고, 다음 기준에 의해 일상거소 여부를 인정하도록 하였다.

먼저 우리나라에서의 일상거소 인정에 관하여, 사건본인이 한국인인 경우에
는 사건본인의 주소가 국내에 있는 경우에는 외국에 일상거소가 있는 것으로
판명되지 않는 한 우리 나라에 일상거소가 있는 것으로 보고, 사건본인이 국외
로 전출하여 그 주민등록이 말소된 경우에도 출국일로부터 1년 이내라면 우리
나라에 일상거소가 있는 것으로 보며, 출국일로부터 1년 이상 5년 이내라면 외
국에 일상거소가 있는 것으로 인정되는 경우를 제외하고는 우리나라에 일상거
소가 있는 것으로 볼 수 있다고 한다. 다음으로 사건본인이 외국인인 경우에는
사건본인이 우리나라에서 체류한 기간 및 출입국관리법 제10조 규정의 체류자
격에 의하여 처리한다. 이에 의하여 우리나라에 일상거소가 있는 것으로 처리
되는 경우는 ① 우리나라에서 출생한 외국인으로서 출국한 바 없는 자, ② 체류

제사법에서 일상거소의 의미와 내용," 국제사법연구 제3호(1998), 525-532면 참조.
31) 석광현, 63면.
32) 溜池良夫, 119면.

자격이 「거주」인 외국인으로서 1년 이상 계속하여 체류하고 있는 자, ③ 출입국관리법 제31조 규정의 외국인등록을 한 외국인(장기체류자), 그 배우자 및 미성년인 자(子)로서 5년 이상 계속하여 체류하고 있는 자(단, ②의 요건해당자 제외) 등이고, 우리나라에 일상거소가 없는 것으로 처리되는 경우로는 ① 주한 외교사절, 주한 미군, 단기체류자 등 출입국관리법 제31조 단서 규정의 외국인등록이 면제된 자 및 ② 불법입국자 및 불법체류자 등이다.

다음으로 외국에서의 일상거소 인정에 관하여 보면, 사건본인이 한국인인 경우에는 사건본인이 당해 국가에서 적법하게 5년 이상 계속하여 체류하고 있는 경우에는 그 국가에 일상거소가 있는 것으로 보되, 다만, 사건본인이 ① 이중국적자인 경우에 우리나라 이외의 국적국, ② 영주자격을 가지는 국가, ③ 배우자 또는 미성년인 양자로서 체류하고 있는 경우에는 그 외국인 배우자 또는 양친의 국적국에서 1년 이상 계속하여 체류하면 그 체류국가에 일상거소가 있다고 한다. 사건본인이 외국인인 경우에는 사건본인의 국적국에서의 일상거소 인정에 관하여는 우리나라에서의 한국인의 일상거소 인정기준에 준하여 처리하고, 국적국 이외의 국가에서의 일상거소 인정에 관하여는 우리나라에서의 외국인의 인정기준에 준하여 처리한다.

다만 이 예규는 호적 실무를 처리함에 있어서 기준으로 하도록 한 것이므로 실제 소송에 있어서는 참고는 될 수 있어도 구속력이 있는 것은 아니다.

3. 일상거소의 소극적 저촉

현행 국제사법은 당사자의 일상거소를 알 수 없는 경우 즉 소극적 저촉에 관한 규정을 두고 있다. 즉 "당사자의 일상거소에 의해야 하는 경우에 당사자의 일상거소를 알 수 없는 경우에는 그의 거소가 있는 국가의 법에 따른다."(제17조)고 규정하고 있다. 따라서 정주의 기간이 짧거나 기타 사유로 일상거소를 인정하기 어려운 사람의 경우에는 거소지법에 의하게 된다.

다만 주의해야 할 것이 있는데, 혼인의 일반적 효력에 관한 제64조의 규정이나 이 규정이 준용되는 부부재산제 및 이혼에 관하여 부부의 동일한 일상거소지법에 의하여야 할 경우에 당사자의 일상거소를 알 수 없는 때, 즉 동일한 일상거소지법이 없는 때에는 거소지법에 의하는 것이 아니라, 단계적 연결에 의하여 부부와 가장 밀접한 관련이 있는 곳의 법이 준거법으로 된다는 점이다. 따라서 이때에는 국제사법 제17조는 적용이 없다.[33] 또한 "부부 중 일방이 대한민국에 일상거소가 있는 대한민국 국민인 경우에는 이혼은 대한민국법에 따른다."(제66조 단서)는 규정 중의 일상거소에 대해서도 제17조를 적용할 수 없다.

국제사법상 일상거소의 저촉에 관한 것은 위에서 본 소극적 저촉의 경우 뿐이고, 일상거소의 적극적 저촉, 즉 일상거소가 동시에 2개 국가 이상에 존재하는 경우에는 규정이 없다. 앞에서 본 바와 같이 일반적으로 일상거소는 사실상의 개념이기 때문에 적극적 저촉이 생기는 것을 예상하기 어렵다는 점에서 적극적 저촉에 관한 규정을 두지 않은 것으로 생각할 수 있다. 한편 이에 대해 일상거소에 대한 개념이 명확히 정립되어 있지 않아 적극적 저촉에 관해서는 논란이 있을 수 있으므로 이에 대한 규정은 두지 않고 있다고 하는 설명이 있다.[34]

제 5 절 법률의 회피

사 례

甲과 乙은 혼인할 때 부모의 동의를 받아야 하는 것으로 규정된 국가의 국민으로서 서로 국제결혼을 하려고 하지만 아직 부모의 동의를 받지 못하고 있다. 현재 이들의 부모들은 완강하게 결혼에 반대하고 있기 때문에 동의를 얻을 가능성은 거의 없다고 생각하고 있다. 이들은 부모의 동의가 없으면 법률혼은 할 수 없고, 사실혼의 관계를 맺을 수 있을 뿐이다. 甲과 乙이 법률혼을 할 수 있는 방법은 없을까?

---

33) 일본 通則法 제25조는 이 취지를 명문으로 규정하고 있다.
34) 석광현, 해설 제2판, 81-82면.

I. 개   념

1. 의   의

당사자가 국제사법규정에 의해 원래 적용되는 나라의 법률에 의하면 특히 불이익을 받게 될 경우에 원래 적용될 법률의 적용을 면탈하기 위하여 연결점을 고의로 변경함으로써 자기에게 유리한 준거법의 적용을 받으려 하는 것을 「법률의 회피」(Umgehung des Gesetzes) 또는 「법률사기」(fraude à la loi) 내지 「연결점의 사기적 창설」(fraudulent creation of points of contact, fraudulöse Anknüpfung)이라 한다.[35] 예컨대 이혼을 금지하는 나라의 국적을 가진 부부가 이혼을 목적으로 이혼을 허용하는 나라로 국적을 변경하여 이혼을 하고 다시 구국적으로 복귀하는 법률회피에 의한 이혼[36]이나, 법률회피에 의한 결혼,[37] 법률회피에 의한 계약[38] 등이 문제되는 사례이다. 이와 같은 법률의 회피를 국제사법상 유효한 것으로 보아야 하는지에 대해 다툼이 있다.

---

35) 김용한, "국제사법에 있어서의 법률회피," 고시계, 1963, 137-138면.

36) L'affaire de la princesse de Bauffremont, Civ. 18 mars 1878, S. 78. 1. 193. 법률회피에 관한 사건으로 가장 유명한 사건이라고 할 수 있는 사례이다. 프랑스인인 보프르몽 공작과 결혼한 벨기에인인 공작부인이 당시 프랑스법이 이혼을 인정하고 있지 않으므로 단신으로 독일에 귀화하여 거기서 이혼판결을 얻어 루마니아인인 비베스코(Bibesco) 후작과 재혼하였다. 이에 보프르몽 공작이 이혼 및 재혼의 무효를 주장하였는데, 프랑스 파기원(Cour de Cassation)은 당사자가 오로지 프랑스법에 의한 금지를 회피할 목적으로 국제사법을 이용하였다고 하여 그 이혼과 재혼을 무효로 판결하였다. 이외에 1920년 초 이탈리아의 피우메(Fiume) 자유국에서 성행했던 피우메 이혼도 유명한 사례이다.

37) 후술하는 그레트나 그린 결혼 외에도 덴마크의 톤데른(Tondern; Tønder) 결혼 등의 예가 유명하다.

38) Vita Food Products v. Unus Shipping [1939] 1 All E.R. 513, [1939] AC 277; 외국과 관련된 요소가 있는 법률관계에 있어서 당사자가 저촉법에 따라 그 계약에 적용될 준거법을 회피하고 제3의 법을 준거법으로 정한 대표적인 사례이다. 즉 이 사건의 당사자는 선하증권 작성시에 계약의 준거법으로 Hague Rules의 적용을 회피하고 영국법을 적용하도록 합의함으로써 선장의 과실로 인한 운송인의 책임을 면제하도록 하였는데, 영국법원은 계약의 방식에 관한 준거법을 정함에 있어서 계약에 관한 당사자 합의의 내용이 불평등해서는 안되며, 신의성실(bona fides)로 행해져야 한다고 판시하였으나, 그 계약을 무효로 하지는 않았다.

┌───
◎ **그레트나 그린 결혼(Gretna Green Marriage)**

　　종래에 영국에서는 혼인을 함에 있어 부모의 동의를 얻어 영국교회 목사의 면전에서 일정한 의식을 행해야만 했다. 그러나 스코틀랜드에서는 혼인의 방식이 매우 간단하여 당사자의 합의만으로도 혼인이 성립되었다. 따라서 부모의 동의를 얻지 못했거나 의식의 비용을 충당할 수 없는 혼인적령의 영국의 남녀들은 "혼인의 방식은 거행지법에 의하여도 된다."는 국제사법의 규정을 이용하여 스코틀랜드에서 간단한 방식으로 혼인을 했던 것이다. 이러한 형태의 혼인은 영국에서 스코틀랜드로 들어가는 입구에 있는 Gretna Green이라는 마을에서 많이 행해졌으므로 그 지명을 따서 「그레트나 그린 결혼」(Gretna Green Marriage)이라고 한다. 이 방식의 혼인은 특히 1811년부터 1840년까지 가장 성행했다.
└───

2. 구별개념

(1) 가장행위

　　법률의 회피는 연결점의 변경이 실제로 일어난다. 그런데 국적 등의 연결점을 변경한 것과 같은 외관을 갖추었으나 사실은 원국적을 그대로 보유하고 있는 경우와 같이 실질을 반영하지 못하는 외관을 조성하는 행위를 가장행위(假裝行爲)라 한다. 예컨대 어떤 무국적자가 대한민국법에 따라 혼인하기 위하여 대한민국에 외관상 일상거소를 설정한 경우, 외관상으로만 행해지는 가장적인 연결점은 국제사법상 인정될 수 없다.[39]

(2) 부진정법률의 회피

　　특정국가의 국제사법규정에 의한 불리한 실질사법의 적용을 피하기 위하여 법정지를 변경함으로써 다른 국가의 국제사법에 의한 유리한 실질사법의 적용을 받는 경우를 「부진정법률의 회피」(unechte Gesetzesumgehung)라 한다. 예컨대 A국 男과 B국 女는 국제사법상 혼인요건에 관하여 본국법을 준거법으로 함으로써 혼인장애사유가 있는 A국과 B국법을 지정하는 A국을 피해서 혼인요건에 관하여 혼인거행지법을 준거법으로 지정하여 혼인장애사유가 없는 C국법

---

39) 이호정, 203면.

을 적용받기 위해 C국에서 혼인을 거행하는 경우와 같다. 즉 이는 각국의 국제
사법 규정의 차이를 이용하는 것으로서, 각국의 실질사법의 차이를 이용하는
법률의 회피와는 구별된다.

한편 각국의 국제사법이 다른 것을 이용하여 자기에게 유리한 준거법을 정
한 국제사법의 적용을 받기 위하여 그러한 국제사법규정을 가진 나라에 소송을
제기하는 것을 forum shopping(법정지 쇼핑)이라 하는데, 이도 부진정법률의
회피에 속하는 것이다. 이러한 부진정법률의 회피 내지 forum shopping은 각국
의 국제사법이 통일되면 소멸하게 되지만 법률의 회피는 각국의 실질사법이 통
일되기 전에는 소멸되지 않는다.

결론적으로 법률의 회피가 연결점의 변경을 통한 회피라고 한다면 부진정법
률의 회피는 국제사법의 변경을 통한 회피라 할 수 있다.

Ⅱ. 요 건

법률의 회피가 성립하기 위해서는 다음 몇 가지의 요건을 갖추어야 한다. 첫
째, 회피된 법규가 있고, 둘째, 회피에 이용된 법규가 있으며, 셋째, 회피행위가
있고, 넷째, 회피의도가 있을 것 등이다.

여기서 회피된 법규라 함은 당사자가 연결점을 바꿈으로써 본래 적용되어야
할 것이지만 결과적으로 적용되지 못한 법규를 말한다. 당사자는 이 법규의 적
용을 회피하기 위하여 법률의 회피를 이용하는 것이다. 다만 회피된 법규가 통
상 강행규정이어야 함은 의문이 없으나, 반드시 그렇지는 않다는 입장도 있
다.[40] 종래 회피된 법률은 당사자의 자국법인 경우가 많았으나, 최근에는 외국
법을 회피하려는 경향도 많이 발견된다.[41]

둘째로 회피에 이용된 법규라 함은, 법의 회피를 위하여 연결점을 변경함으
로써 당해 법률관계에 적용된 실질법을 말한다. 부진정 법률의 회피는 이때 다
른 국제사법을 이용하게 되나, 법률의 회피는 같은 국제사법을 적용하여 다른

---

40) 이호정, 197면.
41) 박기갑, 235면.

준거법을 얻게 된다. 이때 회피에 이용된 실질법은 회피된 법규에 비하여 당사자에게 유리한 내용을 규정하고 있다.

다음으로 회피행위는 연결점을 변경하기 위하여 국적을 바꾸거나 계약체결지를 바꾸는 등의 행위를 말하는데, 이때 주로 바꾸게 되는 것은 본국법의 적용에 관한 국적, 행위지법의 적용을 위한 행위지, 동산 물권에 관한 물건의 소재지 등이 된다.[42] 따라서 부동산의 소재지와 같이 변경이 불가능한 연결점은 법률의 회피가 불가능하다.

이와 함께, 회피의도는 이와 같이 연결점을 바꿈으로써 본래 적용되어야 할 법률의 적용을 회피하고 보다 유리한 법을 적용받고자 하는 의사를 말하는 것이다. 문제는 회피의도가 악의인 경우에는 법률회피를 문제 삼을 수 있을 것이라는 점은 의문이 없으나, 선의인 경우에도 문제될 것인가의 문제가 있으나, 후술하는 바와 같이 일반적으로는 악의가 필요한 것으로 보고 있다.[43]

Ⅲ. 효   력

19세기 전까지만 해도 법률의 회피는 불법이라고 하는 무효설이 압도적이었다. 오늘날은 유효설이 영미, 독일, 대한민국, 일본 등에서 지배적이다. 다만 프랑스, 스페인, 벨기에, 포르투갈에서는 "사기는 모든 것을 부패하게 한다"(Fraus omnia corrumpit)는 법언에 따라 무효설이 우세하다. 그러나 모든 영역에서 유무효가 가려진다고 보기 보다는 영역에 따라서 다소 그 결론이 유동적인 경우가 많다.

---

42) 종래에는 이외에 주소를 변경하는 경우도 많이 거론되었으나, 현행법이 일상거소지를 연결점으로 하고 있으므로 쉽게 변경하기는 어렵게 되었다. 또한 법인의 경우에는 주사무소 소재지, 선박의 경우에는 선적지(소위 편의선적; flag of convenience) 등도 법률의 회피에 많이 이용되는 경향이 있다.

43) 그러나 이에 대해 본래 국제사법은 그 기능상 객관적으로 준거법을 결정하는 것이지 당사자의 내심의 의사는 문제삼지 않으므로 법률회피의 의도만 있으면 족하고 선의 또는 악의 여부는 실질적 기준으로는 부적합하다고 보는 입장이 있다. 박상조/윤종진, 100면.

1. 학   설

(1) 무효설

1974년 스페인 민법은 "스페인의 강행법을 면탈할 목적에 의한 저촉규칙의 이용은 법률의 회피로 간주된다."(제12조 4항)고 규정하고 있고, 1966년 포르투갈 민법도 "저촉규칙의 적용에 있어서 다른 경우였더라면 관할을 갖는 법률의 적용을 회피할 사기적 의도에 의해 창설된 사실상태 또는 법률상태는 고려하지 아니한다."(제21조)고 규정하고 있다.

법률의 회피를 비난하는 근거로서는 법 권위(autorité de la loi)의 침해,[44] 그 행위의 비윤리성, 일방 당사자에게만 유리하게 행해진 결과의 불공정성, 그러한 행위의 결과로 국익을 손상하게 된다는 이유 등을 들 수 있다. 대체로 법률회피의 무효가 주장되는 영역은 이혼이나 입양 등의 경우이고, 혼인이나 거래법, 회사법 등의 영역에서 일어나는 법률회피는 비교적 관대하게 다루는 경우가 많다.[45] 특히 계약의 경우, 당사자가 자신들의 거래에 적용될 준거법을 선택하는 것은 오히려 당사자의 기대치를 확실하게 하고 법적 안정성을 부여할 수도 있기 때문이다. 따라서 계약에 있어서 당사자의 법률회피의 의도가 불순하다는 이유만으로 곧 비난받는 것이 아니고, 법률회피가 당사자 중 일방에게 불공정하게 행해지거나 국익에 반할 때 문제가 되는 것이다.[46]

(2) 유효설

대한민국이나 일본에서는 유효설이 통설[47]인데 그 근거로서는 다음과 같은 것을 들고 있다.

첫째, 법률의 회피가 성립하기 위해서는 당사자에게 회피하려는 악의의 의사가 있어야 하는데, 당사자가 그러한 악의의 존부를 알아낸다는 것은 쉬운 일

---

44) 공서(ordre public)는 후술하는 바와 같이 법률회피에 대한 대응수단이 아니다. 이호정, 201면.
45) 오늘날 편의선적과 같은 것을 문제삼는 경우는 거의 없다.
46) 장문철, 154면.
47) 황산덕/김용한, 142면; 김용한/조명래, 173면; 서희원, 111면; 김명기, 119면, 신창선, 114면; 신창섭, 166면; 溜池良夫, 198면; 山田鐐一, 제3판, 157-158면; 三浦正人, 47-48면.

이 아니며(악의의 입증곤란), 설령 알아낸다고 해도 국제사법의 기능상 준거법의 적용은 어디까지나 객관적으로 정해져야 하며 당사자의 잠재적인 의사를 고려할 필요는 없는 것이다.[48] 개별적으로 당사자의 내심의 의사를 문제 삼으면 준거법 결정의 안정성을 해치는 결과를 초래하기 때문이다.

둘째, 법률회피의 의사 없는(선의에 의한 새로운 법적용) 준거법의 변경을 인정한다면, 법률회피의 의사가 있는(악의에 의한 새로운 법적용) 경우라고 해서 준거법의 변경을 인정하지 않을 이유는 없다는 것이다. 예컨대, 여행 중 어떤 나라에 가게 되어 거기서 결혼하는 것을 인정하는 한, 결혼하기 위하여 그 나라에 입국하여 결혼하는 것을 인정한다고 하더라도 굳이 문제된다고 할 수 없다는 것이다.

셋째, 법률회피이론은 일반적으로 내국법적용의 회피를 문제 삼는 것인데, 이는 내국법 편중의 사고에 기인하는 것이므로 내·외국법 적용에 있어서 평등을 이념으로 하는 국제사법의 기본정신에 반한다.

2. 결 언

법률의 회피에 의한 효과를 부정할 것인가의 문제는 사실 일률적으로 말할 수 있는 것은 아니다. 이를 단순히 법률사기라고 본다면 문제는 간단할 수도 있으나, 실제 그러한 악의적이라고 하여야 할 회피행위에 의하여 어떠한 국제사법적 이익이 침해되었는가가 선행적으로 탐구되지 않으면 안된다고 생각한다. 이렇게 볼 경우, 개개의 연결점의 의의를 고려하여 당사자에 의해 변경될 수 없는 것과 변경되어도 무방한 것을 구별하여야 할 것이다.[49] 그러나 여기서 일일이 다 살펴보는 것은 용이하지 않으므로 우리나라의 통설에 좇아, 유효설을 따른다.

다만 실제로 내국법의 회피는 내국의 공서를 해치는 결과를 초래하는 경우가 적지 않을 것이다. 예컨대 8촌 이내의 혈족 사이의 혼인을 금하는 우리 민법 제809조의 적용을 회피하여 그들 사이의 혼인을 인정하는 외국법에 의해 혼인

---

48) 서희원, 111면.
49) 동지: Kegel, S.351ff; 山田鐐一, 제3판, 158면.

을 한다면 우리나라의 선량한 풍속 그 밖의 사회질서에 반하게 된다. 이러한 경
우에는 우리 국제사법 제23조의 공서조항에 의해 그 외국법의 적용이 제한될
수 있을 것이다. 이는 법률의 회피가 무효이기 때문이 아니라 공서법이 적용된
결과이다. 요컨대 법률의 회피 그 자체는 문제 삼을 수 없지만, 그 결과가 공서
에 위반되면 외국법은 그 적용이 배제된다.

그렇다고 해도 법률회피가 바람직하다는 것은 아니므로, 이에 대한 대책이
필요하다고 할 수 있다. 그 대책으로서는 실정법에 강행규정을 두는 것이 효과
적일 것이며,[50] 다른 한편으로는 "가장 밀접한 관련이 있는 국가의 법"이 준거
법으로 지정되도록 국제사법을 개정하는 방안이 있을 수 있다. 이렇게 되면 당
사자가 연결점을 변경하여 원하는 법률효과를 부여받을 가능성은 상당히 줄어
들게 되므로 법률회피의 동기가 그만큼 감소하게 될 것이다.[51] 현행 국제사법
은 이에 근접하는 태도를 취하고 있다.

사례의 해결

이 사례는 당사자가 국제사법규정에 의해 원래 적용되는 나라의 법률에 의하면 혼인을
할 수 없으므로 원래 적용될 법률적용을 면탈하기 위하여 연결점인 행위지를 고의로 변경
함으로써 자기에게 유리한 준거법의 적용을 받게 되는 이른바 법률회피의 문제이다. 법률
의 회피는 내국의 공서를 해치지만 않는다면 긍정하는 것이 통설이므로 甲과 乙은 혼인성
립에 부모의 동의를 요하지 않는 제3의 국가에서 혼인을 거행하면 유효한 혼인이 된다. 이
혼의 경우도 마찬가지이다.

---

50) 국제사법 제25조 제4항이 "모든 요소가 오로지 한 국가와 관련이 있음에도 불구하고 당사자가
   그 외의 다른 국가의 법을 선택한 경우에 관련된 국가의 강행규정은 그 적용이 배제되지 아니한
   다."고 규정한 것은 그러한 취지로 이해된다.
51) 동지: 장문철, 158면.

제 4 장 준거법의 확정

제 1 절 준거법 확정단계의 법률문제

　연결점이 확정되고 나면 준거법을 확정하게 된다. 이 단계에서 살펴보게 되는 것은 모든 사건에 다 나타나는 것은 아니지만, 나타난다면 준거법을 확정하기 위하여 반드시 해결해야 하는 문제들이다. 여기서 다루게 되는 것은 대략 세 가지인데, 이들은 선결문제, 적용문제, 그리고 반정이다.

　먼저 선결문제는 본문제를 해결하기 위하여 그 전제적으로 해결해야 할 법률관계의 준거법을 결정하는 문제로서 사실은 준거법의 확정의 문제라기보다는 어떠한 준거법 또는 실질법에 의하여 해결하여야 할 것인가라는 점에서 연결점의 확정과 가장 가까이에 있다. 다음으로 적용문제는 준거법이 확정된 후에 그 준거법의 충돌이 일어나거나 준거법이 없는 흠결의 문제가 생긴다면 이를 어떻게 해결할 것인가의 문제인데, 일견 준거법이 이미 정해진 이후의 문제로 보아 이를 준거법의 적용단계의 문제로 보기도 하지만, 충돌이나 흠결을 해결하지 못한다면 아직 준거법이 확정되지 않은 것이므로 이를 적용단계의 문제로 보기는 어려운 점이 있다. 마지막으로 반정은 국제사법에 의하여 지정된 국가의 국제사법이 다른 나라의 법을 지정하고 있을 때 이로 인하여 발생할 수 있는 모순저촉의 문제를 해결하기 위한 논의라고 할 수 있다.

　결국 여기서의 문제는 이에 의하여 준거법이 확정된다고 하는 점에서 이를 준거법의 지정단계의 문제로 보고자 하는 것이다.

제 2 절 선결문제

I. 의   의

1. 개   념

어떠한 법률관계에 논리적으로 전제가 되는 법률관계가 있어서 전제적 법률관계의 귀추에 따라 결론이 달라지는 경우가 있다. 예컨대 우리나라에서 외국인이 사망한 경우에는 우리 국제사법에 의해 상속의 준거법으로 피상속인의 본국법(제77조)을 지정하게 되고, 이에 의해 누가 상속인이냐의 문제, 상속분, 상속순위 등이 해결된다. 그런데 이 사건과 관련하여 피상속인의 양자라고 주장하는 자가 있는 경우, 상속의 준거법이 양자의 상속권을 인정하고 있다면 양자라고 주장하는 자가 진정한 양자인가의 여부를 검토하지 않고서는 상속에 관한 사항을 종국적으로 해결할 수 없게 된다. 이와 같이 국제사법에 의해 해결할 기본적인 준거법 지정에 관한 문제를 본문제(本問題; Hauptfrage)라 하고, 본문제에 앞서서 먼저 해결하여야 할 문제를 선결문제(先決問題; Vorfrage, preliminary question)라 한다.

국제사법에 있어서 선결문제는 그 준거법을 어떻게 결정하여야 할 것인가의 문제이다. 위의 예에서 본다면 상속의 준거법을 입양에도 적용할 수 있는가, 아니면 입양의 준거법을 상속문제와 별도로 정하여야 할 것인가 하는 것이다. 선결문제가 발생할 수 있는 영역은 다종다양하고 그 성질도 모두 다르지만, 실제로 국제사법상 선결문제가 많이 문제로 되는 경우는 주로 국제가족법 분야, 특히 상속사건을 본문제로 하여, 그 전제로서 혼인의 유효성, 자의 적출성 여부, 입양의 유효성 등이 문제로 제기된 때이다.[1] 선결문제에서는 본문제가 인정되

---

1) 子가 적출자인가의 문제가 국제사법상 문제되었다고 할 때, 그 부모의 혼인의 합법성 여하는 선결문제인가가 논의되고 있다. 그러나 이 문제는 혼인의 합법성이 인정되어야 子의 적출성이 인정된다는 점에서 선결문제와 유사해보이지만, 실은 이 두 가지의 문제는 곧바로 원인과 결과로 연

는가 부정되는가에 따라 사건의 해결에 차이가 있을 뿐이고, 선결문제의 귀결에 상관없이 본문제가 해결되어야 한다는 점에서 특징이 있다.

우리나라의 경우 선결문제에 관해서는 아무런 명문의 규정이 없으므로 학설에 의할 수밖에 없다. 다만 최근 일부의 입법례[2]에서는 선결문제에 관하여 명문의 규정을 두고 있다.

2. 선결문제의 조건

국제사법상 본문제를 해결하기 위해서 선결문제를 다루어야 한다고 해도 항상 모든 경우에 문제가 생기는 것은 아니다. 뒤에서 보는 바와 같이 조건이 갖추어지지 않은 때에는 자연스럽게 문제가 해결되어 버리기 때문에 이를 별도로 논의할 필요가 없게 된다. 예컨대, 일본인이 일본에서 사망하였는데, 그 양자인 한국인의 상속문제가 대한민국법원에 제기된 사안을 살펴보기로 한다.

이 사건에서는 본문제인 상속사건의 준거법은 일본법이 되고, 또 이와 별도로 입양에 관해서는 법정지인 대한민국의 국제사법에 의한 입양의 준거법(제70조, 입양 당시 양친의 본국법)이나 본문제 준거법국가인 일본의 통칙법에 의한 입양의 준거법(제31조)도 일본법이다. 이러한 경우에는 아래에서 보는 어떠한 해결방법을 취하더라도 실제 입양의 해결은 일본법에 의하게 될 것이므로 이러한 논의를 사건에 적용할 실익은 거의 없다고 할 수 있다.

이와 같은 관점에서 논의되는 선결문제의 의의가 있기 위한 조건은 다음 세 가지 정도로 생각할 수 있다.[3]

첫째, 본문제의 준거법이 외국법이고, 둘째, 본문제 준거법 소속국의 국제사법 규정이 선결문제에 관하여 법정지의 국제사법과 다른 준거법을 지정하고 있으며, 셋째, 선결문제의 준거법으로 되는 두 실질법의 내용이 다른 경우이다.

결된 하나의 문제로서 당연히 법정지의 국제사법에 의하여 해결되어야 할 것이다. 서희원, 113면 주 36) 참조.
  2) 몬테비데오조약 제8조는 "본문제로부터 제기되는 선결문제는 반드시 본문제의 준거법에 의하여 해결되어야 할 필요는 없다."고 규정하고 있으며, 1999년 2월에 시행된 베네주엘라의 국제사법 제6조에서도 이를 규정하고 있다.
  3) 서희원, 113면 참조.

이러한 경우의 예로, 미국인이 미국에서 사망하여 그 양자인 한국인의 상속
문제가 대한민국법원에 제기된 사안을 생각해 볼 수 있다. 이때 상속의 준거법
은 대한민국의 국제사법에 의하여 미국법이 될 것이고, 입양에 대해서는 대한
민국의 국제사법은 양친의 본국법인 미국법4)을 지정하고 있는데 비해 미국의
리스테이트먼트는 법정지법을 준거법으로 지정하고 있다(§289 Restatement
second of Conflict of Laws, 1971). 따라서 이러한 경우에는 어느 나라의 법에
의해 입양의 유효성 여부를 해결하여야 할 것인가가 문제로 된다. 이에 대해서
는 다음과 같이 학설이 대립하고 있다.5)

Ⅱ. 학   설

1. 법정지법설

이 견해는 국제사법적 법률관계가 본문제이든 선결문제이든 법정지의 국제
사법규정에 의해 규율되어야 한다는 입장이다.6) 7) 이에 의하면 본문제와 선결
문제의 준거법을 별도로 결정하게 되므로 독립연결설이라고도 한다.

예컨대, 위 미국인의 사망과 관련된 사안에서, 본문제인 상속의 준거법은 국
제사법 제77조에 의해 사망 당시 피상속인의 본국법인 미국법에 의하게 되고,
선결문제인 입양의 준거법에 대해서도 법정지인 우리나라 국제사법규정(제70
조)에 따르게 된다.

선결문제로서 제기된 법률관계에 대하여 법정지 국제사법의 입장에서 준거
법을 결정하는 것은 법정지에서 이미 독립된 법률관계로서 규정되어 있는 이상

---

4) 실제로 이때에는 국제사법 제3조 제3항을 고려하여야 한다.
5) 신창선, 171면 주94) 내지 97) 등은 실질법설은 본문제준거법설 내지 본문제실질법설로, (본문
   제)준거법설은 준거법소속국국제사법설로, 법정지법설은 법정지국제사법설로 고쳐 부르자고 한
   다. 그러나 여기서는 종래의 용어법을 따른다.
6) 이호정, 135면; 신창선, 174면; 久保岩太郎, 國際私法構造論, 有斐閣, 1955, 139면; 溜池良夫, 223
   면; E. Zitelmann, a.a.O., S.344.
7) 최근의 일본의 판례(最高裁 平成 12년 1월 27일 小法廷判決)도 상속을 본문제로 하고, 친자관계
   의 성립을 선결문제로 하는 사안에서 법정지의 국제사법이 적용되어야 한다고 하여 법정지법설
   을 채택하고 있다.

국제사법규정의 공문화를 방지하기 위해서도 타당한 해결방법으로 생각될 수 있다. 그리고 선결문제와 본문제의 관련성 및 법정지와 사안의 밀접한 관련성 등에 비추어 보아 그러한 관련성이 보다 많은 경우에는 법정지의 국제사법에 의할 것으로 볼 수 있는데, 이는 내국법질서의 기본적 요청으로서 재판의 국내적 조화 및 법적 안정성에 이바지할 수 있기 때문이다.

그러나 이 견해에 대해서는 본문제와 선결문제로 발생한 법률관계 상호간의 유기적 관련성을 도외시하고 선결문제의 단위 법률관계마다 법정지 국제사법의 규정이 획일적으로 적용되는 것은 구체적 타당성을 결할 수 있다는 점, 그리고 본문제의 준거법을 적용하는 과정에서 발생한 선결문제의 준거법을 법정지의 국제사법이 결정한다는 것은 법정지의 국제사법의 규율범위를 벗어나는 것이라는 비판이 가해진다. 왜냐하면 본문제의 준거법을 지정하는 것이 법정지국제사법의 임무이지 선결문제까지 해결하는 것은 아니기 때문이다.

2. 본문제준거법설

이 견해는 선결문제는 본문제의 준거법을 적용한 결과로 생긴 본문제의 준거법상의 문제이기 때문에 준거법 소속국의 국제사법규정에 따라야 한다는 입장이다.[8)9)] 즉 본문제해결의 전제가 되는 선결문제도 본문제준거법 소속국가의 국제사법규정에 따라 해결해야만 판결의 국제적 조화를 이룰 수 있다는 점을

---

8) 황산덕/김용한, 121면; F.C von Savigny, System des heutigen römishen Rechts, Bd Ⅷ, Berlin, 1849, S.314; M. Wolff, a.a.O., S.208.

9) Schwebel v. Ungar(1963) 42 DLR (2d) 622; (1965) 48 DLR (2d) 644; 이는 선결문제는 본문제 준거법 소속국의 국제사법에 의한다는 전통적인 판례이다. 즉 헝가리에서 출생한 후 그 곳에서 혼인한 헝가리인 부부 甲과 乙은 이스라엘에 이주하기로 결심하고 그 곳으로 향하던 중, 이탈리아에서 이스라엘 관습법에 따라 이혼을 하였다. 헝가리 법에 따르면 그 이혼은 무효이지만, 이스라엘 법에 따르면 유효하다. 그 후 甲과 乙은 이스라엘에 도착하여 7년간 이스라엘에 주소를 두고 각각 생활하면서, 乙은 캐나다의 온타리오주 토론토에 있는 친척을 방문하던 중 캐나다인 丙을 만나 그곳에서 재혼을 하였다. 얼마 후 丙은 온타리오주 법정에 그 혼인이 중혼이었다는 이유로 혼인무효의 소를 제기하였다. 여기서 본문제는 乙의 재혼능력문제이고, 선결문제는 乙의 이혼의 유·무효문제이다. 이 사안에 대해 온타리오 최고법원은 "온타리오주에서 혼인할 당시의 乙의 주소지인 이스라엘법에 의하여 乙이 재혼능력 있음을 확인하였고, 선결문제인 이탈리아에서 있었던 이혼의 성립에 관해서 본문제 준거법 소속국인 이스라엘의 국제사법규정에 의하여 이혼이 유효하므로 乙의 재혼이 유효하다."라고 판시하였다.

들고 있는데, 선결문제를 본문제에 종속적으로 연결하여 취급한다고 하여 종속연결설이라고도 한다.

이 견해에 의하면 전례의 경우 선결문제인 입양의 준거법은 미국의 국제사법에 따르게 된다.[10]

이 견해에 대해서는 동일한 선결문제라 하더라도 본문제를 달리함에 따라 그 준거법이 달라지므로 결론이 달라지게 된다는 점, 그리고 당해 법률관계에 관한 법정지 국제사법규정이 무의미하게 된다는 비판이 가해진다. 예컨대 선결문제는 입양의 유효성여부이지만, 본문제가 상속문제(제77조)이냐 친자간에 관한 문제(제72조)이냐에 따라 선결문제의 준거법이 달라지게 된다는 것이다.

3. 절 충 설

이 견해는 선결문제의 해결은 법정지 국제사법에 의한다거나 본문제 준거법 소속국의 국제사법에 의한다는 등 단정적인 입장을 취할 것이 아니라 구체적 상황에 따라 국제사법적 이익을 고려해서 해결해야 한다는 입장이다. 이 견해는 다시 법정지법설을 원칙으로 하는 입장과 본문제준거법설을 원칙으로 하는 입장으로 나뉘지만 전자가 다수설이다. 이에 의하면 원칙적으로 법정지법설을 취하면서, 국제사법적 이익을 비교형량하여 본문제준거법 소속국의 국제사법에 따르는 것이 합리적이거나 바람직한 결과를 가져오는 경우에는 예외적으로 본문제준거법설을 따른다는 것이다.[11]

최근 영미법계에서도 이와 같은 입장에서, 모든 사안에 적용되는 해결방법을 모색하는 것은 바람직하지도 않고 가능하지도 않기 때문에 각 사안마다 가장 좋은 결론에 도달하는 해결방법을 개별적으로 탐구해야 한다는 이익형량설이 지지를 받고 있다.

다만 이 견해에 대해서도 그 기준이 분명하지 않아서 판결의 부조화가 일어날 수 있다거나, 이익형량의 기준을 어떻게 세울 것인가라고 하는 점에 문제점

---

10) 그러나 위에서 본 바와 같이 미국의 리스테이트먼트가 입양의 준거법을 법정지법에 의하도록 하고 있으므로 이 설례에서는 법정지법설과 결론이 같게 된다.

11) 서희원, 117면; 박상조/윤종진, 122면; 山田鐐一, 제3판, 140면; Ehrenzweig, Private International Law, 1967, p.169ff.

이 있는 것으로 지적되어 있다.

4. 실질법설

이 견해는 선결문제도 본문제의 준거법 소속국의 실질법이 결정해야 한다는 입장이다. 법정지 법원이 일단 자국 국제사법의 적용을 통해서 본문제에 적용될 준거법을 확정하였다면, 이제 본문제를 더 이상 준거법소속국의 내국적 사안과 구별할 이유는 없다고 할 것이고, 따라서 본문제의 해결과정에서 요구되는 선결문제의 해결은 여느 내국적 사안과 마찬가지로 준거법소속국의 실질법에 따라 이루어져야 하는 것이 오히려 타당하다는 것이다.[12] 이 견해에 의하면 전례의 경우 선결문제인 입양의 준거법은 본문제 준거법인 미국의 실질법에 의하게 된다. 이는 종래 영국 및 미국의 일부 판례[13]의 태도이기도 하다.

이 견해에 대해서는 그 선결문제인 법률관계가 본문제 준거법 소속국에의 입장에서 볼 때 순수한 국내적 사법관계가 되는 경우에는 타당할지 모르나, 국제사법적 요소를 내포하고 있는 선결문제의 해결은 어디까지나 저촉법적인 관점에서 해결하여야 한다는 비판을 받는다.[14]

5. 국제절차법설

이 견해는 선결문제를 절차법적 관점에서 재판관할권과 관련시켜 해결하려는 견해로서, 재판관할권이 있는 나라의 국제사법규정에 의해 선결문제의 준거법을 결정하자는 입장이다. 이 학설은 선결문제에 대해 법정지국이 재판관할권을 가지고 있을 때에는 법정지 국제사법규정이 결정하고, 재판관할권이 없을 때에는 외국판결의 승인에 준해서 간접적 일반관할권을 가진 나라의 국제사법규정이 결정해야 한다는 태도이다.

이 견해에 대해서는 선결문제에 관한 각국 법원의 재판관할권의 기준을 설정하기 어렵다는 점과 절차법상의 재판관할권의 기준이 준거법결정의 기준이

---

12) 신창섭, 111면.
13) Brown v. Finley, 157 Ala. 424, 426 (1908).
14) 山田鐐一, 제3판, 161면 주 1.

되는 이유가 불분명하다는 점에서 비판을 받는다.

Ⅲ. 소   결

위 학설 중 국제절차법설은 본문제의 전제가 되는 선결문제를 국제재판관할권의 문제로 해결하려는 입장이고, 실질법설은 선결문제를 실질법적인 측면에서 해결하려는 입장인 반면, 법정지법설·본문제준거법설·절충설은 선결문제를 저촉법적 측면에서 해결하려는 입장이라고 할 수 있다. 생각건대 선결문제도 국제사법적 법률관계인 이상 그 해결도 저촉법적인 관점에서 해결하는 것이 옳을 것이다. 선결문제에 관하여 대륙법계에서는 종전까지 본문제준거법설이 지지를 얻었으나 최근에는 절충설이 유력하다고 한다.[15] 절충설은 이익형량을 어떻게 하느냐의 문제는 남아 있으나,[16] 구체적인 사안에 따라 합리적인 해결을 할 수 있다고 하는 것이다.

선결문제의 준거법에 관한 전통적인 입장인 법정지법설과 본문제준거법설의 주장은 특정한 법률관계의 유형에 단일 연결점을 연결시켜 준거법을 찾는 경직된 법선택방법에 바탕을 두고 있어서 개별적인 사안에서는 불합리한 결과를 발생시킬 가능성이 크므로, 양 주장의 결점을 보완하기 위하여 등장한 절충설이 선결문제의 해결에 타당한 견해라 생각된다. 선결문제에 대한 종래의 학설들은 경직된 법선택방식과 보편화된 단일 연결점 등으로 현실에 맞지 않는 결과가 생기는 경우가 대부분이다. 따라서 새로운 법선택이론에 바탕을 둔 판례[17]를 참조하여 "가장 밀접한 관련이 있는 국가의 법"을 준거법으로 선택할

---

15) 서희원, 117면.

16) 이에 관하여 일설은 선결문제에 포함된 사실관계가 법정지와 그다지 관련이 없다고 생각되는 경우라든지, 본문제에 관하여 법정지국과 준거법 소속국간의 국제적 조화가 이루어질 수 있다고 생각되는 경우, 또는 국내적 조화를 해칠 염려가 없다고 생각되는 경우, 법률관계의 성질상 당사자의 이익보호나 거래안전상 합리성이 인정되는 경우 등과 같은 때에는 예외적으로 본문제준거법설에 의할 것이라 한다. 서희원, 117면.

17) Lawrence v. Lawrence [1985] 2 All E.R. 733(CA). 브라질 국적의 여인이 미국의 네바다주에서 일시 거주하던 중 미국인 남편을 상대로 이혼소송을 제기하여 승소하였다. 네바다주법에 의하면 그 여인이 6주 이상을 그곳에 거주함으로써 그녀의 주소지가 네바다주임이 인정되어 이혼소송의 관할을 인정받았다. 그 후 그녀는 영국에 주소를 둔 미국인 남자와 네바다주에서 재혼하

수 있도록 신축성 있는 법선택 방식을 채택할 필요가 있다.[18]

제3절 적응문제

I. 의 의

1. 개 념

국제사법규정에 의하여 결정되는 준거법은 하나의 사안에 대하여 한 개 국가의 법으로 되는 것이 가장 바람직하다. 그런데 사건에 따라서는 한 개의 사건이 국제사법의 여러 규정에 해당되어 준거법이 여러 개 생기는 경우(준거법의 중첩)와 한 개의 규정에도 해당이 없어 준거법이 하나도 없는 경우(준거법의 흠결)도 있다. 이와 같이 외국과 관련된 요소가 있는 법률관계에 적용될 준거법이 서로 충돌하거나 흠결이 있는 경우 이로 인해 발생하는 모순과 부조화를 어떻게 해결할 것인가의 문제를 「적응문제」(適應問題; Anpassung) 또는 「조정문제」(調整問題; Angleichung)라 한다.

이러한 문제가 생기는 이유는 국제사법이 하나의 외국과 관련된 요소가 있는 사건에 대해서 여러 법질서를 준거법으로 지정하는 경우가 있기 때문이다. 이를 달리 말하면 하나의 사건이 여러 개의 법률관계로 분할될 때, 그 각 부분

여 영국에서 혼인생활을 시작하였다. 얼마 후 그 부인은 네바다주에서 한 이혼은 부인의 혼인전 주소지이자 국적지인 브라질법에 따르면 효력이 없으므로 재혼 자체가 무효라고 다투었는데, 이에 대해 두 번째 남편이 혼인확인의 소를 제기하였다. 영국법인 「이혼과 법정별거의 승인에 관한 1971년 법률」에 의하면 네바다주에서 받은 이혼판결은 유효하지만, 브라질법은 이혼을 금지하므로 이혼판결은 무효가 된다. 이 사건에 대해 영국법원은 전통적 법선택방식과는 다른 근거에서 네바다주에서의 이혼은 유효하며, 따라서 재혼도 유효하다는 판결을 내렸다. 이는 재혼능력의 연결점을 가장 실질적인 관련이 있는 국가로 파악하여 기능적으로 준거법을 선택한 것이다. 만약 전통적인 이론에 따른다면, 본문제인 그 여자의 혼인능력의 준거법은 그녀의 혼인전 주소지인 브라질법이 될 것이고, 선결문제인 이혼의 성립여부는 본문제 준거법 소속국의 국제사법인 브라질의 국제사법규정에 따라 브라질 가족법이 준거법으로 지정되는데, 브라질법에 의하면 이혼을 인정하지 않으므로 재혼은 무효가 될 것이다(장문철, 98면 참조).

18) 동지: 장문철, 102면.

이 각각의 연결점에 의해 준거법을 가지게 되면 준거법의 충돌문제가 생긴다.

2. 성 질

적응문제는 준거법 상호간의 충돌문제로서 한 국가의 국제사법원칙에 의해서 준거법이 결정된 후에 준거법을 확정하는 단계에서 발생하는 문제이다. 따라서 이 문제는 국제사법의 저촉문제는 아니다.

이러한 적응문제는 법률관계 성질결정의 문제와 유사한 측면이 있다. 즉 법률관계 성질결정의 문제는 하나의 외국과 관련된 요소가 있는 사안이 국제사법의 어느 규정에 해당하는지를 결정하는 문제이며, 적응문제는 하나의 외국과 관련된 요소가 있는 사안이 여러 국제사법규정에 해당되어 동시에 여러 개의 준거법이 지정될 경우 둘 중에 어떠한 법을 준거법으로 확정할 것인가의 문제이다.

견해에 따라서는 적응문제를 전통적인 국제사법원칙이 정한 단일연결점에 의해 지정된 준거법을 적용한 후에 발생하는 불합리한 결과를 재조정하는 과정이며, 그 해결은 입법론적 입장에서 실질적으로 관련 있는 복수연결점의 채택 또는 신축성 있는 선택방법인 「가장 밀접한 관계」가 있는 장소의 연결점을 도입하는 것이라고 하면서 준거법을 복수연결점에서 하나를 선택하여 정하는 방식을 채택하면 적응문제는 발생하지 않을 것이라는 입장[19]이 있으나, 적응문제는 연결점의 개수나 연결방법에 불구하고 발생하는 것이라는 점에서 타당한 입장이라고 보기 어렵다. 즉 이 문제는 이미 연결점에 의해 준거법이 지정되어있는 상황에서 발생하는 것이므로, 조정문제가 발생하였을 때에는 지정을 취소하고 다시 다른 준거법을 지정할 수 있는 경우가 아니라면, 복수의 연결점 중에서 선택한다고 해서 이러한 문제가 생기는 것을 방지할 수는 없는 것이다.

---

19) 장문철, 111면.

Ⅱ. 적응문제의 유형

1. 부부재산제의 준거법과 상속의 준거법

결혼한 배우자 일방이 사망한 경우, 잔존배우자가 사망한 배우자로부터 재산승계를 받는 것을 어떻게 파악할 수 있는가의 문제가 국제사법상 논의되고 있다. 물론 이를 법률관계의 성질결정의 문제로 보려는 것은 아니고, 이러한 경우에는 부부재산제와 상속관계의 두 가지 법률관계를 통하여 재산을 승계할 권리에 대해 살펴볼 수 있으므로 이때 준거법을 어떻게 확정할 것인가의 문제가 발생한다는 것이다.

예컨대, 독일에서 일상거소를 정하고 생활하고 있던 독일인 부부 중 夫가 후에 스웨덴으로 귀화를 하였는데, 어느 날 유언을 하지 않고 사망하였다. 이때 잔존 배우자인 妻는 夫의 재산을 어떻게 승계할 것인가가 대한민국 법정에서 문제되었다면 다음과 같이 살펴볼 수 있을 것이다. 즉 부부재산제의 준거법은 부부의 동일한 본국법이 없으므로 부부의 동일한 일상거소지법인 독일법이 준거법으로 되었다. 그런데 이에 의하면 처에게는 부부재산법상의 보호는 받지 못하나, 상속법상 夫 사망의 경우에 처에게는 1/4의 유산청구권이 인정되어 있다. 그런데 상속의 준거법인 사망 당시 피상속인 즉 夫의 본국법인 스웨덴법에 의하면 부부재산법상 夫의 생전에 부부재산의 1/2이 처에게 주어지게 되나, 사망의 경우에는 유산에 대한 상속권은 인정되지 않는 것으로 규정되어 있다. 이렇게 된다면 처에게는 夫 생존시의 부부재산제의 준거법인 독일법상으로나 부 사망시의 상속의 준거법인 스웨덴법상 어떠한 보호도 받지 못하는 이른바 법규의 흠결이 일어나게 된다.

만약, 이와 다른 예로서, 스웨덴에 살고 있는 스웨덴인 부부의 사건으로 독일에 귀화한 夫가 사망한 경우라면, 처는 부부재산법상 1/2의 재산을 부여받음과 동시에 상속법상 夫 유산의 1/4을 취득하게 된다. 이 경우에 처는 부부재산법상 그리고 상속법상 모두 보호받게 되는 법규의 중복이 일어나는 것이다.

2. 혼인의 효력의 준거법과 친권의 준거법

조정문제에 관하여 유명한 또 하나의 사례로서, 혼인의 신분적 효력과 친권이 충돌하는 경우가 있다. 예컨대, 혼인을 하더라도 성년의제규정이 없기 때문에 부모의 친권을 벗어나지 못하는 B국인 미성년자인 처 乙이 성년의제규정을 가지고 있는 A국인 남편 甲과 혼인을 하여 A국에서 살고 있는 경우에 乙의 신분법상의 지위를 어떻게 볼 것인가가 대한민국 법정에서 문제되었다고 하자. 이러한 경우 국제사법에 의하면 乙의 신분상의 법률관계에 관해서 준거법으로 되는 것은 친권의 준거법인 부모와 子의 동일한 본국법(제72조)이고, 혼인의 신분적 효력에 관해서는 부부의 국적이 다르므로 동일한 일상거소지법(제64조 2호)이 준거법으로 된다. 그 결과 친권의 준거법인 B국법에 의해 乙에 대해서는 부모의 친권이 행사되는 것과 동시에, 혼인의 효력에 관한 준거법인 A국법에 의하여 乙은 성년자로 간주되어 친권에서 벗어나게 된다.[20] 따라서 이러한 경우에는 친권에 관한 법적용을 통하여 乙을 친권에 복종하게 할 것인지, 아니면 혼인에 관한 법적용을 통하여 성년자로 간주할 것인지 문제로 되는 것이다.

Ⅲ. 적응문제의 해결

국제사법에 적응문제의 해결에 관한 명문규정이 있으면 그에 따라야 하겠지만, 명문규정이 없는 경우라면 어떻게 해결할 것인지 문제이다. 적응문제에 관하여 적극적으로 해결책을 제시하는 입법례는 거의 없고, 우리 국제사법도 마찬가지이므로 해석에 의할 수밖에 없을 것이다.

학설상 적응문제를 해결하는 방법으로는 국제사법적 방법과 실질사법적 방

---

20) 이 사례는 흔히 친권과 부권의 충돌사례로 예시되고 있는데, 그렇게 되려면 친권에 관한 준거법은 처를 무능력자로 보고, 그에 대해서 夫의 친권을 인정하는 규정을 가지고 있어야 하고, 혼인의 일반적 효과에 관한 준거법은 夫의 처에 대한 우선적 후견을 인정하고 있어야 한다. 그러나 이러한 충돌은 굳이 적응문제가 아니라도 발생할 수 있는 것이다. 실제 대부분의 다른 교과서에는 친권의 준거법과 부권(혼인관계)의 준거법이 충돌한다고만 하고 있는데, 적응문제가 발생하기 위해서는 실질법규정까지 살피지 않으면 안 되는 것이다.

법이 논의되어 있다. 전자는 국제사법에 특별한 규정이 없는 한 국제사법규정을 종합적으로 고찰하고 문제된 법률관계의 성질을 고려하여 가장 합리적인 방법에 따라 해결하자는 입장이다. 이를테면 국제사법상의 두 개의 저촉규정의 효력범위를 수정하거나 새로운 저촉규정을 형성함으로써 서로 충돌하는 두 개의 상이한 실질사법이 준거법으로 지정되는 것을 미연에 방지하는 방법으로서 예방적 해결방법이라 한다. 이에 비해 후자는 국제사법규정은 그대로 두고 그 대신 준거법으로 지정된 실질사법 속에서 그 해결방법을 찾는 입장이다. 즉 준거법으로 지정된 두 개의 실질사법규정의 내용을 서로 비교하여 상호간에 모순이 없도록 조정 내지 수정하는 방법으로서 사후치료적 해결방법이라 한다.[21]

그런데 적응문제의 해결에 관한 실질사법적 방법은 현실적으로 한 나라의 실질사법의 내용을 모순 없이 조정 내지는 수정한다는 것이 불가능하므로 국제사법적 방법이 바람직하다고 본다.

결국 국제사법규정을 종합적으로 고찰하고 문제된 법률관계의 성질을 고려하여 가장 합리적인 방법에 의해 해결할 수밖에 없다.[22] 따라서 상술한 부부재산제의 준거법과 상속의 준거법의 경우, 법규의 흠결인 경우에는 부부재산제의 준거법에 따라 최소한의 처의 보호를 인정하는 한편, 법규의 중첩의 경우에는 처의 보호가 큰 쪽인 상속의 준거법에 의하는 것이 타당할 것이다. 그리고 혼인의 효력의 준거법과 친권의 준거법의 경우, 부부공동체가 친자공동체보다 더 밀접한 관계가 있으므로 부부공동체를 우선시켜 처의 능력을 인정하여야 할 것이다.[23] 이는 결국 국제사법적 이익을 비교형량하고 국제사법규정의 적용단계에서 법률관계 성질결정을 조정함으로써 합리적으로 해결하려는 것이다.[24]

---

21) 이호정, 124-126면.
22) 황산덕/김용한, 105면; 서희원, 118-119면; 三浦正人, 68-69면.
23) 溜池良夫, 228-229면.
24) 서희원, 119면; 신창선, 161면.

제 4 절 반   정

Ⅰ. 서   론

1. 국제사법의 저촉과 반정

각국의 실체사법의 충돌을 해결하기 위한 방안으로서의 국제사법이 제대로 기능하기 위해서는 각국의 국제사법이 동일한 내용으로 규정되는 것이 가장 바람직하다. 그러나 국제사법은 모든 나라가 자국의 국내법으로 입법하고 있으므로 준거법을 지정하는 방식이나 연결점의 결정에 차이가 있게 된다. 이에 따라 동일한 법률관계라 하더라도 법정지가 어디인가에 따라 준거법이 달라지는 경우가 발생하게 되는데, 이를 국제사법의 저촉 내지 충돌이라 한다.

국제사법이 저촉하는 모습에 따라 이를 적극적 저촉과 소극적 저촉의 두 가지로 나누어볼 수 있다. 예컨대 A국의 국제사법 규정에 의하면 A국법이 적용되지만 B국의 국제사법 규정에 의하면 B국법이 적용되는 경우를 국제사법의 적극적 저촉이라고 한다. 다른 한편, A국의 국제사법 규정에 의하면 B국법이 적용되지만, B국의 국제사법 규정에 의하면 A국법 또는 C국법이 적용되는 경우를 국제사법의 소극적 저촉이라고 한다.

이렇게 국제사법이 저촉하는 경우에는 궁극적으로 이를 통하여 각국의 실질사법의 충돌을 해결하는 것이 무의미하게 된다. 그런데 국제사법의 적극적 저촉의 경우에는 A국과 B국의 국제사법을 통일하는 방법 이외에는 이를 해결할 방법이 없다. 그러나 국제사법의 소극적 저촉의 경우에는 양국의 국제사법 규정을 통일하지 않고서도 해결할 수 있는 방법이 마련되어 있는데 이것이 바로 반정제도이다. 위의 예에서 A국 법원은 B국 국제사법 규정을 적용하여 준거법으로 A국법 또는 C국법을 지정함으로써 B국에서 재판한 것과 같은 결과를 얻을 수 있는 것이다.

여기서 「반정」[25] (反定; renvoi, Rückverweisung, transmission)이란 외국과 관련된 요소가 있는 법률관계에 대하여 법정지의 국제사법 규정은 외국법을 적용할 것으로 규정하고 있으나, 그 외국법 소속국의 국제사법 규정은 법정지법 또는 제3국법을 적용하도록 규정하고 있는 경우에, 자국의 국제사법이 지정한 외국법 소속국의 국제사법 규정에 따라 법정지법 또는 제3국법을 준거법으로 지정하는 것을 말한다. 반정을 인정하는 주의를 반정주의라고 하고 반정을 인정하는 규정을 반정조항이라고 한다.

2. 연혁 및 입법례

(1) 연 혁

역사적으로 볼 때 반정이 법원에서 채용되고 학계에서 논의되기 시작한 것은 19세기 중엽부터라고 생각되고 있다. 영국의 세 판례, 즉 Collier v. Rivaz 사건(1841),[26] Frere v. Frere 사건(1847),[27] The Goods of Lacroix 사건(1877)[28] 도 반정을 인정한 것으로 생각되고 있으나, 특히 프랑스의 Forgo(1878) 사건[29] 에 대한 판례를 계기로 반정에 대한 논의가 활발하게 진행되었다.

현재 각국의 입법례 및 판례는 반정을 긍정하는 것과 반정을 부정하는 것이

---

25) 일본에서는 반정이라는 용어보다는 반대송치의 약어인 반치(反致)라는 용어를 많이 사용한다.

26) Collier v. Rivaz 2 Curt. Ecc. 855 (1841). 벨기에에 주소를 둔 영국인의 유언의 형식상의 유효성에 관한 사건에서 영국 법원은 벨기에의 법관인 것처럼 재판하여야 한다고 하여, 벨기에의 실질법뿐만 아니라, 충돌규정까지도 포함된 the whole law를 고려하여 재판하여야 한다고 판시하였다.

27) Frere v. Frere, 5 Notes of Cases, etc., 593 (1847).

28) In re The Goods of Lacroix, 2 PD 94 (1877).

29) Franz Xaver Forgo는 혼인 외의 출생자로서 1801년 독일의 바이에른에서 출생한 바이에른 사람이다. 그가 5세 때 어머니를 따라 프랑스에 가서 프랑스 여자와 결혼을 하여 일생동안 프랑스에서 프랑스 정부의 주소허가를 받지 않은 채 자식 없이 살다가 아내가 먼저 사망한 후 자신도 유언 없이 사망함으로써, 프랑스에 소재하는 동산의 상속(無遺言相續)에 관하여 그의 어머니의 방계친족과 프랑스정부 사이의 분쟁이 프랑스법원에 제소된 사안이다. 바이에른 민법에 의하면 방계친족의 상속권이 인정되는 반면에, 프랑스민법에 의하면 방계친족에게는 상속권이 없다. 또한 법정지인 프랑스 국제사법에 의하면 Forgo는 프랑스에 주소허가를 받지 않아 피상속인의 본국법인 바이에른법이 적용되어야 하지만, 바이에른 국제사법에 의하면 프랑스법이 적용되어야 한다. 이때 프랑스 파기원(Cour de Cassation)은 프랑스 국제사법이 지정한 바이에른의 국제사법 규정에 따라 프랑스 민법을 적용하여 상속재산에 대해 프랑스 국고에 귀속시켰다(In re Forgo, Cass.civ., 24.06.1878, DP 1879.I.56; Cass.req., 22.02.1882, DP 1882.I.393).

첨예하게 대립하고 있으나, 대체로 볼 때 반정을 긍정하는 예가 다소 우세한 것
으로 보인다.

(2) 입법례

(가) 반정을 긍정하는 입법례

독일법원은 민법시행법 이전에도 총괄지정설 또는 판결의 국제적 조화라는
입장에서 반정 또는 전정을 인정하여 왔으나, 근래 개정된 민법시행법은 외국
법이 독일법으로 반정을 인정한 경우에 독일실질법을 적용한다(제4조)고 규정
함으로써 광범위하게 반정을 인정하고 있다. 일본의 경우는 신법의 경우에도
법례와 같이 제한적으로 반정을 인정하고 있고,[30] 오스트리아(국제사법 제5조),
스위스(국제사법 제14조), 폴란드(국제사법 제4조) 등과 중국, 벨기에, 이스라엘,
체코슬로바키아, 유고슬라비아 등이 입법적으로 반정을 긍정하고 있다.

한편 영국의 법원은 대체로 경직된 법선택원칙으로 발생될 부당한 결과를
회피하기 위하여 판례를 통해 반정의 법리를 신축성 있게 운영하여 왔다. 특히
앞에서 본 Collier v. Rivaz 사건과 Ross 사건[31]에서 반정을 인정하였고, Annesley
사건[32]에서는 이중반정을 인정하였다.

미국도 영국과 마찬가지로 종래 반정을 제한적으로만 인정하여 왔다. 1934
년 제1 리스테이트먼트(제7조)는 이혼과 부동산물권에 관한 사항에 대해서만

---

30) 通則法 제41조: 당사자의 본국법에 의하여야 할 경우에 그 국가의 법률에 따르면 일본의 법률에
　　의하여야 할 때에는 일본의 법률에 의한다. 다만 제25조[혼인의 효력](제26조[부부재산제의 준
　　거법] 제1항 및 제27조[이혼의 준거법]에 이를 준용할 경우를 포함) 또는 제32조[친자간의 법
　　률관계의 준거법]의 규정에 따라 당사자의 본국법에 의하여야 할 경우에는 그러하지 아니하다.
31) In re Ross [1930] 1 Ch. 377. 영국법원이 이탈리아에서는 반정을 하지 않는다는 것을 고려하여
　　유언내용의 형식상의 문제에 관하여 이중반정을 인정한 사건이다.
32) 영국인 Annesley 부인은 일생을 프랑스에서 살다가 프랑스에서 사망하였다. 그녀는 생전에 그
　　의 전 재산을 사회복지기금에 증여하겠다는 내용의 유언을 영어와 불어로 작성한 유서를 남겼
　　는데, 이에 대해 영국에서 생존하고 있는 두 명의 딸들이 영국법정에 상속을 청구한 사안이다.
　　영국법에 의하면 유언에 의한 전재산의 유증은 유효하지만, 프랑스법에 의하면 자녀에게 재산
　　의 2/3를 유류분으로 남겨두어야 한다. 영국의 국제사법에 의하면 피상속인의 주소지법인 프랑
　　스법이 준거법으로 지정되고, 프랑스의 국제사법에 의하면 피상속인의 본국법인 영국법이 준거
　　법으로 지정된다. 영국법원은 영국의 실질법을 적용하지 않고 프랑스에 소송이 제기되었다면
　　프랑스 법원이 프랑스 국제사법의 반정을 인정하여 프랑스법을 적용하리라는 점을 고려하여 프
　　랑스 실질법을 적용하여 두 딸에게 유류분을 인정하였다(In re Annesley [1926] Ch.692).

예외적으로 반정을 인정하였으나, 1971년 제2 리스테이트먼트(제8조 2항)는 "특정 법선택 규정의 목적이 특정 사건에 관련된 다른 주의 법원과 같은 결론을 얻고자 하는 점에 있는 때에는 법원은 그 실행가능성을 고려하여 다른 주의 법선택 규정을 적용할 수 있다"고 규정하여 반정을 명문화하고 있다.[33]

(나) 반정을 부정하는 입법례

반정을 입법적으로 부정하는 국가로서는 브라질(민법시행법 제16조), 이탈리아(민법 제30조), 그리스(민법 제32조), 이집트(민법 제27조) 외에도 스웨덴, 덴마크, 노르웨이, 루마니아 등이 있다.

(3) 국제조약

국제조약에서도 반정을 인정할 것인가의 여부는 여러 가지로 나뉘고 있다. 대부분의 국제조약들은 반정을 인정하고 있지만 부정하는 것도 없지 않다. 반정을 인정하는 국제조약으로는 1902년 「혼인에 관한 헤이그조약」, 1930년 「환어음 및 약속어음에 관한 제네바조약」, 1951년 「본국법과 주소지법의 저촉을 규율하기 위한 헤이그조약」 등이 있다. 그러나 1973년 「부양의무에 관한 국제조약」과 1980년 「계약채무에 관한 EC협약」은 반정을 부정하고 있다. 그런데 이들 조약이 반정을 부정하는 것은 반정에 대한 적대감에서 비롯된 것이 아니라 반정을 배제시킴으로써 법적용의 단순성과 예견성을 강화시킨다는 목적과 국제회의의 구조적인 문제로서 헤이그회의에 참석하는 나라 중에는 반정을 거부하는 국가도 있기 때문에 그들에게까지 반정을 강요하는 것은 무리이기 때문이라 한다.[34]

---

33) § 8. Applicability of Choice-of-Law Rules of Another State (Renvoi)

  (1) When directed by its own choice-of-law rule to apply "the law" of another state, the forum applies the local law of the other state, except as stated in Subsections (2) and (3).

  (2) When the objective of the particular choice-of-law rule is that the forum reach the same result on the very facts involved as would the courts of another state, the forum will apply the choice-of-law rules of the other state, subject to considerations of practicability and feasibility.

  (3) When the state of the forum has no substantial relationship to the particular issue or the parties and the courts of all interested states would concur in selecting the local law rule applicable to this issue, the forum will usually apply this rule.

34) 박기갑, 205면.

Ⅱ. 반정의 근거와 비판론

1. 반정긍정론의 입장

(1) 반정긍정론의 의의

반정이론은 전통적으로 국제사법의 소극적 저촉을 해결하는 수단으로 활용되고 있다. 반정을 인정할 경우 법원이 외국의 국제사법을 조사하여 적용해야 하는 부담은 있지만, 외국과 관련된 요소가 있는 법률관계에 대한 국제적인 판결의 조화를 도모할 수 있고, 경직된 준거법선택의 원칙을 완화하여 구체적인 사건에 보다 타당한 법을 적용할 수 있다. 또한 법정지법을 적용함으로써 외국법의 적용에 따른 어려움을 극복할 수 있다는 점도 장점으로 꼽힌다.

아래 학설 중 이론적 관점에서 반정을 긍정해야 한다는 견해가 총괄지정설과 외국의사존중설이고, 실제적 관점에서 반정을 긍정해야 한다는 견해가 내외판결통일설과 판결집행설이다. 반정을 긍정하는 학자들이 주장하는 구체적인 근거는 다음과 같다.

(2) 총괄지정설

국제사법규정이 어떤 국제사법적 법률관계에 대해서 준거법을 지정하는 경우 그 나라의 실질법만이 아니라 국제사법규정까지도 포함하여 지정하는 것이므로 그 나라의 국제사법 규정을 적용하는 반정도 인정해야 한다는 견해가 총괄지정설이다. 에넥세루스(Enneccerus),[35] 다이시(A. V. Diecy) 등에 의해 주장된 견해로서 Collier v. Rivaz 판결이나 오스트리아 국제사법(제5조 1항)이 이에 따르고 있다.

그러나 국제사법규정에 의한 준거법의 지정이 한 나라의 법률질서 전체를 의미하는 것이라고 한다면 끝없는 순환론에 빠지게 되어 실제적으로 준거법을 지정할 수 없는 결과를 초래한다. 예컨대 A국 국제사법규정에 의하면 B국법에

---

35) Enneccerus, Lehrbuch des bürgerlichen Rechts, 18-21 Aufl., 1923, Bd. I, S.142.

의하도록 한 경우에, 그 B국법에는 B국의 국제사법도 포함되므로 B국의 국제
사법규정을 적용한 결과 A국법에 의하도록 되어 있다면 다시 A국의 국제사법
을 적용할 수 있게 되고 만다. 결국 양국 간에는 끝없는 순환이 있을 뿐 적용할
준거법을 결정할 수 없게 되는 것이다. 따라서 이 견해는 국제적 테니스경기,
논리적 반사경이라는 비판을 받는다.

(3) 외국의사존중설

국제사법규정에 의하여 준거법으로 지정된 외국법의 소속국이 자국법의 적
용을 원하지 않는 경우에는 그 외국법을 적용할 필요가 없으므로 반정을 인정
해야 한다는 견해이다. 즉 국제사법규정이 어떤 외국과 관련된 요소가 있는 법
률관계에 대해서 어느 외국법을 준거법으로 지정한 경우에 그 외국의 국제사법
이 다른 나라의 법을 지정하고 있다면 그 외국은 당해 법률관계에 관하여 자국
법의 적용을 원하지 않는 것이므로 외국의 그러한 의사를 존중하여 그 외국법
을 적용할 필요가 없기 때문에 반정을 인정해야 된다는 견해가 외국의사존중설
이다. 한편 이는 자국법에 의한 규율을 포기하고 있다는 의미에서 기권설이라
고도 한다.36)

그러나 이 견해는 국제사법상 어느 외국법을 지정하여 준거법으로 외국법을
적용하는 것은 그 외국이 자국법을 적용하기를 원해서가 아니라, 법정지의 법
이 국제사법적 법률관계의 안정을 유지하기 위한 것이라는 점을 간과하고 있다
는 비판을 받는다. 그리고 외국법을 대신하여 법정지법을 보충적으로 적용하는
것도 반정을 인정한 결과가 아니라 단지 반정을 인정한 것과 동일한 결과를 가
져오는 것일 뿐이라는 비판도 있다.37)

(4) 내외판결통일설

반정을 인정하면 어떤 외국과 관련된 요소가 있는 법률관계에 대해서 내외

---

36) von Bar, a.a.O., I, S.278ff.; Westlake, Annuaire de l'Instute de droit international, t.18, 1900,
　　p.35, p.164 et suiv. 바(Bar)에 의하면 그 외국이 자국법의 적용을 인정하지 않는, 즉 기권하고
　　있는 때에는 이를 준거법의 흠결로 보아 법정지법 또는 제3국법을 적용한다고 한다.
37) 溜池良夫, 148-151면.

법원이 같은 준거법을 적용하는 결과 동일한 판결을 내리게 되므로 국제사법규정의 불통일로 야기되는 불합리한 점을 해결할 수 있다는 견해가 내외판결통일설이다.[38]

이는 반정론이 제기된 초기에는 유력한 견해(Batiffol)이었으나, 내외국 모두 반정을 인정하게 되면 양국 법원은 외국국제사법이 지정하는 법률을 각각 적용하게 되므로 반정에 의해서는 내외판결의 통일을 가져올 수 없다는 비판을 받는다. 즉 일방 국가만이 반정을 인정할 경우에는 가능한 견해일지는 모르지만 쌍방 국가 모두 반정을 인정하면 결국 준거법의 교환이 있을 뿐 내외판결의 통일을 가져올 수 없다는 것이다.

(5) 판결집행설

자국판결의 효력을 외국에서 보장받기 위해서 반정을 인정해야 한다는 견해가 판결집행설이다. 즉 반정을 인정하면 당해 외국의 입장에서 볼 때에는 법정지의 법원이 자국의 국제사법이 지정하는 준거법을 적용하여 재판을 한 것이므로 그 판결의 승인 및 집행을 거부할 수 없다는 것이다.

그러나 이 견해에 대해 반정을 인정하는 것이 곧 외국판결의 승인 및 집행의 근거는 될 수 없다는 비판이 있다. 반정을 하여 그 외국법이 지정하는 준거법에 따라 판결을 하여도 이것이 외국판결 승인의 조건으로 될 수는 없기 때문이다. 외국판결을 승인하기 위한 조건으로는 절차법적으로 국제재판관할권의 존재, 자국민에 대한 편파적 부당대우가 없고, 재판의 내용이 공서에 반하지 않으며, 상호보증이 있을 것 등이 요건으로 되어있을 뿐, 자국과 같은 법을 적용하여야 한다고 하지는 않는다(민소 제217조 참조).

2. 반정부정론의 입장

반정을 부정하는 견해는, 대개 반정을 인정하는 것이 자국 국제사법규정의 타당성을 부정하고 외국 국제사법규정에 맹종하는 오류를 범한다는 점과 반정

---

38) 우리나라에서는 각국 법제의 차이로 인한 문제를 해결하기 위해서는 반정을 인정할 수밖에 없다는 것이 주류적인 학설의 흐름이라고 할 수 있다. 장문철, 138면; 박상조/윤종진, 136면.

을 인정하는 것은 자국법의 적용범위를 확대시키는 것이 되고, 이는 결과적으로 내국법우선주의를 인정하여 국제사법의 기본이념인 국제주의 내지는 보편주의에 반한다는 점을 든다.

그 구체적인 근거는 대개 반정긍정론에 대한 비판에서 출발하고 있는데, 첫째, 외국과 관련된 요소가 있는 법률관계의 해결을 위해 자국의 국제사법규정에 의해 준거법으로 지정된 법률에 의하지 않고, 타국의 국제사법으로 하여금 다시 준거법을 지정하게 한다는 것은 자국의 주권을 포기하는 것이 된다는 점, 둘째, 국제사법규정은 저촉규정으로서 실질법을 지정하는 것인데, 다시 외국의 저촉규정을 고려하는 것은 국제사법의 기능을 무시하게 된다는 점, 셋째, 법정지법과 자국법의 끝없는 순환을 초래한다는 점, 넷째, 협의의 반정의 경우 결국 자국법을 적용하게 되는 결과 이는 국제사법이 내외사법을 평등하게 적용한다는 국제사법의 이념에 반한다는 점 등의 이유로 반정을 부정하고 있다. 우리나라에서도 반정을 부정하는 견해[39]가 있다.

Ⅲ. 반정의 유형

1. 직접반정

사 례

영국인 甲이 대한민국에 부동산을 남기고 사망하여 상속문제가 대한민국 법원에 제기되었는데, 대한민국의 국제사법 규정에 의하면 피상속인의 본국법인 영국법이 준거법으로 지정되지만, 영국의 국제사법은 부동산 소재지법인 대한민국법을 준거법으로 지정하고 있다. 이 경우 법원은 어느 국가의 법을 적용하여야 하는가?

(1) 의 의

외국과 관련된 요소가 있는 법률관계에 대하여, A국 국제사법규정에 의하면 B국법이 지정되지만 B국 국제사법규정에 의하면 A국법이 지정되는 경우에,

---

39) 서희원, 96면; 김용한/조명래, 185면; 신창섭, 141면.

A국 법원이 B국의 국제사법 규정을 고려하여 A국의 실질법을 적용하는 것을 직접반정이라 한다. 이는 협의의 반정 내지 일차적 반정(single renvoi, renvoi au primier degré, remission, Ruckverweisung)이라고도 하며, 반정의 가장 일반적인 형태이다. 이에 의하면 반정의 결과 법정지의 실질사법이 적용되게 된다.

직접반정은 앞에서 본 바와 같이 Forgo 사건에 그 기원을 두고 있다.

(2) 도 식

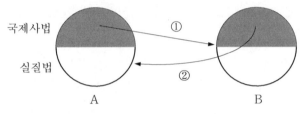

A국에서 A국법을 적용

사례의 해결

위 사례의 경우 법정지 국제사법에 반정규정이 있느냐의 여부에 따라 결론이 달라진다. 법정지인 대한민국의 국제사법에 의하면 피상속인의 본국법인 영국법이 준거법으로 지정되는데, 대한민국의 국제사법에 반정규정이 있으므로 영국의 국제사법을 살펴보면 영국법은 부동산소재지법인 대한민국법을 준거법으로 지정하고 있다. 이때에 대한민국법원은 직접반정을 하여 영국법이 아닌 대한민국의 상속법을 직접 적용하여 사건을 해결하게 된다.

2. 전 정

사 례

프랑스에 주소를 둔 이탈리아인 甲이 영국에 동산을 남기고 사망하여 상속문제가 영국 법원에 제기되었다. 영국의 국제사법은 피상속인의 주소지법인 프랑스법을 지정하고 있으나, 프랑스의 국제사법은 피상속인의 본국법인 이탈리아법을 준거법으로 지정하고 있을 때, 법원은 어느 국가의 법을 적용하여야 하는가?

(1) 의 의

A국 국제사법규정에 의하면 B국 실질법이 지정되지만, B국 국제사법은 C 국법을 지정하고 있을 때, 법정지인 A국 법원이 B국의 국제사법규정을 고려하여 C국 실질법을 적용하는 것을 전정(轉定), 재정(再定) 또는 이차적 반정(renvoi au second degré, transmission, Weiterverweisung)이라 한다.

전정에 대해서는 이와 같이 준거법으로 지정된 국가의 국제사법이 지정하는 제3국법이 준거법이 된다면, 이와 같은 상황은 무한히 반복될 수 있을 것이므로 어디서 이 고리를 단절할 것인지 알 수 없다는 비판이 있으나, 이에 대해서는 실제 각국의 현행 국제사법상 준거법의 지정방식은 대개 유사하기 때문에 그러한 일은 일어날 수 없다는 반론이 있다.[40]

(2) 도 식

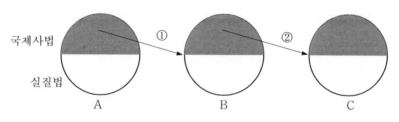

A국에서 C국법을 적용

사례의 해결

위 사례는 만약 영국 법원이 국제사법상 전정을 인정하고 있다면 전정을 할 수 있는 사건이다. 즉 법정지인 영국의 국제사법은 피상속인의 주소지법인 프랑스법을 지정하였지만, 또한 전정을 인정하고 있으므로 프랑스의 국제사법 규정을 참조하여, 그에 따라 피상속인의 본국법인 이탈리아법을 준거법으로 지정하게 된다. 결과적으로 전정이 일어난다면 이 상속문제에 대해서는 이탈리아의 상속법이 준거법으로 적용된다.

---

40) 박기갑, 199-200면, 202면.

3. 간접반정

사 례

  미국에 주소를 둔 아르헨티나인인 甲이 대한민국에 부동산을 남기고 사망하여 상속문제가 대한민국 법원에 제기되었는데, 대한민국 국제사법에 의하면 피상속인의 본국법인 아르헨티나법이 지정되지만, 아르헨티나 국제사법에 의하면 피상속인의 최후의 주소지법인 미국법이 지정되고, 다시 미국 국제사법에 의하면 부동산소재지인 대한민국법이 준거법으로 지정된다. 이 경우 법원은 어느 국가의 법을 적용하여야 하는가?

(1) 의 의

A국 국제사법규정에 의하면 B국 실질법이 지정되어 있고, B국 국제사법규정에 의하면 C국 실질법이 지정되어 있으나, 다시 C국 국제사법규정에 의하면 A국 실질법을 지정하고 있는 경우 A국 법원이 B국과 C국의 국제사법을 순차 고려하여 A국의 실질법을 적용하는 것을 간접반정(transmission, Weiterverweisung)[41]이라 한다.

간접반정을 하게 되면 직접반정과 마찬가지로 법정지의 실질사법이 적용되는 결과로 된다.

(2) 도 식

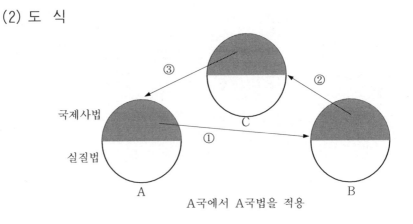

A국에서 A국법을 적용

---

41) 서양에서는 전정과 간접반정을 마찬가지로 표현하고 있다.

사례의 해결

위 사례의 경우 대한민국 국제사법이 만약 간접반정을 허용하고 있다면 간접반정이 일어날 수 있는 문제이다. 즉 대한민국 국제사법이 피상속인의 본국법인 아르헨티나법을 지정하고 있고, 또 아르헨티나 국제사법은 피상속인의 최후의 주소지법인 미국법을 지정하고 있고, 다시 미국 국제사법은 부동산소재지인 대한민국법을 준거법으로 지정하고 있는 경우에는 간접반정이 일어날 수 있다. 그렇다면 대한민국 법원은 대한민국법을 적용하여 사건을 해결하게 되겠지만, 실제 대한민국의 국제사법은 간접반정을 허용하고 있지 않으므로 아르헨티나법이 준거법이 된다.

4. 이중반정

사 례

대한민국에 주소를 둔 영국인 甲이 영국에 동산을 남기고 사망하여 상속문제가 영국법원에 제기되었는데, 영국의 국제사법에 의하면 상속은 피상속인의 주소지법인 대한민국법이 지정되지만 대한민국의 국제사법에 의하면 동산상속은 피상속인의 본국법인 영국법에 의하도록 규정되어 있다. 또한 양국의 국제사법상 다같이 반정이 인정되어 있다면 법원은 어느 국가의 법을 적용해야 하는가?

(1) 의 의

A국 국제사법규정에 의하면 B국 실질법이 지정되어 있고, B국 국제사법규정에 의하면 A국 실질법이 지정되어 있는 경우, A국 법원은 A국의 실질법을 적용하지 않고 B국에 소송이 제기되었다면 B국 법원이 B국 국제사법의 반정에 의하여 B국법을 적용하리라는 점을 고려하여 B국법을 적용하는 것을 이중반정 또는 완전반정(total renvoi, double renvoi)이라 한다.[42]

이중반정을 하게 되면 결과적으로는 처음부터 반정을 하지 않은 것과 마찬가지의 결과로 된다.

이중반정은 영국에서 많이 인정되어 왔는데, 영국에서는 앞에서 본 Annesly 사건(1926) 이래, Askew 사건(1930)[43]을 비롯한 수많은 사건에서 인정되어 왔

---

42) 이에 대한 다른 표현으로는 Foreign Court Theory, English Doctrine of renvoi 등이 있다.
43) In re Askew [1930] 2 Ch. 259.

다. 특히 Collier v. Rivaz (1841) 사건의 판결에서 "법원은 그 나라의 법에 능통한 사람처럼, 마치 그 나라에 있는 것처럼 재판하여야 한다"고 하여 그 근거를 밝힌 바 있다.[44]

그러나 이에 대해서는 많은 비판이 제기되어 있는데, 첫째, 상대방 국가도 이중반정을 하는 경우에는 결과적으로 재판을 통일할 수 없게 되고, 둘째, 이중반정을 인정하는 것은 외국의 입법정책을 따르는 것으로서 그에 종속되는 결과로 될 수 있으며, 셋째, 외국의 법제나 재판례가 불분명할 때에는 그 여부를 결정하기가 곤란하다는 것이다.[45]

그럼에도 불구하고 이중반정의 장점도 적지 않은 것으로 말해지고 있는데, 예컨대 자국에서 형식적으로 무효라고 판단할 수밖에 없는 혼인을 유효한 것으로 계속시키는 것이 바람직하다고 판단될 때라든지, 복수의 국가에 유산을 남기고 사망한 자의 재산상속의 통일성을 확보하려고 할 때에는 이중반정이 유용하다는 것이다.[46] 이러한 이유에서 특정한 사례에 한정시켜 이중반정을 인정하자는 주장도 있다고 한다.

(2) 도 식

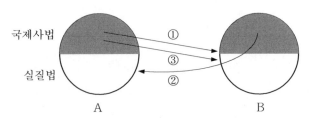

국제사법

실질법

① ③ ②

A   B

A국에서 B국법을 적용

---

44) 전게 주 26)
45) 박기갑, 196면.
46) 서희원, 92면 주 6) 참조.

사례의 해결

위 사례의 경우에 영국에서 이중반정이 허용되고 있고, 대한민국의 국제사법에 반정규정이 있다면 이중반정이 일어난다. 즉, 영국의 국제사법은 상속의 준거법으로 피상속인의 주소지법인 대한민국법을 지정하고 있고, 대한민국 국제사법은 동산 상속에 관하여 피상속인의 본국법인 영국법을 준거법으로 지정하고 있으면서 반정규정도 가지고 있다. 이때 법정지인 영국 법원이 이중반정을 허용하는 경우에는 영국법을 적용하지 않고, 이 사안이 대한민국 법원에 제기되었다면 대한민국 법원이 반정이론에 의하여 대한민국법을 적용하였을 것이라는 점을 고려하여 대한민국의 상속법을 적용하여 사건을 해결하게 된다.

Ⅳ. 국제사법상의 반정

1. 직접반정

(1) 원 칙

국제사법 제22조 제1항은 "이 법에 따라 외국법이 준거법으로 지정된 경우에 그 국가의 법에 따라 대한민국 법이 적용되어야 하는 때에는 대한민국의 법(준거법지정에 관한 법규를 제외한다)에 따른다."라고 규정하여 직접반정을 인정하고 있다. 여기서 대한민국의 법은 충돌규정을 제외하므로 대한민국의 실질법을 의미한다.

구섭외사법 제4조에서는 "당사자의 본국법"에 의해야 할 경우에만 제한적으로 반정을 인정했으나, 국제사법에서는 이러한 제한을 없애고 본국법 외의 다른 법이 적용되는 경우에도 반정이 가능하도록 함으로써 그 인정범위를 확대하고 있다. 따라서 본국법이 적용되는 친족·상속분야 뿐만 아니라 물권과 법정채권 분야에서도 반정이 허용된다.

판 례

"우리나라 국적의 처가 미합중국 펜실바니아주 시민인 부를 상대로 우리나라 법원에 이혼소송을 제기한 경우의 준거법은, 섭외사법 제18조 본문의 규정에 따라 부의 본국법인 미합중국법이라 할 것인데, 미합중국은 지방에 따라 법이 상이한 국가이므로 섭외사법 제2조 제3항에 의하여 부가 속하는 지방인 펜실바니아주의 법이 적용되어야 할 것이나, 한편 미합중국의 경우 판례와 학설에 의하여 인정된 이혼에 관한 섭외사법의 일반원칙에 따르면 부부 일방의 주소지에 재판관할권이 인정됨과 동시에 그 법정지법이 준거법으로 인정되므로, 결국 처가 우리나라에 미합중국법상의 주소를 가지고 있다면 섭외사법 제4조의 규정에 의하여 우리나라 민법이 준거법이 된다"(서울가정법원 1991.5.9. 선고 90드75828 판결).

(2) 예 외

국제사법은 본국법 외의 다른 법이 적용되는 경우에도 직접반정을 인정함으로써 반정의 범위를 넓혔는데, 반정의 부당한 확대를 방지하기 위해 반정을 인정하는 것이 국제사법이 정한 지정의 취지에 반하는 다음과 같은 경우에는 반정이 인정되지 않는 것으로 하고 있다(동조 2항).

(가) 당사자가 합의에 의하여 준거법을 선택한 경우(제1호)

당사자가 준거법을 선택하는 경우 반정을 인정하는 것은 당사자의 의사에 반하므로 이를 인정하지 아니하였다.

(나) 이 법에 의하여 계약의 준거법이 지정되는 경우(제2호)

계약의 준거법으로 지정된 법에 관해서는 계약상 채무의 준거법에 관한 EC협약(일명 로마협약) 등 관련 국제조약이 반정을 배제하고 있음을 고려하여 반정을 인정하지 아니하였다.

(다) 제73조의 규정에 의하여 부양의 준거법이 지정되는 경우(제3호)

부양에 관한 제73조의 규정은 「부양의무의 준거법에 관한 헤이그협약」(1973)의 내용을 수용한 것인바, 동 협약이 반정을 배제하고 있으므로 이를 고려하여 반정을 인정하기 아니하였다.

(라) 제78조 제3항의 규정에 의하여 유언의 방식의 준거법이 지정되는 경우(제4호)

유언의 방식에 관한 제78조 제3항의 규정은 「유언방식의 준거법에 관한 헤이그협약」(1961)의 내용을 수용한 것인바, 동 협약이 반정을 배제하고 있으므로 이를 고려하여 반정을 배제하였다.

(마) 제94조 규정에 의하여 선적국법이 지정되는 경우(제5호)

선박에 관한 물권의 준거법을 선적국법으로 정한 이유는 선박에 관한 이해 관계자들의 예측가능성을 높이고자 하는 것인데, 반정이 적용될 경우 이러한 예측가능성이 깨져 버리고, 또한 반정이 적용될 경우 선진국의 국제사법의 규정을 확인하는 것도 쉬운 일이 아니므로 신속을 요하는 해상분쟁처리의 요청에 부응하기 위해서 반정을 부정하고 있다. 다만 주의해야 할 것은 제95조[선박충돌], 제96조[해양사고구조]의 경우에는 반정이 허용된다는 점이다. 선박충돌은 불법행위, 해양사고구조는 사무관리와 그 성질이 유사한데 불법행위와 사무관리의 경우에는 반정을 인정하고 있으므로 그렇게 하는 것이 일관성이 있다.[47]

(바) 그 밖에 제1항의 규정을 적용하는 것이 이 법의 지정 취지에 반하는 경우(제6호)

반정을 인정하는 것이, 국제사법이 외국법을 준거법으로 지정한 취지에 반하는 경우에는 반정이 허용되지 아니함을 명시하고 있는데, 이는 독일 민법시행법의 내용을 좇아 반정이 불허되는 경우를 포괄적으로 규정한 것이다. 이에 따른 반정의 허용여부는 각 법률분야별로 논의가 이루어져야 할 것이나, 독일 민법시행법 제4조의 해석론을 참고할 때 반정의 허용여부가 문제되는 것으로 다음과 같은 것을 고려해 볼 수 있다.[48]

첫째, 선택적 연결의 경우 반정이 제한될 수 있다. 예컨대 법률행위의 방식 또는 유언의 방식에 관하여 국제사법은 다양한 선택적 연결을 인정함으로써 「법률행위에 유리하게」(favor negotii) 원칙에 따르고 있다(제31조, 제78조 3항). 이는 가능한 한 법률행위의 방식 또는 유언의 방식을 쉽게 인정하기 위한 것인데, 만일 반정에 의하여 선택적 연결이 부정된다면 그 취지에 반하기 때문이다.

둘째, 종속적 연결의 경우 반정이 제한될 수 있다. 예컨대 불법행위를 계약의 준거법에 연결하는 것(제52조 3항)과 같이 그 취지가 복잡한 법률관계를 하나의 법질서에 연결하고자 하는 경우에는 반정이 제한될 수 있다. 그렇지 않으면 양자를 동일한 준거법에 연결하고자 하는 취지가 몰각될 수 있기 때문이다.

---

47) 국제사법해설, 48면.
48) 국제사법해설, 48-49면.

셋째, 제9장 어음·수표의 조항들의 경우에는 반정이 제한된다. 왜냐하면 당해 분야의 저촉규범을 통일하기 위한 국제조약에 근거한 것이기 때문이다. 그러나 명시적으로 전정을 허용하는 조항(제80조 1항 단서)의 경우에는 예외이다.

2. 전   정

국제사법 제9장 어음·수표와 관련하여 제80조에서는 "환어음, 약속어음 및 수표에 의하여 채무를 부담하는 자의 능력은 그의 본국법에 따른다. 다만 그 국가의 법이 다른 국가의 법에 따르도록 정한 경우에는 그 다른 국가의 법에 따른다."라고 규정하여 어음·수표 행위능력의 경우에는 예외적으로 전정을 인정하고 있다.

V. 숨은 반정

저촉규정은 반드시 명시적으로 정해져 있는 것만이 아니므로 본국의 저촉규정이 본국의 국제재판관할 규정 속에 숨겨져 있는 것으로 볼 수 있는 경우에는 그 속에서 저촉규정을 찾아내 반정의 성립을 인정할 수 있다는 이론이 주장되고 있다. 즉 A국의 국제사법에 의하면 B국법을 적용하도록 규정되어 있으나 B국의 재판관할권에 관한 국제민사소송법 규정은 A국이 관할권을 가지는 것으로 규정하고 있을 때, 그 관할규정 속에 준거법의 지정에 관한 내용이 숨어있는 것으로 보아, 법정지인 A국법원이 자국의 실질법을 적용하는 것을 말한다.

이처럼 국제재판관할권 규정에 의하여 준거법이 간접적으로 지정되어 있는 경우에는 이에 의해 반정을 인정하는 것을 「숨은 반정」(hidden renvoi, versteckte Rückverweisung)49)이라고 한다. 저촉규정이 재판관할권 규정 속에 숨겨져 있다고 보기 때문이다.

우리 국제사법이 외국과 관련된 요소가 있는 법률관계에 대하여 특정 국가의 법을 지정했는데, 그 국가의 국제재판관할권 규정에 의하면 우리나라의 법

---

49) 서희원, 93면; 신창섭, 145면; 이호정, 162면; 최공웅, 101면.

원에 국제재판관할권이 있는 경우에는 우리 법원이 관할권을 가진다는 규정을 국제민사소송법적인 관할 뿐만 아니라 준거법에 관한 국제사법 규정으로 볼 수 있다는 점을 인정하여 반정을 할 수 있다는 것이다. 예컨대 국제이혼사건에 관하여 원고의 주소가 대한민국에 있는 경우 미국 리스테이트먼트의 규정50)과 대한민국의 국제사법의 반정규정을 적용하여 대한민국법에 의해 이혼판결을 할 수 있다는 것이다. 리스테이트먼트의 이 규정은 본래 재판관할권에 관한 것이지만 그 관할권 규정 속에 법선택 규정이 당연히 포함되어 있으므로 이 리스테이트먼트를 준거법선택규칙의 일종으로 볼 수 있기 때문이다. 따라서 우리 국제사법은 미국법을 적용하도록 규정하고 있으나, 리스테이트먼트는 우리나라법을 적용하도록 규정하고 있으므로 법정지인 대한민국 법원이 리스테이트먼트 규정에 따라 우리나라의 실질법을 직접 적용할 수 있게 된다.

이러한 숨은 반정의 문제는 독일에서 미국 국제사법으로부터의 반정을 인정할 것인지의 여부와 관련하여 논의된 것이다. 생각건대 우리나라 법원의 재판관할을 인정하는 외국은 대한민국 법원이 대한민국 실질법을 적용하여 재판하게 한 것이라고 볼 수 있다. 그렇다면 이는 보통의 준거법규정과 다를 바가 없으므로 숨은 반정을 인정하여 법정지법을 적용할 수 있을 것이다.51) 판례52) 또한 숨은 반정을 인정하고 있다.

판 례

미합중국 국적을 보유하고 대한민국에 거주하는 부부 쌍방이 모두 선택에 의한 주소(domicile of choice)를 대한민국에 형성한 상태에서 남편(원고)이 처(피고)를 상대로 대한민국 법원에 이혼, 친권자 및 양육자지정 청구의 소를 제기한 경우, 원·피고의 현재 주소(domicile)가 소속된 법정지의 법률이 준거법이 되어야 할 것이므로,「준거법 지정시의 반정」에 관한 국제사법 제9조 제1항을 유추적용한「숨은 반정」

---

50) 1971년 제2 리스테이트먼트 제285조는 "이혼은 소송이 제기된 주소지 주(國)의 법률에 의해 결정된다고 규정하고 있다(The local law of the domiciliary state in which the action is brought will be applied to determine the right to divorce)." 영국에서도 이혼의 준거법은 법정지법으로 되어 있는데, 여기서 법정지법은 夫의 주소지법을 가리킨다.
51) 동지: 이호정, 162-163면.
52) 대법원 2006.5.26. 선고 2005므884 판결.

의 법리에 따라 법정지법인 대한민국 민법을 적용해야 한다(대법원 2006.5.26. 선고 2005므884 판결).

◎ **준거국제사법(準據國際私法) 이론**

각국의 국제사법 규정의 충돌로 인한 문제를 어떻게 해결할 것인가 하는 논의의 하나로서 「준거국제사법」에 관한 이론이 있다. 이는 1934년 에크슈타인(Eckstein)에 의해 주창된 것으로서 다음과 같이 정리할 수 있다.

즉 실질사법의 충돌을 해결하기 위한 국제사법도 서로 충돌하고 있기 때문에 법정지가 어디냐에 따라 결론이 달라질 수밖에 없는데, 외국과 관련된 요소가 있는 법률관계에 관하여 준거법을 지정할 때, 법원이 자국의 국제사법이 아니라, 그 사안에 대해 가장 밀접한 관련을 가진 국가의 국제사법을 적용하여 준거법을 지정하게 하자는 것이다. 그 구체적 방안으로 제시되어 있는 것이 해당 사안에 관하여 재판관할권을 가진 국가의 국제사법을 적용하자는 것인데, 이에 대해서는 각국이 공통적으로 승인하는 국제재판관할권을 성립시킬 수 있겠는가, 또 특정 사건에 대해 가장 밀접한 관련을 가지는가의 여부에 대해 통일적인 기준을 세울 수 있을 것인가 하는 것에 대한 의문과 더불어 한계가 있음이 지적되어 있다.[53]

---

53) 신창선, 193면 이하 참조.

제 5 장 외국법의 적용

제 1 절 서 론

외국과 관련된 요소가 있는 법률관계에 관하여, 국제사법에 의해 준거법으로 지정되는 실질사법은 내국법일 수도 있고 외국법일 수도 있다. 그런데 준거법으로서 내국법인 법정지법을 적용하는 경우에는 통상의 국내 법률문제와 다를 바가 없으나, 그것이 외국법인 경우에는 문제이다. 즉 외국법이 준거법으로 지정된 경우, 법원은 그 외국법을 조사하여 그 내용을 확정하는 한편 그 외국법을 해석하여 적용하지 않으면 안된다. 이때 누가 외국법의 조사 및 제출책임을 부담할 것인지가 문제된다. 통상적으로 사실관계는 당사자의 부담으로 되고, 법률관계는 법원이 직권으로 탐지하여 적용하여야 할 것이나, 법관에게 외국법의 내용까지 모두 알기를 요구하는 것은 지나치다고 할 수 있기 때문이다. 이러한 점에서 외국법의 조사와 입증은 사실문제인가, 법률문제인가가 논의된다.

나아가 법원이 외국법의 존재와 내용을 알지 못하거나 당사자의 증명에도 불구하고 외국법을 알 수 없거나 외국법의 존재가 불분명한 경우 법원은 이를 어떻게 처리하여야 할 것인가도 문제이다.

또한 준거법으로 지정된 외국법을 적용하는 과정에서 발생하는 외국법의 해석문제 및 준거법으로 지정된 당해 외국법을 적용하지 않았거나 잘못 적용한 경우 즉 외국법 적용위반을 이유로 상고할 수 있는지도 문제로 될 수 있다.

마지막으로 준거법으로 지정된 외국법을 적용한 결과 내국의 선량한 풍속 기타 내국의 사법질서를 해치는 경우에도 당해 외국법을 적용해야 하는가가 문제된다.

이하에서는 이들을 중심으로 자세히 살펴보기로 한다.

제 2 절 외국법의 범위

Ⅰ. 준거법으로서의 외국법

국제사법은 국경을 초월한 사법적 법률분쟁에 대해 어느 나라의 법을 적용할 것인가를 지정해 주는 역할을 한다. 이렇게 준거법을 연결해 줌으로써 당해 법률관계에 대하여 직접적으로 법률효과를 발생시켜 당해 사안을 해결하는 것이다. 이때 국제사법에 의해 외국법이 준거법으로 지정되었을 때, 실질적으로 적용되어야 하는 것은 어떠한 범위의 것인가가 문제된다.

준거법은 통상적으로는 당해 국가의 실질사법이라고 말할 수 있겠으나, 그 나라의 국제사법이 문제될 수 있는 경우도 있고, 또 공법이 준거법이 될 수 있겠는가 하는 문제도 있다. 이와 함께 요즘은 다소 퇴색된 문제이기는 해도 우리 나라와 외교적 관계가 수립되지 않은 소위 미승인국가의 법률도 문제로 될 수 있을 것이다.

Ⅱ. 실질사법

국제사법에 의해 준거법으로 지정된 법률은 그 나라의 국내법이며, 국제사법관계에 직접 적용되는 실체법으로서 당해 국가의 민법·상법 등 실질사법이라고 하는 것이 원칙임은 두 말할 나위도 없다. 따라서 국제사법 규정에 의해 준거법을 선택하는 경우에는 원칙적으로 그 나라의 실질사법만을 지정하는 것이며 그 나라의 저촉규정으로서의 국제사법을 고려할 필요까지는 없다. 다만 반정(제22조)의 경우에는 예외적으로 외국의 국제사법까지 고려할 필요성이 생긴다.

국제사법에 의해 준거법으로서 지정된 외국법은 반드시 당해 외국의 입법권을 행사하는 의회에서 입법절차를 거쳐 제정된 법률만을 의미하는 것은 아니다.

국제사법의 임무인 외국과 관련된 요소가 있는 법률관계에 가장 밀접한 관련을 갖는 나라의 법을 준거법으로 지정한다는 의미는 그 나라에서 현실로 적용되는 일반적인 법을 준거법으로 지정하여 적용하려는 것이므로, 그것이 제정법이든 관습법이든 판례법이든 문제 삼지 않고 법으로서의 효력을 가지고 시행된다면 그 종류를 불문한다. 나아가 그 외국이 체결한 국제조약도 그 외국의 국내법과 동일한 효력이 인정되는 경우에는 이에 포함됨은 당연하다.

Ⅲ. 공법의 적용여부

형법이나 행정법과 같은 공법은 국제사법이 대상으로 하는 법률관계가 사법관계이므로 여기에 적용될 외국법의 범위에서 제외된다. 다만 준거법이 외국법으로 지정된 경우 당해 외국법에 속하는 노동관계법이나 외국환관리법 또는 무역거래법 등과 같이 사법적 법률효과를 실현하는 공법적 성격을 가지는 법도 그 적용이 배제되는가에 관하여 의문이 제기될 수 있다.

전통적인 국제사법의 이론에 의하면 국제사법에 의하여 지정되는 외국법은 사법이며, 공법은 제외되는 것이 원칙이었기 때문에 공법은 적용될 여지가 없다고 하는 것이 일반적이었다. 그러나 최근에는 사법과 공법의 구별이 명확하지 않고 사법의 공법화현상이 두드러지게 나타남에 따라 준거법으로 지정된 외국법의 내용이 공법적 성격을 가진다는 이유만으로 그 적용이 배제될 수는 없게 되었고, 국제사법도 이러한 취지를 명확히 밝히고 있다(제19조). 이 조항이 신설된 결과 외국법은 비록 공법적 성격을 가지더라도 당해 사법적 법률관계에 영향을 미치는 한 적용될 수 있음이 명확해졌으며, 준거법 소속국의 강행법규가 공법이기 때문에 적용될 수 없다는 이른바 「외국공법 부적용의 원칙」은 더 이상 주장할 수 없게 되었다.

국제사법 제19조는 준거법 소속국인 외국의 공법을 반드시 적용해야 한다고 규정하지 않고, 단지 공법이라는 이유만으로 적용이 배제되는 것은 아니라는 소극적인 규정방식을 취하고 있다. 따라서 외국 공법이 준거법 소속국의 법이라고 하여 당연히 적용될 수 있는 것은 아니고 그 적용여부는 국제사법적 고려

에 기하여 판단해야 할 것이다.[1]

Ⅳ. 미승인국의 법률

법정지의 법원이 적용하는 외국법은 자국이 승인한 국가나 정부의 법률이어야 하는지가 문제되는데, 이는 제1차 세계대전 후 유럽 각국의 법원이 혁명에 의해 사회주의 국가를 세운 러시아인들의 유럽 각지에 있는 재산에 대한 기득권을 주장하는 외국과 관련된 요소가 있는 법률관계에 관해 국가승인이나 정부승인을 하지 않은 상태에서 소련법을 적용할 수 있을 것인지의 문제에 접하게 되면서부터 제기되었다.

이와 관련하여 미승인국가나 미승인정부의 법률은 국제사법상 준거법으로 적용되지 않는다는 입장을 취하는 국가(프랑스, 벨기에)도 있다. 그러나 국가승인, 정부의 승인은 국제법상의 문제로서 외교적, 정치적 의미를 가지는 데 지나지 않는다. 그러므로 외국과 관련된 요소를 포함하는 생활관계를 규율하는 국제사법에 있어서 준거법으로 지정되는 법률이 어느 나라의 법률이냐는 그다지 중요한 문제가 아니므로 준거법 지정을 승인국가나 정부의 법률에 한정시킬 필요는 없는 것이다.[2] 결국 국제사법상 준거법으로 적용되는 외국법은 국가승인이나 정부승인과는 관계없이 그 국가에서 현실적으로 타당한 법을 적용한다는 것이 각국의 경향이다. 다만 미승인국의 법률이 이념의 차이로 공서조항에 반하는 경우에는 외국법 적용의 결과가 선량한 풍속 기타 사회질서에 반하는 경우에 해당되어 그 적용을 배척할 수 있다.

요컨대 국제사법의 이념이 외국과 관련된 요소가 있는 생활관계에 가장 밀접하고 타당한 법을 적용하는 것임과 동시에 국제사법의 원활한 교통이라는 측면에서 볼 때 미승인국가나 정부의 법이라도 이를 적용하는 것이 타당하다고 본다.

---

1) 국제사법해설, 36면.
2) 동지: 서희원, 100면; 신창선, 204면.

제 3 절 외국법의 성질

Ⅰ. 의   의

외국법의 성질문제는 소송에 있어서 중요한 의미를 갖는다. 즉 외국법을 단순한 사실로 볼 것인가 아니면 법률로 볼 것인가는, 외국법이 단순한 사실이냐 법률이냐에 따라 소송당사자가 전적으로 외국법의 존재를 증명해야 하느냐 아니면 법원이 직권으로 조사하여 적용해야 하느냐의 문제로 귀결된다. 외국법을 적용해야 하는 경우에 법원이 그 외국법을 조사·확정하는 방법에 관해서는 현행 국제사법상 아무런 규정이 없다. 그러므로 당사자가 외국법을 증명하지 아니한 경우에 법원은 그에게 증명책임을 지울 수 있는가가 문제된다.

원래 증명책임은 재판에서 변론주의가 적용되는 결과 주요사실이 존재불명일 때 법규 불적용으로 말미암아 일방 당사자가 입게 되는 불이익을 말한다. 따라서 증명책임이 문제되는 것은 법적용의 전제가 되는 사실에 관한 것으로서 외국법이 사실이라고 하는 경우에만 한정되는 것이다.

◎ **변론주의**

민사소송법은 여러 점에서 당사자의 지위를 강화하여 두고 있는데, 이를 당사자주의라 한다. 여기에는 당사자가 소송의 개시, 심판의 범위, 소송의 종료에 관한 결정권을 가지고 있는 처분권주의와 더불어 변론주의가 있다. 변론주의란 당사자가 소송상 필요한 자료의 제출책임을 지는 것을 말한다. 본래 재판을 위해서는 사실을 확정하고 여기에 법을 적용하여야 하는데, 당사자가 사실의 확정을 위한 자료를 제출하여야 한다는 것이다. 변론주의의 결과, 당사자가 제출하지 않은 사실은 설사 법관이 그 내용을 알고 있다고 하더라도 재판의 자료로 삼을 수 없으며, 또 당사자가 자신의 책임 있는 사유로 그 자료를 제출하지 못한 때에는 그 사실을 인정하지 못한 채로 재판이 되고 만다. 이때에는 사실과 다른 재판이 있게 되나, 결국 그 책임은 당사자에게 돌아가게 된다.

II. 학 설

1. 외국법사실설

영미 학설과 판례가 채택하고 있는 견해로서, 외국법증명에 관한 보통법 (Common Law)상의 전통적인 원칙은 외국법을 법이 아닌 사실로서 취급하는 것이었다. 따라서 외국법의 내용에 관한 인정은 법률문제가 아니라 사실문제로서 그 증명 및 확정은 통상의 민사소송에 있어서의 사실인정방법과 마찬가지로 행해졌다.[3] 즉 외국법은 단순한 사실에 지나지 않으므로 소송상에 있어서도 하나의 사실로 취급되어 분쟁 당사자가 당해 외국법을 조사·원용하고 입증하지 않는 한 변론주의에 의하여 법원은 그 법을 조사하거나 적용할 권한이 없다는 것이 외국법사실설이다.[4] 1956년 미국연방항소법원은 원고가 외국법의 주장입증을 하지 않았다는 이유로 그의 청구를 기각한 적이 있다.[5]

그러나 외국법도 재판에 있어서는 하나의 준칙이므로 그것을 사실로 볼 수는 없다. 또한 외국법사실설에 의하면 당사자의 원용이 없는 때에는 법원이 이 외국법을 직권으로 조사하거나 적용할 수 없어 통일적인 해석적용이 곤란하다는 비판을 받는다.

다만 오늘날 영미법에서도 외국법을 사실에 관한 문제로 취급하면서도 법원이 외국법을 취득하는 방법으로서 법원이 당연히 사실인정을 할 수 있는 이른바 직권조사에 유사한 재판상 공지 또는 재판상 현저한 사실 내지는 확지(確知; Judicial notice)의 이론을 발전시키고 있다. 즉 일반적으로 외국법은 당사자가 증명하는 것이지만 경우에 따라서는 법원은 현저한 사실을 확정하는 방법으로 이를 지득할 수 있도록 함으로써 법관은 당사자가 인용하는 선례나 외국

---

3) 최공웅, 362면.
4) M. Wolff, Private International Law, 2nd ed., Clarendon, 1950, p.218; G.C. Cheshire, Private International Law, 7th ed., Butterworth, 1965, p.115.
5) Walton v. Arabian American Oil Co., U.S. Court of Appeals, Second Circuit, 1956, 233 F. 2d. 541.

법 외에 자기가 조사하여 이를 알아내거나 당사자의 협력을 얻어 이를 지득할 수 있는 방법을 써서 당사자의 증명책임의 부담을 경감시키게 되었다. 영국에서 먼저 외국법의 조사를 배심업무에서 법관의 임무로 변경하는 제정법6)이 생겼으며, 미국에서 이를 더욱 발전시켜 수정된 확지에 관한 이론을 학설 및 판례가 발전시키게 되었다. 이는 결국 당사자의 증명책임에 의하는 것보다 실체적 정의에 입각하여 외국법을 직권으로 알아내려는 것이라는 점에서 실질적으로는 대륙법에 있어서의 법원의 직권탐지에 접근하는 것이라 할 수 있다.7)

2. 외국법법률설

대륙법계 국가들의 학설 및 입법에서 채택하고 있는 견해로서, 외국법은 본래 내국에서 법으로의 효력을 갖지 못하지만 국제사법의 지정에 의해 법으로서 효력이 인정된다고 한다. 따라서 외국법도 법률이므로 법원은 직권으로 외국법을 조사해서 적용해야 하지만 당사자에게도 외국법의 내용을 입증할 수 있는 기회를 주어야 한다는 것이 외국법법률설이다.8)

특히 사비니(Savigny)의 국제사법이론은 원칙적으로 외국법과 국내법을 평등하게 취급하며, 외국법도 법원의 직권으로 적용한다는 입장이다. 다만 법원이 외국법을 쉽게 알 수 없기 때문에 그 증명에 당사자의 협력을 기대한다는 의미에서 독일 민사소송법 제293조는 "외국법을 법원이 알지 못할 때에는 그 증명을 요한다. 다만 법원은 외국법을 조사함에 있어서 당사자가 제출한 증거에 제한을 받지 아니하고 모든 조사방법을 사용할 수 있으며, 그에 필요한 명령을 발할 수 있다."9)고 규정하고 있다. 결국 법원은 외국법을 조사·확정함에 있어서

---

6) The British Law Ascertainment Act(1859); The Foreign Law Ascertainment Act(1861)
7) 최공웅, 364면.
8) 황산덕/김용한, 114면; 서희원, 100면; 신창선, 199면; 신창섭, 115면; 溜池良夫, 236-237면; 澤木敬郎/道垣内正人, 國際私法入門, 有斐閣, 2000, 52면; F. Melchior, Die Grundlagen des Deutschen Internationalen Privatrechts, 1932, S.111.
9) ZPO §293 Das in einem anderen Staate geltende Recht, die Gewohnheitsrechte und Statuten bedürfen des Beweises nur insofern, als sie dem Gericht unbekannt sind. Bei Ermittelung dieser Rechtsnormen ist das Gericht auf die von den Parteien beigebrachten Nachweise nicht beschränkt; auch andere Erkenntnisquellen zu benutzen und zum Zwecke einer solchen Benutzung das Erforderliche anzuordnen.

위와 같은 방법과 명령권을 행사하여 외국법의 내용을 확정할 책무가 있으며, 법률전문가인 법관이 이를 직책상 구명하여야 할 것이므로 그것이 불명한 경우에는 직권탐지주의가 적용되어 법원은 외국법에 대한 당사자의 자백이나 합의에 구속되지 않는다.[10]

3. 외국법변질설

국제사법규정에 의하여 준거법으로 지정된 외국법은 외국법으로서 효력을 갖는 것이 아니라 내국법으로 변질되거나 내국법에 편입되어 내국법 질서의 한 구성부분이 되어 적용된다는 것이 외국법변질설이다.[11] 이 경우 외국법은 내국법과 같이 법원이 직권으로 조사해야 한다고 한다.

그러나 법원은 국제사법규정에 의하여 외국법을 외국법으로서 적용하는 것이므로 외국법이 내국법의 일부로 되는 것은 아니다. 또한 법원은 국제사법규정이 명하는 외국법을 적용해야 할 의무가 있는 것이며, 그 의무가 외국법을 내국법으로 변질시키는 것도 아니다. 따라서 이 견해는 타당하다고 볼 수 없다.

4. 소 결

우리나라의 통설은 외국법법률설의 입장에 서 있다. 대법원 판례는 "우리나라 법률상으로는 준거법으로서의 외국법의 적용 및 조사에 관하여 특별한 규정을 두고 있지 아니하나 외국법은 법률이어서 법원이 권한으로 그 내용을 조사하여야 하고, 그 방법에 있어서 법원이 합리적이라고 판단하는 방법에 의하여 조사하면 충분하고, 반드시 감정인의 감정이나 전문가의 증언 또는 국내외 공무소, 학교 등에 감정을 촉탁하거나 사실조회를 하는 등의 방법만에 의하여야 할 필요는 없다."고 판시[12]하여 외국법을 법률로 보고 이를 직권으로 조사해야 한다고 하고 있다.

외국법이 준거법으로 적용되는 것은 국제사법이 그 외국법의 적용을 명하였

---

10) 최공웅, 359면.

11) 川上太郎, 國際私法要綱, 有信堂, 1952, 54면; W.W. Cook, The Logical and Legal Bases of the Conflict of Laws, Harvard Univ. Press, 1942, p.21.

12) 대법원 1990.4.10. 선고 89다카20252 판결.

기 때문에 법원은 국제사법에 따라야 할 의무의 결과이지 당사자의 원용에 따를 문제는 아니다. 다만 법관이 모든 외국법을 안다는 것은 쉬운 일이 아니므로 외국법법률설을 취하면서도 당사자의 입증을 통하여 보완할 수 있는 여지를 주는 것이 타당하다고 본다.

Ⅲ. 국제사법의 규정

국제사법은 제18조에서 "법원은 이 법에 의하여 지정된 외국법의 내용을 직권으로 조사·적용하여야 하며, 이를 위하여 당사자에게 협력을 요구할 수 있다."라고 규정하여 외국법법률설을 수용하고 있다.

외국법이 준거법으로 지정된 경우 그 내용을 주장하고 증명할 책임이 누구에게 있는가에 대해 구섭외사법은 아무런 규정을 두지 않아 학설상 대립이 있었다. 그러나 국제사법에서는 학설과 판례의 입장에 따라 준거법이 외국법인 경우 당사자의 입증이 없더라도 법원이 이를 직권으로 조사, 확정하고 적용하여야 함을 명시하고, 다만 입증의 편의를 위해 법원이 당사자에게 그 협력을 요구할 수 있도록 하였다. 외국법도 법률이기에 외국법의 조사·확정의무는 법원에 있다고 할 것이며, 당사자에게 증명책임까지 부담시키는 것은 지나치다는 판단에 따라 단지 협력만을 요구할 수 있는 것으로 하였다.[13] 따라서 당사자가 외국법의 조사와 증명에 관한 협력을 제대로 이행하지 않는다고 하여 그에 대한 증명책임을 부담시키는 등의 불이익을 줄 수는 없다.

최근 영미에서는 앞에서 본 바와 같이 재판상 확지이론을 통하여 전통적인 외국법사실설의 입장을 수정하고 있으며, 독일에서도 무조건 법원의 직권으로 외국법을 조사하여 적용해야 한다는 기존의 입장에 반대하는 새로운 경향이 등장하고 있다. 우리 국제사법도 외국법의 증명책임에 관한 이러한 경향을 수용하고 있는데, 국제적인 추세에 보조를 같이 하는 적절한 입법이라 생각한다.

---

13) 국제사법해설, 33-34면.

■ 판 례

(ㄱ) "우리나라 법률상으로는 준거법으로서의 외국법의 적용 및 조사에 관하여 특별한 규정을 두고 있지 아니하나 외국법은 법률이어서 법원이 권한으로 그 내용을 조사하여야 하고, 그 방법에 있어서 법원이 합리적이라고 판단하는 방법에 의하여 조사하면 충분하고, 반드시 감정인의 감정이나 전문가의 증언 또는 국내외 공무소, 학교 등에 감정을 촉탁하거나 사실조회를 하는 등의 방법만에 의하여야 할 필요는 없다"(대법원 1990.4.10. 선고 89다카20252 판결).

(ㄴ) "섭외적 사건에 관하여 적용될 준거법으로서의 외국법은 여전히 사실이 아니라 법으로서 법원은 직권으로 그 내용을 조사하여야 하고, 그러한 직권조사에도 불구하고 그 외국법의 내용을 확인할 수 없는 경우에 한하여 조리 등을 적용할 것이다"(대법원 2010.3.25. 선고 2008다88375 판결).

(ㄷ) "외국적 요소가 있는 법률관계에 관하여 적용되는 준거법으로서의 외국법은 사실이 아니라 법으로서 법원은 직권으로 그 내용을 조사하고, 그러한 직권조사에도 불구하고 외국법의 내용을 확인할 수 없는 경우에 한하여 조리 등을 적용해야 한다"(대법원 2019.12.24. 선고 2016다222712 판결).

제 4 절 외국법의 불분명

I. 의   의

국제사법적 법률관계에 관하여 외국법을 준거법으로 적용해야 할 경우, 즉 준거법은 결정되었지만, 법원의 조사 및 당사자의 입증노력에도 불구하고 외국 실질법의 존부나 내용을 알 수 없는 경우가 있는데 이를 외국법의 불분명이라 한다. 여기서 외국법의 불분명은 외국법이 존재하지 않는 외국법의 흠결과는 구별된다. 외국법의 흠결은 국제사법상 법의 흠결에 관한 일반적인 보충문제로서 해결하면 되기 때문이다[14]. 외국법의 증명이 사실증명이 아니고 법규증명으로서 그 조사확정이 법원의 직무인 경우에도 법원이 당사자의 협력, 감정인의 감정의견 등 모든 노력을 기울였으나 외국법의 내용이 판명되지 않더라도 외국

---

14) 최공웅, 367-373면.

법의 조사가 법원의 직무인 이상 외국법의 주장 내지는 입증이 없다는 이유로 청구를 기각하거나 당사자가 합의한 외국법을 적용하는 것은 타당하다고 할 수 없고, 또 법원은 충분한 조사 없이 안이하게 외국법의 불분명이라고 결론지어서도 아니 될 것이다. 실제 외국법이 불분명한 경우 법원은 어떻게 해결해야 하는가와 관련하여 학설 및 판례가 대립하고 있다.

◎ **증명책임**

민사소송은 변론주의에 의하여 사실의 제출책임을 당사자에게 지우고 있는데, 이에 의하여 당사자는 어떠한 사실이 있었다는 것을 법원에 알려줄 뿐 아니라, 그 사실의 존부에 대한 증거까지도 제출하여야 한다. 만약 당사자가 제출한 증거가 불충분하여 법관이 아무리 하여도 사실을 알 수 없는 소위 진위불명의 경우가 되면, 사실상 정확한 재판을 하는 것은 불가능하게 된다. 그러나 이때에도 법관이 재판을 거부할 수는 없으므로, 법관은 증명책임에 의하여 재판을 하게 된다. 즉 어떤 사실에 대해 이를 인정받으면 이익을 얻는 당사자가 입증을 못한 데 대한 책임을 지고 패소판결을 받게 되는 것이다. 그 결과, 증명책임을 지게 되는 당사자는 그 상대방에 비해서 더 큰 부담을 지고 재판을 받게 된다.

Ⅱ. 학   설

1. 내국법적용설

전통적으로 주장되어 온 "의심스러울 때에는 법정지법에 의한다(in dubio lex fori)."는 사상에 근거한 이 견해는 외국법이 분명하지 않을 경우에는 내국법을 적용해야 한다는 것이다. 이 견해는 일반적으로 각국의 법의 내용은 대체로 동일하다는 점, 내국법을 객관적인 조리로 인정해야 한다는 점, 재판거부를 피하기 위한 비상수단으로 내국법을 적용해야 한다는 점 등을 그 근거로 삼고 있다. 이는 영미에서 지지를 받은 견해로서, 판례[15]에 의하여 내용이 불명인 외

---

15) Boston v. Seguros Tepegac 225 F. Supp 222(멕시코 법의 증명을 결한 경우에 텍사스주법과의 동일성을 추정한 한편, 당해 보험계약이 법정지와 가장 중요한 관련성을 갖는다는 이유로 멕시

국법은 국내법과 유사하다는 이른바 동일성 추정(presumption of similarity)의 원리로 발전하였다.

그러나 이 견해에 대해서는 가장 쉽게 문제를 해결할 수 있다는 실제적 편리성은 있지만, 반드시 외국법이 내국법과 동일하다고는 볼 수 없을 뿐만 아니라 나머지 근거들도 외국법에 대해 내국법을 우선시키는 사상을 전제로 한 것이어서 국제사법의 내외국법 평등적용이념에 반할 뿐 아니라 외국법의 불분명을 이유로 법원이 외국법을 조사하지 않고 내국법을 우선적으로 적용할 염려가 있다는 점에서 국제사법의 정의에 반하는 것으로 부당한 결과를 가져온다는 비판이 있다.16)

2. 청구기각설

이 견해는 외국법사실설을 근거로 하고 있는데, 이에 의하면 외국법이 불분명한 경우는 소송법상 당사자가 주요사실을 입증하지 못한 경우와 마찬가지로 증명책임의 분배원칙에 따라 그 당사자에게 불이익하게 판단하여 청구를 기각해야 한다는 것이다.

그러나 변론주의하의 주요사실의 증명은 당사자의 책임이지만 외국법의 조사 및 존재의 증명은 법원의 직권조사사항이며, 단지 당사자에 협력을 요구할 수 있도록 한 것은 외국법 조사에 관한 법원의 직무를 돕기 위한 것이므로 당사자가 증명책임을 지는 것은 아니다. 외국법의 불분명을 변론주의하의 공격방어의 사실을 입증하지 못한 것과 동일시하여 청구를 기각하는 것은 부당한 재판이라 하지 않을 수 없다.

3. 조리적용설

법원이 직권조사를 다해도 외국법이 분명하지 아니한 경우 내국법이 흠결된 경우와 마찬가지로 조리에 의해 재판한다는 견해이다. 민사재판에 있어서 법적용 순서상 법률의 규정이 없으면 관습법에 의하고 관습법이 없으면 조리에 의

코 법보다 텍사스주법의 적용을 긍정한 판례이다).
16) 池原季雄, 242면; 최공웅, 372면.

하는 것이므로 외국법의 존부가 불분명한 경우에도 조리에 의해야 할 것이다. 다만 조리에 의해 재판한다는 것은 반드시 일반적으로 승인된 법의 일반원칙과 같은 추상적·보편적 원칙에 의해서 해결한다는 것이 아니라, 가능한 한 본래 적용하도록 되어 있는 외국법에 의한 해결과 가장 가까운 해결방법을 취해야 한다는 것이다. 이러한 의미에서 이 견해는 최근사법설(最近似法說)이라고도 한다. 즉 외국법이 불분명한 경우 당해 외국법률체계에 따른 확장·유추해석, 관습법 및 판례 등을 고려해서 가장 가까운 법을 찾아 이것을 조리로서 적용해야 한다는 입장이다.[17] 다만 이와 같이 하여도 최근사법을 찾을 수 없는 경우에는 순수한 조리로서 보충할 수밖에 없을 것이다.

국제사법적 법률관계도 내국 민사분쟁에서와 마찬가지로 외국법의 불분명을 이유로 재판을 거부할 수는 없다. 따라서 외국법의 불분명의 경우 구체적 타당성을 고려한 적절한 조리를 적용함으로써 객관성 및 합리성 있는 사례해결을 도모해야 한다는 점에서 조리적용설이 타당하다고 본다.

4. 판례의 태도

종래 판례 중에는 당사자가 외국법을 증명하지 않았다는 이유로 청구를 기각한 것도 있고,[18] 법정지인 내국법을 적용한 경우도 있으나,[19] 최근에는 "섭외적 사건에 관하여 적용될 외국법규의 내용을 확정하고 그 의미를 해석함에 있어서는 그 외국법이 그 본국에서 현실로 해석·적용되고 있는 의미·내용대로 해석·적용되어야 하는 것이지만, 소송 과정에서 그 외국의 판례나 해석기준에 관한 자료가 제출되지 아니하여 그 내용의 확인이 불가능한 경우에 법원으로서

---

17) 황산덕/김용한, 117면; 서희원, 102-103면; 김명기, 100면; 신창섭, 119면; 溜池良夫, 241면.
18) 서울고법 1976.9.10. 선고 73나1888 판결.
19) 대법원 1988.2.9. 선고 87다카1427 판결: 이집트 상법 제160조, 제166조의 각 규정들은 이집트 이외의 국가에서 발행되고 이집트에서 지급될 어음이나 이집트에서 발행되고 이집트 이외의 국가에서 지급될 어음의 제시기간을 규정한 것으로서 그것이 이집트에서 발행되고 이집트에서 지급될 어음의 소지인이 이집트 이외의 국가에 있는 경우의 지급제시기간까지는 규정한 것이 아니고 또 그러한 경우에까지 이집트 상법의 위 각 규정이나 제169조를 유추하여 해석할 수는 없다 할 것이므로 발행지 및 지급지가 이집트이고 이집트인이 발행한 수표를 한국인이 소지하고 있는 경우에 있어 그 수표의 지급제시기간에 관하여는 이집트 상법의 위 규정들을 적용할 수 없다.

는 법원(法源)에 관한 민사상의 대원칙에 따라 외국 관습법에 의할 것이고, 외국 관습법도 그 내용의 확인이 불가능하면 조리에 의하여 재판할 수밖에 없다."라고 판시[20]하여 조리적용설을 취하고 있다. 한편 같은 견지에서 "소송 과정에서 당해 사건에 적용될 외국의 판례나 해석기준에 관한 자료가 제출되지 아니하여 그 내용의 확인이 불가능하므로 법원이 일반적인 법해석 기준에 따라 그 외국법률의 의미와 내용을 확정하였다면, 법원이 준거법을 특별히 명시하지 아니하였다고 하여도 달리 위법이 있는 것이 아니다."라고 판시[21]한 것도 있다.

외국법의 불분명과 관련하여 최근 국제사법개정시 스위스(제16조)나 오스트리아 국제사법규정(제3조, 제4조)과 같이 법원이 상당한 기간 동안 합리적인 노력을 기울였음에도 불구하고 외국법의 내용을 확정할 수 없는 때에는 대한민국의 법을 적용한다는 취지의 규정을 두자는 견해도 있었지만, 이러한 규정을 두는 경우 법원으로 하여금 너무 안이하게 대한민국법을 적용하는 결과가 될 것을 우려하여 명문의 규정을 두지 않고 종전처럼 학설 및 판례에 맡기고 있다.

판 례

(ㄱ) "섭외적 사건에 관하여 적용될 외국법규의 내용을 확정하고 그 의미를 해석함에 있어서는 그 외국법이 그 본국에서 현실로 해석·적용되고 있는 의미·내용대로 해석·적용되어야 하는 것인데, 소송과정에서 적용될 외국법규에 흠결이 있거나 그 존재에 관한 자료가 제출되지 아니하여 그 내용의 확인이 불가능한 경우 법원으로서는 법원(法源)에 관한 민사상의 대원칙에 따라 외국 관습법에 의할 것이고, 외국 관습법도 그 내용의 확인이 불가능하면 조리에 의하여 재판할 수밖에 없는바, 그러한 조리의 내용은 가능하면 원래 적용되어야 할 외국법에 의한 해결과 가장 가까운 해결 방법을 취하기 위해서 그 외국법의 전체계적인 질서에 의해 보충·유추되어야 하고, 그러한 의미에서 그 외국법과 가장 유사하다고 생각되는 법이 조리의 내용으로 유추될 수도 있을 것이다."

"신용장 거래에 부수하여 이루어지는 환어음 인수인의 어음법상 의무에 관한 준거법이 환어음 지급지 소재지인 중국의 법이지만 환어음이 지급제시되고 인수될 당

---

20) 대법원 2003.1.10. 선고 2000다70064 판결. 동지: 대법원 1991.2.22. 선고 90다카19470 판결: 대법원 2021.7.8. 선고 2017다218895 판결.
21) 대법원 1996.2.9. 선고 94다30041 판결.

시 중국에 어음관계를 규율하는 법이 존재하지 않았던 경우, 그 후 시행된 중국의 어음수표법을 유추적용하는 것이 조리에 부합한다"(대법원 2000.6.9. 선고 98다35037 판결).

(ㄴ) 일본인인 처가 북한에 있는 남편의 생사불명을 이유로 이혼을 구한 사안에서 한 일본 하급법원은 "준거외국법과 풍속, 전통, 습관이 가장 근접한 대한민국의 법률을 적용하는 것이 조리에 합치한다."고 판시하였다(福岡地判 1959.1.14, 下級民集 9권 1호 15면).

(ㄷ) "우리나라 국적을 가진 부가 콜롬비아국적을 가진 부를 상대로 이혼심판청구를 할 경우 그 이혼사건에 관하여 적용될 준거법은 섭외사법 제18조에 따라 부의 본국법인 콜롬비아국의 이혼에 관한 법률이지만 그 법률이 내용의 불명으로 확정하기 어렵다면 위 콜롬비아국과 풍속, 전통, 관습에서 가장 유사한 사회인 베네주엘라국, 에쿠아도르국, 페루국 등의 이혼에 관한 법률을 참조로 적용하여 판단함이 가장 조리에 합당하다."고 판시하였다(서울가정법원 1985.10.31. 선고 84드7150 판결).

제 5 절   외국법의 해석과 적용위반

Ⅰ. 의   의

넓은 의미에서 외국법의 적용위반은 크게 두 가지 측면이 문제된다. 첫째, 준거법으로 지정된 외국법의 해석을 잘못한 경우와 둘째, 국제사법이 지정한 외국법을 적용하지 않았거나 잘못 적용한 경우이다. 논의의 실익은 이러한 경우 내국법의 적용위반의 경우와 같이 상고이유가 되는지에 있다.

우리 민사소송법은 상고이유를 법률위반으로 한정하고 있으므로(제423조), 외국법의 성질을 사실로 본다면 이를 위반하더라도 상고할 수 없고, 또한 주로 국내법의 적용위반에 한하여 상고이유가 된다는 점과 관련하여 문제가 제기된다. 외국법의 해석자체를 상고의 대상으로 할 것인지는 먼저 국내법원이 외국법의 해석을 어떻게 할 것인지와 관련이 있다. 이하에서는 외국법의 해석을 둘러싼 문제점과 외국법의 적용을 하지 않았거나 잘못 적용한 경우를 나뉘어서 이를 위반한 경우 상고대상이 되는지를 중심으로 살펴보기로 한다.

Ⅱ. 외국법의 해석

국제사법규정이 외국법의 적용을 명한 경우 그 외국법은 외국법으로서 적용하라는 것이지 내국법으로 적용하라는 것은 아니다. 따라서 그 외국법의 해석도 당해 외국법원의 입장에서 그 나라의 법원이 해석하는 것과 같이 해석해야 할 것이지, 내국법원의 입장에서 국내법해석원칙에 따라 해석하라는 것은 아니다. 즉 적용할 외국법의 해석은 당해 외국법 질서의 한 구성부분으로서 그 법질서 전체와 관련시켜서 행해야 한다는 것이다. 따라서 그 나라의 학설 및 판례를 참고로 함은 물론이고, 그 나라 법원에서 내려질 해석을 고려하여 그 의미 내용을 확정하여야 한다. 판례도, 섭외사건에서 외국법규에 대한 해당 국가의 판례 해석기준에 관한 자료가 제출되지 아니한 경우 외국법규의 내용 및 의미의 확정방법에 관하여, "섭외적 사건에 관하여 적용될 외국법규의 내용을 확정하고 그 의미를 해석함에 있어서는 그 외국법이 그 본국에서 현실로 해석 적용되고 있는 의미, 내용대로 해석 적용되어야 하는 것이지만, 소송과정에서 본국의 판례나 해석기준에 관한 자료가 제출되지 아니하여 그 내용의 확인이 불가능한 경우 법원으로서는 일반적인 법해석 기준에 따라 법의 의미, 내용을 확정할 수밖에 없는 것이다."라고 판시하고 있다.[22]

여기서 해석을 요하는 외국법은 당해 외국의 실정법을 말하며 여기에는 성문법, 불문법을 모두 포함한다. 그리고 외국법이 그 외국의 헌법상 위헌의 의심이 있는 경우라도 당해 외국에서 위헌판결이 내려지지 않은 한, 그대로 그 법을 적용해야 한다.[23]

문제는 법원이 외국법의 해석을 잘못한 경우에 이를 상고의 대상으로 삼을 수 있을 것인가이다. 오늘날에 있어서는 국제사법적인 분쟁사건이 비약적으로 증가함으로써 외국법이 준거법으로 적용되는 사례가 급증하고 있는 만큼 국제적인 사법생활의 법적 안전을 보장하기 위해서 외국법 해석의 통일을 기하기

---

22) 대법원 1991.2.22. 선고 90다카19470 판결; 대법원 2021.7.8. 선고 2017다218895 판결.
23) 황산덕/김용한, 115면; 서희원, 101면.

위해서나 외국법 해석에 보다 신중성을 기하기 위해서라도 외국법의 해석 잘못을 상고이유로서의 법령위반으로 보아 상고심 판단의 대상으로 보는 것이 타당할 것이다.[24]

판 례

(ㄱ) 한국국적을 갖고 있는 부부의 이혼소송에 대하여 한국법원의 입장에서 내린 일본판례가 있다. 일본의 최고 재판소는 유책배우자의 이혼청구에 대해 대한민국법상 유책배우자의 이혼청구를 허락하지 않는 명문의 규정은 존재하지 않지만, 대법원 1965.9.21 판결을 리딩케이스로 한 판례에 의해 유책배우자로부터의 이혼청구도 이미 혼인관계가 완전히 파탄난 경우 또는 상대방 배우자의 실질적 이혼의사의 존재가 명백한 경우에는 예외적으로 인용하고 있음을 인정하면서, 표면적으로 이혼에 응하지 않지만 실제에 있어서는 혼인의 계속과 도저히 양립할 수 없는 행위를 하는 등 그 이혼의 의사가 객관적으로 명백한 경우에는 대한민국법상 유책배우자의 이혼청구가 예외적으로 허용되는 경우에 해당되므로 유책배우자의 이혼청구를 인정하였다 (最高裁 1996.2.25, 第3小法廷判決).

(ㄴ) 섭외적 사건에 관하여 적용될 외국법규의 내용을 확정하고 그 의미를 해석함에 있어서는 그 외국법이 그 본국에서 현실로 해석·적용되고 있는 의미·내용대로 해석·적용되어야 하고(대법원 1991.2.22. 선고 90다카19470 판결 및 1996.2.9. 선고 94다30041 판결 등 참조), 그 본국에서 최고법원의 법해석에 관한 판단은 특별한 사정이 없는 한 존중되어야 할 것인바, 위 Haiti 사건 판례는 파나마국 법원공보에 수록되어 출간되었고, 파나마국 해상법 관련 주석서에도 그대로 인용되어 소개되고 있는 사실을 알 수 있고, 위 Haiti 사건 판례 이후 그에 배치되는 판단을 한 사례는 찾아보기 어려우므로, 원심이 파나마국 상법 제1507조 제5호를 파나마 대법원의 위 Haiti 사건 판시와 다르게 해석한 것은 잘못이라 할 것이다. 위 Haiti 사건의 판시만으로는 원고가 주장하는 바와 같은 선적 및 운송지연 등으로 인한 용선자의 손해배상채권이 파나마국 상법 제1507조 제5호 소정의 해상우선특권이 인정되는지 여부가 명확하지 아니하고 그에 관한 판례나 해석 기준에 관한 자료가 충분히 제출되지 아니하여 그 내용의 확인이 불가능하므로, 일반적인 법해석 기준에 따라 법의 의미·내용을 확정할 수밖에 없다고 할 것이다(대법원 1991.2.22. 선고 90다카19470 판결 및 1996.2.9. 선고 94다30041 판결 등 참조)(대법원 2004.7.9. 선고 2003다23168 판결).

---

24) 이시윤, 민사소송법, 703면; 송상현, 민사소송법, 646-647면, 703면; 김연, 민사소송법, 646면; 최공웅, 380면.

Ⅲ. 외국법의 적용위반

1. 의   의

국제사법이 지정한 외국법을 적용해야 하는 경우에 법관이 그 외국법을 적용하지 않았거나 잘못 적용한 경우를 외국법의 적용위반이라고 한다. 국내사건에 있어서 법관이 법률의 적용을 위반한 경우에는 상고의 이유가 되듯이, 국제사법에 있어서도 법관이 외국법의 적용을 위반한 경우 상고이유가 되는가가 문제된다.

◎ **상소심의 구조**

법관이라고 하여 항상 무결점의 재판만을 하는 것은 아니므로, 재판이 잘못될 만약의 경우를 대비하여 법원을 단계적으로 구성하고, 1차적으로는 하급심의 법원이 재판하되 그 잘잘못을 상급심의 법원에서 다시 가릴 수 있게 하는 것을 상소제도라 한다. 우리나라에서는 지방법원, 고등법원, 대법원의 3단계 법원이 구성되어 있고, 지방법원은 다시 단독판사와 합의부의 2단계로 되어 있는 소위 4급3심제의 법원구조로 되어 있는데, 모든 사건은 **지방법원 단독판사(또는 합의부)** → **지방법원 합의부(또는 고등법원)** → **대법원**의 단계로 상소가 이루어진다. 이중 특히 지방법원과 고등법원은 당사자의 주장과 입증을 거쳐 재판하나, 대법원에서는 하급심의 재판이 법에 위반하였는가의 여부만 서면심리를 통하여 재판한다. 이러한 이유에서 지방법원과 고등법원을 사실심이라 하고, 대법원을 법률심이라 한다.

---

2. 외국법 적용위반 유형

(1) 국제사법의 적용위반

국제사법의 규정을 오해하여 준거법의 지정을 잘못한 경우, 즉 국제사법규정에 의하여 A국법을 적용해야 함에도 불구하고 내국법을 적용했다든가 아니면 B국법을 적용하는 경우가 있다. 이는 특정 외국법의 적용을 명한 내국 국제사법규정 자체를 위반한 판결로서, 판결에 영향을 미친 법률의 위반에 해당되어 상고이유가 된다(민소 제423조)는 점에는 이의가 없다.

(2) 외국실질법의 적용위반

준거법의 선택은 제대로 했으나, 그 외국법의 내용의 확정 내지는 해석을 잘
못한 경우, 즉 국제사법규정에 의하여 지정된 A국의 실질법 중 a규정을 적용해
야 함에도 불구하고 b규정을 적용했다거나, 적용할 규정의 해석을 잘못한 경우
가 있다. 이 경우도 상고의 대상인가에 관해 견해의 대립이 있다. 상고를 부정
하는 견해의 논거는 첫째, 내국 최고법원의 임무는 내국법의 통일적 적용의 확
보에 있다는 것, 둘째, 외국법사실설의 입장에서 소송상 외국법은 단순한 사실
에 지나지 않으므로 법률심인 최고법원의 심리대상은 아니라는 점을 들고 있다.
이에 반해 긍정설의 논거는 첫째, 민사소송법상 상고이유를 단지 법령위반이라
고 하고 있을 뿐 아무런 제한규정을 두고 있지 않으므로 외국실질법의 적용위
반에 대해서도 상고를 허용해야 한다는 것, 둘째, 외국법법률설의 입장에서 외
국법도 법률이므로 최고법원의 심리대상이 될 수 있다는 것, 셋째, 국제사법이
외국법의 적용을 명하였을 때는 그 외국법을 정확하게 해석·적용하라는 것이
기 때문에 이를 잘못 적용하였다면 내국법인 국제사법을 위반한 것이 된다는
것 등을 들고 있다.

외국법을 사실로 보는 영미의 전통이론은 외국법 적용의 위반은 법률심의
대상이 아니므로 상고이유가 되지 않는다는 입장이었으나, 최근에는 법원의 확
지(Judicial notice)이론이 정립됨에 따라 타주 또는 외국법의 확정이나 해석은
법관만이 할 수 있고, 배심은 할 수 없으며, 이에 대한 해석의 잘못이 있으면 상
고할 수 있게 되었다.[25] 독일의 경우에는 독일연방법 규정의 위반이 있는 경우
에만 상고할 수 있으므로, 외국법의 적용에 잘못이 있는 경우에 상고가 제한되
는데, 학자들은 이에 대해 비판적이다. 우리나라의 경우 민사소송법상 상고이유
를 단지 법령위반이라고 하고 있을 뿐 아무런 제한규정을 두고 있지 않으므로
외국실질법의 적용위반에 대해서도 상고를 허용해야 할 것이다.

---

25) Uniform Judicial Notice of Foreign Law Act, 9A U.L.A. 553, 1965; Uniform Interstate and
International Procedure Act, 13 U.L.A. 459, 1980.

이상에서 보는 바와 같이 외국실질법의 적용위반의 경우에도 국제사법적 법률관계가 급격히 증가하는 실정을 감안하여 최상급법원이 외국법의 내용의 확정과 해석에 통일을 기할 수 있도록 상고의 대상이 된다고 보는 것이 타당하며, 대부분의 국제사법학자가 취하는 태도이다.[26]

판 례

(ㄱ) 섭외적 사건에 관하여 적용될 외국법의 내용 확인이 불가능한 경우 법원의 조치에 관하여 대법원은 "섭외적 사건에 관하여 적용될 외국법규의 내용을 확정하고 그 의미를 해석함에 있어서는 그 외국법이 그 본국에서 현실로 해석·적용되고 있는 의미·내용대로 해석·적용되어야 하는 것이지만, 소송 과정에서 그 외국의 판례나 해석기준에 관한 자료가 제출되지 아니하여 그 내용의 확인이 불가능한 경우에 법원으로서는 일반적인 법해석 기준에 따라 법의 의미·내용을 확정할 수밖에 없다."고 판시하였다(대법원 1996.2.9. 선고 94다30041, 30058 판결)

(ㄴ) 섭외사건에 관하여 적용할 준거 외국법의 내용에 대한 증명이 자유로운 증명으로 족한지의 여부에 관하여 대법원은 "섭외사건에 관하여 적용할 준거외국법의 내용을 증명하기 위한 증거방법과 절차에 관하여 우리나라의 민사소송법에 어떤 제한도 없으므로 자유로운 증명으로 충분하다고 할 것이다."고 판시하였다(대법원 1992.7.28. 선고 91다41897 판결).

---

26) 이호정, 214면: 황산덕/김용한, 118면: 서희원, 104면: 김명기, 103면.

제 6 절 외국법의 적용제한(공서법)

Ⅰ. 서 론

사 례

일부다처제를 인정하는 나이지리아 사람인 甲은 이미 본국에서 혼인을 한 뒤, 대한민국에 유학을 왔는데, 대한민국의 여자 대학생인 乙과 사랑에 빠져 乙에게는 배우자가 있다는 사실을 속이고 혼인을 하였다. 혼인 후 甲과 함께 나이지리아에 간 乙은 甲이 이미 배우자가 있음을 알고 혼비백산하여 대한민국으로 돌아오고 말았다. 그런데 乙은 이미 甲과의 혼인신고가 되어 있어 이것이 문제로 되었다. 乙은 甲에 대해 신분관계등록부의 정리를 요구하였으나, 응하지 아니하므로 법원에 민법 제816조의 규정을 들어 혼인취소청구소송을 제기하였다. 소송에서 甲은 혼인의 성립요건은 각 당사자의 본국법에 의한다고 하는 국제사법 제36조를 들어 혼인은 유효하다고 주장하고 있다. 법원은 어떠한 판단을 하게 되는가?

1. 의 의

외국과 관련된 요소가 있는 생활관계에 있어서 국제사법규정에 의한 준거법의 지정은 당사자의 본국법, 일상거소지법, 밀접관련지법 등과 같이 추상적으로 행해지기 때문에 당해 법률관계에 적용할 법률의 구체적인 내용을 알 수 없는 경우가 많다. 그렇다면 국제사법규정에 의해 지정된 준거법인 외국법은 그 내용여하를 묻지 않고 문제된 법률관계에 절대적으로 적용되어야 하는가, 즉 준거법으로 지정된 특정한 나라의 법을 적용하는 경우에 그 적용의 결과 내국의 선량한 풍속 기타 내국의 사법질서를 해치는 결과가 발생할 수 있음에도 불구하고 내국법원은 국제사법의 규정에 따라 이를 그대로 적용해야 하는가가 문제된다. 대부분의 국가에서는 국제사법규정에 의하여 외국법이 준거법으로 지정되어 적용된 결과 내국의 공서 및 사법질서를 해치는 결과를 초래하는 경우, 그 외국법의 적용을 제한 내지 배제해야 한다는 원칙을 일반적으로 인정하고 있는데, 이것이 외국법의 제한문제이다. 이를 통상 「공서문제」(公序問題) 또는 「공서론」(théorie d'ordre public)이라고 부른다. 한편 외국법의 적용을 배제하는 내국법을 공서법(loi d'ordre public) 내지는 금지법(Prohibitivgesetze)이라 하고, 외국법의 적용을 배척하는 경우를 인정하고 있는 국제사법상의 규정을 유보조항(Vorbehaltsklausel), 금지조항(Prohibitivklausel) 또는 배척규정(exclusive Gesetze)이라고 한다.

전통적인 국제사법 이론에 따라 준거법으로 지정된 외국법을 적용하는 것이 대단히 불합리한 결과를 초래할 염려가 있는 경우 당해 외국법의 적용을 배제하기 위한 수단으로서 공서조항은 불가피한 것이지만, 공서조항을 부당하게 자주 원용하는 것은 국제사법자체의 존재의의를 부정하는 것이 되므로 법정지의 국내법 질서를 보호하기 위한 최소한에 그쳐야 한다.

2. 외국법 적용제한의 유형

외국법 적용제한의 유형으로는 일반적 배척규정과 개별적 배척규정이 있다. 먼저 일반적 배척규정은 국제사법 제23조 "외국법에 따라야 하는 경우에 그 규정의 적용이 대한민국의 선량한 풍속 그 밖의 사회질서에 명백히 위반될 때에는 그 규정을 적용하지 아니 한다."라는 것과 같이 국제사법적 법률관계에 관하여 공서양속에 반하는 모든 외국법의 적용을 배제하는 규정을 말한다.

한편 개별적 배척규정은 개별적인 국제사법적 법률관계에 관하여 공서양속에 반하는 외국법의 적용을 배제하는 규정을 말하며, 특별배척조항이라고도 한다.

Ⅱ. 외국법적용제한의 표준

1. 표   준

외국법적용제한의 표준으로는 일반적 표준과 구체적 표준이 있다. 먼저 일반적 표준이라 함은 사회질서, 공공의 질서, 선량한 풍속, 내국법의 목적 등과 같이 포괄적으로 고려하여야 하는 표준을 말한다. 예컨대 독일민법시행법 제6조, 우리 국제사법 제23조 등이 이에 속한다.

한편 구체적 표준이라 함은 외국법의 적용을 제한하여야 할 특정사유를 말한다. 예컨대, 프랑스 민법 제3조는 「경찰과 안녕」을 위해 외국법을 제한한다는 것과 같은 구체적 표준을 들고 있다.

이러한 표준은 그 목적하는 바가 동일할지라도 구체적으로 무엇이 이에 해당하는 것인가를 미리 결정한다는 것은 상당히 어렵다. 즉 국제사법규정에 의해 외국법을 적용하는 것이 내국의 사법적인 사회질서를 유지하는 데 극히 해를 끼치는 경우에는 그 외국법의 적용을 배제해야 할 것인 바, 이러한 경우에 해당되는지의 유무는 구체적 사안에 따라 판단할 수밖에 없다.

외국법의 적용제한은 국제사법의 일반원칙에 대한 예외로서 부득이 인정되는 것이므로 공서조항은 신중하고도 엄격하게 해석 · 적용하여야 한다. 그렇지 않고 공서조항의 적용에 관대해지면 결국 국제사법 자체의 존재의의를 파괴하는 결과를 가져오게 될 것이다.[27)]

2. 입법형식

외국법의 적용제한에 관한 표준을 입법하는 형식은 다음과 같은 3가지가 있다.

첫째는 내국법의 적용을 절대적으로 강행하는 경우만을 규정해 놓고, 그것에 의해 외국법의 적용을 간접적으로 제한하는 입법례인데, 프랑스 민법 제3조 제1항이 이에 해당한다.

둘째는 내국법을 절대적으로 강행하는 경우와 외국법의 적용을 제한하는 경우를 다함께 규정해 놓은 입법례인데, 이탈리아 구민법 제11조 · 제12조가 채택하였던 것이다.

셋째는 외국법의 적용을 제한하는 경우만을 규정해 놓은 입법례인데, 우리나라를 비롯한 대부분의 국가가 이에 해당한다.

위의 입법례들은 그 목적하는 바는 다를 것이 없지만, 사항의 성질상 외국법의 적용을 제한하는 경우만을 규정하는 입법례가 국제사법의 본질 및 기능에 비추어 볼 때 가장 타당한 입법례라고 할 수 있다.

---

27) 서희원, 107면.

3. 대한민국 법의 강행적 적용과 공서법

공서법과 구별하여야 할 것으로서 외국법이 준거법으로 되는 경우에 내국법을 강행적으로 적용하는 경우를 생각할 수 있다.

국제사법 제20조는 "입법목적에 비추어 준거법에 관계없이 해당 법률관계에 적용되어야 하는 대한민국의 강행규정은 이 법에 따라 외국법이 준거법으로 지정되는 경우에도 이를 적용한다."라고 하고 있는데, 이 경우에는 국제사법에 의하여 외국법이 준거법으로 지정되는 것과 무관하게 대한민국의 강행규정이 적용되어야 한다는 것이다.

이에 의하여 강행적으로 적용되는 강행규정은 단순히 강행성을 가지고 있는 것으로는 부족하고, 어느 때나 적용되어야 할 필요성이 인정되는 것이어야 한다. 하급심 판례는 그 예로 공정거래법을 들고 있는데,[28] 민법 제428조의3[근보증]은 여기에 해당되지 않는다고 한다.[29]

대한민국법이 강행적으로 적용되더라도 본래의 준거법이 배제된다고 할 수는 없을 것이므로 이때에는 대한민국법과 외국법이 누적적으로 적용되는 결과로 될 것이다.

III. 외국법 적용제한의 결과

공서법이 적용되면 그 준거법은 문제된 법률관계에 적용될 수 없게 되므로 준거법의 흠결이 생기게 된다. 이때에도 재판을 하지 않을 수는 없는 것이므로 어떻게 법규의 흠결을 보충할 것인가가 문제된다. 여기에 대해서는 다음과 같은 학설이 대립되어 있다.

1. 외국법보충설

공서조항에 의해 외국법의 적용이 배제된 경우에 외국법의 흠결에 준해서

---

28) 서울고법 2010.2.11. 선고 2009나31323 판결.
29) 서울고법 2021.10.14. 선고 2021나2003630 판결.

당해 외국법으로 보충해야 한다는 견해가 외국법보충설이다.30) 즉 공서법에 의해 배제되는 것은 선량한 풍속에 반하는 외국법규만의 적용배제를 의미하는 것이지, 외국법질서 전체를 배제하는 것은 아니라는 점을 그 근거로 하고 있다. 따라서 이 견해에 의하면 가능한 한 유추하여 외국법 중에서 보충규정을 찾아 당해 사안을 해결해야 한다고 하는 것이다.

2. 내국법보충설

공서조항에 의해 외국법의 적용이 배제된 경우에 내국법으로 보충해야 한다는 견해가 내국법보충설이다.31) 즉 외국법적용의 배제는 내국의 공서양속 및 사회질서를 유지하기 위한 것이므로 배제의 결과 생긴 공백은 내국법에 의해 보충되어야 한다는 것이다. 외국법을 적용하는 것이 법정지의 기본질서에 반하는 이유는 바로 그 나라의 경제적·사회적 정책이 반영된 외국법의 목적이나 내용이 법정지의 그것과 상이하기 때문이다. 따라서 국제사법상 공서조항에는 단지 법정지 국가의 기본질서에 반하는 외국법규정 자체만을 배척하겠다는 것이 아니라 외국법질서 전체로부터 법정지의 법질서를 보호하겠다는 의미가 내포되어 있다고 본다. 예컨대 국제사법적 법률관계에 있어서 일부다처제를 인정하는 외국법의 적용을 배제하는 것은 우리 민법이 중혼을 인정하지 않아서 일부일처제를 원칙으로 하는 내국법을 적용한 것과 다름없는 결과이다.

생각건대 국제사법 제23조는 우리나라의 국제사법상의 사회질서를 유지하기 위해 특별히 인정한 예외규정이며, 외국법의 배제는 내국의 공서양속 및 사회질서를 유지하기 위한 것이므로 이러한 공서양속 및 사회질서는 우리나라의 실질법상의 규정을 적용함으로써 가장 적절하게 유지될 수 있을 것이므로 외국법의 적용을 배척한 범위에서 내국법으로 보충한다는 후설이 타당하다고 본다.32)

---

30) M. Wolff, Private International Law, 2nd ed., Clarendon, 1950, p.183; 實方正雄, 國際私法槪論, 有斐閣, 1952, 110면.
31) 江川英文, 國際私法, 日本評論社, 1940, 160면; 久保岩太郎, 國際私法槪論, 巖松堂, 1953, 66면.
32) 동지: 서희원, 108면; 황산덕/김용한, 128-129면; 김용한/조명래, 169면; 신창선, 218면; 신창섭, 161면.

Ⅳ. 국제사법의 규정

1. 외국법 적용제한의 유형 및 표준

국제사법 제23조는 "외국법에 의하여야 하는 경우에 그 규정의 적용이 대한민국의 선량한 풍속 그 밖의 사회질서에 명백히 위반되는 때에는 이를 적용하지 아니한다."고 규정하고 있다. 동조는 외국법의 적용을 배제하는 일반적 배척조항이며, 그 제한의 표준으로서는 「선량한 풍속 그 밖의 사회질서」라고 하여 일반적 표준형식을 취하고 있다. 한편 동조는 외국법의 적용을 제한하는 경우만을 규정하는 입법례에 해당된다. 다만 현행 국제사법은 대한민국의 선량한 풍속 기타 사회질서에 「명백히」 위반되는 경우에만 외국법의 적용이 배제되는 것으로 규정하고 있는데, 이는 공서조항의 남용을 막기 위한 취지이다.

2. 외국법배제의 요건

국제사법의 공서규정에 의해 외국법의 적용이 배제되기 위해 필요한 요건은 다음과 같다.

첫째, 국제사법 규정이 적용되는 법률관계이어야 한다. 따라서 형법이나 행정법 등에 관한 문제는 공서원칙의 적용대상이 될 수 없고, 주로 재산관계나 혼인, 이혼 등 가족법적 법률관계에 한하여 적용된다. 다만 예외적으로 공법적 성격을 갖더라도 당해 사법적 법률관계에 영향을 미치는 경우에는 국제사법의 적용대상이 되는 것으로 보아야 할 것이므로 공서조항의 적용을 받는다. 예컨대 사법과 관련된 기본권이 실질사법적 정의의 핵심적 부분에 해당한다면 그 기본권은 국제사법상 공서에 포함될 수 있다. 독일 민법시행법 제6조에서는 이러한 취지에서 외국법의 적용이 법정지의 기본권에 반하는 경우 그 외국법의 적용을 배제한다고 규정하고 있다.

둘째, 국제사법규정에 의하여 외국법이 적용될 경우이어야 한다. 공서조항은 국제사법규정에 의해서 외국법이 준거법으로 적용될 경우에만 문제되는 것이므로 내국법이 준거법으로 적용되는 경우에는 공서조항의 적용문제는 발생할 여지가 없는 것이다.

셋째, 외국법이 우리나라의 선량한 풍속 그 밖의 사회질서에 반해야 한다. 배척조항적용의 구체적 내용은 나라와 시대에 따라서 각각 다르겠지만, 문제는 동조에서 말하는 사회질서는 국가적 입장에서 본 것이어야 하는지 아니면 초국가적 내지는 보편적 입장에서 본 것이어야 하는 것인지가 문제된다. 오늘날 각국의 국제사법은 거의 모두 배척조항을 규정하고 있는데 국가주의와 타협하고 있으므로 외국법 적용표준은 내국적 입장에서 본 것임을 부인할 수 없다. 그러나 내국적 입장에서 본 사회질서를 표준으로 삼는다 할지라도 그것이 내국의 강행법에 위반되는 외국법의 적용이 모두 배척되는 것은 아니다. 즉 동조에서 말하는「선량한 풍속 그 밖의 사회질서」란 민법 제103조에서 말하는「선량한 풍속 기타 사회질서」와는 달리 해석되어야 한다. 민법상의 공서개념은 국내 사법상의 모든 강행법규에 위반하면 해당되는 개념이지만, 국제사법상 공서개념은 국제사법 그 자체의 개념으로서 국내 사법상의 강행법규에 위반한다고 해도 그것이 곧 국제사법상 공서에 반하는 것은 아니다. 왜냐하면 민법상의 강행규정 예컨대 성년연령, 능력, 물권법정주의, 신분법상의 법률행위 등은 모두 선량한 풍속 그 밖의 사회질서에 해당되므로 이에 위반되는 외국법은 모두 배제되어 국제사법의 존재의의를 상실하게 만들 결과를 초래하기 때문이다. 주의해야 할 것은 "선량한 풍속 그 밖의 사회질서에 명백히 위반되는 때에는 이를 적용하지 아니한다."라 함은 외국법의 규정자체가 우리나라의 선량한 풍속 그 밖의 사회질서에 반하기 때문에 그 외국법의 적용이 배제되는 것이 아니라, 외국법을 적용한 결과가 우리나라의 선량한 풍속 그 밖의 사회질서를 해치는 것으로 되기 때문에 그 외국법의 적용을 배제하는 것이라는 점이다. 이와 같은 의미에서 내국적 입장에서 본 사회질서를 국내적 질서와 국제적 질서로 나뉘어, 국내적 질서는 국제사법상 외국법에 양보하여야 할 질서이며, 국제적 질서는 국제사법상의 원칙으로서 적용될 외국법을 배척해서라도 유지되어야 할 질서로 분류할 수 있는데, 국제사법 제23조에서 말하는 사회질서는 후자인 국제적 질서를 의미한다고 보아야 할 것이다.[33)]

사례의 해결

위 사례의 경우 일부다처제를 인정하는 나이지리아법의 적용은 중혼을 인정하고 있지 않는 대한민국의 공서양속 및 사회질서를 파괴하는 결과가 되므로 나이지리아법의 적용은 배제되고, 그 결과 내국법 보충설에 따라 대한민국 민법이 적용된다. 따라서 甲과 乙간의 혼인은 유효하게 성립할 수 없다.

판 례

(ㄱ) "영국 협회선박기간보험약관은 그 첫머리에 이 보험은 영국의 법률과 관습에 따른다고 규정하고 있는바, 이러한 영국법 준거약관은 오랜 기간에 걸쳐 해상보험업계의 중심이 되어 온 영국의 법률과 관습에 따라 당사자 사이의 거래관계를 명확하게 하려는 것으로서, 그것이 우리나라의 공익규정 또는 공서양속에 반하는 것이라거나 보험계약자의 이익을 부당하게 침해하는 것이라고 볼 수 없어 유효하다"(대법원 2005.11.25. 선고 2002다59528,59535 판결).

(ㄴ) "국제사법 제10조는 '외국법에 의하여야 하는 경우에 그 규정의 적용이 대한민국의 선량한 풍속 그 밖의 사회질서에 명백히 위반되는 때에는 이를 적용하지 아니한다.'라고 규정하고 있는데, 이는 대한민국 법원이 외국적 요소가 있는 소송사건에 대하여 준거법으로 외국법을 적용해야 할 경우에 이로 인하여 대한민국의 선량한 풍속 그 밖의 사회질서에 명백히 위반되는 결과가 발생하는지 여부 등을 심리해야 한다는 것일 뿐이고, 이와는 달리 대한민국 법원이 국내법을 적용함으로 인하여 외국법상의 공서양속에 위반하는 결과가 야기되는지 여부를 심리해야 한다는 취지는 아니다"(대법원 2006.5.26. 선고 2005므884 판결).

(ㄷ) "보험증권 아래에서 야기되는 일체의 책임문제는 외국의 법률 및 관습에 의하여야 한다는 외국법 준거약관은 동 약관에 의하여 외국법이 적용되는 결과 우리 상법 보험편의 통칙의 규정보다 보험계약자에게 불리하게 된다고 하여 상법 제663조에 따라 곧 무효로 되는 것이 아니고 동 약관이 보험자의 면책을 기도하여 본래 적용되어야 할 공서법의 적용을 면하는 것을 목적으로 하거나 합리적인 범위를 초과하여 보험계약자에게 불리하게 된다고 판단되는 것에 한하여 무효로 된다고 할 것인데, 해상보험증권 아래에서 야기되는 일체의 책임문제는 영국의 법률 및 관습에 의하여야 한다는 영국법 준거약관은 오랜 기간 동안에 걸쳐 해상보험업계의 중심이 되어 온 영국의 법률과 관습에 따라 당사자간의 거래관계를 명확하게 하려는 것으로서 우리나라의 공익규정 또는 공서양속에 반하는 것이라거나 보험계약자의 이익을 부

---

33) 동지: 김용한/조명래, 166면.

당하게 침해하는 것이라고 볼 수 없으므로 유효하다"(대법원 1991.5.14. 선고 90다카 25314 판결).

(ㄹ) 한국여인 甲과 필리핀 남자 乙은 1966년 한국에서 혼인하여 두 아들을 낳았으나 1970년 乙은 장남만 데리고 필리핀으로 귀국한 후, 수년간 아무런 소식이 없고 생활비도 보내주지 않아서 甲은 乙을 민법 제840조 악의의 유기를 이유로 한국법원에 이혼심판청구를 제기한 사안에서, 법원은 "(舊)섭외사법 제18조에 따라 원인된 사실이 발생한 당시의 부의 본국인 필리핀 민법을 검토해 본 결과, 필리핀에서는 이혼을 금하고 있는 것으로 해석되며, 반정도 인정하고 있지 않으므로 결국 乙의 본국법인 필리핀 실질법이 준거법으로 지정되어야 할 것이다. 그런데 이렇게 되면 甲은 어떠한 경우에도 이혼할 수 없다는 부당한 결과를 초래하게 되므로 협의이혼은 물론 재판상이혼도 인정하고 있는 우리나라의 법제도에 비추어 보아 공서양속에 반하는 것으로 보아 필리핀법을 적용하지 않고 우리 민법을 적용한다."고 판시하였다(서울가정법원 1981.3.11. 선고 79드2574 판결).

(ㅁ) 「국제사법」은 제7조에서, 입법목적에 비추어 준거법에 관계없이 해당 법률관계에 적용되어야 하는 대한민국의 강행규정은 이 법에 의하여 외국법이 준거법으로 지정되는 경우에도 이를 적용한다고 규정하고 있다. (중략) 공정거래법은 제32조 제1항에서, 사업자 또는 사업자단체는 부당한 공동행위, 불공정거래행위 및 재판매가격유지행위에 해당하는 사항을 내용으로 하는 것으로서 대통령령이 정하는 국제적 협정이나 계약을 체결하여서는 아니된다고 규정하면서, 제34조에서, 위 제32조 제1항의 규정에 위반하거나 위반할 우려가 있는 국제계약이 있는 때에는 당해사업자 또는 사업자단체에 대하여 계약의 취소, 계약내용의 수정·변경 기타 시정을 위한 필요한 조치를 명할 수 있다고 규정하고 있다.

위와 같은 공정거래법의 입법목적과 관련규정을 고려하면, 공정거래법은 당사자의 합의에 의하여 적용을 배제할 수 없을 뿐만 아니라, 계약관계의 준거법이 외국법으로 지정되었더라도 그의 적용이 배제되지 않은 강행규정에 해당한다고 할 것이다(서울고법 2010.2.11. 선고 2009나31323 판결).

ART **3**

각　론

제1장 서 장

제1절 각론의 구조

국제사법의 각론은 개별적인 주제를 병렬적으로 논하여 가는 것이다. 실질법적으로 말하면 권리능력, 행위능력, 실종선고, 법인, 물권, 계약, 불법행위, 혼인·이혼, 친자, 상속 등 민법의 전반적 사항과 어음·수표, 해상 등 상법의 영역에 속하는 많은 항목이 다루어진다.

국제사법 총론은 일반적인 형태로 준거법의 결정·적용 과정을 파악해 가는 것이기 때문에 일정한 이론체계가 필요하게 되고, 그 체계 하에서 논의된다. 이에 대하여 각론의 체계는 그것과는 상당히 다르다. 형법각론이나 민법의 계약각론과 마찬가지로 국제사법 각론도 각 주제에 관한 병렬적인 서술이 주가 되기 때문이다.

그러나 개개의 주제를 살펴보면 그 논의방법은 거의 일정하다. 각론의 논의는 총론의 체계를 전제로 하여 그것을 반영하는 것이므로 특별한 경우를 제외하고는 일정하게 논의될 수밖에 없기 때문이다. 형법각론에서 구성요건해당성의 논의가 중심이고, 계약각론에서 각각의 요건·효과가 검토되는 것과 같이, 국제사법 각론에 있어서도 일정한 논의의 방법이 있다. 즉 국제사법에서는 단위법률관계별로 연결점을 매개하여 가장 밀접한 관련이 있는 법을 준거법으로 선택한다고 하는 기본적 구조를 가지고 있으므로 국제사법의 각론은 단위법률관계와 연결점으로 구성되어 있다. 그 때문에 개개의 주제에 관해서는 각각의 단위법률관계의 확정과 연결점의 확정을 중심으로 논하게 된다.

다만 현행 국제사법은 개개의 항목에 관하여 국제재판관할 규정을 두고 있으므로 이에 대해서도 살펴보겠다.

제 2 절　각론의 구성

국제사법전 제2장 이후를 각론이라고 하는데, 이는 다음과 같이 구성되어 있다.

먼저 총칙은 2개의 장으로 되어 있다. 사람에 관한 제2장은 국제재판관할에 관한 조항(제24조, 제25조) 외에 자연인에 관한 조항(제26조~제29조)과 법인 및 단체에 관한 조항(제30조)으로 구성된다. 그리고 법률행위에 관한 제3장은 법률행위의 방식(제31조)과 임의대리(제32조)에 관한 2개의 조문으로 구성된다. 구섭외사법은 채권계약의 준거법에 관하여도 법률행위를 중심으로 규정하는 방식을 취하였으나 국제사법은 계약을 중심으로 규정하는 점에 차이가 있다.

물권에 관한 제4장은 구법과 마찬가지로 5개 조항(제33조~제37조)으로 구성되어 있고, 물권으로부터 독립한 지식재산권에 관한 부분은 제5장에서 관할에 관한 2개 조항(제38조, 제39조)과 준거법 조항(제40조)으로 구성된다.

채권에 관한 제6장은 국제재판관할에 관한 4개 조항(제41조~제44조)과 계약채권(제45조~제49조), 법정채권(제50조~제53조)과 이들에 공통되는 조항(제54조~제55조)으로서 채권의 양도 및 채무인수와 법률에 의한 채권의 이전(移轉)에 관한 부분 등 4부분으로 구성된다.

친족에 관한 제7장은 국제재판관할 규정(제56조~제62조)과 국제혼인법(제63조~제66조), 국제친자법(제67조~제72조), 국제부양법(제73조)과 친족일반(제74조), 국제후견법(제75조)으로 구분할 수 있다.

상속에 관한 제8장은 국제재판관할 규정(제76조)과 상속(제77조)·유언(제78조)의 준거법 규정으로 구성된다.

어음·수표에 관한 제9장은 국제재판관할 규정(제79조)과 준거법 규정(제80조~제88조)으로 구성되어 있는데, 이는 대체로 구섭외사법의 틀을 유지하면서 단지 문언만을 정비한 것이다.

해상에 관한 제10장에서는 국제재판관할 규정(제89조~제93조) 외에, 해사 국제사법의 대표적인 것으로서 선박에 관한 물권, 선박소유자의 책임제한, 공동해손, 선장의 대리권 선박충돌 또는 해양사고구조로 인한 법정채권의 준거법에 관하여 규정하고 있다(제94조~제96조).

본서에서는 이상과 같은 국제사법 각론 규정을 토대로 하여 전통적인 설명방식에 따라 국제민법총칙, 국제물권법, 국제채권법, 국제친족법, 국제상속법, 국제상사법의 순으로 설명하기로 한다. 또한 체계적으로 다소 어울리지 않는 점이 있기는 하지만, 국제재판관할에 관한 규정이 있는 사항에 대해서는 해당 부분에서 설명할 것이다. 다만 주의할 것은 각론의 국제재판관할은 일반적인 관할권에 부가하는 특별관할로 규정되어 있으나, 반드시 민사소송법상의 특별관할과 그 의의가 일치하는 것은 아니라는 점이다.

제 2 장   국제민법총칙

제 1 절   자 연 인

I. 권리능력

사 례

한국인 여자가 스페인인 남자와 결혼하여 대한민국에서 대한민국국적을 취득한 子를 출산하고 몇 시간 뒤, 먼저 그녀가 죽고 뒤이어 곧 子가 죽었다면 상속관계는 어떻게 되는가. 스페인법에 의하면 출생 후 24시간 경과 전에 사망한 子는 처음부터 권리능력이 없다고 한다.

1. 총   설

사람이 법적인 권리의무의 주체로서 인정되는 것은 근대법의 중요한 전제이다. 그러나 권리능력의 시기·종기에 관해서는 국가에 따라 법제가 일치하지는 않는다. 예컨대 권리능력의 시기에 관해서, 출생함으로써 권리능력이 생긴다고 하여도 그 출생에 해당하는 사실이 무엇인가에 관해서 민법과 형법에서 서로 다른 해석이 행해지고 있는 것처럼 국가에 따라서 구체적인 출생의 정의가 다를 수 있다. 예컨대 스페인 민법 제30조와 같이 출생 후 24시간의 생존을 요건으로 하여 권리능력의 시기를 정하고 있는 법제가 그러하다. 또한 권리능력의 종기에 관해서도 동시사망의 추정 등에 관한 법적 취급이 국가에 따라 다르다. 따라서 이와 같은 문제에 관하여 국제사법의 규정이 필요할 것이다.

구섭외사법에는 권리능력에 관한 준거법 규정이 존재하지 않았으나,[1] 국제

---

1) 구섭외사법은 제6조 제1항에서 "사람의 능력은 그 본국법에 의하여 이를 정한다."고 규정하고 있

사법은 제26조에서 권리능력에 관하여 명문의 규정을 두고 있다.

전통적으로 권리능력은 일반적 권리능력과 개별적 권리능력으로 관념상 구별된다. 전자는 권리·의무의 주체가 될 수 있는 자격 즉 법률상의 인격이며, 후자는 일반적 권리능력을 가진 자가 개개의 권리를 향유하고 개개의 의무를 부담할 수 있는 자격이다. 예컨대 외국인이 내국에서 토지소유권을 누릴 수 있는 자격을 가지는가에 관하여는, 외국인이 일반적으로 법률상의 인격을 가지는가 하는 일반적 권리능력의 문제가 긍정된 뒤에 구체적으로 토지소유권을 누릴 수 있는가의 문제인 개별적 권리능력이 다루어진다. 이들 각각에 관하여 준거법 결정이 문제되는데, 차례로 설명한다.

2. 일반적 권리능력의 준거법

(1) 원   칙

일반적 권리능력의 준거법에 관해서는 여러 가지 학설이 주장되고 있다. 먼저 인격에 관한 제도는 각국의 역사, 풍토, 윤리관념 등에 기인하는 것이고 또이 문제는 이른바 「능력」에 관한 문제로서 어느 나라에서든지 통일적으로 판단되어야 한다고 주장하는 속인법설 내지는 본국법설,[2]에 비하여, 내국인이거나 외국인이거나 묻지 않고 인간인 이상 인격을 가진다고 하는 것은 법정지국의 사회질서에 관계있는 중대법칙이므로 법정지법에 따라야 한다는 법정지법설[3] 이 있다. 이 두 학설은 어느 것이나 일반적 권리능력의 문제를 개별적 권리능력으로부터 분리하여 일반적 권리능력만의 준거법을 결정하고자 하는 점에서 공통점이 있다.

이에 대하여 개별적 권리능력과 일반적 권리능력을 동일하게 다루어 일반적 권리능력은 문제가 된 개개의 권리·의무에 관한 준거법에 의해야 한다는 견해

있으나, 동 조항의 표제가 행위능력으로 되어 있고 내용상으로도 행위능력을 전제로 한 것이어서 동 조항은 행위능력에 관한 규정으로 해석되었다.

2) E. Frankenstein, Internationales Privatrecht, Bd Ⅰ, Berlin, 1929, S.375; 久保岩太郎, 國際私法槪論, 三省堂 1935, 63면.

3) Morelli, Elementi di diritto internationale privato italiano, 1952, p.20; 山田三良, 國際私法, 有斐閣, 1932, 462면.

로서 효과법설이 주장된다.[4] 가령 일반적 권리능력의 존부가 문제되었다고 해도 현재는 일반적으로 자연인인 이상 인격을 가지는 것이 모든 국가에서 동일하게 인정되어 있다. 예컨대 노예제, 민사사망, 캐논법의 수도원사(修道院死) 등과 같이 자연인의 인격을 부정하는 제도를 인정하는 법률이 있다고 하여도 보통 그것들은 공서에 반하는 결과가 되어 적용되지 않으므로 일반적 권리능력의 존부 자체에 관해서는 준거법을 문제삼을 필요가 없다고 한다. 그러나 이 설은 일반적 권리능력과 개별적 권리능력을 혼동하고 있다는 비판을 받고 있다.

입법례로서는 법정지법설을 취하고 있는 스위스 국제사법도 있으나, 우리 국제사법은 독일 국제사법, 오스트리아 국제사법과 마찬가지로 본국법설을 채택하였다. 국제사법은 제26조에서 "사람의 권리능력은 그의 본국법에 따른다." 라고 규정하고 있는데, 여기에서의 권리능력은 일반적 권리능력, 즉 권리와 의무의 주체가 될 수 있는 일반적·추상적 자격을 의미한다.[5]

(2) 준거법의 적용범위

권리능력의 준거법인 본국법은 권리능력의 존재의 문제에 적용되지만, 권리능력은 통상 그 시기나 종기와 관련하여 문제된다. 오늘날 각국의 법률에는 인격의 개시 또는 종기에 관한 규정, 예컨대 출생 후 일정시간의 경과를 인격부여의 요건으로 하는 규정(스페인 민법 제30조), 손해배상청구·유증·상속 등에 관해서 태아를 출생한 것으로 보는 규정, 일정 시기까지 생존의 추정 또는 동시사망자에 관하여 사망시기를 추정하는 규정 등이 적지 않게 발견된다. 이들 규정은 확실히 일반적 권리능력에 관한 문제이므로 본국법이 적용되어야 한다.

그러나 이들 규정은 어느 것이나 손해배상청구, 상속 등의 개개의 문제와 관련해서 비로소 문제되는 규정이므로 국제사법상으로도 이러한 개개의 문제로부터 분리해서 별개로 그 적용관계를 결정하는 것은 타당하지 않다는 견해도 있다.[6] 예컨대 태아를 출생한 것으로 볼 것인가만의 문제로서는 무의미하고 손해

---

4) Zitelmann, a.a.O., SS.82-83; 江川英文, 國際私法, 有斐閣, 1957, 122면.
5) 국제사법해설, 52면; 석광현, 97면; 신창섭, 178면.
6) 實方正雄, 國際私法槪論, 有斐閣, 1932, 113면.

배상이나 상속의 문제와 관련해서 비로소 의미를 가지는 것이다. 따라서 태아가 손해배상청구권이나 상속권을 가지는가의 여부는 문제가 된 권리 자체의 준거법에 의해서 규율하게 된다고 한다.

3. 개별적 권리능력의 준거법

개별적 권리능력, 즉 법률상의 인격자가 토지소유권이나 상속권 등의 개개의 권리를 누릴 수 있는 능력에 관한 문제는 그 개개의 권리 자체의 귀속의 결정 내지 취득요건의 문제이다. 따라서 개개의 권리와 별개로 독자의 준거법을 가질 수 있는 성질의 것은 아니다. 결국 이는 문제가 된 권리 자체의 준거법에 의해야 한다. 예컨대 어떤 사람이 토지소유권을 누릴 수 있느냐 없느냐는 부동산물권의 준거법(제33조)에 따르고, 상속권을 가질 수 있느냐 없느냐는 상속의 준거법(제77조)에 따라야 한다.

사례의 해결

스페인법에 의하면 출생 후 24시간 경과하기 전에 사망한 子는 처음부터 권리능력이 없으므로 그 子는 처음부터 출생한 일이 없거나 또는 母보다 먼저 사망한 것처럼 취급되어 상속에서 제외된다. 그러나 대한민국법에 의하면 그 子는 민법 제3조에 의하여 권리능력이 있을 뿐만 아니라 상속을 받을 권리도 있다. 사례의 경우 대한민국에서 출생하여 대한민국 국적을 취득한 자는 한국인이며, 따라서 대한민국실질법인 민법을 적용받아 권리능력자임은 물론 父와 함께 母의 재산을 상속하며, 그 후에 父는 子의 재산을 상속하게 된다.

Ⅱ. 외국인의 사법(私法)상의 지위

외국인이 내국에서 어떠한 법적 권리를 가지는가 하는 것 즉 외국인의 지위를 정하는 법률을 외인법이라고 한다. 외인법은 섭외적 생활관계를 직접 규율하는 법률이므로 간접적으로 규율하는 국제사법과 성질을 달리 하는 것이기는 하지만, 국제사법과 밀접하게 관련되므로 국제사법의 관련영역으로서 다루기도 한다. 다만 여기에서는 외국인의 사법상의 지위에 관하여 간단히 설명하기로 한다.

우리나라에서는 외국인에 관해서 사법상 내외국인 평등주의가 채용되어, 법률에서 금지 또는 제한되는 경우를 제외하고 한국인과 마찬가지로 완전한 권리능력을 가진다(헌법 제6조 2항 참조). 현재 일정한 국가적 이익에 직접 중요한 관계를 가지는 권리의 향유에 대해서는 외국인의 권리 향유를 금지 또는 제한하고 있다. 외국인의 권리향유를 금지하고 있는 예로서는 선박소유권과 항공기소유권(선박법 제2조, 항공법 제6조) 등이 있고, 제한하고 있는 예로서는 토지소유권(외국인토지법 제4조), 국가 또는 지방자치단체에 대한 손해배상청구권(국가배상법 제7조), 특허권(특허법 제25조), 실용신안권(실용신안법 제3조) 등이 있다. 또한 상표권(상표법 제5조의3), 디자인권(디자인보호법 제4조의3) 등은 재외자에 대해 권리행사를 제한하고 있다.

Ⅲ. 부재자 및 실종선고

1. 총   설

사람이 자신의 주소를 떠나 용이하게 돌아올 가망이 없을 경우에는 남은 재산의 감소를 막기 위해서나 잔존 배우자 또는 상속인의 이익을 보호하기 위해서 어떠한 조치를 강구할 필요가 있다. 이러한 부재자에 관한 조치는 로마법 이래 각국에서 강구되어 왔지만 이 점에 관한 각국 법제의 태도는 오늘날 반드시 일치하고 있지는 않다. 예컨대, 영미법에서는 7년간 부재이면 사망이 추정되고 특별히 법원이나 그 밖의 국가기관에 의한 선고는 필요하지 않다. 다만 사망을 주장하는 자가 사망을 추정케 하는 사실을 입증하면 된다. 프랑스에서는 부재선고의 제도는 1977년 12월 28일 법에 의한 민법 개정 전에는 상속인에 의한 잔류재산의 가점유를 인정하고 최후에 그 점유를 확정적인 것으로 하여 부재의 추정을 한 다음에 일정기간의 경과에 따라서 점차 잔존자의 권리를 증가시키는 것에 머물렀지만, 현행법에서는 독일법과 같이 사망의 추정의 효과가 발생하는 것으로 하고 있다. 또한 프랑스에서는 부재선고 외에 이와 요건을 달리 하지만 동일한 효과를 발생시키는 사망선고 제도가 인정되어 있다.

우리 민법에서는 우선 제1단계의 조치로서 본인이 아직 생존하고 있다고 추측하여 그 재산을 관리하면서 돌아올 것을 기다리는 부재자 재산관리제도를 두고 있다(민법 제22조 내지 제26조). 그리고 제2단계의 조치로서 일정한 절차 하에 부재자를 사망한 것으로 보고 그 자를 둘러싼 재산적·신분적 법률관계를 확정·종결시키는 실종선고제도를 각각 두고 있다(민법 제27조 내지 제29조).

따라서 우리 국제사법상으로도 부재자의 재산관리와 실종선고를 나누어 생각할 필요가 있다. 여기서 실종선고라 함은 우리 민법상의 실종선고에 그치지 않고 요건 및 효과를 달리하는 사망선고, 부재선고 등도 포함한다. 이와 같이 국제사법상의 실종선고란 사람의 소재 및 생사불명의 상태가 일정기간 계속하는 경우에 법원 등 국가기관의 선고에 의해서 그의 사망을 추정 혹은 의제하거나 사망한 경우와 유사한 법률효과를 발생케 하여 그 자를 둘러싼 종래의 불확정한 신분상·재산상의 법률관계를 확정시키는 제도라고 할 수 있다. 이 제도는 부재자의 법률관계를 확정하기 위해서 일정 범위에 있어서 사망자로서 취급하지만 그 자의 일반적 권리능력이 실종선고에 의해 소멸하지는 않는다.[7]

실종선고는 법원이나 그외의 국가기관에 의해서 행해지는 것이므로 실종선고의 요건 및 효력의 준거법의 문제 외에 실종선고의 관할권의 문제와 외국에서 내려진 실종선고의 효력의 문제가 생긴다.

여기서 부재자의 재산관리나 실종선고를 부재자의 재산상·신분상의 불확정한 법률관계를 수습하기 위한 제도라는 점에 착안하여, 양자는 관할권에 관해서도 준거법에 관해서도 공통으로 정하여야 한다는 입장도 있을 수 있다. 그렇게 본다면 국제사법 제27조의 실종선고에 관한 규정이 가능한 한 부재자의 재산관리에 적용 내지 준용될 것이다.

그러나 우리 민법상 부재자의 재산관리와 실종선고는 별개의 제도로서 규정

---

7) 곽윤직, 민법총칙, 165면에 의하면 실종선고제도는 어디까지나 실종한 장소를 중심으로 하는 법률관계를 사망을 의제해서 처리하는데 그치며, 실종자의 권리능력을 소멸케 하는 것은 결코 아니다. 따라서 돌아온 후의 법률관계나 실종자의 다른 곳에서의 신주소를 중심으로 하는 법률관계에 관하여는 사망의 효과는 미치지 않는다. 그러나 국제사법해설, 54면 및 석광현, 98면은 실종선고는 권리능력의 소멸에 관한 문제라고 본다.

되어 있고, 또한 일반적으로 부재자의 재산관리는 반드시 실종선고를 전제로 하지 않아 실종선고와 필연적인 관계에 있다고는 할 수 없다는 점을 고려한다면 부재자의 재산관리에 관해서는 실종선고와 별개로 독립적으로 관할권 및 준거법을 정하는 것이 타당할 것이다. 그러나 국제사법은 국제재판관할에 관하여는 부재와 실종사건을 따로 규정하면서, 준거법에 관하여는 공통적으로 규율하는 특이한 입장을 가지고 있다.

2. 부재자 재산관리에 관한 국제재판관할

(1) 의 의

종래의 주소 또는 거소를 떠나서 용이하게 돌아올 가망이 없는 자, 즉 부재자의 재산관리는 실종선고의 준비적 단계로서 행해지는 것이 보통이지만, 실종선고를 전제로 하지 않는 경우도 있다. 따라서 이러한 부재자의 재산관리에 관한 사건의 국제적 관할권 및 준거법은 반드시 실종선고에 따를 필요는 없고 일반적으로 정해져야 한다. 재산관리의 실효성의 확보라는 관점에서 관할권은 재산소재지국에 속하고, 준거법은 재산의 임시적인 보전이라는 의미에서 속지법, 즉 재산소재지법으로 하는 것이 전통적 입장이다.[8]

(2) 부재자 재산관리에 관한 관할권

부재자 재산관리에 관한 사건에 대해서는 부재자의 마지막 일상거소 또는 재산이 대한민국에 있는 경우 대한민국 법원에 국제재판관할권이 있다(제24조 2항). 부재자 재산관리에 관한 사건은 부재자의 권리능력을 상실시키는 등의 효과를 생기게 하는 것이 아니라, 부재자의 재산관리를 위한 제도이므로 부재자의 마지막 일상거소지나 목적 재산이 있는 곳의 법원이 관할하는 것이 적절하기 때문이다.

---

8) 이호정, 231면.

3. 실종선고의 관할권

여기서 문제가 되는 실종선고의 관할권이란 어느 국가의 법원 또는 국가기관이 실종선고를 내릴 권한을 가지는가 하는 국제재판관할권의 문제이고, 국내의 어느 법원 또는 국가기관이 이러한 권한을 가지는가 하는 국내적 관할권의 문제는 아니다.

(1) 원칙적 관할권

개정 전 구법하에서는 실종선고 사건에 관한 국제재판관할 규정이 명시적으로 존재하는 것은 아니었으므로 준거법에 관한 제12조를 예외적 관할권을 정한 규정으로 해석하여 이 경우 그 전제가 되는 불문의 원칙적 관할권은 부재자의 본국에 인정되어 있다고 주장되었다.[9] 그 이유로서 실종선고제도는 부재자의 신분상·재산상의 관계에 관해서 사망과 유사한 법률효과를 생기게 하고, 넓은 의미에서는 인격의 존부에 관한 것이라는 점, 실종선고에 관해서 예외적 관할권을 정하고 있는 구법 제12조는 당연히 본국의 원칙적 관할권의 존재를 전제로 하고 있다고 해석하여야 한다는 점을 들고 있었다.

그러나 최근에는 오히려 본국에 원칙적 관할권을 인정할 것이 아니라 그와 같은 불확실한 법률관계의 발생의 해결에 이해관계를 가지는 주소 또는 일상거소지에 원칙적 관할권을 인정하여야 한다고 하거나, 본국과 함께 주소지에 관할권을 인정하는 입장이 유력하게 주장되고 있다.[10] 또한 구법 제12조는 실종선고의 관할권에 관해서 예외적인 경우를 정한 것이 아니라 오히려 본칙을 정한 것으로 해석하여야 한다는 견해도 있었다.[11]

---

9) 황산덕/김용한, 157면; 김용한/조명래, 207면 등.
10) 西賢, 失踪宣告の準據法, 社會科學辭典 9卷, 152면; 실종선고의 제도는 부재자를 둘러싼 불안정한 신분상·재산상의 법률관계의 확정에 중점이 두어져야 한다. 즉 부재자 본인의 이익보호보다는 오히려 부재자의 채권자, 배우자, 상속인 등의 이익보호에 중점이 두어져야 한다. 따라서 실종선고는 부재자의 본국보다는 오히려 부재자의 생활의 본거였던 일상거소지에서 행해지는 것이 적합하다고 할 수 있다. 그러므로 실종선고의 원칙적 관할권은 본국보다는 오히려 부재자의 최후의 일상거소지국에 있다고 하여야 한다. 또한 이 입장은 국제절차법상 최근에 있어서는 관할권 결정의 기준으로서 국적보다는 오히려 일상거소가 원칙으로 되어 있는 것에 부합한다.

(2) 예외적 관할권

실종선고의 관할권이 본국 이외의 국가에서 인정되지 않는다고 한다면 본국에서 실종선고가 내려지지 않는 이상 다른 국가에서는 그의 신분상·재산상의 법률관계를 언제까지나 불확정한 상태 그대로 방치할 수밖에 없게 되는 불합리한 결과가 생긴다. 예컨대 외국인에 대한 법률관계가 우리나라와 관계를 가지고 있을 경우 그 외국인의 본국에서 실종선고가 이루어지지 않는 한 그 법률관계는 확정되지 아니하고 불안정한 상태로 방치된다. 사실 실종선고의 필요성은 부재자를 둘러싼 법률관계를 가지고 있는 나라에서 더욱 클 것이며 그곳이 우리나라인 경우에는 우리의 관할권을 명시해 줄 필요가 있다는 것이다.

(3) 국제사법의 입장

구섭외사법은 제8조에서 특별한 경우에 우리 법원이 우리 법에 따라 외국인에 대한 실종선고를 할 수 있도록 예외적 관할권을 규정하고 있었으나, 그 적용범위가 너무 좁았으므로 구 국제사법은 제12조에서 우리 법원이 우리 법에 따라 외국인에 대한 실종선고를 할 수 있는 예외적 관할권의 적용범위를 확대하였다. 현행 국제사법도 대체로 같은 입장에서 실종선고 등 사건의 국제재판관할에 관하여 규정하고 있다. 다만 부재와 실종 사건에 대한 국제재판관할에 대해서는 합의관할(제8조)이나 변론관할(제9조)이 인정되지 않는다.

다음과 같은 경우에는 대한민국 법원이 부재자에 대한 실종선고의 국제재판관할권을 가진다(제24조 1항).

(가) 부재자가 대한민국 국민인 경우(제1호)

이는 실종선고에 관한 원칙적 관할권의 문제이다. 다만 외국인에 관하여 본국의 재판관할을 국제사법이 규정하기는 어려우므로, 편면적으로 대한민국 국

---

11) 이 견해는 국제사법 제12조는 명시적으로 부재자의 본국의 원칙적 관할을 정하고 있지 않다는 점을 지적하여, 제12조가 명문으로 정하지 않은 관할권과 별도로 원칙적 관할권을 인정하는 것이 실익이 있는지는 극히 의심스럽다고 한다. 왜냐하면 부재자의 발생에 의한 불확정한 법률관계의 존재에 번민하고 실종선고의 필요성을 가장 절실하게 느끼는 것은 부재자의 재산이 있거나 또는 부재자를 둘러싼 법률관계의 본거가 있는 국가이기 때문이다. 折茂豊, 國際私法(各論), 112-113면 참조.

민의 실종선고에 관해서는 대한민국 법원이 국제재판관할권을 가지게 한 것이다. 따라서 실종선고를 받을 자가 대한민국에서 실종된 경우는 물론, 외국에서 실종된 경우를 묻지 않고 대한민국 법원이 관할권을 가지는 것이다.

(나) 부재자의 마지막 일상거소가 대한민국에 있는 경우(제2호)

부재자가 대한민국에서 마지막 일상거소가 있었으나 그후 부재로 되어 실종선고를 하는 경우에는 대한민국 법원이 국제재판관할권을 가진다는 것이다. 최후의 일상거소가 있던 곳에서는 실종선고에 관한 이해관계가 많을 것이므로 인정된 관할이다. 이 경우 부재자는 외국인으로 보아야 할 것이다. 대한민국 국민인 부재자에 대한 실종선고는 제1호에 의하여 대한민국 법원에 관할권이 있기 때문이다.

(다) 부재자의 재산이 대한민국에 있거나 대한민국 법에 따라야 하는 법률관계가 있는 경우(제3호)

① 대한민국에 있는 재산이 유체의 동산, 부동산인 경우에는 별로 문제될 것이 없다. 그러나 여기에서 말하는 재산은 유체의 재산에 한하지 않고 채권이나 그 밖의 무체재산을 포함하는 것으로 보아야 하므로 이들 재산이 대한민국에 있는 경우란 어떤 경우인가가 문제된다. 국제사법은 이 점에 관한 규정을 두고 있지 않으나, 1951년 독일 실종법 제12조 제2항12)이 대략 참고로 될 수 있을 것이다. 이에 따르면 저작권, 특허권과 같은 지식재산권에 관해서는 그것이 대한민국에서 발행되거나 등록된 경우에는 대한민국에 있는 재산으로 보아야 할 것이고, 채권에 관해서는 대한민국에서 재판상 청구를 할 수 있는 경우에는 그 채권은 대한민국에 있는 재산이라고 할 수 있다. 따라서 부재자인 채무자의 주소 또는 영업소가 대한민국에 있는 경우, 부재자에 대한 계약상의 채무의 이행지가 대한민국으로 특약되어 되어 있는 경우, 특약이 없는 경우에도 사실상의 이행지가 대한민국에 있는 경우, 부재자에 대해서 불법행위가 행해진 곳이 대한민국인 경우 등에는 대한민국에서 그 채권에 관해 재판상 청구를 할 수 있으므로 여기서 말하는 재산이 대한민국에 있는 경우에 해당한다고 할 수 있다.

---

12) 외국인 부재자는 독일의 법률에 의한 법률관계 및 독일에 있는 재산에 대해서만 독일에서 사망선고를 받을 수 있다. 권리자의 등기를 위해 정해진 등기부 또는 등기가 독일의 관청에 의해 관리되는 것 및 독일의 법원이 소송을 수리할 기능을 가지는 청구권은 내국에 있는 재산으로 본다.

이 규정에 따라 대한민국 법원이 관할권이 있는 경우에는 실종선고의 효과는 그 재산에 관한 부분으로 한정된다(동 단서).

② 대한민국 법에 따라야 하는 법률관계가 있는 경우에도 대한민국 법원이 실종선고에 관한 국제재판관할권을 가진다. 이는 우리나라의 국제사법 규정에 의해서 우리나라 법이 준거법으로 적용되는 법률관계를 말한다. 신분적 법률관계이든 재산적 법률관계이든 묻지 않는다. 예컨대 부부의 어느 쪽이 부재로 되어 처가 외국인이어도 夫가 한국인인 경우의 혼인관계, 외국인이 대한민국의 보험회사와 대한민국법을 준거법으로 해서 보험계약을 체결한 채 부재로 된 경우의 채권관계 등은 대한민국 법에 의해야 하는 법률관계이다.

역시 이 규정에 따라 대한민국 법원이 관할권이 있는 경우에는 실종선고의 효과는 그 법률관계에 관한 부분으로 한정된다(동 단서).

(라) 그 밖에 정당한 사유가 있는 경우(제4호)

국제사법은 그 밖에 정당한 사유가 있는 때에도 우리 법원에 실종선고에 관한 국제재판관할권을 주고 있다. 예컨대 같은 국적의 외국인 부부가 대한민국에 일상거소를 두고 있다가 그 중 일방이 실종된 경우에 비록 부재자가 대한민국에 재산을 가지지 않거나 또는 대한민국 법에 의하여야 하는 법률관계가 없더라도 혼인관계를 해소시키기 위해서는 우리 법원이 실종선고의 관할권을 가진다.[13]

이상의 세 가지 요건은 사실상 거의 일치할 것이지만 반드시 일치하는 것은 아니다. 그러나 세 가지 요건 중 어느 하나의 요건만 갖추면 부재자가 비록 외국인이라 할지라도 대한민국 법원은 실종선고의 관할권을 가지게 된다.

4. 실종선고와 부재자재산관리의 준거법

실종선고와 부재자재산관리의 준거법에 관해서는 원칙적 관할권의 경우와 예외적 관할권의 경우로 구별해서 생각할 필요가 있다.

---

13) 국제사법해설, 55면; 석광현, 99면.

(1) 원칙적 관할권의 경우

실종선고의 원칙적 관할권은 본국에 있으므로 부재자의 본국에서 실종선고가 내려지는 경우, 실종선고의 요건 및 효력의 준거법은 부재자의 본국법으로 된다. 그 이유는 관할권에 관해서 설명한 바와 같다.[14]

따라서 실종선고의 요건에 관한 문제 즉 생사불명의 기간, 그 기산점, 실종선고의 청구자, 선고를 하기 전에 공시최고를 필요로 하는가 등의 문제, 그리고 실종선고의 효력에 관한 문제 즉 실종선고를 받은 자는 사망한 것으로 볼 것인가 추정되는 것인가, 또한 그 시점은 선고시인가 최후의 소식 또는 위험발생시인가 기간만료시인가, 그리고 그때까지는 생존추정을 할 수 있는가 등의 문제는 본국법에 의해 규율된다.

국제사법도 유사한 취지에서 실종선고의 준거법을 실종자의 본국법에 따르도록 하고 있다(제27조 1항). 다만 이는 주로 대한민국 국민이 실종선고를 받는 경우에 적용될 것으로서 구체적인 부분에 다소 차이가 있다.

부재자의 본국에서 실종선고를 하는 원칙적 관할권의 경우에 있어서 실종선고의 효과의 준거법은 실종선고의 직접적인 효과인 사망의 추정 또는 간주에만 그치고, 그 간접적인 효과, 예컨대 실종자의 혼인관계의 소멸, 상속의 개시 등은 포함하지 않는다. 이러한 간접적인 효과는 각각 혼인관계의 준거법(제63조), 상속의 준거법(제77조) 등에 의한다. 마찬가지로 실종선고의 취소 또는 폐지에 관한 문제도 부재자의 본국법에 의하지만 간접적인 효과는 각각의 법률관계의 준거법에 의한다.

(2) 예외적 관할권의 경우

대한민국의 법원이 예외적으로 외국인인 부재자에 대해서 실종선고를 내린 경우에는 실종선고의 요건 및 효력의 준거법은 대한민국법이 된다(제27조 2항). 그러나 이러한 실종선고의 효과는 일반적으로 발생하는 것이 아니라 대한민국

---

14) 그리고 실종선고의 원칙적 관할권이 부재자의 최후의 일상거소지국에 인정되어야 한다고 하면 실종선고의 요건 및 효력은 그 선고되어야 할 국가의 법률인 일상거소지법에 의하게 된다. 부재자의 생활의 본거지인 일상거소지의 법률에 의하는 것이 실종선고의 기능을 만족시키는 데 적합하기 때문이다.

에 있는 재산 및 대한민국의 법률에 의할 법률관계 그리고 정당한 사유가 있는 경우에 관해서만 대한민국법이 인정하는 실종선고의 효과가 발생하고, 외국에 있는 재산이나 외국의 법률에 의할 법률관계에 그 효과가 미치지 않는 것은 그 것이 예외적인 관할이라는 점에 비추어 보면 당연하다. 그러나 이것은 내국에 관계되어 있는 불확정한 법률관계를 확정시키는 것이 목적이므로 대한민국 내 에서는 직접적 효과뿐만 아니라 간접적 효과까지도 발생하는 것으로 해석하여 야 할 것이다.15) 예컨대 대한민국에 재산을 남긴 채 부재로 된 외국인에 대해서 대한민국 법원이 내린 실종선고의 경우 그 본국에 실종선고의 제도가 있는지 없는지를 묻지 않고 또한 그 효과가 어느 정도까지든 관계없이 대한민국에 있 는 재산에 관해서 부재자를 사망한 것으로 보고 상속이 개시되는 것으로 해석 하여야 한다. 그러나 내국법에 의하는 것은 상속이 개시되는가 어떤가의 문제 만이고 상속인이 누가 되고 상속분이 얼마가 되는가의 문제는 상속의 준거법에 의하여야 한다.16)

(3) 부재자 재산관리의 준거법

위에서 본 실종선고의 준거법에 대한 설명은 그대로 부재자재산관리에 통용 될 수 있으므로 따로 설명하지 않는다. 국제사법의 입장도 같다(제27조).

---

15) 황산덕/김용한, 160면; 김용한/조명래, 210면; 서희원, 150면; 신창선, 209면; 신창섭, 183면.
16) 실종선고의 준거법에 관해서는 이상 설명한 것과 다른 견해도 있다. 첫째 이른바 효과법설이라 고 하는 것으로 실종선고에 의해서 확정되어야 할 법률관계의 준거법에 의해서 실종선고의 요 건 및 효력을 규율하고자 하는 설이다. 예컨대 부재자의 상속관계를 확정할 필요가 있을 때에는 상속의 준거법에 의하고 부재자의 혼인관계를 확정할 필요가 있을 때에는 혼인의 준거법에 의 해야 한다는 설이다. 그러나 이 설에 대해서는 동일한 부재자가 법률관계 여하에 따라서 어떤 때에는 사망한 것으로 간주되고 어떤 때에는 생존하고 있는 것으로 되어 불합리한 결과를 초래 한다고 비판된다. 그리고 우리 국제사법 제27조의 해석으로서 이 설은 취할 여지가 없음은 말할 것도 없다. 둘째 이미 말한 바와 같이 국제사법 제27조가 관할권 및 준거법에 관해서 예외가 아 니며 본칙을 정한 것으로 이해하고 실종선고의 요건 및 효력은 오로지 선고지법 즉 재산소재지 법 또는 당해 법률관계의 준거법에 의할 것을 요하고 또한 이것으로 충분하다고 하는 설이다. 따라서 이 설에 의하면 직접적 효과와 간접적 효과라는 구별의 필요성은 저절로 없어지게 된다. 그러나 관할권에 관하여 설명한 것과 같이 이 설을 선택할 필요는 없다. 山田鐐一, 181면 참조.

5. 외국에서 내린 실종선고 내지 부재자 재산관리 재판의 효력

외국판결의 승인에 관한 민사소송법 제217조는 기판력을 가지는 외국판결을 대상으로 하는 것이므로 비송사건절차에 의하는 외국법원의 실종선고에는 적용되지 않는다고 생각하는 것이 보통이다. 그러나 여기에서 정하고 있는 요건 가운데 일부는 외국실종선고의 승인의 경우에도 고려되어야 할 것이다. 즉 실종선고가 우리 국제절차법의 관점에서 관할권이 있는 나라에서 내려질 것, 그리고 선량한 풍속과 사회질서에 반하지 않을 것이 요구되어야 할 것이다. 그래서 부재자가 한국인이든 외국인이든 묻지 않고 본국 내지는 최후의 일상거소지국에서 내려진 실종선고는 내국의 공서에 반하지 않는 한 대한민국에 있어서도 승인된다. 다만 이 경우에 있어서 실종선고의 효과는 실종의 직접적인 효과만을 의미하고 간접적인 효과는 포함되지 않는다고 하여야 한다.

Ⅳ. 행위능력

사례 1

1) 대한민국에 단기체재 중인 18세의 프랑스인 甲이 부산의 X백화점에서 300만 원어치의 보석을 구입하고, 후에 대한민국법상 미성년자라는 것을 이유로 이 매매계약의 효력을 부인하였다. 甲의 주장은 인정되는가? (프랑스법상으로는 甲은 능력자이다.)
2) 위 1)에 있어서 甲이 20세의 미국 A주의 주민이고, 그 주법에 의하면 성년연령은 21세로 정해져 있는 경우는 어떠한가?
3) 위 2)에 있어서 甲이 파리의 보석점 X에서 보석을 구입한 후에 본국법인 미국 A주법상 무능력자라는 것을 주장한 경우는 어떠한가?
4) 또한 18세의 한국인 甲이 위와 마찬가지로 파리의 보석점 X에서 보석을 구입했을 때, 대한민국법에 의하여 甲이 이를 취소할 수 있는가?

1. 총   설

행위능력은 사람이 단독으로 유효한 법률행위를 할 수 있는 능력을 말한다. 그런데 법률행위는 이를 재산적 법률행위와 신분적 법률행위로 나눌 수 있으므로 행위능력도 재산적 행위능력과 신분적 행위능력으로 나누어진다. 대부분의 국가는 실질법상 재산적 행위능력에 대하여는 공통의 장애요인이 있다고 보지만, 신분적 행위능력에 관하여는 개개의 신분행위마다 일정한 제한을 가하는 입법을 취하고 있다. 이에 따라 국제사법상으로도 신분행위에 관하여는 개개의 신분행위마다 그 준거법을 달리하고 있다.

국제사법도 제28조에서 행위능력의 준거법을 규정하고 있으나, 여기에서의 행위능력은 일반적 행위능력만을 의미하며, 혼인에 있어서의 행위능력, 유언능력, 어음행위능력 등에 관해서는 별도의 규정이 있다. 따라서 이하에서는 일반적인 재산적 행위능력의 준거법에 관해서만 살펴보기로 한다.

2. 본국법주의의 원칙

실질법상 재산적 행위능력과 관련하여 문제되는 것은 연령에 의한 행위능력의 제한문제(미성년자), 심신의 결함에 의한 행위능력의 제한문제(피성년후견인, 구법상의 한정치산 및 금치산자) 및 극히 예외적인 것이나 처의 행위능력에 제한문제 등과 같은 것들이며 국제사법상으로도 이에 대응하여 준거법의 결정문제가 발생한다.

국제사법 제28조 제1항 전문은 "사람의 행위능력은 그의 본국법에 따른다." 라고 규정하고 있다. 이에 따른 준거법으로서 본국법의 적용범위에 속하는 사항으로는 ① 성년연령, 즉 성년자인가 미성년자인가의 문제, ② 미성년자의 능력보충, 즉 법정대리인의 허가·동의·추인 등의 문제, ③ 미성년자가 단독으로 할 수 있는 행위의 문제, ④ 미성년자의 하자 있는 법률행위의 효력의 문제, ⑤ 성년선고(스위스 민법 제15조), 친권·후견해제(프랑스 민법 제477조 이하), ⑥ 영업의 허락의 문제(민법 제8조) 등을 들 수 있다. 이와 함께 개정전 구 국제사법은 따로 한정후견개시 내지 성년후견개시 심판 등에 관하여 따로 규정하고 있었기 때문에 따로 규제되었으나(제14조), 현행법은 이 조항을 삭제하였기 때문에 일반론에 의하여 규율되는 것으로 되었다는 점을 부기해 둔다.

3. 혼인에 의한 성년의제

국제사법은 혼인에 의한 성년의제의 경우 당사자의 본국법을 그 준거법으로 하고 있다(제28조 제1항 후문). 종래의 견해는 이를 혼인의 일반적 효력의 문제로 보았으나, 최근에는 혼인에 의한 성년의제제도의 취지를 혼인한 남녀의 경우 자연적 연령이 성년에 도달하지 아니하더라도 성년과 동일하게 취급하는 것으로 이해하여 이를 행위능력의 문제로 보는 것이 일반적이다. 한편 이를 혼인의 일반적 효력의 준거법에 의하도록 한다면 국제사법 제64조에 따라 일상거소지법 또는 밀접관련지법이 적용됨으로써 준거법이 자주 변경되거나 확정되기 어려운 부당한 결과가 나올 수도 있다. 따라서 혼인에 의한 성년의제의 경우 위와 같은 문제점을 감안하고 또한 애매한 성질결정상의 논란을 미리 없애기 위하여 독일과 같이 이를 행위능력의 문제로 보아 당사자의 본국법을 적용하도록 하고 있다.[17)

4. 준거법의 변경과 행위능력

행위능력의 준거법인 본국법은 행위 당시의 본국법을 말한다. 따라서 당사자가 국적을 변경한 경우 행위 당시의 본국법상 능력자이면 구본국법에 의하면 무능력자인 경우도 능력자로 인정되어야 하는 것은 말할 것도 없다. 그러나 반대로 구본국법상 능력자였던 자가 행위 당시의 본국법에 의하면 무능력자인 경우에는 이를 무능력자로 취급하여야 할 것인지의 여부가 문제된다. 이와 같은 문제점을 제거하기 위하여 국제사법은 이미 취득한 행위능력은 국적변경으로 인해 상실되거나 제한되지 않도록 하고 있다(제28조 2항).

---

17) 국제사법해설, 57-58면; 석광현, 101면.

5. 성년후견

사례 2

프랑스 파리에 살고 있는 한국인 甲은 교통사고에 의하여 기억을 상실하고 파리의 병원에 입원 중이다. 파리에 살고 있는 한국인 처 乙은 甲의 치료비에 충당하기 위하여 甲의 법정대리인으로 되어 甲이 대한민국에 소유하는 부동산을 매각하려고 생각하고, 대한민국에 있는 甲의 父에게 대한민국의 가정법원에 甲의 성년후견 개시심판의 청구를 의뢰하였다. 이 경우 우리나라 법원의 관할이 인정되는가?

(1) 총 설

심신의 결함이 있는 자를 일정한 요건 하에 무능력자로 하여 그 자를 보호함과 동시에 그들과 교섭을 하는 일반사회의 공익을 유지하는 것을 목적으로 하는 것이 행위무능력 제도이다. 그런데 민법은 종래 한정치산 및 금치산 제도를 가지고 있었으나, 그 용어가 부정적이고 본인의 의사와 장애의 정도에 대한 고려 없이 행위능력을 획일적으로 제한하여 사회적 편견을 야기하는 한편, 보호의 대상을 재산적 법률행위로 제한함으로써 복리에 관한 다양하고 실질적인 도움을 제공할 수 없는 등 문제를 가지고 있었기 때문에, 이를 해결하기 위하여 성년후견 제도가 2013년 7월 1일부터 도입되었다(민법 제9조, 제12조, 제14조의 2). 성년후견제도의 도입은 복지 국가, 고령화 사회로 접어들면서 장애인의 인권과 노인 복지에 대한 국가의 책무와 사회적 관심이 부각되고 있고, 독일과 일본 등에서도 성년후견제도를 창설하는 법개정이 이루어지는 등의 국제적인 조류에 맞춘 것이다.

국제사법의 입장에서 볼 때 이러한 제도에 대해서는 항상 개인의 이익보호와 사회의 공익유지라고 하는 두 가지 측면에서의 고려가 필요하다. 한편 이 제도의 기능은 본래 속지적인 것임을 유의하여야 한다.

성년후견은 법원이나 그 밖의 국가기관의 선고에 의해서 발생하는 것이므로 실종선고의 경우와 마찬가지로 성년후견개시 심판(구법상의 한정치산 및 금치산 선고)의 요건 및 효력의 준거법의 문제 외에 심판의 관할권의 문제와 외국에서 내린 심판의 효력의 문제가 생기나, 현행 국제사법이 성년후견과 한정후견개시 심판에 관한 규정을 삭제하였기 때문에 일반론에 의하여 국제재판관할과 준거법이 다루어지게 되었다.

(2) 성년후견 심판의 국제재판관할

(가) 원칙적 관할권

성년후견의 문제는 곧 행위능력의 제한문제이므로 행위능력의 준거법에 관한 국제사법 제28조에 의하여 해결될 수 있다. 즉 성년후견개시 심판의 관할권은 심판을 받아야 할 자의 본국에 속한다. 성년후견제도는 질병, 장애, 노령, 그 밖의 사유로 인한 정신적 제약으로 사무를 처리할 능력이 지속적으로 결여된 사람의 능력을 제한하고, 그 신분상에 중대한 효과를 가져오는 것이다. 따라서 그 사람의 개인적 보호를 고려하여 관할권은 그 사람에 대해서 대인주권을 가지는 본국에 속하여야 한다.[18][19]

그러나 이에 대하여 성년후견개시 심판의 관할권은 심판을 받아야 할 자의 거주지국에 속한다고 하는 설(거주지법주의)[20]이 있다. 그 이유로서는 성년후견제도는 정신적 능력이 충분치 않은 자와 교섭하는 일반사회의 공익유지에 중점이 두어져야 하므로 심판을 받아야 할 자의 사회생활관계의 중심지인 거주지국의 관할에 속한다고 하는 것이 타당하다고 한다. 그리고 정신적 능력이 충분치 않은 자에 대한 개인적 보호라는 점에서 보더라도 본국보다는 오히려 본인의 현황을 정확히 파악할 수 있는 거주지국에서 심판하는 것이 적당하다고 한다.

---

18) 황산덕/김용한, 171면; 김용한, 금치산선고의 관할권과 준거법, 고시계, 1963.8, 174면; 서희원, 162면, 147면.

19) 이에 대하여 국제사법 제14조의 규정은 적어도 직접적으로는 본국의 관할권을 규정하고 있지 않은 점, 더욱이 성년후견(한정치산 및 금치산)제도의 속지적 기능에 착안한다면 성년후견개시의 심판(한정치산 및 금치산선고)에 관해서 본국의 관할을 인정할 실익은 지극히 의심스럽다고 하는 견해도 있다. 즉 외국에 거주하는 자국민에 대해서 본국의 기관이 성년후견개시 심판(한정치산 및 금치산 선고)의 요부를 결정하는 것은 곤란하고 가령 심판이 내려졌다고 하여도 거주지국에 있어서 충분한 효과를 기대할 수 있을 것인지 지극히 의심스럽다고 한다. 따라서 여기서 본국의 관할을 인정한다고 한다면 그것은 결국 한 나라의 법원이 자국에 거주하는 자국민에 대해서 성년후견개시 심판(한정치산 및 금치산 선고)의 관할권을 가진다고 하는 당연한 것을 의미함에 불과하다고 한다.

20) J.P. Niboyet, Traité de droit international privé français, t. V, Paris, 1949, p.151.

더욱이 성년후견제도가 가지는 본래의 속지적 기능에서 보면 본국의 관할은 적당하지 않고 거주지국의 관할을 인정하는 것에 의해 비로소 이 제도의 목적을 달성할 수 있다고 한다.

(나) 예외적 관할권

성년후견제도는 선고지에 거주하는 자에 대하여만 충분한 효과를 거둘 수 있는 속지적인 성질을 가지므로 우리나라에 거주하는 외국인의 행위능력을 제한할 필요가 있을 때에는 우리나라에 심판의 관할권을 인정하여야 한다.

그러나 구섭외사법 제7조 제2항은 한정치산 및 금치산의 원인이 본국법 및 대한민국 법에 누적적으로 인정될 경우에만 주소지국 또는 거소지국인 우리나라의 법원이 관할권을 갖는다고 규정하고 있어 적용범위가 너무 협소하였다. 국내에 일상거소 또는 거소를 가지는 외국인의 경우 본국법에 원인이 없더라도 대한민국 법에 성년후견의 원인이 있는 때에는 본인의 보호 및 내국거래의 안전을 위하여 우리나라 법원에서 성년후견개시의 심판을 할 수 있어야 할 것이지만 현행 국제사법은 이에 관한 규정을 두고 있지 않다.

(3) 성년후견개시 심판의 준거법

우리나라에서 성년후견 개시의 심판을 하는 경우에는 그 원인과 심판의 효력은 모두 대한민국 법에 의하게 된다. 한편 외국에서 심판을 하는 경우에는 그 원인 및 심판의 효력에 관한 준거법은 당해 외국법이 정할 사항이다.

따라서 피성년후견인의 행위능력의 제한, 하자 있는 법률행위의 효력, 능력보충에 관한 문제는 심판을 한 국가의 법에 의한다. 또한 피성년후견인에게 후견인을 두는 것도 심판의 효력에 관한 문제이므로 이것 역시 심판을 한 국가의 법에 의해서 결정되지만 누가 후견인이 되느냐 하는 것은 후견의 준거법(제75조)이 결정하게 된다.

(4) 외국에서 내린 성년후견개시 심판의 효력

외국 법원이 한 성년후견개시 심판의 효력이 우리나라에서 승인되는가의 문제에 관해서는 몇 가지 경우로 나누어 살펴 볼 필요가 있다.

첫째, 심판지에서의 피성년후견인의 행위에 관한 성년후견개시 심판의 효력에 관해서는 그 심판이 우리나라 국제사법상 관할권을 가지는 국가에서 내려진 이상 공서양속에 반하지 않는 한 우리나라에서 이를 승인하여야 한다.

둘째, 심판지 이외의 제3국에서의 피성년후견인의 행위에 관한 성년후견개시 심판의 효력에 관해서는 그 심판이 우리나라 국제사법상 관할권을 가지는 국가에서 내려진 것 외에 행위지인 제3국법상 그 심판이 승인되지 않는다면 우리나라도 이를 승인할 필요는 없다. 즉 우리 국제사법상 관할권을 가지는 국가에서 성년후견개시 심판을 받은 자가 제3국에 가서 행한 행위의 효력이 우리나라 법원에서 다투어진 경우, 이 행위가 피성년후견인의 행위로서 취급되는가의 문제는 행위지인 제3국의 태도에 달려 있다. 행위지에 있어서의 거래보호의 관점에서 보면 당연한 귀결이다.

셋째, 외국에서 성년후견개시 심판을 받은 자가 우리나라에 온 경우, 우리나라에서 이러한 자를 피성년후견인으로 취급하여야 할 것인가에 관해서는 부인설과 승인설이 있다. 성년후견개시의 심판을 하여 개인의 능력을 제한함에 있어서는 일반사회에 대한 등기, 공고와 같은 공시방법을 필요로 하지만 이러한 공시방법은 오늘날의 국제사회에서는 심판지 이외에는 미치지 않는다. 그래서 외국에서 내려진 성년후견개시 심판에 관해서 우리나라에서 어떤 공시방법이 없는 이상 그 효력을 승인하는 것은 내국에 있어서 거래의 안전을 해친다는 것이 부인설의 주장이다.[21] 이에 대해서 기존의 한정치산·금치산 선고에 관하여 공고는 반드시 한정치산·금치산 선고의 효력발생요건이라고 하기 어렵고, 또한 공고가 행해져도 실제로 사회 일반에게 주지되는 것은 아니라고 하는 이유에서 승인설이 주장되었다.[22] 그러나 이에 의하면 어느 나라에서 심판을 받았느냐에 따라서 우리나라에서 성년후견 개시 심판의 효력이 달라지므로 거래의 안전을 해칠 수 있게 된다. 그리고 성년후견개시의 심판에 의한 개인의 능력의 제한은 공시제도와 본질적으로 결부되어 있고 또한 성년후견제도가 가지는 속지적 기능에서 보면 부인설이 타당하다고 본다. 그래서 만약 대한민국에서도

---

21) 황산덕/김용한, 174면; 서희원, 164-165면; 김용한/조명래, 222-223면.
22) 김진, 177면.

피성년후견인으로서 보호를 받으려고 한다면 다시 우리나라 법원에서 심판을
받아야 할 것이다.

(5) 성년후견 종료의 심판

성년후견 종료의 원인이 있는 때 하는 성년후견 종료의 심판(구법상의 한정
치산 또는 금치산 선고의 취소)의 관할권과 준거법이 문제된다.

먼저 종료심판의 관할권에 관해서 국제사법에는 아무런 규정이 없다. 따라
서 해석론으로서는 개시의 심판을 한 그 국가에 종료심판의 관할권이 있다고
보아야 할 것이다. 외국에서 심판을 한 경우에는 그 외국에, 우리나라에서 심판
을 한 경우는 우리나라에 관할권이 있다.[23]

그리고 준거법에 관해서도 국제사법에 아무런 규정이 없으므로 성년후견개
시 심판의 준거법과 동일한 것으로 해석하여야 한다.

6. 거래보호주의

(1) 총 설

행위능력에 관한 속인법의 원칙에 대해서는 거래보호의 목적에서 행위지법
에 의하여 속인법의 적용을 제한하려는 경향이 각국의 판례 또는 입법에 있어
서 점차 강하게 인정되고 있는데, 이러한 경향을 거래보호주의라고 한다. 이에
따라 현재 행위능력에 관한 속인법주의는 그 의의를 거의 잃어가고 있다. 행위
능력에 관해서 속인법주의가 인정되는 것은 주로 무능력자 개인의 이익보호라
는 이유에 의한 것인데, 일반 거래사회의 이익 보호를 위한 거래보호주의와 충
돌하기 때문이다.

구섭외사법은 거래보호에 관한 내용을 행위능력의 조항에서 규정하였으나,
국제사법은 이를 분리하여 별도의 조항으로 규정하고 있다(제29조). 이는 그 내
용의 중요성을 강조함과 아울러 거래보호가 필요한 다른 경우(예컨대 법정대리,
법인 등의 경우)에도 이 조항을 원용할 수 있도록 하기 위해서이다.[24]

---

23) 황산덕/김용한, 175면; 서희원, 166면.
24) 석광현, 107면에 의하면, 제15조는 행위능력에만 한정되는 것이 아니라 권리능력의 제한의 경우

한편 구섭외사법 제6조 제2항은 행위무능력으로 인한 거래의 보호와 관련하여 내국법이 적용되는 경우만을 규정하고 있었으나(일방적 저촉규정), 국제사법에서는 이 조항을 내국법이 적용되는 경우 뿐만 아니라 외국법이 적용되는 경우도 포함하는 규정(쌍방적 저촉규정)으로 바꾸어 내국뿐만 아니라 외국에서의 거래보호까지 인정하고 있다. 즉 법률행위를 한 자와 상대방이 법률행위의 성립 당시 동일한 국가 안에 있는 경우에 그 행위자가 그의 본국법에 의하면 무능력자이더라도 법률행위가 행하여진 국가의 법에 의하여 능력자인 때에는 그의 무능력을 주장할 수 없다(제29조 1항 본문). 다만, 거래보호의 정신에 비추어 상대방이 악의 또는 과실 있는 선의인 경우에는 그 보호대상에서 배제한다(동 단서).[25]

(2) 거래보호조항의 적용이 없는 경우

친족법 또는 상속법의 규정에 의한 법률행위 및 행위지 이외의 국가에 있는 부동산에 관한 법률행위에는 거래보호조항의 적용이 없다(제29조 2항).

따라서 이러한 경우에는 다시 원칙으로 돌아가서 오로지 그 본국법이 적용된다. 그리고 여기서 부동산에 관한 법률행위는 물권적 법률행위에 한한다고 하는 설도 있으나 본조의 입법취지에서 보면 물권적 법률행위뿐만 아니라 채권적 법률행위도 포함한다고 해석하여야 한다.

판 례

원심은, 국제사법에 의하면 행위능력은 그 본국법에 의하고(제13조 1항), 후견은 피후견인의 본국법에 의하도록(제48조 1항) 각 규정되어 있는바 미합중국인인 원고의 행위능력과 후견은 미합중국의 법률에 따라야 하므로 재산권에 관한 계약을 체결

에도 의미를 가진다고 한다. 즉 외국법인의 권리능력이 제한되는 경우(예컨대 ultra vires의 경우), 제15조가 거래보호를 달성할 수 있을 것이라고 한다.

25) 제1항의 내용은 로마협약 제11조의 규정을 참조한 것이다. 국제사법은 계약의 준거법에 관하여 로마협약의 내용을 대부분 수용하였으므로 거래보호에 있어서도 그 협약의 내용을 가능한 한 따르고자 한 결과이다. 다만, 로마협약은 계약에 한정하여 규정하나, 국제사법에서는 계약외에 상대방있는 단독행위도 문제가 될 수 있음을 고려하여 법률행위 전반에 관하여 규정을 두고 있다(국제사법해설, 63면).

할 권리에 대해 행위무능력자가 된 원고의 재산에 관해 그 후견인인 甲의 동의 없이 체결된 이 사건 계약은 모두 무효라고 판단하였다.

이어서 원심은 그 판시와 같은 사유로 甲으로부터 소송위임을 받은 원고 소송대리인의 소송행위는 기존의 흠이 있는 소송행위를 적법하게 추인한 것을 비롯하여 모두 유효라고 판단하였다.

원심판결 이유를 관련 법리와 기록에 비추어 살펴보면, 원심의 판단에 상고이유 주장과 같이 필요한 심리를 다하지 않은 채 논리와 경험의 법칙을 위반하여 자유심증주의의 한계를 벗어나거나 후견인의 법정대리권 및 소송대리인 선임의 효력, 소송대리권의 존부 등에 관한 법리를 오해하여 판결에 영향을 미친 잘못이 없다(대법원 2021.7.21. 선고 2021다201306 판결).

사례의 해결

1. 사례 1

1) 국제사법 제13조 제1항에 의하여 본국법인 프랑스법을 적용하여 甲을 능력자로 하는 것에는 아무런 문제는 없다. 왜냐하면 무능력자의 보호에 가장 이해관계를 많이 가지고 있는 속인법 소속국이 甲을 능력자로 하고 있는 것이므로, 이 자를 능력자로 하여도 흠이 없다. 한편 행위지이고 또한 상대방의 영업소 소재지인 대한민국에서 보아도 행위지법을 적용하는 것보다도 본국법을 적용하여 甲을 능력자로 하는 편이 계약이 유효하게 되고, 거래의 안전과 상대방의 정당한 기대의 보호에 적합하게 되기 때문이다. 양자는 모두 프랑스법의 적용을 긍정한다고 하여도 좋다.

2) 본국법인 미국 A주법에 의하면 甲은 무능력자이므로 甲은 계약의 유효성을 부인할 수 있다. 이 경우는 사례1)과 달리 속인법 소속국이 甲을 무능력자로서 보호하고 있기 때문이다. 그러나 이러한 결과는 명백히 상대방을 보호할 수 없고 행위지에 있어서 거래의 안전을 해치게 된다. 따라서 행위능력에 관하여 속인법주의를 채용하는 국가에 있어서도 거래보호의 견지로부터 속인법주의에 일정한 제한을 가한다. 국제사법 제29조에 의하면 행위자가 본국법에 의하면 무능력자라 하더라도 행위지법에 의하면 능력자인 때에는 무능력을 주장할 수 없다. 甲은 미국 A주법상으로는 무능력자라 하더라도 대한민국법상 능력자이므로 매매계약의 효력을 부인할 수 없다.

3) 구섭외사법에 의하면 행위무능력으로 인한 거래의 보호와 관련하여 외국인이 대한민국에서 법률행위를 한 경우만을 규정하고 있었으나 국제사법은 외국에서의 거래보호까지 인정하고 있다. 행위자와 상대방이 법률행위의 성립 당시 동일한 국가에 있었으므로 甲이 본국법상 무능력자라 하더라도 행위지법상 무능력을 주장할 수 없다. 따라서 甲은 매매계약의 효력을 부인할 수 없다.

4) 사례 3)과 마찬가지로 한국인이 외국에서 법률행위를 하는 경우에도 거래보호조항의

적용이 있다. 따라서 甲은 매매계약의 효력을 부인할 수 없다.

2. 사례 2

통설에 의하면 성년후견 선고는 의사능력이 충분하지 않은 자의 능력을 박탈·제한하는 제도라는 점을 들어 그 관할권은 그 자에 대해서 대인주권을 가지는 본국에 속한다고 한다. 그런데 사례와 같이 외국에 거주하는 자국민에 관하여 본국이 그 심신의 상황을 충분히 조사하고 판단하는 것은 거의 불가능하고, 본국에서 내려진 선고를 거주지국에 있는 제3자가 아는 것은 쉽지 않기 때문에 거래의 안전을 해치고, 거주지국이 그 선고의 효력을 인정할지도 의심스럽기 때문에 본국의 관할을 인정할 실익이 없다고 하는 학설도 있다.

그러나 오히려 외국에 거주하는 자국민에게 성년후견개시의 심판을 하고 성년후견인에 의하여 대한민국에 소재하는 재산을 처분하게 하는 것이 자국민인 무능력자의 보호에 적합하므로 선고를 할 실제적 필요가 있다고 본다. 더욱이 대한민국에서의 성년후견 개시의 심판이 거주지인 프랑스에서 승인될 필요도 없으므로 거주지인 프랑스에서의 제3자를 위한 거래의 안전을 고려할 필요도 없다. 따라서 대한민국에 재산을 가지는 한국인에 대해서 우리나라의 관할이 인정된다고 하여야 한다.

제 2 절 법 인

I. 총 설

오늘날의 사회생활은 단순히 자연인인 개인을 단위로 해서 영위되는데 그치지 않고, 사단이나 재단과 같은 법인도 각각 독립한 주체로서 그 속에서 나타난다. 그런데 이러한 법인의 사회적 활동은 오늘날에 있어서는 세계적 규모로 이루어지는 경우가 빈번하게 있으므로 그 활동을 둘러싸고 많은 국제사법상의 문제를 생기게 한다.

예컨대, 첫째 이러한 사단 또는 재단에 대해서는 마치 자연인에 대한 것과 마찬가지로 권리·의무의 주체인 지위 즉 법인격을 인정하는 것이 오늘날 각국의 법이 공통적으로 취하는 태도이지만, 이러한 법인격을 어떠한 요건 하에서 어느 정도로 인정할 것인가에 대해서는 나라에 따라서 반드시 정하는 바가 같지 않다. 따라서 특정의 사단 또는 재단이 법인격을 가지는 것인가의 여부를 어느 법에 의해 정할 것인가 하는 문제가 생길 수밖에 없다.

둘째, 각국의 국내법은 외국과 관련된 요소를 지닌 특정의 법인을 외국법인이라고 해서 내국법인과 구별하고 양자의 법적 취급을 달리하고 있는 것이 보통이다. 그래서 어떤 법인을 외국법인으로 볼 것인가 하는 문제가 생긴다.

법인의 국제적인 활동을 둘러싸고 생기는 법률문제로서 위에서 말한 두 가지 경우를 살펴보면 양자는 서로 성질을 달리 하는 별개의 것이라고 할 수 있다. 즉 처음에 든 것은 특정의 사단 또는 재단의 법인격의 유무를 어느 국내법에 의해서 정할 것인가 하는 국제사법상의 문제이며, 다음에 든 것은 처음 문제가 일단 해결된 후에 비로소 문제되는 것으로서 특정 국내법의 입장에서 어떠한 법인을 외국법인으로서 특별한 취급을 할 것인가 하는 실질법 내지 외인법상의 문제인 것이다. 따라서 이 두 문제는 각각 개별적으로 그 해결책을 찾아야 하며 반드시 동일한 기준에 의해서 해결할 필요는 없다.

19세기 이래 법인에 관한 섭외적 성질의 문제를 모두 법인의 국적결정의 문제로서 포착하려고 하는 태도가 상당히 넓게 주장되어 왔다. 즉 자연인의 국적과 마찬가지로 법인에 대해서도 그 국적을 정하고, 그 국적을 기준으로 해서 법인격의 유무의 문제, 내외법인의 구별, 그것에 기한 권리향유의 차별의 문제 등 법인에 관한 모든 문제를 일률적으로 해결하고자 하였던 것이다. 그러나 이러한 태도는 오늘날에 있어서는 이미 배척되어 있고, 법인의 섭외적 활동에 관련하는 문제 가운데서 국제사법상의 문제와 국내 실질법상의 문제는 각각 구별해서 다루어야 한다고 하는 것이 일반적으로 승인되어 있다.

Ⅱ. 법인 또는 단체의 국제재판관할

1. 법인 또는 단체의 일반관할

국제사법은 앞에서 설명한 바와 대한민국 법원에 국제재판관할이 인정되는 기준을 두 가지 정하고 있다. 그 하나는 ① 주된 사무소·영업소 또는 정관상의 본거지나 경영의 중심지가 대한민국에 있는 법인 또는 단체이고, 다른 하나는 ② 대한민국 법에 따라 설립된 법인 또는 단체인데, 이들에 대한 소에 관하여는 대한민국 법원에 국제재판관할권이 있는 것으로 규정한다(제3조 3항).

2. 사원 등에 대한 소의 특별관할

본래 법인이나 단체의 구성원이라 하더라도 관할규범의 원칙상 그 법인이나 단체의 재판적과는 별도로 관할이 정하여진다. 그런데 국제사법은 대한민국 법원이 앞에서 본 국제재판관할(제3조 3항)을 가지는 경우에 다음 소를 대한민국 법원에 제기할 수 있는 것으로 하고 있다(제25조).

이에 따라 구성원에 관한 소를 법인의 국제재판관할권이 있는 대한민국 법원에 제기할 수 있는 경우로는 ① 법인 또는 단체가 그 사원 또는 사원이었던 사람에 대하여 소를 제기하는 경우로서 그 소가 사원의 자격으로 말미암은 것인 경우, ② 법인 또는 단체의 사원이 다른 사원 또는 사원이었던 사람에 대하여 소를 제기하는 경우로서 그 소가 사원의 자격으로 말미암은 것인 경우 및 ③ 법인 또는 단체의 사원이었던 사람이 법인·단체의 사원에 대하여 소를 제기하는 경우로서 그 소가 사원의 자격으로 말미암은 것인 경우의 3가지이다.

이들은 각각 법인 또는 단체가 그 사원 또는 그 사원이었던 사람에 대하여, 사원이 다른 사원 또는 사원이었던 사람에 대하여, 사원이었던 사람이 다른 사원에 대하여 소를 제기하는 경우로서 사원의 자격에 말미암은 경우이다. 다만 이 규정도 법인 등이 대한민국 법원에 국제재판관할이 있는 경우여야 하므로 대한민국 내에서 일괄하여 사건을 처리하고자 하는 목적이 있는 것으로 보이나, 외국에 국제재판관할권이 있는 피고의 이익을 해칠 우려가 있다.

Ⅲ. 법인에 관한 국제사법상의 문제

1. 법인의 속인법의 결정

(1) 법인에 관한 속인법의 필요

법인에 관한 국제사법상의 문제에는 다음과 같은 것이 있다. 즉 ① 특정의 사단 또는 재단이 법인격을 가졌느냐 갖지 못하였느냐 하는 법인의 성립에 관한 문제, ② 법인격을 가졌다고 할 경우에 기관의 종류, 성질, 그 대표권, 법인과 사원과의 관계, 사원의 권리 의무 등과 같은 법인의 내부적 및 외부적 관계에 관한 문제, ③ 법인의 행위능력 및 불법행위능력에 관한 문제, ④ 법인의 소멸에 관한 문제 등이다. 이러한 문제가 어느 국가의 법에 의해서 해결되어야 하는 것인가 하는 문제가 있으나, 이러한 문제들은 지금까지 보통 법인의 속인법의 결정과 그 적용문제로서 다루어져 왔다.

사단 또는 재단은 일정한 국가의 법률에 따라서 일반적 권리능력을 부여받아 그 국가의 법인으로 된다. 법인에 관해서 일반적 권리능력의 존부가 문제되면 어떠한 경우라도 그 일정한 국가의 법률이 적용된다. 따라서 법인의 일반적 권리능력의 준거법은 법인에 있어서 고유한 법체계라고 하는 의미에서 법인의 속인법이라고 한다.[26]

(2) 법인의 속인법 결정에 관한 학설

법인 속인법의 결정에 관한 학설로서는 설립준거법설과 본거지법설이 있다.[27]

---

26) 그런데 이 법인의 속인법이라고 하는 용어에 대해서 자연인의 속인법과 구별하는 의미에서 그리고 법인뿐만 아니라 권리능력없는 사단 또는 재단에도 타당한 용어로서는 종속법이라고 하는 용어가 더 적절하다고 하는 견해도 있다(江川英文, 國際私法, 有斐閣, 1975).

27) 그 외의 학설로서는 ① 사원의 국적주의, ② 사원의 주소주의, ③ 자본의 국적주의, ④ 면허지주의, ⑤ 정관작성지주의, ⑥ 주식인수지주의, ⑦ 영업중심지주의, ⑧ 관리주의 등이 주장되고 있다.

(가) 설립준거법설

설립준거법설은 주로 영미법계 국가가 채택하고 있지만, 네덜란드, 스위스 등의 유럽국가와 구소련, 헝가리, 구체코슬로바키아 등도 채택하고 있다. 즉 법인의 본질에 관해서 의제설을 취하든 실재설을 취하든 법인의 일반적 권리능력이 일정한 국가의 법률에 의해서 부여된다고 하는 것은 다름이 없다. 법인의 존재는 그 사회학적 실재를 떠나서는 고찰할 수 없어도 법인의 본질은 어디까지나 법기술적 수단이라고 하는 것에 있고, 법인에 인격을 부여하는 것도 역시 일정한 국가의 법률이다. 따라서 법인의 속인법은 설립할 때 준거한 법률이라고 하여야 한다는 것이다.

(나) 본거지법설

이에 대해 본거지법설은 독일, 오스트리아 등의 대륙법계 국가가 채택하고 있는데, 주소지법설이라고도 한다. 그 내용을 보면 법인의 사무활동의 중심지이고 법인과 가장 긴밀한 관계에 있는 주소지(즉, 주된 사무소소재지)에 있어서의 사회 일반의 이익을 보호하기 위해서는 법인은 본거지(주소지)의 법에 의해서 인격을 부여받아야 한다. 바꾸어 말하면 본거지의 법에 준거해서 설립되어야 한다. 따라서 법인의 속인법은 본거지법(주소지법)이어야 한다는 것이다.

(다) 학설의 검토

다만 현실은 이러한 이론적인 부분보다 더 복잡하다. 어떤 나라에서 그 나라의 법에 준거해서 설립되었으나, 그 후 다른 나라에 본거를 두고 다른 나라에서 업무를 행하는 법인이 다수 존재하기 때문이다. 이러한 경우에 설립준거법설에 의하면 이러한 법인의 인격은 인정되고 본거지법설에 의하면 그 인격은 인정되지 않는다.

본거지법설의 목적이 이러한 법인의 발생을 방지하고자 하는 점에 있음은 명백하고 그 의도도 정당하지만 설립준거법설에 의해서도 이러한 법인의 인격은 일응 국제사법상 인정되는 것에 그치고 타국법상 당연히 그 인격이 인정된다고는 할 수 없다. 이러한 법인의 타국에 있어서 법인으로서의 존재는 그 나라의 외인법상 충분히 부인할 수 있는 것이다. 또한 본거지법설에 의할 때에는 타국에 있어서는 설립을 다시 하지 않는 한 법인으로서의 존재를 인정받지 못하게 된다.

또한 본거지법설을 주장하는 사람은 본거지에 있어서 거래의 보호를 그 실질적 이유로 들고 있지만 문제는 법인의 인격의 준거법 결정 그 자체이고, 이 점에서 본다면 법인의 인격은 그것을 부여하는 법 즉 설립준거법과 가장 긴밀한 관계에 있음은 명백하다. 본거지법설의 실질적 이유로서의 이러한 고려는 오히려 외인법상의 규제에 맡겨야 할 것이다.

(라) 국제사법의 입장

구섭외사법은 법인과 단체의 속인법(lex societatis)에 관한 규정을 두지 않고 단지 제29조에서 상사회사의 행위능력에 관해서만 규정하고 있었으나, 국제사법에서는 "법인 또는 단체는 그 설립의 준거법에 따른다."고 함으로써 명시적으로 설립준거법설을 취하고 있다(제30조 본문). 그리고 설립준거법설을 따를 경우 발생할 수 있는 내국거래의 불안정을 예방하기 위하여 외국법에 의해 설립된 법인 또는 단체라도 대한민국에 주된 사무소를 두거나 대한민국에서 주된 사업을 하는 경우에는 설립준거법이 아니라 대한민국 법에 따르도록 하는 예외를 규정하고 있다(제30조 단서).

이와 같이 우리 국제사법이 설립준거법설을 취한 것은 속인법이 고정되고 그 확인이 용이하여 법적 안정성을 확보할 수 있다는 장점이 있지만, 본거지법설에 따르면 본거지의 개념이 애매하여 그 결정이 쉽지 않고 본거지를 이전하게 되면 준거법이 변경되는 문제가 있기 때문이다. 또한 본거지법설에 따르면 반정(특히 전정)을 인정하지 않는 한, 설립준거법 소속국과 본거지법 소속국이 일치하지 않는 다수의 외국법인의 경우 그 법인격을 부인하게 될 우려도 있다. 실제로 국내기업들도 금융상의 편의 등 여러 이유로 외국의 이른바 조세피난처(tax heaven)에 특수목적회사(SPC: special purpose company 또는 SPV: special purpose vehicle)를 설립한 예가 많이 있다.[28]

---

28) 국제사법해설, 65-66면.

2. 법인의 속인법의 적용범위

법인은 한 나라 법제의 법기술적인 산물이다. 따라서 법인의 성립에서 소멸에 이르기까지 법인에 관한 문제는 원칙적으로 법인에 인격을 부여한 국가의 법률인 법인의 속인법의 적용을 받는다고 하여야 할 것이다. 그러나 법인의 문제가 제3자와의 관계에서 문제가 되는 경우에는 행위지에서의 거래안전의 필요상 속인법의 적용이 제한되는 경우가 적지 않다. 이하에서는 개별적인 경우를 검토하기로 한다.

(1) 법인의 설립

법인의 설립에 관한 문제는 법인격의 취득의 문제이므로 법인의 속인법에 의한다. 따라서 법인설립의 실질적·형식적 요건, 설립무효의 원인 등은 법인의 속인법에 의한다.

(2) 법인의 내부조직

법인의 내부조직에 관한 문제는 법인격과 밀접한 관계를 가지므로 법인의 속인법에 의한다. 따라서 법인기관의 종류, 성질, 인원수, 선임·해임 및 퇴임, 직무권한, 법인과 사원과의 관계 및 사원 상호 간의 관계, 사원권의 양도성, 정관의 변경 등은 전부 법인의 속인법에 의한다. 다만 법인기관의 직무권한 즉 대표권의 유무 내지 범위가 법인의 속인법에 의하는 것은 그것이 오로지 내부 관계에 있어서 문제된 경우에 한한다.

(3) 법인의 소멸

법인의 소멸에 관한 문제는 법인격의 상실의 문제이므로 원칙적으로 법인의 속인법에 의한다. 따라서 법인의 해산의 시기, 해산의 사유, 해산의 효과, 청산 등은 원칙적으로 법인의 속인법에 의한다. 법인의 청산에 관해서는 법인의 속인법상 파산이 해산사유로 되어 파산절차가 행해지는 경우와 파산 이외의 해산 사유에 의해 청산절차가 행해지는 경우가 있다. 전자의 경우에는 파산의 문제이므로 원칙적으로 파산개시지법이 적용되지만, 후자의 경우 청산인의 성질, 종류, 직무권한, 청산인과 회사의 관계, 청산절차 등에 관해서는 전부 법인의 속인법에 의한다. 단 청산인의 직무권한의 범위가 제3자에 대한 관계에서 문제되는 경우에는 법인의 기관의 대표권과 마찬가지로 다루어야 한다. 그리고 청산 후의 잔여재산의 귀속에 관해서도 법인의 속인법에 따라야 할 것이다.

(4) 법인의 인격의 범위

법인은 자연인과 달리 그 인격을 일정한 법에 의해 부여받은 것이므로 인격의 범위는 반드시 같지 않다. 따라서 법인의 인격의 범위는 당연히 법인의 인격의 준거법인 속인법에 의한다. 여기서 법인의 인격의 범위라고 하는 것은 법인의 일반적 권리능력의 범위 내의 문제이지만 동시에 개별적인 권리를 법인에게 귀속시킬 수 있는 범위의 문제이고 또한 법인의 기관의 행위의 효과를 법인에게 귀속시킬 수 있는 범위의 문제이다. 그리고 청산 중의 법인의 인격의 범위에 관해서도 마찬가지이다.

(가) 법인의 개별적 권리능력

속인법에 의해 법인격을 부여받은 사단 또는 재단이 개개의 권리를 향유할 수 있는가의 문제는 자연인의 개별적 권리능력의 경우와 마찬가지로 문제된 권리 자체의 준거법에 따라야 할 것이다. 그러나 이미 설명한 바와 같이 법인은 그 인격을 법에 의해 부여받은 것이고 그 인격의 범위도 반드시 일률적이지 않으므로 법인의 권리의 향유는 속인법이 인정하는 인격의 범위 내로 제한된다. 다만 이에 관하여 거래보호의 관점에서 오로지 권리자체의 준거법에 의해야 한다고 하는 견해도 유력하다.

(나) 법인의 대표권

법인의 대표권 문제는 법인을 대표하는 자는 누구이며 그 대표자는 어떠한 종류의 행위를 할 수 있는가 하는 문제이다. 이는 다시 말하면 법인 대표자가 한 행위의 효과를 법인에 귀속시키는 문제로서, 법인의 행위능력의 문제이다. 이도 원칙적으로는 법인의 속인법에 따라야 하지만, 법인이 타국에서 활동하는 경우에는 행위지의 거래안전의 필요상 행위지법에 의해 속인법의 적용이 제한되는 경우가 적지 않다. 이에 관하여 법인의 속인법이 아니라 오로지 행위지법에 의해야 한다고 하는 견해가 최근 유력하다. 그러나 법인의 본질에서 보면 이 문제는 원칙적으로 속인법에 따라야 하고, 거래보호에 기인한 행위지법의 적용은 예외적으로 고려되어야 할 것이다. 대표자가 하는 대표행위 자체의 성립 및 효력은 그 행위의 성질에 따라 정해지는 준거법에 의해야 하는 것은 물론이다.

그리고 발기인이 법인의 설립 전 내지 설립 중에 제3자와 행한 법률행위의 효과를 설립 후의 법인에 귀속시키는 문제, 그 귀속의 요건 등은 법인의 대표자의 대표권에 준하는 문제로서 설립되어야 할 법인의 속인법에 의하는 것으로 해석하여야 한다. 단, 행위지에 있어서 거래보호의 입장에서 행위지법에 의해서 속인법에 적용이 제한되는 경우도 있을 수 있다. 또한 청산법인의 대표권에 관해서도 법인에 대해서 앞에서 설명한 것과 마찬가지로 본다.

(5) 법인의 채권자에 대한 구성원의 책임

법인의 구성원이 법인의 채권자에 대해 책임을 부담하는지, 만약 부담한다면 그 범위는 어떠한지에 대한 준거법을 어떻게 규율하여야 할 것인가에 대해 판례는 법인의 속인법에 관한 국제사법 제30조에 따라 준거법이 결정되어야 한다고 한다. 그 근거로는 이 규정의 범위가 제한되고 있지 않으므로, 법인에 관한 문제 전반을 포함하여야 한다고 보아야 하기 때문이라고 한다.[29]

(6) 법인의 불법행위능력

어떠한 사람의 어떠한 행위가 법인의 불법행위로서 법인 자신이 배상책임을 부담하는가의 문제는 법인의 불법행위능력의 문제로서 행위능력의 경우와 마찬가지로 법인의 속인법에 의해야 한다는 설이 있다. 그러나 이 문제는 법인의 능력에 관한 문제로 보는 것보다는 불법행위의 문제로서 불법행위지법에 의한다고 해석하는 것이 타당할 것이다. 왜냐하면 법인의 불법행위능력이라고 하는 것은 이른바 법인의 능력과는 성질을 달리하는 문제이기 때문이다. 법인의 불법행

---

29) 대법원 2018.8.1. 선고 2017다246739 판결.

위에 관해서 법인의 속인법에 의한다고 하는 것은 법인의 사원 및 채권자의 이익보호에는 적합하지만, 손해의 발생에 대한 배상의 부담이라고 하는 점을 생각하면 불법행위의 문제로서 불법행위지의 공익을 우선시켜야 하는 것이다.

(7) 법인의 소송상 능력

법인이 소송법상 원·피고가 될 수 있는 법인의 당사자능력은 권리능력에 대응하는 개념이라는 점에서 법인의 속인법에 의한다고 할 수도 있으나, 소송법상의 능력이므로 "소송절차는 법정지법에 의한다."라고 하는 전통적인 원칙에 따라서 법정지법에 의하여야 한다. 외국법인의 국내지점은 등록하더라도 당사자능력이 없지만,[30] 외국법인은 우리나라에 등록되지 아니하더라도 당사자능력이 인정된다.[31] 어떠한 자연인이 법인을 대표해서 소송을 수행할 수 있는가 하는 법인의 소송능력의 준거법에 대해서도 법정지법에 의해야 한다.[32]

3. 단 체

국제사법 제30조는 "법인 또는 단체는 그 설립의 준거법에 따른다."고 함으로써 단체에 대해서도 준거법을 명시적으로 규정하고 있다. 그런데 여기에서 말하는 단체의 개념이 문제된다. 이와 관련하여 「법인격 없는 사단 또는 재단」과 「조합」을 생각할 수 있을 것이다.

(1) 법인격 없는 사단 또는 재단

사단의 실체를 가지는 단체이면서 법인격이 없는 것, 또는 독립된 목적을 위해서 존재하는 재산의 집단으로서 독립된 운영조직을 가지면서 법인격이 없는 것들은 각국의 법률상 이른바 권리능력 없는 사단 또는 재단으로서 그 존재를

---

30) 대법원 1982.10.12. 선고 80누495 판결은 "외국법인의 국내지점은 법인격이 없으므로 당사자능력이 없다."고 판시하였다.
31) 대법원 1978.2.14. 선고 77다2310 판결은 "회사가 외국법인으로서 우리나라에 지점이나 대리점의 등록을 하고 있지 않더라도 외국법인이 우리나라의 재판권에 복종할 의사로 우리나라 법원에 제소한 이상 그 訴는 적법하다."고 판시하였다.
32) 황산덕/김용한, 179면; 김용한/조명래, 228면; 서희원, 173면.

인정하는 것이 보통이다. 이러한 사단 또는 재단을 국제사법상 어떻게 취급되어야 하는가가 문제된다. 이 점에 관해서는 두 가지의 학설이 대립하고 있다.

첫째, 이러한 사단 또는 재단의 실체 및 경제적 기능에 따라서 법인에 관한 법리를 준용하고자 하는 학설로 속인법설이라 한다.[33] 둘째는, 이러한 사단 또는 재단의 실체를 단순한 계약관계와 동일시해서 준거법을 정하고자 하는 학설로 계약준거법설이라 부른다.[34]

국제사법 제30조에 의하면 법인격 없는 사단 또는 재단의 속인법은 법인의 속인법과 마찬가지로 설립시에 준거한 법률이다. 즉 설립준거법에 의해서 권리능력 없는 사단 또는 재단으로서 법률상 존재하느냐의 여부가 정해진다. 일반적으로 권리능력 없는 사단 또는 재단이라고 하는 것은 법인격은 없지만 그 실체를 존중하여 가능한 한 법인과 같이 취급하여 법인에 관한 법리가 준용되는 사단이나 재단을 말한다. 따라서 이러한 법인격 없는 사단 또는 재단에 대해서도 법인의 본질적인 부분을 제외하고는 그 내부관계 및 외부관계에 관해서는 앞서 법인에 관해서 설명한 것이 그대로 타당하다고 해도 좋을 것이다.[35]

(2) 조 합

조합은 민법상 계약에 의하여 설립되는 것이므로 조합원들간의 내부적인 관계는 국제계약에 관한 제45조 이하의 조문에 의해야 할 것이다. 그러나, 조합이 법인을 준비하고 있는 설립조합이나 카르텔과 같이 조합계약에 따라 그 자신의 조직을 설립하는 경우에는 오히려 법인에 관한 제30조가 적용된다고 하는 입장도 있다.[36] 다른 견해로는 조합의 내부관계는 계약에 의하고, 외부관계는 제30조에 의한다는 견해도 가능할 것이다. 다만 어느 견해에 의하든 국제사법이 법인 또는 단체의 속인법에 관하여 원칙적으로 설립준거법설을 취하고 있으므로

---

33) Staudingers-Raape, Staudingers Kommentar zum BGB und EG, V12, 9 Aufl., 1931, S.134; 川上太郎, "會社に關する國際私法問題," 私法 7号, 121-122면; 山田鐐一, 제3판, 242면.
34) Beitzke, Juristische Personen im Internationalprivatrecht und Fremdenrecht, 1938, S.149f.
35) 김용한/조명래, 228면; 서희원, 175면; Staudinger/Raape, S.163; 川上太郎, "會社に關する國際私法問題," 121-122면; 山田鐐一, 제3판, 242면.
36) 이호정, 252면 참조.

조합이 국제계약법에 따르는지 아니면 단체법에 따르는지의 구별은 실익이 크지는 않을 것으로 생각된다.[37]

판 례

(ㄱ) "법인의 지점은 법인격이 없으며 소득세법 제1조 제2항 제4호가 외국 법인의 국내지점 또는 국내영업소(출장소 기타 이에 준하는 것을 포함한다)는 소득세법에 의하여 원천징수한 소득세를 납부할 의무를 진다고 규정하고 있으나 이는 외국법인의 국내지점에서 소득세를 원천징수할 소득금액 또는 수입금액을 지급하는 경우에는 그 소득세를 원천징수, 납부할 의무가 있다는 취지의 규정에 지나지 아니할 뿐 나아가 동 외국법인의 국내지점에 법인격을 부여하는 취지의 규정이라 볼 수 없으므로 외국법인의 국내지점은 소송 당사자 능력이 없다"(대법원 1982.10.12. 선고 80누495 판결).

(ㄴ) "회사가 외국법인으로서 우리나라에 지점이나 대리점의 등록을 하고 있지 아니 하더라도 외국법인이 우리나라의 재판권에 복종할 의사로 우리나라 법원에 제소한 이상 그 소는 적법하다"(대법원 1978.2.14. 선고 77다2310 판결).

(ㄷ) 국제사법 제16조 본문은 "법인 또는 단체는 그 설립의 준거법에 의한다."라고 하여 법인의 준거법은 원칙적으로 설립 준거법을 기준으로 정하고 있다. 이 조항이 적용되는 사항을 제한하는 규정이 없는데, 그 적용범위는 법인의 설립과 소멸, 조직과 내부관계, 기관과 구성원의 권리와 의무, 행위능력 등 법인에 관한 문제 전반을 포함한다고 보아야 한다. 따라서 법인의 구성원이 법인의 채권자에 대하여 책임을 부담하는지, 만일 책임을 부담한다면 그 범위는 어디까지인지 등에 관하여도 해당 법인의 설립 준거법에 따라야 한다(대법원 2018.8.1. 선고 2017다246739 판결).

---

37) 석광현, 115면.

제 3 절 법률행위

Ⅰ. 법률행위의 실질

1. 총   설

사적자치 내지 법률행위 자유의 원칙이 행해지는 현대법에 있어서 법률행위는 법률요건으로서 가장 중요한 지위를 차지하고 있다. 따라서 국제사법상으로도 법률행위를 대상으로 하는 논의는 중요하다. 이러한 법률행위에 관해서는 국제사법상 전통적으로 법률행위 실질의 문제와 방식의 문제로 구별해서 다룬다.

여기서 법률행위의 실질이란 법률행위의 성립 및 효력의 문제에서 방식의 문제를 제외한 것을 말한다. 법률행위의 실질에 관해서는 각종의 법률행위에 공통하는 통일적인 원칙은 없고, 개별적으로 준거법이 정해진다. 물권법상의 법률행위는 목적물의 소재지법(제33조), 채권법상의 법률행위는 당사자의 선택법(제45조), 친족법상의 법률행위는 당사자의 본국법(제63조, 제67조, 제70조, 제75조), 상속법상의 법률행위는 피상속인의 본국법(제77조) 등과 같다. 법률행위의 성립요건 가운데서 재산적 법률행위에 관한 행위능력만은 국제사법 제28조에 의해 통일적으로 다루어진다.

법률행위의 실질의 준거법인 성립의 준거법과 효력의 준거법은 재산적 법률행위에 관해서는 일치하지만(통일주의), 신분적 법률행위에 관해서는 일치하지 않는다(분할주의). 예컨대 물권행위에 관해서는 성립요건도 효력도 모두 목적물의 소재지법에 의하지만 혼인에 관해서는 성립요건은 각 당사자의 본국법, 효력은 부부의 동일한 본국법, 일상거소지법, 밀접관련국법 등에 의한다.

2. 준거법의 적용범위

(1) 의사표시

법률행위는 의사표시를 요소로 하는 사법상의 법률요건이고, 그 법률효과는 의사표시에 의해 발생한다. 이와 같이 의사표시는 법률행위와 긴밀한 결합관계에 있다. 따라서 의사표시의 성립 및 효력에 관한 문제는 원칙적으로 각각의 법률행위의 실질의 준거법에 의해 정해지게 된다. 예를 들면 어떤 의사표시가 계약의 청약으로 되는가, 청약에 대한 승낙의 의사표시는 언제 어떠한 형태로 행해져야 하는가, 그리고 의사표시가 효력을 발생하는 것은 발신에 의하는가 도달에 의하는가, 아니면 상대방이 안 때인가 하는 문제, 의사표시의 불일치 또는 하자 즉 진의 아닌 의사표시·통정허위표시·착오·사기·강박 등이 있는 경우에 법률행위에 어떠한 효과가 생기게 하는가 하는 문제, 의사표시의 내용의 확정·가능·적법·사회적 타당성 여부에 관한 문제, 의사표시의 해석에 관한 문제 등은 이러한 법률행위의 실질의 준거법에 의한다.

(2) 의사표시 이외의 요건

법률행위가 성립하기 위해 당사자가 의사표시 이외에 충족하여야 할 요건에 관하여는 각각 법률행위의 준거법에 의한다. 예컨대 당해 법률행위에 제3자의 동의나 주무관청의 허가를 필요로 하는가, 필요한 적합하게 구비되어 있는가의 문제는 각각의 법률행위의 준거법에 의한다.

(3) 조건 또는 기한, 기간

법률행위에 조건을 붙일 수 있는가, 어떠한 사실이 조건이 될 수 있는가, 조건의 성립여부, 조건부 법률행위의 효력 등의 문제도 각각의 법률행위의 준거법에 의한다. 기한에 관해서도 마찬가지이다. 기한이 정해져 있을 경우에 그 기간의 계산방법도 당해 법률행위의 준거법에 의하게 되지만 이 점에 관해서는 이행지법이 보조준거법으로서 적용되는 경우가 많을 것이다.

(4) 대 리

(가) 총 설

대리는 대리인이 본인을 위하여 제3자에 대해서 법률행위를 하거나 의사표시를 수령하여, 그 법률효과가 직접 본인에게 귀속하는 제도이다.

먼저 법률행위에 대리가 허용되는지 여부는 법률행위의 성립에 관한 문제이므로 당해 법률행위의 성립의 준거법에 의한다. 예를 들면 매매에 관해서 대리가 인정되느냐 하는 것은 매매의 성립의 준거법에 의하고, 입양에 관해서 대리가 인정되느냐 하는 것도 입양의 성립의 준거법에 의한다.

대리는 본인과 대리인간, 대리인과 상대방간, 상대방과 본인과의 3면 관계를 생기게 한다. 그러나 그 본체는 대리인의 본인에 대한 지위, 즉 대리권이고 대리인·상대방 간은 대리권의 실현과정이고 상대방·본인 간은 그 결과이다.

(나) 법정대리

법정대리는 본인의 의사가 아닌 법률의 규정에 의하여 직접 발생하므로 대리권 발생원인이 되는 법률관계의 준거법에 의하면 충분하다고 보아, 그에 관한 일반적인 규정을 두지 않고 있다. 법정대리권은 특정의 법률관계로부터 법률의 규정에 의해 당연히 발생하는 것이므로 대리권의 발생, 범위, 소멸 등의 문제는 당해 법률관계의 준거법에 의한다. 예컨대, 친권자의 대리권은 친권의 준거법, 후견인의 대리권은 후견의 준거법에 의한다.

이때 대리권에 관한 준거법은 본인과 대리인 사이에 대리권이 문제되는 경우는 물론 외부관계, 즉 대리인과 상대방 사이 그리고 상대방과 본인 사이에 대리권이 문제되는 경우에도 일률적으로 적용된다. 법정대리인은 신분행위를 대리하는 경우가 많으므로 외부관계에도 대리권의 존부 및 범위에 관해서 거래보호의 고려를 필요로 하지 않는 것이 보통이지만, 재산행위를 대리하는 경우에는 이러한 고려가 필요한 경우도 있을 것이다.

(다) 임의대리

구섭외사법은 대리의 준거법에 관하여 아무런 규정을 두지 않았으므로 그간 학설과 판례에 의하여 해결해 왔으나, 국제사법에서는 임의대리에 관한 규정을 두고 있다(제32조).[38] 다만, 선장의 대리권에 관하여는 해상의 장(제94조 6호)

에서 별도로 규정하고 있다.

① 대리의 3면관계

실질법인 우리 민법 이론상 대리관계를 삼면관계로 파악하는 것에 상응하여 국제사법도 본인과 대리인의 관계(대리권), 대리인과 상대방간의 관계(대리행위)와 대리행위의 효과가 본인에게 귀속하는 관계(대리효과)를 구별하고 있다.

② 본인과 대리인 간의 관계

본인과 대리인 간의 관계는 대리권의 발생함으로써 성립한다. 국제사법은 "본인과 대리인 간의 관계는 당사자 간의 법률관계의 준거법에 따른다."(제32조 1항)라고 규정하고 있다. 대리권은 본인이 대리인에게 대리권을 수여하는 행위, 즉 수권행위에 의해서 발생하는 것이므로, 대리권의 발생은 수권행위에 따른 법률관계의 준거법에 의하여야 한다. 다만, 대리권의 수여는 많은 경우에 위임계약, 고용계약, 도급계약, 조합계약 등에 기초하여 행해지는 것이므로 특히 수권행위 그 자체의 준거법이 명시되어 있지 않는 한 그 계약의 준거법에 따르게 된다. 대리권의 발생의 준거법은 이론상 대리권의 범위 및 소멸의 준거법과 같다. 이러한 준거법에 의하는 것은 대리권의 발생, 범위 및 소멸이 본인과 대리인 사이에서 문제된 경우에 한한다. 그리고 대리인의 자격, 복임권의 유무 등도 이렇게 해서 정해지는 대리권의 준거법에 의한다.

③ 대리인과 상대방 간의 관계

대리인과 상대방 간의 관계, 즉 대리행위는 통상의 법률행위와 마찬가지로 규율된다. 따라서 이에 대해서는 법률행위, 특히 계약에 관한 제45조 이하의 규정이 적용된다.

④ 본인과 제3자 간의 관계

본인과 제3자 간의 외부관계는 대리의 효과에 관한 것이다. 이때 대리인이 영업소를 가지고 있는 경우에는 그 영업소 소재지법, 영업소가 없거나 영업소가 있더라도 제3자가 이를 알 수 없는 경우에는 대리인이 실제로 대리행위를 한 국가의 법에 따른다(제32조 2항).

---

38) 대리에 관한 조항은 채권적인 계약뿐만 아니라 물권행위에도 적용되므로 계약편이 아닌 법률행위편에 규정하고 있다.

국제거래에서 활동하는 상업적인 대리인의 활동은 대리인의 영업소가 중심이 되므로, 대리인이 영업소를 가지는 경우에는 그 영업소 소재지법에 의하도록 하였다. 이로써 대리인의 영업소 소재지를 알고 있는 본인 및 제3자에 대하여 준거법 관계의 안정성과 명확성을 보장할 수 있고, 지속적인 대리관계의 경우 실제 대리행위가 행해지는 곳에 상관없이 일관성 있는 준거법 적용을 받게 되는 장점이 있다.

한편 대리인의 영업소가 없거나 영업소가 있더라도 제3자가 이를 알 수 없는 경우에는 종래 대법원 판례가 취하고 있는 입장[39]을 반영하여 대리행위지법에 의하도록 하였다. 제3자의 입장에서는 내부관계의 준거법을 알기 어려울 뿐만 아니라 외부관계의 경우 거래의 안전을 보호할 필요가 있기 때문이다. 그 결과 거래의 안전 내지 제3자의 기대를 보호할 수 있게 되었다.

대리인과 본인 사이에 근로계약 관계가 존재하고 대리인이 그 자신의 영업소를 가지고 있지 아니한 때에는 외부에서 인식할 수 있는 본인의 주된 영업소를 대리인의 영업소로 보기로 하였다(제32조 3항).[40]

⑤ 대리의 준거법 선택 인정

국제사법은 일정한 요건하에 당사자가 임의대리의 준거법을 지정할 수 있음을 명확히 함으로써 당사자자치를 제한적으로 허용하고 있다(제32조 4항). 이러한 당사자자치는 「대리의 준거법에 관한 헤이그협약」(Hague Convention on the Law Applicable to Agency, 1978)에서도 인정되고 있다. 이 경우 준거법을 선택하기 위한 요건으로서 위임장 등과 같은 대리권을 증명하는 서면에 준거법이 명시되거나 본인 또는 대리인에 의하여 제3자에게 서면으로 통지된 경우에만 효력이 있다.[41]

⑥ 표현대리 · 무권대리

대리인이 법률행위를 하였는데, 본인과 대리인 간의 법률관계의 준거법에 의하면 대리인이 권한이 없거나 권한을 넘어서 행한 경우는 어떻게 될 것인가.

---

39) 대법원 1987.3.24. 선고 86다카715 판결: 동 1988.2.9. 선고 84다카1003 판결 등.
40) 국제사법해설, 72-73면.
41) 「대리의 준거법에 관한 헤이그협약」 제14조는 제3자를 보호하기 위하여 본인 또는 제3자가 서면에 의해 이를 표시하고 다른 당사자가 그에 대해 동의해야 한다는 것을 요건으로 정하고 있다.

국제사법은 대리권을 가지지 않은 대리인과 제3자와의 관계에 대하여는 본인과 제3자 간의 외부관계에 적용되는 제2항을 준용하도록 하였다(제18조 5항). 이는 본인이 제3자에게 의무를 부담하는지의 여부를 판단하는 준거법과 무권대리인의 제3자에 대한 관계를 규율하는 법을 동일하게 함으로써 양자간에 충돌이 발생하지 않도록 하기 위한 것이며, 스위스 국제사법과 「대리의 준거법에 관한 헤이그협약」도 같은 입장을 취하고 있다.[42]

판 례

(ㄱ) "미국 캘리포니아주 거주 미국인 甲과 한국회사 乙을 대리한 丙이 甲과 乙 사이의 협력관계를 종식시키고, 그 사이에 얽혀 있는 계산 내지 이해관계를 해결하는 것을 목적으로 하는 결별협약을 체결하면서 그 협약으로부터 발생하는 법률관계에 관하여는 캘리포니아주법을 적용하기로 약정한 경우, 표현대리나 무권대리의 추인에 관한 문제는 협약이 유효하게 성립된 것을 전제로 비로소 적용될 수 있는 위 협약내용의 해석이나 시행에 관한 문제가 아니므로 협약의 효력이 다투어지는 경우에는 위 준거법에 관한 약정이 적용될 수 없는 것이지만, 표현대리나 무권대리의 추인은 거래의 안전을 보호하기 위한 제도인 만큼 계약체결지법인 캘리포니아주법에 의하여 판단되어야 할 것이다"(대법원 1987.3.24. 선고 86다카715 판결).

(ㄴ) "한국회사인 甲의 런던사무소 책임자인 乙이 甲을 대리하여 영국회사인 丙과 사이에 상품매매 계약을 체결한 경우에 있어 대리인 혹은 대리인으로 칭한 자(乙)와 거래를 한 상대방(丙)에 대하여 본인(甲)에게 거래당사자로서의 책임이 있는지의 여부는 거래의 안전 내지 상대방보호를 위한 측면을 고려할 때 대리행위지법에 의하여 판단되어야 함이 상당하다"(대법원 1988.2.9. 선고 84다카1003 판결).

II. 법률행위의 방식

1. 총　설

법률행위의 실질에 관해서는 각종의 법률행위에 따라 그 준거법을 달리하는 것은 이미 설명한 바와 같다. 그러나, 법률행위의 방식에 관해서는 일정한 예외

---

42) 국제사법해설, 74면.

를 제외하고 각종의 법률행위에 공통하는 통일적인 원칙이 예로부터 인정되어
왔는데, 이는 "장소는 행위를 지배한다(locus regit actum)."는 법언의 형태로
각국의 국제사법상 넓게 인정되어 있다. 이 원칙의 기원은 상당히 오래된 것으
로 오늘날에는 이른바 하나의 국제관습법이라고까지 불려지고 있지만, 각국의
국제사법이 이 원칙을 채용하는 태도에는 두 가지 입장이 있다.

즉 하나는 이 원칙을 강행적 · 절대적으로 규정하는 입법 · 판례이고 또 하나
는 이것을 임의적 · 선택적 규칙으로서 다른 원칙과의 선택을 인정하는 입법 ·
판례이다.[43] 오늘날에는 후자가 더 우세하다. 국제사법 제31조도 후자의 입장을
취하고 있다.

2. 방식의 의의

국제사법 제31조의 법률행위의 방식이 어떤 것인가 하는 것은 하나의 법률
관계 성질결정의 문제이다. 여기서 말하는 방식이란 추상적으로 말하면 법률행
위에 있어서 당사자가 그 의사를 표현하는 방법 내지 법률행위의 외부적 형식
이라 할 수 있다.

국제사법 제31조에 의하면 법률행위의 방식은, 본칙으로서 법률행위의 실질
의 준거법에 의하고, 보칙으로서 행위지법에 따르는 외에, 약간의 특칙을 두고
있다.

따라서 문제는 법률행위의 준거법 가운데서 특히 방식만을 떼내어 행위지법
에 의하게 하는 것이 어느 정도의 효용을 기대할 수 있느냐 하는 점에 있는데,
방식에 관한 법률관계 성질결정도 이 관점으로부터 합목적적으로 행하여야 할
것이다.

구체적으로 말하면 예컨대 증여에 있어서 서면의 필요 여부, 유언에 있어서
증인이 참여할 필요성 등은 행위지법의 판단에 맡겨도 큰 지장이 없는 문제이
므로 방식으로 성질 결정하여야 할 것이다. 그러나 재판상 이혼의 경우에 있어
서 판결은 공권력의 행사방법이므로 여기서 말하는 방식이 아님은 물론이다.

---

43) 독일민법시행법 제11조; 폴란드 국제사법 제2조; 이탈리아 민법 제26조; 스페인 민법 제11조 등.

혼인의 경우에 있어서 부모의 동의와 같이, 무능력자의 능력 보충에 관한 이른 바 능력 부여의 방식도 본인의 의사 표현방법이 아니므로 여기서 말하는 방식에 해당하지 않는다. 단순한 증거방법도 여기서 문제되는 방식은 아니다. 각종의 증서에 대해서 요구되는 인지의 첨부도 조세법상의 방식이므로 여기서 말하는 사법상의 방식은 아니다. 또한 재산법 관계에 있어서는 공증증서는 단순한 증거방법임에 불과한 경우가 많다.

그러나 물권적 법률행위의 경우에 있어서 등기 또는 인도 같은 것은 실질법상 성립요건이건 대항요건이건 묻지 않고 국제사법상 방식이라고 해석해야 한다는 견해가 있다.[44] 그러나 여기에 대해서는 이러한 등기·인도와 같은 요건은 대항요건이건 성립요건이건 단순한 의사의 표현방법이 아니라 거래안전보호를 위한 공시방법이므로 국제사법 제31조에서 말하는 방식에 포함시키는 것은 적당하지 않다고 하는 반대설이 있다.[45] 채권질에 있어서의 제3채무자에 대한 통지 또는 그 승낙에 관해서도 마찬가지로 생각된다. 실질법상으로는 등기·인도를 성립요건으로 하는 국가(독일, 대한민국)와 대항요건으로 하는 국가(프랑스, 일본)로 나누어진다. 다수설은 국제사법 제31조의 문리해석으로서 이것을 형식적 성립 요건, 즉 방식이라고 성질결정을 해야 한다고 한다. 행위지법에 의해도 좋다고 하는 것은 권리의 실효성을 확보할 수 없기 때문에 물권적 법률행위의 효력을 정한 법률, 즉 목적물의 소재지법에 따라야 한다는 것이다. 그러나 등기·인도를 방식으로 볼 것은 아니라고 하는 견해는 이것을 물권적 법률행위의 실질의 문제이므로 국제사법 제31조의 적용을 받지 않고 오로지 제33조에 의해야 한다고 한다.

그렇지만, 우리 국제사법상으로는 등기·인도를 방식으로 보든, 실질로 보든 오로지 목적물의 소재지법에 의하므로 결과는 같다.

3. 방식의 본칙

"장소는 행위를 지배한다."라고 하는 원칙을 임의적, 선택적으로 인정하는

---

44) 江川英文, 186면 등 일본의 통설이다.
45) Niboyet, Traité de droit international privé français, Tom. Ⅳ, 1947, p.284.

입법에 있어서는 법률행위의 실질의 준거법이 방식을 지배하는 것을 본칙으로 삼는 것이 보통이다. 그런데 구섭외사법 제10조는 법률행위의 「효력」의 준거법이 법률행위의 방식의 준거법이 된다고 하였는데 반하여, 국제사법은 단순히 "법률행위의 방식은 그 행위의 준거법에 따른다."(제31조 1항)라고만 규정하고 있을 뿐이다. 따라서 예컨대 계약의 성립과 효력의 준거법이 다른 경우 그 중 어느 법에 의하여 계약의 방식을 정할지가 문제된다. 법률행위의 준거법이 여러 개인 경우에는 문제가 된 방식요건과 가장 밀접한 관련이 있는 준거법을 적용하여야 한다.[46] 물론 이는 대체로 법률행위의 성립의 준거법이 될 것이다.[47]

4. 방식의 보칙

(1) 행위지법에 의한 방식

국제사법 제31조 제2항은 구섭외사법과 마찬가지로 각국의 입법례를 본받아 법률행위의 실질의 준거법에 따르는 방식의 본칙에 대해서 "장소는 행위를 지배한다."라고 하는 원칙을 보칙으로 인정하고 있다. 법률행위의 방식의 준거법을 법률행위의 실질의 준거법으로만 한다고 하면 법률행위의 준거법 소속 국가 이외의 장소에서는 유효한 법률행위를 할 수 없는 경우가 생길 수 있기 때문이다.

여러 나라와 관련된 국제적 사법행위에서 이러한 경우를 피하기 위하여 행위지법이 요구하는 방식을 구비한 법률행위를 방식상 유효로 하는 것은 실제상의 편의를 위한 것이다. 당사자에게는 행위지법이 정하는 방식에 따르는 것이 편리하고 그 방식에 따르기도 쉽기 때문이다.

(2) 격지자 간 계약의 특례

국제사법 제31조 제2항에 따라 행위지법이 적용되는 경우에, 여기서 격지자 간의 법률행위에 대해서는 행위지법을 어떻게 결정할 것인가가 문제된다. 이에

---

46) 구섭외사법 제10조가 명문의 규정을 두고 있었음에도 불구하고 법률행위의 방식은 그 성립과 밀접한 관계를 가진다고 하는 이유에서 섭외사법 제10조의 「효력」은 「성립」의 의미로 해석하여야 한다는 견해도 있었다.

47) 석광현, 119-120면 참조.

대하여 국제사법 제31조 제3항은 "당사자가 계약체결시 서로 다른 국가에 있을 때에는 그 국가 중 어느 한 국가의 법에서 정한 법률행위의 방식에 따를 수 있다."고 규정하고 있다. 이는 서로 다른 국가에 소재하는 당사자 사이에 체결된 계약은 관련 국가 중 어느 한 국가의 법의 요건을 충족하면 방식상 유효한 것으로 하는 것이 법률행위의 성립을 쉽게 하기 때문이다.[48]

본래 적용되어야 할 법률을 회피하여 다른 나라에 가서 그곳에서 법률행위를 하는 것이 방식상 유효한가, 즉 이것이 법률회피로 되는가의 문제가 있다. 이는 행위지법에 의하도록 하면서 만약 그 결정을 당사자의 동기 여부에 관련시킨다면, 행위지법의 적용 그 자체를 현저하게 불명확 내지 불안정한 것으로 만들게 될 것이다. 따라서 국제사법의 해석상으로는 법률회피는 문제되지 않고, 이러한 경우는 법률행위는 방식상 유효한 것으로 인정하여야 할 것이다.

(3) 대리의 행위지 결정기준

대리인에 의한 법률행위의 경우 대리인이 있는 국가를 기준으로 행위지를 정함으로써 그 결정기준을 명확히 하였다(제31조 4항).

5. 방식의 보칙의 예외

법률행위의 방식에 관한 보칙은 물권이나 그 밖에 등기하여야 하는 권리를 설정하거나 처분하는 법률행위의 방식에는 적용하지 않는다(제31조 5항). 이러한 법률행위의 방식에 관해서는 행위지법이 적용되지 않음을 명백히 한 것이다. 따라서 이때에는 제31조 제1항의 원칙으로 되돌아가 법률행위의 준거법이 적용된다. 이러한 법률은 국제사법 제33조에 의하면 목적물의 소재지법이므로 결국 물권 그 밖에 등기하여야 하는 권리를 설정하거나 처분하는 법률행위의 방식은 언제나 목적물의 소재지법에 의하게 된다. 물권에 관한 문제는 목적물의 소재

---

48) 구섭외사법 하에서는 청약지와 승낙지 모두를 동시에 행위지로 보아 청약지와 승낙지의 법이 요구하는 방식을 청약자와 승낙자가 모두(누적적으로) 갖출 것을 요구하는 견해(김용한/조명래, 239-240면)와 청약자에 대하여는 청약지가 행위지이며, 따라서 청약지법이 요구하는 방식을 갖추도록 하고 승낙자에 대하여는 승낙지를 행위지로 보아 승낙지법이 요구하는 방식을 갖추도록 하는 견해(서희원, 188면)가 대립하고 있었다.

지법에 의하지 않으면 그 실효성을 기대할 수 없다는 점에서 이 규정은 합리적이라고 할 것이다.

여기서 「그 밖에 등기하여야 하는 권리」는 등기함으로써 물권과 동일한 효력이 생기는 권리를 말하는데, 우리 민법에 있어서 부동산임차권, 부동산환매권과 같은 것이 여기에 속한다. 이러한 권리에 관한 법률행위라도 그것이 채권적 법률행위인 경우에는 보칙(행위지법)이 적용됨은 말할 것도 없다.

6. 특   칙

이상과 같은 법률행위의 방식에 관한 준거법 규정에 대하여 다음과 같은 몇 가지 특칙이 있다.

즉 혼인의 방식은 혼인거행지법에 의하며(제63조 2항), 유언의 방식은 유언 성립 당시의 유언자의 본국법, 일상거소지법, 행위지법 중의 하나에 따르면 되고, 부동산에 관한 유언의 방식은 그 부동산의 소재지법에 따르도록 하고 있다(제78조 3항). 그리고 어음행위의 방식은 서명지법에 따름을 원칙으로 하나, 수표의 경우에는 지급지법에 의한 방식도 유효하다(제82조 1항).

소비자계약에 있어 방식에 관한 특칙은 따로 소비자의 일상거소지법에 따르도록 하고 있으나(제47조 3항), 근로계약의 방식에 관하여는 특칙이 없다.

7. 방식 흠결의 효과

법률행위의 방식 흠결의 효과, 즉 방식이 흠결된 법률행위는 무효인가 취소할 수 있는가 취소의 방법 등의 문제는 방식의 준거법에 의한다. 어느 법률행위가 실질의 준거법과 행위지법의 요건을 모두 갖추지 않았을 경우에는 방식 흠결의 효과는 어느 법에 의하게 되는가가 문제된다. 이러한 경우에는 본칙인 실질의 준거법에 의해서 판단해야 한다는 설도 있으나 국제사법 제31조가 실질의 준거법과 행위지법 사이에 선택의 자유를 인정한 것은 당사자의 실제상의 편의에 기인한 것이므로 어느 쪽이든 당사자에게 유리한 쪽의 법률에 의한다고 해석하여야 할 것이다.

제3장 국제물권법

제1절 물 권

Ⅰ. 총 설

1. 동칙주의(同則主義)와 이칙주의(異則主義)

(1) 동산과 부동산의 준거법

물권관계는 대부분 물건이 소재하는 곳에 있는 사람들 간에 성립한다. 특히 부동산에 관한 물권관계는 목적물의 소재지법에 의하여야 한다는 것은 법규분류학설 이래 오늘에 이르기까지 거의 모든 나라에서 인정되고 있는 원칙이다. 이에 대해서 동산에 관한 물권관계가 소재지법에 의하여야 하는 것인가는 반드시 확립되어 있다고 할 수 없다.

동산을 소재지법에 따르도록 하면, 소유자가 그 소재지를 변경함에 따라 그 준거법이 달라지게 되어 권리의 안정을 해치는 경우가 생긴다. 이에 따라 동산은 항상 소유자의 주소에 있는 것으로 의제하거나, 동산은 소유자의 인격에 부착한다고 하여 그 속인법인 주소지법에 의해야 한다고 하는 주장이 인정되었다. 이러한 동산물권에 관한 주소지법주의는 오랜 기간에 걸쳐서 지지를 받고 많은 국가가 이를 채용하여 입법하였다. "동산은 사람에 따른다.", "동산은 인골에 부착한다.", "동산은 장소를 가지지 아니한다." 등의 법언(法諺)은 이러한 사상의 표현이다.

그런데 사비니(Savigny)가 동산을 ① 운송 중인 것, ② 소재지가 확립되어 있는 것, ③ ①②의 중간에 있는 것의 3가지로 나누어, 일정한 장소에 소재하는 동산에 관해서 소재지법을 적용할 것을 주장한 이래,[1] 종래의 주소지법주의는 거의 빛을 잃고 동산에 관한 물권관계에 있어서 소재지법의 원칙이 유력하게 주장되었다. 즉 이 원칙은 처음 프랑스에서 지지를 얻고 이어서 독일, 스위스, 오스트리아 등 대륙법계에서 지배적인 것으로 되었다. 영미에서는 대륙법계 국가와 비교해서 소재지법주의로 이행하는 것이 늦어졌지만 최근의 판례에서는 소재지법주의를 채택한 것이 오히려 많다.

(2) 동칙주의와 이칙주의

동산, 부동산을 구별하지 않고 그에 관한 물권관계를 동일한 준거법, 즉 목적물의 소재지법에 따르는 주의를 동산·부동산 통일주의 또는 동칙주의라고 하고, 동산에 관한 물권관계는 소유자의 주소지법, 부동산에 관한 물권관계는 목적물의 소재지법이라고 하는 것과 같이 동산·부동산을 구별해서 각각 다른 준거법에 따르는 주의를 동산·부동산 구별주의 또는 이칙주의라고 한다.

오늘날 동칙주의가 지배적인 경향[2]에 있다는 것은 위에서 설명한 바와 같다. 그 이유로는 다음을 들 수 있다.

첫째, 동산과 부동산의 구별은 법률상의 구별이므로 각국의 법률상 반드시 동일하지 않고 따라서 국제사법상 그것을 구별하여 각각 다른 준거법에 의하게 하는 것은 반드시 쉬운 일이 아니다.

둘째, 주소를 달리하는 사람이 동산에 관한 권리를 다투는 경우 혹은 주소를 달리하는 수인이 동산을 공유하는 것과 같은 경우에는 적용할 주소지법의 결정이 곤란하다. 동산에 관해서 소재지법에 의하면 이러한 문제는 생기지 않는다.

셋째, 동산의 종류가 증가하고 또한 그 중요성이 커진 현재의 경제 상태에서 보면 동산의 소재지와 소유자의 주소가 일치하지 않는 것이 보통이고 또한 소

---

1) F.C von Savigny, System des heutigen römischen Rechts, Bd. Ⅷ, Berlin, 1849, S.178-181.

2) 신창섭, 209면; 윤종진, 330면. 그러나 미국과 영국에서는 물건의 준거법을 정함에 있어서 여전히 동산과 부동산을 구별하는 이칙주의가 지배한다. 미국과 영국의 판례에 따르면 부동산에 대해서는 그 물건의 소재지법이 적용된다는 것이 확립된 원칙이다. 그러나 동산에 적용될 준거법에 대해서는 물건의 소재지법이 준거법이 된다는 게 대체적인 입장이지만, 예외적으로 소유자의 사망 후 그의 동산의 처리는 주소지법에 의한다거나 또는 동산의 처분은 매매 등 원인된 법률행위의 준거법에 의한다는 입장도 나타난다(신창섭, 209면 각주 65).

유자의 주소는 반드시 고정되어 있지 않다.

따라서 동산에 관한 물권관계에 소유자의 주소지법을 적용하면 거래의 안전 및 원활을 해치게 된다고 하여 동칙주의가 많은 지지를 얻고 있다.

2. 목적물 소재지법의 근거

목적물의 소재지법을 원칙으로 하는 근거에 관해서는 여러 가지 견해가 주장되고 있다. 첫째, 그 근거를 소재지법에의 임의 복종에 구하는 임의복종설,[3] 둘째, 소재지국의 영토주권에 두는 영토권설,[4] 셋째, 소재지법에 의하지 않으면 그 목적을 달성할 수 없다고 하는 현실의 필요성에 구하는 사실상의 필요설[5] 등이 있지만, 오늘날 가장 유력한 것은 공익설이다.[6] 즉 물권은 물건을 직접 지배하는 권리로서 소재지의 공익(경제, 거래, 공적 신용 등)과 밀접한 관계를 가지는 법률관계이다. 따라서 공익보호(제3자에 대한 거래보호)의 견지에서 물권은 목적물의 소재지법에 의하지 않으면 법적규제의 실효성을 기할 수 없다는 것이다.

3. 국제사법의 입장

우리 국제사법은 제33조에서 물권의 준거법에 관한 규정을 두고 있다. 그 제1항은 "동산 및 부동산에 관한 물권 또는 등기하여야 하는 권리는 그 동산·부동산의 소재지법에 따른다."고 함으로써, 물권의 존재 문제 자체에 대해서는 동산이든 부동산이든 묻지 않고 물권은 전부 소재지법에 의한다는 동칙주의 원칙을 명시함과 동시에, 이 원칙은 채권이라도 등기함으로써 물권과 동일한 효력이 있는 권리에도 인정되는 것으로 하고 있다. 한편 제2항은 "제1항에 규정된 권리의 득실변경은 그 원인된 행위 또는 사실의 완성 당시 그 목적물의 소재지법에 따른다."라고 규정하여 그러한 권리의 득실변경, 즉 물권의 변동에 관해서는 그

---

3) F.C von Savigny, a.a.O., S.169.

4) E. Zitelmann, a.a.O., S.133.

5) L. von Bar, a.a.O., S.595-597.

6) G. Walker, Internationales Privatrecht, 4 Aufl., 1926, S.299 ; Raape, Internationales Privatrecht, 5 Aufl., 1961. S.586.

원인된 행위 또는 사실의 완성 당시의 소재지법에 의할 것으로 정하고 있어서 물권의 존재와 변동의 준거법을 구별하고 있다.

II. 물권의 준거법의 적용 범위

1. 물권의 소재

(1) 물 건

어떤 물건이 물권의 객체로 될 수 있는지 여부, 그리고 동산·부동산, 주물·종물, 융통물·불융통물, 독립물·비독립물의 구별과 관계는 모두 물건의 소재지법에 의한다.

(2) 물 권
(가) 총 설

물권적 권리능력은 물권을 향유할 수 있는 개별적 권리능력의 문제로서, 물권의 준거법, 즉 목적물의 소재지법에 의한다. 또한 물권의 종류, 내용, 존속기간은 모두 목적물의 소재지법에 의한다.

(나) 점유권·소유권

점유가 권리로서 인정되는지, 점유의 태양으로서 수인의 공동점유가 인정되는지, 점유의 효과로서 점유자는 과실을 취득할 수 있는지, 대리점유가 인정되는지, 인정된다면 그 요건 및 효과는 어떠한지, 점유권의 양도·상속은 가능한지, 가능하다면 그 요건 및 효과는 어떠한지, 선의 점유자의 과실반환의무의 유무 및 한도는 어떠한지, 선의취득이 인정되는지, 인정된다면 그 요건은 어떠한지 등의 문제는 모두 목적물의 소재지법에 의한다. 소유권의 내용, 상린관계에 의한 통행권, 여수(餘水)소통권, 특수시설권, 공동소유관계의 태양과 그 내부관계 및 외부관계, 공유물의 분할 등의 문제도 또한 목적물의 소재지법에 의한다.

(다) 용익물권

지상권, 지역권, 전세권과 같은 용익물권의 종류, 내용, 효력 및 존속기간 등에 관해서도 마찬가지로 목적물의 소재지법에 의한다. 지역권에 관해서 요역지와 승역지가 다른 법역에 속하고 있는 경우에는 승역지의 소재지법에 의한다고도 할 수 있겠지만, 양소재지법이 물권의 성립을 인정하는 경우에 한해서 지역권이 성립되는 것으로 보는 것이 소재지법의 원칙에 비추어 볼 때 타당하다.

(라) 담보물권

① 법정담보물권

담보물권은 담보하여야 할 채권의 존재를 전제로 하고, 주된 채권(피담보채권)에 관해서는 그 고유의 준거법을 가진다. 유치권과 같은 법정담보물권은 일정한 채권을 담보하기 위해서 법률에 의해 특히 인정된 권리이므로 그 채권의 효력의 문제이다. 그러나 그 자체 물권의 문제이기도 하다. 따라서 법정담보물권은 주된 채권의 준거법과 목적물의 소재지법이 모두 이것을 인정하는 경우에만 성립할 수 있다.[7] 법정담보물권의 성립에 관하여 주된 채권의 준거법 만에 의하여야 한다는 견해 혹은 목적물의 소재지법 만에 의하여야 한다는 견해가 있으나 어느 것이나 타당하지 않다.

② 약정담보물권

질권, 저당권과 같은 약정담보물권은 물권의 문제로서 그 성립은 오로지 목적물의 소재지법에 의하면 충분하고 주된 채권의 준거법상 이러한 담보물권의 성립이 인정될 것은 필요하지 않다.[8] 약정담보물권의 성립에 관하여 주된 채권의 준거법을 누적적으로 적용하는 것은 채권자, 채무자 및 제3자의 이해관계에서 볼 때 불필요한 고려를 하는 것이기 때문이다. 물론 담보물권의 부종성의 근거에서 약정물권에 관해서도 목적물의 소재지법과 주된 채권의 양쪽이 모두 인정하는 경우에만 성립을 인정하는 견해도 있다.

이와 같이 유형의 물건에 대한 담보물권은 물권의 문제로서 담보권이 설정되는 목적물의 소재지법에 의한다는 데는 다른 의견이 없다. 그러나 유형의 물건이 아닌 채권 또는 기타의 권리를 담보로 하는 경우(예컨대, 권리질)에는 어떠한 준거법에 의할 것인지 견해의 대립이 있다. 그러나 무형의 권리를 목적으

7) 서희원, 193면; 김진, 208면.
8) 久保岩太郎, 602면; 溜池良夫, 319면; 山田鐐一, 269면.

로 하는 약정담보물권에 있어서도 유형의 물건을 대상으로 하는 약정담보물권의 준거법과 달리 취급할 특별한 이유가 없다. 채권 또는 기타의 권리를 대상으로 하는 약정담보물권의 경우에는 그 목적인 권리가 유형의 물건에 상당하므로 그 권리 자체의 준거법이 유형의 물건에 대한 약정담보물권의 준거법인 물건의 소재지법에 상당한 것으로 볼 것이다. 따라서 국제사법에서는 그와 같은 취지를 명문화하여 "채권·주식 그 밖의 권리 또는 이를 표창하는 유가증권을 대상으로 하는 약정담보물권은 담보대상인 권리의 준거법에 따른다."(제37조 본문)고 규정하고 있다. 그 결과 채권질은 채권의 준거법[9]에 의하고, 주식질은 주식회사의 속인법에 의하게 된다.[10]

다만, 무기명증권을 대상으로 하는 약정담보물권에 대하여는 무기명증권에 관한 제35조가 적용된다(제37조 단서).

한편, 국제사법 제37조는 무기명증권의 경우와 마찬가지로 배서 또는 교부에 의해 유가증권에 대한 권리의 득실변경이 일어나는 통상적인 경우에 적용되며, 유가증권이 결제기구 또는 중개기관에 예치되고 그에 대한 권리변동이 유가증권의 교부가 아니라 계좌이체에 의해 일어나는 경우에까지 적용되는 것은 아니다.

(마) 물권적 청구권

물권적 청구권에 관한 문제, 예컨대 소유물반환청구권, 점유보호청구권, 도난피해자 또는 유실자의 도품 또는 유실물에 대한 회복청구권과 그 제척기간의 문제도 또한 목적물의 소재지법에 의한다.[11] 이러한 물권적 청구권은 영미법에서는 소송법상의 문제로서 법정지법이 적용되지만, 대륙법에서는 물권의 효력의 작용으로 보아 소재지법의 원칙에 따른다. 우리 국제사법의 입장은 후자에 속한다. 소유물반환청구권에 관해서 이것이 시효에 의해서 소멸하는지의 문제

---

9) 일본 最高裁判所 1978(昭和 53).4.20. 第1小法廷判決은 "권리질은 물권에 속하지만 그 목적물이 재산권 자체이지 유체물이 아니라서 직접 그 목적물의 소재를 묻는 것이 불가능하고, 반면에 권리질은 그 객체인 권리를 지배하고 그 운명에 직접 영향을 미치는 것이기 때문에 여기에 적용되어야 할 법률은 객체인 권리 자체의 준거법에 따르는 것으로 해석하는 것이 상당하다."고 판시하였다.

10) 국제사법해설, 83-84면.

11) 황산덕/김용한, 198-199면; 서희원, 193면; 신창선, 240면.

와 소멸시효가 인정되는 경우 시효기간 등도 문제되지만 이것도 역시 목적물의 소재지법에 의한다.

물권적 청구권 외에 이와 관련한 손해배상청구권, 대금상환청구권, 비용상환 청구권 등이 인정되는 경우가 있다. 이 경우, 이러한 청구권은 물권적 청구권과 긴밀하게 결합되어 동일한 물권관계로부터 파생되는 것이므로 물권적 청구권과 동일한 준거법 즉 국제사법 제33조의 물건의 소재지법의 적용을 받아야 한다고 하는 견해[12]와 이러한 청구권은 그 자체 어디까지나 하나의 채권이므로 국제사 법 제50조 이하의 법정채권의 준거법의 적용을 받아야 한다는 견해가 있다. 그 러나 이러한 청구권은 각각 성질을 달리하는 것이므로 이러한 청구권의 준거법 을 일률적으로 결정한 것이 아니라 발생원인인 권리의 성질에 따라서 결정되는 준거법 예컨대 불법행위지법 등에 의하는 것이 타당할 것이다.[13]

(3) 등기하여야 할 권리

국제사법 제33조의 「등기하여야 하는 권리」란 우리 민법상의 부동산환매권, 부동산임차권을 말한다. 이러한 권리는 그 성질상 채권이고 물권은 아니지만 등기함으로써 물권적 효력이 생긴다는 이유에서 소재지법에 의하게 한 것이다. 이러한 등기하여야 하는 권리도 그 채권적 효력은 채권 자체의 준거법에 의하 여야 하며, 소재지법에 의하지 않는다. 그리고 여기에서 등기하여야 하는 권리 는 어디까지나 물권에 관한 권리이고 상호의 등기에 의해서 생긴 권리 같은 것 은 해당되지 않는다.

(4) 총괄재산

부부재산제에 있어서 부부의 재산, 친권에 있어서 자녀의 재산, 후견에 있어 서 피후견인의 재산, 상속에 있어서 상속재산은 이른바 총괄재산으로서 총괄재 산의 준거법(제65조, 제72조, 제75조, 제77조)에 의해야 하고 그것을 구성하는

---

12) 서희원 193면. 다만 물권이 순전히 불법행위에 의해 침해된 경우에는 그것에 의해 발생된 손해 배상청구권은 완전히 채권으로 변질된 것으로 보아 소재지법에 의하지 않고, 불법행위의 준거 법에 의해 결정된다고 한다.
13) 동지: 황산덕/김용한, 199면.

개개의 재산의 준거법에 의할 것은 아니다.

그러나 개개의 재산이 이러한 총괄재산의 구성부분인가의 여부는 개개의 재산의 속성에 관한 문제이므로 그것이 물권인 경우에는 목적물의 소재지법에 의하는 것은 당연하다.

2. 물권의 변동

(1) 총 설

물권의 존재가 목적물의 소재지법에 의하는 이상 물권의 득실변경도 또한 동일한 법에 의하는 것은 당연하다. 부동산에 관해서는 이 원칙의 적용상 문제가 없으나, 동산은 그 소재지가 변경되는 경우가 있으므로 어느 시점의 소재지법에 의하게 되는가가 문제된다. 국제사법 제33조 제2항은 동산 및 부동산에 관한 물권 또는 등기하여야 하는 권리의 득실변경은 목적물의 소재지법, 정확히는 원인된 행위 또는 사실이 완성할 때의 목적물의 소재지법에 의하는 것으로 하고 있다. 그러나 이 규정이 적용되는 것은 물권의 득실변경의 효과에만 그치고, 발생한 물권이 어떤 내용, 효력을 가지는가 하는 것은 제1항의 적용범위에 속한다.

(2) 법률행위에 의한 물권변동

(가) 물권적 법률행위의 성립 및 효력이 목적물의 소재지법에 의함은 물론이다. 단 물권적 법률행위능력은 소재지법에 의할 것이 아니라, 제28조[행위능력]에 따라 원칙적으로 당사자의 본국법이 준거법이 된다. 물권적 법률행위의 방식은 오로지 목적물의 소재지법에 의하고 "장소는 행위를 지배한다."라는 원칙은 적용되지 않는다(제31조 5항).

(나) 목적물의 소재지법에 의하는 것은 물권행위만이고, 그 원인된 행위는 그 고유의 준거법에 의하고 목적물의 소재지법에 의하지 않는다. 그런데 원인행위와 물권행위가 어느 정도 결합하여 외관상 1개의 행위로 보이는 법제도 있지만(프랑스법, 영국법), 그것들이 명확하게 구별되어 독자성이 인정되는 법제도 있다(독일법). 따라서 물권행위의 준거법인 목적물의 소재지법과 원인행위

의 준거법이 다른 경우에는 국제사법상 물권의 득실변경에 관해서 여러 가지 곤란한 문제가 생긴다.

원인행위가 그 준거법상 무효인 경우에 물권행위의 효력이 발생되는지는 목적물의 소재지법에 의한다. 이 문제는 이른바 물권행위의 유인성·무인성에 관한 문제이다. 또한 원인행위가 의사표시의 하자 등의 이유에 의해 취소된 경우에 물권행위의 효력에 어떠한 영향을 미치는가에 관해서도 마찬가지로 목적물의 소재지법에 의한다.

① 원인행위의 준거법에 의하면 물권적 효과가 발생하지만, 목적물의 소재지법이 이를 인정하지 않는 경우에는 물권적 효과는 발생하지 않는다. 예컨대, 프랑스에서 독일에 있는 물건을 매각한 경우, 매매계약의 준거법인 프랑스법은 단순한 의사표시에 의해 소유권이전의 효과를 발생시키지만, 목적물의 소재지법인 독일법이 소유권의 이전에 등기·인도를 요구하고 있는 이상 이러한 요건을 구비하지 않고 있는 한 소유권 이전의 효과는 발생하지 않는다.

② 그러나 원인행위의 준거법에 의하면 물권적 효과가 발생하지 않지만 목적물의 소재지법에 의하면 이러한 효과가 발생하여야 할 경우에는 언제나 물권적 효과가 발생한다고 일률적으로 말할 수는 없다. 예컨대, 독일에서 프랑스에 있는 물건을 매각한 경우에 바로 프랑스법에 의해서 물권적 효과가 발생한다고 할 수 없다. 프랑스법은 단순한 의사표시에 소유권이전의 효과를 인정하고는 있지만 그것은 프랑스법상의 매매계약에 묵시적으로 포함되어 있는 물권계약의 효과로서 생기는 것이다. 따라서 원인행위의 준거법인 독일법상의 매매계약은 단순한 채권계약이고 물권계약을 포함하지 않으므로 소재지법인 프랑스법도 이러한 계약에 물권적 효과를 줄 수 없다. 다만 매매계약의 해석상 당사자의 의사에 물권계약의 의사로 포함되어 있다고 생각하여야 할 경우에는 소재지법상 물권적 효과가 인정될 것이다.

(3) 법률행위 이외의 사실에 의한 물권변동

물권의 득실변경은 법률행위 이외의 사실, 즉 효과의사를 동반하지 않는 사실행위 또는 자연적 사실에 의해서도 발생한다. 예컨대, 시효, 혼동, 유실물습득,

무주물선점, 부합, 혼화, 가공 등이 그러하다. 이러한 사실행위가 물권변동의 원인이 되는가는 그러한 사실이 완성한 때의 목적물의 소재지법에 의한다.

(4) 국가행위로 인한 물권변동

물권의 변동은 몰수·수용 등의 국가행위에 의해서도 발생한다. 이 경우의 준거법에 관해서는 다음과 같은 주장이 대립한다. 첫째, 이러한 몰수·수용은 사적 소유권의 상실의 한 태양이라는 점에서 그 준거법은 국제사법 제33조 제2항, 즉 그러한 사실이 완성한 때의 목적물의 소재지법에 의한다고 하는 견해, 둘째, 몰수·수용은 국가행위에 의한 사인재산의 박탈이라는 속지적 성격을 가지는 것이므로 그 준거법은 속지법이라고 하는 견해,[14] 셋째, 이 점에 관해서 국가행위에 의한 물권변동은 사인간의 매매나 증여와는 달리 공법상의 법률관계이므로 국제사법의 범위 외에 있고 공법의 섭외적 적용에 관한 규칙에 의해야 한다는 견해[15]가 있다. 그러나 공법상의 법률관계라도 사법적 효과에 영향을 미치는 것은 국제사법규정의 대상으로 되어야 할 것이다. 특히 국제사법 제19조도 이러한 취지를 명문화하고 있다. 따라서 첫째 학설이 타당하다고 본다.

그리고 외국에서 보상 없이 행한 몰수·수용이 국제법상 부적법한 것이라고 한다면 이러한 국제법 위반의 외국법은 국제사법상의 공서위반으로서 국제사법 제23조에 의해 그 적용이 배척되고 이러한 몰수·수용의 법적 효과는 우리나라에서는 인정되지 않는다고 하여야 한다.

Ⅲ. 목적물의 소재지변경

1. 서 설

물권의 준거법은 원칙적으로 물건의 소재지법에 의한다. 물건의 소재지가 변경되는 경우에는 물건의 소재지법을 그대로 따를 수 없게 된다. 이와 같이 물

---

14) 江川英文, "國有化の國際的 效力," 比較法雜誌 2卷, 274면.
15) 折茂豊, "外國國有化法と公序," 國際法外交雜誌 61卷5号, 1962, 59면.

건의 소재지가 변경될 경우의 준거법의 결정문제가 목적물의 소재지변경의 문제이다. 우리 국제사법의 경우에는 제33조 제2항의 해석문제가 주를 이룬다.

2. 소재지변경과 기존물권

소재지법에 의해서 적법하게 성립한 물권인 이상 그 목적물이 소재지를 변경해도 인정되는 것은 제33조 제2항의 해석상 당연하지만,[16] 그 물권이 어떤 내용을 가지는가는 신소재지법에 의한다. 예컨대, 외국에서 취득한 소유권이라도 목적물이 대한민국에 존재하는 한 그 소유권의 내용은 대한민국의 법률에 의하여야 하는 것은 물권제도의 본질상 당연하다. 구소재지법상 물권으로서 인정되는 권리라도 신소재지법상 이러한 내용의 물권이 전혀 인정되지 않는다면 이러한 물권은 적어도 목적물이 신소재지에 있는 한 그 주장 및 행사는 인정되지 않는다. 구소재지법에 의해 인정된 물권과 똑같은 물권이 신소재지법상 인정되지 않는 경우에는 물권의 종류나 명칭에 불구하고 구소재지법상의 물권이 신소재지법상의 어떠한 물권에 상당하는가를 국제사법 자체의 입장에서 판단하여야 한다. 그래서 유사한 내용을 가진 물권이 신소재지법에서 인정되고 있다면 그 유사한 물권으로서 취급하여야 할 것이다.

소재지법에 의해서 유효하게 성립한 물권은 목적물의 소재지가 뒤에 변경되어도 이것을 인정하여야 하지만, 이러한 물권의 주장 및 행사가 신소재지에서 인정되기 위해서는 신소재지법이 정하는 요건을 구비하지 않으면 안 된다. 그러나 이러한 물권이 종국적으로 소멸해 버리는 것이 아니라 단순히 목적물이 신소재지에 존재하는 한 신소재지법에 의해 그 주장 및 행사가 인정되지 않는다고 하는데 그치고, 목적물이 구소재지에 복귀하거나 다른 나라에 옮겨져 그 나라의 법률이 정하는 요건을 구비한 경우에는 그 물권의 주장 및 행사를 인정할 수 있다.

---

16) 판례는 가압류 목적물인 기계에 대한 채무자의 소유권 유무가 문제된 사건에서, 가압류 채무자에 이르기까지 필리핀국에서 순차 체결된 위 기계에 대한 매매계약의 효력에 관하여 매매계약 체결 당시 목적물 소재지법인 필리핀국법을 적용하여야 한다고 하여, 마찬가지 입장을 취하고 있다. 대법원 2008.1.31. 선고 2004다26454 판결.

3. 소재지변경과 물권변동

(1) 물권변동의 법률요건 완성 후의 소재지변경

소재지법에 의해서 물권변동의 법률요건이 완성된 경우에는, 뒤에 목적물이 이동된 신소재지법이 규정하는 요건을 갖추지 못하였더라도 이미 발생한 물권변동의 효과가 소멸하지 않는다. 예컨대, 영국에서 특정동산의 매매가 행해졌지만 동산의 인도는 행해지지 않았다고 하자. 영국에서는 인도가 없어도 소유권은 유효하게 이전한다. 그러나 인도가 행해지지 않고 있는 동안에 그 동산이 독일로 옮겨졌다고 하자. 독일에서는 소유권의 이전에 인도를 요건으로 하지만 그 때문에 영국법에 의해 취득된 소유권을 잃는 것은 아니다.

이에 반해서 소재지법상 물권변동의 법률요건을 갖추고 있지 않기 때문에 그 효과가 발생하지 않았다면, 뒤에 목적물이 이동된 신소재지법에 의하면 이미 행해진 물권행위만으로도 그 요건을 구비한 것으로 볼 수 있는 경우에도 구 소재지법상의 물권변동의 효과가 인정되지 않는다. 예컨대, 독일에서 동산소유권의 이전을 목적으로 그 의사표시를 했지만 인도를 행하지 않았다고 하자. 이 경우에는 독일법상 소유권이전의 효과는 발생하지 않는다. 뒤에 목적물이 프랑스로 옮겨졌는데, 프랑스법은 동산소유권의 이전은 의사표시만으로 충분하고 목적물의 인도를 필요로 하지 않는다는 이유로 독일에서 행해진 의사표시가 동산소유권 이전의 효과를 발생시키는 것은 아니다.

(2) 물권변동의 법률요건 완성 전의 소재지변경

물권변동의 원인인 사실, 즉 법률요건이 미완성인 채로 목적물이 그 소재지가 변경된 경우에는 제33조 제2항의 규정상 물권변동은 그 법률요건 완성 당시에 있어서 목적물의 소재지법에 따르게 된다. 이에 관해서는 동산의 취득시효가 예로 되는데, 시효가 미완성인 채 목적물이 소재지를 변경하는 경우의 문제이다. 이에 관해서는 학설, 입법상 여러 가지 견해가 있다. 즉 ① 점유개시 당시의 목적물의 소재지법설,[17] ② 시효완성 당시의 목적물의 소재지법설,[18] ③ 점유개시 당시 또는 시효완성 당시의 목적물의 소재지법에 의한다고 하는 절충설,

④ 점유자의 주소지법설[19] 등이 있으나, 우리국제사법의 해석으로는 ②설이 옳다.[20]

따라서 취득시효가 인정되는가, 취득시효의 효과로서 소유권이 취득되는가, 취득시효의 요건인 시효기간의 문제 등은 모두 시효완성 당시의 목적물의 소재지법에 의한다. 다만 취득시효가 인정되기 위해서는 시효완성 당시의 소재지법이 정하는 요건을 구비하지 않으면 안 되지만 반드시 모든 요건이 신소재지법에 의해야 한다는 것은 아니다.

즉 구소재지법에서 발생한 사실인 요건이 신소재지법상 시효의 요건으로서 인정할 수 있다면 이를 인정할 수 있다.[21] 이는 특히 시효기간의 산정에 있어서 문제된다. 그 계산방법으로는 비례계산주의와 통산주의가 있다.

비례계산주의는 본래 동산의 취득시효에 관해서 점유자의 주소지법주의를 취하는 자가 점유자가 주소를 변경한 경우에 기간의 계산방법으로써 채용한 것이다. 기간의 계산방법으로서는 이유가 없는 학설은 아니나, 요건 완성 당시의 목적물의 소재지법주의를 취하는 우리 국제사법의 입장에서 본다면 어떠한 소재지에 있었느냐를 묻지 않고 시효완성 당시의 소재지법이 요구하는 기간 동안 점유의 계속이 있었느냐가 중요한 것이고, 그 전에 점유하고 있었던 당시의 소재지법이 어떤 시효기간을 요구하고 있는가는 문제되지 않는다. 또한 비례계산주의에 의하면 시효제도를 인정하지 않는 나라에서 경과한 기간은 신소재지에서는 전혀 기간에 산입되지 않는 것으로 되는데, 이러한 결과는 타당하다고 할 수 없으므로 통산주의가 타당하다.[22]

---

17) R.G. Neumann, a.a.O., S.83-84.

18) E. Zitelmann, a.a.O., S.347; G. Walker, a.a.O., S.327.

19) L. von Bar, a.a.O., S.637-640.

20) 황산덕/김용한, 206면; 서희원, 178면; 신창선, 248면; 신창섭, 219면.

21) 이에 관한 입법례로서는, 독일의 국제사법인 민법시행법 제43조 제3항은 "내국에 들어온 물건에 관한 권리가 이미 취득된 것이 아닐 경우 내국에서의 취득에 있어서 외국에서 이루어진 과정을 내국에서 이루어진 것처럼 고려한다."고 규정하고 있고, 스위스 국제사법 제102조 제1항은 "어떤 동산이 스위스에 도착하고 그에 대한 물권의 취득 또는 상실이 아직 외국에서 이루어지지 않은 때에는 외국에서 발생한 과정은 스위스에서 이루어진 것으로 본다."라고 규정하고 있다 (신창섭, 220면).

22) 황산덕/김용한, 209면; 서희원, 200면; 김용한, "취득시효의 준거법," 고시계, 1962.11, 134면.

그리고 취득시효의 요건인 점유의 선의, 평온, 공연, 무과실 등의 요부에 관해서도 그때그때의 소재지법에 의해야 한다는 견해도 있으나 국제사법의 해석상으로는 시효완성 당시의 소재지법에 의하여야 할 것이다.

시효의 중단 및 정지에 관해서도 점유의 선의, 평온, 공연, 무과실 등과 마찬가지로 취득시효의 요건으로 보아 시효완성 당시의 동산의 소재지법에 의하여야 한다고 할 수도 있으나, 시효의 중단 및 정지는 단순한 점유의 계속과는 달리 그것 자체로 물권법상의 효력을 생기게 하는 것이므로 이러한 사실이 발생한 당시의 목적물의 소재지법에 의하는 것이 타당할 것이다.[23]

4. 이동 중의 물건에 관한 물권

(1) 항공기, 철도차량

항공기, 철도차량과 같은 운송수단은 계속적인 이동으로 인하여 물권의 일반적 준거법인 목적물 소재지법에 의한다면 시시각각 준거법이 변경되어 법적 안정성을 확보할 수 없다. 또한 운송수단에 있어서 목적물의 소재지가 밀접한 연결점이라고 하기도 어렵다. 따라서 운송수단에 관하여는 일정한 장소에 준거법을 고정시킬 필요가 있으므로 국제사법은 운송수단의 준거법 결정에 있어 소재지법주의에 대한 예외를 인정하는 내용을 두고 있다.

이때 항공기에 관한 물권은 그 국적소속국법을, 철도차량에 관한 물권은 그 운행허가국법을 각 준거법으로 정하고 있다(제34조). 항공기는 국적을 취득한 국가, 철도차량은 철도운행을 허가한 국가에 격납고 등 최종적인 근거지가 있고, 이들 국가가 해당 항공기 또는 철도차량에 대한 안전점검 등을 포함한 행정규제를 실시하고 조세도 부과하며, 이를 이용한 운송사업자 역시 대부분 이들 국가에 주된 사업소를 가지기 때문이다.

운송수단 중 선박에 관하여는 해상의 장에서 별도로 규정하고 있고, 자동차에 관하여는 매우 보편화되어 있는 결과 일반 동산과 같이 취급하여도 별다른 문제가 없어 별도의 규정을 두지 않고 있다.[24]

---

23) 동지: 서희원, 201면; 溜池良夫, 327면; 山田鏡一, 278면.
24) 석광현, 170면; 윤종진, 347면; 신창섭, 222면.

(2) 이동 중인 물건

물건이 운송 도중에, 즉 목적지에 도달하기 전에 양도나 입질(入質) 같은 물권행위가 행하여졌을 경우 그 물권변동은 어느 법률에 의하게 되는가의 문제이다.

소재지가 명백한 경우에는 물권행위 당시의 현실의 소재지를 찾아내서 그 소재지의 법률을 적용하면 되지만, 소재지가 명백하지 않는 경우도 많다. 이때 굳이 물권행위 당시의 소재지를 찾아내서 그 소재지법을 적용하는 것은 오히려 소재지법주의의 본래의 취지를 벗어나는 것이다. 또한 소유자의 주소지법에 의하면 가장 간명한 해결방법이 되지만, 동칙주의의 입장은 이를 용납할 수 없다. 이러한 경우에 어떤 법을 적용할 것인가에 관해서 지금까지 여러 가지 학설이 주장되어 왔지만, 우리나라에서는 목적지법설이 많이 주장된다.25) 왜냐하면 운송 중의 물건에 관해서 목적지법을 적용하는 것은 목적지가 이러한 물권관계와 가장 밀접한 관계가 있다고 생각되기 때문이다.

이에 따라 국제사법 제36조는 소재지법원칙에 대한 특칙으로서, 이동 중인 물건에 관한 물권의 득실변경은 그 물건이 향하고 있는 목적지국가의 법에 따르도록 규정하고 있다. 목적물이 여러 장소를 경유하는 경우에는 최종 목적지의 법을 기준으로 판단하여야 할 것이다.

그런데 운송 중의 물건에 관해서는 보통 선하증권, 화물상환증, 창고증권 등이 발행되어 이러한 증권의 수수에 의해서 물건의 처분이 행해지는 것이 보통이다. 이러한 경우에 있어서의 운송 중의 물건에 관한 물권변동에 관해서도 동산물권 준거법결정의 일반이론에 따라 목적지법(도착지법)을 적용하여야 한다는 설이 있다.26)

그러나 오늘날 이러한 증권은 운송 중의 물건을 대신하는 것으로서 그 자체가 독립하여 거래의 대상이 되고 있으므로 이러한 증권이 발행된 경우에 있어서 물권변동의 중심은 이미 증권의 소재지로 이전되었다 할 것이고 따라서 물권변동의 준거법은 오로지 증권소재지법이라고 해석하여야 한다.27) 다만 여기

---

25) 황산덕/김용한, 210면; 서희원, 180면; 신창섭, 221면.
26) 황산덕/김용한, 210면.

서 문제되는 것은 증권의 물권적 효력의 측면만이고 운임의 지불, 운송품의 인도 등에 관한 운송인과 증권소지인간의 채권관계는 운송계약의 준거법에 의하게 된다.

제 2 절 무기명증권

Ⅰ. 무기명증권에 관한 권리

구섭외사법은 무기명증권의 취득만을 규정하고 있었으나, 국제사법은 「민사에 관한 규정」과 「상사에 관한 규정」의 구분을 없앰에 따라 조항의 위치를 해당 법률관계인 물권의 장으로 이전하였고, 그 표현을 제33조 제2항의 물권의 득실변경의 준거법에 관한 규정과 동일하게 하고 있다.

무기명으로 발행된 주권, 사채권, 물품증권 등은 그 자체로서 권리를 화체하고 있고 그 권리의 득실변경도 증권의 양도에 의하여 이루어지고 있기 때문에, 그 득실변경은 일반 동산과 다를 바가 없다. 따라서 무기명증권에 관한 권리의 득실변경에 관하여는 일반 동산과 마찬가지로 그 원인된 행위 또는 사실의 완성 당시 무기명증권 자체의 소재지법에 따르도록 한 것이다.

여기서 「무기명증권에 관한 권리」에는 무기명증권 자체에 대한 권리와 무기명증권에 의하여 화체된 권리가 포함된다. 국제사법 제35조의 취지는 무기명증권의 경우 당해 증권과 그에 화체된 권리를 동일시할 수 있으므로 증권 자체뿐만 아니라 그에 화체된 권리도 증권의 소재지법에 의한다는 것이다. 물론 어느 유가증권이 무기명증권인가의 여부는 당해 증권에 화체된 권리의 준거법에 의하여 결정되어야 할 것이다.

한편, 무기명증권이 예탁원 등에 예치되고 그에 대한 권리변동이 증권의 교부에 의해서가 아니라 계좌 이체에 의해 일어나는 경우에는 무기명증권의 소재

---

27) 동지: 서희원, 203면; 山田鐐一, 279면.

지가 결정적인 의미를 가지지 아니하므로 이 조항이 적용되지 않는다고 볼 것이다.

Ⅱ. 무기명증권을 대상으로 하는 약정담보물권

무기명증권을 약정담보물권의 대상으로 제공할 경우, 그 준거법의 결정은 이 조항에 따라야 하는가 아니면 약정담보물권에 관한 국제사법 제37조에 따라야 하는가가 문제될 수 있다. 이 조항이 무기명증권에 관한 권리의 득실변경을 규정하고 있기 때문에 무기명증권을 대상으로 하는 모든 물권관계를 포함하는 것으로 일응 해석할 수 있을 것이나, 이를 명백히 하기 위하여 제37조 단서에서 무기명증권을 대상으로 하는 약정담보물권은 이 조항에 따르도록 하는 명문의 규정을 두고 있다. 이러한 내용은 무기명증권에 관한 약정담보의 실무에 부합하는 것이기도 하다.[28]

제 3 절   지식재산권

Ⅰ. 서   설

종래에는 재산이라고 하면 대부분 건물이나 가구 등과 같이 구체적인 형태가 있는「유체재산」이 일반적인 것이었지만, 근래에는 경제성장과 더불어 재산권도 다양화되어 학문이나 예술활동에 의한 창작물이나 창조적 발명에 기한 신기술 등의「무체재산」도 하나의 재산으로서 보호되어야 한다는 사회경제적 욕구에 부응하여 근대적 의미의 지식재산권 개념이 탄생하게 되었다.

지식재산권은 종래 지적재산권이라고 불리던 것으로서 인간의 지적 활동의 결과로 얻어진 정신적 산물인 지적 재산 내지는 무형의 재화인 무체 재산을 그

---

28) 국제사법해설, 79-80면; 석광현, 143면.

보호대상으로 한다. 일반적으로 지식재산권이라 함은 인간의 지적활동의 결과로 얻어진 정신적·무형적 재화에 대한 소유권에 유사한 재산권을 지칭하는 것으로서, 산업상 이용할 수 있는 무형의 객체에 관한 권리인 산업재산권(특허권, 실용신안권, 디자인권, 상표권 등)과 문학적 또는 미술적 저작물에 관한 권리인 저작권으로 크게 대별된다. 그런데 이러한 무체재산이 국경을 초월하여 이용되는 것이 적지 않으므로 지식재산권을 둘러싼 문제 중에는 국제사법의 대상이 되는 경우가 많이 있다. 이러한 문제에 관해서는 국제재판관할과 더불어 저촉법상 어느 국가의 법이 적용되어야 할 것인가의 문제가 생긴다.

II. 지식재산권에 관한 국제재판관할

국제사법은 지식재산권에 관한 국제재판관할에 대한 두 개의 규정을 두고 있는데, 하나는 지식재산권 계약에 관한 소의 특별관할이고, 다른 하나는 지식재산권 침해에 관한 소의 특별관할이다.

1. 지식재산권 계약에 관한 소의 특별관할

지식재산권도 다른 재산권과 마찬가지로 양도, 담보권 설정, 사용허락 등의 계약을 할 수 있는 것이므로, 이와 관련된 분쟁이 생길 수 있다. 이와 같이 지식재산권 계약에 관한 소는 ① 지식재산권이 대한민국에서 보호되거나 사용 또는 행사되는 경우 및 ② 지식재산권에 관한 권리가 대한민국에서 등록되는 경우 대한민국의 법원에 제기할 수 있다(제38조 1항). 이 경우 계약에 관한 소의 관할규정(제41조)은 적용되지 않는다.

2. 지식재산권 침해에 관한 소의 특별관할

지식재산권이 침해되어 손해배상을 비롯한 침해구제를 위한 소를 제기하는 경우, 대한민국에서 발생한 결과에 한정하여 다음과 같은 경우에는 대한민국 법원에 소를 제기할 수 있다(제39조 1항). 즉 ① 침해행위를 대한민국에서 한 경우, ② 침해의 결과가 대한민국에서 발생한 경우, 그리고 ③ 침해행위를 대한민국을 향하여 한 경우와 같다. 이 경우 관련재판적에 관한 규정(제6조 1항)은 적용하지 않는다(제39조 2항).

다만 지식재산권에 대한 주된 침해행위가 대한민국에서 일어난 경우에는 외국에서 발생하는 결과를 포함하여 침해행위로 인한 모든 결과에 관한 소를 대한민국 법원에 제기할 수 있다(동조 3항). 제1항 및 제3항에 따라 소를 제기하는 경우 불법행위의 특별관할에 관한 제44조는 적용하지 않는다(동조 4항).

Ⅲ. 지식재산권의 준거법

1. 준거법 결정의 기준

지식재산권은 물권적 성격을 강하게 가지고 있기 때문에 준거법의 결정에 관한 국제사법의 규정은 강행규정의 성격을 가진 것으로 볼 수 있다. 그러나 권리자와 의무자 사이에서 이에 관한 합의가 있는 경우에는 그 합의에 따라야 할 것이다. 다만 지식재산권에 관한 소송에서 침해자와 권리자 사이에 준거법에 관한 합의가 있는 것은 극히 제한적일 수밖에 없을 것이다.

2. 준거법 결정에 관한 학설의 동향

(1) 권리객체의 소재지법주의

이는 지식재산권을 유체물에 관한 물권에 대비되는 권리로 보고, 지식재산권에 관한 국제사법상의 원칙을 고찰할 때 중요한 것은 권리객체의 특수성이라고 한다. 즉 지식재산권은 대세적인 권리로서 소유권과 유사한데, 소유권에 대해서는 그 객체인 목적물의 소재지법에 의한다는 것이 각국의 국제사법상 이미 확립되어 있는 원칙이므로, 지식재산권에 관해서도 물권과 마찬가지로 그 소재지법이 적용되어야 한다는 것이다.[29]

그러나 지식재산권의 객체는 무형물이어서 구체적인 형태로 존재하는 것이

---

29) Nussbaum, Deutsches Internationales Privatrecht, Tübingen, 1932, S.337; Wolff, op. cit., p.547; 木棚照一, 工業所有權法の硏究, 日本評論社, 1989, 75면.

아닐 뿐 아니라 특정장소에 당연히 연결될 수 있는 것도 아니다. 따라서 유체물에 대한 물권과 동일한 방법으로 지식재산권의 객체인 무체물을 특정장소에 소재하는 것으로 보아 소재지법에 의제적으로 연결하는 것은 타당하지 않다고 생각된다.

(2) 본원국법주의

이는 지식재산권을 하나의 본원국법질서에 통일적으로 연결한다. 예컨대 특허에 관해서는 최초로 특허가 부여된 국가의 법, 즉 본원국법을 적용하는 것이다. 그리고 본원국법은 의장에 관해서는 최초로 등록된 국가의 법을, 상표에 관해서는 최초로 사용된 국가의 법을 의미하는 것이라고 해석하고 있다. 이 설에 의하면 후에 다른 국가에서의 특허부여는 그 국가에서는 권리보호의 요건으로는 되지만, 권리의 존립과 존립기간은 당연히 본원국법에 의하게 된다고 한다.

이 설의 근거는 지식재산권을 자연권으로 보아 본원국법에 의해 일단 성립한 권리는 다른 국가에 있어서도 승인되어야 한다는 사상에 있다.

(3) 보호국법주의

이는 지식재산권을 원칙적으로 보호국법에 연결한다. 여기서 보호국법이란 그 권리의 보호가 요구되고 있는 국가의 법을 의미하고, 지식재산권의 이용행위 또는 침해행위가 행해진 국가의 법을 가리킨다. 이 설의 근거는 지식재산권이 특허부여 또는 등록에 기인한 국가에 의해 주어진 독점권이기 때문에 그 국가의 영역 내에서만 효력을 갖는다고 하는 속지주의의 사상이다. 물권과 대비되는 것은 지식재산권은 한 개의 특정국가에 존재하는 것이 아니라 그 이용행위가 행해지는 등 그러한 권리의 보호가 문제로 되는 모든 국가에 존재한다는 것이다. 이 설을 채택한 것으로 스위스 국제사법이 있고, 이 설이 타당하다고 본다.[30]

---

30) 동지: 山田鐐一, 338면.

Ⅳ. 국제사법의 규정

1. 보호국법주의의 채택

지식재산권은 속지주의적 성격이 강하므로 그 보호 역시 국제조약이 없는 한 개별국가에 일임되고 있다. 이에 따라 지식재산권의 보호는 그 보호가 요구되는 개별 국가에서 이를 보호하고 있는 경우에 한하여 인정될 수 있다. 이와 같이 지식재산권의 보호가 요구되고 있는 국가의 법에 의하여 지식재산권의 성립, 소멸, 이전 등에 관한 법률관계 일체를 결정하는 것을 보호국법주의라고 한다.

국제사법에서는 이러한 보호국법주의에 입각하여 지식재산권에 관한 조항을 신설하였다. 다만, 지식재산권의 모든 분야에 관하여 보호국법주의를 명시하는 대신 현실적으로 가장 문제가 되며 입법의 필요가 큰 지식재산권의 침해 문제에 대하여만 준거법을 규정하였다.[31] 그 결과 지식재산권의 성립, 이전 등의 전반적인 문제는 여전히 학설과 판례에 맡겨지게 되었다.

2. 불법행위와의 관계

국제사법 제40조는 지식재산권의 보호에 관한 원칙적인 조항이라 할 수 있다. 지식재산권의 침해는 기본적으로 불법행위의 성격을 지니므로 불법행위의 준거법에 연결될 수 있으나, 이 조항은 그에 대한 특칙이라 할 수 있으므로 통상의 불법행위와는 달리 침해지법이 준거법으로 되기 때문이다.[32] 우리 대법원

---

31) 지식재산권 전반에 관하여 보호국법을 준거법으로 규정하지 않은 이유는 특허권·상표권 등 지식재산권과 관련하여 법원에서 다루고 있는 소송이 대부분 침해소송이어서 지식재산권에 관한 일반적인 준거법을 규정할 필요가 크지 아니하며, 보호국법주의에 입각한 외국 입법례에서는 지식재산권 일반에 대하여 「보호가 요구되는 국가」의 법에 의하도록 하고 있는데, 우리의 경우 이러한 규정을 둘 경우 「보호가 요구되는 국가」가 마치 법정지로 오해될 소지가 많다는 점 등 때문이었다. 따라서 지식재산권의 침해만을 규정하였고, 그 표현도 「침해지법」으로 하였다. 한편 침해와 관련하여서는 침해지법과 보호국법은 동일하다. 왜냐하면 지식재산권의 보호를 인정하는 보호국에서만 침해가 인정될 것이기 때문이다(국제사법해설, 87면). 그러나 특허권의 침해의 경우에는 보호국과 침해국이 일치하지만, 권리자가 침해 이외의 형태로 보호를 구하는 경우 보호국은 침해국이 아니라는 이유로 양자가 반드시 동일한 것은 아니라는 입장이 있다(석광현, 154면).

은 불법행위의 경우 불법행위지에 행동지 뿐만 아니라 결과발생지도 포함되는 것으로 해석하고 있는 바, 지식재산권의 보호에 있어 일반 불법행위의 준거법을 적용할 경우 원인을 제공한 행동지는 물론 손해가 발생한 결과발생지의 법역시 준거법이 된다. 그런데 지식재산권의 침해에 있어서는 속지주의의 특성상 행동지와 결과발생지에서의 보호가 전혀 다를 수 있다. 즉 행동지에서는 지식재산권의 보호가 인정되고 있는 반면에 결과발생지에서는 이를 인정하지 않을 수 있고, 그 반대일 수도 있다. 따라서 이러한 문제점을 해소하기 위해서라도 지식재산권의 침해는 국제사법 제40조에 의하여 해결할 것이지 일반 불법행위의 준거법에 연결할 것은 아니다.[33]

한편 불법행위에서 인정되는 준거법에 관한 사후적 합의(제53조) 및 불법행위로 인한 손해배상책임의 제한(제52조 4항)을 지식재산권에도 인정할 수 있는지 여부가 문제되나, 지식재산권의 침해가 불법행위로서의 법적 성질을 가지는 이상 적극적으로 해석하여야 할 것이다.[34]

3. 국제조약과의 관계

한편 이 조항은 지식재산권에 관한 국제조약에 대하여 보충적인 저촉규정으로서의 의미를 가진다. 즉, 특허·상표·저작권 등 지식재산권의 종류별로 관련 국제조약이 저촉규정을 두고 있는 경우에는 우선적으로 그에 따르고, 관련 국제조약이 존재하지 않거나 저촉규정을 두고 있지 않은 경우에만 적용된다.[35]

판 례

(ㄱ) 국제사법 제24조에 의하면, 지적재산권의 침해로 인한 불법행위의 준거법은 그 침해지법이 된다 할 것이므로 일본 보따리상들의 일본에서의 일본 상표권 침해행위에 피고가 교사 또는 방조하였음을 이유로 하는 이 부분 손해배상청구의 당부는 침해지법인 일본 상표법 제37조 등의 해석에 따라야 할 것인데, 위조한 상표를 부착한

---

32) 대법원 2004.7.22. 선고 2003다62910 판결.
33) 국제사법해설, 87면.
34) 국제사법해설, 87-88면.
35) 서울고법 2013.1.23. 선고 2012나24622 판결.

의류를 일본 보따리상들에게 대량으로 판매함으로써 일본에서의 일본 상표권 침해 행위를 용이하게 하여 준 피고의 행위가 위 침해행위에 대한 방조가 될 수 있다 하더라도, 기록에 나타난 지적재산권에 관한 일본 법원의 해석론에 비추어 보면, 속지주의 원칙을 채용하고 있는 일본 상표법하에서는 상표권이 등록된 나라의 영역 외에서 당해 상표권의 등록국에서의 침해행위를 유도하는 등 이에 관여하는 행위는 불법행위를 구성하지 아니하는 것으로 해석됨을 알 수 있으므로 이 부분 원심의 설시에 일부 적절하지 아니한 점은 있으나 피고의 공동불법행위책임의 성립을 인정하지 아니한 그 결론에 있어서는 정당하다 할 것이고 거기에 상고이유에서 주장하는 바와 같은 법리오해 및 심리미진 등의 위법이 있다고 할 수 없다(대법원 2004.7.22. 선고 2003다62910 판결).

(ㄴ) 국제사법 제24조는 지적재산권에 관한 국제조약에 준거법에 관한 규정이 없는 경우를 대비한 보충적 성격의 규정이므로, 국제조약에 이 사건에서 문제된 법률관계에 적용될 준거법에 관한 규정이 있는 경우에는 그에 따라 준거법을 결정하여야 할 것이다. 그런데 대한민국과 중국은 모두 베른협약의 가입국이고, 이 사건 중문 서적은 베른협약 제1조, 제2조 제1항의 '문학적·예술적 저작물(literary and artistic works)'에 해당하며, 베른협약 제5조 제2항 제2문은 "저작자의 권리에 대한 보호의 범위와 이를 보호하기 위하여 주어지는 구제의 수단은 오로지 보호가 요구된 국가의 법률에 의해 규율된다."라고 하여, 저작재산권의 보호의 준거법에 관해 규정하고 있으므로, 저작재산권의 보호에 관해서는 베른협약 제5조 제2항에 의하여 준거법이 결정된다.

한편, 베른협약 제5조 제2항에 규정된 '보호가 요구된 국가(the country where protection is claimed)'라 함은 '그 영토 내에서의 보호가 요구되고 있는 국가', 즉 '보호국'을 의미하며, 특히 저작재산권의 침해 문제에 관련해서는 '그 영토 내에서의 침해행위에 대하여 보호가 요구되고 있는 국가', 즉 '침해지국'을 의미하는바(국제사법 제24조도 같음), 이 사건에서 원고는 자신의 저작재산권에 대한 침해행위가 대한민국 영토 내에서 발생하였음을 주장하며 이에 대한 보호를 요구하고 있으므로, 결국 대한민국 법률이 보호국법이자 침해지국법으로서 이 사건에 적용될 준거법이 된다(서울고법 2013.1.23. 선고 2012나24622 판결).

제 4 장   국제채권법

채권은 발생원인에 따라서 계약채권(법률행위 채권)과 법정채권으로 나뉜다. 계약채권은 채권계약을 발생원인으로 하는 채권, 즉 채권적 법률행위에 의하여 발생한 채권을 말하고, 법정채권은 법률의 규정에 따라 발생하는 채권을 말한다. 이 두 가지 채권은 준거법을 정하는 기준이 서로 다르다.

제 1 절   계약채권

I. 총   설

계약채권에 적용되는 준거법의 결정 문제는 채권계약의 성립과 효력의 준거법을 어떻게 결정하느냐의 문제를 말한다.

계약채권의 준거법결정에 관해서는 객관주의와 주관주의가 대립하고 있다. 객관주의는 물권이나 신분에 관한 문제와 마찬가지로 채권계약의 성립과 효력의 준거법을 당사자의 의사와는 관계없이 일률적·정형적으로 정하는 입장으로 행위지법주의, 이행지법주의, 채무자의 본국법주의, 소송지법주의 등이 이에 속한다. 이에 대해 주관주의는 채권계약의 성립과 효력의 준거법의 결정을 당사자의 의사에 맡기자는 입장으로, 당사자자치의 원칙 또는 의사자치의 원칙으로 나타난다. 주관주의는 15세기에 이탈리아의 쿠르티우스(Rochus Curtius)에 의해 주장되었으며, 그 후 16세기에 뒤물랭(Dumoulin)이 부부재산제에 관해서 제창하였다. 이 입장은 19세기 이후의 영국과 프랑스에서 본격적으로 학설과 판례에 채용된 이래 국제채권법상 하나의 유력한 원칙으로서 세계 많은 나라의 입법과 판례에서 채용되고 있다.

현재 객관주의를 취하는 입법례로는 행위지(체결지)(미국의 10여 주, 제1 리스테이트먼트, 스위스, 에콰도르), 이행지(중남미 여러 나라, 미국의 7개 주, 몬테비데오조약), 채권자의 주소지, 소송지(스위스의 1개 주) 등이 있고, 당사자의 의사를 연결점으로 인정하는 주관주의는 독일, 프랑스, 영국, 폴란드, 미국의 8개 주, 제2 리스테이트먼트, 유체동산의 국제적 매매에 관한 헤이그조약, 이탈리아, 벨기에, 그리스, 브라질, 일본, 대한민국 등에서 채용되어 있다.

Ⅱ. 당사자자치의 원칙

1. 의   의

당사자자치의 원칙은 당사자의 의사를 채권계약의 성립과 효력에 관하여 국제사법상의 연결점으로 인정하는 것이다. 즉 이는 채권법상의 계약의 성립과 효력의 준거법 결정에 관해서 당사자의 명시 또는 묵시적인 지정을 허용하는 원칙이다.

이는 그 계약 자체를 지배하는 준거법의 지정을 당사자의 자유의사에 맡기는 것, 즉 당사자의 의사를 국제사법상의 연결점으로 인정하는 이른바 충돌법 내지 저촉법적 지정을 말하는 것이다. 따라서 당사자가 계약의 내용을 직접 정하는 대신에 어느 특정한 나라의 법규나 관습을 원용하여 그 법규정으로서 계약의 내용을 보충하는 이른바 실질법적 지정과는 다르다.

2. 당사자자치의 원칙의 근거

국제사법상 여타 문제의 준거법 결정에 관해서는 전부 객관주의를 채용하면서 유독 계약에 관해 주관주의를 채용하는 이유는 대체로 다음 두 가지로 귀결된다. 즉 첫째, 적극적으로는 채권관계의 특질, 즉 계약은 주로 당사자의 의사에 의해서 형성되는 것으로서 국내법상의 소위 계약자유의 원칙에 대응하는 것이고, 둘째, 소극적으로는 채권관계의 성질상 계약의 체결지, 이행지, 채무자의 본국 등의 여러 연결점 가운데 하나가 다른 것에 비해서 특별히 우월한 위치에 있다고 볼 수 없다는 것이다. 따라서 보편타당한 준거법 결정상의 곤란이 당사자에 의한 준거법선택의 가능성의 길을 열게 되었던 것이다.[1]

그러나 여전히 당사자자치를 부인하거나 제한하려는 입장도 만만치 않다.

3. 당사자자치의 원칙의 부인론과 제한론

(1) 당사자자치 부인론

당사자자치의 부인론이란 당사자자치 원칙의 성립의 논리적 가능성을 부인하는 입장이다. 즉 부인론자들에 의하면 당사자지정에 준거법 결정력이 주어지기 위해서는 우선 그 준거법 지정행위의 유효성이 어떤 일정한 법률에 의해서 결정되어야 한다고 한다. 그런데 그 법률이 당사자가 지정한 법률이라고 한다면 논리적으로 순환론에 빠지게 되고, 그것이 법정지법이나 체결지법 또는 속인법이나 그 밖의 미리 정하여진 어떤 법률이라고 한다면 준거법을 당사자가 지정하는 것 자체가 무의미하게 된다는 것이다. 그러므로 당사자자치는 국제사법상 성립될 수 없으며 당사자자치가 성립될 수 있는 것은 오직 실질법적 지정뿐이라고 주장한다.[2]

이러한 견해는 언뜻 보기에는 논리적으로 타당한 것처럼 보이나, 이것은 충돌법 내지 저촉법상의 문제와 실질법상의 문제를 혼동한 것으로서 근본적인 오류를 범한 견해라고 하지 않을 수 없다. 충돌규정, 즉 국제사법 규정이 당사자의 의사에 의해서 준거법을 정할 수 있다고 규정하면 준거법 지정행위 자체의 유효성 여부는 전적으로 국제사법이 결정할 문제이며, 어느 실질법이 결정할 문제는 아니다. 이것은 국제사법의 해결문제의 하나인 것이다. 따라서 국제사법상 당사자 자치의 원칙은 결코 순환론에 빠지는 것이 아니고 논리적으로 충분히 가능한 것이다.[3]

---

1) 황산덕/김용한, 214면.
2) von Bar, Ⅱ, S.4; Zitelmann, Ⅱ, S.373.
3) Haudek, Die Bedeutung des Parteiwillens im Internationalen Privatrecht, 1931, S.5; 實方正雄, 206-207면.

(2) 당사자자치 제한론

당사자자치의 원칙이 논리적으로 성립될 수 있고 또 타당한 근거를 가진 원칙이라고는 하나, 이 원칙에 대해서는 앞에서 본 부인론 외에도 각종의 제한론이 주장되고 있다.

(가) 공서조항에 의한 제한

당사자가 채권계약의 준거법으로 선택한 법률을 적용하는 것이 법정지의 공서양속에 반하는 경우에는 그 적용이 배제됨은 물론이다. 법정지법의 강행규정에 반한다고 해서 언제나 그 적용이 배제되는 것은 아니지만, 법정지법이 입법의 목적상 반드시 적용해야 할 강행규정이 있다면 그에 반하는 법률의 적용은 배제된다.[4]

(나) 질적 제한

준거법을 지정함에 있어서 당사자자치가 허용되는 범위를 「특정국의 임의법의 범위」 내에서만 인정해야 한다는 것이 질적 제한의 문제이다.[5] 이 견해는 프랑스에서 유력하게 주장되고 있고, 구폴란드 국제사법도 당사자자치를 인정하면서도 "채무자의 주소지나 이행지에서 행하여지고 있는 특별한 법률상의 금지로서 이에 위반되는 법률행위를 무효로 하는 것에 구속된다."(제10조)라고 규정하여, 당사자자치에 일종의 질적인 제한을 가하고 있다. 확실히 계약자유의 원칙이 임의법의 영역 내에서만 인정된다는 것은 틀림없으나, 당사자자치의 원칙을 인정하면서 임의법 내에서만 허용하는 것은 무의미하다. 본래 강행법과 임의법의 구별은 특정 실질법 질서상의 구별이며 세계 모든 법률에 보편적인 것은 아니다. 결국 강행법에 반하지 않는 범위 내에서만 자치를 인정하는 것은 당사자자치의 원칙을 부인하는 것이므로 이를 인정할 수 없다.

관련문제로서 매도인이 계약에 따라 매매대금의 지급을 청구하였을 때 매수인이 이 계약은 대한민국의 외환관리법에 위반된 계약이므로 무효라고 주장할 수 있을 것인가의 문제가 있다. 즉 법정지의 강행법규인 외환관리법에 위반한

---

4) 황산덕/김용한, 215면; 서희원, 208면; 김진, 237면.
5) A. Pillet, Principes de droit International Privé, Paris, 1903, p.429; J.P. Niboyet, "La théorie de l'autonomie de la volonté," Récueil des cours, I, 1927, p.5.

법률행위의 사법상의 효력은 어떻게 되는가 하는 문제이다. 이 점에 대해서는 여러 가지 설이 있는데, 계약준거법에 의한다는 설, 공서조항에 의하여 법정지의 외환관리법이 적용된다는 설, 이행지법이 적용된다는 설 등 다양하다. 그러나 위의 여러 견해 중 계약준거법설이 학설상으로 유력하다. 그러나 법정지의 강행법규에 위반된 행위의 효력은 그 강행법규와는 불가분의 관계에 있으므로 강행법규 소속국의 법규정을 떠나서 법률행위의 효력을 정한다는 것은 타당하지 않으며 오히려 강행법규에 위반된 행위의 효력은 계약준거법이 결정할 것이 아니라 그것과 밀접한 관계에 있는 법정지법이 결정한다고 봄이 타당할 것이다. 이런 관점에서 우리나라 외환관리법에 위반된 계약의 효력은 계약준거법에 의하지 않고 법정지법인 대한민국법이 결정하게 된다.[6]

한편 강행성이 있는 국제조약의 경우, 대한민국과 계약상대방의 국가가 예컨대 '국제물품매매계약에 관한 국제연합 협약'(CISG: United Nations Convention on Contracts for the International Sale of Goods, 1980)에 모두 가입하였다면, 이들 국민 사이의 물품매매계약에 관하여는 위 매매협약 제1조 제1항에 의하여 위 협약이 우선 적용된다. 그러나 해당 협약이 적용을 배제하거나 직접적으로 규정하고 있지 않는 사항에 대하여는 법정지의 국제사법에 따라 결정된 준거법이 적용된다.[7]

(다) 양적 제한

당사자의 준거법선택의 범위를 본국법, 주소지법, 행위지법, 이행지법, 물건소재지법 등과 같이 문제된 법률행위와 관련이 있는 일정한 법률로 한정시켜야한다는 주장이 양적 제한이다.[8] 예컨대 뉴욕에서 한국인과 영국인이 베를린에서 이행될 채권계약을 맺었다고 한다면 계약당사자는 계약의 준거법으로서 대한민국법, 영국법, 미국법, 독일법 중에서만 선택할 수 있다는 것이다. 학설상이와 같은 양적제한론을 인정하는 견해도 적지 아니하며 독일의 최근 판례, 1965년의 폴란드 국제사법 제25조, 1948년 체코슬로바키아 구국제사법 제9조, 영미

---

6) 서희원, 211면.

7) 대법원 2022.1.13. 선고 2021다269388 판결.

8) E. Rabel, op. cit., p.440; G.C Cheshire, op. cit., p.203.

각국의 판례도 이와 동일한 입장을 취하고 있다.

그러나 실질법적 지정의 경우에는 이러한 제한을 할 필요가 없다. 왜냐하면 계약의 특정부분을 어느 나라의 법으로 보충하느냐 하는 것은 법이 문제삼을 필요가 없기 때문이다.

(라) 부합계약에 대한 당사자자치의 제한

부합계약은 당사자의 일방이 계약의 내용을 결정하는 권한을 가지고, 다른 당사자는 이에 따를 수밖에 없는 특수한 계약을 말한다. 노사계약, 운송계약, 보험계약, 부동산임대차계약, 은행과의 영업에 관한 계약 등이 그 예로 된다. 부합계약에는 당사자자치의 자유가 없으므로, 특별한 원칙을 적용하여 조리상 업무의 본거지법을 준거법으로 해야 한다는 견해9)와 부합계약을 규율하는 법규는 이미 순수한 사법 영역에서 벗어나 공법적인 색채가 강해져서 속지적인 것으로 되었으므로 이러한 계약의 규율에 관한 문제는 국제사법의 대상에서 제외되어야 한다는 견해가 있다. 그러나 이러한 부합계약도 사법적 효과를 나타내는 계약이므로 당사자 간의 명시적인 준거법지정이 있고, 공서조항에 반하지 않는 한 당사자자치가 허용되어야 할 것이다.10)

(마) 법률회피에 의한 당사자자치의 제한

당사자가 계약의 준거법을 지정하는 경우에 일정한 법률의 적용을 면할 의도로 다른 나라의 법률을 선택하는 이른바 법률의 회피는 허용되지 않는다는 견해가 있다(미국, 프랑스 등의 일부 판례). 이러한 견해도 어떤 의미에서는 당사자자치의 범위를 제한하려는 것이지만, 현행 국제사법 규정이 당사자자치의 원칙을 인정하고 있는 이상 법률회피라는 문제는 일어날 여지가 없다. 왜냐하면 당사자에게 준거법 지정의 자유가 허용되고 있는 이상 그 지정의 동기여하는 문제 되지 않기 때문이다.11)

---

9) 久保岩太郎, 164면.

10) 동지: 山田鐐一, 288면. 이에 대해 반대설이 있다. 즉 경제적 약자의 보호라는 관점에서 이러한 종류의 계약에 관해서는 당해 계약과 밀접한 관계를 가진 연결점을 찾을 수 있는 것이므로 당자자자치의 원칙에서 제외시키는 것이 타당하다고 한다(서희원, 211면).

11) 서희원, 212면: 江川英文, 213-214면.

4. 계약에 관한 소의 국제재판관할

(1) 계약에 관한 소의 일반관할

계약에 관한 소라고 하더라도 결국은 그 이행이나 법률관계 자체의 문제이고, 그에 따라 관할이 정해지게 되므로 계약에 관한 소의 관할을 특별히 따로 정하는 것은 그다지 큰 의미가 있는 것은 아니다.[12] 국제사법은 특이하게 계약에 관한 소의 국제재판관할에 관한 규정을 두고 있다(제41조). 다만 이 규정은 계약을 근거로 한다기보다는 의무이행지를 기준으로 한 것으로 보아야 할 것으로서 조문 편제의 의미가 다소 의문스러운 것이다.

계약에 관하여 국제사법이 규정하는 국제재판관할은 준거법의 결정에 관한 연결점인 당사자의 의사와 관련성을 가지고 있다. 후술하는 특별관할의 경우 외에 일반적 계약에 관한 소는 청구의 근거인 의무가 이행된 곳 또는 그 의무가 이행되어야 할 곳으로 계약당사자가 합의한 곳이 대한민국에 있으면 대한민국 법원이 재판관할권을 가지는 것으로 규정한다(제41조 2항).

(2) 계약에 관한 소의 특별관할

국제사법은 몇 가지 특정한 계약에 관한 소는 다음 중 어느 하나에 해당하는 곳이 대한민국에 있는 경우 대한민국 법원에 제기할 수 있다고 규정한다(제41조 1항). 이에 해당하는 것으로는 물품공급계약의 경우에는 물품인도지(제1호), 용역제공계약의 경우에는 용역제공지(제2호), 물품인도지와 용역제공지가 복수이거나 물품공급과 용역제공을 함께 목적으로 하는 계약의 경우에는 의무의 주된 부분의 이행지(제3호) 등이 있다. 따라서 이들 장소가 대한민국이 아닌 경우에는 대한민국 법원에 국제재판관할권이 없다.

---

12) 민사소송법도 이러한 근거를 가지고 관할을 정하는 규정을 따로 두고 있지는 않다.

III. 국제사법의 규정

사 례

대한민국법인 乙의 대표자는 뉴욕시의 미국인변호사 甲에 대하여 미국에서의 미국법인과의 거래에 관하여 甲이 乙을 대리하여 교섭, 계약서의 작성 등의 법률업무를 위임하는 계약을 뉴욕 소재 甲의 사무소에서 체결하였다. 甲은 乙을 위하여 교섭에 임하였지만 결국 성공하지 못하였다. 甲이 그 보수를 청구하는 소송을 대한민국의 법원에 제기하였는데, 乙은 대한민국 민법 제163조에 의하면 변호사보수의 소멸시효는 3년이고, 甲의 채권은 이미 소멸하였다고 항변하였다. 이에 대하여 甲은 계약의 준거법은 뉴욕주법이고 그 기간은 6년이라고 주장하였다. 甲의 청구는 인정될 것인가. 그리고 이 계약중에는 "계약으로부터 발생하는 모든 문제는 미국 뉴욕주법에 의한다."고 하는 명시의 준거법약관이 있다고 한다.

1. 총   설

채권적 법률행위, 특히 채권계약의 성립과 효력의 준거법을 당사자의 의사에 따라 결정하는 당사자자치의 원칙은 세계 각국이 널리 채택하고 있다. 구섭외사법도 제9조에서 당사자자치의 원칙을 채택하고 있었으나, 당사자의 의사에 의하여 결정되는 준거법(주관적 준거법)에 관해 매우 간결한 규정만을 두고 있었을 뿐이므로 당사자자치와 관련된 논점들에 대하여 해석상 논란이 많았다.

그리하여 국제사법에서는 준거법의 분열, 준거법의 사후적 변경, 국내 계약에 대한 외국 준거법 지정의 가부, 준거법 합의의 성립 및 유효성에 관한 준거법 등 관련 논점들에 대하여 명문의 규정을 두고 있다. 한편 구섭외사법은 당사자자치의 원칙을 법률행위를 중심으로 규정하였으나, 국제사법은 계약을 중심으로 규정하고 있다. 따라서 조문도 법률행위가 아닌 채권의 장에 두고 있다. 이는 계약이 가장 중요한 채권적 법률행위이고, 물권행위와 친족법 및 상속법의 법률행위에 대하여는 별도의 규정이 있기 때문이다.

2. 당사자자치 원칙의 채택

(1) 묵시적 선택의 인정

국제사법 제45조 제1항 본문은 "계약은 당사자가 명시적 또는 묵시적으로 선택한 법에 따른다."라고 함으로써 당사자의 준거법 선택은 명시적 선택뿐만 아니라 묵시적 선택도 허용된다는 점을 명확히 하고 있다. 이때 소송절차에서 당사자가 준거법에 관하여 다투지 않았다는 사정만으로는 준거법에 관한 묵시적 합의가 인정되는 것은 아니다.[13] 다만, 묵시적 선택이 인정되더라도 이것이 부당하게 확대되는 것을 방지하기 위하여 계약 내용 그 밖의 모든 사정으로부터 합리적으로 인정될 수 있는 경우로 제한하고 있다(제45조 1항 단서). 그 밖의 모든 사정에 해당하는 것으로는 특정한 표준계약조항의 사용, 재판관할합의 및 중재계약, 계속적 거래관계에 있는 당사자 간에 있어 종전 계약의 준거법 외에 당사자의 국적, 일상거소 등도 고려할 수 있을 것이다.[14]

묵시적 합의가 인정될 수 있는 예로서 당사자가 계약의 준거법으로 지역에 따라 법을 달리하는 이른바 연방제국가의 특정 지역 법을 지정하지 않고 단순히 그 국가의 법이라고만 약정한 경우를 들 수 있다. 이때 선택된 법이 특정 지역의 법이 아니라 연방제국가의 법이라는 사정만으로 그러한 준거법 약정이 내용을 확정할 수 없는 것이라 하여 당연 무효라고 보아서는 안 되고, 계약 문언, 계약 전후의 사정, 거래 관행 등 모든 사정을 고려하여 당사자가 그 국가의 어느 지역의 법을 지정한 것으로 합리적으로 인정되는지까지 살펴보아야 한다는 것이다.[15] 이때 약정의 효력 및 해석과 관련하여 묵시적 해석의 법리가 적용되는 것이다. 물론 연방제국가라고 하더라도 어느 법률관계에 관하여 그 국가 전체에 통일적으로 적용되는 이른바 연방법이 존재한다면 적어도 그 법률관계에 관하여는 연방법이 적용되어 지역에 따라 법을 달리한다고 할 수는 없으므로, 당사자가 그 국가의 연방법을 준거법으로 선택한 약정은 당연히 유효한 것이다.

---

13) 대법원 2022.1.13. 선고 2021다269388 판결.
14) 국제사법해설, 90면.
15) 대법원 2012.10.25. 선고 2009다77754 판결.

(2) 준거법의 분열과 사후적 변경

(가) 준거법의 분열

준거법의 결정 자체를 당사자의 선택에 맡기는 이상 그 범위에 관하여도 당사자에게 선택의 자유를 부여하는 것이 일관성이 있고, 또한 부분지정에 대한 당사자의 이익도 존재하므로 국제사법에서는 준거법의 분열을 허용하고 있다. 즉 당사자는 계약의 일부에 관하여도 준거법을 선택할 수 있다(제45조 2항). 대법원 판례16)와 「계약상 채무의 준거법에 관한 EC협약」(일명 로마협약), 독일의 국제사법17)도 동일한 입장을 취하고 있다. 이때 당사자가 계약의 일부에 관하여만 준거법을 선택한 경우, 준거법 선택이 없는 부분에 관한 준거법은 대원칙에 따라 계약과 가장 밀접한 관련이 있는 국가의 법이 된다.18) 다만 준거법의 분열이 가능하기 위해서는 부분문제(Teilfrage) 또는 문제된 쟁점(issue)이 다른 부분과 논리적으로 분할 가능한 것이어야 하고, 그 경우 준거법의 분열이 논리적으로 양립할 수 있는 것이어야 하므로 준거법의 분열에는 내재적 한계가 있다. 예컨대 매도인의 권리의 준거법을 영국법으로 하고, 매수인의 의무의 준거법을 대한민국법으로 하는 것은 논리적으로 허용되지 않는다.19)

(나) 사후적 변경

국제사법은 명시적 선택 또는 묵시적 선택에 의해 결정된 계약의 준거법을 당사자들이 사후적으로 변경하는 것을 허용한다(제45조 3항 본문). 그러나 이때 준거법의 사후적 변경에 소급효를 인정할 것인지 아니면 장래에 대한 효력만을 인정할 것인지에 대하여는 이를 명시하지 아니하고 있다. 사후적 변경은 당사

---

16) 이 판결은 "이 보험증권에 포함되어 있거나 또는 이 보험증권에 첨부되는 어떠한 반대되는 규정이 있음에도 불구하고 이 보험은 일체의 전보청구 및 결제에 관해서 영국의 법률과 관습에만 의한다."라는 해상적하보험상의 영국법 준거약관에 대하여 보험계약의 성립여부에 관한 사항에까지 영국의 법률과 실무에 따르기로 한 것으로는 볼 수 없으므로 이러한 사항에는 우리 법률이 적용되어야 한다고 판시함으로써 이른바 부분지정에 따른 준거법의 분할을 인정하였다(대법원 1998.7.14. 선고 96다39707 판결).

17) 독일민법시행법 제27조[자유로운 법선택] (1) 계약은 당사자가 선택한 법에 따른다. 법선택은 명시적이거나 또는 충분한 확실성을 가지고 계약조항 또는 사안의 제반사정으로부터 밝혀질 수 있어야 한다. 당자자들은 계약 전체 또는 일부분만에 대하여 법선택을 할 수 있다.

18) 대법원 2016.6.23. 선고 2015다5194 판결.

19) 석광현, 164-165면.

자의 의사에 따라 소급효를 가질 수도 있고 그렇지 않을 수도 있으나, 일반적으로는 계약체결 시로 소급하여 효력을 가진다고 보는 것이 당사자의 의사에 합치할 것이다.[20] 그러나 소급효를 가지는 경우에도 계약의 방식상의 효력과 제3자의 권리에 영향을 미치지 아니한다(동 단서).

(3) 국내계약에 대한 외국 준거법 지정의 가부

오로지 한 국가와 관련이 있는 계약에 대하여 다른 나라의 법을 준거법으로 지정할 수 있는가에 관하여 국제사법은 당사자자치를 존중하여 이를 원칙적으로 허용하되, 관련된 국가의 강행규정이 여전히 적용됨을 명확히 함으로써 그 폐해를 방지하고 있다(제45조 4항). 여기서 강행법규는 국제사법 제47조 제1항, 제48조 제1항의 그것과 같이 "당사자의 계약에 의하여 배제될 수 없는 법규" 즉, 단순한 강행법규를 의미한다. 이 점에서 국제사법 제20조의 국제적 강행법규와는 구별된다.[21]

(4) 준거법 합의의 성립 및 유효성에 관한 준거법

국제사법은 준거법 합의(준거법 지정계약)의 성립과 유효성에 관한 준거법에 대하여도 당사자자치의 원칙이 적용됨을 명시하고 있다(제45조 5항). 구섭외사법 하에서는 계약준거법 자체에 의하여 준거법 합의의 성립과 유효성을 판단하는 것은 순환론에 빠질 우려가 있다는 이유로 법정지의 국제사법에 의한다는 것이 유력한 견해였으나, 국제사법은 이를 입법적으로 해결하였다. 법정지 국제사법에 의할 경우 법정지가 결정되기 전에는 준거법을 결정할 수 없게 되므로 계약체결 시점에서 준거법 합의의 성립과 유효성 여부를 알 수 없게 되는 문제가 있는 반면, 계약준거법에 의하게 되면 당사자의 합리적 기대에 부합되고 당해 계약을 둘러싼 문제 전반에 관하여 통일적 판단이 가능해지는 이점이 있다. 당사자의 의사를 존중한다면 당사자들이 선택한 준거법인 실질법에 따라 판단

---

20) 석광현, 165면. 스위스 국제사법 제116조 제3항은 계약체결후의 준거법 합의·변경에 소급효를 인정하고 있다.
21) 국제사법해설, 91면.

하는 것이 타당하기 때문이다.[22]

판 례

(ㄱ) "용선계약상의 중재조항이 선하증권에 편입되어 선하증권의 소지인과 운송인 사이에서도 효력을 가지는지 여부는 선하증권의 준거법에 의하여 판단하여야 할 것인데, 구 섭외사법(2001.4.7. 법률 제6465호 국제사법으로 전문 개정되기 전의 것) 제9조는 '법률행위의 성립 및 효력에 관하여는 당사자의 의사에 의하여 적용할 법을 정한다. 그러나 당사자의 의사가 분명하지 아니한 때에는 행위지법에 의한다.'고 규정하고 있는바, 따라서 선하증권이 그 약관에서 명시적으로 적용할 나라의 법을 정하고 있는 경우에는 그 정한 법률에 의하여, 선하증권의 발행인이 선하증권에 적용될 법을 명시적 혹은 묵시적으로 지정하지 않은 경우에는 선하증권이 발행된 나라의 법에 의하여 이를 판단하여야 한다"(대법원 2003.1.10. 선고 2000다70064 판결).

(ㄴ) "해상적하보험증권상 '이 보험증권에 포함되어 있거나 또는 이 보험증권에 첨부되는 어떠한 반대되는 규정이 있음에도 불구하고, 이 보험은 일체의 전보청구 및 결제에 관해서 영국의 법률과 관습에만 의한다.'라는 영국법 준거약관은 보험계약의 보험목적물이 무엇인지 여부에 관한 사항, 즉 보험계약의 성립 여부에 관한 사항에까지 영국의 법률과 실무에 따르기로 하기로 한 것으로는 볼 수 없으므로, 이와 같은 사항에는 우리나라의 법률이 적용되어야 한다"(대법원 1998.7.14. 선고 96다39707 판결).

(ㄷ) "구 섭외사법(2001. 4. 7. 법률 제6465호 국제사법으로 전문 개정되기 전의 것) 제9조는 법률행위의 성립 및 효력에 관하여 당사자의 의사에 의하여 법을 정하되 당사자의 의사가 분명하지 아니한 때에는 행위지법에 의하도록 규정하고 있는바, 근로계약의 당사자 사이에 준거법 선택에 관한 명시적인 합의가 없는 경우에 있어서는 근로계약에 포함된 준거법 이외의 다른 의사표시의 내용이나 소송행위를 통하여 나타난 당사자의 태도 등을 기초로 당사자의 묵시적 의사를 추정하여야 할 것이고, 그러한 묵시적 의사를 추정할 수 없는 경우에도 당사자의 국적, 주소 등 생활본거지, 사용자인 법인의 설립 준거법, 노무 급부지, 직무 내용 등 근로계약에 관한 여러 가지 객관적 사정을 종합하여 볼 때 근로계약 당시 당사자가 준거법을 지정하였더라면 선택하였을 것으로 판단되는 가정적 의사를 추정하여 준거법을 결정할 수 있다"(대법원 2004.6.25. 선고 2002다56130, 56147 판결).

---

22) 국제사법해설, 91-92면.

3. 가장 밀접한 관련지법 원칙 도입

구섭외사법 제9조 단서는 당사자가 준거법을 지정하지 않은 경우의 준거법
(객관적 준거법) 결정에 관하여 행위지법 원칙을 채택하고 있었다. 그러나 행위
지법 원칙은 다양한 유형의 계약의 특성을 전혀 고려하지 않은 지나치게 기계
적이고 도식적인 원칙이라 할 수 있다. 공간적 이동이 용이하게 된 현대사회에
서 행위지는 당사자의 편의 등 우연한 사정에 의하여 결정되는 경우가 많으므
로 행위지를 당사자의 의사를 추정하는 근거로 삼는 것은 부적절하며 또한 시
대착오적이라는 비판을 받고 있었다.

한편 구섭외사법은 제11조 제2항에서 격지자간의 계약의 경우 행위지를 결
정하기 위한 원칙으로서 청약에 주위적 지위를 인정하여 청약을 발송한 곳을
계약에 관한 행위지로 보고 있으나, 이 또한 매우 의제적이며 그 타당성이 의문
시되고 있었다. 따라서 국제사법에서는 로마협약 등 국제조약과 외국의 입법례
를 따라 행위지법 원칙을 버리고 가장 밀접한 관련지법 원칙을 도입하였다(제
46조 1항).

국제사법은 계약과 가장 밀접한 관련이 있는 국가의 법을 준거법으로 함에
있어서 준거법 결정을 용이하게 하기 위하여 그에 관한 추정규정을 두고 있
다.23) 특히 계약의 "특징적 이행"(characteristic performance)을 해야 하는 경
우에는 당사자가 계약체결시 일상거소(자연인의 경우), 주된 사무소(법인 또는
단체의 경우) 또는 영업소(직업상 또는 영업상 계약의 경우)를 가지는 국가의 법
이 당해 계약과 가장 밀접한 관련을 가지는 것으로 추정한다(제46조 2항).24) 특
징적 이행에 해당하는 것으로는 양도계약에 있어 양도인의 이행(제1호), 이용
계약의 경우에는 물건 또는 권리를 이용하도록 하는 당사자의 이행(제2호), 위
임·도급계약 및 이와 유사한 용역제공계약의 경우에는 용역의 이행(제3호)이

---

23) 다만, 국제사법은 로마협약과 같이 직접 "특징적 이행"이라는 용어는 사용하지 아니하고, 특징
   적 이행의 예를 열거하고 있다(제46조 2항 1-3호).
24) 특징적 이행을 해야 하는 의무의 이행지가 아니라 특징적 이행을 해야 하는 당사자의 일상거소,
   주된 사업소 또는 영업소 소재지 국가가 계약과 밀접한 관련을 가지는 것으로 추정된다는 점을
   유의하여야 한다.

이에 해당한다. 또한 부동산에 대한 권리를 대상으로 하는 계약의 경우 부동산 소재지국법이 당해 계약과 가장 밀접한 관련을 가지는 것으로 추정한다(제46조 3항).

■ 판 례

국내에 영업소가 있는 선박대리점이 외국의 선박소유자 등과의 선박대리점계약에 기하여 외국 선적의 선박에 관하여 항해 등에 관한 사무의 처리를 위탁받아 그 사무를 처리하는 경우에, 선박대리점계약에 의하여 발생하는 채권 및 채무의 종류·내용과 효력, 그리고 변제 그 밖의 방법에 의한 소멸 등의 사항에 관하여 당사자가 준거법을 따로 선택하지 아니하였다면, 다른 특별한 사정이 없는 한 국제사법 제26조 제2항 단서에 의하여 계약과 가장 밀접한 관련이 있는 것으로 추정되는 선박대리점의 영업소가 있는 우리나라의 법이 준거법이 된다(대법원 2012.7.16. 자 2009마461 결정).

---

4. 반정의 불허

국제사법은 구법에 비하여 반정의 범위를 넓히고 있는데, 이렇게 되면 법에 의하여 지정된 준거법이 전혀 달라짐으로써 문제가 생기는 경우도 있게 된다. 이러한 이유에서 국제사법에 의해 계약의 준거법이 지정되는 경우에는 반정을 할 수 없도록 하고 있다(제22조 2항 2호).

Ⅳ. 준거법의 적용범위

계약의 준거법이 규율하는 범위로서 학설 등에 의해 거론되는 것으로는 계약의 성립과 유효성, 계약의 해석, 채무의 이행과 소멸, 채무불이행의 결과, 계약무효의 결과 등을 들 수 있다. 국제사법은 그 중 계약의 성립과 유효성에 관하여 계약의 준거법에 따라 규율됨을 명시하고 있다.

1. 계약의 성립과 유효성

여기에서 「계약의 성립」이란, 청약과 승낙에 의한 계약의 성립을 말하고, 「계약의 유효성」이란 계약의 방식상의 유효성과 대비되는 계약의 실질적 유효성을 말한다. 따라서, 계약의 유효성은 청약 또는 승낙의 유효성(착오, 사기 또는 강박 등 의사표시의 하자에 의한 영향)과 계약의 적법성, 사회적 타당성 등을 포함하는 개념이다. 그러나 계약의 유효성에 관계되는 것이더라도 당사자의 능력, 대리권의 존재와 같은 사항은 각각 국제사법 제26조, 제28조, 제32조에 의해 규율되므로 계약의 준거법에 의해 규율되는 것은 아니다. 계약의 유효성(validity)은 계약에 따른 당사자들의 권리의무 즉, 효력(effect)과 구별해야 한다.[25]

계약의 성립 및 유효성의 준거법은 로마협약에 따라 당해 계약이 유효하게 성립하였을 경우 당해 계약의 준거법으로 될 법으로 규정하고 있다(제49조 1항). 그 결과 당사자들이 준거법 합의를 하는 경우 당사자간에 유효한 계약이 존재하는가의 문제도 당사자들이 합의한 당해 준거법에 의하여 규율된다.

다만 위와 같은 원칙을 관철하면 당사자 일방에게 예측하지 않은 불이익을 줄 수 있다. 예컨대 당사자들이 구두로 중요한 계약조건에 관하여 합의한 뒤에 일방당사자가 계약조건을 확인하는 서면을 송부하면서 자신의 약관을 첨부하여 그것이 적용됨을 선언한 데 대하여 상대방이 침묵한 경우에 이러한 문제가 발생한다. 이 경우 준거법에 따라서는 상대방의 침묵이 확인 서면에 첨부된 약관을 승낙한 것으로 해석될 수도 있는 바, 이를 막기 위하여 상대방은 일상거소지법을 원용할 수 있다. 즉, 국제사법에서는 제1항의 규정에 따라 어느 당사자의 행위의 효력을 판단하는 것이 모든 사정에 비추어 명백히 부당한 경우에는 그로 하여금 계약에 동의하지 아니하였음을 주장하기 위하여 그의 일상거소지법을 원용할 수 있도록 하고 있다(제49조 2항).

또한 청약이 구속력을 가지는가에 관하여는 대륙법계에서는 이를 인정하나 영미법계에서는 이를 부정하는 경향이 있다. 따라서 준거법에 따르면 청약의 구속력이 인정되더라도 상대방은 자신의 일상거소지법을 원용하여 청약의 구속력을 부인하고 청약을 철회함으로써 계약의 성립을 부인할 수 있게 된다.[26] 제2항은 제1항과 달리 계약에 대한 동의, 즉 계약의 성립에만 적용되고 유효성에는

---

25) 국제사법해설, 108면.
26) 석광현, 220면.

적용되지 아니한다.[27)

2. 계약의 효력

계약이 유효하게 성립한 경우에 당사자 간에 어떠한 권리의무가 발생하는가 하는 계약의 효력에 관한 제문제는 계약의 준거법에 의한다. 따라서 계약에 의하여 발생하는 채권 및 채무의 종류・내용・효력의 문제, 채무불이행의 효과, 변제, 기타 채권의 소멸 문제 등은 모두 계약의 준거법에 의하여 정해진다. 쌍무계약에서의 동시이행의 항변권 및 위험부담 등도 계약의 준거법에 의하는 것으로 해석된다.

판례도 지연손해금은 채무의 이행지체에 대한 손해배상으로서 본래의 채무에 부수하여 지급되는 것이므로 본래의 채권채무관계를 규율하는 준거법에 의하여 결정되어야 한다고 한다.[28) 같은 판례는 또한 「소송촉진 등에 관한 특례법」 제3조 제1항에서 정하는 법정이율에 관한 규정은 비록 소송촉진을 목적으로 소송절차에 의한 권리구제와 관련하여 적용되는 것이기는 하지만 그 실질은 금전채무의 불이행으로 인한 손해배상의 범위를 정하기 위한 것이므로 동법이 정한 법정이율에 관한 규정을 절차법적인 성격을 가지는 것이라고만 볼 수는 없다고 한다.

사례의 해결

사례와 같이 계약당사자가 계약중에 뉴욕주법에 의한다고 하는 명시의 합의를 한 경우에는 이 당사자가 선택한 법을 적용하는 것이 당사자의 예측가능성, 정당한 기대의 보호라고 하는 요청을 달성할 수 있다. 이러한 점이 이 원칙의 근거로 될 수 있다. 또한 통상의 상거래의 경우에는 특히 미리 당사자가 선택한 법을 법원이 적용해 준다고 하면 당사자는 안심하여 거래에 종사할 수 있으므로 당사자자치의 승인은 국제거래의 안전과 원활에도 적합할 것이다. 따라서 乙의 항변은 받아들여지지 않고, 甲의 청구가 인정되어 乙은 위임계약에 따른 변호사비용을 지불해야 한다.

---

27) 국제사법해설, 109면.
28) 대법원 2011.1.27. 선고 2009다10249 판결.

V. 각종의 계약

1. 총   설

국제사법상 준거법지정의 자유가 인정되는 것은 채권계약뿐이다. 따라서 채권계약의 준거법을 결정하기 위해서는 문제된 법률행위가 채권계약인가의 여부만 알아보면 되고, 그 법률행위가 매매인가 또는 임대차인가 등과 같이 채권계약을 세분할 필요는 없다. 그러한 이유에서 구섭외사법은 각종의 계약에 관해서 일일이 특별한 규정을 두지 않고 채권적 법률행위의 일반적 원칙만을 제9조에서 규정하고 있었다. 그러나 국제사법은 채권계약의 일반적 원칙을 제45조와 제46조에서 규정한 다음, 소비자계약과 근로계약에 대하여 특별규정을 두고 있다. 국제사법 제45조와 제46조에 관해서는 이미 앞에서 설명하였으므로 여기에서는 우리나라 민법을 기준으로 해서 몇 가지 중요한 계약에 관하여 간단히 살펴보고, 소비자계약과 근로계약에 관해서 설명한다.

2. 민법상의 계약

(1) 매매계약

매매계약은 채권계약 중에서도 가장 중요한 자리를 차지하고 있기 때문에 채권계약에 관한 국제사법의 일반이론은 매매계약에서 찾을 수 있다고 해도 과언이 아니다. 외국 관련 요소가 있는 매매계약의 법적규율을 위해서는 통일매매법의 제정이 가장 합리적이고 또한 바람직하다. 그러나 현재 이러한 의미의 통일법은 세계 모든 국가가 이에 참가하고 있지는 않으므로 현재에는 어느 특정국의 법률을 기준으로 해서 해결할 수밖에 없다. 따라서 각국의 국내 실질매매법의 내용이 다르므로 매매계약에 관해서는 국제사법상의 고찰이 필요하다.

우리나라 국제사법은 많은 나라의 입법례와 마찬가지로 매매계약에 관해서는 특별규정을 두고 있지 않다. 따라서 제45조의 규정에 따라 우선 당사자의 선택에 의한 계약의 준거법을 정하고, 당사자가 준거법을 선택하지 아니한 경우에는 제46조의 규정에 의하여 그 계약과 가장 밀접한 관련이 있는 국가의 법에 의한다. 이 준거법은 매매의 성립과 효력, 즉 타인의 물건·권리의 매매의 허용, 권리의 하자에 대한 매도인의 책임, 매수인의 하자 심사·통지 의무, 위험부담 성립의 시기 또는 불이행의 효과 등 매매계약에 관한 모든 문제들을 결정한다. 그러나 등기함으로써 물권적 효력이 생기는 환매권 등에 관해서는 목적물의 소재지법에 의하게 된다(제33조 1항).

(2) 증여계약

증여계약은 다른 채권계약과 다른 점이 적지 않다. 이에 관한 규정 중에는 증여자 내지 그 친족의 이익보호를 목적으로 하는 규정이 있다. 그래서 국제사법상 이에 관해서는 다른 채권계약과 달리 취급하여 이것을 속인법의 지배를 받게 해야 한다는 학설과 입법례(예컨대 부스타만테조약, 이탈리아 민법 등)가 적지 않다. 그러나 증여도 하나의 채권계약이므로 국제사법의 해석상으로는 제45조와 제46조의 적용을 받는 관계이다. 그런데 많은 나라의 실질법은 일정한 신분관계에 대해서는 증여를 제한하는 입법례가 적지 않다. 예컨대, 부부간의 증여와 피후견인에 대한 증여를 금지 내지 제한하는 것이 그것이다. 이러한 문제들은 속인법의 적용을 받는 것으로 보아야 할 것이다. 즉 부부 간의 증여의 유효성은 혼인의 효력의 준거법(제64조)에 의하고 피후견인의 후견인에 대한 증여의 유효성은 후견의 준거법에 의하게 되는 것이다(제75조).[29]

(3) 임대차계약

임대차계약도 채권계약의 일종이기 때문에 당사자가 명시적 또는 묵시적으로 선택한 법이 있는 경우에는 그 준거법에 의한다. 당사자가 준거법을 선택하지 아니한 경우에는 그 계약과 가장 밀접한 관련이 있는 국가의 법에 의하지만, 부동산임대차의 경우에는 부동산 소재지국의 법이 가장 밀접한 관련이 있는 것으로 추정된다(제46조 3항).

---

29) 서희원, 221-222면.

또한 부동산 임대차에 관하여는 임차인의 보호를 위한 강행법규의 적용이 문제된다. 이에 관하여는 부동산의 임대차계약 등을 당사자자치의 원칙의 대상에서 제외하고 전적으로 부동산소재지법에 의하자는 견해, 당사자자치의 원칙의 대상에 포함시키지만 강행법의 특별연결이론에 의해 부동산소재지의 임차인보호를 위한 강행법규를 필수적으로 적용하자는 견해가 있다. 그러나 국제사법의 해석상으로는 공서의 문제로 해결할 수밖에 없다고 본다. 따라서 예컨대 A국에 소재하는 부동산에 관하여 B국법을 준거법으로 하는 임대차계약이 우리나라에서 문제된 경우에 A국에는 우리나라의 임대차보호법과 같은 임차인보호를 위한 강행법규가 있지만 당사자에 의하여 지정된 B국법에는 그것이 없기 때문에 B국법을 적용하는 것이 임차인에게 현저하게 불리한 경우 이를 어떻게 해결할 것인지가 문제된다. 이 경우에는 강행법규의 특별연결이론에 의하여 제3국법인 A국법의 강행법규를 적용할 수 있거나, 또는 법 제20조에 의하여 법정지인 대한민국법의 강행규정이 적용될 수도 있을 것이다.[30] 그리고 부동산임차권은 원래 민법상 등기하면 대항력이 생기지만 이와 같은 권리는 제33조에 의하여 물권과 동일하게 취급되어 목적물의 소재지법에 의한다.

(4) 사용대차계약

사용대차계약은 물건의 사용과 수익을 공여하는 점에서 임대차계약과 같은 유형에 속하나 무상이라는 점에서 임대차계약과 그 성질이 다르다. 따라서 국제사법의 적용상 물건의 사용과 수익이라는 계약유형에 중점을 두느냐 계약의 무상성에 중점을 두느냐가 문제된다. 특별히 반대할만한 사정이 없는 한 임대차의 경우와 마찬가지로 다루는 것이 좋을 것이다.[31]

(5) 소비대차계약

소비대차계약도 채권계약의 일종이므로 당사자가 명시적 또는 묵시적으로 선택한 법이 있는 경우에는 그 준거법에 의한다. 당사자가 준거법을 선택하지

---

30) 신창선, 286면 참조.
31) 서희원, 224면 참조.

아니한 경우에는 그 계약과 가장 밀접한 관련이 있는 국가의 법에 의한다.

그리고 소비대차계약과 관련해서 고찰해야 할 문제는 이자의 문제이다. 우선 법정이자에 관해서는 이자급부의무의 발생과 그 금액은 주된 채무의 준거법에 의하게 된다. 이것은 이자가 원금채무로부터 파생하는 것에서 연유한다. 연체이자에 관해서도 마찬가지로 다루어진다. 약정이자는 이자계약에 기하여 발생하는 것인데 원금의 상환의무에 부착되는 부수적 의무로서 원금채무에 의존하는 것이다. 따라서 이자계약의 준거법에 관해서는 당사자의 지정이 별도로 없는 한 주된 채무의 준거법에 의하게 될 것이다.

(6) 위임계약

위임계약도 채권계약의 일종이므로 그 준거법은 국제사법 제45조와 제46조에 의해서 규율된다. 그러나 위임과 관련 있는 임의대리에 관해서는 국제사법 제32조에서 상세한 규정을 두고 있는데 이에 대해서는 앞에서 살펴보았다.

(7) 보증계약

보증계약은 주된 채권의 담보를 목적으로 하는 계약이나 독립된 계약이다. 따라서 보증계약은 국제사법 제45조와 제46조에 의하여 독립하여 그 준거법을 결정하여야 한다.[32] 그러나 보증채무는 종속된 채무이므로 주채무가 그 준거법에 의해서 무효가 되거나 소멸하는 경우에는 보증채무도 불성립이 되거나 소멸하는 것은 담보물권의 경우와 동일하다. 그리고 보증계약의 준거법은 보증계약의 성립과 효력을 정하는 것이므로 보증채무의 담보 범위, 보증인의 최고·검색의 항변권의 유무, 주채무자의 항변권의 주장의 허부 등에 관한 문제도 보증계약의 준거법에 의한다.

그러나 보증인과 주채무자 사이의 관계는 위임관계일 수도 있고 또 사무관리의 관계일 수도 있다. 전자의 경우에는 위임계약의 준거법에 의하고 후자의 경우에는 사무관리의 준거법에 의하게 된다.[33]

---

32) 그러나 보증채무의 종속성을 고려할 때 주된 채무의 준거법이 가장 밀접한 관련을 갖는 법으로서 적용된다고 보아야 할 경우도 있다고 한다(신창선. 287면; 윤종진. 394-395면).

판례

(ㄱ) "주된 계약의 준거법이 그대로 보증계약의 준거법이 된다고 할 수는 없으며, 일반적으로 보증채무는 주채무에 대하여 어떤 의미에서든 부종성이 있다고 보아야 할 경우가 많겠지만, 그 부종성은 주채무와 관련하여 보증채무의 내용과 범위를 결정하는 것으로 먼저 보증계약의 준거법이 결정된 다음, 그 준거법에 따라 판단되어야 한다"(부산고법 2001.2.2. 선고 99나5033 판결).

(ㄴ) "한국법에 의하여 설립된 회사들 사이에 체결된 보증계약이라 하더라도 그 보증계약이 미합중국 뉴욕주에서 뉴욕주법에 따라 체결된 것이고, 보증대상인 주채무도 외국회사가 채권자와 사이에 뉴욕주법에 따라 체결한 계약으로 인하여 부담하는 채무라면 이는 섭외적 생활관계를 내용으로 하는 것인바, 보증계약의 내용으로 그 보증이 뉴욕주법에 따라 규율, 해석, 이해되며 채권자가 뉴욕주 통일상법전에 따라 보증인에 대한 권리 및 구제책을 보유하는 것으로 약정하고 있다면 그 준거법은 미합중국 뉴욕주법이 된다"(서울고법 1994.3.4. 선고 92나61623 판결).

3. 소비자계약

(1) 총 설

오늘날 실질법의 영역에 있어 계약자유의 원칙은 상당한 제한을 받게 되었고 이러한 경향은 특히 사회·경제적 약자인 소비자 또는 근로자를 보호하기 위한 법규에서 현저하다. 이러한 조항들은 당사자들이 합의로 적용을 배제할 수 없는 강행규정의 성질을 가진다. 그런데 만일 당사자들이 외국법을 준거법으로 지정함으로써 실질법상의 제한을 임의로 회피할 수 있다면 실질법의 입법취지가 침탈되므로 약자를 보호하기 위한 저촉법적 차원의 고려가 요청된다.

특히 현대 사회에 있어서 소비자는 대량생산된 물건을 소비함으로써 대기업인 상대방과의 관계에서 보통거래약관에 의한 거래를 하지 않을 수 없어서 선택의 여지가 없는 약자적 지위에 서는 경우가 많으므로 국내에서의 계약도 특별한 보호를 하고 있다(소비자보호법, 약관의 규제에 관한 법률 등). 그런데 소비자의 상대방이 외국회사이거나 외국에 존재하는 사람인 경우에는 소비자를 보호할 방법이 마땅하지 않은 경우가 많다. 그러한 방법이 있다고 하더라도 당사자자치원칙을 내세워 계약조항에 준거법의 합의나 관할의 합의문구를 인쇄하여

---

33) 황산덕/김용한, 228면.

날인을 강요하는 것은 특히 문제로 될 것이다.

이러한 이유에서 국제사법은 소비자계약에 관하여 국제사법적 차원의 보호 조치로서 당사자자치의 원칙을 제한하고(제47조 1항), 객관적 준거법의 결정 및 계약의 방식에 관하여도 일반원칙을 수정하여 소비자의 일상거소지법에 의하도 록 하였다(제47조 2~3항). 또한 소비자 보호를 위하여 준거법 결정 외에 국제 재판관할에 관한 개별 조항도 신설하여 함께 규정하고 있다(제42조).[34]

(2) 소비자계약의 범위

여기서 소비자계약이라 함은 대부분 매매계약으로서 소비자의 직업 또는 영 업활동 외의 목적으로 체결하는 것으로서 제42조 제1항 각호 중 어느 하나에 해당하는 경우를 말한다. 국제사법이 소비자계약으로서 보호대상으로 보는 것 은 다음과 같다(동조 1항 각호). 즉 ① 사업자가 계약체결에 앞서 소비자의 일상 거소지국에서 광고에 의한 거래 권유 등 직업 또는 영업활동을 행하거나 소비자의 일상거소지국 외의 지역에서 소비자의 일상거소지국을 향하여 광고에 의한 거래 의 권유 등 직업 또는 영업활동을 행하고 그 계약이 사업자의 직업 또는 영업활동 의 범위에 속하는 경우(제1호), ② 사업자가 소비자의 일상거소지국에서 소비자의 주문을 받은 경우(제2호), ③ 사업자가 소비자로 하여금 소비자의 일상거소지국이 아닌 국가에 가서 주문을 하도록 유도한 경우(제3호).

제42조 제1항 제1호는 외국기업이 국내 소비자를 상대로 직접 광고 등을 통 하여 영업을 하는 경우뿐만 아니라, 통신판매를 하는 것 등을 그 예로 들 수 있 고, 제2호는 소비자의 상대방이 되는 자가 직접 주문을 받는 경우를 말하며, 제

---

34) 다만 이러한 대량계약 내지 부합계약에 대해서는 이것이 순수한 사법령역에서 벗어나 공법적인 색채가 강해져 속지적인 것으로 되었으므로 이러한 계약에 관한 문제는 국제사법의 대상에서 제외되어야 한다는 주장이 있으나(久保岩太郎, 164면; 서울민지법 1970.12.2. 선고 68가8679 판 결에서 이 법원은 당시 한국인 근로자에 대한 월남공화국의 노동관계법의 적용을 거부하였다. 상세는, 서희원, 210면 참조), 일반적인 견해는 국제사법의 대상이 된다고 한다. 다만 이러한 계 약에 대해서 국제사법상의 당사자자치의 원칙을 일반적으로 허용하여야 할 것인가(折茂豊, 100-101면; 山田鐐一, 282면), 아니면 사회경제적 약자를 보호하기 위해서 당사자자치의 원칙을 제한하여야 할 것인가의 문제가 나오지만, 고도의 독점자본주의의 폐해를 방지하기 위해서는 당사자자치를 제한하는 것이 타당하다는 것이 일반론이고(서희원, 211면), 국제사법도 이 입장 에 따르고 있다.

3호는 외국으로의 쇼핑 주선 등을 생각해 볼 수 있을 것이다.

(3) 국제재판관할의 특칙

국제사법은 소비자보호를 위하여 국제재판관할에 관한 조항을 신설하여 소비자의 보호를 꾀하고 있다. 이는 「민사 및 상사의 국제재판관할과 외국판결의 승인·집행에 관한 EC협약」(일명 브뤼셀 협약) 등을 참작한 것이다.

다만 2022년의 개정법은 대한민국 법원이 국제재판관할권을 가지는 경우만을 규정하고 있어서, 외국 법원이 국제재판관할권을 가지는 것은 원칙에 의하여 판단할 수밖에 없게 되었다.[35]

(가) 소비자가 제기하는 소

소비자는 자신의 일상거소가 대한민국에 있는 경우 대한민국 법원에 계약상 대방에 대해 소비자계약에 관한 소를 제기할 수 있다(제42조 1항). 이때 계약상 대방은 직업 또는 영업활동으로 계약을 체결하는 자를 말한다.

본래 대한민국 법원은 외국관련 요소가 있는 사건에서 국제재판관할 배분의 이념에 부합하는 합리적인 원칙에 따라 당사자 또는 분쟁이 된 사안이 대한민국과 실질적 관련이 있는 경우에 국제재판관할권을 가진다(제2조 1항). 이에 대해서는 앞에서 상세히 설명한 바 있으나, 이에 의해 가장 기본적으로 결정되는 것은 피고의 주소지 또는 일상거소지에 따라 관할권이 결정될 것이다. 그런데 이 규칙을 따르게 되면 소비자는 피고인 외국회사에 대해 소송을 하기 위해서는 외국법원에 소를 제기하여야 하는 것이므로, 이 경우에는 소비자의 보호가 어려워지게 된다. 따라서 소비자는 사업자인 회사의 주소지가 아니라, 자신의 일상거소지인 대한민국 법원에 소비자계약에 관한 소를 제기할 수 있게 한 것이다. 즉 국제사법은 소비자보호를 위하여 원칙에 정면으로 배치되는 국제재판관할 규칙을 인정하고 있는 것이다. 물론 그렇다고 해서 피고회사의 주소지국가의 관할권이 소멸하는 것은 아니므로 원칙적 관할국가의 법원에 소를 제기하

---

35) 이러한 편면적 관할 규정에 대해 소비자의 보호가 약화된 것이 아닌가 하는 우려를 할 수도 있으나, 어차피 국제재판관할에 관한 규정도 절차법이므로 법정지법이 적용될 수 밖에 없다는 점을 생각하면 국제사법이 외국 법원이 국제재판관할권을 가지는 경우를 규정한다고 하여도 해당 외국에서 이를 받아들여야 하는 것은 아니므로 현행법의 태도가 법리상 타당하다고 할 수 있다.

여도 무방하다.

(나) 소비자를 상대로 하는 소

반면에 사업자가 소비자계약에 관하여 대한민국에 일상거소가 있는 소비자를 상대로 소를 제기하는 때에는 대한민국 법원에만 제기할 수 있다(제42조 2항). 이는 "원고는 피고의 법정지를 따른다."는 원칙을 적용한 것이나, 관할이 전속적이라는 점에 의의가 있다. 따라서 소비자를 상대로 하는 소는 소비자의 일상거소지 이외의 법원에 제기할 수 없다.

(다) 관할합의의 제한

관할의 합의는 당사자의 계약으로 관할법원을 창설 또는 변경하는 것이다. 국제재판관할은 재판의 성질상 예외적인 경우를 제외하고는 전속관할이 아니라고 해석되므로 대부분의 사항에 대해 관할합의를 할 수 있다. 이에 의하여 당사자들은 국제재판관할권이 없는 국가의 법원에 관할권을 줄 수도 있고, 반대로 법에 규정이 있는 국제재판관할권을 박탈할 수도 있다.

다만 소비자계약에 있어서 관할합의를 제한 없이 인정하게 되면 경제적 약자인 소비자에게 불리한 방향, 다시 말하면 상대방인 사업자에 유리한 방향으로 관할법원이 정해질 것은 명약관화한 일이다. 그렇게 되면 국제사법상 소비자보호에 관한 규정은 거의 무의미하게 될 것이다. 소송의 가능성이 있는 사건에 대해 기업들은 소비자에게 보통거래약관 또는 계약으로 회사의 소재지의 법원을 관할법원으로 합의할 것을 강요할 것이기 때문이다. 이에 국제사법은 부당한 재판관할 합의를 막기 위하여 당사자 간의 재판관할 합의는 사후적 합의를 하는 경우와 소비자에게 이 조에 의한 대한민국 법원의 국제재판관할에 추가하여 외국 법원에 제소하는 것을 허용하는 사전 합의의 경우, 즉 소비자에게 유리한 추가적 합의만을 유효한 것으로 규정하고 있다(제3항). 사후적 합의는 소송을 전제로 한 합의이므로 이때에는 상대방이 소비자에 대해 일방적으로 자신 만에 유리한 관할변경을 강요하지 못하게 된다는 것이나, 사전적 합의는 소비자에게 불리한 합의를 강요할 수 있으므로 소비자에게 유리한 변경만 인정하겠다는 의미이다.

이와 같은 국제재판관할에 관한 합의의 특칙이 적용되는 경우 이외에는 관할합의에 관한 제8조가 적용된다. 예컨대, 여기서도 관할합의는 서면에 의하지 않으면 효력이 없다.

(4) 당사자자치의 제한

준거법의 결정과 관련하여 소비자 보호를 위하여 당사자자치를 제한하는 방법에는 스위스 국제사법과 같이 준거법의 선택을 아예 배제하는 방안과 로마협약과 같이 준거법의 선택을 허용하되 소비자의 환경을 이루는 법적 보호를 박탈하지 못하도록 하는 방안이 있다. 그런데 전자와 같이 당사자자치를 완전히 배제하는 것은 과도한 제한이라 할 것이므로 국제사법은 후자의 입장을 취하고 있다.

따라서 소비자계약의 경우에도 당사자는 국제사법 제45조의 당사자자치 원칙에 따라 준거법을 자유로이 선택할 수 있으나, 당사자가 스스로 법을 선택하더라도 이에 의하여 소비자의 일상거소지국 강행법규가 소비자에게 부여하는 보호를 박탈할 수 없다(제47조 1항). 여기서 말하는 강행법규는 "당사자의 계약에 의하여 배제될 수 없는 법규" 즉, 단순한 강행법규를 의미한다. 이는 근로계약에 관한 국제사법 제48조 제1항의 그것과 같으나, 국제사법 제20조의 국제적 강행법규와는 구별된다. 그러나 소비자의 보호를 위한 강행법규 중에도 입법자의 의도에 따라서는 국제적 강행법규가 있을 수 있다. 또 소비자에게 부여하는 보호의 예로서는 예컨대 소비자가 당해 계약에 관한 청약을 철회할 수 있는 권한 등(방문판매 등에 관한 법률 제10조, 제21조, 제35조)을 들 수 있을 것이다. 즉, 준거법에 관한 합의에도 불구하고 소비자의 환경을 이루고 있는 국가의 강행법규가 부여하는 보호를 관철시키고자 하는 것이다. 이로써 소비자의 일상거소지법이 당사자가 선택한 준거법보다 소비자에게 유리하다면 그 범위 내에서는 일상거소지법에 의한 보호를 받게 된다.

이렇게 당사자의 지정에 의해 선택된 본래의 준거법과 함께, 이와는 별개의 국가의 일정한 강행법규를 사안과의 관련성 내지 강행법규의 성질을 고려하여 특별히 준거법으로 하는 것은 「강행법의 특별연결이론」(Sonderanknüpfung)이라 한다.[36]

여기서 소비자의 환경을 이루는 법으로서 일상거소지법이 준거법이 되는 이유는 소비자는 자신이 속한 일상거소지의 법적 환경에서 항상 거래를 하게 되므로, 만약 어떠한 준거법이 그보다 못한 보호를 하고 있을 경우에는 소비자는 뜻하지 않은 손해를 입게 되기 때문이다.

(5) 소비자계약에서의 객관적 준거법 결정

국제사법에서 소비자를 보호하기 위하여 당사자자치의 원칙을 제한한다고 하더라도, 당사자가 준거법을 지정하는 것이 금지되는 것은 아니므로, 원칙적 준거법은 일단 당사자가 지정하는 국가의 법이 되고, 이 준거법은 위에서 설명한 바와 같이 소비자의 일상거소지법에 의한 제한을 받게 됨은 당연하다.

그러나 당사자가 준거법을 선택하지 않은 경우 소비자계약은 계약의 객관적 준거법의 결정에 관한 일반원칙에 따르는 것이 아니라 소비자 보호를 위하여 소비자의 환경을 이루고 있는 그의 일상거소지법에 따른다(제47조 2항). 이는 거래의 상대방에 대해 소비자를 보호하고자 하는 것이므로 소비자 보호와 관련한 법적 해석은 항상 소비자에게 유리한 방향으로 해석되어야 한다.

(6) 소비자계약의 방식

소비자계약의 방식은 법률행위의 일반적 방식에 관한 제31조 제1항 내지 제3항의 규정이 적용되지 아니하고, 소비자 보호를 위하여 소비자의 환경을 이루고 있는 그의 일상거소지법에 따른다(제47조 3항).

(7) 전자상거래에의 적용 여부

국제사법 제47조는 원칙적으로 전자상거래에도 적용된다. 다만, 전자상거래의 특수성에 따른 수정이 필요한 경우도 없지 않을 것이다.

---

36) 상세한 것은 신창선, 270-272면; 서헌제, 520면 이하 참조.

4. 근로계약

사 례

프랑스의 국제적인 항공회사인 乙은 한국인 스튜어디스 甲과의 사이에 「고용지는 서울, 배속지는 서울지사」로 하는 노동계약을 체결하였다. 이 계약 중에는 "이 노동계약으로부터 발생하는 모든 문제는 프랑스법에 의한다."라는 명시의 준거법지정약관이 있다. 乙이 甲의 파리 이적을 명령하였는데 甲은 파리 이적을 거부하였기 때문에 乙은 甲을 해고하였다. 이 해고는 유효한가? 그리고 乙에 의한 해고는 프랑스법상 유효하지만, 대한민국법에 의하면 해고권의 남용으로서 무효라고 가정한다.

(1) 총 설

근로계약은 근로자가 사용자에게 근로를 제공하고 사용자는 이에 대하여 임금을 지급하는 것을 내용으로 하는 계약이다(근로기준법 제17조 참조). 민법상의 고용계약도 이와 유사한 성격을 가지고 있으나, 민법상의 그것은 고용자와 피고용자가 평등한 관계에서 계약을 하게 되므로 고용자를 특별히 보호하여야할 필요는 없다. 이에 비하여 근로기준법의 적용을 받는 계약은 근로자가 사업을 하는 기업주나 회사 등에 고용되는 경우이므로, 근로자는 약자의 지위에서 계약을 맺게 되어 법적인 보호조치가 필요하게 되는 것이다.

다만 근로자의 보호에 관한 국제사법 제48조는 개별적 근로계약에만 적용되고 단체협약 등 단체적 근로계약에는 적용되지 않는다.[37] 우리 법상 근로계약이라고 하면 개별적 근로계약만을 의미하는 것으로 해석되기 때문이다. 국제사법은 이와 같은 입장에서 소비자계약에 관한 제47조와 마찬가지로 사회·경제적 약자인 근로자를 보호하기 위한 국제사법적 차원의 조치로서 당사자자치의 원칙을 제한하고(제48조 1항), 객관적 준거법의 결정에 관하여도 일반원칙을 수정하였다(제2항). 또한 근로자의 보호를 위하여 준거법 결정 외에 국제재판관할에 관한 개별 조항도 신설하여 함께 규정하였다(제3~5항).[38]

---

[37] 국제사법해설, 105면.
[38] 우리나라 대법원 판례 중에는 대한민국 국민 간의 고용계약에 의한 근로인 이상, 그 취업장소가 국내이거나 국외임을 가리지 않고 우리 노동관계법이 적용된다고 한 것(대법원 1970.5.26. 선고

(2) 국제재판관할의 특칙

국제사법은 근로자 보호를 위하여 국제재판관할에 관한 특례조항을 신설하여 규정하고 있다. 이는 앞의 소비자계약의 관할조항과 마찬가지로 「민사 및 상사의 국제재판관할과 외국판결의 승인·집행에 관한 EC협약」(일명 브뤼셀협약) 등을 참작한 것이다.

근로자에 관한 국제재판관할의 특칙도 대한민국 법원이 관할권을 가지는 경우만을 규정하고 있다.

(가) 근로자가 제기하는 소

국제사법은 제2조의 기본 원칙에 따라 결정되는 관할 외에, 근로자 보호를 위해 대한민국 법원이 국제재판관할권을 가지는 경우를 규정하고 있다. 즉 근로자 자신이 대한민국에서 일상적으로 노무를 제공하거나 최후로 일상적 노무를 제공한 경우에는 사용자에 대한 근로계약에 관한 소를 대한민국 법원에 제기할 수 있고, 자신이 일상적으로 대한민국에서 노무를 제공하지 아니하거나 아니하였던 경우에는 사용자가 그를 고용한 영업소가 대한민국에 있거나 있었던 때에도 사용자에 대하여 대한민국 법원에 소를 제기할 수 있다(제48조 1항). 따라서 근로자는 사용자의 주소지 법원에 소를 제기하여도 되고, 자신의 일상적 근로지 등 연결점이 대한민국에 있으면 대한민국 법원에 소를 제기하여도 된다는 것이다.

(나) 근로자를 상대로 하는 소

반면에 사용자가 근로자를 상대로 하여 제기하는 근로계약에 관한 소는 근로자의 일상거소지가 대한민국에 있거나 근로자가 대한민국에서 일상적으로 노무를 제공하는 경우에는 대한민국 법원에만 제기할 수 있는 것으로 하였다(제

70다523, 524 판결)이 있고, 일본에서도 일본항공에 고용되어 있던 미국인 조종사들이 부당하게 해고되었는가가 문제된 사건에서 당사자자치가 제한 또는 부인된 유명한 사건이 있다. 이 근로계약에는 미국법 또는 캘리포니아주법이 선택되었으나, 근로자의 해고에 관하여는 위 준거법이 아니라 일본의 노동법을 적용하여야 한다고 하여, 해고무효의 결정이 내려졌는데(東京地裁 1965.4.26 決定), 이 결정의 근거에 대해서는 강행법의 특별연결론(특정한 강행법규는 당사자의 의사 여하에 상관없이 적용하여야 한다는 이론)을 채용하였다거나, 공서를 적용한 것이라거나, 공법의 속지성에 의한 것이라거나 하는 등의 다양한 해석론이 있다고 한다. 溜池良夫, 359면; 신창선, 290면.

43조 2항). 이 관할은 전속적인 것이므로, 사용자가 근로자를 상대로 하여 소를 제기하는 경우에 위 요건이 갖추어져 있다면 다른 나라에서는 소를 제기하지 못한다.

(다) 관할합의의 제한

근로계약의 당사자도 서면에 의하여 국제재판관할에 관한 합의를 할 수 있다. 다만, 이때에도 국제사법은 근로자의 보호를 위하여 합의에 제한을 하고 있는데, 분쟁이 이미 발생하거나, 근로자에게 국제사법 제48조에 의한 관할법원에 추가하여 다른 법원에 제소하는 것을 허용하는 경우에 한한다(제43조 3항). 그 취지 및 내용은 소비자계약에 관하여 설명한 것과 같다.

(3) 당사자자치의 제한

준거법의 결정과 관련하여 근로자를 보호하고자 하는 경우 당사자자치를 제한하는 방법에는 준거법의 선택을 아예 배제하는 방법, 당사자가 선택할 수 있는 준거법을 일정한 범위 내로 제한하는 방법 및 준거법의 선택을 허용하되 근로자의 노무제공지의 법이 제공하는 보호를 박탈하지 못하도록 하는 방법 등이 있다. 당사자자치를 완전히 배제하는 것은 과도하므로 국제사법은 그 중 마지막의 입장을 취하고 있다(제48조 1항).

따라서 근로계약의 경우에도 당사자는 국제사법 제45조의 당사자자치 원칙에 따라 준거법을 자유로이 선택할 수 있고, 이때 당사자가 선택할 수 있는 법의 범위는 제한이 없다. 그러나 당사자의 법의 선택은 당사자가 준거법을 선택하지 않는 경우에 적용될 객관적 준거법의 강행법규가 근로자에게 부여하는 보호를 박탈할 수 없는 것이다. 여기서의 강행법규도 제47조 제1항의 그것과 같이 당사자의 계약에 의하여 배제될 수 없는 단순한 강행법규를 의미한다. 이로써 근로계약의 객관적 준거법, 즉 근로자가 계약의 이행으로 일상적으로 그의 노무를 제공하는 국가의 법, 또는 근로자가 노무를 일상적으로 어느 하나의 국가 내에서 제공하고 있지 아니한 경우에는 사용자가 근로자를 고용한 영업소가 소재하는 국가의 법이 당사자가 선택한 준거법보다 근로자에게 유리하다면 그 범위 내에서는 전자의 보호를 받게 된다.

(4) 근로계약에서의 객관적 준거법 결정

당사자가 준거법을 선택하지 않은 경우 통상의 계약은 제46조의 규정에 따라 계약과 가장 밀접한 관련이 있는 국가의 법이 적용된다. 그러나 근로계약은 소비자계약과 함께 객관적 준거법의 결정에 관한 제46조의 일반원칙에 따르지 않는다. 이때에는 근로자가 계약의 이행으로 일상적으로 그의 노무를 제공하는 국가의 법, 또는 근로자가 노무를 일상적으로 어느 하나의 국가 내에서 제공하고 있지 아니한 경우에는 사용자가 근로자를 고용한 영업소가 소재하는 국가의 법이 준거법으로 된다(제48조 2항). 이것은 근로계약의 연결에 있어서 근로지 (locus laboris)와 사용자의 영업소를 중시하는 입장이다. 왜냐하면 근로자의 경우에는 자신이 근로를 제공하던 곳의 법이 자신과 가장 밀접한 관련을 가지고 있다고 믿고 있을 것이며, 만약 여러 나라에서 근로를 제공하고 있다면 자신을 고용한 영업소를 그 근로계약과 관련하여 가장 일반적인 고용장소로 생각할 것이기 때문이다.

판 례

(ㄱ) "구 섭외사법(2001.4.7. 법률 제6465호 국제사법으로 전문 개정되기 전의 것) 제9조는 법률행위의 성립 및 효력에 관하여 당사자의 의사에 의하여 법을 정하되 당사자의 의사가 분명하지 아니한 때에는 행위지법에 의하도록 규정하고 있는바, 근로계약의 당사자 사이에 준거법 선택에 관한 명시적인 합의가 없는 경우에 있어서는 근로계약에 포함된 준거법 이외의 다른 의사표시의 내용이나 소송행위를 통하여 나타난 당사자의 태도 등을 기초로 당사자의 묵시적 의사를 추정하여야 할 것이고, 그러한 묵시적 의사를 추정할 수 없는 경우에도 당사자의 국적, 주소 등 생활본거지, 사용자인 법인의 설립 준거법, 노무 급부지, 직무 내용 등 근로계약에 관한 여러 가지 객관적 사정을 종합하여 볼 때 근로계약 당시 당사자가 준거법을 지정하였더라면 선택하였을 것으로 판단되는 가정적 의사를 추정하여 준거법을 결정할 수 있다"고 판시하여 본 건 외국의 근로자공급사업자와 국내 항공회사 간에 체결된 근로자공급 계약에 기하여 국내 항공회사에 파견되어 근무한 외국인 조종사들이 국내 항공회사를 상대로 퇴직금의 지급청구를 한 경우, 근로계약관계의 성립에 관한 준거법은 우리나라 법률이라고 판시하였다(대법원 2004.6.25. 선고 2002다56130, 56147 판결).

(ㄴ) "근로계약의 당사자가 분쟁이 발생하기 전에 대한민국 법원의 국제재판관할권을 배제하기로 하는 내용의 합의를 하였다고 하더라도, 그러한 합의는 국제사법 제

28조 제5항에 위반하여 효력이 없다"(대법원 2006.12.7. 선고 2006다53627 판결).

사례의 해결

근로계약의 경우에 당사자가 준거법을 선택하더라도, 근로자가 일상적으로 노무를 제공하는 국가 혹은 근로자가 일상적으로 어느 한 국가 안에서 노무를 제공하지 아니하는 경우에는 사용자가 근로자를 고용한 영업소가 있는 국가의 강행규정에 의하여 근로자에게 부여되는 보호를 박탈할 수 없다. 따라서 당사자가 국제근로계약의 준거법을 프랑스법으로 지정하더라도 영업소소재지가 대한민국이라면 우리의 근로기준법이 적용된다. 사례의 경우 대한민국법에 따라 이 해고는 무효가 된다.

제 2 절 법정채권

Ⅰ. 총 설

법정채권이라 함은 계약채권과는 달리 당사자의 의사와 관계없이 법률이 특히 그 성립을 정하고 있는 채권을 말한다. 사무관리, 부당이득, 불법행위가 법정채권의 발생원인이 된다. 이러한 채권의 준거법에 관하여는 국제사법상 이것을 일괄하여 원인된 사실이 발생한 곳의 법률에 의하는 입장과 각각의 법률관계에 관하여 개별적으로 준거법을 정하는 입장이 있다. 근래 전자의 입장을 취하는 입법은 비교적 적고(예컨대, 폴란드 국제사법), 대다수 국제사법은 후자의 입장을 취하고 있다.

구섭외사법은 이러한 법정채권을 일괄하여 원인된 사실이 발생한 곳의 법에 의한다는 입장을 취하고 있었다(제13조 1항). 그것은 이 제도가 어디까지나 정의·공평의 견지에서 설치된 것으로 그 원인된 사실의 발생지의 공익과 관련된 제도이기 때문에 그 법률관계는 발생지의 법률에 의하는 것이 타당하다는 데에 그 근거를 두고 있다. 그러나 사무관리, 부당이득, 불법행위를 어느 것이나 공익유지를 위한 제도라고 하는 공통성만으로 일괄하여 같은 취급을 하는 태도에 관해서는 입법론으로 문제가 있다고 지적되어 있었다.

이에 따라 국제사법은 이 세 가지를 별개의 조문으로 규정하고 있다. 즉 사무관리, 부당이득, 불법행위는 준거법의 원칙을 일부 공유할 수는 있으나, 실무상 원용되는 빈도가 현저하게 다를 뿐 아니라 특칙의 내용 등에서 차이가 있으므로 개별적으로 별도의 조문을 두어 규율하게 한 것이다.[39]

II. 사무관리

1. 총   설

법률상의 의무 없이 타인의 사무를 관리하는 경우, 사회생활에 있어서의 상호부조의 이상으로부터 이를 적법한 행위로 하면서, 한편으로는 관리자에게 그 관리를 적절하게 수행하여야 할 의무를 부과함과 동시에 다른 한편으로는 본인에게도 그 관리에 소요되는 비용을 상환할 의무를 부담하게 해서 본인과 관리인의 이익의 공평을 도모하는 것이 사무관리 제도이다.

이러한 사무관리 제도는 오늘날 로마법의 전통을 이어받은 대륙법계 국가에서 널리 인정되고 있다. 그러나 세부적인 성립 및 효력에 관해서는 각국의 법제가 반드시 일치하는 것은 아니다. 예를 들면, 프랑스 민법은 사무관리를 비채변제와 합쳐서 준계약(quasi-contract)으로 규정하나, 독일 민법 및 스위스 채무법은 위임 없는 사무관리(Geschäftsführung ohne Auftrag)로 규정하고 있다.

또한 영미법계 국가에 있어서는 사무관리 제도는 일반적으로는 존재하지 않지만 별도의 법리에 의해서 개별적으로 구제가 행해지고 있다. 즉, 영미법에서는 타인의 사무를 관리하는 자체가 바람직하지 않고 또한 조장할 것이 아니라고 하여 사무관리라고 하는 일반적 제도를 인정하지 않고 준계약(quasi-contract), 부당이득(unjust enrichment), 필요 대리(agency by necessity), 회복(restitution) 등의 법리에 의해 법률상의 의무 없이 타인의 사무를 처리하는 자에 대해서 개별적 구제를 하고 있다.[40]

---

39) 국제사법해설, 110면 참조.

그래서 실질법상 사무관리의 제도가 있든 없든 묻지 않고 법률상의 의무 없이 타인의 사무를 관리하는 행위가 행해진 경우 국제사법상 그 준거법결정의 필요가 생긴다.

우리 민법상의 사무관리도 법률상 의무 없이 타인의 사무를 관리하는 행위를 말한다(민법 제734조). 다만 위임에 의하여 타인의 사무를 관리하거나, 부모가 子의 재산을 관리하는 것, 夫가 妻의 재산을 관리하는 것, 후견인이 피후견인의 재산을 관리하는 것, 유언집행자가 상속재산을 관리하는 것 등은 여기서 말하는 사무관리가 아니다.

2. 준거법의 결정

(1) 사무관리지법주의

사무관리의 준거법에 관해서는 채무자의 본국법주의,[41] 채무자의 주소지법주의[42]도 주장되어 있지만, 오늘날 가장 일반적으로 인정되어 있는 것은 사무관리는 관리가 행해진 장소의 법에 따라야 한다고 하는 사무관리지법주의[43]이다. 이는 이탈리아 민법, 폴란드 국제사법, 체코슬로바키아 국제사법과 국제민사소송법, 이집트 민법, 태국 국제사법, 시리아 민법, 중화민국 섭외민사법률적용법 등 다수 국가의 국제사법 및 부스타만테 법전, 몬테비데오 조약 등의 국제조약에 의해 명문상 채용되어 있을 뿐만 아니라 많은 학자에 의해 지지되고 있다.[44]

우리 국제사법 제50조 제1항 본문은 "사무관리는 그 관리가 행하여진 곳의 법에 따른다."라고 규정하여 사무관리지법주의를 취하고 있다. 사무관리에 의해 발생하는 채권은 당사자간의 계약에 의한 것이 아니므로 사무관리에 당사자자치의 원칙은 어울리지 않는다. 사무관리제도가 정의·형평의 견지에서 일

40) 山田鐐一, 303면.
41) Zitelmann, II, S.513; Frankenstein, II, S.394.
42) A. Nussbaum, Deutsches Internationales Privatrecht, Tübingen, 1932, S.295.
43) M. Wolff, a.a.O., S.104.
44) Niboyet, op. cit., p.198; Batiffol, p.249; Poullet, Manuel de droit International privé belge, 1947, p.360.

정한 법률상의 효과를 부여해서 일반의 공익을 유지하는 것을 목적으로 하고 있는 점에서 본다면 사무관리지법주의에는 충분한 이유가 있다고 하여야 할 것이다.

문제되는 것은 그 관리가 행하여진 곳, 즉 사무관리지란 무엇인가 하는 점인데, 통상 사무의 관리가 현실적으로 행하여지고 있는 곳, 바꾸어 말하면 관리의 객체의 소재지를 의미한다. 따라서 관리의 효과의 발생지나 사무관리를 위해서 행해진 개개의 행위지는 사무관리자가 아니다. 재산의 관리에 관해서는 재산의 소재지가 사무관리지로 되고, 그 재산이 복수의 장소에 존재하는 경우에는 복수의 사무관리지가 존재하는 것으로 된다. 또한 영업의 관리에 관해서는 영업소 소재지, 사람의 관리에 관해서는 사람의 체재지가 각각 사무관리지로 된다.

이러한 재산 소재지, 영업소 소재지, 사람의 체재지 등이 관리의 계속 중에 변경된 경우에는, ① 새로운 소재지법에 따라서 다른 사무관리가 연속해서 성립한다고 하는 설도 있으나, ② 최초에 관리를 시작한 당시에 있어서의 소재지법이라든지 체재지법에 의하여야 한다고 본다. 왜냐하면 사무관리는 관리의 착수에 의해서 성립하기 때문이기도 하고, 신소재지 또는 신체재지에 의한 사무관리의 성립을 인정할 때에는 관리자가 관리의 객체를 이동하여 본인에게 불이익한 장소의 법률을 준거법으로 할 우려가 있기 때문이다.

(2) 종속적 연결의 인정

국제사법은 사무관리지법주의에 대한 예외로서 이른바 종속적 연결을 인정하고 있다(제50조 1항 단서 및 2항). 종속적 연결은 법률관계와 준거법의 실질적 관련성을 담보하는 최선의 연결을 확보한다는 차원에서 종전의 형식에 흐르던 연결원칙에 대한 수정이론으로 등장한 것이다.[45]

---

45) 종속적 연결은 실질법에 있어서의 신뢰의 원칙을 저촉법의 영역으로 발전시킨 것으로서 이른바 저촉법에 있어서의 신뢰의 원칙으로 불린다. 이는 기왕에 존재하는 당사자간의 정당한 기대를 존중하는 것을 그 이론적 기초로 삼고 있다. 종속적 연결은 나라마다 다른 실질법의 입장때문에 생기는 법률관계의 성질결정의 어려움을 덜어주고, 청구권경합의 문제를 완화하며, 당사자의 신뢰를 바탕으로 하나의 법질서로의 연결을 도모함으로써 내적·외적 판단을 일치시키고 일관성 있는 법적 판단을 가능하게 한다는 점에서 저촉법적 정의를 도모하는 것으로 이해된다. 이러한 종속적 연결을 가능하게 하는 기본적 법률관계에는 계약관계 뿐만 아니라 부부관계, 친자관계

(가) 당사자 간의 법률관계에 근거한 사무관리

사무관리에 있어 종속적 연결은 기본적으로 당사자 간의 법률관계로 한정하고 있다(제50조 제1항 단서). 예컨대, 위임계약에 따라 수임인이 어떠한 사무를 집행하였는데, 그것이 본래의 계약상 채무의 범위를 넘게 되면 초과부분에 관하여는 사무관리지법이 아닌 계약의 준거법에 의하여 사무관리의 성립 여부를 판단한다는 것이다. 이러한 경우 사무관리의 준거법을 계약의 준거법과 동일하게 한다면 법률관계의 성질결정 등과 관련된 어려운 문제를 피할 수 있으며, 또한 이것은 보다 밀접한 관련이 있는 법과의 연결을 확보하는 데 도움이 되는 접근방식이기도 하다.[46]

(나) 다른 사람의 채무를 변제함으로써 생기는 청구권

제3자 간의 법률관계에 있어서도 사무관리가 문제되면 그 성질상 종속적 연결을 인정할 필요가 있다. 따라서 국제사법에서는 독일과 같이 타인의 채무의 변제에 기한 청구권은 그 채무의 준거법에 의하도록 하여 사무관리지법에 대한 예외를 인정하고 있다(제50조 2항).

3. 준거법의 적용범위

사무관리지법이 사무관리의 성립 및 효력에 관한 모든 사항을 규율한다. 사무관리의 성립 요건, 즉 사무관리의 목적, 사무관리자의 의사 등에 관한 문제는 사무관리지법에 의한다. 사무관리는 의사에 기인해서 법률효과가 주어지는 것이 아니므로 법률행위가 아니다. 따라서 사무관리의 능력에 관한 문제도 국제사법 제28조에 의하지 않고 사무관리지법에 의한다.

주의할 점은 사무관리로서 행한 개개의 행위는 사무관리 그 자체와는 구별되고, 사무관리지법에 의하지 않는다는 점이다. 그러한 행위는 그 행위 자체의 준거법에 의한다. 예를 들면 물권행위이면 물권의 준거법인 목적물의 소재지법(제33조)에 의하고 채권행위이면 채권의 준거법인 당사자가 선택한 법(제45조), 그것이 없으면 밀접한 관련이 있는 국가의 법(제46조)에 의한다.

등 가족법상의 관계도 포함된다. 국제사법해설, 111면.
46) 국제사법해설, 111면; 신창섭, 255면.

해난구조가 해난구조계약에 의해서 행하여진 경우에는 구조계약에 의하게 되나, 구조계약이 없을 경우에는 해난구조는 정의, 형평의 관념에 의한 공익적인 제도라는 이유에서 국제사법상 사무관리에 준해서 다루는 것이 보통이다. 이에는 특별규정(제96조)이 있다.

Ⅲ. 부당이득

1. 총 설

법률상의 원인 없이 타인의 재산 또는 노무에 대해서 이득을 얻고 그로 인하여 타인에게 손실을 주게 된 경우에 이득자로 하여금 손실자에게 그 이득을 반환하게 하는 부당이득 제도는 오늘날 대부분의 국가에서 인정되어 있다(민법 제741조).

그러나 어떠한 경우에 부당이득의 성립이 인정되는가 또는 그 효력은 어떠한가 하는 점에 관하여 각국의 법이 정하는 것이 반드시 일치하지 않는다. 예를 들면 독일 민법은 법률상의 원인 없이 타인의 손실로 인하여 이득을 취한 자는 그 이득을 반환하여야 한다고 규정하고 있고, 스위스 채무법도 부당하게 타인의 재산으로부터 이득을 얻은 자는 그 이득을 반환하여야 한다고 규정하고 있다. 프랑스 민법전은 비채변제에 관한 규정은 사무관리의 규정과 합쳐 준계약의 장에서 규정하고 있을 뿐으로 부당이득에 관한 통일적 규정을 두고 있지 않지만, 오늘날의 학설, 판례는 부당이득에 관한 통일적 이론을 거의 인정하고 있다. 영미의 사정은 약간 달라서 준계약의 법리에 의해 발달해 온 부당이득을 오늘은 넓게 회복(restitution)이라는 제도 속에서 포함해서 취급하고 있다. 따라서 여기에 법의 저촉이 있게 되고 국제사법상 부당이득의 준거법 결정의 필요가 생긴다.

2. 준거법의 결정에 관한 학설

(1) 부당이득지법주의

부당이득의 준거법의 결정에 관해서는 각국의 입법이나 판례 및 학설상 여러 가지 입장이 있지만, 오늘날 가장 유력한 것은 부당이득은 이득이 발생한 장소의 법률에 의하여야 한다고 하는 부당이득지법주의이다. 이탈리아, 폴란드, 체코슬로바키아, 이집트, 중화민국, 시리아, 태국 등 각국의 입법, 미국의 리스테이트먼트 및 프랑스, 불가리아, 스위스, 네덜란드, 벨기에 등의 판례에 채용되어 있고, 학자 중에서도 이를 지지하는 사람이 많다.

부당이득지법주의의 근거는 부당이득은 주로 정의·형평의 관점에서 법률이 이득자와 손실자간에 채권채무관계를 생기게 하는 공익적인 제도이므로 속지법의 관할에 속하고, 따라서 이득이 발생한 장소 즉 부당이득지에서는 그 곳의 법률이 언제나 국적이나 주소와 관계없이 누구에게나 적용되어야 한다는 것이다.

(2) 속인법주의

부당이득의 준거법으로서는 부당이득지법 외에도 여러 가지 법의 적용이 주장된다. 부스타만테법전은 부당이득의 반환에 관해서 양당사자의 공통속인법의 적용을 인정하고 학자 가운데서도 양당사자의 공통본국법을 주장하는 사람도 있다.[47] 채무자의 본국법[48] 또는 채무자의 주소지법[49]을 주장하는 학자도 있고 이행지법을 채용한 독일판례도 있다. 이러한 견해의 근거는 반드시 일치하지 않지만, 대부분 부당이득을 준계약으로 보고 계약에 준해서 준거법을 결정하고자 하는 발상에 기인하는 것이다. 또한 법정지법의 적용을 주장하는 판례, 학설도 있지만, 이것은 부당이득이라고 하는 제도가 이른바 공서에 관한 문제라는 관점에 서있다.

---

47) Laurent, Droit civil international, Ⅷ, 1881, p.9; Weiss, Traité theorique et pratique de droit international privé, Ⅳ, 1901, pp.387-390; Poullet, op. cit., p.363.

48) Zitelmann, Ⅱ, S.513; Frankenstein, Ⅱ, 392.

49) Nussbaum, a.a.O., S.294; Walker, Internationales Privatrecht, Bd. Ⅱ, 1934, S.392.

(3) 기본관계의 준거법주의

부당이득은 이득의 보유가 정의·형평의 관념에 반하는 경우에 이것을 손실자에게 반환시키는 제도이지만 이득의 발생은 통상 그 원인으로 되는 어떤 기본관계에 기인하는 것이고 이러한 이득의 처리가 문제되는 것이다. 이 경우 부당이득은 그 원인인 기본관계를 떠나서는 생각할 수 없다. 기본관계가 있음으로 해서 비로소 부당이득의 관계가 성립하는가가 문제되는 것이다. 그런데 부당이득지법주의 등의 각 견해는 어떤 것이나 부당이득의 준거법의 결정에 관해서 기본관계 여하를 문제삼지 않고 부당이득의 법률관계를 기본관계로부터 분리해서 어떠한 기본관계로부터 생기든 모든 부당이득에 대해서는 일률적으로 부당이득지법 등의 일정한 법률을 적용하여야 한다고 하는 것이다.

부당이득제도의 특질에서 보면, 부당이득의 법률관계를 우연한 직접 원인된 사실 발생지의 법률에 의하거나 준계약의 법리로부터 계약에 준해서 준거법을 결정하는 것보다는 원인인 기본관계의 준거법에 의하는 편이 합리적이고 이 제도의 취지에 적합한 것이다. 이것이 이른바 기본관계의 준거법주의이다. 즉 부당이득의 법률관계를 이득발생의 원인인 기본관계의 발전 내지 연장이라고 파악하고 기본관계의 준거법을 동시에 그로부터 생긴 부당이득의 관계에 적용하여야 한다고 하는 것이다. 예컨대 증여의 철회에 의한 부당이득의 관계는 그 원인인 증여의 준거법에 의하고 유실물의 습득자에 대한 부당이득의 반환청구권에 관한 문제 혹은 부합·혼화·가공 등에 의한 부당이득을 물건의 소재지법에 의한다고 하는 것이다. 따라서 이 주의에 의하면 기본관계별로 부당이득의 성립 및 효력이 다르게 되는 결과로 된다.

이러한 기본관계의 준거법주의는 주로 독일 내지 프랑스의 학자에 의해 제창되어[50] 최근 점점 지지를 얻고 있다. 특히 독일의 판례에는 이를 채용한 것이 많고, 이를 채용한 입법례도 있다. 예를 들면 영국의 「법개혁법(목적 달성 불능으로 된 계약)」[Law Reform(Frustrated Contracts) Act, 1943]은 영국법을 준거법으로 하는 계약의 무효로부터 생긴 손실의 회복의 법률관계는 영국법에 의

---

50) Kegel, a.a.O., S.449; Wolff, a.a.O., S.144; Raape, a.a.O., S.527; Pillet, Traité pratique de droit international privé, Ⅱ, 1924, pp.310-311.

하여야 한다고 규정하고 있는데, 이 법은 기본관계의 준거법주의에 따른 것으로 인정되어 있다. 또한 몬테비데오 조약은 1940년 개정 시 부당이득지법의 원칙에 따르면서 "상당한 경우에는 그 채무의 원인인 법률관계를 규율하는 법률에 의한다."라고 정하고 있다.

(4) 최근의 동향

이상 설명한 주의 외에 최근 영미에서 주목하여야 할 견해가 나타나고 있다. 즉, 부당이득의 태양의 차이에 따라서 개별적으로 고려하여, 각각에 관하여 필연적인 관련을 가지는 고유의 준거법(계약의 준거법, 부동산소재지법, 이득발생지법)을 결정한다든가, 미리 준거법을 정하지 않고 문제의 사안별로 법선택의 원칙에 의해 각 연결점을 고려하여 구체적으로 적절한 준거법을 결정하고자 하는 것이다. 부당이득에는 여러 종류의 태양이 있으므로 부당이득의 준거법 결정에 관하여 획일적인 취급을 배척하고자 하는 사상에 입각한 것이다.

3. 국제사법의 규정

(1) 준거법의 결정
(가) 부당이득지법주의

부당이득의 준거법에 관해서 우리 국제사법 제51조 본문은 "부당이득은 그 이득이 발생한 곳의 법에 따른다."라고 규정하여 부당이득지법주의를 채용하고 있고, 그 근거는 위에서 설명한 바와 같다. 여기서 그 이득이 발생한 곳, 즉 부당이득지란 이득의 직접적인 원인이 되는 행위가 행해지거나 사실이 발생한 장소를 가리킨다. 판례는 구 섭외사법상 그 원인된 사실이 발생한 곳이라는 규정에 대해서도 그 이득이 발생한 곳의 법에 의한다고 하고 있어서 마찬가지 입장으로 해석되고 있다.[51]

따라서 예컨대 비채변제에 의한 부당이득의 경우이면 부당이득지는 변제행위가 행하여진 장소 즉 변제지를 가리키고 또한 첨부에 의한 부당이득인 경우

---

51) 대법원 2011.5.26. 선고 2009다15596 판결.

에는 부합·혼화·가공 등의 사실이 발생한 장소를 가리키는 것으로 해석하여야 한다.

부당이득지의 결정에 있어 부당이득의 모든 요건이 하나의 법역에서 발생한 경우에는 문제가 없지만, 이득과 손실이 각각 다른 법역에서 생겼거나 원인이 된 재화가 이전되는 도중에 법역이 바뀐 경우 등에는 어디가 부당이득지로 되어야 하는지 문제된다. 전자의 경우에는 이득이 발생한 장소를, 후자의 경우에는 재화의 이전이 완성된 장소를 각각 부당이득지로 해석하여야 할 것이다.[52]

(나) 종속적 연결의 인정

독일의 경우 부당이득을 기능적 차이에 따라 급부부당이득, 침해부당이득, 기타의 부당이득으로 나누어, 급부부당이득 뿐 아니라 침해부당이득의 경우에도 종속적 연결을 명문화하고 있다(독일 민법시행법 제38조).[53] 그러나 우리나라는 부당이득의 발생원인 내지 유형을 단일화하고 통일적 원칙하에 이를 파악하고 있음을 고려하여, 종속적 연결을 급부와 관련된 경우로 제한하였다(제51조 단서).[54]

급부와 관련된 부당이득의 전형적인 예로는 계약이 이행 후 해제되어 청산의 방법으로 부당이득의 반환을 구하는 경우를 들 수 있는데, 국제사법이 새로 도입한 종속적 연결에 의하면 이 경우 부당이득은 바로 이행의 근거가 된 계약 자체의 준거법에 따르게 되는 것이다.

이러한 종속적 연결의 취지는 다음과 같다. 즉, 각국은 무효나 취소된 채권관계를 청산하는 관계에 있어 부당이득, 손해배상, 계약해제 등의 다양한 방법을 자국법의 체계와 역사적 발전에 맞추어 사용하여 왔는바, 하나의 법률관계에서 나오는 다양한 구제수단에 각각 다른 준거법을 정하여 규범의 중첩이나 공백을 초래하기보다는 이들 모두에게 공통된 준거법을 정하는 것이 바람직하

---

52) 신창선, 296면; 신창섭, 257면.
53) 급부부당이득은 무산된 채권관계의 청산을 목적으로 하는 것으로 그 채권관계를 규율하는 준거법이 적용되며, 침해부당이득은 법익보호를 목적으로 하는 것으로 그 침해가 일어난 곳의 법이 준거법이 된다. 한편 기타의 부당이득으로는 부당이득자의 관여가 전혀 없이 타인의 잘못된 인도나 지급 또는 법적인 근거 없는 사용에 의해 얻어진 부당이득 등을 들 수 있는데, 이 경우 부당이득자를 위하여 부당이득지법이 준거법이 된다.
54) 오스트리아 국제사법 제46조도 같은 입장을 취하고 있다.

다. 더구나 급부부당이득의 유형은 이득이 발생하는 곳이 우연에 달려 있거나 당사자들의 관계와 아무런 연관도 없을 수 있기 때문에 부당이득지법의 실질적 관련성이 미미한 경우가 있다는 것이다.[55]

(2) 준거법의 적용범위

부당이득지법은 부당이득의 성립 및 효력에 관한 여러 문제에 적용된다. 즉, 부당이득의 성립에 관한 문제, 예컨대 이득이란 무엇인가, 이득의 성질, 타인에게 손실이 있을 것을 요하는가, 손실의 성질, 이득과 손실 간에 인과관계가 있을 것을 요하는가, 인과관계의 정도, 이득의 부당성의 의미 등의 문제는 모두 부당이득지법에 의한다.

다음으로 부당이득의 효력에 관한 제문제, 예컨대 이득자는 어떤 채무를 부담하는가, 이득을 반환할 때 원래의 물건으로 반환하여야 하는가, 가액으로 할 수 있는가, 반환은 이득의 범위 내에서 하여야 하는가 아니면 손실의 범위 내에서 하여야 하는가, 손해배상도 인정되는가 등의 문제도 모두 부당이득지법에 의한다.

계약에 의하지 않은 공동해손은 해난구조와 마찬가지로 국제사법상 부당이득과 유사한 법률관계로서 부당이득지법(사실발생지법)에 의할 것이 인정되어 있다. 이에 관해서는 국제사법 제94조 제5호에서 별도의 규정을 두고 있다.

판 례

(1) "구 섭외사법(2001. 4. 7. 법률 제6465호 국제사법으로 전부 개정되기 전의 것) 제13조에 의하면, 외국적 요소가 있는 섭외사건에서 부당이득으로 인하여 생긴 채권의 성립 및 효력은 원인된 사실이 발생한 곳의 법에 의하여야 하는데, 여기서 부당이득의 원인된 사실이 발생한 곳은 이득이 발생한 곳을 말한다."

(2) 대한민국에 주소를 둔 갑이 인터넷 도메인이름 「hpweb.com」을 등록하여 사용하던 중 미국 캘리포니아주에 본사를 둔 을 회사가 갑의 도메인이름 등록·사용으로 미국에 등록되어 있던 「hp」로 구성된 자신의 상표 등에 대한 권리가 침해되었음을 이유로 국제인터넷주소관리기구(The Internet Corporation for Assigned Names

---

55) 국제사법해설, 113-114면.

and Numbers, ICANN)의 「통일 도메인이름 분쟁해결정책(Uniform Domain Name Dispute Resolution Policy, UDRP)」에 따라 분쟁해결기관인 미국의 국가중재위원회 (National Arbitration Forum)에 분쟁조정신청을 하여 도메인이름의 등록을 이전받자, 갑이 을 회사에 부당이득을 원인으로 하여 도메인이름 반환을 구한 사안에서, "이전등록에 의해 을 회사가 도메인이름에 관한 권리를 보유하게 됨으로써 이득이 발생한 곳은 을 회사 본사 소재지인 미국 캘리포니아주이므로, 부당이득반환채권의 성립 및 효력에 관하여는 미국 캘리포니아주법이 준거법이 된다."고 한 사례(대법원 2011.5.26. 선고 2009다15596 판결).

Ⅳ. 불법행위

사 례

1. 대한민국에 거주하는 한국인 甲, 乙은 캐나다의 온타리오주에 3주간 여행하였다. 거기에서 乙이 빌린 렌트카에 甲을 동승시켜 운전하던 중, 乙의 과실에 의하여 사고가 발생하여 甲이 중상을 입었다. 귀국 후 甲이 乙에 대하여 불법행위에 기하여 손해배상을 청구하였다. 이에 대하여 乙은 온타리오주법에 의하면 호의동승자인 甲은 운전자의 과실에 의한 사고에 관해서는 손해배상을 청구할 수 없다고 항변하였다. 대한민국법상 乙이 유책이라고 하면 甲의 청구는 인정될 것인가?

2. 甲이 온타리오주 거주의 주민으로 캐나다 여행 중에 알게 된 乙의 여자 친구인 경우는 어떤가?

1. 총 설

불법행위는 불법행위로 타인에게 손해를 준 자에게 그 손해를 배상하게 하는 제도로서 사회공동생활에 있어서 발생한 손해의 공평한 분배를 목적으로 한다. 그러나 불법행위의 성립 및 효력에 관해서 각국의 법제는 반드시 일치하지 않으므로 준거법결정의 필요가 생긴다.

그리고 산업의 발달, 과학 기술의 진보에 수반하여 불법행위는 외국 관련 요소가 있는 생활관계에 있어서도 자주 발생하고, 그 양상도 복잡다양하게 되어 국제사법상 여러 가지 문제를 야기하고 있다.

2. 불법행위에 관한 소의 국제재판관할

국제사법은 불법행위에 관한 소의 국제재판관할에 관하여 규정하고 있다. 이에 의하면 불법행위에 관한 소는 그 행위가 대한민국에서 행하여지거나 대한민국을 향하여 행하여지는 경우 또는 대한민국에서 그 결과가 발생하는 경우 대한민국 법원이 국제재판관할권을 가진다(제44조 본문). 다만 불법행위의 결과가 대한민국에서 발생할 것을 예견할 수 없었던 경우에는 그러하지 아니하다(동 단서).

3. 불법행위에 관한 준거법의 결정

(1) 준거법의 결정에 관한 학설

(가) 불법행위지법주의

불법행위의 준거법에 관해서 오늘날 가장 넓게 인정되어 있는 것은 불법행위지법주의이다. 그 근거에 관해서는 여러 가지 견해가 있다. 즉 불법행위에 관한 법률은 자국에서 행해진 행위에 관해서는 행위자의 국적, 주소 여하를 묻지 않고 일반적으로 적용된다고 하는 법률의 성질로부터 당연히 유래된다고 하기도 하고, 불법행위에 있어서 가해자의 책임과 피해자 구제의 문제는 침해행위가 행해진 사회의 공익에 크게 관계되기 때문이라고 하기도 하며, 불법행위지법에 의하지 않는 한 행위자가 자기의 행위의 결과에 관해서 예측하는 것이 곤란하다거나, 피해자가 배상을 청구하는 것은 통상 불법행위가 행해진 곳이므로 그 곳의 법에 의하는 것이 피해자의 이익에 적합하다는 등의 주장이 있다.

(나) 법정지법주의

민사책임과 형사책임이 구별되지 않았던 때에는 불법행위에 관하여 법정지법주의가 학설상 주장되고,[56] 이것을 채용한 입법례(1856년 그리스 구민법)도 있었다. 비교적 최근에도 이 주의를 지지하는 학설도 있고 영국과 같이 이 주의를 기초로 하는 국가도 있지만, 순수한 형태로 법정지법의 적용을 인정하는 국

---

56) Wächter, über die Kollision der Privatrechrgesetze verschiedener Staaten, Archiv für die civilistische Praxis, Bd.25, 1842, S.392; Savigny, a.a.O., S.278.

가는 찾아보기 어렵다. 그러나 불법행위에 관한 제도가 공서적 성질을 가진 것이라고 하는 이유에서 불법행위지법의 적용을 법정지법에 의해서 제한한다든지 (독일, 일본, 중화민국, 대한민국) 혹은 거꾸로 법정지법의 적용에 불법행위지법을 가중하는(영국) 절충주의를 취하는 입법례도 있다.

(다) 속인법주의

불법행위에 관해서도 속인법을 적용하여야 할 경우가 있다는 주장이 있다. 불법행위는 사회의 공익에 관한 제도이지만 당사자의 쌍방, 즉 행위자 및 피해자가 속인법을 공유하는 경우에는 당사자의 이익이 우선하고 공통의 속인법의 적용을 인정하여야 한다고 하는 견해이다. 다시 말하면 당사자가 동일한 국적 또는 일상거소를 가지는 경우에는 불법행위지 여하에 관계없이 공통의 본국법 또는 일상거소지법을 적용하여야 한다는 견해[57] 내지 당사자가 불법행위지국 이외의 국가의 공통의 국적을 가지고 또한 불법행위지국 이외에 공통의 일상거소를 가지는 경우에 한해서 속인법의 결정방법에 따라 공통의 본국법 또는 공통의 일상거소지법을 적용하여야 한다고 하는 견해이다.[58]

(라) 새로운 견해

위에서 설명한 각 주의는 불법행위에 관하여 그 종류 여하를 묻지 않고 일률적으로 또는 일정한 경우에 일정한 법의 적용을 주장하는 것이다. 이에 대해서 최근 불법행위의 다양성을 고려한 새로운 견해가 등장하였다. 즉 계약의 경우와 마찬가지로 불법행위에 관해서도 각각의 경우에 있어서의 구체적 사정에 기인해서 가장 밀접한 관계를 가지는 법을 적용하여야 한다든가, 불법행위의 여러 유형을 미리 명백하게 하여 각각의 유형별로 적절한 준거법을 결정하여야 한다는 주장이 그것이다.[59]

---

57) Rolin, Principes du droit international privé, I, 1897, p.569; Weiss, op. cit., p.417; Laurent, droit civil international Ⅷ, 1881, p.25.

58) Kegel, a.a.O., S.461.

59) Binder, Zur Auflockerung des Deliktsstatuts, Rabels Z., 20 Jg, 1955, S.401; Ehrenzweig, Torts in the Horei, La vie internationale et le droit, Recueil d'études en l'honneur de Hidebumi Egawa, 1961, p.19.

(2) 국제사법의 규정

(가) 불법행위지법의 적용

국제사법은 제52조 제1항에서 "불법행위는 그 행위가 행하여진 곳의 법에 따른다."라고 하여 불법행위지법주의를 채택하고 있다. 불법행위의 성질을 가지는 선박충돌에 관하여는 국제사법 제95조에서 별도의 규정을 두고 있다.

① 불법행위의 성립

이에 따라 불법행위의 성립에 관한 모든 문제는 불법행위지법의 적용을 받는다. 불법행위자에게 책임능력이 있어야 하는가 하는 불법행위능력의 문제는 행위능력의 준거법에 의하는 것이 아니라, 불법행위의 준거법인 불법행위지법에 의한다.

다음으로 행위자에게 고의 또는 과실이 있을 것을 요하는가 하는 불법행위에 있어서의 주관적 위법성의 문제, 행위가 위법성을 가질 것을 요하는가 하는 것, 또한 그 행위가 정당방위, 긴급피난 등에 의해 위법성을 조각하여 불법행위로 되지 않는가의 문제도 불법행위지법에 의한다. 그리고 위법한 행위에 의해 손해가 발생할 것을 요하는가, 어떤 종류의 손해발생을 요하는가, 행위와 손해 간에 인과관계가 있을 것을 요하는가 등의 문제도 모두 불법행위지법의 적용을 받는다.

② 불법행위의 효력

국제사법 제52조 제1항은 불법행위의 효력에 관해서도 불법행위지법에 의할 것을 원칙으로 하고 있다.

어떤 사람이 손해배상청구권을 가지는가, 손해배상의 범위 및 방법, 손해배상청구권의 시효, 불법행위 채권의 양도성, 상속성의 유무, 공동불법행위의 경우에 있어서의 책임의 분담 등 불법행위의 효력에 관한 모든 문제는 불법행위지법에 의한다.

(나) 격지 불법행위의 문제

불법행위의 모든 요건이 동일한 법역에서 생긴 경우에는 불법행위지의 결정에 관해서 문제가 없지만, 이것이 여러 법역에 걸치는 경우에는 어느 곳을 불법행위지로 볼 것인가가 문제된다. 이에 관해서는 의사활동이 행해진 장소를 불

법행위지로 하는 행동지설[60]과 현실적으로 손해가 발생한 장소를 불법행위지로
하는 결과발생지설[61]이 종래 유력한 견해로서 주장되어 왔다.[62]

행동지설은 행위자의 의사활동에 중점을 두고, 행동지법에 의해서 적법하다
고 인정되는 행위가 결과발생지법에 의해서 불법행위로 되는 것과 같은 불합리
한 결과의 발생을 피하려고 하는 것이다. 행동지설에 의할 때 부작위에 의한 불
법행위의 행동지의 결정에 관해서는 개별적인 경우에 따라서 판단할 수밖에 없
다. 결과발생지설은 불법행위법이 본래 손해의 전보를 목적으로 하는 것이므로
결과발생지의 법에 의해서 손해의 공평한 분배가 행해지는 것이 적당하다고 하
는 것이다. 결과발생지가 복수에 걸치는 경우에는 결과발생지의 각각에 관하여
불법행위의 성립, 효력을 판단할 것인가 오로지 주된 결과발생지의 법에 의할
것인가가 문제된다. 그러나 오늘날 불법행위의 태양은 다양하고 불법행위제도
의 기능도 일률적이지 않다. 이 점을 고려해서 최근 위와 다른 견해가 유력하게
주장되고 있다. 즉 불법행위지의 결정을 획일적으로 하는 것은 적당하지 않고,
과실책임의 원칙이 지배하는 개인 간의 우발적인 일상의 불법행위에 관해서는
행동지설, 무과실책임의 원칙이 지배하는 기업에 의한 불법행위에 관해서는 결
과발생지설에 의하여야 한다는 일종의 절충주의이다. 우리 국제사법의 해석상
이 견해가 타당하다고 본다.[63] 판례는 불법행위지에 관하여 불법행위를 한 행
동지 뿐만 아니라 손해의 결과발생지도 포함하는 개념이라고 하는 절충적 내지
복합적 입장을 취하고 있다.[64] 이는 부당이득에 있어 부당이득지가 그 이득이
발생한 곳을 가리키는 것과 마찬가지의 입장이다.[65]

---

60) von Bar, Ⅱ, S.120; Zitelmann, Ⅱ, S.112.
61) Restatement First, §377; 久保岩太郎, 188면.
62) 이와 관련하여 불법행위의 「원인된 사실이 발생한 곳」의 개념에는 행동지 뿐만 아니라 결과발
   생지도 포함된다는 대법원 판결이 있었다(대법원 1983.3.22. 선고 82다카1533 전원합의체 판결).
   그러나 이 판결만으로는 행동지와 결과발생지가 상이한 경우 어느 법이 준거법이 되는지, 당사
   자에게 선택권이 있는지 여부가 명확하게 해결되지 아니하며, 특히 위 판결은 행동지와 결과발
   생지의 어느 한쪽이 대한민국인 경우에는 언제나 대한민국법이 적용되도록 한 것은 아닌가 하
   는 의문이 제기되기도 하였다.
63) 동지; 池原季雄, 376-377면; 山田鐐一, 325면.
64) 대법원 1994.1.28. 선고 93다18167 판결. 다만 이 판례는 구 섭외사법 제13조의 「원인된 사실이
   발생한 곳의 법」에 대한 것이기는 하나, 현행법 하에서도 마찬가지로 해석될 수 있다.
65) 대법원 2008.4.24. 선고 2005다75071 판결.

판례

(ㄱ) "섭외사법 제13조 제1항에 의하면, 불법행위로 인하여 생긴 채권의 성립및 효력은 그 원인된 사실이 발생한 곳의 법에 의한다고 규정하고 있는바, 여기에서 원인된 사실이 발생한 곳이라 함은 불법행위를 한 행동지 뿐만 아니라 손해의 결과발생지도 포함하는 개념이라고 풀이함이 타당하고 / 가해행위 및 손해발생의 대부분이 공해상을 운항중이던 선박 내에서 이루어졌다는 이유만으로 손해의 결과발생지에 포함되는 대한민국의 법을 준거법에서 배제하고 위 선박의 선적국법이 준거법이 되어야 한다고는 볼 수 없다. 섭외사법 제44조 제5호에 의하면 선장과 해원의 행위에 대한 선박소유자의 책임범위는 선적국법에 의한다고 규정하고 있으나, 위 조항이 민법상의 불법행위를 원인으로 한 손해배상청구의 경우까지도 섭외사법 제13조를 배제하고 선적국법을 준거법으로 하라는 취지라고 볼 수는 없다"(대법원 1994.1.28. 선고 93다18167 판결).

(ㄴ) "가해행위와 그로 인한 현실적인 손해의 발생 사이에 시간적 간격이 있는 불법행위에 기한 손해배상채권의 경우, 소멸시효의 기산점이 되는 '불법행위를 한 날'의 의미는 단지 관념적이고 부동적인 상태에서 잠재적으로만 존재하고 있는 손해가 그 후 현실화되었다고 볼 수 있는 때, 다시 말하자면 손해의 결과 발생이 현실적인 것으로 되었다고 할 수 있는 때로 보아야 한다"(대법원 2012.8.30. 선고 2010다54566 판결).

(다) 일상거소를 기초로 하는 공통의 속인법주의 채택

불법행위에 관하여 공통의 속인법을 존중하는 대법원 판결[66][67]의 취지에 따라 국제사법은 가해자와 피해자의 공통 속인법의 우선적 적용에 관한 조항을 새로이 두고, 이때 실질적인 연결 가능성을 높이기 위하여 국적이 아닌 일상거소를 공통의 속인법 판단의 기준으로 하고 있다(제52조 2항). 이는 독일 국제사법과 입장을 같이 하는 것이기도 하다.[68]

---

66) 교통사고의 발생지가 외국이더라도 자기를 위하여 자동차를 운행하는 자가 국내 법인이고, 그에 의하여 고용된 사고 차의 운전자와 피해자가 다 같이 우리나라 국민이라면 국내법이 적용되어야 하고 섭외사법을 적용할 것은 아니다. 대법원 1981.2.10. 선고 80다2236 판결.
67) 외국에서 발생한 내국인 간의 불법행위에 관한 준거법에 관하여 양당사자가 모두 내국인인 경우에 있어서 원인행위의 발생지가 단순히 우연적이고 형식적인 의미를 갖는데 그치는 경우에는 일반적으로 섭외사법을 적용해서 처리할 합리적인 이유는 없다고 판시하였다. 대법원 1979.11.13. 선고 78다1343 판결. 이 판결에 대하여는 당해 사건의 섭외적 성격을 부인하였다는 점에서 많은 비판이 있었다.
68) 국제사법해설, 118면.

(라) 종속적 연결의 인정

국제사법은 불법행위에 있어서도 종속적 연결을 인정하고 있다(제52조 3항).[69] 이는 제1항의 불법행위지법 및 제2항의 공통의 속인법에 우선하여 적용되는 준거법의 원칙이다. 이러한 종속적 연결의 취지는 당사자 간에 기왕에 존재하는 법률관계가 있고, 이러한 법률관계로 형성되는 의무가 불법행위로 인하여 침해되는 경우에 당사자들은 그 법률관계에 적용되는 법규범에 의하여 규율될 것을 예견하고 있으므로 그에 따라 불법행위의 성립 여부 등을 판단하는 것이 가장 적절하다는 것이다.[70] 가령 임차인이 과실로 임대목적물을 소실케 하였다면 그로 인하여 임대차계약은 존속이 불가능해지는 바, 이 경우 그것이 불법행위가 되느냐의 여부는 이 임대차계약의 준거법에 의한다는 것이다.[71] 또한 혼인관계의 계속 중에 부인이 남편의 재산을 절취하였다면 부인의 불법행위책임에 관하여는 혼인의 일반적 효력의 준거법에 따르게 된다.

(마) 불법행위 책임제한의 명문화

구섭외사법 제13조 제2항 및 제3항은 외국법이 준거법이 되어 불법행위가 성립하더라도 대한민국법에 의하면 가해자에게 책임이 전혀 없거나 책임이 가

---

69) 스위스 국제사법 제133조 제3항, 독일 민법시행법 제41조 제2항 등이 이 원칙을 채택하고 있는 입법례이다.

70) 이와 관련하여 국제사법 제52조 제3항이 불법행위책임을 부정하고 계약책임만을 묻도록 강요하는 것이 되어 청구권경합설을 취하는 우리 대법원 판례(대법원 1983.3.22. 선고 82다카1533 전원합의체 판결)와 배치되는 것은 아닌가 하는 의문이 제기되었다. 그러나 이 조항의 취지는 계약상의 의무가 불법행위로 인하여 침해되는 경우와 같이 양자간에 밀접한 관련이 있는 경우에는 당사자간의 계약의 준거법 등을 기초로 불법행위의 성립여부 등을 판단한다는 의미일뿐 이로 인하여 계약책임과는 별도로 불법행위책임이 성립할 수 없다는 것은 아니다. 즉, 계약의 준거법이 계약책임과 별도로 불법행위책임의 성립을 허용한다면 불법행위책임이 인정되는 것이다. 물론 계약의 준거법이 계약과는 별도로 불법행위의 성립을 인정하지 않거나 그 책임범위를 계약과 동일하게 제한하고 있는 경우에는 결과적으로 불법행위책임이 부정되는 결과에 이를 수 있으나, 그로 인하여 종속적 연결이 청구권경합 자체를 부정한다는 의미는 전혀 아니다. 또한 계약책임의 준거법이 외국법이고 불법행위책임의 준거법이 대한민국법인 경우처럼 양자의 준거법이 상이한 경우에는 어떠한 법질서하에서 양자의 관계를 파악할 것인지를 먼저 고려해야 하는데, 이 단계에서 국제사법적 고려를 보다 충실히 하여 절차법적 정의를 실현하고자 하는 것이 바로 종속적 연결의 취지인 것이다. 국제사법해설, 119면.

71) 대법원 2012.10.25. 선고 2009다77754 판결. 피고가 이 사건 연료공급계약에 따라 공급한 이 사건 연료가 선박의 연료유로 사용하기에 부적법하여 피고의 불법행위에 해당한다는 원고의 청구원인 주장에 관하여 판례는 종속적 연결의 법리에 따라 이 사건 연료공급계약 법률관계의 준거법인 미국 해사법이 적용된다고 판단하였다.

벼운 경우 법정지법인 대한민국법에 의하여 외국법의 적용을 제한하고 있었다. 그러나 이러한 특별유보조항에 대하여는 공서에 의하여 해결할 사항을 별도의 조문으로 만들어 법정책적으로 타당하지 못하다는 비판이 많았다.

국제사법은 이러한 비판을 수용하여 구섭외사법 제13조 제2항 및 제3항을 삭제하고 이를 총칙상의 공서조항의 규율에 맡겨 놓았다. 다만, 구섭외사법 제13조 제3항의 취지를 살리면서 내용을 구체화하여 미국법에서 인정되는 징벌적 손해배상(punitive damages) 기타 과도한 금액의 배상 등을 규제하는 명문의 규정을 두었다(제52조 4항).[72] 이러한 규정도 성격상으로는 공서조항의 일반적 규율에 맡길 수 있는 것이나, 규제의 현실적 필요가 큰 부분이기 때문에 실질적 고려에 따라 이를 별도로 명문화한 독일 국제사법의 입장을 따른 것이다.[73]

사례의 해결

1. 구섭외사법 하의 대법원판결은 한국인 간에 외국에서 발생한 불법행위에 대하여 대한민국법을 준거법으로 적용하였는데, 국제사법은 가해자와 피해자의 공통의 속인법을 준거법으로 하는 조항을 신설하고 국적이 아닌 일상거소를 기준으로 하고 있다. 따라서 사례의 경우 대한민국법이 적용되어 甲의 청구가 인정된다.

2. 국제사법은 불법행위의 준거법에 관하여 그 행위가 행하여진 곳의 법에 의한다고 하여 불법행위지법주의를 채택하고 있다. 따라서 사례의 경우 호의동승자는 운전자의 과실에 의한 사고에 관해서는 손해배상을 청구할 수 없다고 하고 있는 온타리오주법이 적용되어 甲의 청구는 인정되지 않는다.

판 례

(ㄱ) 대한민국의 베트남전 참전군인들이 미국 법인인 제초제 제조회사들에 의하여 제조되어 베트남전에서 살포된 고엽제의 유해물질(TCDD)로 인하여 각종 질병을 얻게 되었음을 이유로 위 참전군인들 또는 그 유족들이 위 고엽제 제조회사들을 상대

---

72) 참고로 서울지방법원 동부지원 1995.2.10. 선고 93가합19069 판결은 미국에서 발생한 대한민국인 간의 강간사건과 관련하여 미국법원이 내린 미화 금 50만 달러의 손해배상 판결을 그 2분의 1인 25만 달러 범위 내에서만 승인하는 집행판결을 하면서 구섭외사법 제13조 제3항을 그 근거의 하나로 제시하였다. 다만, 위 사건은 외국판결의 승인·집행의 문제이므로 제13조 제3항이 바로 적용된 것은 아니었다.

73) 국제사법해설, 120면.

로 대한민국 법원에 제조물책임 또는 일반불법행위책임에 기한 손해의 배상을 구하는 사안에서, "구 섭외사법(2001.4.7. 법률 제6465호 국제사법으로 전문 개정되기 전의 것) 제13조 제1항에 의하면, 불법행위로 인하여 생긴 채권의 성립 및 효력은 그 원인된 사실이 발생한 곳의 법에 의한다고 규정하고 있는바, 여기에서 원인된 사실이 발생한 곳이라 함은 불법행위를 한 행동지(가해행위지)뿐만 아니라 손해의 결과발생지도 포함하며, 불법행위의 행동지와 결과발생지가 상이한 경우에는 준거법으로 지정될 수 있는 행동지법과 결과발생지법은 각각 그 지정을 정당화하는 이익에 의하여 뒷받침되고 그 이익의 우열을 판단하기는 어렵다고 보아야 할 것이므로, 피해자인 원고는 다른 준거법을 적용할 때보다 더 유리한 판결을 받을 수 있다고 판단하는 준거법이 있다면 그 법률을 준거법으로 선택할 수 있다". 한편 "대한민국의 베트남전 참전군인들이 미국 법인인 제초제 제조회사들에 의하여 제조되어 베트남전에서 살포된 고엽제의 유해물질로 인하여 각종 질병을 얻게 되었음을 이유로 위 참전군인들 또는 그 유족들이 위 고엽제 제조회사들을 상대로 대한민국 법원에 제조물책임 또는 일반불법행위책임에 기한 손해의 배상을 구하는 사안에 적용될 수 있는 준거법은 행동지법으로서 생산지법인 미국법과 사용지법인 베트남법, 결과발생지법으로서 대한민국법이라 할 것인데, 피해자인 원고들이 불법행위의 결과발생지인 대한민국의 법률에 근거하여 제조물책임 등에 기한 손해배상청구권의 성립과 효과를 주장하고 있으므로 대한민국법을 준거법으로 선택하였다."고 판시하였다(서울고법 2006.1.26. 선고 2002나32662 판결; 대법원 2013.7.12. 선고 2006다17539 판결).

(ㄴ) "운송계약상의 채무불이행 책임에 관하여 법률상 면책의 특칙이 있거나 또는 운송계약에 그와 같은 면책특약을 하였다고 하여도 일반적으로 이러한 특칙이나 특약은 이를 불법행위책임에도 적용하기로 하는 명시적 또는 묵시적 합의가 없는 한 당연히는 불법행위 책임에 적용되지 않는 것이나, 운송물의 권리를 양수하여 선하증권을 교부받아 그 소지인이 된 자는 운송계약상의 권리를 취득함과 동시에 목적물의 점유를 인도받은 것이 되어 운송물의 소유권을 취득하여 운송인에 대하여 채무불이행 책임과 불법행위 책임을 아울러 추궁할 수 있게 되는 점에 비추어 볼 때 운송인이 선하증권에 기재한 면책약관은 채무불이행 책임만을 대상으로 한 것이고 당사자 사이에 불법행위 책임은 감수할 의도였다고 볼 수 없으므로 불법행위책임에 적용키로 하는 별도의 명시적·묵시적 합의가 없더라도 당연히 불법행위 책임에도 그 효력이 미친다"(대법원 1983.3.22. 선고 82다카1533 판결).

(ㄷ) "섭외사법 제13조 제1항에 의하면, 불법행위로 인하여 생긴 채권의 성립 및 효력은 그 원인된 사실이 발생한 곳의 법에 의한다고 규정하고 있는바, 여기에서 원인된 사실이 발생한 곳이라 함은 불법행위를 한 행동지 뿐만 아니라 손해의 결과발생지도 포함하는 개념이라고 풀이함이 타당하고, 가해행위 및 손해발생의 대부분이 공

해상을 운항중이던 선박 내에서 이루어졌다는 이유만으로 손해의 결과발생지에 포함되는 대한민국의 법을 준거법에서 배제하고 위 선박의 선적국법이 준거법이 되어야 한다고는 볼 수 없다"(대법원 1994.1.28. 선고 93다18167 판결: 대법원 1983.3.22. 선고 82다카1533 판결).

4. 특수한 불법행위[74] – 특히 제조물책임

오늘날의 국제사회에 있어서 발생하는 불법행위에는 여러 가지 모습이 있지만 종래 다루어지지 않던 특수한 불법행위에 대해서는 국제사법상 이를 어떻게 취급하여야 할 것인가가 문제된다. 즉 국제사법 제52조의 규정이 일체의 불법행위에 적용되는 것으로 할 것인가 혹은 일정한 불법행위는 국제사법 제52조의 범주에 속하지 않는 것으로서 조리에 의해 그 준거법이 결정되어야 한다고 할 것인가, 혹은 일정한 불법행위는 원래 불법행위와 다른 법률관계 성질결정에 기인해서 그 준거법을 결정하여야 할 것인가가 문제된다.

이러한 특수한 불법행위로서는 교통사고에 의한 손해배상, 공해에 대한 사적구제 외에 제조물책임의 문제들이 있다. 앞의 두 가지에 대해서는 국제사법 제52조의 활용에 의해 해결할 수 있는 것으로 생각되지만 제조물책임에 관해서는 문제가 있다.

제조물책임은 제조자가 생산해서 시장에 내놓은 생산물의 숨겨진 결함 때문에 그 최종적인 매수인, 이용자 등이 신체, 재산에 손해를 입은 경우, 제조자가 부담하는 배상책임이다.

---

74) 불법행위의 유형별로 특칙을 둘 것인가에 대하여는 국제사법의 개정 논의과정에서 상당한 논란이 있었다. 이러한 유형화를 시도한 입법례로는 스위스 국제사법이 있고, 미국의 리스테이트먼트에서도 불법행위의 유형별로 조문을 두고 있다. 불법행위의 일반 원칙에 대한 예외로서 특수한 불법행위의 유형을 명시하고 그에 대한 별도의 준거법 원칙을 만드는 것은 개별적 법률관계의 특성에 맞는 보다 밀접한 관련이 있는 법을 준거법으로 지정할 수 있는 장점이 있다. 그러나 이러한 형태의 입법이 가능하려면 개별적으로 준거법 원칙을 달리할 필요가 있는 불법행위의 유형을 파악하고 그 특성에 맞는 별도의 준거법 원칙이 존재할 수 있다는 점에 대한 공감대가 형성되어 있어야 하는데, 우리의 현실 하에서는 아직 그러한 여건이 성숙되어 있다고 보기 어렵다. 특히 민법이나 특별법의 발전이 병행되어 실질법 분야에서 불법행위의 유형화 및 그에 따른 저촉규범의 분화에 관한 합의가 이루어져야 비로소 국제사법에서 불법행위의 유형에 따른 준거법의 개별화가 가능할 것이다. 국제사법해설, 120-121면.

이것을 계약상의 책임으로 보고 국제사법 제45조의 적용을 받는 것이라고 할 수도 있으나, 제조물책임사건의 경우 가해자와 피해자간에 직접적인 계약관계가 없는 것이 보통이므로 당자자의 의사를 기초로 하는 제45조에 의한다는 것은 타당하지 않다. 오히려 국제사법상 법률관계 성질 결정으로 볼 때 불법행위 책임으로 구성하는 것이 타당할 것이다. 다만 이것을 국제사법 제52조의 범주에 속하는 불법행위로 볼 수 있는가 어떤가는 매우 의심스럽다.

제조물책임의 준거법 결정을 위한 연결점으로서는 손해발생지, 피해자의 일상거소지, 제조자의 본점소재지, 생산물의 취득지(공중에 대한 매각지) 등이 고려되지만, 그 중의 어느 하나가 다른 것에 비해 단연 우월하다고는 반드시 말할 수 없다.

제조물책임의 문제는 오히려 국제사법 제52조의 범주에 속하지 않는 특수한 불법행위로서 조리에 의해서 그 준거법을 결정하는 것이 타당할 것이다. 이러한 경우에는 피해자의 보호를 중점적으로 고려하면 피해자의 일상거소지법을 준거법으로 하는 것이 어떨까 생각되지만, 제조자측의 이익도 무시할 수 없으므로 제조물책임의 준거법을 어떻게 결정할 것인가 하는 것은 많은 검토를 요하는 문제라고 할 수 있다.

Ⅴ. 법정채권에 있어 준거법의 사후적 합의

국제사법은 사무관리·부당이득·불법행위 등 법정채권 전반에 있어 당사자들이 사후적 합의에 의하여 준거법을 대한민국법으로 선택할 수 있도록 허용하고 있다(제53조).

법정채권 분야에 있어서 당사자자치를 인정하면 혼란을 야기할 수는 있으나, 사후적 합의까지 이를 존중하지 않을 이유가 없고 특히 법정지법으로 선택의 대상을 제한하는 경우에는 재판상 이점도 있으므로 이를 부인할 이유가 없다. 따라서 법정채권 분야에 있어서도 당사자 사이의 합의에 의한 준거법의 결정을 인정하였다. 다만 선택의 범위를 법정지법, 즉 대한민국법으로 제한하고 제3자의 권리에 영향을 미치지 않도록 하여 법률관계의 안정을 도모하고 있다.

제 3 절 채권채무관계

I. 총   설

위에서 본 계약이나 불법행위 등에 의하여 발생하는 채권채무관계는 계약이나 불법행위 등의 효력의 문제이므로 그러한 채권 자체의 준거법이 적용되는 것이 원칙이다. 따라서 채권채무의 목적·내용, 채무불이행이나 하자담보 등의 요건·효과, 채권자나 채무자의 변경, 채권채무의 소멸 등 모두 각각 계약, 사무관리, 부당이득, 불법행위의 준거법에 의하게 된다. 이하 특별히 문제되는 것에 관하여 설명한다.

II. 채권의 대외적 효력

채권자가 채권의 효력으로서 채무자 이외의 자에게 법률효과를 미치는 것을 인정하는 법제로 민법상 채권자대위권(제404조)과 채권자취소권(제406조)이 규정되어 있다.

1. 채권자대위권

채권자대위권에 관해서도 채권자취소권과 함께 법정지법에 의하여야 한다고 하는 설도 있으나, 우리 국제사법의 해석으로는 채권의 준거법에 의하는 것이 옳다. 그런데 대위권행사의 객체는 채무자의 권리이지만 채무자의 권리는 그 자신의 준거법을 가지는 것이므로, 채무자의 권리의 준거법에 의해서도 대위권이 인정되지 않으면 이를 행사할 수 없다. 즉 대위권이 인정되는가의 여부, 인정된다고 한다면 그 내용, 행사방법, 존속기간, 효력 등의 제문제에 관해서는 채권자의 채권의 준거법과 채무자의 권리의 준거법이 누적적으로 적용되어야 한다고 해석된다.[75]

2. 채권자취소권

채권자취소권은 소송법상의 제도로서 법정지법에 의해야 한다는 설도 있으나, 우리 국제사법의 해석으로서는 이것을 실체법상의 제도로서 채권의 준거법에 의하는 것으로 하여야 한다. 왜냐하면 채권자취소권의 문제는 채권자가 채무자에 대해서 가지는 채권의 효력의 문제이기 때문이다.

그런데 채권자취소권은 채무자와 제3자 간의 사해행위를 취소하는 권리이고, 그 대상인 사해행위 자체는 채권의 준거법과 다른 준거법을 가진다. 따라서 채권자취소권을 행사할 수 있기 위해서는 사해행위의 준거법에 의해서도 그것이 인정되지 않으면 안 된다. 즉 취소권이 인정되는가의 여부, 인정된다고 한다면 그 내용, 행사방법, 존속기간, 효력 등의 제문제에 관해서는 채권자의 채권의 준거법과 사해행위(채무자와 제3자와의 법률행위)의 준거법이 누적적으로 적용되어야 한다고 해석된다.[76]

판 례

"채권에 관한 법률관계에 외국적 요소가 있는 경우에, 당사자가 그 준거법을 선택한 바가 없고, 국제사법에도 해당 법률관계에 적용할 준거법을 정하는 기준에 관한 직접적 규정이 없는 경우에는 그 법률관계와 가장 밀접한 관련이 있는 국가의 법에 의하여야 한다(국제사법 제26조 등). 외국의 법률에 의하여 권리를 취득한 채권자가 우리나라에서 채권자취소권을 행사할 경우의 준거법에 관해서 국제사법은 달리 정한 바가 없으므로, 이때에도 그 법률관계와 가장 밀접한 관련이 있는 국가의 법이 준거법이 되어야 할 것인데, 채권자취소권의 행사에서 피보전권리는 단지 권리행사의 근거가 될 뿐이고 취소 및 원상회복의 대상이 되는 것은 사해행위이며, 사해행위 취소가 인정되면 채무자와 법률행위를 한 수익자 및 이를 기초로 다시 법률관계를 맺은 전득자 등이 가장 직접적으로 이해관계를 가지게 되므로 거래의 안전과 제3자의 신뢰를 보호할 필요도 있다. 이러한 요소 등을 감안하면, 외국적 요소가 있는 채권자취소권의 행사에서 가장 밀접한 관련이 있는 국가의 법은 취소대상인 사해행위에 적용되는 국가의 법이라고 할 것이다"(대법원 2016.12.29. 선고 2013므4133 판결).[77]

---

75) 황산덕/김용한, 244-245면; 서희원, 247-248면.
76) 황산덕/김용한, 245면; 서희원, 247면.
77) 러시아국 사람인 원고가 이혼으로 인한 재산분할청구권 등을 피보전채권으로 하여 채권자취소

Ⅲ. 채권·채무의 이전

1. 법률행위에 의한 채권의 이전

(1) 채권양도

채권양도는 양도인과 양수인 간의 법률행위에 의해 채권이 이전되는 것이다. 이는 이른바 준물권행위로 원인행위인 매매, 증여와 구별하여야 한다. 원인행위 자체는 국제사법 제45조의 적용을 받는 법률관계이지만 채권양도 그 자체는 이러한 법률관계와는 다르다.

구섭외사법은 채권양도에 있어 제3자에 대한 효력에 관하여만 규정을 두고 있었으나, 국제사법은 채권 양도인과 양수인간의 관계, 채권의 양도가능성, 채무자 및 제3자에 대한 효력 등 채권양도 전반에 관한 준거법을 규정하고 있다.

채권의 양도인과 양수인간의 법률관계에 있어서는 당사자자치를 인정하여 그들 간의 계약의 준거법에 따른다(제54조 1항 본문).

채권의 양도가능성, 채무자 및 제3자(예컨대, 원채권의 압류권자나 이중양수인 등)에 대한 효력은 양도되는 채권의 준거법에 따른다(제54조 1항 단서). 이러한 것은 채권의 성립에서부터 소멸에 이르기까지 일어나는 당해 채권 자체의 문제로서 당해 채권과 가장 밀접한 관련이 있다고 보기 때문이다. 특히 제3자에 대한 관계에서도 제3자의 이익만이 아니라 양도인, 양수인, 채무자, 제3자간의 이익을 균형있게 고려하여, 양도의 목적인 채권 자체의 준거법에 의하도록 규정하였다.[78)]

권을 행사함에 있어 그 준거법은 사해행위 취소의 대상인 이 사건 부동산 매매계약에 적용되는 법이 되어야 하고, 매매계약 당사자들이 준거법을 지정하지 아니한 경우 부동산 소재국의 법이 가장 밀접한 관련이 있는 것으로 추정되므로, 결국 이 사건 부동산이 소재한 대한민국법이 이 사건 채권자취소권의 행사에 적용할 준거법이 되는 것인데, 이와 같이 피보전채권의 준거법과 사해행위의 준거법이 다른 경우 채권자취소권을 행사하려면 두 준거법에서 정한 행사요건을 누적적으로 충족하여야 한다고 전제하고, 피보전채권의 준거법인 러시아국법에 사해행위 취소제도가 존재하지 않는다는 이유로 원고의 채권자취소권이 성립하지 않는다고 판단한 원심판결을 파기한 사안.

78) 채무자 및 제3자에 대한 채권양도의 효력을 양도되는 채권 자체의 준거법에 의하도록 하여도

국제사법 제54조 제1항은 계약상의 채권뿐만 아니라 법정채권의 양도에 대하여도 적용된다.

판 례

"선박우선특권은 일정한 채권을 담보하기 위하여 법률에 의하여 특별히 인정된 권리로서 일반적으로 그 피담보채권과 분리되어 독립적으로 존재하거나 이전되기는 어려우므로, 선박우선특권이 유효하게 이전되는지 여부는 그 선박우선특권이 담보하는 채권의 이전이 인정되는 경우에 비로소 논할 수 있는 것인바, 국제사법 제60조 제1호, 제2호에서 선적국법에 의하도록 규정하고 있는 사항은 선박우선특권의 성립 여부, 일정한 채권이 선박우선특권에 의하여 담보되는지 여부, 선박우선특권이 미치는 대상의 범위, 선박우선특권의 순위 등으로서 선박우선특권에 의하여 담보되는 채권 자체의 양도 및 대위에 관한 사항은 포함되어 있지 않다고 해석되므로, 특별한 사정이 없는 한 그 피담보채권의 양도가능성, 채무자 및 제3자에 대한 채권양도의 효력에 관한 사항은 국제사법 제34조 제1항 단서에 의하여 그 피담보채권의 준거법에 의하여야 하고, 그 피담보채권의 임의대위에 관한 사항은 국제사법 제35조 제2항에 의하여 그 피담보채권의 준거법에 의하여야 한다. 그런데 선박우선특권에 의하여 담보되는 채권이 선원근로계약에 의하여 발생되는 임금채권인 경우 그 임금채권에 관한 사항은 선원근로계약의 준거법에 의하여야 하고, 선원근로계약에 관하여는 선적국을 선원이 일상적으로 노무를 제공하는 국가로 볼 수 있어 선원근로계약에 의하여 발생되는 임금채권에 관한 사항에 대하여는 특별한 사정이 없는 한 국제사법 제28조 제2항에 의하여 선적국법이 준거법이 되므로, 결국 선원임금채권의 양도가능성, 채무자 및 제3자에 대한 채권양도의 효력과 선원임금채권의 대위에 관한 사항은 그 선원임금채권을 담보하는 선박우선특권에 관한 사항과 마찬가지로 선적국법에 의한다"(대법원 2007.7.12. 선고 2005다47939 판결).

---

(2) 채무인수

구섭외사법은 채무인수에 관하여 아무런 규정을 두지 않았으나, 국제사법은 법적 안정성과 예측가능성을 제고하기 위하여 채무인수에 관한 조항을 두고 있

채무자 및 제3자의 보호에 미흡하다고 볼 수 없다. 즉, 채무자로서는 자신이 당사자인 채권의 준거법에 의하게 되므로 큰 부담이 없고, 채무자 이외의 제3자로서도 채권양도의 제3자에 대한 효력의 준거법을 인식할 필요가 있는데 양도되는 채권이 자신과 관계되어 있으므로 그 채권의 준거법을 파악하여 동 법률상의 대항요건이 구비되었는지 확인해 둘 것을 요구하여도 가혹하다고 하기 어렵기 때문이다. 국제사법해설, 125면.

다. 채무인수는 그 제도의 성질상 채권양도와 유사하므로 채권양도에 관한 규정을 준용하고 있다(제54조 2항). 다만 이는 면책적 채무인수를 염두에 둔 조항이다.[79]

국제사법 제54조 제2항은 계약상의 채무뿐만 아니라 법정채무의 인수에 대하여도 적용된다.

2. 법률에 의한 채권의 이전

법률에 의한 채권의 이전은 법률에 의하여 채권이 당연히 제3자에게 이전되는 경우를 말하며, 여기에는 변제에 의한 대위 등이 해당한다. 구섭외사법은 법률에 의한 채권의 이전에 관하여 아무런 규정을 두지 않았으나, 국제사법은 법적 안정성과 예측가능성을 제고하기 위하여 법률에 의한 채권의 이전의 준거법에 관한 조항을 두고 있다.

법률에 의한 채권의 이전은 그 이전의 원인이 된 구채권자와 신채권자(보증인, 보험자 등)간의 법률관계가 존재하는 경우에는 그 법률관계의 준거법(예컨대, 보증계약 또는 보험계약)에 따른다(제55조 1항 본문). 이는 로마협약 및 스위스 국제사법과 동일한 입장이다.

구채권자와 신채권자간의 법률관계가 존재하지 아니하는 경우에는 이전되는 채권 자체의 준거법에 따른다(제2항). 이는 스위스 국제사법과 동일한 입장이다.

이전되는 채권의 준거법에 채무자보호를 위한 규정이 있는 경우 채무자 보호를 위하여 이를 적용하도록 하였다(제55조 1항 단서).[80] 채무자보호를 위한 규정으로는 예컨대, 채권자의 교체가 생긴 것을 알지 못한 선의자 보호에 관한 규정, 채권자로 칭하는 자가 복수인 경우 공탁가능성 및 항변이나 상계가능성의 보유에 관한 규정 등을 들 수 있다. 이에 의하여 준거법이 누적적으로 적용되는 결과로 된다.

---

79) 국제사법해설, 126면.
80) 국제사법해설, 128면.

IV. 채권의 소멸

1. 채권소멸의 모습

채권의 소멸문제도 채권의 효력의 한 태양이므로 원칙적으로 채권자체의 준거법에 의해야 한다. 따라서 채권의 소멸원인인 변제, 상계, 면제, 경개, 혼동, 소멸시효 등의 요건, 효력 등은 각각 그 채권의 준거법에 의하는 것이 원칙이다. 이하에서는 특히 문제되는 것을 살펴보기로 한다.

2. 변   제

변제에 관한 모든 문제는 당해 채권의 준거법에 의하게 된다. 유효한 변제를 위한 조건, 즉 변제의 시기와 장소, 변제의 충당, 변제자, 변제수령자 등에 관한 문제, 변제의 효과 즉 채권의 소멸을 비롯해서 변제자의 권리, 변제자의 대위 등에 관한 문제는 모두 그 채권의 준거법에 의한다. 다만 지불수단인 화폐의 종류와 같은 이행의 모습에 관해서는 변제지법이 보조준거법으로서 적용되는 경우가 있다.

3. 상   계

상계에 관한 준거법결정에 관해서는 법정지법설과 당해 채권의 준거법설이 대립되고 있는데, 상계를 소송법상의 제도로 보는 영미에서는 법정지법을 준거법으로 하는 것이 타당할 것이며, 이를 실체법상의 제도로 보는 대륙법계에서는 당해 채권의 준거법을 그 준거법으로 하는 것이 타당할 것이므로 우리 국제사법의 해석상 당해 채권의 준거법설이 타당하다고 본다. 그런데 상계가 반대채권의 이용에 의한 채무자의 면책행위이고 이행에 대신할 채무소멸의 방법이라는 것을 이유로 수동채권의 준거법에 의해야 한다는 견해[81]도 있지만, 상계는 2개의 채권을 상호적으로 소멸시키는 제도이므로 2개의 채권, 즉 자동채권

---

81) 이호정, 321면.

과 수동채권의 각각의 준거법에 의해 상계의 요건을 구비하여야 상계가 성립한
다고 하여야 한다.[82]

4. 면   제

면제에 의해서 채권이 소멸되는가는 채권의 효력의 문제이므로 채권자체의
준거법에 의한다. 그리고 면제는 하나의 독립된 법률행위이므로 그 자체의 준
거법을 가질 수 있다. 그리고 면제의 효과는 면제행위에 의해서 발생하는 것이
므로 그 준거법상 유효하게 면제행위가 성립되지 않으면 채권은 소멸되지 않는
다.[83] 그리고 면제는 단독행위인가, 채무자의 승낙을 요하는가 등의 문제도 그
채권의 준거법에 의한다.

5. 경   개

경개(更改)의 요건 및 효력은 그 채권의 준거법에 의한다. 다만 경개는 본
래의 채권내용의 실현이 아니라 신채무의 성립에 의하여 기존의 채무를 소멸시
키는 것이기 때문에 신채무가 그 준거법에 의해 유효하게 성립하지 않으면 경
개가 성립하지 않음은 당연하다.

6. 혼   동

혼동이란 채권과 채무가 동일인에게 귀속함으로써 채권이 소멸하는 것으로
서, 그 요건 및 효력은 그 채권자체의 준거법에 의한다. 그러나 이 경우에도 혼
동에 의한 채권소멸 즉 혼동의 효과 그 자체와 혼동의 원인인 사실과는 구별해
야 한다. 즉 채권자체의 준거법에 의하는 것은 혼동의 효과뿐이고 혼동의 원인
인 사실에 관해서는 각각의 법률관계의 준거법에 의하게 된다.[84] 따라서 혼동
이 발생하였는가의 문제는 예컨대 상속의 준거법과 같이 혼동의 원인인 사실의
준거법에 의하고 그것에 의해서 채권소멸의 효과가 생기는가 어떤가는 채권 자

---

82) 황산덕·김용한, 249-250면; 서희원, 251면, 山田鐐一, 390면.
83) 황산덕·김용한, 250면.
84) 溜池良夫, 391면.

체의 준거법에 의하게 된다.

7. 소멸시효

소멸시효의 준거법과 관련해서 미국에서는 소송법상의 제소기간으로 이해하기 때문에 법정지법이 적용된다고 하고 있지만, 우리나라를 비롯한 대륙법계 국가에서 소멸시효는 실체법상의 제도로서 그 채권의 준거법에 의해야 한다.[85] 따라서 시효기간도 채권의 준거법에 의하는 것이 되지만 시효기간의 장단의 문제는 국제사법 제23조의 공서에 해당하는 것으로서 채권의 준거법이 인정하는 시효기간이 법정지법이 인정하는 것보다 긴 경우에는 법정지법이 인정하는 한도로 단축하여야 한다는 일본판례[86]가 있다. 그러나 채권의 준거법이 인정하는 시효기간이 극단적으로 긴 경우 혹은 전혀 채권의 소멸시효를 인정하지 않는 경우에는 국제사법 제23조의 적용이 고려되지만, 일반적으로 시효기간의 장단에 의해 국제사법 제23조를 적용할 것은 아니라고 하여야 할 것이다.[87]

채권이 소멸시효의 대상인가, 시효기간 및 시효기간의 단축·연장은 가능한가, 시효의 중단 및 정지사유는 어떠한가 등의 문제는 그 채권자체의 준거법에 의해 결정된다.

---

85) 신창섭, 277면.
86) 大審院 第3民事部判決 1918(大正 6).3.17.
87) 동지: 황산덕·김용한, 251면; 서희원, 253면; 久保岩太郎, 492면.

제 5 장   국제친족법

제 1 절   신분관계소송의 국제재판관할

　신분관계소송에 있어서도 국제재판관할권은 피고의 주소지를 관할하는 국가의 법원에 속하는 것이 원칙이다. 다만 신분관계는 재산관계와는 달리 속인적 성격을 가지고 있으므로, 국적이나 주소와 같은 속인법의 연결점이 관할을 결정하는 요소로 된다. 따라서 일반적으로 볼 때 통상의 신분관계소송은 본국이나 주소지의 국가가 국제재판관할권을 가지게 되며, 일상거소의 개념을 인정하는 경우에는 일상거소를 가지는 국가가 관할권을 가지게 된다. 이때에는 사건의 성질에 따라 당사자의 공통의 연결점이 필요한 경우도 있고, 피고를 기준으로 할 수도 있을 것이다. 물론 당사자가 한 사람인 비송사건의 경우에는 그 당사자를 기준으로 하여 국제재판관할을 정하면 될 것이다.

　국제사법은 친족 관련 사건에 대해서도 국제재판관할에 관한 규정을 신설하였다. 제56조에서는 혼인관계 사건에 관하여, 제57조에서는 친생자관계에 관하여, 제58조에서는 입양관계에 관하여, 제59조에서는 친자관계에 관하여, 그리고 제60조와 제61조에서는 각각 부양과 후견에 관한 국제재판관할에 관하여 규정하고 있다. 대부분의 친족관계 사건에 이들 규정이 적용됨으로써, 신분관계 사건의 국제재판관할에 관한 기존의 논의는 더 이상 의의를 가지지 못하게 되었다. 물론 이들 규정에 의한 국제재판관할은 대한민국 법원에 관할권이 있는 소위 편면적 규정이라는 점은 다른 외국 관련 요소가 있는 사건들의 경우와 같다. 따라서 이들 규정에 의한 것 이외의 국제재판관할은 앞에서 본 일반원칙에 따라 규율될 것이다.

　국제사법의 이러한 규정의 내용은 해당 부분에서 살펴볼 것이다. 다만 여기서 한 가지 따로 살펴보아야 할 것은 가사조정사건의 국제재판관할이다. 그 내용은 제56조부터 제61조까지의 규정에 따라 대한민국 법원에 국제재판관할권이 있는 친족 관련사건의 경우에는 그 조정사건에 대해서도 대한민국 법원에 국제재판관할권이 있다는 것이다(제62조).

제 2 절 친족관계

친족에 관한 법률관계가 속인법의 관할에 의하는 것은 법규분류학설 이래 일반적으로 인정되어 있는 국제사법상의 원칙이다. 우리 국제사법도 이 원칙에 따라서 친족관계는 속인법, 즉 본국법의 적용을 받는 것으로 하여 제63조에서 제73조까지 걸쳐서 개개의 경우에 관하여 개별적인 규정을 두고, 제74조에서 이러한 규정에서 빠진 친족관계와 그것에서 발생한 권리의무에 관해서도 본국법에 의한다고 하는 일반적인 보충규정을 두고 있다. 그리고 여기서 유의할 것은 친족관계는 본국법의 적용을 받게 되므로 국제사법 제22조의 반정조항이 적용되며 당사자의 국적이 충돌된 경우에는 국제사법 제16조의 규정에 의해서 본국법 또는 본국법에 갈음하는 법률을 정해야 한다는 점이다. 그리고 본국법을 적용하는 것이 우리나라의 선량한 풍속이나 사회질서에 반하는 경우에는 국제사법 제23조의 공서조항에 의해서 본국법의 적용이 배제됨은 물론이다.

제 3 절 혼 인

Ⅰ. 혼인관계 사건의 국제재판관할

1. 총 설

혼인관계 사건은 혼인의 성립이나 효력, 혼인의 해소 등의 내용을 나타나기 때문에 가급적 부부의 공통 근거에 의하여 관할을 정하는 것이 옳을 것이다. 따라서 부부에게 공통된 국적이나 일상거소지가 있거나 있었던 경우에는 그를 기준으로 관할을 정하는 것이 바람직할 것으로 본다. 그러나 그러한 공통기준이 없는 경우에는 다른 기준을 근거로 할 수밖에 없을 것이다. 특히 우리 국제사법은 대한민국 법원이 국제재판관할권을 가지는 경우에 대해서만 규정하고 있으므로 외국 법원이 국제재판관할권을 가지는지 여부는 여전히 일반원칙에 따라 판단할 수밖에 없다.

국제사법은 혼인관계 사건의 국제재판관할에 관한 특별관할을 규정하는데(제56조), 피고가 되는 부부 일방의 일상거소가 대한민국에 있는 경우에는 제3조의 일반관할에 의하여 당연히 대한민국 법원에 국제재판관할권이 인정될 것이므로, 이 규정이 의의를 가지는 것은 피고가 되는 당사자의 일상거소 등이 대한민국에 없는 경우가 될 것이다. 그리고 제56조가 규정한 특별관할에는 관할합의(제8조)나 변론관할(제9조)의 적용이 없다(제13조).

혼인관계사건 중 혼인무효와 이혼무효의 2개 소는 가류 가사소송사건에 속하고, 사실상혼인관계존부확인, 혼인의 취소, 이혼의 취소, 그리고 재판상의 이혼 등 4가지의 소 등은 나류 가사소송사건에 속한다(가소 제2조 1항). 이들 중 부부사이에서만 다투어지는 것은 사실상혼인관계존부확인, 이혼의 취소 및 재판상의 이혼 정도이고, 다른 소송사건은 제3자가 부부의 일방 또는 부부 모두를 상대로 하여 제기하는 경우도 있다.

2. 통상적 혼인관계 사건의 관할

국제사법은 일반적 혼인관계 사건과 제3자와 부부 사이의 사건을 구별하여 관할을 정하고 있는데, 제56조 제1항은 단순히 혼인관계에 관한 사건이라고 하고 있기 때문에 그 의미를 정확히 이해하기가 쉽지 않다. 다만 제2항에서 부부 모두를 상대로 하는 혼인관계에 관한 사건에 관하여 규정하고 있기 때문에, 제1항의 관할은 이와 다른 의미, 즉 통상적 내지 일반적 혼인관계사건에 관한 국제재판관할에 관하여 규정하고 있는 것으로 보는 것이다.

혼인관계에 관한 사건에 관하여 대한민국 법원이 국제재판관할권을 가지는 경우는 다음 4가지이다(제56조 1항 각호).

즉 ① 부부 중 한쪽의 일상거소가 대한민국에 있고 부부의 마지막 공동 일상거소가 대한민국에 있었던 경우(제1호). 피고의 일상거소가 대한민국에 없는 경우라면 쉽게 대한민국 법원의 관할권을 인정하기 어렵기 때문에 누적적으로 부부의 마지막 공동 일상거소가 대한민국에 있었으면서, 현재 그 중 일방의 일상거소가 대한민국에 있어야 한다.

② 원고와 미성년 자녀 전부 또는 일부의 일상거소가 대한민국에 있는 경우(제2호). 혼인 관계사건 중에서 혼인의 취소, 혼인의 무효, 재판상의 이혼 등과 같은 경우에는 미성년 자녀의 친권 행사나 양육권의 문제가 해결되어야 하므로 원고와 미성년 자녀의 일상거소가 대한민국에 있는 경우에는 대한민국 법원에 소를 제기할 수 있게 한 것이다.

③ 부부 모두가 대한민국 국민인 경우(제3호). 속인법주의의 원칙에 따라 부부의 일상거소가 대한민국에 없더라도 국적이 모두 대한민국이면 대한민국 법원에 소를 제기할 수 있게 한 것이다. 이 경우에는 가족관계등록의 문제도 자연스럽게 해결되는 효과가 있다.

④ 대한민국 국민으로서 대한민국에 일상거소를 둔 원고가 혼인관계 해소만을 목적으로 제기하는 사건의 경우(제4호). 혼인관계 사건의 경우에는 신분법 내지 재산법적 문제가 부수적으로 따라와서 병합소송이 되는 경우가 많은데, 이러한 경우에는 대원칙에 따라 국제재판관할을 정하여야 할 것이지만, 혼인관계의 해소만을 목적으로 소를 제기하는 경우에는 원고가 대한민국 국민이면서 대한민국에 일상거소가 있을 것을 조건으로 대한민국 법원에 소를 제기할 수 있게 한 것이다. 역시 가족관계등록 등의 편의가 도모된다는 장점이 있다.

3. 제3자가 부부 모두를 상대로 하는 혼인관계 사건의 관할

부부 모두를 상대로 하는 혼인관계에 관한 사건에 대해 대한민국 법원이 국제재판관할권을 가지는 것은 다음과 같다(제56조 2항 각호). 이들 경우는 부부 이외의 제3자가 부부 모두를 피고로 하여 제기하는 소에 관한 것이다. 즉 피고로 될 사람이 부부 2인이므로, 이들이 공통의 관할을 가지지 못한 경우에는 소

제기가 곤란할 수 있기 때문에 이 문제를 해결하고자 하는 것이다.

① 부부 중 한쪽의 일상거소가 대한민국에 있는 경우(제1호). 이에 따라 대한민국 법원은 그 중 일방의 일상거소가 대한민국에 있어도 국제재판관할권을 가지게 된다.

② 부부 중 한쪽이 사망한 때에는 생존한 다른 한쪽의 일상거소가 대한민국에 있는 경우(제2호). 본래 부부 쌍방을 공동피고로 하여 소가 제기되는 경우에 부부 일방이 제소 전에 사망하였다면, 생존한 당사자의 일상거소가 대한민국에 있는 것을 조건으로 대한민국 법원에 소를 제기할 수 있게 한 것이다.

③ 부부 모두가 사망한 때에는 부부 중 한쪽의 마지막 일상거소가 대한민국에 있었던 경우(제3호). 혼인관계사건은 부부가 모두 사망한 경우에는 소의 이익이 부정되는 것이 원칙이나, 자녀의 지위나 재산문제 등이 남아있어서 사후에라도 이를 정리하여야 하는 경우에는 예외적으로 소의 이익이 인정되는 경우가 있다. 이때 부부 중 일방의 최후의 일상거소가 대한민국에 있었다면 대한민국 법원에 소를 제기할 수 있다.

④ 부부 모두가 대한민국 국민인 경우(제4호). 국제재판관할에 관하여 국제사법은 위에서 본 바와 같이 일상거소를 기준으로 하지만, 부부 모두가 대한민국에 국적이 있는 경우에는 대한민국 법원에 재판관할권을 가지게 한 것이다. 그 이유나 효과는 위에서 설명한 것과 같다.

II. 약 혼

1. 총 설

약혼이란 장래 혼인할 것을 목적으로 하는 당사자 간의 약속이나, 국제사법상 약혼의 준거법에 관해서 명문규정을 둔 입법례는 매우 적어서, 부스타만테법전, 핀란드 국제가족법, 태국 국제사법 등이 약간의 규정을 두고 있음에 불과하다. 약혼에 관해서는 우리 국제사법에도 명문의 규정은 없고 오로지 국제사법의 해석에 맡겨져 있다.

약혼에 관해서는 사실관계라는 학설과 계약이라는 학설, 그리고 양자의 혼합이라고 하는 학설이 있다. 약혼은 혼인체결에 이르는 전제단계이므로 일종의 신분상의 계약이라고 보아야 하고, 이것을 당사자자치가 인정되는 채권계약과 동일시하는 것은 타당하지 않다. 물론 우리 국제사법에도 이에 관한 직접의 규정은 없지만, 우리 국제사법의 해석으로서도 신분법상의 문제로서 각 당사자의 본국법이 준거법으로 된다고 보는 것이 타당할 것이다.[1] 따라서 국제사법 제74조가 적용되는 경우의 하나라고 볼 수 있는데, 이에 관해서는 혼인에 관한 법리를 준용하는 경우가 많을 것이다.

2. 실질적 성립요건

약혼의 실질적 성립요건과 혼인의 실질적 성립요건과는 그 관계가 매우 유사하다. 따라서 약혼의 실질적 성립요건에 관한 준거법은 혼인의 실질적 성립요건에 관한 국제사법 제63조 제1항의 규정을 유추해서 각 당사자에 관하여 그의 본국법에 의하도록 하는 것이 타당할 것이다. 그리고 약혼능력, 부모의 동의가 필요한지 여부, 약혼장애 등에 관해서는 혼인에서 설명할 것이 약혼에도 준용된다.

3. 방   식

약혼의 형식적 성립요건, 즉 방식의 준거법에 관해서도 혼인에 관한 규정, 즉 제63조 제2항을 유추하여 약혼거행지법 또는 당사자 일방의 본국법에 의할 것이라는 견해와, 혼인에 있어서와 달리 약혼의 경우에는 약혼지의 공익과 중대한 관계가 없으므로 당사자의 편의를 고려하여 법률행위의 준거법과 행위지법의 선택적 적용을 인정하는 국제사법 제31조의 규정을 유추적용하자는 견해의 대립이 있다. 후설이 타당하다고 본다.

---

1) 황산덕/김용한, 255면; 서희원, 258면, 신창선, 315면.

4. 약혼의 효력

약혼의 효력에 관해서는 혼인의 효력에 관한 국제사법 제64조(구섭외사법 제16조 제1항)를 준용해야 한다는 견해가 있는데, 구섭외사법 하에서는 부(夫)의 본국법에 의하도록 하고 있었으므로 남녀차별적 요소를 가지고 있었다. 따라서 구법 하에서는 혼인 전에는 양당사자는 전적으로 대등한 지위에 있다고 할 수 있으므로 부가 될 자의 본국법만을 적용할 이유가 없고, 따라서 약혼의 효력은 구섭외사법 제24조(국제사법 제74조)가 적용되는 경우에 속하는 것으로 보아 각 당사자의 본국법에 의하도록 하는 것이 타당하다는 견해가 주류를 이루고 있었다.[2)]

그러나 현행 국제사법은 혼인의 효력에 관하여 부부의 동일한 본국법, 부부의 동일한 일상거소지법, 부부와 가장 밀접한 관련이 있는 곳의 법의 차례로 그 준거법으로 인정하고 있어서(제64조), 남녀차별적 요소가 없다. 따라서 현행법 하에서는 약혼의 효력은 혼인의 효력에 관한 국제사법 규정을 준용하는 것이 좋을 것이다[3)]. 따라서 약혼의 부당한 파기에 의한 배상책임은 제64조의 준거법이 인정하는 경우에 한해서 또한 그 범위 내에 있어서만 인정되는 것으로 된다.

또한 약혼의 효력으로서 위 준거법이 혼인의 강제를 인정한다고 해도 그것은 우리나라의 공서양속에 반하는 것으로서 국제사법 제23조의 규정에 의해서 이러한 본국법의 적용도 배척되어야 할 것이다.

---

2) 황산덕/김용한, 255면; 김용한/조명래, 316면; 서희원, 260면; 신창선, 316면.
3) 동지; 신창섭, 280면.

Ⅲ. 혼 인

1. 혼인의 실질적 성립요건

사 례

1. 중화민국(타이완)에 일상거소를 가지는 한국인 甲은 이전부터 연애관계에 있었던 타이완인 여성 乙과 혼인하려고 한다. 이 혼인이 법적으로 허용되는가는 어느 국가의 법에 의하여 어떻게 결정되는가?

2. 위 1.에 있어서 甲이 중화민국 민법 제982조가 정하는 대로 2인 이상의 증인 하에서의 공개의식으로 타이완에서 혼인한 경우에는 이 혼인은 방식상 유효한가? 대한민국에 귀국한 후 甲이 乙과 대한민국에서 혼인한 경우에는 어떤가?

(1) 혼인요건의 준거법

(가) 본국법주의

혼인의 실질적 성립요건의 준거법 결정에 관해서는, 혼인을 계약으로 보고 계약이 행위지의 법률에 의하는 것과 마찬가지로 이것을 혼인거행지의 법률에 의하게 하는 거행지법주의[4]와, 혼인은 어디까지나 신분상의 관계이고 일반계약과 동일시할 수 없으므로 속인법의 관할에 속해야 한다는 속인법주의가 있다. 후자는 다시 본국법주의[5]와 주소지법주의[6]로 나누어진다. 본국법주의에는 독일, 프랑스, 이탈리아 등이 이에 해당하며, 주소지법주의에는 덴마크, 노르웨이 등이 이에 속한다.

국제사법은 속인법주의를 채택하여 제63조 제1항에서 "혼인의 성립요건은 각 당사자에 관하여 그 본국법에 따른다."라고 규정하고 있다. 여기서 혼인의 성립요건이란 혼인의 실질적 성립요건을 의미하고, 혼인의 방식은 포함되지 않는다(제63조 제2항). 각 당사자의 본국법에 따른다고 한 것은 당사자의 이익을

---

4) J.H. Beale, A Treatise on the Conflicts of Laws, Vol.Ⅲ, Bake Voorhis, 1953, p.666.
5) G. Walker, Internationales Privatrecht, 4 Aufl., Vienna, 1926, S.503.
6) F.C. von Savigny, a.a.O., S.325.

고려한 것이지만, 夫가 될 남자도 처가 될 여자도 완전히 평등한 지위에 있으므로, 어느 일방 당사자의 본국법을 타방 당사자의 본국법에 우선시켜야 할 이유가 없기 때문이다.

따라서 혼인이 유효하게 성립하기 위해서는 夫가 될 남자는 그 본국법이 요구하는 성립요건을, 처가 될 여자는 그 본국법이 요구하는 성립요건을 각자 구비하면 되고, 양자가 양본국법이 요구하는 성립요건을 모두 구비할 필요는 없다. 즉 각 당사자의 본국법의 적용은 편면적이면 족하고 누적적인 것은 아니다.[7]

이러한 것은 혼인연령에 달하고 있지 않은 경우, 부모의 동의가 없는 경우 등과 같이 상대방과 관계없이 일방 당사자에게만 관계되는 일면적 혼인장애에 관해서는 물론, 근친관계나 상간관계와 같은 상대방과의 관계에서 생기는 쌍면적 혼인장애에 관해서도 마찬가지로 타당하다. 다만 전자는 편면적으로, 후자는 누적적으로 적용된다.[8]

(나) 혼인체결 당시의 본국법

이 경우의 본국법은 혼인체결 당시의 본국법임은 말할 것도 없다. 따라서 혼인체결 당시의 각 당사자의 본국법이 정하는 성립요건을 구비한 이상, 후에 어느 당사자가 국적을 변경한 경우 신본국법에 의하면 혼인의 성립요건을 구비하지 않게 되더라도 그 혼인이 무효로 되지 않는다. 반대로 혼인체결 당시의 각 당사자의 본국법이 정하는 성립요건을 구비하지 않은 이상, 신본국법에 의하면 혼인의 성립요건을 구비하게 되었어도 그 혼인은 유효로 되지 않는다.

당사자의 본국에서 혼인의 성립요건에 관한 법률의 개정이 있는 경우 혼인체결 당시의 법률과 현재의 법률 중 어느 것을 적용하여야 할 것인가는 그 본국의 시제법적 해결에 맡겨진다.

(2) 준거법의 적용범위

각 당사자의 본국법에 따라 혼인의 성립요건이 정해진다고 할 때, 여기서 말

---

7) 황산덕/김용한, 257면; 서희원, 260면; 김용한/조명래, 308면 등.
8) 황산덕/김용한, 258-259; 이호정, 331-332면 참조.

하는 혼인의 성립요건이란 유효한 혼인이 성립하기 위해서 필요한 적극적 또는 소극적 요건을 의미한다. 반대로 그 적극적 요건의 부존재 혹은 소극적 요건의 존재는 혼인장애가 된다. 혼인장애 사유 중 ① 혼인 연령에 달하지 않을 것, ② 부모·후견인·친족회 등의 동의가 없을 것, ③ 정신적 또는 육체적으로 장애가 있을 것, ④ 혼인의사가 없을 것 등은 상대방과 관계없이 당사자 일방에 관한 것이고(일면적 혼인장애), ① 근친관계에 있을 것, ② 상간관계에 있을 것, ③ 인종상·종교상의 이유로 인해서 금지되어 있는 남녀 관계에 있을 것, ④ 배우자 있는 자가 이중으로 혼인할 것, ⑤ 재혼금지기간 내지 대혼기간(待婚期間)에 위반할 것[9] 등은 상대방과의 관계에서 혼인의 장애로 되지만(쌍면적 혼인장애), 어느 것이나 각 당사자의 본국법에 따른다.

당사자의 본국법이 중혼이나 근친혼을 인정하고, 혹은 인종상, 종교상의 차이에 의해서 혼인을 금지하고 있을 때에는 이러한 본국법의 적용에 관해서 국제사법 제23조의 공서의 문제가 생길 수 있을 것이다.

2. 혼인의 형식적 성립요건

(1) 혼인방식의 준거법

옛날에는 혼인은 종교와 밀접한 관계를 가지고 있어서, 혼인 성립에는 종교상의 의식에 의하는 것이 보통이었다. 특히 유럽대륙의 각국에서는 오랫동안 크리스트교가 지배하여 교회법에 의한 교회혼이 행해졌지만, 근세에 들어와서 혼인이 종교로부터 분리되고 국가법에 의한 민사혼이 널리 인정되었다. 오늘날 세계 각국에서는 지금도 종교혼만을 인정하는 법제(불가리아 등), 종교혼과 민사혼 양쪽을 인정하는 법제(오스트리아, 스페인, 덴마크, 브라질)도 있지만, 민사혼만이 효력을 가지는 법제(독일, 프랑스, 네덜란드, 이탈리아, 스위스)가 지배적

---

9) 재혼금지기간 내지 대혼기간은 일면적 혼인장애인가, 쌍면적 혼인장애인가의 문제가 있다. 이에는 ① 재혼금지기간은 오로지 여자에 관해서 그 기간의 준수를 요구하는 것이므로 妻측의 일면적 혼인장애라고 하는 견해, ② 출생자의 피가 섞이는 피해는 재혼의 夫가 받는 것이므로 夫측의 일면적 혼인장애라고 하는 견해, ③ 이 문제는 당사자 쌍방에 관계되는 문제이므로 쌍면적 혼인장애라고 하는 견해 등이 있다. 우리나라는 2005년 민법 개정을 통해서 재혼금지기간에 관한 민법 제811조를 삭제하였다.

이다. 그러나 민사혼에 있어서도 그 방식은 국가마다 다르고 공무원의 면전에서 합의할 것을 요구하는 것, 서면이나 구두로 신고하는 것으로 충분하다고 하는 것 등으로 구별된다. 이러한 이유에서 종교혼, 민사혼을 포함한 혼인 방식의 준거법이 문제된다.

혼인 방식의 준거법에 관해서는 혼인거행지의 법률에 의해야 한다는 것이 널리 일반적으로 인정되어 있다. 즉 "장소는 행위를 지배한다."라는 원칙이 적용되는 경우의 하나이다. 그런데 혼인거행지법의 적용에 관해서는, 그것이 혼인 방식에 관해서 언제나 절대적·원칙적으로 적용되어야 한다는 입장(영·미)과, 혼인거행지법을 단순히 임의적·보충적으로만 적용되는 것으로 하여 당사자의 속인법과의 선택을 인정하는 입장이 대립한다(중화민국 섭외민사법률적용법, 독일 민법시행법). 그러나 후자에 있어서도 내국에 있어서의 혼인에 관해서는 혼인거행지법이 적용되고, 혼인거행지법과 당사자의 속인법과의 선택이 인정되는 것은 외국에서의 혼인에 한한다고 하는 것이 보통이다(독일, 프랑스, 이탈리아, 폴란드). 그리고 종교혼을 인정하는 국가에서는 자국민으로서 일정한 종교에 속하는 자들 사이의 혼인은 그것이 내국에서 행해지든 외국에서 행해지든 묻지 않고 언제나 자국법에 의한 일정한 종교적 의식이 요구되는 것이 통례이다(그리스, 이란). 이 경우에는 혼인거행지법의 원칙은 적용되지 않는다.

(2) 국제사법의 입장

혼인의 방식을 거행지법에 의해서만 가능하도록 하는 것은 당사자에게 많은 불편을 주게 되고, 이러한 불편을 당사자에게 강요하면서까지 혼인의 방식의 공서성을 엄격히 고려할 필요는 없으며, 혼인의 자유가 인정되고 있는 오늘날 단순히 거행지법에 따른 혼인의 방식을 갖추지 않았다는 이유로 혼인의 성립을 부정하는 것은 부당하다.

따라서 국제사법에서는 혼인의 보호를 위하여 혼인의 방식의 준거법을 보다 넓게 선택적으로 인정하였다. 즉, 혼인거행지법 외에 당사자 일방의 본국법에 의한 혼인의 방식도 유효한 것으로 하였다(제63조 2항 본문). 그 결과 종래 혼인거행지법의 예외로서 외국에 있는 내국민간에 본국법의 방식에 따라 혼인할 수 있도록 하는 구섭외사법 제15조 제2항의 영사혼 규정은 그 의미가 없어졌으므로 이를 삭제하였다.

다만, 혼인당사자 중 일방이 한국인이고 또 그들이 대한민국에서 혼인하는 경우에는 대한민국의 혼인 방식에 따르도록 하였다(제63조 제2항 단서). 이는 위와 같은 경우에 대한민국법이 아닌 타방 당사자의 본국법에 의한 방식만으로 혼인이 성립되는 것을 인정한다면 그 혼인관계가 우리 가족관계등록부에 전혀 명시되지 않은 채 유효하게 성립되어 신분관계에 혼란을 가져올 수 있으며, 그 혼인관계에서 출생한 자녀의 국적이나 지위가 불안정해지는 문제점을 고려한 것이다. 또한 위와 같은 경우 당사자에게 거행지법인 대한민국법의 방식에 따라 혼인 신고를 요구하더라도 한국인이 외국법의 방식에 의하여 혼인을 할 때 보고적 신고를 하게 되어 있는 것과 비교하면, 그것이 창설적 신고라는 것일 뿐 실제 내용상의 차이는 없어 특별한 어려움을 강요하는 것도 아니다. 이와 같이 특정한 경우 내국인에게 자국법을 준거법으로 하여 따르도록 하는 조항을 소위 「내국인 조항」이라 한다. 이에 대하여는 동일한 남녀관계가 어떤 나라에서는 유효한 혼인관계로 인정되나 다른 나라에서는 무효인 혼인관계로 인정되는 소위 파행혼(跛行婚: limping marriage)이 생길 수 있다는 등의 비판이 있다.

판 례

"섭외혼인의 성립요건에 관한 국제사법 제36조에 의하면 우리나라 내에서 외국인과 한국인이 혼인할 때, 혼인의 실질적 성립요건은 각 당사자의 본국법에 의하지만, 형식적 요건인 혼인의 방식은 혼인거행지인 대한민국 법에 따라야 하고, 우리나라 민법 제812조는 혼인의 방식에 관하여 당사자 쌍방과 성년자인 증인 2인이 연서한 서면에 의하여 호적법에 따라 신고하도록 하고 있는바, 대만 국적 남자와 대한민국 국적 여자가 우리나라에서 혼인하였으나 한성화교협의회의 호적등기부에 혼인사실을 등재하였을 뿐 혼인거행지법인 우리나라 민법 제812조 및 호적법에 따른 혼인신고를 한 사실이 없다면 그 혼인은 유효한 혼인으로서의 효력이 없으며, 그 사이에서 출생한 자는 혼인 외의 출생자이다"(서울지법 2003.7.25. 선고 2001가합64849 판결).

3. 혼인의 무효 및 취소

(1) 혼인의 성립요건의 흠결

혼인의 실질적 성립요건은 각 당사자에 관해서 그 본국법에 의하므로 이러한 실질적 성립요건 흠결의 효과도 또한 각각의 본국법에 따라야 한다. 따라서 혼인의 실질적 성립요건을 갖추지 않은 혼인이 유효인가 무효인가, 취소할 수 있는 것인가의 문제와 아울러, 취소할 수 있는 것이라면 취소권의 행사, 제척기간, 소급효의 문제 등은 모두 각 당사자의 본국법에 따른다.

당사자 일방의 본국법에 의하면 일정한 요건을 갖추지 못하였기 때문에 무효가 되는 경우에는 타방 당사자의 본국법상 이를 유효 또는 단순히 취소할 수 있는 것으로 하는 경우에도 그 혼인은 무효가 된다. 또한 당사자 일방의 본국법에 의하면 취소할 수 있는 혼인인 경우에는 타방의 본국법상 유효한 혼인이라고 해도 취소할 수 있는 혼인이다.

마찬가지로 혼인이 방식준거법상의 요건을 갖추지 못한 경우에는 혼인이 무효인가 취소할 수 있는가는 혼인방식의 준거법에 의해서 결정된다. 그리고 사실혼존부확인의 준거법은 혼인의 방식의 준거법에 따른다.[10]

무효 · 취소의 효과도 또한 무효 · 취소의 준거법에 따른다. 혼인이 무효이거나 취소되면 부부관계가 해소되는 것은 물론이지만, 이에 부수해서 몇 가지 문제가 생긴다. 이때 혼인의 무효 및 취소가 부부의 재산적 법률관계에 미치는 영향은 부부재산제의 준거법(제65조)에 의하는 것이 아니라, 무효 · 취소의 준거법에 따른다. 무효인 혼인은 처음부터 부부재산관계가 없었던 것이기 때문이다.

(2) 파행혼(跛行婚)

혼인의 실질적 성립요건 또는 방식에 관해서 어떤 국가의 국제사법이 지정하는 준거법에 의하면 그 요건 또는 방식을 갖추지 않아 무효인 혼인이라도 우

---

10) 서울가정법원 1980.8.19. 선고 80드871 판결; 혼인관계를 성립시키기 위한 혼인신고를 필하기 위하여 제기된 사실혼관계존재확인의 심판청구에 있어서는 혼인의 방식의 준거법인 혼인거행지법이 그 준거법으로 된다.

리나라에 있어서는 국제사법 제63조 제2항에 의해 유효한 혼인이라고 인정할 수 있는 경우가 있다. 또한 어떤 나라에 있어서는 유효하게 성립한 혼인이라고 해도 우리나라에서는 실질적 성립요건 또는 방식과 관련하여 공서에 반하는 것으로서 그 성립을 인정할 수 없는 경우가 있다.

이와 같이 동일한 신분관계가 어떤 나라에서는 부부로 인정되어도 다른 나라에서는 부부로 인정되지 않는 경우를 파행혼이라 한다.

파행혼은 방식위반의 경우에 특히 빈번하게 발생한다. 예를 들면 그리스 정교에 속하는 그리스인인 A男, B女가 대한민국에서 대한민국법에 따라서 혼인신고를 한 경우, 이 혼인은 대한민국에서는 유효하지만 그리스에서는 그리스정교도인 자국민의 혼인은 외국에서 거행될 경우에도 자국법이 정하는 종교상의 의식에 의하여야 한다고 규정하여 무효로 취급한다. 따라서 A男, B女는 대한민국 혹은 제3국 예컨대 영국과 같이 혼인의 방식을 혼인거행지법에 의해도 좋은 국가에서는 부부로 인정되지만, 그리스에서는 부부로 인정되지 않기 때문에 A男, B女는 각각 C女, D男과 그리스법이 정하는 종교상의 의식에 따라서 유효한 혼인을 할 수 있는 것으로 된다. 이리하여 A男의 妻는 대한민국이나 영국에서는 B女이지만 그리스에서는 C女이고 B女의 夫는 대한민국이나 영국에서는 A男이지만 그리스에서는 D男이라고 하는 기이한 현상이 생긴다. 국내적으로 중혼을 금지하는 것이 일반적이지만 국제적으로는 중혼을 허용하는 결과로 된다.

이러한 파행혼의 발생을 피하기 위해서는 이 점에 관한 각국의 국제사법규정을 통일하는 것 외에는 대책이 없지만, 그에 의해서도 파행혼이 전부 소멸한다고는 말할 수 없다. 어떤 국가의 법원에서 선고된 혼인무효 혹은 이혼의 판결이 다른 국가에서 그 효력을 인정하지 않는 경우에도 역시 파행혼이 발생하기 때문이다. 이러한 파행적인 법률관계는 혼인에 관해서 뿐만이 아니라 친자관계 등에 있어서도 나타난다. 파행적인 법률관계의 발생을 막는 것이 바람직한 일이지만 현재의 국제사법의 입장에서 보면 부득이한 것이다.

사례의 해결

1. 혼인의 실질적 성립요건에 관해서는 각당사자의 본국법에 의한다. 따라서 예컨대 혼인적령에 관해서는 각각의 당사자의 본국법상 일방적 혼인장애로 해석되므로 각각의 본국법의 요건을 충족하면 된다. 중화민국법은 혼인적령 등의 요건은 대한민국법과 다르지 않지만, 간통에 의하여 재판상의 이혼을 하거나 형의 선고를 받은 자가 상간자와 혼인하는 것을 금지하고 있는 점이나 근친혼의 금지의 범위가 8촌의 방계혈족 등에도 미치는 등 보다 엄격한 점이 다르다. 이러한 점은 쌍방적 혼인장애로 인정되므로 甲은 대한민국법상 혼인장애가 없어도 乙과의 관계에서 중화민국법상의 이와 같은 혼인장애가 있으면 혼인의 실질적 성립요건을 충족하지 않게 된다.

2. A와 B가 타이완에서 혼인하는 경우, 중화민국법상 유효한 의식혼에 의하였다면 방식상 유효하다. 그러나 대한민국에서 혼인하는 경우에는 언제나 혼인거행지법으로서의 대한민국법상의 신고가 없으면 유효한 혼인으로 인정되지 않는다.

4. 혼인의 일반적 효력

사 례

甲과 乙은 6개월 넘게 대한민국에 거주하는 브라질인 부부이다. 妻인 乙은 대한민국에서의 생활을 위하여 냉장고와 컴퓨터를 구입하였다. 夫인 甲은 그 대금을 지불할 책임이 있는가?

(1) 준거법의 결정

(가) 입법주의

혼인의 일반적 효력은 주로 부부의 신분에 관한 문제로서 당사자의 속인법에 의하는 것이 널리 일반적으로 인정되어 있다. 국제사법상 당사자 이익을 존중하는 사상이다. 당사자의 속인법으로서 주소지법을 채택하는 경우 그것은 통상 혼인주소지법을 의미하므로 적용상 곤란한 점은 생기지 않는다.

그런데 속인법으로서 본국법을 채택하는 경우 부부가 동일 국적을 가지는 경우에는 문제없지만 부부가 국적을 달리하면 어느 본국법을 적용할 것인가가 문제된다.

이 점에 관해서는 夫의 본국법주의, 처의 본국법주의, 부부의 약정에 의한 어느 일방의 본국법을 적용하는 주의, 부부의 각자에 관해서 그 본국법을 적용하는 주의, 부부의 본국법을 누적적으로 적용하는 주의 등 여러 가지 설이 주장되어 있지만 夫의 본국법주의를 채택하는 입법례가 가장 많다(이탈리아민법, 그리스민법, 루마니아민법, 중화민국 섭외민사법률적용법, 부스타만테법전).

또한 부부가 동일 국적을 가질 때에는 그 공통 본국법에 의하고 부부의 국적이 다른 때에는 그 공통 주소지법(세네갈 가족법) 혹은 가족생활이 가장 밀접한 관계를 가지는 국가의 법(포르투갈 민법)에 의한다고 하는 입법례도 있다.

(나) 국제사법의 입장

구섭외사법은 夫의 본국법주의를 채택하여 제16조 제1항에서 "혼인의 효력은 夫의 본국법에 의한다."라고 규정하고 있었다. 이러한 夫의 본국법주의는 혼인공동체에서의 夫의 우월적 지위를 인정하는 것이어서 헌법상 남녀평등의 원칙에 위배된다는 비판을 받아왔다. 따라서 국제사법은 남녀차별적 요소를 제거하고자 혼인의 효력의 준거법을 부부의 동일한 속인법으로 변경하였다.

국제사법은 혼인의 효력의 준거법을 복수로 하여 단계적 연결방법을 취하고 있다(제64조).[11] 우선 1단계로 신분문제에 있어 기본원칙인 본국법주의에 따라 부부의 동일한 본국법에 의하도록 하고(제1호), 국적이 서로 다른 부부인 관계로 동일한 본국법이 없는 경우에는 2단계로서 부부의 동일한 일상거소지법을 준거법으로 삼고 있다(제2호). 만약 부부의 동일한 일상거소지법도 없는 경우에는 최종 3단계로 부부와 가장 밀접한 관련이 있는 곳의 법을 준거법으로 하고 있다(제3호).

여기서 유의할 것은 부부의 공통 본국법이라는 표현 대신에 부부의 동일한 본국법이라는 표현을 사용하였다는 것이다. 국제사법은 공통 본국법(제73조 1

---

11) 혼인의 효력에 있어 단계적 연결방법으로는 크게 독일과 오스트리아가 취하고 있는 5단계 법과 일본이 취하고 있는 3단계 법으로 나뉜다. 3단계 법은 동일한 본국법, 동일한 일상거소지법, 밀접관련지법 순으로 연결하는 방법이고, 5단계 법은 동일한 본국법, 과거의 동일한 본국법, 동일한 일상거소지법, 과거의 동일한 일상거소지법, 밀접관련지법 순으로 연결하는 방법이다. 국제사법은 5단계 법보다 3단계법이 보다 단순·명확하고, 또 과거의 속인법보다는 현재의 속인법이 현재 발생된 혼인의 효력문제를 해결하는데 보다 적절하며, 과거의 속인법은 3단계 법 하에서도 밀접관련지법으로서 고려 대상이 될 수 있다는 점에 따라 3단계 법을 채택하고 있다(국제사법해설, 132면).

항 참조)과 동일한 본국법을 분리하여 각각 다른 의미로 사용하고 있는 바, 이는 당사자 중에 중(重)국적자가 있는 경우 의미에 차이가 생길 수 있기 때문이다. 양 당사자가 하나의 국적만을 가지고 있을 때에는 동일한 본국법과 공통 본국법의 의미가 일치하게 되나, 당사자 중 여러 개의 국적을 가진 자가 있는 경우에는 중국적자의 본국법을 결정하는 절차 때문에 양자 간의 의미에 차이가 생길 수 있다. 중국적자의 경우 동일한 본국법은 국제사법 제16조 제1항에 의하여 결정된 그의 본국법과 상대방의 본국법이 일치해야 한다는 의미이며, 공통 본국법이란 그의 여러 국적 중 상대방과 공통되는 국적이 있을 경우 그 본국법을 의미한다. 가령 夫가 대한민국과 미국 국적을 가지고 있고, 妻는 미국 국적을 가지고 있는 경우 이중국적자인 夫의 본국법은 제16조 제1항에 의하여 대한민국법이 되므로 부부간에 동일한 본국법은 존재하지 않는 것이 된다. 이에 반하여 부부간에 미국 국적은 서로 공통되므로 미국법이 공통 본국법이 된다. 국제사법이 당사자 간에 가장 밀접한 법을 정해 주기 위한 경우라면 동일한 본국법을 요구하지만, 준거법 결정을 보다 널리 인정할 필요가 있을 때에는 공통 본국법이 요구된다. 즉, 혼인의 효력에 있어서는 당사자 간에 가장 밀접한 준거법을 정해 줄 필요가 있으므로 형식적으로 국적이 공통된다는 이유만으로 그 법을 준거법으로 하는 것이 아니라, 당사자의 본국법 간에 완전한 동일성을 요구하는 것이다. 이에 반하여 부양의 경우에는 부양당사자가 국적을 가지는 법 중 어느 하나의 법에서 부양의 권리의무가 인정되면 그 법에 의하도록 하는 것이 부양권리자의 보호를 도모하는 것이므로, 동일한 본국법보다 그 인정범위가 넓은 공통의 본국법으로 규정하고 있다(제73조 1항).[12)]

(2) 준거법의 적용범위

국제사법 제64조는 부부재산제(제65조)를 제외한 모든 혼인의 효력을 원칙적인 적용대상으로 한다. 그러나 개별적으로 보면 혼인의 일반적 효력에 관한 문제인가 아니면 다른 법률관계에 관한 문제인가가 문제되는 경우가 적지 않기

---

12) 국제사법해설, 133면.

때문에 법률관계 성질결정의 문제가 생긴다.

또한 혼인의 일반적 효력에 관한 문제는 그 성질상 공서양속에 관계되는 경우가 적지 않기 때문에 국제사법 제23조의 적용이 문제되기도 한다. 이와 함께 혼인의 일반적 효력이 제3자와 관계를 가지는 경우에는 거래보호의 문제가 생긴다. 따라서 이러한 문제는 어떻게 처리해야 할 것인가가 문제된다.

(가) 동거의무

부부 사이에 동거의무가 있는지 여부, 어떠한 경우에 동거의무 위반으로 되는가 등은 혼인의 일반적 효력의 문제로서 국제사법 제64조에 의해 규율된다.

(나) 부양의무

부양의무에 관해서는 제73조에서 일반규정을 두고 있으나, 부부간의 부양의무는 혼인공동체를 유지하기 위한 하나의 중요한 내용으로서 그 밖의 혼인의 효력과 불가분의 관계를 가지므로 제64조가 적용된다고 해석해야 하며, 따라서 제73조가 적용되지 않는다.[13]

(다) 妻의 행위능력

혼인에 의해서 妻가 행위능력을 제한받는가의 문제는 행위능력에 관한 문제로서 국제사법 제28조에 의해야 한다고 해석할 수도 있지만, 이는 오히려 혼인의 일반적 효력에 관한 문제로서 국제사법 제64조의 적용을 받는다고 해야 할 것이다. 妻의 행위능력을 제한하는 것은 본인의 심신의 미성숙에 의한 것이 아니라 夫의 수장인 지위를 인정하는 것에 의해 부부관계의 화합·원만을 도모하기 위한 것이기 때문이다.

(라) 혼인에 의한 성년의제

미성년자도 혼인하면 완전한 행위능력자로 되는가의 문제에 대해서는 견해가 나뉜다. 즉 행위능력에 관한 문제라고 해서 국제사법 제28조에 의해야 한다는 설과 혼인의 일반적 효력에 관한 문제라고 해서 국제사법 제64조에 의해야 한다는 설이 대립하고 있다. 이에 관하여 국제사법은 제28조 제1항 단서에서 명문의 규정을 둠으로써 행위능력에 관한 문제로 보고 있다.

---

13) 황산덕/김용한, 357면; 서희원, 269면; 신창섭, 제292면.

(마) 일상가사대리권

일상가사대리권은 혼인의 일반적 효력의 문제로서 국제사법 제64조에 의한 것인가 아니면 혼인의 재산적 효력의 문제로서 국제사법 제65조에 의할 것인가 의 문제가 있다.

이에 대해서 일상가사를 집행하는 문제는 혼인의 일반적 효력 속에 포함된다고 해도 비용부담의 문제는 부부재산제의 문제로 취급하여야 한다는 견해가 주장되고 있으나, 일상가사를 집행하는 문제와 그를 위한 비용부담의 문제는 불가분의 관계에 있고 이를 별개의 준거법에 의하게 하는 것은 타당하지 않다고 할 것이다. 즉 이 문제는 혼인공동체의 원활한 운영을 위해서 불가결한 제도상의 문제이고 부부의 재산적 사무에 관한 문제이지만 국제사법상으로는 부부재산제와는 별개의 것으로 생각하는 것이 적당할 것이다. 따라서 일상가사대리에 관한 것은 혼인의 일반적 효력의 문제로서 국제사법 제64조의 적용을 받는다고 해석하여야 할 것이다.[14]

(바) 배우자인 피성년후견인 또는 미성년자의 후견

부부의 일방이 그 배우자인 피성년후견인의 후견인이 되고 또 夫가 미성년자인 妻에 대해서 후견인으로 되는 경우가 있다. 이 문제는 혼인 그 자체의 효력이라고 하기보다 성년후견의 심판 또는 妻의 미성년이라는 우연의 사실에 의하는 것이므로 국제사법 제64조에 의할 것이 아니라 후견의 준거법인 국제사법 제75조에 의해야 할 것이다.

(사) 부부간의 계약

부부간의 계약을 무효 또는 취소할 수 있는 것으로 하고 있는 법제가 있다. 이러한 부부간의 계약의 효력 및 그 취소권의 문제는 일반계약에 관한 문제로서 국제사법 제45조에 의해야 하는가 아니면 혼인의 효력의 문제로서 국제사법 제64조에 의할 것인가 하는 문제이다. 부부간의 계약의 효력을 제한하는 것은 혼인생활을 수행하기 위한 필요에 의한 것이므로 혼인의 효력의 준거법인 국제사법 제64조의 관할에 속한다고 하여야 할 것이다.

---

14) 황산덕/김용한, 267면; 서희원, 269-270면; 석광현, 261면.

(아) 부부의 성(姓)

혼인에 의해서 妻가 夫의 성을 따르든지(스위스 민법), 부부가 夫 또는 妻의 성을 따르든지(일본), 혼인을 하여도 부부의 성은 변경하지 않는다(대한민국)는 등 부부의 성에 관한 각국의 법제는 각양각색이다. 부부의 성의 문제는 부부 각자의 인격권에 관한 문제이지만 다른 한편에 있어서는 그것은 혼인이라고 하는 신분변동의 효과로서 생기는 문제이고 어떤 사람의 성은 일응 개인의 의사와는 관계없이 법의 규정에 의해서 당연히 변경 내지 결정되는 것이다. 이 점에 착안하면 혼인에 의한 부부의 성의 문제는 혼인의 일반적 효력의 문제로서 국제사법 제64조에 의해야 할 것이다.

사례의 해결

일상가사채무의 책임은 우리 민법에서는 혼인의 재산적 효력의 항목 중의 제832조에 규정되어 있지만, 이것은 부부재산제의 여부에 관계없이 혼인생활의 원활한 운영을 위하여 인정된 것으로 보는 것이 타당하므로 국제사법 제64조에 의하여 부부의 공통본국법인 브라질법에 의하게 된다. 일상가사의 집행의 문제는 혼인의 신분적 효력에 포함된다고 하여도 비용부담의 문제는 가사채무의 분담에 관련되므로 부부재산제의 준거법에 의한다고 하는 설도 있다. 그러나 일상가사의 집행과 그를 위한 비용부담은 불가분의 관련성을 가지므로 이를 분할하여 각각 준거법을 생각하는 것은 타당하지 않다. 결국 냉장고나 컴퓨터가 브라질민법 제247조 제1항 제1호의 「가계에 필요한 물건」에 해당되느냐 어떠냐의 문제가 되고, 이것에 해당한다고 하면 甲과 乙은 연대하여 그 대금을 지불할 책임이 있다.

5. 혼인의 재산적 효력(부부재산제)

사 례

한국인 甲은 스웨덴 여성인 乙과 혼인하여, 甲 명의로 등기되어 있는 부산 시내의 아파트에서 생활하고 있다. 甲은 주식투자로 입은 손해를 메꾸기 위하여 금융업자인 丙으로부터 5,000만원을 빌렸으나 기한이 지나도록 갚지 못하였기 때문에, 丙은 집행권원을 얻어 이 아파트 및 가재도구를 압류하였다. 이 압류에 대하여 乙은 甲과 혼인 후 날짜와 양당사자의 서명이 있는 서면에 의하여 부부재산관계를 스웨덴법에 따를 것으로 합의하였으므로 스웨덴법이 부부재산관계의 준거법으로 되고, 스웨덴법에 의하면 맨션 및 가재도구가 공용재산으로 되어 2분의 1 지분을 가진다고 주장하면서 청구에 관한 이의의 소를 제기하였다. 乙의 주장은 인정되는가?

(1) 준거법의 결정

(가) 입법주의

부부재산제의 준거법에 관해서는 의사주의, 속인법주의 그리고 동산·부동산 구별주의가 있다.

그 중 의사주의는 부부재산계약을 채권계약과 동일시해서 당사자의 의사에 의해 그 준거법을 결정하여야 한다고 하고, 부부재산계약이 체결되지 않은 경우에 따라야 할 법정재산제에 관해서도 당사자의 묵시의 의사가 있는 것으로 보아 혼인거행지법이나 혼인주소지법 또는 공통본국법을 적용하자는 입장이다. 프랑스학자 뒤물랭(Dumoulin)에 의해 최초로 주장되었고, 오늘날에도 프랑스 판례에 채용되고 있다. 또한 헤이그 제13회기에서 채택된 「부부재산제의 준거법에 관한 조약」(1978)이 부부재산제의 준거법에 관해서 제1차적으로 의사자치의 원칙을 채용하고 있는 것이 주목된다.

속인법주의는 부부재산관계가 혼인의 효력인 점을 중시하여, 이것을 혼인의 재산적 효력으로서 일반적 효력과 마찬가지로 당사자의 속인법을 적용하자는 입장이다. 국제사법상의 당사자이익을 고려한 것이다. 오늘날 독일, 이탈리아, 네덜란드, 스페인 등의 다수의 대륙법계 국가에서 채용되어 있다.

동산·부동산 구별주의는 부부의 재산 가운데 동산과 부동산을 구별하여 동산에 관해서는 속인법, 부동산에 관해서는 소재지법에 의해야 한다고 하는 입장이다. 오늘날 주로 영미법계 국가에서 채용되어 있다.

(나) 국제사법의 입장

① 혼인의 일반적 효력에 관한 준거법 준용

각국의 실질법상 부부재산제와 상속은 본래 극히 밀접한 관계를 가진다. 따라서 부부재산제의 법률관계 성질결정은 우리 국제사법의 입장에서 상속과의 관계를 고려하여야 한다.

구섭외사법 제17조 제1항은 "부부재산제는 혼인 당시의 夫의 본국법에 의한다."라고 규정하고 있었다. 국제사법은 부부재산제의 원칙적 준거법에 대하여 구섭외사법하의 남녀차별적 요소를 제거하고, 혼인의 재산적 효력을 혼인의 일반적 효력의 문제와 동일한 준거법에 의하도록 하는 것이 타당하다는 이유에서 혼인의 일반적 효력에 관한 규정인 제64조를 준용하고 있다(제65조 1항).

이 경우 그 연결시점을 혼인 당시로 할지(고정주의), 아니면 현재로 할지(변경주의) 선택의 문제가 생기는데, 국제사법에서는 구섭외사법과는 달리[15] 변경주의를 채택하였다. 이와 같이 연결시점의 기준을 현재로 변경한 것은 부부재산제가 현재의 혼인생활과 밀접한 관련을 갖고 있고, 국제사법에서 부부재산제의 준거법을 혼인의 일반적 효력에 일치시키고 있으므로 그 연결시점도 일치시키는 것이 타당하기 때문이다. 아울러 혼인의 일반적 효력을 정한 국제사법 제64조에서 부부의 동일한 속인법을 준거법으로 하고 있으므로 변경주의에 따르더라도 부부 일방이 임의로 국적을 바꾸어 유리한 법률관계를 생성시킬 가능성은 희박하기 때문이다.

② 당사자자치 원칙의 채택

국제사법은 부부재산제에 당사자자치원칙을 도입하여 부부가 준거법을 선택할 수 있도록 하여, 선택된 준거법을 우선적으로 적용하도록 하였다(제65조 2항 본문). 다만, 부부재산제의 신분법적 측면도 고려하여 준거법 선택의 범위에 양적 제한을 가하였다. 즉 부부가 합의에 의하여 ① 부부 중 한쪽이 국적을 가지는 법, ② 부부 중 한쪽의 일상거소지법, ③ 부동산에 관한 부부재산제에 대하여는 그 부동산의 소재지법 중 어느 하나를 선택한 경우에는 부부재산제는 그 법에 따른다(제65조 2항 1～3호).[16] 또한 선택의 방식에 명확성을 기하기 위하여 날짜[17]와 서명이 있는 서면에 의하도록 하였다(제38조 2항 단서).

부부재산제의 준거법을 당사자인 부부가 선택할 수 있도록 하는 당사자자치원칙을 도입한 것은 다음과 같은 이유 때문이다. 첫째, 「부부재산제의 준거법에 관한 헤이그협약」(Hague Convention on the Law Applicable to Matrimonial

---

15) 구섭외사법에서 고정주의를 취한 것은 부부재산제의 항구적 성질을 존중하고, 夫의 자의적인 국적변경으로 준거법이 달라짐에 따라 처 및 부부와 거래한 제3자의 불이익을 피하기 위한 것으로 해석되고 있었다.

16) 중국적자의 경우에는 그 중 어느 국적이라도 그 국적이 있는 국가의 법을 선택할 수 있다. 제2항 제1호에서 「부부 중 일방의 본국법」이라고 표현하지 아니하고 「부부 중 일방이 국적을 가지는 법」이라고 표현한 것은 이러한 이유에서이다.

17) 여기서는 일자만 기재되어 있으면 족하고, 확정일자를 요구하는 것은 아니다. 「부부재산제의 준거법에 관한 헤이그협약」 제13조도 동일한 취지로 규정하고 있다.

Property Regimes, 1978)과 최근 많은 외국의 입법례에서 이를 허용하고 있으므로 국제적 통일을 기할 수 있다. 둘째, 부부재산제는 재산적 측면이 강하므로 그 문제를 부부의 의사에 맡겨 그들 간에 자유로운 재산관계의 형성과 관리를 가능하게 하는 것이 타당하다. 셋째, 부부재산제의 원칙적(객관적) 준거법에 단계적 연결방법이 도입됨으로써 밀접관련지와 같이 준거법의 예측이 곤란한 경우가 생기므로 예측가능성을 확보해 주기 위해 준거법 선택을 인정하는 것이 바람직하다. 넷째, 원칙적 준거법이 변경주의를 취하므로 부부재산제에 명확성과 고정성을 바라는 당사자의 의사를 존중해 주는 것이 좋다.[18]

③ 내국거래 보호조항의 마련

부부재산제의 문제는 거래상대방인 제3자의 이익에도 영향을 미치며, 특히 준거법이 외국법인 경우 내국에서의 거래보호문제가 발생하게 된다. 국제사법 하에서는 부부재산제에 단계적 연결이 도입되고 법 선택도 가능하게 되어 거래상대방의 입장에서 볼 때 종전에 비해 준거법이 불명확해졌기 때문에 내국거래 보호를 도모할 필요가 더욱 크다고 할 수 있다.

국제사법은 이 문제를 해결하기 위하여 일본 법례와 같이 내국거래 보호조항을 마련하고 있다. 즉, 준거법이 외국법인 경우 그 외국법에 의해 부부재산계약이 체결되고 그것이 대한민국에서 등기된 경우에는 이를 제3자에게 주장할 수 있다(제65조 4항). 그러나 그러한 부부재산계약이 대한민국에서 등기되지 않았거나 또는 실제로 등기가 불가능한 경우에 외국법이 준거법으로 된 경우에는 대한민국에서 행하여진 법률행위 및 대한민국에 있는 재산에 대하여 선의의 제3자에게 대항할 수 없도록 하고, 이때에는 그 외국법에 의할 수 없으므로 대한민국법에 의하도록 명시하고 있다(제65조 3항).

(2) 준거법의 적용범위

(가) 부부재산계약

당사자가 부부재산계약을 체결할 수 있는가, 체결할 수 있다고 한다면 그 시

---

18) 석광현, 269면.

기·내용 및 효력 등의 문제는 모두 국제사법 제65조에 의한다.

부부재산계약의 체결능력의 준거법에 관해서는 문제가 될 것이지만, 부부재산계약은 일종의 재산적 신분행위로서의 특수성을 가지기 때문에 행위능력에 관해서는 제28조에 의하고, 방식에 관해서는 제31조에 의한다고 해석하는 것이 타당할 것이다.[19]

(나) 법정재산제

부부재산계약을 체결할 수 없는 경우 또는 부부가 특히 부부재산계약을 체결하지 않은 경우에는 부부의 재산관계는 법정재산제에 의하는 것이 보통이지만 이러한 법정재산제에 관한 문제도 또한 국제사법 제65조의 적용을 받는다. 따라서 어떤 내용의 법정재산제를 따를 것인가 하는 문제, 공유재산 내지 특유재산이라고 하는 부부재산의 귀속, 공유재산이나 특유재산의 관리·사용·수익 또는 처분에 관한 부부간의 권리의무, 부부의 일방이 혼인 전 또는 혼인 중에 부담한 특정채무를 다른 일방의 책임지는지 등의 문제는 모두 국제사법 제65조에 의하는 것으로 된다.

(다) 부부재산관계의 소멸

혼인의 해소 즉 배우자의 일방이 사망하거나 또는 이혼하였을 경우에 부부재산관계는 어떤 영향을 받는가, 즉 부부재산관계의 해소, 해소에 의해서 생기는 부부재산의 귀속, 확정의 문제 등은 모두 국제사법 제65조에 의한다.

사례의 해결

부부에 의하여 준거법으로서 외국법이 선택된 경우뿐만이 아니라 부부재산제를 외국법에 의하는 경우에는 널리 내국의 거래보호의 문제가 생긴다. 그리하여 먼저 외국법에 의한 부부재산계약을 대한민국에서 등기한 경우에는 제3자에게 대항할 수 있다. 부부가 외국법을 준거법으로서 선택한 경우에는 그것에 기하여 그 외국법의 내용과 일치하는 부부재산계약을 체결한 것으로 볼 수 있으므로 그와 같은 부부재산계약을 등기함으로써 제3자에게 대항할 수 있다. 다음으로 이와 같은 등기가 없는 경우에 대한민국에서 행한 법률행위 및 대한민국에 소재하는 재산에 관해 외국법에 의하는 것은 선의의 제3자에게 대항할 수 없다. 이 경우에는 그와 같은 제3자와의 관계에서는 대한민국법이 부부재산관계의 준거법이

19) 동지: 황산덕/김용한, 270-271면; 서희원, 274-275면.

된다. 사례에 관해서는 甲, 乙부부가 스웨덴법과 내용적으로 일치하는 부부재산계약을 체결하고 그것을 대한민국에서 등기하고 있지 않으면 선의의 제3자에게 스웨덴법에 의하는 것으로써 대항할 수 없고 대한민국법이 적용된다. 이 경우에는 결국 스웨덴법이 적용될 것인가의 여부는 준거법으로서 그 외국법이 선택되어 있는 사실에 관하여 丙이 선의였는가에 따라 결정된다.

6. 사 실 혼

사실혼이란 혼인의 의사를 갖고 동거하여 실질적으로는 부부로서의 생활을 하고 있으나 법률이 정한 혼인의 형식적 요건, 즉 혼인신고를 하지 않거나 혼인의 방식을 갖추지 않고 있기 때문에 법률상의 혼인으로 인정되지 않는 사실상의 부부관계를 말한다. 우리나라의 경우 사실혼의 법적 성질이나 본질에 관하여 논의가 많았으나, 현재로서는 혼인에 준하는 특별한 관계, 즉 준혼관계(準婚關係)로 이해되고 있으며, 판례도 이에 따라 사실혼관계의 부당파기자에 대하여 불법행위 또는 채무불이행으로 인한 손해배상책임을 지우고 있다.[20]

각국은 그 용어와 법적 구성 및 내용에 차이가 있으나 이러한 형태의 혼인관계를 인정하고 있으므로 이에 대하여는 혼인의 준거법인 제63조와 제64조를 유추적용하여 국제사법적인 해결이 가능한 것으로 보아야 할 것이다.[21]

Ⅳ. 이 혼

사 례

1. 8년 전부터 대한민국에 거주하며 음악가로서 활동하고 있는 스페인인 甲은 프랑스인 여성 乙과 혼인하여 대한민국에서 생활하고 있지만, 성격이 맞지 않고 혼인생활이 원활하지 않으므로 이혼을 원하고 있다. 甲이 대한민국 법에 따라 이혼소송을 제기할 수 있는가?
2. 한국인 여성 甲은 독일에 유학하여 독일인 乙과 혼인하여 독일에서 생활하고 있었지만, 혼인생활이 원만하지 않아 乙과 이혼할 것을 합의하여 대한민국으로 귀국하고 협의이혼의 절차를 밟으려 하고 있다. 乙과 대한민국에서 협의이혼의 절차를 밟을 수 있는가? 또

---

20) 김주수, 친족·상속법, 220-221면; 박정기·김연, 친족상속법, 187면.
21) 신창섭, 297면.

한 甲은 그 후 乙과의 연락이 끊긴 경우에 乙이 행방불명인 것을 이유로 원고의 일상거소
지인 대한민국의 법원에 이혼소송을 제기하여 대한민국 법에 따라 이혼할 수 있는가?

1. 총 설

(1) 입법주의

일반적으로 이혼의 준거법에 관해서는 이혼이 법정지의 공서양속과 극히 밀
접한 관계에 있다는 이유에서 법정지법주의(19세기 중엽 사비니에 의해 주장됨),
이혼이 부부인 신분관계의 소멸에 관한 것이라는 이유에서 부부의 속인법주의
(본국법주의) 혹은 혼인의 신분적 효력의 준거법주의(오스트리아 국제사법) 등
이 주장된다.

이때 본국법주의라고 해도 부부가 국적을 달리하는 경우에는 어느 법률에
의할 것인가가 문제되고, 이에 관하여 부부쌍방의 본국법의 누적적 적용주의
(벨기에, 프랑스, 스위스, 포르투갈의 판례), 부부최후의 공통본국법주의(그리스민
법), 夫의 본국법주의(독일 민법시행법, 중화민국 섭외민사법률적용법) 등이 대립
하고 있다. 또한 본국법이라 하더라도 어떤 시기의 본국법에 의할 것인가도 문
제된다. 여기에 관해서는 혼인 당시의 본국법(그리스 민법), 이혼원인인 사실이
발생할 당시의 본국법 그리고 소송 당시의 본국법(독일 민법시행법, 중화민국 섭
외민사법률적용법) 등의 입법례가 있다.

(2) 국제사법의 입장

(가) 혼인의 일반적 효력에 관한 준거법 준용

이혼에 관해서 구섭외사법 제18조는 "이혼은 그 원인된 사실이 발생한 당시
의 夫의 본국법에 의한다."라고 규정하고 있었다. 이와 같이 구섭외사법은 夫
단독의 본국법을 준거법으로 하고 있어 남녀차별적 요소를 지니고 있었고, 이
혼원인에 있어 유책주의를 전제로 한 관계로 파탄주의의 흐름을 반영하지 못하
고 있었으며, 준거법의 누적적 적용으로 이혼가능성을 제한시키고 있어 이혼의
자유라는 각국 실질법의 경향에 역행하고 있는 점 등이 문제점으로 지적되어

왔다. 국제사법은 이러한 문제점을 제거하고 또한 이혼은 혼인관계의 해소이므로 혼인의 효력의 준거법에 연결시키는 것이 타당하다고 보아 혼인의 일반적 효력의 준거법에 관한 제64조를 준용하고 있다(제66조 본문).

이 경우에도 그 연결시점을 고정시킬 것인지(고정주의), 아니면 현재로 할 것인지(변경주의) 선택의 문제가 생기는데, 고정주의를 취한 구섭외사법과 달리[22] 국제사법에서는 이혼의 효력에 중점을 두어 연결시점을 현재로 하는 변경주의를 채택하고 있다. 최근 각국의 이혼법은 유책주의가 아닌 파탄주의를 취하고 있으며 파탄주의에 의할 때 국제이혼법에서 중요한 문제는 현재 그 이혼을 인정할 것인지 여부의 문제이므로 변경주의를 채택하게 된 것이다. 또한 변경주의를 채택하더라도 혼인의 일반적 효력을 정한 국제사법 제64조에서 부부의 동일한 속인법을 준거법으로 하고 있으므로 부부 일방이 유리한 법률관계를 생성시키기 위하여 임의로 국적 등을 변경하는 것은 의미가 없게 되었다.[23]

(나) 내국인 조항

위 규정에도 불구하고 부부 중 한쪽이 우리나라에 일상거소가 있는 대한민국 국민인 경우 이혼은 대한민국 법에 따르도록 하고 있다(제66조 단서). 이것은 우리나라에서 협의이혼제도가 인정되고 있고, 이때 협의이혼 신고서를 호적공무원이 수리하는 데에서 발생하는 문제점을 해결하기 위한 것이다.

즉 부부 중 일방이 협의이혼 신고서를 대한민국에서 호적공무원에게 제출하면 호적공무원은 이혼의 성립 여부를 이혼의 준거법으로 검토하여야 한다. 그런데 호적공무원의 입장에서는 부부의 동일한 본국이 대한민국이거나 동일한 일상거소지가 대한민국이라면 대한민국법의 요건을 검토하여 수리하면 되지만, 그러한 공통점이 없다면 밀접관련지법을 적용해야 하는데(제64조 참조), 이는 확정하기가 매우 곤란하다. 더욱이 혼인의 효력 문제와는 달리 이혼의 경우에는 동일한 일상거소지도 없는 경우가 자주 발생하게 되므로 이러한 문제의 발생가능성은 매우 클 것이다. 이러한 실무상의 난점을 피하기 위해 단서 규정을

---

22) 구섭외사법이 연결시점을 이혼 원인의 발생시로 고정한 것은 유책주의를 전제로 한 것이며, 또한 이혼 원인이 발생한 후에 夫가 자기의 국적을 자의로 변경하여 이혼을 어렵게 하거나 또는 쉽게 함으로써 妻가 예기하지 못한 결과의 발생을 방지하기 위한 것이었다.

23) 국제사법해설, 141면.

둔 것이다.[24)]

2. 이혼의 준거법의 적용범위

(1) 이혼의 허용여부

오늘날 세계의 대다수 국가에서는 이혼을 인정하고 있지만, 이혼을 인정하지 않는 국가도 있다(아일랜드, 칠레, 콜롬비아, 파라과이 등). 원래 이혼이 허용되는가는 국제사법 제66조에 의한다.

이혼의 허용여부와 관련하여 문제되는 것은 이혼을 금지하는 외국법이 준거법으로 지정된 경우에 내국의 공서조항(제23조)에 의거 그 적용을 배척할 수 있느냐의 문제이다. 우리나라에서도 우리나라 여자가 필리핀인 남편을 상대로 이혼을 청구한 사건에서 이혼을 허용하지 않고 있는 필리핀 민법이 우리의 공서양속에 반한다 하여 그 적용을 배척하고 우리 민법을 적용한 사례가 있다.[25)] 이는 내국인인 처를 보호하기 위한 관점에서 비롯된 판결이나, 단순히 처가 한국인이라는 이유만으로 이혼금지의 외국법의 적용을 배척하는 것은 공서관념의 부당한 확장이라는 비판을 받을 여지가 있는 것은 아닌지 살펴볼 필요가 있다.

(2) 이혼의 기관·방법 및 원인

오늘날 많은 국가에서는 법원의 판결에 의해서 이혼이 인정되는 것이 보통이지만, 협의에 의한 이혼(일본, 대한민국, 중화민국, 포르투갈, 멕시코) 외에도 일방적인 의사표시에 의한 이혼(이집트), 조정 또는 심판에 의한 이혼(일본), 종교법원에 의한 이혼(리투아니아), 국가 원수 또는 행정기관에 의한 이혼(덴마크, 노르웨이, 베트남), 국회의 특별법에 의한 이혼(퀘벡, 뉴펀들랜드) 등을 인정하는 국가도 있다. 이러한 이혼의 방법은 원칙적으로 국제사법 제66조가 정하는 준거법에 의한다.

그러나 이혼지에서 어떠한 기관이 이혼의 허가 내지 선고의 권한을 갖는가는 그 성질상 이혼지법이 정한 바에 따르지 않으면 안 된다. 따라서 이혼의 준

---

24) 국제사법해설, 141-142면.
25) 서울가법 1981.3.11. 선고 79드2574 판결.

거법이 일정한 기관에 의한 이혼을 규정하고 있다고 하더라도 이혼지법이 그러한 이혼기관을 인정하지 않는 때에는 그 방법에 따를 수 없을 것이다. 예컨대 대한민국 법원에서 문제된 어떤 이혼사안에 적용되는 준거법이 종교기관에 의한 이혼을 인정하고 있더라도, 대한민국법이 그러한 기관에 이혼의 권한을 인정하지 않으므로 대한민국에서는 그러한 방법으로 이혼할 수 없을 것이다. 만일 당사자가 그러한 방법에 의한다 하더라도 그 이혼은 대한민국에서는 무효이다. 이와 같이 이혼의 준거법에 의한 이혼방법은 이혼지법에 의하여 제한된다.

그러나 이러한 이론을 철저히 적용하여 이혼의 준거법상의 이혼방법을 엄격하게 해석하면, 대한민국에서의 외국인의 이혼이 곤란하게 되는 경우가 많으므로 이혼방법의 관념을 넓게 해석할 필요가 있다. 예컨대 외국법상 종교기관에 의한 이혼이나 행정기관에 의한 이혼이 허용되는 경우에 그 이혼의 원인이 대한민국의 재판상 이혼의 원인 또는 이에 준한 것으로 인정되는 때에는 대한민국의 재판상 이혼의 방법에 의한 경우를 허용하여야 할 것으로 생각된다.

한편, 이혼의 준거법이 협의이혼을 인정하고 있다고 하더라도 협의이혼을 하는 방식은 어떻게 규율할지 문제된다. 국제사법에는 이혼의 방식에 관한 규정이 없으나 제31조로 미루어 보아 이혼지법에 의할 수 있는 것으로도 해석될 수 있을 것이다. 예컨대 한국인-일본인 부부가 협의이혼하는 경우에, 우리나라에서 이혼을 한다면 협의가 이루어진 후에 반드시 가정법원에 의한 이혼의사의 확인을 받아야 할 것이지만(민법 제836조), 일본에서는 일본의 방식에 따르면 된다고 본다. 그러나 이 문제를 단순한 이혼의 방식문제에 그치지 않고 실질적인 성립요건의 문제로도 이해하는 입장도 있다. 만약 부부가 모두 한국인이라면 대한민국법에 따라 대한민국의 재외공관장에 의한 이혼의사의 확인을 받을 필요가 있다는 것이다.[26] 즉 이혼의 방식의 문제는 여타의 법률행위가 행위지

---

26) 부부 양쪽이 재외국민인 경우에는 두 사람이 함께 그 거주지를 관할하는 재외공관의 장에게 이혼의사확인신청을 할 수 있고, 부부 중 한쪽이 재외국민인 경우에 재외국민인 당사자는 그 거주지를 관할하는 재외공관의 장에게 협의이혼의사확인신청을 할 수 있다. 신청을 받은 재외공관의 장은 당사자에게 이혼에 관한 안내 서면을 교부한 후, 이혼의사의 유무와 미성년인 자녀가 있는지 여부 및 미성년인 자녀가 있는 경우에 그 자녀에 대한 양육과 친권자결정에 관한 협의서 1통 또는 가정법원의 심판정본 및 확정증명서 3통을 제출받아 확인하고 그 요지를 기재한 서면을 작성하여 기명날인한 후 신청서에 첨부하여 지체 없이 서울가정법원에 송부하도록 되어

에 의할 수 있는 것과 달리 이혼지에 의할 것이 아니라 이혼의 실질적 성립요
건으로 보아 이혼의 준거법에 따라야 할 것이라는 입장이 그것이다.[27] 그리고
어떠한 사실이 이혼원인으로 되는가도 이혼의 준거법에 따른다.

(3) 이혼의 효력

이혼의 효력도 국제사법 제66조의 준거법에 따른다. 이혼의 주된 효력은 혼
인관계의 소멸이지만 이 점은 어느 국가에 있어서도 마찬가지이어서 특히 준거
법 결정이 의미를 가지는 것은 아니다. 오히려 문제되는 것은 이혼에 부수해서
생기는 여러 가지 관계이다.

(가) 성(姓)의 회복

이혼한 부부의 일방이 혼인 전의 성을 회복하는가 아니면 혼인 중의 성을
그대로 유지할 수 있는가 하는 문제는 한편으로는 개인의 인격권에 관한 문제
이다. 이 점에 착안하면 그 성이 문제되는 부부의 일방의 본국법에 관한 문제이
다. 그러나 다른 한편에 있어서는 이 문제는 이혼이라고 하는 신분변동의 효과
로서 생기는 문제이고 그 성은 일응 개인의 의사와는 관계없이 법의 규정에 의
해서 당연히 변경 내지는 결정되는 것이다. 이 점을 고려한다면 이혼의 준거법
에 따르는 것이 옳다.

(나) 손해배상

이혼에 책임이 있는 부부 일방(유책 배우자)이 상대방에 대해서 이혼에 의
해서 생긴 손해를 배상하여야 할 것인가 하는 문제는 이혼의 준거법의 적용을
받는다. 이혼에 의한 위자료 내지 손해배상 문제는 이혼할 때의 재산적 급부의
일환이므로 이혼의 효력에 관한 문제이기 때문이다. 그러나 이 점에 대해 유책
배우자가 부담하는 위자료는 이혼의 원인된 사실로 인하여 상대방에 대해 정신
적 손해를 주었기 때문에 생기는 것으로서 그 성질은 불법행위이므로 그 준거
법은 불법행위지법에 의해야 한다고 하는 견해가 있으나, 이를 일반적인 불법
행위와 마찬가지로 보기는 어려운 점이 있다. 다만 이혼 그 자체에 기인한 위자

있다(가족관계의 등록 등에 관한 규칙 제75조).
27) 신창선, 335면.

료 청구와 달리 이혼에 이르게 한 원인행위, 예컨대 폭행에 의해 상대방에게 입힌 특정의 손해에 대한 배상청구의 문제는 이혼의 효력의 문제가 아니라, 그 자체로서 독립한 불법행위에 관한 문제이므로 불법행위지법의 적용을 받는다고 해석하여야 할 것이다.[28]

(다) 이혼 후의 부양

이혼한 후의 부부의 부양의 문제도 이혼에 의한 위자료와 마찬가지로 이혼할 때의 재산적 급부의 일환이므로 역시 이혼의 효력에 관한 문제로서 국제사법 제66조에 의한다(제73조 2항). 그러나 이에 대해서는 부양의무자의 본국법에 의해야 한다는 반대설이 있다.

(라) 이혼 후의 재산관계

이혼이 부부재산제에 미치는 효과의 문제는 이혼의 준거법에 의할 것인가 부부재산제의 준거법에 의할 것인가가 문제로 되나, 이는 부부재산제의 소멸에 관한 문제이므로 국제사법 제65조에 따른다고 해석된다.

(마) 자의 양육 등

부모가 이혼한 경우에 그 미성년인 子에 대한 친권, 감호권의 귀속 내지 분배의 문제는 이혼의 효력에 관한 문제이지만 또한 다른 한편에 있어서 친자간의 관계에 관한 문제이기도 하다. 따라서 국제사법 제66조에 의할 것인가, 아니면 제72조에 의할 것인가의 문제가 생긴다.

이 문제는 부모의 이혼에 의해서 발생하는 문제이지만 이혼의 효력과 동일한 준거법에 따르게 하는 것보다 오히려 친권, 감호권의 내용이나 행사방법과 밀접하게 관련을 가지므로 친자관계의 준거법에 따르게 하는 쪽이 바람직스럽다. 또한 국제사법 제66조의 대상은 주로 부부간의 이해조정의 범위에 한하고 친자 간에는 미치지 않는다고 해석할 것이다. 따라서 이 경우는 제72조에 의하여 규율한다고 해석하는 것이 타당하다.[29]

(바) 성년의제의 경우

혼인에 의해서 성년자인 지위를 취득한 미성년자가 이혼할 경우 다시 미성

---

28) 山田鐐一, 388-389면; 溜池良夫, 444-445면.
29) 서희원, 288-289면; 山田鐐一, 390-391면; 溜池良夫, 446면.

년자로 돌아가는가, 아니면 성년자로서의 지위를 그대로 유지하는가에 관한 문제는 일반적인 행위능력에 관한 문제로서 제28조의 적용을 받아야 한다는 견해30)와 이혼의 효과로서 생기는 특별한 문제이므로 제66조의 적용을 받아야 한다는 견해31)로 대립된다. 일단 혼인에 의해 성년이 되면 후에 이혼을 하더라도 성년자로 취급하는 것이 일반적이며, 제도의 취지가 혼인생활을 영위하는 남녀는 자연적 연령이 성년에 달하지 않더라도 정신적으로는 성숙한 성인으로 보는 데 있으므로, 성년의제는 연령에 의한 행위능력과 마찬가지로 보아야 할 것이다. 제28조 제1항 후문에서도 행위능력이 혼인에 의해 확대되는 경우에도 당사자의 본국법에 따르는 것으로 하고 있다.

(사) 재혼금지기간의 문제

이혼한 여자에게 일정기간 재혼할 것을 허가하지 않는 법제가 있다. 이러한 재혼 금지의 문제는 이혼에 기인해서 생기는 것이기는 하지만 이혼의 효력이라고 하기 보다는 오히려 혼인장애의 문제라고 생각되므로 국제사법 제63조의 적용을 받는다고 해석한다.32)

사례의 해결

1. 부부의 공통본국법이 없는 경우에 관하여 부부의 공통일상거소지법으로서 대한민국법이 적용되는 사례이다. 따라서 대한민국법상 이혼이 인정된다면 甲은 乙과 이혼할 수 있다.

2. 국제사법 제66조 단서는 부부의 일방이 대한민국에 일상거소를 가지는 한국인인 경우에 언제나 대한민국법이 준거법이 되는 것으로 규정하고 있다. 부부의 공통본국법이나 공통일상거소지법이 있는 경우에는 제66조 본문이 적용되므로 단서가 적용되는 것은 공통본국법도 공통일상거소지법도 없는 경우에 한한다. 이 사례는 제66조 단서에 의하여 대한민국법이 적용되는 경우에 관한 것으로 甲은 대한민국법상의 협의이혼을 할 수 있다. 또한 乙이 행방불명이라고 인정되는 경우라면 원고의 일상거소에 예외적으로 관할이 인정되는 사례에 해당하므로 대한민국의 법원에서 대한민국법에 의하여 이혼판결을 받을 수 있다.

---

30) 신창선, 328면; 신창섭, 303면.
31) 황산덕/김용한, 280면; 서희원, 289면.
32) 동지: 황산덕/김용한, 280면; 신창선, 338면; 신창섭, 303면.

3. 별   거

우리나라는 실질법상 별거라는 제도를 인정하고 있지 않지만, 이것을 인정하는 나라도 적지 않다. 즉 이혼을 금지하는 나라는 일반적으로 별거를 인정하고 있고, 이혼을 인정하는 나라에서도 이혼과 선택적으로 별거를 인정하기도 하며, 이혼의 전제제도로서 별거를 인정하기도 한다.

별거제도는 그 성질로 보아 이혼제도와 극히 유사하며 그 차이는 정도의 문제에 불과하다. 따라서 학자에 따라서는 이혼을 절대이혼, 별거를 제한이혼으로서 양자를 넓은 의미의 이혼이라는 개념에 포함시키고 있기도 하다. 이에 따라 별거는 국제사법상으로나 국제민사소송법상 이혼과 거의 마찬가지로 취급하는 것이 보통이며, 이미 설명한 헤이그조약도 양자를 동일하게 취급하고 있다.

국제사법은 별거에 관해서 아무런 규정을 두고 있지 않다. 이것은 국제사법이 우리 민법상 규정이 있는 것에 대해서만 규정을 두었기 때문일 것이다. 그러나 위에서 설명한 바와 같이 별거가 이혼과 유사한 성질을 갖고 있는 이상, 이혼에 관한 국제사법 제66조는 가능한 한 별거에도 유추적용하여야 할 것으로 생각된다.[33] 따라서 별거의 준거법이나 관할권, 외국별거판결의 승인에 대해서는 이혼에 관하여 서술한 내용이 대부분 타당하다.

문제가 되는 것은 별거의 준거법이 별거를 인정하는 경우에 우리나라에서 별거의 재판을 할 수 있는가이다. 우리나라의 절차법상 별거에 관한 절차가 없기 때문에 별거의 재판은 할 수 없다는 견해가 있을 수 있지만, 예컨대 당사자가 본국에 주소가 없어 별거재판의 관할권이 인정되지 않아 본국으로 주소를 옮기지 않는 한 별거판결을 얻을 수 없거나 얻는 것이 곤란할 경우가 발생할 것이며, 이러한 결과는 국제사법교통의 원활과 안전의 견지에서 보면 타당하지 않다. 따라서 우리나라에서도 우리나라의 이혼절차를 별거절차에 적용하여 별거재판을 하는 것이 가능하다고 하여야 할 것이다.

---

33) 동지: 김용한/조명래, 331면; 溜池良夫, 454-455면.

제4절 부모와 자

사 례

1. 한국인 甲은 2001년 7월 22일에 부산에서 독일인 乙과 혼인하여 2002년 1월 25일에 여아 丙을 출산하였다. 丙은 甲乙부부의 子로서 친생추정을 받는가? 또한 친생추정을 받는 경우에 乙이 丙의 친생을 부인하기 위해서는 어떻게 하면 좋은가?

2. 독일인 여성 甲과 미국인으로 캘리포니아주에 주소를 가지는 乙은 1985년에 대구에서 혼인하였지만 1995년 초부터 사실상 별거하고 있다. 甲은 2001년 11월에 子 丙을 출산하였지만 丙의 父는 한국인 丁이므로, 2002년 중에 乙의 子라는 것을 부인함과 동시에 丁의 子라는 것을 인정받기를 원하고 있다. 甲은 어떻게 하면 좋은가?

3. 위 2.의 경우에 있어서 甲이 乙과 이혼한 후에 丁과 결혼한 경우 丙은 丁의 혼인 중의 친생자로 되는가?

Ⅰ. 총 설

국제사법이 규정하는 부모와 자 내지 친자의 문제는 국제재판관할에 관한 문제와 친자관계에 관한 준거법 결정의 문제가 있다.

개정 국제사법은 제57조에서 친생자관계 사건에 관한 국제재판관할을 규정하고, 제58조에서 입양관계사건, 그리고 제59조에 친자간의 법률관계 등에 관한 사건의 국제재판관할에 관하여 규정한다.

친자관계의 준거법에 관해서는 친자관계의 성립의 문제와 친자관계의 효력의 문제로 구별된다. 우리 국제사법은 제67조에서 제71조까지 혼인 중의 출생자(적출자), 혼인 외의 출생자(비적출자) 그리고 양자, 준정의 성립의 준거법, 동의에 관한 규정을 정하고 제72조에서 그에 따라 성립한 친자관계의 효력(친자간의 법률관계)에 관해서 일괄하여 그 준거법을 정하고 있다.

Ⅱ. 친생자관계 사건의 국제재판관할

1. 적용 범위

가사소송사건 중 친생자관계 사건이라 할 수 있는 것으로는 가류 사건 중에서는 인지의 무효, 친생자관계 존부 확인의 두 가지가 있고, 나류 사건으로서는 아버지의 결정, 친생부인, 인지의 취소, 인지에 대한 이의, 인지청구 등 5가지가 있다. 국제사법은 친생자 관계에 관한 사건으로서 친생자관계의 성립 및 해소에 관한 사건이라 규정하고 있으므로, 이들이 모두 제57조에 의한 국제재판관할의 적용대상이 되는 것으로 생각된다.

2. 대한민국 법원의 국제재판관할

친생자관계에 관하여 외국 관련요소가 있는 사건으로서 대한민국 법원에 국제재판관할권이 있는 경우는 자녀의 일상거소가 대한민국에 있거나 자녀와 피고가 되는 부모 중 한쪽이 대한민국 국민인 경우의 두 가지이다(제57조). 국제재판관할의 일반원칙에 비하여 대한민국 법원이 국제재판관할권을 가지는 범위를 넓힘으로서 그 보호를 두텁게 하고자 한 것이다.

이 관할은 관할합의(제8조) 내지 변론관할(제9조)의 적용대상이 되지 않는다(제13조).

Ⅲ. 혼인 중의 출생자

1. 준거법의 결정

혼인 중의 친자관계는 子가 혼인관계에 있는 부모로부터 출생하여 친자관계에 있는가의 여부를 가리는 것이다. 따라서 그것은 부모쌍방에 관계를 가지는 것이지만, 모자관계는 대개 출생사실에 의하여 판단할 수 있으므로 대부분의 문제는 부자관계의 확인에 있는 것이 보통이다. 혼인 중의 부모로부터 출생한 것이 인정되면 그 子를 그 혼인에 의한 출생자로 보고 부모와의 사이에 혼인 중의 친자관계의 성립을 인정하는 것이다.

혼인 중의 친자관계의 성립에 관한 각국의 입법 및 판례는 이것을 신분에 관한 문제로 보고 속인법을 적용하는 것이 일반적이다.[34] 속인법을 적용하더라도 이는 다시 母의 夫의 속인법주의(그리스 민법, 독일 구민법시행법, 중화민국 섭외민사법률적용법, 핀란드 국제가족법), 子의 속인법주의(독일 민법시행법, 체코슬로바키아 국제사법 국제민사소송법, 헝가리 국제사법), 부모공통의 속인법주의(오스트리아 국제사법, 포르투갈 민법) 등으로 나누어진다.

구섭외사법은 母의 夫의 본국법을 준거법으로 정하고 있어 남녀차별적 요소를 내포하고 있었다. 설령 혼인 중의 친자관계의 성립이 주로 부자간에 문제가 된다는 점에서 일응 이해할 수 있는 점이 없지 않다 하더라도 母에게 불리하게 작용하는 요소가 있기 때문이다. 또한 구법은 복수의 선택적 연결이 아닌 단일의 연결기준을 취하고 있으므로 子의 이익보호라는 관점에서 볼 때에도 문제가 있었다.

이러한 문제점을 해결하고 혼인 중의 친자관계의 성립을 용이하게 하기 위하여 국제사법은 부부의 본국법[35] 중 어느 하나에 의해서라도 혼인 중의 친자관계가 성립하면 이를 인정하는 선택적 연결방법을 취하고 있다. 이때 연결시점은 신분관계의 고정성을 위하여 신분관계가 성립되는 子의 출생 당시로 정하고 있다(제67조 제1항).

혼인 중의 친자관계의 부인에 관하여 구섭외사법 제19조는 조문상 이를 명시하고 있으나 국제사법은 단순히 혼인중의 친자관계의 성립이라고만 하고 있어 그에 관한 준거법은 어떻게 되는지 문제가 된다. 그러나 친자관계의 성립에는 부인되지 아니할 것을 전제로 하므로 당연히 친자관계의 부인 문제를 포함하는 것으로 해석된다.[36]

---

34) 신창섭, 305면; 윤종진, 458면.
35) 국제사법에서 父 또는 母라는 문언을 사용하지 않고 「부부 중 한쪽」이라는 문언을 사용한 것은 혼인 중의 친자관계의 성립이 인정되기까지는 법률상 「父」라고 할 수 없는데다가 혼인 중의 친자관계가 법률상 혼인의 결과임을 나타내기 위한 것이다.

즉 실질법상 혼인 중의 친자관계의 중심문제는 친생자의 추정과 부인의 문제이지만 전자는 결국 부자관계의 존재의 확정의 문제이고 후자는 부자관계의 부존재의 확정의 문제로서, 어느 것이나 부자관계가 중심으로 되어 있다. 국제사법상으로도 마찬가지로 생각해도 좋을 것이다.

그리고 제67조 제1항에 의할 때 子의 출생 전에 夫가 사망하는 경우를 대비하여 그 사망 당시의 본국법을 夫의 본국법으로 간주하는 규정을 두고 있다(제67조 제2항).[37]

2. 준거법의 적용범위

(1) 친생추정

이에 관한 문제는 국제사법 제67조에 의한다. 따라서 예컨대 妻가 혼인 중에 포태한 자는 夫의 子로 추정되는가, 혼인해소 후 어느 정도의 기간 내에 출생한 자가 혼인 중에 포태한 것으로 추정되는가 등의 문제는 모두 국제사법 제67조에 의해서 결정된다.[38]

(2) 친생부인

이를 허용하는 문제, 허용한다면 그 요건, 부인권행사의 기간 등의 문제도 국제사법 제67조에 의한다.

(3) 오상혼인(誤想婚姻)

일정한 요건의 결여로 인하여 무효 또는 취소된 혼인에서 출생한 子에 관해서 당사자의 쌍방 또는 일방이 혼인 당시에 선의인 경우에 한해서 적출자로 보

---

36) 국제사법해설, 145면.

37) 子의 출생 전에 母가 그 夫와 이혼하여 혼인이 해소된 경우에는 명문의 규정을 두지 아니하였다. 오스트리아 국제사법 제21조는 "혼인이 자의 출생 전에 해소된 때에는 부부가 해소 당시에 가지고 있던 속인법에 따라 판단한다."고 규정하고 있으므로 그에 따르면 이러한 경우 이혼 당시 본국법을 母의 夫의 본국법으로 볼 것이나, 우리의 경우는 명문의 규정을 두지 않은 관계로 향후 학설·판례의 해석에 의하여 해결할 수밖에 없을 것이다. 한편 子의 출생 전에 妻가 사망한 경우는 상정하기 어렵기 때문에 이에 대하여도 규정을 두지 않았다. 국제사법해설, 145면.

38) 황산덕/김용한, 284면; 서희원, 297면.

거나(프랑스 민법), 당사자의 선의, 악의를 묻지 않고 언제나 적출자로 보는 이른바 오상혼인을 인정하는 입법례(스위스 민법)가 있다. 또한 약혼자 간에 출생한 자는 父의 사망 그 밖에 혼인을 불가능하게 하는 원인으로 인하여 포태 후 혼인할 수 없었던 경우에는 이를 적출자로 취급하거나(핀란드, 스웨덴법), 혼인의 유무를 묻지 않고 모든 출생자에게 적출자의 지위를 부여하는 입법례도 있다(1926년의 소련의 혼인, 친족, 후견법. 현행법은 이와 다름).

이러한 자의 적출성의 문제에 관해서는 모든 경우에 母의 夫된 자가 없으므로 ① 국제사법 제67조의 준용에 의해서 子의 출생 당시의 표현적인 父, 子의 출생 전에 무효·취소가 확정된 경우에는 그 확정 당시의 표현적인 父의 본국법에 의해야 한다는 견해[39], ② 오상혼인으로부터의 출생자 및 약혼자간의 출생자에 한해서 국제사법 제67조를 준용하고 그 밖의 경우에는 국제사법 제68조에 의해 父 또는 母에 관해서는 출생 당시의 父 또는 母의 본국법, 子에 관해서는 출생 당시의 子의 본국법에 의해야 한다는 견해, ③ 국제사법 제67조를 준용하는 것은 오상혼인으로부터의 출생자에 한하고 그 밖의 경우에는 국제사법 제68조에 의할 것이라는 견해가 있다.

이것은 적출성의 개념을 어떻게 정할 것인가라는 법률관계 성질결정의 문제이다. 이들 견해는 子의 적출의 전제로 되는 부모의 혼인관계를 어떻게 평가하는가에 의해 입장이 나누어지는 것이지만, 어느 견해든 이때 子가 적출자인 지위를 취득하는가에 관한 이른바 친자관계의 성립의 문제로서 파악하고자 하고 있다. 그러나 이러한 子의 적출성의 문제는 이러한 성립의 문제라고 하기 보다는 오히려 적출자와 같은 취급을 받는가에 관한 내용의 문제로서 파악되어야 한다고 하여 각각 문제된 권리 자체의 준거법(효과법)에 의한다고 해석하여야 한다는 견해가 있다.[40] 이에 의하면 예컨대 약혼 중에 출생한 자가 상속에 관해서 적출자로 여겨지는가 어떤가는 상속의 준거법에 의하는 것이 된다.

---

39) 三浦正人編, 國際私法, 靑林書院, 1990, 131면.
40) 山田鐐一, "實親子の涉外的法律關係," 國際私法の硏究, 有斐閣, 1969, 243-244면.

Ⅳ. 혼인 외의 출생자

1. 총 설

혼인 외의 친자관계의 성립에 관해서는 각국의 실질법상 단순히 출생의 사실에 의해 인정하는 이른바 혈통주의(게르만주의)와 일정한 방식을 구비한 부모의 인지를 필요로 하는 이른바 인지주의(로마주의)가 있다.

구섭외사법은 혼인 외의 친자관계의 성립 전반에 관한 규정을 두지 않고 단지 인지만을 규정하고 있었으나 혼인 외의 친자관계의 성립에 대하여 인지주의와 혈통주의(사실주의) 중 어떠한 것이 준거법 결정기준으로 타당한지에 관하여 다툼이 있어 왔다. 국제사법에서는 법률관계의 명확성을 기하기 위하여 그에 관한 명시적 규정을 두고 있다.

즉 국제사법은 혼인 외의 친자관계의 성립에 관한 구체적 준거법에 대하여 子의 출생 당시 어머니의 본국법을 원칙으로 하고 있다(제68조 제1항 본문). 부자간 및 모자간의 법률관계가 서로 다른 법에 의해 규율됨으로 인하여 모순·충돌되는 문제가 발생되지 않도록 하기 위하여 부모 모두의 관계에 통일적으로 적용될 수 있는 준거법으로서 子를 위한다는 고려에 따라 혼인 외의 출생자가 일반적으로 따르는 母의 본국법을 원칙으로 한 것이다.

다만, 흔히 문제가 될 부자관계에서는 친자관계의 성립을 용이하게 하기 위하여 子의 출생 당시 父의 본국법과 현재 子의 일상거소지법의 선택적 연결을 허용하고 있다(제68조 1항 단서). 혼인 중의 친자관계의 성립과 달리 혼인 외의 친자관계의 성립에 현재 子의 일상거소지법을 추가하게 된 것은 전자는 신분관계의 고정성에 중점이 있는 반면, 후자는 주로 부양이나 상속 등의 선결문제에 적용된다고 보아 그 기능성에 중점을 두었기 때문이다.[41]

---

41) 국제사법해설, 147-148면.

2. 인 지

(1) 총 설

우리 민법은 인지주의를 택하고 있으므로 국제사법상으로도 인지의 준거법을 특별히 규정하고 있다. 구섭외사법은 인지에 관하여 父 또는 母에 대해서는 父 또는 母의 본국법, 子에 대해서는 子의 본국법에 의하는 배분적 연결방법을 취함으로써 인지의 성립을 어렵게 하고 있다는 비판을 받아왔다. 따라서 국제사법에서는 가능한 한 인지를 용이하게 하기 위해 제68조 제1항이 정하는 법만 아니라 인지 당시 인지자의 본국법에 의하여도 인지가 가능하도록 선택적 연결방법을 채택하고 있다(제68조 2항).[42] 이에 따라 父와 母와 子의 속인법 모두가 준거법으로 인정되고, 더 나아가 子의 출생 당시 및 인지 당시가 모두 연결시점으로 허용되고 있다.[43]

그리고 子의 출생 전에 父가 사망하거나 인지자가 인지 전에 사망한 경우에 대비하여 사망 당시의 본국법을 그의 본국법으로 간주하는 규정도 두고 있다(제68조 3항).[44]

(2) 인지의 요건

인지는 혼인 외의 출생자를 그 부 또는 모가 자기의 자라고 인정하는 행위로서 이에 의하여 친자관계가 성립한다. 이의 준거법에 관해서는 법정지법주의(미국)도 있으나, 인지는 법률상 친자관계를 발생시키는 신분상의 행위이므로 속인법의 관할을 인정해야 한다는 학설과 입법례가 적지 않다. 구섭외사법은 인지의 요건에 관하여 부모와 子의 본국법의 배분적 연결방법을 취하고 있었으나(구섭외사법 제20조 1항), 국제사법은 인지의 요건에 관해서 子의 출생 당시

---

42) 국제사법해설, 149면.

43) 인지의 경우에 국제사법 제41조 제1항에 말하는「현재 子의 일상거소지법」은 해석상 인지 당시의 子의 일상거소지법으로 이해되어야 할 것이다.

44) 인지자가 인지 전에 사망한 때로는 재판에 의한 강제인지(민법 제 863조)의 경우 인지청구의 상대방이 사망한 때(이 경우에도 인지자는 사망자임)와 유언인지(민법 859조 제2항, 이 경우 인지의 효력은 인지자가 사망한 때에야 발생하게 됨)에 의한 때를 생각할 수 있을 것이다.

어머니의 본국법, 부자간의 친자관계의 성립에 관하여 子의 출생 당시 父의 본국법 또는 현재 子의 일상거소지법에 의하는 외에(제68조 1항), 인지 당시 인지자의 본국법에 의하여도 인지할 수 있도록 하여(동조 2항) 선택적 연결방법을 채택하고 있다. 이는 실질법의 차원에서 인지를 제한하는 주관주의적 인지론으로부터 인지를 널리 인정하여 사생자의 구제를 도모하려는 객관주의적 인지론으로의 추이[45]와 부합하는 것이다.[46]

따라서 인지가 허용되는가, 간통에 의해서 출생한 子도 인지할 수 있는가, 유언에 의한 인지는 인정되는가, 인정된다면 유언인지의 출소기간 등은 모두 국제사법 제68조가 정하는 준거법에 의하게 된다.

또한 국제사법은 이와 별도로 인지에 의한 친자관계의 성립에 관하여 子의 본국법이 子 또는 제3자의 승낙이나 동의 등을 요건으로 할 때에는 그 요건도 갖추어야 할 것으로 규정하고 있다(제71조).

(3) 인지의 방식

인지의 방식에 관해서는 국제사법에 특별한 규정이 없으므로 법률행위의 방식에 관한 일반원칙인 제31조의 적용을 받는다. 그래서 그 행위의 준거법인 제68조에 의하거나, 행위지법에 의하여도 된다. 그리고 유언에 의해 인지되는 경우에 있어서는, 그 유언의 방식은 유언자가 유언 당시 또는 사망 당시 국적을 가지는 국가의 법에 의하거나, 유언자의 유언 당시 또는 사망 당시 일상거소지법에 의하거나, 유언 당시 행위지법에 의하게 된다(제78조 3항).

(4) 인지의 효력

인지의 효력은 인지의 성립에 의해서 발생하는 법률효과, 즉 인지에 의한 혼인 외의 친자관계가 성립되는 것이다. 구체적으로 인지된 혼인 외의 자가 어떠한 신분을 취득하는가, 인지의 효과는 소급효를 가지는가, 인지를 철회할 수 있는가 등의 문제가 여기에 포함된다. 이러한 의미의 인지의 효력에 관해서 구섭

---

45) 김주수, 친족·상속법, 253면 참조.
46) 석광현, 286면.

외사법 제20조 2항은 인지자의 본국법주의를 채택하여 인지의 효력은 父 또는 母의 본국법에 의한다고 규정하고 있었다. 그러나 구섭외사법은 인지의 요건과 효력을 구분하고 있었으나, 이는 인지의 요건이 배분적 연결로 되어 있어 그 준거법을 인지의 효력에 적용할 수 없었기 때문에 나누어 규정한 것이었다. 그러나 국제사법에서는 배분적 연결 대신 선택적 연결을 택하였으므로 이러한 문제가 발생하지 않으며, 또한 인지의 요건과 효력을 나누어 규율할 이유도 없으므로 이를 함께 규정하였고, 그 결과 표현도 인지 하나로 통일하고 있다.[47] 그리고 국제사법 제68조는 친자관계의 발생 확정만을 의미하며 그 결과로서 당사자가 친권관계나 부양관계 및 상속관계 따위의 신분상 또는 재산상 어떠한 관계에 서게 되는가에 관한 문제는 국제사법 제72조에 속하는 문제가 된다.[48]

> **판 례**
>
> "혼인 외 출생자의 부와의 친자관계 성립에 관하여 국제사법 제41조 제1항 단서는 '부자간의 친자관계의 성립은 자의 출생 당시 부의 본국법 또는 현재 자의 일상거소지법에 의할 수 있다.'고 규정하고 있는데 혼인 외의 출생자의 출생 당시 부의 본국법인 대만 민법은 제1065조에서 '혼인 외의 출생자는 생부의 인지를 거치면 혼생자로 간주하고, 생부의 부양을 거치면 인지로 간주한다.(부양사실에 의한 인지간주)'고 규정하고 있는바, 혼인 외의 출생자가 출생 이후부터 필리핀으로 유학을 떠나기까지 부모와 동거하고 자의 학비·생활비도 부가 부담하였으며, 필리핀으로 유학을 떠난 후에도 부가 자의 생활비와 학비를 조달하였다면, 자는 부의 부양을 거쳐 인지간주되었다 할 것이고 따라서 법률상 친자관계에 있다"(서울지법 2003.7.25. 선고 2001가합64849 판결).

3. 준　정

준정(準正)이라 함은 혼인 외의 출생자가 부모의 혼인을 원인으로 하여 혼인 중의 출생자의 신분을 취득하는 제도를 말한다(민법 제855조 제2항).[49] 준정의 유형 중 ① 혼인에 의한 준정은 혼인 전에 출생하여 父로부터 인지를 받고

---

47) 국제사법해설, 149면.
48) 황산덕/김용한, 288면; 서희원, 312면.
49) 김주수, 259면.

있는 子가 부모의 혼인에 의하여 준정되는 것이고, ② 혼인 중의 준정은 혼인 외의 子가 부모의 혼인 중에 비로소 부모로부터 인지를 받음으로써 준정되는 것이며, ③ 혼인해소 후의 준정은 혼인 외의 子가 부모의 혼인 중에 인지되지 않고 있다가 부모의 혼인이 취소되거나 해소된 후에 인지됨으로써 준정되는 것을 말하는데, 이들은 모두 민법상 인정되는 것이다. 혼인에 의한 준정의 경우 부모가 혼인한 때에 준정의 효과가 발생하며(민법 제855조 2항). 그 밖의 경우에도 명문의 규정은 없으나 부모가 혼인한 때로부터 혼인 중의 출생자로 된다고 해석되고 있다.

구섭외사법에는 준정에 관한 규정이 없었으나, 우리 민법이 준정을 인정하는 이상 국제사법의 차원에서도 준정에 관한 규정이 필요하다. 국제사법에서는 그간 학설상의 논란을 종식시키고 법률관계를 명확히 하기 위하여 준정에 대한 명시적 규정을 두고 있다.

준정에 대해 국제사법은 그 성립의 가능성을 넓혀 주기 위하여 선택적 연결 방법을 취하고 있다. 즉 "혼인 외의 출생자가 혼인 중의 출생자로 그 지위가 변동되는 경우에 관하여는 그 요건인 사실의 완성 당시 아버지 또는 어머니의 본국법 또는 자녀의 일상거소지법에 따른다."라고 규정하고 있다(제69조 1항). 준정은 적출성에 관한 문제인 동시에 인지의 문제이기도 하므로 이 두 경우에 모두 적용될 수 있는 준거법을 택한 결과 父 또는 母의 본국법 또는 子의 일상거소지법을 모두 선택의 대상으로 하였다. 다만, 연결시점은 혼인준정 외에 인지 준정 및 기타의 준정도 있음을 고려하여 혼인거행시가 아닌 요건사실 완성시로 하고 있다.[50] 또 이때 子의 본국법이 子 또는 제3자의 승낙이나 동의를 요건으로 할 때에는 그 요건도 갖추어야 한다(제71조).

그리고 준정의 요건사실이 완성되기 전에 관련자가 사망한 경우를 대비하여 어머니 또는 아버지의 사망 당시 본국법을 그의 본국법으로 간주하는 규정도 함께 두고 있다(제69조 2항).[51]

---

50) 국제사법해설, 152면.
51) 이 규정은 혼인전의 출생자가 부모의 혼인중에 인지되지 않고 있다가 부모의 혼인이 사망 등으로 해소된 후에 인지됨으로써 준정되는 경우 또는 국가기관에 의해 준정이 인정되는 경우 등에서 적용될 수 있을 것이다.

사례의 해결

1. 母의 본국법인 대한민국법에 의하면 丙은 혼인 후 200일을 경과하기 전에 출생하였으므로 친생추정을 받지 않지만, 父의 본국법인 독일법에 의하면 혼인성립 후 180일후, 혼인해소 후 320일 이내에 출생한 子는 친생추정을 받으므로(독일민법 제1592조), 이 경우에도 친생추정을 받는 것으로 된다. 이와 같은 경우에는 친생부인에 관해서도 오로지 독일법만에 의하게 된다. 그러나 子가 혼인성립 후 200일 경과 후에 출생한 경우와 같이 부모 어느 쪽의 본국법에 의하여도 친생추정을 받을 때에는 父와 母의 본국법의 쌍방 모두 친생부인이 인정되지 않으면 친생부인을 할 수 없다. 독일법에 의하면 원칙적으로 乙이 子의 친생부인을 주장할 수 있는 사정을 안 때부터 2년 이내에 부인의 신청을 하여야 한다(독일 민법 제1594조). 그러나 대한민국법과 독일법의 어느 것에 의하여도 친생추정을 받는 경우에는 대한민국법에 의해서도 친생부인이 인정될 필요가 있으므로 乙이 丙의 출생을 안 때부터 1년 이내에 친생부인의 소를 제기하여야 한다.

2. 캘리포니아주법(캘리포니아주 민법전 제7006조 a항 1호)에서도 독일법에서도 丙은 친생추정을 받지만, 친생부인에 관해서는 캘리포니아주법에 의하면 子, 子의 生母 또는 子의 父로 추정된 男은 상당한 기간 내에 소를 제기할 수 있는 것으로 되어 있고(캘리포니아주 민법전 제7006조 a항 2호), 독일법에 의하면 甲과 乙은 3년 이상 별거하고 있으므로 甲이 子 丙을 대리하여 丙의 출생 후 2년 이내에 친생부인의 신청을 할 수 있다(독일 민법 제1596조, 제1597조). 독일법의 요건이 친생부인에 관하여 엄격하다고 볼 수 있다면 독일법이 적용된다.

3. 丁이 丙을 인지한 후 甲과 혼인하면 父의 본국법인 대한민국법에 의하여 혼인한 때로부터 혼인 중의 출생자의 신분을 취득한다(민법 제855조 제2항).

V. 양 자

1. 총 설

입양제도를 인정하지 않는 국가도 있고(이슬람교국가), 인도와 같이 힌두교도 사이 이외에는 입양을 인정하지 않는 국가도 있지만, 대다수 국가는 일반적으로 입양제도를 인정하고 있다. 입양제도를 인정하는 각국의 법제는 이것을 혼인과 마찬가지로 하나의 신분적인 계약으로 구성하는 것(스위스, 오스트리아 등 다수의 대륙법계 국가), 법원 기타의 공적기관의 선언에 의해서 성립하는 하나의 제도라고 하는 것(미국, 영국, 이탈리아, 동유럽 각국)으로 나뉜다.

이렇게 실질법상 두 가지 입장으로 나누어지는 것과 마찬가지로 국제사법상 입양제도의 취급에 관해서도 두 가지 입장이 있다. 하나는 입양의 성립에 관해서 신분계약적 구성을 취하여 당사자의 속인법을 준거법으로서 적용하는 입장이며, 다른 하나는 입양을 제도로서 생각하고 법원 기타의 공적기관의 관할권을 먼저 결정한 후에 그 관할권이 존재하는 곳의 법에 의한다고 하는 입장이다. 전자는 저촉법적 접근을 하는 것으로 독일, 스위스, 오스트리아, 폴란드, 프랑스 등 다수의 입법 및 판례에서 채용하고 있으며, 국제사법의 전통적인 입장으로서 우리 국제사법도 여기에 속한다. 후자는 관할권적 접근을 하는 것으로 미국, 영국, 헝가리, 구소련, 터키 등의 입법 및 판례에서 채용하고 있다.

1965년 제10회 헤이그 국제사법회의에서 채택된 「입양에 관한 재판관할, 준거법 및 승인에 관한 조약」(Convention of 15 November 1965 on Jurisdiction, Applicable Law and Recognition of Decrees Relating to Adoptions)은 후자에 기하여 입양의 선언의 관할권은 양친의 일상거소지의 당국 또는 양친의 본국의 당국이 가진다고 하고 그 요건은 원칙적으로 그 국가의 국내법에 의해야 한다고 하고 있다. 국제사법상 새로운 형태의 입법이라고 할 수 있다.

2. 입양관계 사건의 국제재판관할

(1) 적용 범위의 문제

가사소송법상 입양관계 사건은 가류 사건 중에서는 입양의 무효, 파양의 무효, 양친자관계존부확인의 3가지가 있고, 나류 사건으로서는 입양의 취소, 파양의 취소, 재판상 파양, 친양자 입양의 취소, 친양자의 파양 등이 있다(가소 제2조 1항). 국제사법은 입양의 성립에 관한 사건에 대해서는 양자가 되려는 사람 또는 양친이 되려는 사람의 일상거소가 대한민국에 있는 경우 대한민국 법원에 국제재판관할이 있다고 하고(제58조 1항), 양친자관계의 존부확인, 입양의 취소 또는 파양(罷養)에 관한 사건에 관하여는 제57조를 준용한다고 규정한다(2항). 여기서 제2항은 구체적으로 적용범위를 명정하고 있어서 그 의미를 이해할 수 있으나, 제1항이 규정하는 입양의 성립에 관한 사건이 과연 무엇을 의미하는지 문제된다. 친양자관계를 양자관계의 특수한 형태로 보아 이에 관한 국제재판관할도 같은 것으로 본다면, 남는 것은 입양의 무효 하나이다. 여기서 그 범위를 가사비송사건까지 포함한다면 다소 이해되는 부분이 있기는 하지만,[52) 규정의 정합성이라는 측면에서 볼 때 문제가 있다.

(2) 입양의 성립에 관한 사건의 관할

입양의 성립에 관한 사건에 대해서는 양자가 되려는 사람 또는 양친이 되려는 사람의 일상거소가 대한민국에 있는 경우 대한민국 법원에 국제재판관할권이 있다(제58조 1항). 이 규정은 가급적 양친과 양자가 되려는 자의 보호를 대한민국에서 하기 위한 것으로 보인다. 다만 위에서 본 바와 같이 제2항의 적용범위를 제외하면 가사소송사건 중에서는 입양의 무효 정도가 남는데, 이 경우에 양자 또는 양친이 되려는 사람이라는 표현이 맞는 것인지도 의문이고, 또 제2항과 비교해보면 궁극적으로 따로 규율할 의미가 있을 정도로 구분할 수 있는 것인지 의문스럽다.

제58조에 따른 국제재판관할에는 관할합의(제8조) 및 변론관할(제9조)이 인정되지 않는다.

(3) 양친자관계의 존부확인 등의 관할

국제사법은 양친자관계의 존부확인, 입양의 취소 또는 파양(罷養)에 관한 사건에 관하여는 제57조를 준용한다고 규정한다(제2항). 이에 해당하는 사건을 살펴보면 양친자관계존부확인과 입양의 취소 및 친양자 입양의 취소, 그리고 파양사건으로서 파양의 무효, 파양의 취소, 재판상 파양, 친양자의 파양 등이 있다.

이들 사건에 대해서는 제57조가 준용되므로 자녀의 일상거소가 대한민국에 있는 경우 및 자녀와 피고가 되는 부모 중 한쪽이 대한민국 국민인 경우 대한

---

52) 가사비송사건 중에서 입양의 성립에 관한 것을 찾아보면 다음과 같은 사건들을 대표적으로 생각할 수 있다. 가사소송법 제2조 1항 라류 사건 8)「민법」제867조에 따른 미성년자의 입양에 대한 허가, 8)의2「민법」제873조제2항에 따라 준용되는 같은 법 제867조에 따른 피성년후견인이 입양을 하거나 양자가 되는 것에 대한 허가, 9)「민법」제871조제2항에 따른 부모의 동의를 갈음하는 심판, 12)「민법」제908조의2에 따른 친양자 입양의 허가.

민국 법원이 국제재판관할권을 가진다.

3. 입양의 요건

(1) 준거법의 결정

입양의 요건은 입양의 실질적인 성립요건을 말한다. 각국의 입법, 판례, 학설상 입양의 요건에 관해서는 신분의 형성에 관한 문제로서 속인법의 관할이 일반적으로 넓게 인정되어, 양친의 속인법주의(이탈리아, 스위스, 오스트리아, 폴란드, 루마니아, 독일, 포르투갈), 양자의 속인법주의(프랑스의 판례), 양친·양자의 속인법의 누적적 적용주의(프랑스, 오스트리아의 판례, 헝가리 국제사법), 양친·양자의 속인법의 배분적 적용주의(중화민국, 부스타만테 법전, 그리스 민법, 세네갈 가족법) 등으로 구분할 수 있다.

구섭외사법은 입양의 요건을 양친과 양자인 각 당사자의 본국법에 의하도록 하는 배분적 연결방법을 취하고 있어서 입양의 성립을 어렵게 할 뿐만 아니라, 입양의 요건과 입양 자체의 효력을 분리하여 서로 다른 준거법에 의하게 한다는 문제점이 있었으나, 국제사법에서는 입양의 준거법을 입양 당시 양부모의 본국법으로 단일화하고 있다(제70조). 그 이유는 첫째, 입양에 의해 양자는 양친의 가족 구성원이 된다. 둘째, 입양 후 양자의 생활터전이 되는 것은 양친의 본국이 되는 경우가 보통이므로 그 국가가 정하는 요건을 구비하는 것이 필요하다. 셋째, 여러 명의 양자가 있는 경우에 준거법이 동일하게 된다. 넷째, 최근 양자에게 자동적으로 국적을 부여하는 나라가 많아지고 있으므로 이 경우에 양친의 본국이 정하는 입양에 관한 법제도를 고려할 필요가 있다.[53]

이와 같은 단일화의 필요성에도 불구하고 입양의 성립에 관하여 양친의 본국법만 적용하고 양자측의 법이 전혀 고려되지 않을 경우에 子의 이익이 침해되거나 子의 보호가 소홀해지는 문제도 예상할 수 있다. 다만 이 점에 대하여는 국제사법 제71조의 동의조항을 적용함으로써 어느 정도 해결이 가능할 것이다. 한편 구섭외사법은 연결시점에 대한 규정이 없어 학설상 입양 당시로 해석되어

---

53) 국제사법해설, 153-154면; 석광현, 291-292면.

왔는데, 국제사법은 그 점에 관하여도 입양당시의 양부모의 본국법으로 할 것으로 분명히 하였다.[54]

(2) 준거법의 적용범위
(가) 입양의 허용여부

입양이 허용되는가의 여부에 대해서는 국제사법 제70조에 의한다. 따라서 입양 당시 양친의 본국법이 입양제도를 인정하지 않는 경우에는 입양은 허용되지 않는다.

(나) 입양당사자의 연령

입양당사자의 연령은 각국마다 다르다. 예컨대 양친의 연령을 50세로 하고 있는 국가(독일, 벨기에), 40세로 하고 있는 국가(스위스, 오스트리아), 그리고 양친과 양자간의 연령차이도 21년 이상을 요구하는 국가(영국), 18년 이상을 요구하는 국가(독일, 스위스) 등 여러 가지가 있다. 이러한 문제에 관하여도 구섭외사법에 의하면 각 당사자에 관하여 그 본국법에 의한다고 하였으나, 국제사법은 양친의 본국법으로 통일하고 있다(제70조).

(다) 입양절차

당사자의 입양에 대한 의사표시, 의사능력, 동의권자 등도 모두 제70조에 의해 양친의 본국법에 의한다.

(라) 입양의 하자

입양요건의 흠결로 인한 무효·취소의 경우에도 제70조에 의해 양친의 본국법에 의한다.

4. 입양의 방식

관할권적 접근을 채택하는 입법에서는 입양의 방식의 문제는 생기지 않으나, 우리 국제사법은 저촉법적 접근을 채택하고 있으므로 입양의 방식의 문제가 생긴다. 이에 관해서는 국제사법에 특별한 규정이 없으므로 방식에 관한 일

---

54) 국제사법해설. 154면.

반원칙인 국제사법 제31조의 적용을 받는 것으로 생각된다. 이에 따라 그 행위의 준거법인 제70조에 의해 입양 당시 양친의 본국법에 의하거나, 행위지법에 의할 수도 있을 것이다. 이때 입양이 방식의 준거법상 필요한 방식을 구비하지 않은 경우에 그 입양이 무효로 되는가, 아니면 취소할 수 있는가의 여부도 입양의 방식의 준거법에 의한다.

5. 입양의 효력

입양의 효력은 입양의 성립에 의해서 생기는 법률효과 즉 입양에 의한 양친과 양자 사이의 입양관계의 발생 및 확정을 의미한다. 구체적으로 양자가 적출자인 신분을 취득하는가, 혼외자의 신분을 취득하는가, 그리고 그 신분을 취득하는 것은 언제부터인가, 양자와 양친의 혈족과의 사이에 친족관계를 생기게 하는가, 혹은 친족관계는 양자와 양친 사이에 그치는가, 생부모와의 관계는 단절되는가 등의 여러 문제가 여기에 포함된다.

이러한 의미의 입양의 효력에 관해서 구섭외사법 제21조 제2항은 양친의 본국법에 의한다고 규정하여 연결시점에 관해서 아무런 규정도 두고 있지 않았지만, 국제사법은 입양 당시의 양부모의 본국법으로 명문화하고 있다. 이는 양친관계가 일단 입양에 의해서 성립한 이상 양친의 그 후의 국적변경의 영향을 받는 것은 타당하지 않기 때문이다. 양친인 부부가 국적을 달리하는 경우에는 양친자관계의 성립은 양부와 양모 각자의 본국법에 의하는 것으로 된다.

구섭외사법이 입양의 요건과 효력을 구분하여 달리 규율한 것은 입양의 요건에 배분적 연결을 취하였기 때문에 나온 결과이다. 그러나 국제사법은 배분적 연결을 폐지한 데다가 인지의 경우와 마찬가지로 입양에서도 요건과 효력을 달리 구별할 이유가 없고 오히려 통일적으로 규율하는 것이 타당하므로 이를 통합하고 있다. 따라서 입양의 효력에 관한 문제도 요건과 마찬가지로 양친의 본국법에 의하게 된다.[55]

---

55) 양자와 친생부모와의 관계단절의 여부에 관하여는 이론이 있기는 하나 일응 입양의 효력 문제로 보아 양친의 본국법에 의함이 상당하다. 일본 통칙법은 법례와 마찬가지로 양자와 실제혈족과의 친족관계의 종료는 양친의 본국법에 의한다는 명문의 규정을 두어 이를 입법적으로 해결하였다(통칙법 제31조 제2항 참조).

6. 파 양

(1) 준거법의 결정

이혼과 파양은 당사자에 의한 신분관계의 임의적 해소방법이라는 측면에서 공통점이 적지않다. 이러한 이유에서 구섭외사법은 이혼을 부의 본국법에 의하게 한 것에 대응해서 파양을 양친의 본국법에 의해야 하는 것으로 하고 있었다. 이혼의 경우와 다른 점은 이혼의 준거법이 원인된 사실이 발생할 당시를 기준으로 하고 있는데 대하여 파양의 준거법은 양친의 현재의 본국법 즉 파양 당시의 본국법으로 되어 있는 점이었다.

그런데 국제사법은 입양 전체를 양부모의 본국법으로 통일하면서 파양도 이에 따르고 있다. 다만, 구섭외사법에서는 법률상 파양의 연결시점을 파양 당시로 규정하였으나, 국제사법은 입양은 그 성립에서 종료까지 동일한 법에 의해 규율하는 것이 타당하다는 점, 파양은 입양의 성립을 부정하는 것이므로 파양의 준거법을 입양의 요건과 일치시킬 필요가 있다는 점 등을 고려하여 입양과 마찬가지로 입양 당시로 고정시켰다. 이때 입양 당시의 양친의 본국법이 파양제도를 인정하지 않는 경우에 문제가 발생할 수도 있으나, 그러한 경우에는 반정여부를 검토하거나 최종적으로 공서문제[56]를 통하여 우리 법을 적용함으로써 문제를 해결할 수 있을 것이다.[57] 다만 파양의 방식에 관해서는 국제사법에 명문의 규정이 없으므로 제31조 제1항에 의해 파양의 준거법인 제70조에 따라 양친의 본국법에 의하거나, 제31조 제2항에 의해 행위지법에 의할 수도 있을 것이다.

---

56) 우리 하급심은 실질적인 양친자관계가 존재하지 아니하는 사안에서 파양의 준거법으로서 파양을 인정하지 아니하는 양친의 본국법(외국법)을 적용하여 형식적인 양친자관계의 존속을 강요하는 것은 양자의 복지를 최우선으로 하는 양자제도의 취지에 비추어 우리나라의 공서에 반하므로, 양친의 본국법을 적용하지 아니하고 파양을 인정하는 법정지법인 우리 민법을 적용함이 상당하다고 판시한 바 있다(서울가법 1992.4.23. 선고 91드63419 판결, 동 1990.11.28. 선고 89드 73468 판결 등).

57) 국제사법해설, 154-155면.

(2) 준거법의 적용범위

파양의 허용여부, 효력 등 모두 양친의 본국법에 의해서 정해진다. 입양당사자 일방의 사망에 의해 입양이 해소되는가, 아니면 해소되지 않는 것으로 보아 당사자의 사망 후의 파양이 인정되는가의 여부, 파양이 인정된다면 그 방법, 효력 등도 파양의 준거법인 제70조에 의해 입양 당시 양친의 본국법에 의한다.

■ 판 례

(ㄱ) "파양의 경우 준거법은 섭외사법 제21조 제2항, 제2조 제3항에 의하여 양부의 본국법인 미합중국 오하이오주의 법률이라고 할 것이나, 오하이오주 법에 의하면 파양제도가 인정되지 않기 때문에 위 법에 준거하는 한 어떠한 경우에도 파양을 할 수가 없는바, 이러한 입법례도 이른바 완전부양제를 채택한 결과로서 그 나름대로의 합리적인 근거가 없다 할 수 없으나, 입양 이후 미합중국에 거주하고 있는 양부가 양자를 성년에 이르도록 부양하지 않았을 뿐만 아니라 한번도 상면하지 않고 있는 경우에까지 파양을 인정하지 않는다면 양부의 유기에 의하여 전혀 실체를 갖고 있지 않은 양친자관계가 양자의 의사에 반하여 영속되어 장래 당사자 사이에 서로 예기하지도 않고 희망하지도 않는 상속, 부양 등과 같은 여러가지 법률관계가 발생하도록 하는 부당한 결과가 생길 수 있어 양자의 복지를 최우선으로 하는 양자제도의 취지에 비추어 선량한 풍속 기타 사회질서에 반하므로, 위 사건에 관하여는 섭외사법 제5조에 의하여 외국법으로서 양친의 본국법인 미합중국 오하이오주법을 적용하지 아니하고 파양을 인정하는 법정지법인 우리나라 민법을 적용하여야 한다"(서울가법 1992.4.23. 선고 91드63419 판결).

(ㄴ) "대한민국 국민인 양자가 미합중국 국민인 양친을 만난 일 조차 없고 양친 역시 양자를 전혀 돌보지 아니하는 등 그들 사이에 실질적인 양친자관계가 전혀 존재하지 아니할 뿐 아니라 양자가 그 관계의 청산을 간절히 바라고 있는 이 사건에 있어서 섭외사법 제21조 제2항에 따른 그들 사이의 파양에 관한 준거법으로서 파양을 인정하지 아니하는 미합중국 테네시주법을 적용하여 양자에게 형식적인 양친자관계의 존속을 강요하는 것은 우리나라의 선량한 민속 기타 사회질서에 위반되는 결과가 되므로 섭외사법 제5조에 따라 위 법을 적용하지 아니하고 법정지법인 우리나라 법률을 적용함이 상당하다"(서울가법 1990.11.28. 선고 89드73468 판결).

Ⅵ. 친자관계의 성립에 관한 동의

국제사법에서는 친자관계에서 가능한 한 그 성립을 용이하게 해 주기 위해 선택적 연결방법을 택하였으나, 친자관계의 성립을 용이하게 하는 것이 반드시 子를 위하는 것이라고는 장담할 수 없다. 친자간의 법률관계의 창설에 대하여 子가 이를 원하지 않는 경우도 있고, 인지 등으로 창설된 부자간의 친자관계가 母에게 예기치 않은 영향을 줄 수도 있다. 특히 子가 성년인 경우에는 부모가 부양을 받을 목적으로 子의 의사에 반하여 인지를 하는 경우도 있을 것이다.

각국의 실질법은 이에 대비하여 입양을 비롯하여 인지나 준정시 子를 보호하기 위해 子나 母의 동의나 승낙, 공적 기관의 허락 등을 요구하는 경우가 많다. 만약 子의 본국법에서 친자관계의 성립에 이처럼 子측의 동의 등을 요구하고 있다면 그러한 동의 규정은 진정으로 子를 보호한다는 관점에서 국제사법적으로도 적용되어야 한다.58) 왜냐하면 이를 통해 子의 보호가 이루어질 뿐만 아니라 그 친자관계의 성립을 子의 본국에서도 인정받게 될 것이기 때문이다.

국제사법은 이러한 이유에서 혼인 외의 부모·자녀관계(제68조), 준정(제69조), 입양 및 파양(제70조)의 규정에 따른 부모·자녀관계의 성립에 관하여 자녀의 본국법이 자녀 또는 제3자의 승낙이나 동의 등을 요건으로 할 때에는 그 요건도 갖추어야 한다고 규정하고 있다(제71조).59) 이때 子의 본국법은 누적적으로 적용되며, 연결시점은 성립 당시 즉, 입양시, 인지시, 준정시가 될 것이다. 한편 동의규정은 친자관계의 성립에만 적용되므로 예컨대 입양의 효력이나 파양의 경우에는 子의 본국법이 적용되지 아니한다.60)

---

58) 구섭외사법은 인지와 입양의 성립요건에서 배분적 연결을 취하고 있어 子의 보호를 위해 동의를 요구하는 실질법적 내용을 고려할 수 있었다. 그러나 국제사법에서는 친자관계의 성립에서 배분적 연결이 폐지되고 선택적 연결이 취해졌으며, 그 선택대상에 있어서도 子의 본국법은 전적으로 배제되었으므로 동의 규정이 필요하게 된 것이다.

59) 국제사법은 독일의 입장을 따라 동의 규정을 별도의 독립적인 조항으로 하였다. 이에 반하여 일본과 오스트리아는 인지, 입양, 준정 등 해당 법률관계에서 동의 규정을 함께 규정하고 있다.

60) 국제사법해설, 157-158면.

Ⅶ. 친자간의 법률관계(친자관계의 발생)

사 례

甲은 미국인 乙과 한국인 여성 丙의 적출자로서 미국의 미주리주에서 출생한 미성년자로서 미국국적을 가지고 있지만 이후 부모와 함께 대한민국에 거주할 때 대한민국 국적도 취득하였다. 甲은 현재 미국 미주리주에 거주하고 있으나, 그의 부모는 현재 대한민국에 거주하고 있다. 甲과 乙은 미주리주 소재의 D은행과 체결한 투자신탁계약을 해지하고 청산금의 분배를 청구하기 위하여 乙, 丙을 甲의 특별대리인으로 선임해줄 것을 가정법원에 신청하였다. 이 신청은 인정되는가?

1. 총   설

여기서 친자간의 법률관계로서 취급하는 문제는 국제사법 제67조, 제68조 및 제69조, 제70조에 의해서 각각 확정된 혼인 중의 친자관계, 혼인 외의 친자관계 및 양친자 관계를 전제로 해서 그러한 친자가 신분상 및 재산상 어떠한 권리의무관계에 서는가 하는 것 즉 친자관계의 효력의 문제이다. 국제사법 제72조는 혼인 중의 친자관계에만 적용되고 혼인 외의 친자관계와 양친자관계는 국제사법 제68조와 입양의 준거법을 정한 국제사법 제70조가 각각 적용된다는 견해가 있으나, 그러한 견해는 타당하지 않음은 앞에서 설명한바와 같다.

2. 친자간의 법률관계 등에 관한 사건의 국제재판관할

국제사법은 미성년인 자녀 등에 대한 친권, 양육권 및 면접교섭권에 관한 사건에 대해서 자녀의 일상거소가 대한민국에 있거나, 부모 중 한쪽과 자녀가 대한민국 국민인 경우 대한민국 법원에 국제재판관할이 있다고 규정한다(제59조). 역시 미성년 자녀에 대한 대한민국 법원의 국제재판관할권을 확장함으로써 그 보호를 넓게 하고자 하는 것이 취지이다.

이 국제재판관할도 관할합의(제8조) 또는 변론관할(제9조)의 대상이 되지 않는다(제13조).

3. 준거법의 결정

(1) 입법주의

친자간의 법률관계의 준거법을 정함에 있어서는 子에 대한 부모의 감호·교육의 권리의무에 관한 여러 문제와 같이 신분법적 측면과 子의 재산에 대한 부모의 관리권 사용수익권 등에 관한 제문제를 구별해서 규율하는 법제도 있지만(영국 미국 등), 다수의 입법례는 양자를 구별하지 않고 통일적으로 속인법주의를 채택하고 있다. 속인법주의에 관해서는 ① 부모의 속인법주의(독일 민법시행법, 이탈리아 민법, 중화민국 섭외민사법률적용법, 루마니아 국제사법), ② 子의 속인법주의(핀란드 국제가족법, 폴란드 국제사법), ③ 친자의 최후의 공통속인법주의(그리스 민법)가 있고, 학설로서 ④ 부모의 속인법과 子의 속인법의 누적적 적용주의(Zitelmann, Frankenstein)도 주장되어 있다.

또한 친자간의 법률관계의 규율에 있어서 혼인 중의 친자관계, 혼인 외의 친자관계, 양친자관계를 구별해서 각각에 관해서 준거법을 정하는 입법례(독일 민법시행법, 태국 국제사법, 그리스 민법)와 모든 종류의 친자관계를 일괄해서 통일적으로 준거법을 정하는 것이 있다.

(2) 국제사법의 입장

구섭외사법은 친자간의 법률관계[61]에 관하여 일차적으로 父의 본국법에 의하도록 하고 있었다(제19조). 그러나 이는 남녀평등의 원칙에 어긋나며 또한 子의 이익이라는 측면에서도 바람직하지 못하였다. 따라서 국제사법은 이 문제를 회피할 수 있는 방법으로 子의 속인법을 준거법으로 정하고 있다(제72조).

구체적인 준거법 결정에 대하여는 子의 일상거소지법을 원칙적인 준거법으로 정하고 있는데, 국제사법에서는 친자관계의 성립에 子의 일상거소지법을 허용하고 있고, 부양의 경우에도 子(부양권리자)의 일상거소지법에 의하고 있으므로 모든 친자관계에 子의 일상거소지법을 인정하는 것이 일관되며 또 子의 이

---

61) 여기서의 친자간의 법률관계란 친자관계의 성립준거법에 의하여 친자관계가 성립한 경우에 당해 친자 간에 발생하는 권리의무관계를 말한다.

익과 보호에도 기여할 수 있기 때문이다.

다만, 이 규정에 의해 규율되는 내용은 대부분 친권 문제에 관한 것인 바,[62] 父·母·子가 모두 동일한 본국법을 가지고 있는 경우에는 그들의 본국법에 의하는 것이 가정 내의 보호조치가 가능한 점 등을 고려하여 이를 子의 일상거소지법에 우선하여 적용하도록 하고 있다.[63]

판 례

"국제사법 제45조는 '친자 간의 법률관계는 부모와 자의 본국법이 모두 동일한 경우에는 그 법에 의하고, 그 외의 경우에는 자의 상거소지법에 의한다.'고 규정하고 있으므로, 모와 자의 국적이 서로 다를 경우 자의 상거소지법에 따라 이를 판단하여야 하는바, 대만 국적의 혼인 외의 출생자가 우리나라에서 출생하여 잠시 필리핀으로 이주하였던 때를 제외하고는 주로 우리나라에서 거주하고 있을 경우 자의 상거소지법은 우리나라 민법으로, 민법 제909조·제911조에 따라 자를 출산한 대한민국 국적의 모는 친권자로서 자의 법정대리인이고, 부의 사망으로 단독으로 자에 대한 법정대리권을 행사할 수 있다"(서울지법 2003.7.25. 선고 2001가합64849 판결).

---

4. 준거법의 적용범위

(1) 친 권

친권자는 父인가 母인가 혹은 부모가 함께 친권자로 되는가 또는 친권에 따르는 子는 누가 되는가 등의 문제는 모두 국제사법 제72조에 의해서 결정된다.

친권의 내용은 신상의 감호와 재산의 관리로 대별된다.

신상의 감호는 포괄적으로 말하면 부모가 子를 감호, 교육하는 것이지만 구체적으로는 거소지정권, 징계권, 직업허가권, 子의 인도청구권 등을 포함한다. 이러한 것은 어느 것이나 국제사법 제72조에 의한다. 이러한 권리의 행사에 관해서는 공서의 원칙의 적용에 의해서 외국법인 본국법의 적용이 배제되는 경우

---

62) 친자관계의 준거법의 범위는 친자관계 자체에 내재하는 직접적인 효력에 그치고, 친자관계에서 파생하는 간접적인 효력은 이에 포함되지 않는다고 해석되므로 주로 친권과 부양의무가 문제가 된다. 그러나 국제사법 하에서는 미성년 자녀에 대한 부양의무도 제46조가 적용되므로 결국 본 조항은 거의 친권 문제만을 규율하게 될 것이다.

63) 국제사법해설, 159-160면.

가 많다. 예를 들면 子에 대한 징계권에 관해서는 법정지법인 대한민국법이 인정하는 것 이상의 징계권을 대한민국에서 행사할 수 없다고 해야 한다.

재산의 관리에 관해서는 子의 재산의 관리권 및 수익권, 子의 재산행위의 대리권 子의 재산행위에 대한 동의권 등이 포함되고 이것들은 어느 것이나 국제사법 제72조에 의한다. 그리고 친권의 소멸에 관한 문제도 역시 국제사법 제72조의 적용을 받는다.

(2) 친자관계에 기한 부모의 부양의무

친자관계로부터 생기는 부모의 부양의무에 관해서는 국제사법 제72조에 의한다. 부모가 子를 부양하는 의무는 감호교육에 필요한 비용을 부담하는 의무이고, 이러한 의무가 없는 친자는 있을 수 없다고 하는 의미에서 그것은 친자관계에 본질적인 것이다. 단 여기서 子란 미성년인 子만을 의미하고 성년이 된 子는 포함되지 않는다. 미성년인 子라면 그가 혼인 중의 출생자이건 혼인 외의 출생자이건 또는 양자이건 상관없다.

(3) 자의 성씨

子가 출생에 의해 부모의 성을 따르는가 어떤가는 친자간의 법률관계의 문제로서 국제사법 제72조에 의한다. 인지, 입양 등 신분관계의 변동에 수반하는 子의 성의 변경문제도 혼인 외의 친자관계, 양친과 관계의 효력의 문제로서 국제사법 제72조에 의한다.

사례의 해결

사례에 관해서는 친권의 문제로 보아 국제사법 제72조에 의하여야 할지, 후견의 문제로 보아 국제사법 제75조에 의하여야 할지 견해가 나누어진다.

甲은 대한민국에 주소가 있고, 그 모가 대한민국 국민인 자로서 특별귀화요건(국적법 제7조 1항 1호)을 갖추어 대한민국의 국적을 취득한 것으로 보이는데, 다른 한편으로 미국법상 미국 국내에서 출생하였다는 이유로 미국 국적을 취득하여, 현재 대한민국과 미국의 이중국적자이다. 이 경우 친권의 문제로 본다면 대한민국 법원은 국제사법 제59조에 의하여 국제재판관할권이 있고, 또 국제사법 제16조 1항 단서에 의하여 甲은 본국법은 대한민국법이 되므로 母 丙과의 공통본국법인 대한민국법이 친권의 준거법으로 된다. 따라서 대한민국 민법 제921조에 기하여 특별대리인을 선임할 수 있다.

참고로 만약 甲이 미국 국적만을 가지고 있는 경우에는 甲, 乙, 丙의 본국법이 모두 다르므로 대한민국 법원은 제59조에 의한 국제재판관할권이 없고, 친권의 준거법은 甲의 일상거소지법인 미국 미주리주법으로 된다. 미주리주법에 의하면 양친은 미성년의 子에 대하여 자연후견인으로서 공동으로 감호·교육할 권한을 가지지만, 子의 중요한 재산의 관리 처분권한은 없고 검인재판소가 선임하는 후견인이 관리처분행위를 하도록 되어 있다.

대한민국의 가정법원에서 본국법상의 선임절차를 대행하는 경우에 특별대리인을 선임하여야 할 것인가, 후견인을 선임하여야 할 것인가 견해가 나누어질 수 있다.[64]

제 5 절   부양의무

I. 부양의무에 관한 국제재판관할

1. 원   칙

친족 간의 부양의무는 부부 사이, 이혼한 남녀간, 부모와 미성년인 子 사이와 같은 보편적 친족관계 외에, 직계혈족 및 그 배우자 사이 내지 생계를 같이하는 기타 친족 사이에 발생한다(민법 제974조). 이에 따라 부모와 성년인 子 사이, 형제자매 사이 또는 기타 부모 이외의 직계혈족 사이에 부양의무가 발생하는 경우도 있다. 부양의무에 관한 사건은 대개 부양권리자가 부양의자를 상대로 하여 부양의무의 이행을 구하는 것이다.

부양에 관한 사건에 대해서는 부양권리자의 일상거소가 대한민국에 있는 경우 대한민국 법원에 국제재판관할권이 있다(제60조 1항). 부양은 부양권리자를 위한 법제이므로 부양권리자의 속인법에 따라 국제재판관할이 정해지는 것이 타당하기 때문이다.

---

64) 이 경우에 특별대리인을 선임한 일본의 판례가 있다. 東京家審 1965(昭和40).12.20, 國際私法判例 百選 제2판, 72면 참조.

2. 부양사건에 관한 국제재판관할의 합의

부양에 관한 국제재판관할에 대해서는 관할합의(제8조)를 인정할 필요가 있다(제13조의 반대해석). 왜냐하면 부양사건은 재산권에 관한 내용이 주를 이루는 것이므로 당사자자치가 필요하기 때문이다.

그러나 이러한 합의가 부양권리자의 이익을 해칠 우려가 있는 경우에는 합의를 제한할 필요가 있으므로, 국제사법은 ① 부양권리자가 미성년자이거나 피후견인인 경우에는 합의의 효력을 부정하였다(제60조 2항 1호). 다만, 해당 합의에서 미성년자이거나 피후견인인 부양권리자에게 대한민국 법원 외에 외국법원에도 소를 제기할 수 있도록 한 경우는 제외하였다. 또한 국제사법은 ② 합의에 의하여 국제재판관할권을 가진 것으로 지정된 국가가 사안과 아무런 관련이 없거나 근소한 관련만 있는 경우에도 합의의 효력을 인정하지 않는 것으로 하고 있는데(동 2호), 그것은 이러한 국가의 법원에서 재판을 받게되면 부양권리자의 이익을 해칠 우려가 있기 때문이다.

3. 부양사건의 국제재판관할에 관한 변론관할

부양에 관한 국제재판관할에 대해서는 대한민국 법원에 국제재판관할권이 없더라도 원고의 제소에 피고가 이의 없이 응소함으로써 변론관할이 인정되는데(제13조의 반대해석), 역시 ① 부양권리자가 미성년자이거나 피후견인인 경우 및 ② 대한민국이 사안과 아무런 관련이 없거나 근소한 관련만 있는 경우에는 부양권리자의 이익을 해칠 수 있으므로 변론관할을 부정하였다(제60조 3항).

II. 부양사건에 관한 준거법의 결정

1. 부양권리자의 일상거소지법주의 채택

부양의무의 준거법 결정에 관해서는 부양권리자의 속인법주의(폴란드 국제사법, 태국 국제사법), 부양의무자의 속인법주의, 당사자 쌍방의 속인법을 누적적으로 적용하는 주의, 법정지법주의 등 여러 가지 입장이 있지만 구섭외사법은 부양의무자의 본국법주의를 채택하고 있었다(제23조). 구섭외사법의 입장은 부양관계가 의무를 위주로 발달한 법률관계라는 점에서 부양의무자를 보호하려고 하는데 있다고 할 수 있다. 그러나 이것은 요부양자의 보호라고 하는 현대적 정책에 반하는 것으로 입법론으로서는 문제가 있었다.

그런데 이와 같은 구섭외사법의 규정에도 불구하고 부양을 그 발생원인이 되는 법률관계와 밀접한 관련이 있다고 보아 각각의 원인된 법률관계에 의하여야 한다는 것이 강력하게 주장되고 있었다. 즉, 부부간의 부양은 혼인의 효력의 준거법에 의하고, 미성년인 子에 대한 친자간의 부양은 친자간의 법률관계의 준거법에 의하며, 이혼 후의 부양은 이혼의 준거법에 의한다는 것이다. 따라서 구섭외사법 제23조는 성년자에 대한 부모의 부양, 부모에 대한 자녀의 부양, 형제자매와 협의의 친족간의 부양 등 제한된 범위 내에서만 적용되었다.

그러나 위와 같은 구섭외사법의 해석에 따르면 각각의 법률관계에 따라 부양의 준거법이 달라지므로 부양문제 전반에 타당한 준거법 결정기준이 마련되었다고 볼 수 없고, 부양권리자의 보호에도 충실하다고 할 수 없다. 또한 부양문제는 신분적 관계라기보다는 재산적 관계라는 측면이 강하므로 부부간의 부양문제에 혼인의 일반적 효력의 준거법이, 친자간의 부양문제에 친자간의 효력의 준거법이 적용되는 것은 타당하지 않다. 더구나 국제사법에 따르면 혼인의 일반적 효력의 준거법이나 친자간의 효력의 준거법은 일차적으로 부부의 동일한 본국법이나 친자간의 동일한 본국법이 되는데, 부양문제를 재산적 관계로 보는 한, 본국법보다는 현실적으로 생활하고 있는 곳의 법을 적용하는 것이 타당할 것이다. 연결주체 역시 우선 부양권리자를 중심으로 하는 것이 부양의 목적에 적합하다고 할 수 있다.

이러한 이유에서 국제사법에서는 부양을 하나의 독립된 법률관계로 취급하여 그 준거법의 적용범위를 통일하고, 부양의무의 준거법에 관한 헤이그 협약의 내용에 기초하여 원칙상 부양권리자를 중심으로 하고 재산법적 특성을 고려하여 준거법 결정원칙을 정하고 있다.[65] 이에 따라 부양의 준거법을 원칙적으로 부양권리자의 일상거소지법으로 하였고, 이 법에 의하면 부양권리자에게 부양청구권이 없는 경우에는 보완적으로 당사자인 부양권리자 및 부양의무자의 공통 본국법66)에 의하도록 하였다(제73조 1항).67) 이로써 부양권리자에게 실효적인 보호를 부여할 수 있고 동일국가 내에 있는 부양권리자들에게 동일한 기준이 적용되며, 부양의무자가 복수인 경우에도 부양 기준이 통일된다.

2. 이혼시의 부양

국제사법은 위 규정에도 불구하고 이혼시의 부양은 이혼의 준거법에 따르도록 하였다(제73조 2항). 이러한 특칙을 둔 이유는 이혼의 직접적 효과인 신분관계의 해소와 그 후의 당사자 간의 부양문제는 극히 밀접하게 관련되어 있으므로 다른 관계와 달리 양자를 통일적으로 취급하는 것이 타당하기 때문이다. 이때 "이혼에 관하여 적용된 법에 따른다."라는 표현을 사용한 것은 법상의 이혼의 준거법이 아니라, 실제로 이혼에 적용된 법에 따른다는 것을 나타내기 위한 것이다. 따라서 가령 본래의 이혼의 준거법인 외국법이 공서에 의해 적용이 배제되어 내국법이 적용되어야 하는 경우에는 내국법이 이혼에 관하여 적용된 법으로 된다.

3. 방계친족간 또는 인척간 부양의무에 관한 이의제기권

국제사법은 준거법 결정에서 부양의무자를 배제함으로써 나타날 수 있는 부당성을 제거하기 위하여 방계친족간 또는 인척간의 부양의무의 경우 부양의무자의 이의제기권을 인정하고 있다(제73조 3항). 방계친족과 인척은 먼 신분관계이므로 이러한 친족 간의 부양의무에 대하여 이를 부정하는 나라도 있고, 또한 인정하는 경우에도 그 범위에 차이가 있는 등 각국의 법제에 차이가 있다. 만일

---

65) 국제사법해설, 162-163면.

66) 여기서 「공통 본국법」은 국제사법 제64조 제1호 등에서 규정하고 있는 「동일한 본국법」과 의미가 다름은 이미 설명한 바와 같다. 여기서는 당사자의 일방 또는 쌍방이 복수의 국적을 가진 경우 그 국적중 어느 것이나 쌍방에 공통되는 국적이 있으면 그 국가의 법률이 공통 본국법이 되는 것이다.

67) 이러한 준거법 결정방법은 부양권리자가 가능한 한 부양을 받을 수 있도록 부양권리자를 보호한다는 취지에 따른 것이다. 이와 같이 원칙적 준거법에 의하면 법률관계의 성립이 인정되지 않는 경우 별도의 준거법에 의하는 것과 같은 연결방법을 보정적 연결이라고 한다. 이러한 연결방법은 국제사법에 의하여 최초로 도입되었다.

당사자 간의 공통 본국법 또는 부양의무자의 일상거소지법이 부양의무를 부정
하는 경우에도 부양권리자의 일상거소지법을 적용하여 부양의무를 인정한다면
너무나 일방적으로 부양권리자를 보호하고 부양의무자의 보호에는 소홀하게 되
는 결과가 생기기 때문이다.[68]

4. 내국법이 적용되는 특례

부양권리자와 부양의무자가 모두 대한민국 국민이고, 부양의무자가 대한민
국에 일상거소가 있는 경우에는 대한민국법에 따른다(제46조 4항). 이는 중요한
연결점이 모두 대한민국과 연결되어 있으므로 당사자의 신뢰와 예측가능성을
위해 대한민국법을 적용하도록 하기 위한 것이다.

5. 반정의 불허

부양의 준거법에 관하여는 반정이 허용되지 않는다(제22조 2항 3호). 이는
「부양의무의 준거법에 관한 헤이그협약」이 반정을 인정하지 않고 있음을 고려
하여 동 협약의 입장을 수용한 것이다.[69]

Ⅲ. 준거법의 적용범위

부양권리자 및 부양의무자 그 순위, 부양의무발생의 요건, 부양의 정도 및
방법 등은 모두 부양의무의 준거법에 의한다. 부양권리자와 부양의무자의 합의
로 부양의 정도 및 방법 등을 변경할 수 있는가의 문제도 부양의무의 준거법에
의한다.

---

68) 국제사법해설 164면.
69) 신창섭, 324면; 석광현, 365면.

제6절 후 견

I. 총 설

후견은 친권자가 없는 미성년자를 위한 친권의 연장으로서의 성질과 피성년 후견인의 보호수단으로서의 성질을 가지는 법률제도이다. 이는 제한능력자의 보호를 목적으로 하는 것이라는 이유에서 국제사법상 후견은 원칙적으로 피후견인의 속인법에 따르는 것이 널리 일반적으로 인정되어 있다(이탈리아 민법, 폴란드 국제사법, 그리스 민법, 핀란드 국제가족법, 중화민국 섭외민사법률적용법). 이러한 속인법주의는 제한능력자가 어디에 있는지 재산소재지가 어딘지를 묻지 않고 제한능력자에 대한 보호가 통일적이고 고정적으로 규율된다는 점에 장점이 있다. 또한 후견 제도는 이전에는 신분법적인 색채를 띠고 있었지만 오늘날에는 피후견인의 재산관리를 주된 내용으로 하고 있고 재산소재지의 일반공익과도 밀접한 관계를 가지고 있다는 점에서 피후견인의 일상거소지법 내지 재산소재지법에 의한다는 입장도 충분한 이유가 있다고 할 수 있다.

II. 후견사건의 국제재판관할

1. 성년자의 후견에 관한 사건의 국제재판관할

성년인 사람의 후견에 관한 사건, 즉 성년후견[70] 관련 사건에 대해서는 ① 피후견인(피후견인이 될 사람을 포함한다. 이하 같다)의 일상거소가 대한민국에 있는 경우, ② 피후견인이 대한민국 국민인 경우, 및 ③ 피후견인의 재산이 대한민국에 있고 피후견인을 보호하여야 할 필요가 있는 경우에는 대한민국 법원

---

[70] 성년후견은 구민법상의 금치산·한정치산제도를 개정한 것이므로, 만약 외국에서 금치산·한정치산이 인정되는 경우가 있다면 그 의미로 이해하여도 좋을 것이다.

에 국제재판관할권이 있다(제61조 1항). 성년자의 후견에 관한 사건이라고 하여 도 피후견인을 위하여 관할을 정할 필요가 있기 때문에 현재 생활의 중심이 되 는 일상거소를 중심으로 하되, 그렇지 않은 경우에는 대한민국 국민일 것을 근 거로 대한민국 법원이 재판권을 행사하게 하면서, 후견 관련 재산이 대한민국 에 있고 피후견인을 보호할 필요가 있다면 대한민국 법원이 재판하게 한 것이다.

후견에 관한 국제재판관할에 대해서는 성년, 미성년을 막론하고 관할합의 (제8조)나 변론관할이 인정되지 않는다(제13조).

2. 미성년자의 후견에 관한 사건의 국제재판관할

미성년자의 후견에 관한 사건에 대해서는 ① 미성년자의 일상거소가 대한민 국에 있거나, ② 미성년자의 재산이 대한민국에 있고 미성년자를 보호하여야 할 필요가 있는 경우에 대한민국 법원에 국제재판관할권이 있다(제61조 2항). 그 근거는 피성년후견인에 관하여 설명한 바와 같으나, 미성년자가 대한민국 국민인 경우는 제외되고 있다.

III. 후견의 준거법

1. 원   칙

(1) 준거법의 결정

후견의 준거법에 관해서는 우리 국제사법은 피후견인의 속인법주의를 채택 하여 제75조 제1항에서 "후견은 피후견인의 본국법에 따른다."고 규정하고 있 다. 후견은 피후견인의 보호를 목적으로 하는 제도라는 이유에 기인한다. 여기 서 피후견인의 본국법이라 할 때 그것이 현재의 본국법을 의미한다. 따라서 피 후견인의 국적이 변경되면 당연히 준거법도 변경되고 신본국법에 의해서 후견 의 법률관계가 정해지게 된다.[71]

---

71) 개정민법은 성년후견제도의 일종으로 후견계약제도를 창설하고 있는데(제959조의14 이하), 그 준거법에 관해서 여러 가지 입장이 생각될 수 있다. 먼저 후견계약은 대리권수여의 계약을 기초 로 하고 있는 점에서 그 성립 및 효력에 관해서는 국제사법 제25조에 의하여 준거법이 결정된

(2) 준거법의 적용범위

후견은 피후견인의 본국법에 의하는 것이므로 후견개시의 원인, 후견인의 선임·사임·해임, 결격사유, 후견의 사무 즉 피후견인의 신상 및 재산에 관한 후견인의 권리의무, 후견 종료의 원인, 법원에 의한 후견의 감독 등의 문제는 모두 국제사법 제75조 제1항이 정하는 피후견인의 본국법에 의한다.[72)]

따라서 피후견인의 본국법에 의해 인정된 후견인이 본국법에 따라서 후견 사무를 집행하고, 피후견인의 본국법에 의해 인정된 후견감독인이 본국법에 따라서 후견 사무를 감독하는 것이 원칙이다.

또한 후견인과 피후견인 사이의 관계에 관해서, 피후견인이 후견인에 대한 채권을 위해서 후견인의 부동산에 법정저당권을 취득하는 것을 인정할 것이냐 하는 문제도 또한 후견의 법률관계인 이상 피후견인의 본국법에 의하는 것이 원칙이나, 이는 부동산 물권에 관한 부분도 있으므로 부동산의 소재지법도 또한 이러한 법정저당권의 취득을 인정할 때에 한해서 이것을 인정할 수 있다고 하여야 한다.

(3) 다른 준거법과의 관계

(가) 미성년후견과 친권

미성년후견은 친권과 겹치는 면이 있기 때문에, 미성년후견과 친권의 관계에서 문제가 생길 수 있다. 친권의 준거법은 父·母·子가 모두 동일한 본국법을 가지고 있는 경우에는 그들의 본국법, 그 외의 경우에는 子의 일상거소지법이고(제72조), 후견의 준거법은 피후견인의 본국법이다(제75조 1항). 따라서 父

다고 하는 입장으로, 계약 당사자쌍방의 의사에 의하여 준거법이 결정된다고 한다. 그리고 이 입장에 의한다고 해도 후견계약이 본인 보호를 위하여 법원이나 후견감독인의 감독에 복종하는 것에 비추어 본다면 선택할 수 있는 준거법의 범위는 제한되어야 할 것이다. 이때 선택할 수 있는 준거법으로서는 본인의 일상거소지법, 본국법, 재산관리에 관해서는 재산소재지법 등이 생각될 수 있다. 한편 후견계약의 신분법적 면을 중시하여 국제사법 제75조에 의하여 준거법이 결정되어야 한다고 하는 입장도 생각될 수 있다. 어느 입장도 합리적 이유가 있다고 할 수 있지만 부부재산계약이 신분행위의 준거법에 의하는 것을 고려하면 후견계약에 관해서도 후설에 의하는 것이 타당하다고 생각된다. 山田鐐一, 國際私法 제3판, 553-554면 참조.

72) 신창선, 359면; 신창섭, 327면; 윤종진, 479면.

(父가 없을 때는 母)와 피후견인이 국적을 달리하는 경우에는 친권의 준거법은 子의 일상거소지법이고 후견의 준거법은 피후견인의 본국법이므로, 친권의 준거법과 후견의 준거법 사이에 저촉이 생길 수 있다. 즉 친권의 준거법에 의하면 친권이 존재하고 후견의 준거법에 의하면 후견이 개시하는 경우 혹은 친권의 준거법에 의하면 친권이 소멸하고 후견의 준거법에 의하면 후견이 개시하지 않는 경우와 같다. 이것은 일종의 조정문제로서 처리되어야 할 문제이다.

이때 전자의 경우에는 친권의 준거법이 우선해서 적용되어야 한다. 후견은 원래 미성년자에 대한 친권의 연장이라는 성질을 가지는 것으로서, 친권자가 없는 경우에 비로소 설정되는 것이기 때문이다.

후자의 경우는 예컨대 친권의 준거법에 의하면 父 또는 母의 재혼에 의해 친권이 소멸하고 후견의 준거법에 의하면 父 또는 母의 재혼을 후견개시의 원인으로 인정하지 않는 것과 같은 경우에 나타난다. 친권자가 없음에도 불구하고 후견이 개시하지 않는다고 하는 부당한 결과를 피하기 위해 구체적 사정에 따라서 타당한 결과를 찾아야 한다. 친권의 준거법에 의해 친권자가 없다면 후견이 개시되어야 하지만, 후견의 준거법인 피후견인의 본국법이 父 또는 母의 재혼에 의해 후견의 개시를 인정하지 않는 것은 후견의 준거법상 父 또는 母의 재혼에 의해 친권이 소멸하지 않는 것으로 하고 있기 때문이다. 이는 친권의 준거법에 의해 친권이 소멸하는 경우까지 후견이 개시하지 않는다고 하는 취지는 아니라고 해석하여 피후견인의 본국법에 따라서 후견의 개시를 인정하여야 할 것이다.

(나) 후견과 성년연령

또한 후견의 준거법에 의하면 피후견인이 미성년자인 것을 요하는 것으로 되어 있는 경우 이러한 성년연령의 판단은 일종의 선결문제에 해당되므로 국제사법 제28조에 따라 당사자의 본국법에 의해야 한다. 후견이 피후견인의 보호 즉 미성년자의 행위능력의 보충을 목적으로 하고 있는 점에서 본다면 우리 국제사법상 후견의 준거법과 행위능력의 준거법이 일치하여 바람직한 결과라고 할 수 있다.

(다) 후견과 성년후견

다음으로 성년후견에 관하여 피성년후견인에게 후견인을 두는 것은 성년후견의 효력이므로 국제사법 제28조 및 제29조에 의하고 누가 후견인이 되느냐 그리고 그 밖의 후견에 관한 문제는 국제사법 제75조 제1항에 의해야 한다는 것은 이미 설명하였다. 후견이 피성년후견인의 능력 보충을 목적으로 하고 있는 점에서 본다면 성년후견의 효력의 준거법과 후견의 준거법이 일치하는 것이 바람직스럽다. 우리나라에서 외국인에 대하여 성년후견개시의 심판이 된 경우에는 후견에 관해서도 대한민국법이 적용되므로 성년후견의 효력의 준거법과 후견의 준거법과는 모순되지 않는다.

2. 예 외

후견에 관하여 피후견인의 본국법을 준거법으로 하는 원칙은 피후견인의 보호를 목적으로 하고 있는 것이지만, 이 원칙을 관철하면 피후견인의 보호를 다할 수 없는 경우도 생기고, 그와 교섭하는 제3자의 이익 즉 일반 공익을 해칠 염려가 있는 경우가 있다. 따라서 이러한 원칙에 대해서는 예외가 인정되어 있다.

국제사법은 대한민국 법원이 제61조에 따라 성년 또는 미성년자인 외국인의 후견사건에 관한 재판을 하는 때에는 원칙에 대한 예외로서 대한민국의 법률에 의하는 3가지 경우를 규정하고 있다(제75조 2항).

(1) 후견인의 부존재 등(제1호)

먼저 피후견인의 본국법에 따른 후견개시의 원인이 있더라도 그 후견사무를 수행할 사람이 없거나, 후견사무를 수행할 사람이 있더라도 후견사무를 수행할 수 없는 경우이다.

이에 해당하기 위해서는 대한민국에 상거소가 있는 성년 또는 미성년자인 외국인의 후견사건에 관한 재판을 하는 경우일 것, 그 본국법에 의하면 후견개시의 원인이 있을 것, 그리고 후견의 사무를 행할 자가 없거나 후견사무를 행할 자가 있더라도 후견사무를 행할 수 없을 것 등을 요건으로 한다. 제75조 제2항은 구법상의 거소 내지 상거소의 요건을 삭제하였으나, 제61조에서 일상거소가 있어야 후견재판의 국제재판관할권이 생기므로 결과적으로 마찬가지로 되었다. 또한 후견의 사무를 행할 자가 없거나 후견사무를 행할 자가 있더라도 후견사무를 행할 수 없다고 하는 것은 당해 외국인이 우리 국제사법상 적법한 후견인에 의해서 현실적으로 보호되지 않는 상태를 의미한다. 따라서 우리 국제사법상 적법한 후견인이 존재하지 않는 경우는 물론 가령 그러한 후견인이 존재한다고 해도 피후견인이 되는 외국인을 보호하기 위해서 후견인의 권능이 법률상은 물론 사실상으로도 또한 전면적 뿐만 아니라 부분적으로도 미치지 않을 때는 후견의 사무를 행할 자가 없는 경우에 해당하는 것이다. 이상의 요건을 충족하는 경우에는 후견의 기관, 그 설정, 피후견인의 신상 및 재산에 관한 후견인의 권리의무 등 후견에 관한 법률관계는 전부 대한민국의 법률에 의하게 된다.

다만 우리나라에 거주하는 피후견인에 대해 본국법에 의해 후견이 설정되어 후견인의 권한이 충분히 미치는 경우에는 대한민국법에 의한 후견을 종료한다. 대한민국법에 의한 후견은 본국법에 의한 후견에 대해 보충적으로 인정되는 것이므로 본국법에 의한 후견이 설정되어 당해 피후견인의 보호가 유효하게 행해지게 된 이상 대한민국법에 의한 후견은 필요가 없기 때문이다.[73]

그리고 우리나라에 거주하는 외국인에 대해서 예외적으로 대한민국법에 의한 후견을 인정하는 이상, 특별한 이유가 없는 한 외국에 거주하는 대한민국인에 대해서도 외국법에 의해 설정된 후견은 우리나라에서도 유효하다고 인정하여야 할 것이다. 또한 대한민국법에 의한 후견은 피후견인의 일상거소가 대한민국에 있을 것을 전제로 하고 있으므로 그 전제를 갖추지 못하게 되는 경우 즉 피후견인이 대한민국을 떠나는 경우에는 후견은 종료한다고 해석하여야 할 것이다.

(2) 대한민국의 성년후견개시 심판이 있는 경우(제2호)

이는 피성년후견인을 위해 대한민국 법원에서 성년후견개시의 심판을 하거나 임의후견감독인선임 심판을 하는 경우, 대한민국법에 의해 후견이 설정되고

---

73) 신창섭, 329면; 윤종진, 482면.

이때 피후견인의 신상 및 재산에 관한 후견인의 권리보호 등 후견에 관한 법률관계는 모두 대한민국의 법률에 의하게 된다. 성년후견개시 심판과 피성년후견인을 위한 후견의 설정은 불가분의 관계에 있기 때문에, 대한민국 법원이 성년후견개시 심판을 하는 이상 후견에 관한 법률관계도 대한민국법에 의해야 한다는 것이다.

이 경우에 있어서 대한민국법에 의한 후견은 위 (1)의 후견이 보충적인 것에 비하여 이른바 배척적이다. 따라서 본국법에 의해서 후견개시의 원인이 있는가 없는가 하는 것은 고려할 필요가 없기 때문이다. 따라서 이 경우에는 본국법에 의해서 후견이 설정되어도 대한민국법에 의한 후견종료의 원인이 없는 한 대한민국법에 의한 후견은 종료하지 않고 존속한다.

(3) 재산이 대한민국에 있고 피후견인을 보호할 필요가 있는 때(제3호)

구섭외사법은 위의 두 가지 경우만을 인정하였으나, 국제사법은 이외에 피후견인의 재산이 대한민국에 있고 피후견인을 보호하여야 할 필요가 있는 경우에도 후견이 대한민국법에 의할 것으로 하고 있다. 이는 대한민국에 거주하는 피후견인을 국내에서 신속하고 적절히 보호하고, 그와 거래하는 내국의 제3자도 보호하기 위하여 우리 법이 적용되는 예외의 범위를 확대한 것이다.[74] 개정 전 국제사법은 재산요건 없이 기타 피후견인을 보호할 긴급한 필요가 있는 경우라고 하였던 것을 구체적으로 규정하였다. 이에 따라 대한민국에 재산이 없는 경우에는 이 규정이 적용되지 않는다.

---

74) 제75조 제2항 제3호는 제1호와 제2호의 경우 외에 발생할 수 있는 피후견인에 대한 보호필요성을 염두에 둔 규정이다. 예컨대, 미성년자에게 친권자가 있더라도 우리나라에서 친권을 실효적으로 행사하지 못하여, 혹은 피후견인의 본국법에 의하면 후견개시의 원인이 없어, 우리나라에 있는 피후견인이 보호받지 못하고 있는 경우에 우리 법이 개입하여 피후견인을 보호해 주도록 한 것이다.

제 6 장 국제상속법

제 1 절 상속 및 유언에 관한 사건의 국제재판관할

I. 상속에 관한 사건의 국제재판관할

1. 원 칙

상속에 관한 사건은 피상속인의 신분이나 재산을 상속인에게 어떻게 상속할 것인가에 관한 문제이나[1] 우리 민법은 재산상속만을 인정하고 있다. 그렇다고 하더라도 상속이 신분적 내지 속인적 요소를 기반으로 하고 있는 것은 사실이 므로, 이것이 외국 관련 요소가 있는 사건이라면 피상속인의 속인법국가에서 재판하는 것이 타당하고, 이것이 여의치 않은 경우에는 재산상속에 관한 한 재산의 소재지법국에서 재판하는 것이 타당하다. 국제사법도 이러한 취지에서 다음과 같은 피상속인의 일상거소와 재산이 대한민국에 있는 경우에는 대한민국 법원이 국제재판관할권을 가지는 것으로 규정하고 있다(제76조 1항).

먼저 ① 피상속인의 사망 당시 일상거소가 대한민국에 있는 경우에는 대한 민국 법원이 재판권을 행사한다. 피상속인의 일상거소가 어느 국가에도 없거나 이를 알 수 없고 그의 마지막 일상거소가 대한민국에 있었던 경우에도 또한 같 다(제1호). 이는 상속이 피상속인을 위주로 판단하여야 한다는 점에서 타당한 입법이다.

---

[1] 이에 대해서, 국제사법적으로는 외국법제를 망라하여야 한다는 점에서 구민법이 취하고 있었던 태도와 같이 호주의 지위의 승계와 같은 신분의 승계도 이를 상속이라고 하여야 할 것이나, 일응 여기서는 재산상속만을 상속제도로 보는 세계적인 추세와 현행 민법의 태도를 좇아서 재산의 승 계만을 말하는 것으로 한다.

다음으로 ② 대한민국에 상속재산이 있는 경우에도 대한민국 법원이 재판권을 행사한다. 다만, 그 상속재산의 가액이 현저하게 적은 경우에는 그러하지 아니하다(제2호). 상속은 신분상속이 문제되는 경우도 있으나, 근래에는 대개 재산상속을 중심으로 하는 것이므로 재산의 소재지와 밀접한 관련을 가지는 것이므로 재산소재지국의 법원이 재판권을 행사하게 한 것이다.

2. 상속에 관한 국제재판관할의 합의

피상속인은 상속될 재산에 대하여 처분의 자유를 가지기 때문에 상속에 관한 사건에 관하여 관할의 합의를 하는 것도 불가능할 것으로 생각되지는 않는다. 다만 이때 누구와 누구가 관할합의를 하여야 하는가 하는 문제는 간단하지 않다. 굳이 관할합의를 한다면 피상속인이 다른 사람과 하는 것이 원칙이라고 보지만, 피상속인이 상속에 관한 분쟁이 생길 것으로 예상한다면 미리 그를 예방하기 위한 조치를 하는 것이 맞지, 굳이 관할합의, 그것도 국제재판관할에 관한 합의를 하리라는 것은 불가능에 가까운 억측이다.[2] 그렇다면 피상속인이 사망한 후, 즉 상속이 개시된 후 관할합의가 이루어지는 것이 보통이라는 것인데, 이때 통상 원고는 상속인이라 주장하면서 상속회복을 청구하는 자일 것이고, 피고는 상속인이거나 이에 준하는 자일 것이다. 이러한 예외적 상황까지 고려하여 굳이 합의에 의한 관할까지 따로 규정하는 것이 과연 필요한 것인지 의문이 있다.

어쨌든 국제사법은 당사자가 상속에 관한 사건에 대하여 제8조에 따라 국제재판관할의 합의를 하는 경우에 대한민국 법원에 합의에 의한 국제재판관할이 생기지 않는 경우를 두 가지 규정하고 있다(제76조 2항). 그 하나는 ① 당사자가 미성년자이거나 피후견인인 경우인데(제1호), 이때에는 당사자의 보호가 미흡하게 되기 때문이다. 다만 해당 합의에서 미성년자이거나 피후견인인 당사자에게 법원 외에 외국법원에도 소를 제기하는 것을 허용하는 경우에는 그러한 우려가 없어지므로 효력이 있는 것으로 하였다. 다음으로 ② 합의로 지정된 국

---

2) 오히려 피상속인이 상속의 준거법을 지정한 경우(제77조 2항)에 해당 준거법국가의 법원에 국제재판관할권을 인정하는 것이 합의관할보다는 합리성이 인정될 수 있었을 것이다.

가가 사안과 아무런 관련이 없거나 근소한 관련만 있는 경우에는 민사소송법에서도 일반적으로 관할합의의 효력을 인정하지 않으므로 합의의 효력이 없도록 하였다(제2호).

3. 상속에 관한 사건에서의 변론관할

일반적인 경우와 마찬가지로 상속에 관한 사건의 국제재판관할과 관련하여 변론관할이 생길 수 있을 것이나(제76조 3항), 국제사법은 이 경우에도 ① 당사자가 미성년자이거나 피후견인인 경우에는 당사자의 보호가 미흡해질 것을 우려하여 대한민국 법원에 변론관할이 생기지 않는 것으로 하였으며(제1호), 마찬가지로 ② 대한민국이 사안과 아무런 관련이 없거나 근소한 관련만 있는 경우에는 대한민국 법원이 재판권을 행사하는 것이 의미가 없으므로 대한민국 법원에 변론관할이 생기지 않는 것으로 하였다(제2호).

4. 조정사건에서의 국제재판관할

제76조 제1항에 따라 대한민국 법원에 국제재판관할권이 있는 사건의 경우에는 그에 관하여 조정을 하는 것도 인정하여야 할 것이므로, 조정사건에 관하여도 대한민국 법원에 국제재판관할권이 있는 것으로 하였다(제76조 5항). 다만 법이 굳이 제1항의 사건만을 콕 집어 조정사건의 관할을 인정하는 규정을 둔 것이 합의관할이나 변론관할의 경우에는 관할권이 없다고 하는 의미인지 의문이 있다.

II. 유언에 관한 사건의 국제재판관할

유언에 관한 사건은 상속과 마찬가지의 성질이 있으므로 유언자의 속인법을 중심으로 하거나 유언의 대상인 재산의 소재지를 중심으로 하여 국제재판관할을 정하는 것이 타당할 것이다. 국제사법은 이러한 취지에 따라 유언에 관한 사건은 유언자의 유언 당시 일상거소가 대한민국에 있거나 유언의 대상이 되는 재산이 대한민국에 있는 경우 대한민국 법원에 국제재판관할권이 있는 것으로 규정한다(제76조 4항). 다만 이 경우는 상속에서 설명한 바와 같이 합의관할이나 변론관할을 인정하는 것이 적절하지 않으므로 제8조와 제9조가 적용되지 않는 것으로 하였다(제13조).[3]

제 2 절 상속의 준거법

I. 총   설

1. 상속통일주의와 상속분할주의

상속은 세대를 초월하는 신분 또는 재산의 승계관계이다. 그러나 상속을 재산상속을 중심으로 생각하더라도 혈연이나 혼인과 같은 신분관계에 근거하기 때문에 신분상속이라는 부분을 생각하지 않더라도 상속이 신분법적 토대를 가지고 있다는 것은 무시할 수 없다. 이러한 상속의 준거법의 결정에 관해서는 상속통일주의와 상속분할주의가 대립하고 있다.

상속통일주의란 부동산상속이건 동산상속이건 묻지 않고 상속관계를 일체로 해서 피상속인의 속인법 즉 피상속인의 본국법 또는 주소지법에 의해서 통일적으로 규율하고자 하는 입장이다. 이는 상속을 친족관계에 기인한 재산 및 신분의 포괄적인 승계관계로 보는 로마법의 포괄상속의 관념에 의거한 것이라고 한다. 이 입장은 19세기 후반 이래 점점 우세하게 되어 오늘날에는 다수의 대륙법계 국가, 예컨대 독일, 이탈리아, 그리스, 네덜란드, 스위스, 스웨덴, 노르웨이, 덴마크, 스페인, 폴란드 등에서 인정되고 있다.

한편 상속분할주의란 동산상속과 부동산상속을 구별하여 동산상속은 피상속인의 본국법에 따르고 부동산상속은 부동산 소재지법에 따르는 입장이다. 이는 상속은 개개의 재산의 이전 내지 분할이라 한다. 이는 상속법은 물법이라고 하는 법규분류학설의 영향 하에서 19세기까지 지배적인 원칙이었을 뿐만 아니

---

3) 다만 합의관할은 몰라도, 변론관할은 제76조 3항의 규정 정도로 인정하여도 무방하였을 것이다.

라, 현재에도 영미 및 약간의 대륙법계 국가, 예컨대 프랑스, 벨기에, 헝가리, 루마니아, 중국 등에서 여전히 인정되고 있다.[4]

다만 영미에서는 대륙법계 국가처럼 상속재산이 직접 상속인에게 승계되는 것이 아니라, 상속재산은 일단 모두 인격대표자(유언집행인 또는 유산관리인)에게 귀속되어, 그가 관리·청산을 한 후에 잔여 적극재산에 관해서만 상속인에게 분배·이전해준다. 따라서 국제사법상 상속재산의 관리·청산과 잔여재산의 분배·이전이 구별되고 상속분할주의가 인정되는 것은 후자 만이다. 대륙법계 국가는 양자를 구별하지 않고 상속분할주의를 채택하므로 이 점에서 다르다.

2. 양주의의 근거 및 비판

양주의의 우열은 이념 및 적용의 면에서 다투어진다. 본래 상속제도는 신분법과 재산법의 양면적 성격을 가지는 것이라는 점에서 신분법적 측면을 강조하여 피상속인 및 상속인 보호의 견지에서 보면 통일주의가 타당하고, 재산법적 측면을 중시해서 재산소재지의 공익보호라는 견지에서 보면 분할주의가 타당하다. 연혁적으로 보아 분할주의는 토지소유권에 기초를 둔 봉건제도에 유래하는 것으로 오늘날에는 그 의의를 잃고 있다는 견해가 있지만, 그 근거를 재산소재지의 공익보호라는 점에서 구한다면 분할주의도 여전히 충분한 현대적 의의를 가진다고 할 수 있다.[5]

그래서 상속제도가 가지는 이념에서 본다면 양주의의 우열은 쉽게 가리기 어렵다고 할 수 있다. 다만 양주의의 적용에 있어서의 난이성 및 실효성이 문제된다. 먼저 통일주의는 개개의 재산소재지 여하에 불구하고 통일적으로 속인법에 의하는 것이므로 그 적용이 용이·간명함에 반해서, 분할주의는 재산의 소재지 법역이 다름에 따라 상속관계가 상이한 법질서의 지배를 받게 되어 상속관계를 복잡하게 하고 특히 피상속인의 소극재산의 처리에 관해서 곤란한 문제가 생긴다.

다른 한편 통일주의는 속인법이 재산소재지법과 일치하지 않는 경우에 난점

---

4) 신창선, 362면; 신창섭, 331면.
5) 山田鏐一, 473면.

이 있다. 특히 재산소재지의 국제사법이 분할주의를 채택하여 재산소재지법주의를 취할 때는 속인법상의 상속은 그 실효성을 기대할 수 없게 되는 우려가 있다. 이에 대해서 분할주의는 재산소재지법이 상속의 준거법으로 되는 결과 상속재산에 관한 실제의 절차가 재산소재지법에 따라서 행하여지기 때문에 상속의 실효성을 충분히 기대할 수 있다.

결과적으로 이들 양 입장은 실제의 운용면에 있어서도 일장일단이 있고 그 우열을 가리는 것이 쉽지 않아 보인다. 그러나 이러한 실효성의 문제는 각국의 국제사법이 각각 상이한 현 상태 하에서는 단순히 상속관계에 있어서 그치지 않고 다른 분야에 있어서도 종종 생기는 것으로서, 이것을 통일주의의 결함이라고 하는 것은 타당하지 않다. 또한 국제사법상 상속을 신분에 근거한 재산 승계라고 하는 한 상속관계를 일체로 속인법의 지배를 받게 하는 것이 타당할 것이다. 따라서 통일주의와 분할주의의 대립에 관해서는 오히려 통일주의에 우위를 인정하여야 하는 것이 아닌가 생각된다.

Ⅱ. 상속의 준거법의 결정

1. 상속통일주의의 채용

우리 국제사법은 제77조 제1항에서 "상속은 사망 당시 피상속인의 본국법에 따른다."고 규정하여 상속대상이 부동산이건 동산이건 관계없이 통일적으로 피상속인의 본국법을 준거법으로 하는 상속통일주의를 채택하고 있다. 그러나 분할주의를 취하는 국가가 있는 이상 분할주의를 취하는 외국에 부동산을 남기고 사망한 경우에는 당해 외국에서는 그 부동산의 상속에 관해서 소재지법이 고려되므로, 국제사법의 통일주의에 의한 상속의 실효성을 거둘 수 없게 되는 경우가 생긴다. 이것은 상속에 관한 국제사법의 원칙을 통일하지 않는 한 피할 수 없는 것이다.

구섭외사법은 연결시점을 언급하지 않았으나, 국제사법은 사망 당시라는 문언을 추가함으로써 명시적으로 불변경주의를 취하고 있다. 사망 당시의 본국법이라고 하는 것은 피상속인이 그 사망 당시 국적을 가지고 있던 국가의 법을 의미하고, 실종선고에 의해서 상속이 개시되는 경우에는 피상속인의 본국법은 실종선고 당시의 본국법이라고 해석하여야 한다. 그 국가의 상속법이 개정되어 사망 당시와 현재의 법이 다른 경우에, 사망 당시에 시행되고 있던 구법을 그대로 적용하여야 한다는 것도 아니다. 어느 법이 적용되는가의 여부는 그 국가의 시제법의 판단에 맡겨져 있다고 해야 한다.

2. 당사자자치의 원칙의 도입

국제사법은 「사망에 의한 재산상속의 준거법에 관한 헤이그협약」(Hague Convention on the Law Applicable to Succession to the Estates of Deceased Persons, 1989) 및 독일, 스위스, 이탈리아 등의 입법례에 따라 상속에서도 제한된 범위 내에서 당사자자치를 허용하고, 준거법 지정 시에는 이를 우선적으로 적용하도록 하고 있다(제77조 2항). 상속은 신분관계의 측면뿐만 아니라 재산의 이전이라는 재산적 측면도 가지고 있으므로 피상속인의 일상거소지나 재산소재지와도 밀접한 관련을 가지게 되는바, 단일한 본국법주의 원칙에 의한 문제점을 해결하기 위하여 피상속인의 상속 준거법 선택을 인정한 것이다.

상속에서의 당사자자치는 피상속인에게 사망 후의 재산관계에 대한 예견가능성을 확보해 주며, 또한 부부재산제와 상속을 동일한 준거법으로 규율할 수 있게 하는 장점이 있다. 그러나 외국의 입법례에서도 상속에 관한 당사자자치가 여전히 예외이며 매우 제한되어 있는 점, 따라서 우리의 당사자자치 원칙이 외국에서 승인받지 못할 수 있다는 점, 상속에서 준거법 선택을 넓게 인정할 경우 유류분권리자 등 이해관계 있는 제3자의 권리를 침해할 위험이 있는 점 등을 고려하여 국제사법에서는 당사자자치가 허용되는 종류와 범위를 극히 제한하고 있다.[6]

그리하여 우선 피상속인은 유언에 의하여 자신의 일상거소지법을 선택할 수 있다(제77조 2항 1호). 이러한 준거법 선택은 피상속인이 생활의 근거지로 되어

---

6) 국제사법해설, 171면; 석광현, 317-318면.

온 곳의 법을 적용받고자 하는 소망과 필요에 부응하도록 한 것이다. 다만, 사망 시까지 피상속인의 일상거소는 그곳에 유지되어야 한다.[7)

또한 부동산 상속의 경우에는 피상속인이 부동산 소재지법을 준거법으로 선택할 수 있다(제2호). 이 경우 상속과 부부재산제 및 물권의 준거법이 일치될 수 있어 이들 관계에서 발생하는 복잡한 법률문제를 회피할 수 있고, 실효적이고 신속한 유산채무의 해결이 가능하게 된다.

이때 준거법 지정은 유언의 방식에 따라 명시적으로 하여야 한다(제77조 2항 본문).

3. 상속의 개념

국제사법 제77조에서 말하는 「상속」이란 재산상속과 신분상속,[8) 포괄상속과 특정상속, 법정 상속과 유언상속을 묻지 않고 세대를 초월하는 재산 또는 신분의 승계관계를 의미한다. 또한 여기서 말하는 상속은 유산을 관리・청산하여 상속인에게 분배・이전하는 일체의 과정을 포함하는 것이다.

4. 유보조항의 적용

피상속인의 본국법적용의 결과가 대한민국의 공서양속에 반하는 경우에는 국제사법 제23조에 의해 그 적용이 배제된다. 예를 들면 민사상의 사망 또는 종교상의 사망을 상속개시의 원인으로 하는 피상속인의 본국법은 대한민국의 공서양속에 반하는 것으로서 그 적용이 배제된다.[9)

---

7) 이탈리아 국제사법이 이러한 입장을 취하고 있다(이탈리아 국제사법 제46조 2항 참조).
8) 우리나라는 2005년 개정 민법에서 호주제도를 폐지하여, 2008년 1월 1일부터 시행하고 있다.
9) 일본에서 사망한 북한 국적인 사람의 상속관계에 관해서 북한의 상속법에 의하면 일본 소재의 비교적 넓은 부동산에 대해서는 개인 소유가 금지되어 상속의 대상으로 되지 않으므로 결국 피상속인에 대한 상속권을 박탈하는 결과를 용인하는 것이 되어 공서양속에 반한다고 하여야 할 것이므로 북한법의 적용은 배척되고 법정지법인 일본민법을 적용한 일본 하급심 판례가 있다(名古屋地法 判決 1975(昭和 50).10.7).

Ⅲ. 상속의 준거법의 적용범위

1. 상속의 개시

상속개시의 원인, 시기, 장소, 상속재산에 관한 비용 등은 상속의 준거법에 의한다. 실종선고가 상속개시의 원인으로 되는가의 문제도 상속의 준거법에 의한다. 다만 국제사법 제27조에 의해서 외국인이 우리나라 법원에서 실종선고를 받은 경우에는 그 본국법의 내용 여하에 불구하고 우리나라에 있는 재산에 관한 한 상속의 개시 여부 그리고 그 시기는 대한민국법에 의한다.[10] 또한 상속회복청구권에 관한 문제 즉 상속회복청구의 당사자, 상속회복청구권의 효력 등은 상속의 준거법에 의한다.

2. 상 속 인

누가 상속인이 되는가, 상속인의 순위, 대습상속, 피상속인이 유언에 의해서 상속인을 지정할 수 있는가, 상속계약은 인정되는가, 인정된다면 그 요건 및 효력, 상속능력, 상속결격, 상속등기계약이 인정되는가, 인정된다면 그 요건 및 효력 등 상속인에 관한 문제는 모두 상속의 준거법에 의한다.

그리고 상속인이 되기 위한 전제로 되는 피상속인간의 혼인관계, 친자관계, 친족관계의 존부는 이른바 선결문제로서 별개의 준거법의 지배를 받아야 함은 물론이다.

3. 상속재산

상속재산에 관해서 그 구성 및 이전의 문제는 상속의 준거법에 의한다. 즉 피상속인의 어떤 재산이 상속재산을 구성하는가, 그리고 상속재산이 어떤 과정을 거쳐서 상속인에게 이전하는가, 즉 상속재산이 상속의 개시와 함께 직접적으로 상속인에게 이전하는가, 대표자에 의한 관리·청산을 거쳐서 비로소 상속

---

10) 신창선, 364면; 신창섭, 333면; 윤종진, 487-488면.

인에게 이전하는가의 문제는 상속의 준거법에 의한다.

그러나 상속의 준거법이 상속재산으로 하는 개개의 재산도 그 고유의 준거법이 이것을 상속재산으로 인정하지 않는 경우에는 상속재산으로부터 제외되고,[11] 또한 상속의 준거법에 의해서 피상속인의 재산이 상속인에게 직접 물권적으로 이전하는 것을 인정하고 있는 경우에도 그것을 구성하는 개개의 재산의 준거법이 이전을 인정하지 않는 경우에는 그 이전을 실현할 수 없다.

학자들은 상속재산의 통일적인 준거법을 총괄준거법, 개개의 재산의 준거법을 개별준거법이라고 하고 이러한 양자의 관계를 "개별준거법은 총괄준거법을 깨뜨린다."는 말로 표현하고 있다.

4. 상속분 · 유류분

모든 상속재산 중 관념적 · 분량적인 일부를 말하는 상속분, 공동상속인 중에 피상속인의 재산의 유지 또는 증가에 관하여 특별히 기여하였거나 피상속인을 특별히 부양한 자가 있을 경우에 이를 상속분에 고려하는 기여분제도 및 상속이 개시됨과 동시에 일정한 범위의 상속인 피상속인의 재산의 일정한 비율을 확보할 수 있는 유류분제도 등에 관한 문제도 상속의 준거법에 의한다.

5. 상속의 승인 및 포기

상속인이 단순승인, 한정승인 및 포기를 할 수 있는가의 문제는 상속의 준거법에 의한다. 다만 피상속인의 본국법상 포기가 인정되지 않고 상속인의 본국법상 이것이 인정되는 경우에는 포기할 수 있는지가 문제된다.

이에 대해서는 누구라도 본국법이 인정하지 않는 의무를 부담할 것은 아니므로 상속인의 본국법상 포기가 인정되는 경우에는 가령 상속의 준거법이 인정하지 않는 경우라도 상속의 포기를 인정하여야 한다는 학설도 있다.[12] 그러나 상속의 문제는 오로지 상속의 준거법인 피상속인의 본국법에 의해야 하고 피상속인의 본국법이 포기를 인정하지 않는 이상 상속인의 본국법의 내용 여하에

---

11) 신창선, 365면; 신창섭, 334면; 윤종진, 488면.
12) Zitelmann, a.a.O., S.975; Frankenstein, a.a.O., S.571.

불구하고 포기를 인정하지 않는다고 해석하는 것이 타당하다.[13]

6. 상속인의 부존재

여기서 상속인의 부존재란 상속이 개시되더라도 친족관계 그 밖의 개인적 관계에 의해 피상속인과 밀접한 관계에 있는 통상의 상속인이 존재하지 않는 경우를 말하고, 이러한 경우에는 상속재산이 국고 또는 그 밖의 공공단체에 귀속하는 것이 각국의 법제상 일반적으로 인정되어 있다.

그런데 이러한 재산귀속의 성질에 관해서는 견해가 나누어져, 국고 또는 그 밖의 공공단체가 최종의 법정상속인으로서 유산을 취득한다고 하는 상속권주의(독일, 이탈리아, 스페인, 스웨덴, 스위스 등)와, 영토권의 작용에 의해 선점하는 것이라고 하는 선점권주의(영국, 미국, 라틴아메리카 각국, 오스트리아 등)가 있다.

국제사법상 피상속인에게 통상의 상속인이 있는가의 유무는 상속의 문제로서 상속의 준거법에 의해야 한다는 것에 대해서는 다툼이 없다. 그런데 상속인이 없는 것으로 확정된 경우, 이러한 상속인 부존재의 재산에 관한 귀속의 준거법에 대해서는 위의 두 가지 태도를 반영해서 두 견해로 나누어져 있다.

그 중 하나는 상속인 부존재의 재산의 귀속을 상속의 문제로 보아 국제사법 제77조가 정하는 상속의 준거법에 의해야 한다는 입장이고,[14] 다른 하나는 이를 상속의 문제로 보지 않고, 법규의 흠결로 보아 속지법 즉 재산소재지법에 따라야 한다는 입장이다.[15]

이 문제는 이를 어떻게 파악할 것인가, 즉 법률관계의 성질결정에 관련되는 문제로서 결국은 우리 국제사법 자체의 해석에 귀착한다. 우리 국제사법 제77조에서 말하는 상속이란 친족관계를 중심으로 하는 재산의 승계관계를 의미하는 것이고, 가령 상속인이 존재하지 않는 경우 국고 또는 공공단체가 최종의 상속인으로서 상속재산을 취득한다고 해도 이것은 국제사법 제77조의 상속과는

---

13) 황산덕/김용한, 315-316면; 서희원, 329-330면; 신창선, 366면; 溜池良夫, 505면; 山田鐐一, 481면.
14) 實方正雄, 377면; 川上太郎, 162면.
15) 황산덕/김용한, 317면; 서희원, 330면; 신창선, 367면; 江川英文, 301면; 久保岩太郎, 266면.

성질이 크게 다른 것이라고 하여야 한다. 따라서 국제사법상으로는 이것을 상속문제로서 취급하는 것은 타당하지 않을 것이다. 이러한 의미에서 후설이 타당하다. 따라서 어떤 재산이 그 국가에 있는 재산으로서 재산소재지법에 따르는가 하는 것도 각각의 소재지국의 법의 판단에 맡겨져야 할 것이다.

그러므로 외국인이 대한민국에 재산을 남기고 사망하고 그 본국법에 의하면 상속인이 존재하지 않는 경우에는 재산소재지법인 대한민국법에 의해 그 재산도 우리 국고에 귀속하는 것이 된다. 또한 한국인이 외국에 재산을 남기고 사망하고 대한민국법에 의해 상속인이 존재하지 않을 경우에는, 재산소재지법인 외국법에 의해서 재산의 귀속이 결정되고 보통은 소재지국의 국고에 귀속하는 것으로 될 것이다.

제 3 절 유언의 준거법

I. 총   설

유언이란 유언자가 그 사후에 일정한 법률효과를 발생시킬 것을 목적으로 행하는 상대방 없는 단독의 의사표시이다. 국제사법상 유언 문제의 취급에 관해서는 유언에 의할 수 있는 행위의 문제 즉 유언의 실질적 내용의 문제와 유언 고유의 문제, 즉 의사표시의 하나의 형식인 유언 그 자체의 문제를 구별하여야 한다.

유언에 의해 행할 수 있는 행위 중 가장 중요한 것은 상속법상의 행위이지만 그 외의 부분에 대한 유언도 인정되어 있다.[16] 그래서 유언에 의할 수 있는 행위 및 그 범위는 어느 법률에 의해 정해져야 하는가가 문제된다. 이것이 유언의 실질적 내용의 문제이다. 이에 관해서는 어느 사항이 유언에 의할 수 있기 위해서는 그 사항의 준거법이 유언에 의할 것을 인정하는 경우이어야 하고, 또

---

16) 예컨대, 재단법인의 설립(민법 제47조 2항), 친생부인(제850조), 인지(제859조 2항), 후견인의 지정(제931조), 신탁(신탁법 제2조) 등이 상속 외에 유언으로 할 수 있는 행위들이다.

한 유언에 의할 수 있는 경우 유언에 의해서 어떤 범위의 처분을 행할 수 있는 가도 그 사항의 준거법에 의해서 정해져야 한다. 예컨대 법정상속의 관계를 유언에 의해 변경하려면 상속의 준거법이 이를 인정하여야 하고 또한 그 인정하는 범위 내에서만 유언에 의한 법정상속 관계의 변경이 허용된다.

이렇게 유언의 실질적 내용의 문제는 그 내용인 법률관계의 준거법에 의해야 한다. 그 준거법은 유언의 실질적 내용 여하에 따라 다르고 국제사법상 통일적으로 정할 수 없다.

한편 유언 자체는 일종의 의사표시이다. 따라서 의사표시의 하나의 형식인 유언 그 자체의 성립 및 효력에 관한 준거법이 문제된다. 이것이 유언자체, 즉 형식의 문제이다. 이에 관해서는 실질적 내용의 문제와는 별개로 유언 고유의 문제로서 국제사법상 통일적으로 취급하는 것이 가능하다. 국제사법 제78조는 유언에 관한 이러한 의미의 규정이다.[17]

II. 유언의 성립 및 효력

국제사법 제78조 제1항은 "유언은 유언 당시 유언자의 본국법에 따른다."고 규정하고 있다.[18] 여기에서는 유언의 실질적 내용의 문제를 포함하지 않고 의사표시의 하나의 형식인 유언 그 자체의 성립 및 효력을 의미하는 것은 이미 설명하였다.

유언의 성립이란 유언능력, 의사표시의 하자 등을 의미하고, 유언의 효력이

---

17) 구섭외사법 하에서의 학설은 유언을 「유언의 실질적 내용」에 관한 문제와 의사표시의 한 형식으로서의 「유언 자체」에 관한 문제로 구분하여, 전자는 인지나 후견인의 지정, 유증 등의 성립 및 효력의 문제로서 그 내용인 법률관계의 준거법에 따르고, 후자는 유언능력, 유언의사의 하자, 유언의 구속력, 유언의 효력발생시기 등의 문제로서 섭외사법 제27조에 의하여 규율되는 것으로 해석하였다. 섭외사법 제27조에 규율되는 유언의 의미가 그러하다면 섭외사법 제27조 제1항과 같이 유언의 성립과 효력을 굳이 나누어 표현할 이유가 없다. 따라서 국제사법은 「유언의 성립과 효력」을 통합하여 「유언」으로 정리하였고, 「그 성립당시」라는 용어도 「유언 당시」로 수정하여 섭외사법상의 표현을 단순·명확화하였다(국제사법해설, 173-174면; 석광현, 321-322면).

18) 미국의 경우 유언의 성립이나 효력 또는 사망한 자의 재산의 집행 등에 관해서는 사망자가 사망 당시에 거주하던 주의 법에 의하는 것이 일반적이다. 그러나 사망한 자의 부동산의 처분에 관해서는 부동산의 소재지법이 우선해서 적용된다(신창섭, 337-338면).

란 의사표시의 하나의 형식인 유언 그 자체의 효력발생시기를 의미한다. 만약 국제사법 제78조의 유언의 성립 및 효력을 이렇게 해석하지 않고 유언의 실질적 내용에 관한 것으로 해석할 때는 다른 규정과 모순이 생길 수 있다.

예컨대, 상속에 관해서는 피상속인(유언자)의 사망 당시의 본국법에 의하지만, 유언에 관해서는 유언의 성립 당시의 본국법에 의하므로 유언서를 작성한 후 국적을 변경한 때에는 상속의 준거법과 유언의 준거법이 다르게 된다.

그리고 유언능력이란 의사표시의 형식으로서 유언을 행할 수 있는 능력을 말하고, 유언의 내용을 유효하게 실현할 수 있기 위한 능력은 아니다. 유언능력은 국제사법 제78조의 적용을 받는다고 하여야 하지만, 유언의 집행에 관한 문제는 유언 내용의 실현에 관한 것이므로 국제사법 제78조에 의하지 않고 각각의 실질의 준거법에 의하는 것으로 해석하여야 한다.[19]

Ⅲ. 유언의 변경 또는 철회

국제사법 제78조 제2항에 의하면 유언의 변경 또는 철회는 그 당시 유언자의 본국법에 의한다.

구섭외사법 제27조 제2항에서의 「유언의 취소」는 일단 유효하게 성립한 유언의 효력 발생을 저지하는 철회를 의미하는 것이지 의사표시의 하자에 기한 취소를 의미하는 것은 아니라고 해석되었으므로, 국제사법에서는 「취소」를 「철회」로 교정하여 그 의미를 분명히 하고 있고, 동시에 변경의 문제도 철회와 같은 맥락이라는 이유로 함께 규정하고 있다.[20]

Ⅳ. 유언의 방식

유언의 방식에 관하여는 가능한 한 유언이 방식상 유효한 것으로 하기 위하여 관련된 여러 법 중에서 어느 하나의 방식요건을 충족하면 유효한 것으로 규

---

19) 황산덕/김용한, 319-320면; 서희원 333-334면.
20) 국제사법해설, 174면.

정하고 있다(제78조 3항). 즉 유언의 방식은 유언자의 유언 당시 또는 사망 당시의 본국법(제1호), 유언자의 유언 당시 또는 사망 당시의 일상거소지법(제2호)과 유언 당시 행위지법(제3호)에 따르며, 부동산에 관한 유언은 그 부동산의 소재지법에 따른 방식(제4호)이 허용된다. 이는 많은 나라가 가입하여 적용하고 있는 「유언방식의 준거법에 관한 헤이그협약」(Hague Convention on the Conflicts of Laws Relating to the Form of Testamentary Dispositions, 1961)의 내용을 수용한 것으로, 유언 방식의 흠결로 인하여 유언이 무효화되는 것을 막고자 하는데 그 취지가 있다.[21]

이 경우에는 역시 반정이 인정되지 않는다(제22조 2항 4호).

판 례

"대한민국 국민이 탄자니아연합공화국에서 작성한 유언장에 의한 유언이 본국법인 민법 소정의 방식을 갖추지 못하였을 뿐만 아니라, 행위지법인 탄자니아법 소정의 유언 방식도 갖추지 못하여 유언으로서의 효력이 없는 경우, 증서진부확인의 소로써 위 유언장의 진부가 확정된다고 하더라도 위 유언장이 증명하는 권리관계 내지 법률적 지위의 불안이 제거될 수 없어서 그 증서의 진부확인을 구할 소의 이익이 없다"(서울동부지법 2004.5.14. 선고 2001가합5720 판결).

---

21) 국제사법해설, 174면; 석광현 322-323면.

제 7 장 국제상사법

제 1 절 국제상사법 서론

I. 상사법의 독자성의 문제

국제상사법은 외국과 관련된 요소가 있는 상사사건, 즉 섭외적 상사사건의 준거법을 지정하는 법제를 말한다. 이렇게 본다면 국제상사법상의 문제는 민법과 같이 총칙, 상행위, 회사, 어음·수표, 보험, 해상 등 다양한 분야에서 고찰하지 않으면 안 될 것이다. 그러나 실제 국제사법에 있어서 상사법에 관한 문제는 이와 같이 전반적으로 고찰되고 있는 것이 아니라 단지 예외적인 경우에 그 의의를 가짐에 그치고 있다.

그 이유는 국제적인 상법질서가 국제거래의 증가로 인하여 점차 각국의 상법 규정이 세계적 통일화의 길을 걷고 있고, 또 국제연합(UN)이나 유럽공동체(EU)와 같은 일반적, 지역적 국제기구뿐만 아니라 「관세 및 무역에 관한 일반협정」(GATT)이나 세계무역기구(WTO), 「사법통일을 위한 국제기구」(UNIDROIT), UN국제상거래법위원회(UNCITRAL), 국제상업회의소(ICC)를 비롯한 국제거래 관련 기구들의 노력에 의해 많은 수의 조약이 체결되어, 다른 영역에 비하여 법저촉의 문제가 상대적으로 많이 해결되었다고 할 수 있기 때문이다. 그러나 그보다 훨씬 더 본질적인 것은 이러한 상사법의 영역이 저촉법적 분야에서 그 독자성을 인정받고 있지 못하고 있다는 데 있다. 즉 일반적으로 민법에 대해 상법이 그 특별법으로서 독자성을 가지는 근거는 상법이 「상인의 영업적인 거래」를 그 대상으로 하기 때문이라고 할 수 있을 것이다. 그러나 국제사법상 상인이라고 하더라도 이에 특별한 저촉법적 규정을 둘 필요성이 있는가에 대해서도 다투어지고 있으며, 또한 상행위를 보더라도 이것이 민법상의 법률행위와 구별하지 않으면 안될 정도로 독자성을 가지고 있는지는 의문이기 때문이다.

이에 따라 국제상사법 문제는 그 내용의 실질에 따라 개별적인 구성요소로 분해되어 기존의 민사법적 체계 속의 저촉법적 규율에 의하여 해결되고 있다. 예컨대 국제사법상 문제되는 상행위는 국제채권계약의 문제로 나타나고, 상행위를 둘러싼 대리나 위임의 문제는 일반적인 대리권에 관한 문제로 귀착되며, 회사에 관한 문제 역시 민법상의 법인과 관련하여 해결되고 있다. 어음·수표 등 유가증권에 관한 국제사법적 문제는 부분적으로는 국제사법이 직접 규율하고 있는 부분도 있으나, 이도 다른 한편으로는 채권법 및 물권법과 관련을 맺고 있다.

한편 상법이 다루고 있는 문제 중에서 특히 상인의 일반적 의무, 예컨대 등기나 회계장부의 작성의무 따위는 상인이 활동하고 있는 나라의 공법적 문제로서 국제사법적 문제에서 제외된다고 보지 않으면 안 된다는 견해[1]도 있고, 제3자와 관련이 있는 경우에는 제3자의 보호를 위하여 규율이 필요하다는 입장도 있다.

이렇게 보면 독자적으로 국제사법이 다루어야 할 국제상사법적인 사안은 국제어음·수표 및 국제해상분야에서의 몇 가지 문제를 제외하고는 별로 존재하지 않는다고 볼 수 있다. 물론 앞에서 본 바와 같이 국제상거래의 정형성, 기술성, 보편성 등을 근거로 국제상거래에 관한 통일법이 마련되어 있으나, 이는 별개의 문제이다.[2] 이러한 관점에서 개정 국제사법은 섭외사법 제3장 상사에 관한 규정을 삭제하였고, 어음·수표와 해상에 관한 별개의 장으로 구성하고 있을 따름이다.

Ⅱ. 국제사법의 태도

구섭외사법은 제3장(제28조 이하)에서 「상사에 관한 규정」이라는 제하에 상

---

1) 신창선, 420면; 박상조/윤종진, 413면.
2) 신창선, 374면.

사에 관한 다수의 국제사법규정을 마련하여 통일적으로 규정하고 있었으나, 현행 국제사법은 위와 같은 비판에 따라 구섭외사법 규정 중에서 국제사법에서 규정할 필요 있는 몇 가지를 제외하고는 대거 삭제하여, 제28조[상사에 관한 적용순위], 제32조[위탁 및 운송계약], 제29조[상사회사의 행위능력], 제30조[은행], 제33조[보험계약] 등이 삭제되었다. 현행 국제사법상 국제상사법에 관한 조항은 「제9장 어음·수표」, 그리고 「제10장 해상」 등 2개장에 걸쳐 규정되고 있다.

현행 국제사법은 2022년 개정법에서 어음·수표에 관한 소(제79조)와 해상사건에 관한 국제재판관할 규정(제89조 내지 제93조)을 신설하였다. 이외의 상사사건에 관한 국제재판관할은 위에서 본 일반관할과 해당 사건의 특별관할에 관한 국제재판관할에 따르게 된다.

여기서는 주로 국제사법상의 규정을 중심으로 상사법상의 주요한 문제를 살펴보기로 한다.

제 2 절 국제상사법 총칙

I. 상사준거법의 적용순위

상사에 관해서는 먼저 상법과 그 특별법에 관한 규정이 적용되고, 이러한 성문법규정이 없으면 상관습에 의하며, 또 상관습도 없으면 민법의 규정에 의하는 것은 상법의 대원칙이다(상법 제1조 참조). 따라서 국제상사법에 관한 것도 당연히 국제사법에 규정이 있는 것은 그에 의하게 되나, 규정이 없으면 상관습에 의하고 상관습이 없으면 민사에 관한 준거법을 적용하게 될 것이다. 따라서 이와 같은 사항을 규정하고 있던 구섭외사법 제28조는 무의미한 것으로서 이를 별도로 규정할 필요성이 없으므로 삭제되었다. 다만 여기서 명문 규정이 없을 때 적용되어야 할 상관습이 실질법적 상관습인가, 아니면 저촉법적 상관습인가가 문제될 수 있다. 이 문제를 직접 저촉규정으로 본다면 실질법의 지정에 관한

것으로 생각할 수 있을지 모르겠으나, 여기서는 저촉법규 자체에 관한 적용순
위를 말하는 것으로 보아야 할 것이다. 따라서 이 상관습은 저촉법을 지정하는
상관습을 말하는 것이나, 실제 얼마만큼 이러한 상관습이 있을지는 의문이다.[3]

Ⅱ. 상인의 개념

상사법은 상인의 거래에 대해 적용되는 법규범이므로 국제상사법을 고찰하
기 위해서는 상인의 개념을 어떻게 정하여야 할 것인가가 문제될 수 있다. 그런
데 이러한 상인 개념은 이를 어떻게 정하여야 할지 국가마다 통일되어 있는 것
은 아니다. 어떠한 법적 주체를 상인이라 볼 것인가에 대해서는 기업의 실질에
만 착안하여 상인 개념을 정하는 실질주의와 기업의 형식에만 착안하여 상인개
념을 정하는 형식주의, 그리고 이의 절충주의가 있다. 대체로 볼 때 실질주의는
행위의 주체가 누구인가를 불문하고 그 행위의 객관적 성질로부터 상행위개념
을 정해 놓고 그것을 기초로 하여 상인개념을 이끌어내는 것으로 상행위법주의
또는 객관주의라고도 하며, 형식주의는 행위의 성질과 내용에 관계없이 형식적
으로 상인적 방법에 따라 영업을 하는 자를 상인이라고 하는데 이를 상인법주
의 또는 주관주의라 부르기도 한다. 그리고 절충주의는 특정한 종류의 행위는
그 주체가 누구든지 이를 절대적 상행위라 하여 그 행위의 성질 자체로부터 상
행위성을 인정하고, 그 외의 행위는 영업으로 행해지는 것만을 상행위, 즉 영업
적 상행위라 하여 이러한 상행위를 업으로 하는 자를 상인이라고 한다. 우리 상
법은 자기 명의로 상행위를 하는 자를 당연상인이라 하고(상법 제4조), 점포 기
타 유사한 설비에 의하여 상인적 방법으로 영업을 하는 자와 회사는 이를 의제
상인이라 하여 상행위를 하지 않더라도 상인으로 보고 있는데(제5조), 이러한
입법이 어떠한 입법주의를 취한 것인지는 견해가 대립되어 있으나, 대체로 절

---

3) 저촉법적 영역이 아니라, 국제거래법적 영역에 있어서의 상관습의 문제로서 상인법(lex mercatoria)
   의 이론이 논의되고, 또 이것이 국제적으로 받아들여지고 있는데, 특히 1994년의 「UNIDROIT
   Principles」의 제정과 1995년의 「유럽 계약법 원칙」(Principles of European Contract Law)에 의
   해 대거 성문화에 성공하였다한다. 상세는, 서헌제, 30면 이하.

충주의를 취한 것으로 보는 입장이 우세하다.[4]

위와 같이 상인 개념이 서로 저촉하고 있으나 우리 국제사법은 이에 대해 전혀 규정을 두고 있지 않다. 이 문제는 법적 흠결의 문제로서 조리로서 해결하여야 할 것이라는 견해도 있으나,[5] 상인성은 문제된 사안에 대해 일단 저촉법적으로 지정된 특정 국가의 실질법에 관한 문제에 지나지 않는다고 하여 국제사법이 이 규정을 두고 있지 않은 것은 당연하다는 입장도 있다. 후자는 예컨대 영국법과 같이 민상법의 이중적 구조가 이루어져 있지 않고 상인의 법적 개념이 불필요한 나라에서는 영업을 영위하는 자에 대해 그 속성으로서의 상인성을 부여할 의미가 없으며, 따라서 어떤 사람의 상인성 여부가 저촉법적으로 문제되는 것은 어떤 사안에 대해 일단 어느 나라의 법이 준거법으로 지정된 경우, 그 법에 의하면 상인과 비상인의 취급이 다른 경우에 한한다는 것이다. 이 입장에 의하면 상인인가의 여부를 정하는 준거법을 별도로 둘 필요가 없다고 하게 된다.

대체로 상인인가의 여부를 어느 법에 의할 것인가 하는 문제에 관한 학설은, ① 상인은 사람의 신분이므로 상인인가 아닌가는 그의 본국법에 의하여 결정할 것이라는 본국법설, ② 상인은 상행위를 하는가의 여부에 관한 신분에 불과하므로 본국법과 같은 속인법에 의할 수 없고, 상인이 영업을 하는 중심지인 영업소소재지법에 의하여야 할 것이라는 영업소소재지법설, ③ 사람의 행위는 "장소는 행위를 지배한다."는 법원칙에 따라 행위지법이 결정해야 한다는 행위지법설, ④ 상인과 비상인의 구별은 법정지의 법질서와 관련이 있으므로 법정지법이 결정해야 한다는 법정지법설 및 ⑤ 상인과 비상인의 구별은 문제가 되는 법률관계에 적용될 법률에 의하여 결정하여야 한다는 법률관계준거법설 등이 있다. 이들 중 현재의 통설은 마지막의 법률관계준거법설이다.[6]

---

4) 이범찬/최준선, 상법개론, 58면 참조.
5) 박상조/윤종진, 417면.
6) 서희원, 340면; 박상조/윤종진, 417면; 김용한/조명래, 377면; 김명기, 216면; 이근식, 168면.

Ⅲ. 상인의 인적·물적 설비

상행위는 상인 혼자서 아무 것도 가지지 않고 할 수 있는 것은 아니다. 영업을 함에는 많은 사람의 보조가 필요한 것이며 물적 설비도 필요하게 된다. 이렇듯 영업을 하는 것을 도와주는 사람을 상인의 인적 설비라 하고, 또 영업을 함에 필요한 영업재산을 물적 설비라 한다.

1. 상인의 인적 설비

상인의 인적 설비는 상업사용인을 말하는데, 상업사용인은 고용계약에 의해서 특정상인에게 종속되어 그의 대외적 영업행위를 보조해 주는 자이다(상법 제10조 참조).[7] 상업사용인과 관련된 법률문제는 상인과 상업사용인간의 대내적 관계와 상업사용인과 거래의 상대방이 행한 계약의 문제인 대외적인 관계로 나누어서 생각해 볼 수 있는데, 여기에 대해서는 대내외적인 관계를 막론하고 계약의 준거법에 의한다는 견해와 대내적인 관계는 계약의 준거법, 대외적인 관계는 영업소소재지법에 의한다는 견해[8]로 나뉜다. 대외적인 관계를 특히 영업소소재지법에 의할 명확한 근거가 없는 국제사법 하에서는 모두 계약의 준거법에 의하는 것이 타당하리라고 생각한다(제45조 참조).

2. 상인의 물적 설비

상인의 영업을 영위하기 위한 물적 설비로는 영업소, 상호, 상업장부, 상업등기 등이 있다. 이 중에서 영업소와 관련된 섭외적 사건은 따로 다루어야 할 필요가 없을 것이라는 점은 그다지 의문이 없으므로 그 외의 문제에 대해 살펴본다.

---

7) 통상 국제사법의 해설상 상인의 인적 설비로 상업사용인과 대리상을 들고 있는데, 이 중 대리상은 상인과 별개의 인격을 가지고 상행위를 하는 자일뿐 아니라, 상법에서도 이를 상행위와 관련하여 다루고 있다는 점에서 이 책에서는 상행위에서 다루기로 하였다.

8) 서희원, 340-341면; 박상조/윤종진, 418면. 제3자와의 관계는 거래보호를 위하여 영업소소재지법에 의하여야 한다고 한다.

(1) 상 호

상호(商號)는 상인이 영업상 자기를 표시하기 위하여 사용하는 명칭이다(상법 제18조 이하). 우리 상법은 상호선정의 자유를 인정하고 있으나(상법 제18조), 상호의 설정에 관한 입법주의에는 이러한 상호자유주의 외에도 상호와 영업의 실태가 일치하여야 하는 상호진실주의도 있고, 신상호의 설정에는 상호진실주의를 취하면서, 상호를 양수하는 경우에는 그러한 제한을 하지 않는 절충주의가 있다.

현행 국제사법은 상호에 관하여 규정을 두고 있지 않으나, 이에 관한 준거법결정에 관하여는 ① 상호를 신분권과 같은 것으로 취급하여 본국법에 의해 결정하자고 하는 본국법주의, ② 상호를 재산권으로 취급하여 영업소소재지법에 의하여 결정하자고 하는 영업소소재지법주의, ③ 상호의 선정에 관하여는 본국법주의에 의하면서 상호의 보호와 제3자에 대한 대항요건에 관해서는 영업소소재지법에 의한다고 하는 절충주의가 있다. 본래 상호는 상인의 신분적 사항이라는 점과 그 영업이라고 하는 재산적 측면을 다 가지고 있다고 할 수 있고, 또 상인의 본국법에 의해 설정된 상호는 다른 나라에서도 보호받는 것은 당연하다고 할 수 있으나, 한편 영업소소재지의 공익이나 제3자 보호와 관련해서는 영업소소재지의 강행규정에 따르지 않을 수 없을 것이다. 이같은 점을 고려한다면 절충주의가 타당하다고 할 것이다.[9]

(2) 상업장부와 상업등기

상업장부는 상인이 그 영업상의 재산 및 손익의 상황을 명백히 하기 위하여 상법상의 의무로서 작성하는 장부를 말한다(상법 제29조 이하). 상업장부에 관해서도 법률로써 상업장부의 작성의무를 부과하고 있는 간섭주의, 이를 법적으로 규율하지 않고 상인의 자유에 맡기는 방임주의, 양자를 절충한 절충주의 등이 있다. 이에 관해서는 그 영업소소재지의 공법적 감독규정이므로 이를 국제사법이 다룰 필요가 없다는 견해도 있으나, 준거법결정에 관해서는 ① 상인의

---

9) 서희원, 342면; 김용한/조명래, 379면; 박상조/윤종진, 421면; 김명기, 218면; 이근식, 169면.

본국법설, ② 영업소소재지법설, ③ 법정지법설 등이 대립하고 있다. 상업장부가 상인 본인 뿐만 아니라 제3자와의 관련 하에서 거래의 안전과도 관련이 있다고 한다면 영업소소재지의 법에 의하는 것이 타당할 것이다.[10)]

상업등기는 기업의 조직과 영업에 관한 일정 사항을 공시하기 위하여 상법의 규정에 의해 상업등기부에 하는 등기를 말한다(상법 제34조 이하). 상업등기도 역시 국가마다 규율하는 태도가 다르므로 준거법을 결정하는 것이 문제될 수 있다. 역시 이에 관하여도 상업등기가 영업소소재지의 감독규정이므로 국제사법적 문제가 아니라는 견해도 있으나, 학설은 ① 상인의 본국법설, ② 영업소소재지법설, ③ 법정지법설 등으로 나뉘어져 있다. 역시 상업등기가 영업의 감독과 관련한 것으로서 그 영업소소재지의 거래질서와 밀접한 관련을 가지고 있고, 이와 같은 점에서 제3자의 보호에 연결되어 있다고 한다면 영업소소재지의 법에 의하는 것이 타당할 것이다.[11)]

제 3 절 상행위법

I. 상행위 일반론

상행위란 형식적으로는 상법에 의해 상행위로 규정된 행위를 말하고, 실질적으로는 상거래 주체 간에 행해지는 영업적 거래행위를 말한다. 상행위는 민사법상의 법률행위에 대해 특수성을 인정하고 있는 것이 통례이나, 이미 설명한 바와 같이 그 특수성을 인정하지 않고 있는 입법례도 있고, 또 상행위의 개념을 인정하는 법제에 있어서도 이를 상인의 개념과 관련하여 설정할 것인지의 여부, 또 이를 실질적으로 규정할 것인지 아니면 형식적으로 규정할 것인지에 따른 차이가 있다.

이에 어느 나라 법에 의해 상행위의 개념을 정할 것인가가 문제될 수 있으

---

10) 서희원, 341면; 김용한/조명래, 380면; 박상조/윤종진, 422면; 김명기, 218면; 이근식, 169면.
11) 박상조/윤종진, 423면.

나, 이에 대해서는 상행위의 특수성이라는 것이 준거법으로 결정된 국가의 법이 상행위를 특히 인정하고 있을 때에만 의미가 있다는 이유로 특히 상행위의 준거법에 관하여 논의할 실익이 없다고 하는 견해가 있다. 실제 국제사법도 이러한 견지에서 규정을 두지 않았다고 한다. 그러나 학설은 ① 상행위도 계약이라는 이유로 상행위가 행해진 장소가 가장 중요하다고 하는 행위지법주의, ② 상행위라는 계약은 이행에 의하여 목적을 달성한다고 보는 이행지법주의, ③ 상행위의 이행은 국가권력에 의해 강제되는 것이므로 채무자인 상인이 소속된 국가의 법에 따라야 한다는 본국법주의, ④ 상행위는 계약이므로 채권계약의 성립과 효력에 관한 준거법이 그대로 상행위의 준거법이 되어야 하므로 국제사법의 규정에 따라 당사자의 의사에 따라 결정되어야 한다는 의사주의 등이 대립하고 있다.

국제사법은 이에 관하여 규정하고 있지 않으나, 별도의 준거법 규정이 없는 상행위에 관해서는 이에 관한 관습법도 없다면 결국 민사법의 준거법에 의할 수밖에 없고, 이러한 점에서 계약에 관한 국제사법 제45조의 규정에 따라 당사자의 의사에 의해 지정된 법에 따라야 할 것이다.[12]

Ⅱ. 각종의 상행위

국제사법은 특히 상행위의 특수성을 인정하지 않기 때문에, 이들을 민사법상의 법률행위와 구별하여 규정하고 있지 않다. 이에 따라 구섭외사법 제31조의 무기명증권조항이 물권에 관한 내용으로 간주되어 물권에 관한 동법 제4장에서 다른 물권행위들과 마찬가지로 규정되고 있으며, 위탁 및 운송계약에 관한 구법 제32조, 보험계약에 관한 구법 제33조 등은 모두 삭제되었다. 따라서 이들 계약에 관해서는 법률행위의 일반원칙에 따라 준거법을 지정하게 되었다. 이에 따라 여기서 논의할 상행위의 범위는 국제사법의 취지를 감안하여 필요한 한도 내에서만 살펴보기로 한다.

---

12) 서희원, 349면: 김용한/조명래, 387면: 박상조/윤종진, 430면: 김명기, 220면.

1. 무기명증권의 득실변경

무기명증권에 관한 법률행위는 배서에 의한 권리이전이 원칙인 어음·수표 등 다른 유가증권에 관한 행위와는 달리 점유만으로 권리가 표상되고 교부만으로 권리이전이 가능하다는 특성을 가지고 있다. 이는 오히려 증권에 관한 법률행위라기보다는 다른 일반재산권과 마찬가지로 권리의 득실변경이 가능하게 한다. 이에 따라 국제사법은 무기명증권의 취득에 관하여 취득지법에 의하게 하였던 구섭외사법의 규정을 다른 물권행위와 마찬가지로 그 원인된 행위 또는 사실의 완성 당시의 증권의 소재지법에 의하는 것으로 규정하고 있다(제35조).

2. 대리상의 상행위

대리상이란 일정한 상인을 위하여 상업사용인이 아니면서 그 영업부류에 속하는 거래의 대리 또는 중개를 영업으로 하는 자를 말하는데(상법 제87조 참조), 대리상과 맺은 계약을 법률상 어떻게 취급하여야 할지 문제된다. 역시 이에 대해서도 준거법결정에 대해서는 국제사법에 규정이 없으므로 보통의 상행위와 마찬가지로 모두 계약준거법에 의한다는 견해와, 대내적인 관계는 계약의 준거법, 그리고 대외적인 관계는 영업소소재지법에 의한다는 학설[13]이 대립되어 있으나, 대외적인 관계에서 특히 제3자를 보호하기 위하여 영업소소재지법에 의할 근거가 없다는 이유에서 앞의 계약준거법설이 타당하다고 생각한다.

3. 중개계약

타인간의 상행위의 중개를 영업으로 하는 자를 중개인이라고 하고(상법 제93조), 이러한 계약을 중개계약이라고 한다. 중개인은 불특정 상인의 상행위를 중개한다는 점에서 대리상과 구별되나, 국제사법상의 취급은 마찬가지로 볼 수 있다. 역시 이에 관하여도 이를 대내외적 관계로 구별하여 중개인과 행위당사자 사이의 법률관계는 당사자가 지정한 법에 의하고, 중개인과 제3자 사이의 대

---

13) 서희원, 341면, 김용한/조명래, 378면, 박상조/윤종진, 419면; 김명기, 217면, 이근식, 168면.

외적 관계는 중개인의 영업소소재지법에 의할 것이라는 견해가 있으나,[14] 일반 법률행위와 마찬가지로 대내외적인 관계를 가리지 않고 원칙에 따라 당사자의 의사에 따라 준거법을 결정하는 것이 타당할 것이다.

4. 위탁매매계약 및 운송주선계약

위탁매매계약은 자기의 명의로서 타인 즉 위탁자의 계산으로 물건 또는 유가증권의 매매를 하는 계약을 말하며(상법 제101조), 운송주선계약이란 자기의 명의로 물건운송의 주선을 하는 계약을 말한다(동법 제114조). 이러한 계약에 있어서는 위탁매매인 또는 운송주선인이 전면에서 상행위를 하게 되지만, 실제 이 계약에 의해 물건을 매도하거나 운송을 하는 자는 별도로 있기 때문에 법률관계가 복잡하게 된다. 구섭외사법은 위탁매매계약 또는 운송주선계약으로 인한 당사자의 권리의무는 위탁매매업자 또는 운송주선업자의 주소지법에 의하고, 위탁매매업자 또는 운송주선업자가 상사회사인 때에는 그 영업소소재지의 법에 의하는 것으로 규정하고 있었으나(제32조), 현행 국제사법은 위탁매매계약 및 운송주선계약은 기본적으로 계약의 준거법에 따라 당사자자치를 허용하는 것이 타당하다는 이유로 이 규정을 삭제하였다. 따라서 위탁매매계약 또는 운송주선계약으로 인한 당사자의 권리의무는 계약법의 원칙에 따라 당사자의 의사에 의하는 것으로 볼 수밖에 없게 되었다. 한편 이러한 계약 중 일반 소비자를 대상으로 하는 계약은 국제사법 제47조의 소비자계약의 범주에 포함될 수 있을 것이다.

5. 보험계약

보험계약은 대수의 원리에 따라 손해를 분담하는 제도로서, 당사자 일방 즉 보험계약자가 약정한 보험료를 지급하고, 상대방 즉 보험업자가 피보험자의 재산 또는 생명이나 신체에 관하여 불확정한 사고가 생길 경우에 일정한 보험금액 기타의 급여를 지급할 것을 약정하는 계약이다(상법 제638조). 구섭외사법

---

14) 박상조/윤종진, 432면.

상 보험계약에 대해서는 보험업자의 영업소소재지법에 의하도록 하고 있었으나 (제33조), 이 계약도 역시 기본적으로 계약의 준거법에 의하도록 하지 않을 이유가 없다는 이유에서 구법상의 보험계약 규정은 삭제되었다. 따라서 보험계약도 국제사법 제45조에 따라 당사자가 정하는 법에 의해 규율되며, 일반 소비자와 관련해서는 소비자계약에 관한 규정에 따라 특별한 보호를 받는다. 또 구법상 규정이 있던 보험증권상의 권리의 양도 또는 입질은 계약 준거법 또는 물권법의 일반원칙에 따라 각각 당사자가 정하는 법 또는 증권의 소재지법이 적용된다.[15]

제 4 절　회 사 법

Ⅰ. 회사법 서설

오늘날 국내외를 막론하고 중요한 상거래는 거의 회사를 중심으로 이루어지고 있다. 이에 따라 국제거래에 있어서도 회사를 빼고서는 이를 말할 수 없게 되었다. 이와 같이 국제적으로 회사의 중요성이 커짐에 따라 종전과 같이 회사가 어느 나라에만 속하는 것이 아니라, 다국적 회사라고 하여 여러 나라에 근거를 둔 회사도 생기게 되었다. 본래 회사에 대해서는 대부분 민법상의 법인과 마찬가지로 다룰 수 있을 것이나, 실체에 따라서 합명회사나 합자회사와 같은 조직에는 법인격을 부정하는 법제도 없지 않으므로 외국의 회사 또는 다국적 기업 등에 대해서도 이를 모두 법인으로 보아 법인격을 인정할 수 있는가, 또 설립과 내부관계에 적용될 법은 어떻게 정하는가, 그리고 회사의 대외적 법률관계는 어떻게 규율하는가와 같은 어려운 문제가 대두된다. 이와 같은 것은 결국 회사에 적용할 법을 어떻게 정하는가에 달려 있으므로 회사의 속인법을 결정하는 문제로 귀착된다고 할 수 있다.

---

15) 국제사법해설, 196면.

그리고 이와 관련하여 회사도 법인의 일종으로 본다면 이의 국적을 어떻게 결정할 것인가도 문제되지만, 이에 의하여 내국법인과 외국법인을 구별할 수 있으므로 외국회사의 법적 지위에 관한 문제도 외인법의 한 부분으로서 생각해 볼 수 있다.

다만 현행 국제사법은 회사에 관하여 규정을 두고 있지는 않으나, 필요한 한도 내에서 살펴보기로 한다.

II. 회사의 준거법

1. 준거법의 결정

회사의 속인법을 어떻게 결정할 것인가 하는 문제에 대해서는 여러 견해가 있으나, 가장 중요한 것은 전통적으로 설립준거법주의[16]와 주된 사무소 또는 영업소 소재지법에 의한다는 본거지법주의[17]의 대립이다. 설립준거법주의는 회사가 설립된 근거가 특정 국가의 법률이라는 점에서 주장되고 있으나, 설립시에 사기적인 목적으로 외국의 법에 의해 회사를 설립함으로써 회사의 채권자나 주주의 이익을 침해할 수 있다거나, 설립 후 다른 나라에서 실질적으로 활동하는 경우를 반영하지 못하고 있다는 점에서 비판받고 있고, 본거지법주의는 회사의 본점이나 주된 영업소가 바뀜에 따라 국적이 바뀔 수 있다는 점이 문제로 지적되고 있다.

국제사법상 회사의 속인법에 대해서는 별도의 규정은 없으나, 일반의 법인 및 단체에 관한 국제사법 제30조가 적용된다. 이는 "법인 또는 단체는 그 설립의 준거법에 따른다. 다만, 외국에서 설립된 법인 또는 단체가 대한민국에 주된 사무소가 있거나 대한민국에서 주된 사업을 하는 경우에는 대한민국 법에 따른다."고 규정하고 있어서, 회사에 관하여도 원칙적으로 설립준거법주의에 의하

---

16) 회사를 설립할 때 준거로 할 수 있는 법의 범위를 제한하여야 한다고 하는 제한적 설립준거법주의를 취하는 입장으로, 서희원, 345면; 박상조/윤종진, 426면.

17) 주된 사무소 소재지와 영업중심지주의의 절충설을 취하는 입장으로, 김용한/조명래, 383면; 김명기, 219면, 이근식, 171면.

되, 본거지법주의에 의해 보충된다. 상세한 것은 앞에서 법인에 관하여 설명하였으므로 되풀이하지 않는다.

다만 구섭외사법은 "은행업무에 관한 사항 및 효력은 그 은행이 속하는 국가의 법에 의한다."는 규정을 별도로 두고 있었으나(제30조), 국제사법이 제30조에서 법인의 준거법에 관한 규정을 별도로 둠에 따라, 은행의 법인으로서의 일반적인 능력에 관하여는 법인의 준거법에 따르고, 은행의 업무에 관하여는 계약의 준거법에 따라 처리하며, 기타 은행의 업무 감독에 관한 규정 등은 강행법규의 직접 적용에 의하여 처리하면 족하다고 하여 은행에 관한 별도의 규정을 둘 필요가 없게 됨으로써 이 규정을 삭제하였다.[18)

2. 준거법의 적용범위

회사의 준거법은 앞에서 법인에 관하여 본 것과 마찬가지로 ① 회사의 설립, 내부조직 및 내부관계, ② 회사의 권리능력, ③ 회사의 행위능력, ④ 회사의 소멸 등에 관하여 적용된다. 다만 이 중에서 회사의 권리능력에 관해서 법정지의 거래를 보호하기 위하여 국제사법 제15조의 규정이 유추될 수 있다는 견해가 있고, 개별적 권리능력은 개개의 권리의 준거법에 의하게 됨은 이미 설명한 바와 같다. 또 회사의 행위능력에 관하여 구섭외사법은 영업소소재지법에 의할 것으로 규정하고 있었으나, 국제사법이 제30조에서 법인에 관한 원칙을 규정함으로 이 규정은 삭제되었다.

그 외에 회사의 불법행위능력은 국제사법 제52조의 규정에 의하여 처리될 것이며, 회사의 소송상의 당사자능력이나 소송능력의 문제는 법정지법에 의해 해결될 것이다.

Ⅲ. 회사에 관한 외인법

일반적인 외인법의 의의 및 외국 법인에 대해서는 앞에서 설명한 바 있으므

---

18) 국제사법해설, 194면.

로 여기서는 간단하게 상법의 외국회사에 관한 규정을 중심으로 회사의 국적 구별에 관한 문제와 외국회사에 관한 규율을 살펴보기로 한다.

1. 회사의 국적

회사의 국적을 어떻게 결정할 것인가에 대해서는 주소지주의, 설립준거법주의, 설립지주의, 영업소소재지주의, 주식인수지주의, 사원국적주의, 사원주소지주의 등 여러 학설이 대립하고 있는데, 특히 여기서 문제되는 것은 본거지주의 즉 주소지주의와 설립준거법주의의 두 가지이다.

먼저 본거지주의는 회사의 주소지를 중심으로 국적을 결정하자는 것이나, 이는 다시 영업중심지를 기준으로 하는 견해와 주된 사무소, 즉 본점을 중심으로 하여 결정하자고 하는 입장이 있고, 후자는 다시 정관상의 본점소재지주의와 사실상의 본점소재지주의로 나누어진다. 이 중 사실상의 본점소재지주의가 국제사법상의 통설이라고 하나,[19] 현행 법제 하에서는 설립준거법주의에 의하는 것이 가장 타당한 것으로 인정되고 있다.[20]

2. 외국회사에 관한 규정

상법이 규정하고 있는 외국회사에 관한 조항들을 정리해 보면 다음과 같다.

(1) 회사의 대표자, 영업소의 설정과 등기

외국회사가 대한민국에서 영업을 하고자 하는 때에는 대한민국에서의 대표자를 정하고 영업소를 설치하여야 하며, 이때 외국회사는 그 영업소의 설치에 관하여 대한민국에서 설립되는 동종의 회사 또는 가장 유사한 회사의 지점과 동일한 등기를 하여야 하고, 또 회사설립의 준거법과 대한민국에서의 대표자의 성명과 그 주소도 등기하여야 한다(상법 제614조 1항 내지 3항, 제615조).

---

19) 서희원, 347면.
20) 상법 제617조의 「외국에서 설립된 회사」란 외국법에 의해서 설립된 회사를 말한다고 한다. 서희원, 347면. 상법상 설립준거법주의가 통설이다. 예컨대, 정동윤, 회사법, 822면; 이범찬/최준선, 상법개론, 476면 등.

(2) 대표자의 권한과 책임

이때 회사의 대표자는 회사의 영업에 관하여 재판상 또는 재판외의 모든 행위를 할 권한이 있으며, 이 권한에 대한 제한은 선의의 제삼자에게 대항하지 못한다(동법 제614조 4항, 제209조). 또 회사의 대표자가 그 업무집행으로 인하여 타인에게 손해를 가한 때에는 회사는 그 사원과 연대하여 배상할 책임이 있다(동법 제614조 제4항, 제210조).

(3) 등기 전의 계속거래의 금지

외국회사는 그 영업소의 소재지에서 제614조의 규정에 의한 등기를 하기 전에는 계속하여 거래를 하지 못하며, 이 규정에 위반하여 거래를 한 자는 그 거래에 대하여 회사와 연대하여 책임을 진다(동법 제616조).

(4) 적용법규

외국에서 설립된 회사라도 대한민국에 그 본점을 설치하거나 대한민국에서 영업할 것을 주된 목적으로 하는 때에는 대한민국에서 설립된 회사와 동일한 규정에 의하여야 한다(동법 제617조).

(5) 준용규정

상법 제335조 내지 제338조[주식의 양도성, 기명주식의 양도방법, 기명주식의 이전의 대항요건, 기명주식의 입질], 제340조 제1항[기명주식의 등록질], 제355조 내지 제357조[주식발행의 시기, 주권의 기재사항, 무기명식의 주권발행], 제478조 제1항[채권발행의 시기], 제479조[기명사채의 이전]와 제480조[기명식, 무기명식 간의 전환]의 규정은 대한민국에서의 외국회사의 주권 또는 채권의 발행과 그 주식의 이전이나 입질 또는 사채의 이전에 준용한다. 이 경우에는 처음 대한민국에 설치한 영업소를 본점으로 본다(동법 제618조).

(6) 영업소의 폐쇄명령

외국회사가 대한민국에 영업소를 설치한 경우에 다음의 사유가 있는 때에는 법원은 이해관계인 또는 검사의 청구에 의하여 그 영업소의 폐쇄를 명할 수 있다(동법 제619조). 그 사유로는 ① 영업소의 설치목적이 불법한 것인 때, ② 영업소의 설치등기를 한 후 정당한 사유 없이 1년 내에 영업을 개시하지 아니하거나 1년 이상 영업을 휴지한 때 또는 정당한 사유 없이 지급을 정지한 때, ③ 회사의 대표자 기타 업무를 집행하는 자가 법령 또는 선량한 풍속 기타 사회질서에 위반한 행위를 한 때 등이다.

(7) 대한민국에 있는 재산의 청산

상법 제619조 제1항의 규정에 의하여 영업소의 폐쇄를 명한 경우에는 법원은 이해관계인의 신청에 의하여 또는 직권으로 대한민국에 있는 그 회사재산의 전부에 대한 청산의 개시를 명할 수 있다. 이 경우에는 법원은 청산인을 선임하여야 한다(동법 제620조 1항). 이 규정은 외국회사가 스스로 영업소를 폐쇄한 경우에 준용한다(동조 3항).

(8) 외국회사의 지위

외국회사는 다른 법률의 적용에 있어서는 법률에 다른 규정이 있는 경우 외에는 대한민국에서 성립된 동종 또는 가장 유사한 회사로 본다(동법 제621조).

제5절 어음 및 수표법

Ⅰ. 어음 및 수표에 관한 소의 국제재판관할

국제사법은 어음·수표에 관한 소의 국제재판관할을 따로 정하고 있는데, 이에 의하면 어음·수표에 관한 소는 어음·수표의 지급지가 대한민국에 있는 경우 대한민국 법원에 제기할 수 있는 것으로 하고 있다(제79조). 어음 및 수표에 관한 사건은 지급지가 가장 중요한 연결점이 되므로 국제재판관할도 이를 통하여 정한 것이다.

Ⅱ. 어음 및 수표의 준거법 일반

오늘날 거래에 있어서는 그것이 국제적인 것이든 국내에서의 거래이든 막론하고 어음이나 수표에 의해서 이루어지는 경우도 대단히 많다. 어음이나 수표는 이렇듯 격지자간의 거래에 있어서 특히 송금 및 결제수단으로 뿐만 아니라 신용을 창출하고 담보하는 기능도 가지고 있어서, 어음·수표에 관한 한 특히 발행지·배서지·지급지 등이 서로 다르게 되고, 이러한 차이가 각국의 어음·수표법의 차이에 의해 많은 문제점을 가지게 된다.

종래 어음·수표법의 세계적 통일의 노력이 꾸준히 이루어져 왔는데, 실제 어음·수표법제는 다분히 기술적이며 합목적성을 지향하는 법제이므로 통일이 가능한 분야로 생각되어 왔다. 어음·수표법의 통일화 운동은 전세기 중기부터 점차 활발해져 많은 학자와 실업인 그리고 각국 정부가 모두 그 실현을 위해 노력해 왔는데, 1930년에 국제연맹의 노력으로 마침내 어음통일조약(정식 명칭은 「환어음과 약속어음에 관한 통일법을 제정하는 조약」 Convention portant loi uniforme sur les lettres de change et billets à ordre)이 체결되었고, 그 이듬해 1931년에 수표통일조약이 체결되어 많은 국가가 가입하였다. 그러나 국제 거래에 있어서 가장 중요한 위치를 가지는 영국과 미국이 가입하지 않아 그 통일이 충분하지 않다는 점이 문제이다. 또한 가입국 중에는 일정 사항에 관해서 유보 조항을 통해 그 적용을 제한하는 경우도 많았고, 어떤 사항에 대해서는 아예 각국의 국내법에 위임하고 있는 실정이다. 뿐만 아니라, 조약상의 같은 조문도 각국 사법의 상이로 말미암아 반드시 동일하게 해석되지는 않은 까닭에 1987년에는 국제연합국제상거래위원회(UNCITRAL)에서 「국제 환어음 및 국제 약속어음에 관한 UN 협약」(U.N. Convention on International Bills of Exchange and International Promissory Notes)을 채택하여 1988년 12월 국제연합 총회에서 승인되어 서명을 위하여 공개되었으나, 아직 발효되고 있지는 못하다.

이와 같이 국제적인 통일법의 노력이 아직 만족할만한 성과를 거두지 못하고 있으므로, 각국의 어음·수표법제는 다소간의 차이를 보이고 있다. 우리나라는 위의 통일어음조약과 통일수표조약에는 가입하고 있지 않으나, 대체적으로 위 조약의 내용을 따르고 있는 것으로 알려져 있다. 다만 대륙법계 국가들 중에는 어음법이나 수표법에서 직접 저촉규정을 가지고 있는 경우도 많으나, 우리의 실정은 그러하지 않아 국제사법상 어음·수표법의 저촉에 대해서 따로 접근할 필요가 있으므로 우리 국제사법도 어음·수표법의 준거법결정에 관한 규정을 두고 있다.

Ⅲ. 어음 및 수표행위능력

1. 어음·수표행위능력의 준거법

어음이나 수표에 관한 행위도 법률행위의 일종이므로 능력이 필요할 것은 당연하다. 어음·수표행위 능력의 준거법 결정에 관한 학설을 살펴보면 본국법주의, 행위지법주의, 절충주의가 대립하고 있는데, 먼저 ① 본국법주의는 어음·수표상의 행위능력도 본국법을 준거법으로 하는 일반 법률행위의 행위능력과 동일한 효력을 가지므로 본국법에 의한다고 한다. 다음으로 ② 행위지법주의는 어음·수표상의 행위능력은 행위지의 거래의 안전을 보호하기 위해 행위지법에 따라야 한다는 입장이며, 마지막으로 ③ 절충주의는 어음·수표행위능력은 원칙적으로 본국법에 의하여야 하나, 예외적으로 본국법상 무능력자라도 행위지법에 의하여 능력자인 경우는 행위지법에 의한다고 하는 입장이다.

2. 국제사법의 입장

(1) 본국법주의의 원칙

우리 국제사법은 "환어음, 약속어음 및 수표에 의하여 채무를 부담하는 자의 능력은 그의 본국법에 따른다."(제80조 1항 본문)고 하여, 본국법주의의 원칙을 취하고 있는데, 이는 구섭외사법의 입장과 같다. 또한 이 규정은 제28조 1항이 일반행위능력을 당사자의 본국법에 따르게 하는 것과도 조화를 이루는 것이다.

(2) 본국법주의에 대한 예외

(가) 행위지법주의의 보충

다만 국제사법은 본국법주의의 예외로서 행위지법주의를 보충하고, 반정을 허용함으로써 본국법주의의 단점을 보완하고자 하고 있다. 먼저 행위지법주의의 보충에 관해 보면, 행위자가 그 본국법에 의하면 무능력자일지라도 자신이 능력자로 인정되는 다른 나라에서 어음·수표행위를 한 이상 자기의 행위로 인한 증권상의 채무를 부담하는 것으로 규정하였다(제80조 2항). 이는 거래보호주의에 기초한 것이다.

(나) 반정의 인정

또한 국제사법은 어음·수표행위에 대하여 "그 국가의 법이 다른 국가의 법에 따르도록 정한 경우에는 그 다른 국가의 법에 따른다."(제80조 1항 단서)고 하여 반정을 허용하고 있는데, 여기서의 반정은 직접반정뿐만 아니라 전정까지도 포함하는 개념이다. 국제사법은 구섭외사법에 비하여 반정을 인정하는 범위를 넓히고 있으나, 전정은 구법과 마찬가지로 어음·수표행위능력에만 인정된다. 따라서 어음·수표행위능력에 관하여 준거법으로 지정된 당사자의 본국법이 법정지법이나 제3국법을 준거법으로 지정하고 있는 때에는 그 나라의 법에 의하게 된다.

Ⅳ. 수표지급인의 자격

국제사법 제81조 제1항은 "수표지급인이 될 수 있는 자의 자격은 지급지법에 따른다."고 규정하고 있다. 어음에 관해서는 지급인의 자격에 제한이 없는 것이 보통이지만, 수표에 관하여는 은행만이 지급인이 될 수 있는가 아니면 은행 이외의 자도 이러한 자격을 가질 수 있느냐라는 이른바 「소극적 수표행위」의 문제가 존재한다. 우리 수표법은 지급인을 은행에 한정하고 있다(수표법 제3조). 이 문제는 원래수표행위의 요건에 관한 문제이나, 국제사법에 특별규정을 두어, 수표지급인의 자격은 지급지법에 따르도록 하고 있다.

다만 국제사법은 거래안전의 보호를 위하여 "지급지법에 의하면 지급인이 될 수 없는 자를 지급인으로 하여 수표가 무효인 경우에도 동일한 규정이 없는 다른 국가에서 행한 서명으로부터 생긴 채무의 효력에는 영향을 미치지 아니한 다."(제81조 2항)고 규정함으로써 무효인 수표에 배서를 하거나 보증을 한 때, 원칙적으로는 아무 채무도 발생하지 않는 것이 당연하나, 지급인의 자격에 대 한 규정이 없는 나라에서 한 수표행위는 효력이 생기는 것으로 함으로써 지급 지법에 대한 예외를 두고 있다.

V. 어음 및 수표행위의 방식

1. 어음·수표행위의 방식에 관한 준거법

통상의 법률행위는 "장소는 행위를 지배한다."라는 원칙에 의하여 행위지법 주의가 적용되는 것이 원칙이다. 그러나 어음·수표행위의 경우에는 그 특성으 로 인하여 학설이 대립하고 있다. 먼저 ① 이행지법주의는 어음·수표는 이행 되지 않을 때에 법적인 문제가 발생하므로 이행지법에 의하여야 한다고 하며, 다음으로 ② 행위지법주의는 어음·수표행위도 일종의 법률행위이므로 행위지 법주의를 원칙으로 하는 일반의 법률행위와 마찬가지로 다루어야 한다고 한다. 그리고 마지막으로 ③ 절충주의는 행위지법주의를 원칙으로 하고 특별한 경우 에 예외를 인정해야 한다고 한다.

2. 국제사법의 입장

(1) 행위지법주의의 원칙

국제사법 제82조 제1항은 "환어음, 약속어음 및 수표행위의 방식은 서명지 법에 따른다. 다만, 수표행위의 방식은 지급지법에 따를 수 있다."고 규정하고 있다. 즉 어음·수표행위의 방식은 서명지법 즉 행위지법에 의하게 된다. 여기 서 서명지는 실제 서명한 장소를 말하는 것이나, 어음이나 수표 상에 서명지의 기재가 있으면 그곳이 서명지로서 추정을 받는다.[21] 그러나 수표에 관해서는

---

21) 김용한/조명래, 395면: 박상조/윤종진, 439면; 신창섭, 345면.

반드시 서명지법의 방식에 의할 필요는 없고 지급지의 방식에 의할 수도 있는
것으로 하여 예외를 인정하고 있다.

(2) 행위지법주의에 대한 예외
(가) 어음·수표행위의 독립성

이는 무효인 어음이나 수표에 한 어음·수표행위의 효력을 인정함으로써 어
음·수표의 유통성을 보장하고자 한 규정이다. 국제사법 제82조 제2항은 "제1
항의 규정에 의하여 행위가 무효인 경우에도 그 후 행위의 행위지법에 따라 적
법한 때에는 그 전 행위의 무효는 그 후 행위의 효력에 영향을 미치지 아니한
다."라고 규정하고 있다. 이는 행위지법주의 원칙에 대한 예외로 앞의 행위가
행위지법에 규정되어 있는 방식위반으로 무효인 경우에는 당해 어음·수표가
무효가 되어 그 뒤의 행위도 당연히 무효가 되어야 할 것이지만, 어음·수표의
원활한 유통을 위해서 뒤의 행위가 그 행위지법상 유효한 경우에는 뒤의 행위
를 유효한 것으로 한다는 것이다. 따라서 이 경우에 앞의 행위가 유효로 되는
것은 아니다.

(나) 대한민국 국민간의 어음·수표행위의 특칙

대한민국 국민이 다른 대한민국 국민에게 어음이나 수표행위를 하는 경우에
는 외국에서 하더라도 대한민국법에 따라 하는 경우도 없지 않을 것이다. 이러
한 경우에도 원칙은 행위지법에 따라 하여야 하는 것이나, 국제사법 제82조 제3
항은 "대한민국 국민이 외국에서 행한 환어음, 약속어음 및 수표행위의 방식이
행위지법에 따르면 무효인 경우에도 대한민국 법에 따라 적법한 때에는 다른
대한민국 국민에 대하여 효력이 있다."고 규정하여 한국인 사이의 어음·수표
행위를 보호하고 있다.[22] 따라서 한국인이 행한 어음·수표행위의 방식이 대한
민국법상 유효한 경우에는 행위지법상 무효인 경우라도 다른 한국인에게 유효
하다는 것이다. 그러나 한국인이 외국에서 한 어음·수표행위가 행위지법상 그
방식이 제대로 요건을 갖추지 못하였을 때 그 어음·수표에 한국인이 부속적인

---

22) 대법원 2008.9.11. 선고 2007다74683 판결.

어음·수표행위를 한 경우, 설사 대한민국법상 발행요건을 모두 갖추었더라도 그 발행은 무효가 된다. 따라서 한국인의 부속적인 어음·수표행위가 행위지법상 무효이면 그 무효는 절대적인 것이기 때문에 이러한 경우에는 이 규정은 적용되지 않는다. 이것은 무효인 어음·수표에 대해서는 우리나라 법에 따른 것이라는 이유만으로 한국인 사이에 효력이 있는 것으로 할 수는 없기 때문이다.

VI. 어음 및 수표행위의 효력

1. 어음·수표행위의 효력에 관한 준거법

어음·수표행위의 효력에 관해서는 당사자자치의 원칙에 따라 그 준거법을 정해야 한다는 견해도 있으나, 일반적으로 주장되고 있는 학설은 다음과 같다. 먼저 ① 발행지법주의는 모든 어음·수표행위에 있어서는 발행이 그 기본이 된다고 보아 어음·수표행위는 발행지법에 의해야 한다 하며, 다음으로 ② 지급지법주의는 어음·수표행위의 본질은 지급에 있다고 보고 어음·수표행위는 지급지법에 의하여야 한다고 한다. 그리고 ③ 서명지법주의는 어음·수표행위의 독립성이 국제사법에도 인정되어야 한다는 이유로, 각 어음·수표행위의 서명지법에 의하여 준거법을 결정하는 것이 타당하다고 하며, 마지막으로 ④ 절충주의는 주된 의무자에 대해서는 지급지법 또는 서명지법에 의하고, 기타의 의무자에 대하여는 서명지법에 의하여야 한다고 한다.

2. 국제사법의 입장

(1) 인수인·발행인의 의무
환어음의 인수인과 약속어음의 발행인의 채무는 지급지의 법을 그 준거법으로 하고, 수표로 인하여 생긴 채무는 서명지법을 준거법으로 한다(제83조 1항).

(2) 기타 서명자의 의무
제83조 제1항에 규정된 환어음의 인수인과 약속어음의 발행인 이외의 자의

환어음 및 약속어음에 의한 채무는 서명지법을 그 준거법으로 한다(동조 2항). 예컨대 배서에 의한 권리이전의 효력도 서명지법에 의하게 되는 것이다.

(3) 소구권행사기간

환어음, 약속어음 및 수표의 소구권(遡求權) 행사기간은 모든 서명자에 대하여 발행지법을 그 준거법으로 한다(동조 3항).

Ⅶ. 어음 및 수표의 준거법에 관한 기타사항

국제사법은 위에서 본 어음·수표행위에 관한 사항외의 몇 가지 사항에 대해서도 준거법규정을 두고 있다. 아래에서는 이러한 규정에 대해 살펴본다.

1. 원인채권의 취득

어음의 소지인이 그 발행의 원인이 되는 채권을 취득하는지의 여부는 어음의 발행지법을 그 준거법으로 한다(제84조). 구섭외사법은 환어음에 대해서만 규정하고 있었으나 국제사법은 약속어음의 경우에도 환어음과 마찬가지로 원인채권의 취득이 발생하기 때문에 이를 포함시켜 규정하고 있다. 국제사법이 발행지법주의를 취한 것은 이것이 의무자의 서명으로부터 생기는 효력이기 때문이다.[23]

2. 일부인수와 일부지급

국제사법 제85조는 환어음의 금액의 일부만을 인수할 수 있는가 그리고 환어음의 소지인이 그 일부의 지급을 수락할 의무가 있는가의 문제에 관해서 모두 지급지법에 의하여 결정한다고 규정하고, 이는 또한 약속어음의 지급에도 준용한다고 하고 있다. 따라서 약속어음의 일부지급을 수락할 의무가 있는가의 여부도 지급지법에 의하게 된다. 구섭외사법은 약속어음의 인수에 대해서도 규

---

23) 박상조/윤종진, 443면.

정하고 있었으나, 약속어음에는 인수의 문제가 발생하지 않기 때문에 국제사법은 약속어음의 지급에 관하여서만 환어음에 관한 내용을 준용하는 것으로 규정하고 있다.

3. 권리의 행사 및 보전을 위한 행위의 방식

어음·수표상의 권리행사나 보존에 어떠한 행위가 필요한가는 어음·수표행위의 효력에 관한 문제인데, 어음·수표상의 권리를 행사하고 또는 이것을 보전하기 위해서 거절증서의 작성·담보 또는 상환청구의 통지서를 필요로 하는 경우, 이러한 행위의 방식과 증서의 작성기간에 관한 문제 등은 행위지의 법률에 의하여야 할 것이다. 그에 따라 국제사법 제86조도 "환어음, 약속어음 및 수표에 관한 거절증서의 방식, 그 작성기간 및 환어음, 약속어음 및 수표상의 권리의 행사 또는 보전에 필요한 그 밖의 행위의 방식은 거절증서를 작성하여야 하는 곳 또는 그 밖의 행위를 행하여야 하는 곳의 법에 따른다."라고 규정하고 있다.

4. 어음 및 수표의 상실 또는 도난

환어음, 약속어음 및 수표의 상실 또는 도난의 경우에 행하여야 하는 절차는 지급지법에 따른다(제87조). 이 규정은 민사소송법상 제권판결을 위한 공시최고절차에 대해 증권이나 증서에 표시된 이행지의 지방법원이 관할한다고 한 규정(민소 제476조)에 상응하는 규정이다. 구섭외사법은 어음의 상실 및 도난에 관하여만 규정하고 있었으나, 국제사법은 수표의 경우도 이에 포함시켰다.

5. 수표의 기타 준거법

수표는 어음과는 달리 지급수단으로서 이용되는 유가증권으로서 지급지가 법률관계에서 가장 중심적인 지위를 가지게 된다. 이에 국제사법은 수표에 관하여 많은 사항을 지급지법에 의하도록 하고 있다(제88조). 이에 의하여 지급지법이 준거법이 되는 사항은 다음과 같다.

① 수표가 일람출급을 요하는지 여부, 일람 후 정기출급으로 발행할 수 있

는지 여부 및 선일자수표의 효력, ② 제시기간, ③ 수표에 인수, 지급보증, 확인 또는 사증을 할 수 있는지 여부 및 그 기재의 효력, ④ 소지인이 일부지급을 청구할 수 있는지 여부 및 일부지급을 수락할 의무가 있는지 여부, ⑤ 수표에 횡선을 표시할 수 있는지 여부 및 수표에 "계산을 위하여"라는 문구 또는 이와 동일한 뜻이 있는 문구의 기재의 효력. 다만, 수표의 발행인 또는 소지인이 수표면에 "계산을 위하여"라는 문구 또는 이와 동일한 뜻이 있는 문구를 기재하여 현금의 지급을 금지한 경우에 그 수표가 외국에서 발행되고 대한민국에서 지급하여야 하는 것은 일반횡선수표의 효력이 있다. 구섭외사법에서는 제42조에서 계산수표에 관한 조항을 별도로 두고 있었으나, 국제사법은 이를 제5호에 포함시켜 규정하고 있다. 또한 ⑥ 소지인이 수표자금에 대하여 특별한 권리를 가지는지 여부 및 그 권리의 성질, ⑦ 발행인이 수표의 지급위탁을 취소할 수 있는지 여부 및 지급정지를 위한 절차를 취할 수 있는지 여부, ⑧ 배서인, 발행인 그 밖의 채무자에 대한 소구권 보전을 위하여 거절증서 또는 이와 동일한 효력을 가지는 선언을 필요로 하는지 여부 등의 문제도 지급지법에 따른다.

제 6 절 해 상 법

I. 해상사건의 국제재판관할

국제사법은 해상사건과 관련하여 다수의 국제재판관할에 관한 규정을 두고 있다. 먼저 선박소유자 등의 책임제한사건(제89조)에서 시작하여, 선박 또는 항해에 관한 소(제90조), 공동해손(제91조), 선박충돌(제92조), 해난구조(제93조)에 관한 국제재판관할을 정하고 있는데, 여기서는 뒤에서 따로 설명할 선박충돌과 해난구조의 경우를 제외한 나머지 사건의 국제재판관할에 관하여 살펴보기로 한다.

1. 선박소유자 등의 책임제한사건의 국제재판관할

제선박소유자·용선자(傭船者)·선박관리인·선박운항자, 그 밖의 선박사용인과 같은 선박소유자 등의 책임제한사건에 대해서는 다음 장소가 대한민국에 있는 경우에만 대한민국 법원에 국제재판관할권이 있다(제89조). 즉 ① 선박소유자등의 책임제한을 할 수 있는 채권(제한채권)이 발생한 선박의 선적(船籍)이 있는 곳, ② 신청인인 선박소유자등에 대하여 제3조에 따른 일반관할이 인정되는 곳, ③ 사고발생지(사고로 인한 결과 발생지를 포함한다), ④ 사고 후 사고 선박이 최초로 도착한 곳, ⑤ 제한채권에 의하여 선박소유자등의 재산이 압류 또는 가압류된 곳(압류에 갈음하여 담보가 제공된 곳을 포함한다. 이하 "압류 등이 된 곳"이라 한다), 그리고 ⑥ 선박소유자등에 대하여 제한채권에 근거한 소가 제기된 곳.

이들 장소는 선박소유자 등의 책임과 관련한 사건에 연결된 모든 소에 대하여 대한민국과 관련이 있는 경우, 대한민국 법원이 국제재판관할을 통하여 당사자를 보호하고자 하는 취지의 규정이다.

2. 선박 또는 항해에 관한 소의 국제재판관할

선박소유자등에 대한 선박 또는 항해에 관한 소는 선박이 압류 등이 된 곳이 대한민국에 있는 경우 법원에 제기할 수 있다(제90조). 이도 선박에 관한 일반관할에 더하여 인정되는 국제재판관할로서, 후에 집행의 편의를 위하여 대한민국에 압류 내지 가압류 또는 이에 갈음하여 담보가 제공되어 있다면 대한민국 법원에서 재판받게 한 것이다.

3. 공동해손에 관한 소의 특별관할

공동해손이란 선장이 선박과 선하물의 공동위험을 면하기 위하여 선박 또는 선하물을 처분함으로써 생긴 손해 또는 비용을 말한다(상법 제832조). 이에 관한 소는 다음 장소가 대한민국에 있는 경우에는 대한민국 법원에 제기할 수 있다(제91조). 즉 ① 선박의 소재지, ② 사고 후 선박이 최초로 도착한 곳, ③ 선박이 압류 등이 된 곳. 이들 장소는 공동해손과 밀접한 관련을 가지는 장소들이기 때문이다.

II. 해상사건의 준거법 일반

해상법(海商法)은 당초 국제적인 관습에 의하여 생성되고 발전되어 온 법으로서 본래부터 통일적인 성격을 가지고 있는 법이다. 그러나 근대국가가 성립하고 성문 입법화하는 과정에서 각국의 색채가 가미되어 상호간에 저촉하는 경우가 많게 되었다. 그러나 이러한 법의 저촉은 바다를 통하여 국제적인 거래를 하여야 하는 해상에 걸림돌이 되어, 증가하고 있는 국제무역과 이로 인한 위험의 처리에 지장이 되었으므로 일찍부터 해상법의 통일을 위한 노력이 계속되어 왔다. 이같은 노력의 결실로, 「1890년의 공동해손에 관한 요크-앤트워프 규칙」 (York-Antwerp Rules of General Average: 1924년, 1950년, 1974년, 1990년, 1994년 및 2004년에 개정됨)을 비롯하여, 1910년의 「선박충돌에 관한 통일조약」, 1924년의 「선박소유자 책임제한조약」과 「선하증권조약」, 1926년의 「해상우선특권・저당권 조약 및 국유선박면책조약」, 1932년의 「해상매매에 관한 바르샤바-옥스포드 규칙」(Warsaw-Oxford Rules for CIF Contract), 1957년의 「선박소유자 책임제한조약」 등 많은 조약이 성립하였다.

그러나 이러한 조약들조차 발효되지 못하고 있는 것이 있을 정도로 해상법의 통일은 아직 요원하게 보이는 것이 현재의 실정이다. 많은 나라가 자국의 이익수호 등을 이유로 조약에 참가하지 못하고 있고, 가입한 조약에도 유보조항을 둠으로써 많은 부분이 서로 저촉하고 있는 실정이다. 이에 따라 국제사법의 역할은 해상법의 영역에서도 아직 줄어들지 않고 있다. 이러한 이유에서 국제사법이 해상에 관한 규정을 가지고 있는 입법례가 거의 없으나, 우리 국제사법은 이에 대해 직접 규정하고 있다.

Ⅲ. 선적국법주의 원칙

1. 선박의 국적

해상의 준거법을 국제사법에 의해 결정한다고 하더라도, 실제 이러한 문제는 선박의 특성상 공해상에서 야기되는 경우도 많으므로 해상법에 대해서는 특별한 고려가 필요하게 된다. 때문에 선박에 관한 문제는 특히 선박의 선적국법, 즉 기국법(law of flag)에 의해서 해결하는 것이 일반적으로 되어 있다. 통상 선박의 경우에는 국기에 의해 국적을 표시하게 되어 있기 때문이다(선박법 제5조).

선박의 국적을 정하는 표준에 대해서는 선박소유자주의와 선주·해원주의가 대립하고 있으나, 이를 구체적으로 보면, ① 선박소유권 전부가 자국민에게 속할 것을 요구하는 입법주의(독일·영국·노르웨이·일본), ② 선박소유권의 2분의 1 이상(프랑스) 또는 3분의 2 이상(이탈리아)이 자국민에게 속할 것을 요건으로 하는 입법주의, ③ 선박소유권 전부가 자국민에게 속하고, 동시에 고급선원 전부(미국) 또는 일부가 자국민일 것을 요건으로 하는 입법주의(스페인, 포르투갈, 브라질, 핀란드), ④ 선박소유권의 일부가 자국민에 속하고, 동시에 선원의 일정수가 자국민일 것을 요구하는 입법주의(그리스, 폴란드)와 ⑤ 선박소유권을 전혀 문제 삼지 않는 입법주의(아르헨티나, 우루과이, 도미니카, 코스타리카, 파나마) 등이 있다.

우리나라 선박법에 의하면 대한민국의 국적을 가지는 선박은 ① 국유 또는 공유의 선박, ② 대한민국 국민이 소유하는 선박, ③ 대한민국의 법률에 의하여 설립된 상사법인이 소유하는 선박, ④ 대한민국에 주된 사무소를 둔 앞의 상사법인 이외의 법인으로서 그 대표자(공동대표인 경우에는 그 전원)가 대한민국 국민인 경우에 그 법인이 소유하는 선박(동법 제2조 각호) 등이다. 이를 살펴보면 우리 선박법은 대체로 선박소유자주의를 취하고 있다고 할 수 있다.

선적국은 그 선박의 등록국을 의미하는데, 국가에 따라서는 저렴한 등록비, 세제상의 혜택 등을 통하여 자국에 그 등록을 유인하는 경우가 있다. 이러한 국가에 등록하는 것을 편의치적(flag of convenience)이라고 하는데, 이러한 편의 치적의 경우에도 선적국법의 결정기준으로 삼을 수 있는지가 문제된다. 편의치 적이라는 이유만으로 편의치적국이 선적국이 되지 못한다고 할 것은 아니지만.[24] 1958년 「공해에 관한 협약」은 제5조에서 기국과 선박간에 진정한 연계(genuine link)가 있을 것을 요구하고 있고, 또한 1986년 「선박등록에 관한 UN 협약」도 선박과 선적간에 진정한 연계가 있을 것을 요구하고 있는 점을 고려할 때, 준거법 지정의 예외를 인정한 국제사법 제21조에 따라 편의치적국의 법 대 신에 가장 밀접한 관련이 있는 국가의 법이 준거법으로 적용될 여지가 매우 많 다. 국제사법이 선박과 관련된 문제에서 선적국법을 연결점으로 하는 이유는 선적국이 선박과 가장 밀접한 관련을 갖는다는 보기 때문인데, 편의치적의 경 우에는 선적국이 당연히 문제의 선박과 가장 밀접한 관련을 갖는다고 보기는 어렵기 때문이다.[25]

한편 선박이 둘 이상의 선적을 가지는 이중선적이 가능한가의 문제가 있으 나, 이중선적이 국제법적으로 허용되지 않고 있고,[26] 그 쓰임새가 극히 제한되 어 있다고 생각되어, 국제사법은 선박의 이중선적에 대해서는 규정을 두지 않 고 있다. 다만 실제 국적의 충돌이 문제되는 경우가 있다면 자연인의 국적충돌 문제에 준하여 해결할 수 있을 것이다.[27]

2. 선적국법주의의 적용

국제사법에 의하여 선적국법주의에 의해 규율되는 것으로 규정된 것은 다음 과 같다(제94조 각호).

---

24) 석광현, 402면.

25) 석광현, 402면; 신창섭, 352면.

26) 1958년의 공해에 관한 협약 제6조에 의하면 모든 선박은 하나의 국적만을 가질 수 있도록 하고 있다.

27) 서희원, 360면; 김용한/조명래, 404면; 신창선, 309면; 신창섭, 352면; 박상조/윤종진, 448면; 김 명기, 228면; 이근식, 182면.

(1) 선박의 소유권 및 저당권, 선박우선특권 그 밖의 선박에 관한 물권(제1호)

여기서 선박우선특권에 관하여는, 선적국법에 의하자는 견해와 독일과 같이 성립은 피담보채권의 준거법에, 순위는 선박의 소재지법에 의하자는 견해가 대립하고 있다. 국제사법은 후자의 견해를 취하면 피담보채권의 준거법 소속국이 인정하고 있는 선박우선특권이 선박의 소재지법에서 인정되지 아니할 경우에 순위를 정할 수 없는 어려움이 있다고 하여 선적국법설을 따르고 있다.[28] 이때 선박우선특권이 우리나라에서 실행되는 경우에 실행기간을 포함한 실행방법은 우리나라의 절차법에 의하여야 한다.[29]

그러나 선박자체의 물권이 아니라, 선박 내에 있는 동산의 물권은 선박이 특정 국가의 영해 내에 있는 경우에는 그 국가의 법이 소재지법으로 적용되고, 선박이 공해상에 있는 경우에는 선적국법이 적용된다는 견해도 있으나,[30] 이를 구별하기가 용이하지 않다는 점을 고려하면 선박 내의 동산물권도 선적국법에 의하는 것으로 보는 것이 어떨까 생각한다.

선박과 관련하여 각국의 국내법이 서로 다른 범위의 채권에 선박우선특권을 부여하고 그들 사이에 서로 다른 순위와 효력을 인정하게 되면 이러한 선박우선특권자, 선박저당권자, 기타의 채권자는 선박의 항해가 계속됨에 따라 극히 불안정한 상태에 빠지게 된다. 선박우선특권은 공시방법이 없음에도 불구하고 선박저당권에 우선하는 효력을 부여하는 것이 일반적이다. 이는 오늘날 해사금융수단으로서 매우 중요한 지위를 차지하고 있는 선박저당권제도에 중대한 위협이 되는 한편 선박금융을 현저히 저해하는 요소가 될 우려가 있다. 그리하여 1926년 「선박우선특권·저당권협약」, 1967년 「선박우선특권·저당권협약」 및 1993년 「선박우선특권·저당권협약」이 성립되었으나, 우리나라는 아직 이 협약에 가입하지 않고 있다.

---

28) 국제사법 해설, 188면. 판례도 이에 따른다. 대법원 2010.3.10. 자 2009마1942 결정.
29) 대법원 2011.10.13. 선고 2009다96625 판결.
30) 박상조/윤종진, 450면.

(2) 선박에 관한 담보물권의 우선순위(제2호)

위 제1호와 제2호는 구섭외사법 제44조의 규정 중 「선박소유권의 이전에 관한 공시의 방법」(제1호), 「선박이 양도된 경우에 선박소유자의 채권자로서 추급권 있는 자와 없는 자」(제2호), 「선박을 저당할 수 있는 여부와 해상에서 저당하는 경우의 공시방법」(제3호), 및 「해상우선특권에 의하여 담보된 채권의 종류와 선박에 대한 우선특권의 순위」(제4호) 등을 정리하여 규정한 것이다.

선박을 담보화하는 선박담보물권이라 함은 채무자 또는 제3자 소유의 선박에 대해 교환가치의 파악을 목적으로 하는 물권을 설정함으로써 권리순위에 따라 독점적으로 채권의 만족을 받게 되는 채권담보제도이다. 선박을 담보로 자금을 융통하는 방법으로서는 당사자의 약정이 없더라도 법률의 규정에 의하여 당연히 성립하는 법정담보물권과 당사자간의 약정에 의한 약정담보물권이 있다. 전자에는 선박우선특권과 선박유치권이 있고, 후자에는 선박저당권, 선박질권, 선박양도담보 등이 있지만, 주로 문제되는 것은 선박우선특권, 선박유치권, 선박저당권이다.

1993년 「선박우선특권·저당권협약」에 따르면 선박담보물권의 우선순위는 선박우선특권, 유치권, 저당권의 순위가 되지만, 국내법상으로는 유치권, 선박우선특권, 저당권의 순위가 되어 국제조약과 국내법상 권리의 우선순위가 불일치하는 문제가 발생한다.

외국선박의 경우에는 대부분 선박우선특권에 기하여 경매신청이 되고 있는데, 외국선박의 경우라도 강제집행은 법정지법이 적용되어, 선적국법이 문제되는데, 해당 선적국의 선박우선특권에 관한 규정이 어떠한지가 문제된다. 실무에서는 통상 신청채권자가 제출하는 선적국법의 법률규정과 그 번역문에 거의 의존하고 있고, 그러한 제출이 없는 때에는 우리나라의 법률에 의할 수밖에 없는데, 이러한 경우 신청채권자로서는 관련규정 중 자신에게 유리한 부분만을 발췌하여 제출할 가능성이 많고 제출된 자료에 대한 신빙성에도 의문이 있을 수 있다는 점에서 문제가 되고 있다.[31]

---

31) 김동옥 외 2인, "선박집행", 「선박집행실무」, 부산지방법원, 2002, 49면.

(3) 선장과 해원의 행위에 대한 선박소유자의 책임범위(제3호)

여기서 해원이라 함은 선박에서 근무하는 선장이 아닌 선원을 말하며, 선원은 선원법이 적용되는 선박에서 근로를 제공하기 위하여 고용된 사람을 말한다(선원법 제2조).

(4) 선박소유자 등이 책임제한을 주장할 수 있는지 여부 및 그 책임제한의 범위(제4호)

구섭외사법은 「선박소유자가 선박과 운임을 위부하여 책임을 면할 수 있는 여부」(구섭외사법 제44조 제6호)라고 규정하고 있었으나, 여기서 책임제한의 주체는 선박소유자에 한정되지 아니하며, 책임제한 여부뿐만 아니라 책임제한 범위도 문제가 되므로 그 표현을 명확히 하고 있다.

(5) 공동해손(제5호)

공동해손은 이로 인하여 위험을 면한 선박 또는 화물의 소유자 등 이해관계인이 분담하게 되어 있다(상법 제833조). 국제사법 규정은 「공동해손으로 이해관계인에게 분담될 수 있는 해손의 성질」(구섭외사법 제44조 7호)과 「공동해손의 경우에 손해를 부담할 재단의 조성」(제8호)의 내용을 포함하는 것이다.

(6) 선장의 대리권(제6호)

이 규정은 국제사법이 신설한 것이다. 우리 상법상 선장에게는 일정한 대리권이 인정되고 있는데(상법 제773조 내지 제777조 참조), 이러한 선장의 권한은 각국마다 상이할 수 있으므로 선장의 대리권에 관한 준거법을 명시하는 것이 바람직하다는 취지에서 신설된 것이다.[32]

---

32) 국제사법 해설, 188면.

판 례

(ㄱ) "선박우선특권은 일정한 채권을 담보하기 위하여 법률에 의하여 특별히 인정된 권리로서 일반적으로 그 피담보채권과 분리되어 독립적으로 존재하거나 이전되기는 어려우므로, 선박우선특권이 유효하게 이전되는지 여부는 그 선박우선특권이 담보하는 채권의 이전이 인정되는 경우에 비로소 논할 수 있는 것인바, 국제사법 제60조 제1호, 제2호에서 선적국법에 의하도록 규정하고 있는 사항은 선박우선특권의 성립 여부, 일정한 채권이 선박우선특권에 의하여 담보되는지 여부, 선박우선특권이 미치는 대상의 범위, 선박우선특권의 순위 등으로서 선박우선특권에 의하여 담보되는 채권 자체의 양도 및 대위에 관한 사항은 포함되어 있지 않다고 해석되므로, 특별한 사정이 없는 한 그 피담보채권의 양도가능성, 채무자 및 제3자에 대한 채권양도의 효력에 관한 사항은 국제사법 제34조 제1항 단서에 의하여 그 피담보채권의 준거법에 의하여야 하고, 그 피담보채권의 임의대위에 관한 사항은 국제사법 제35조 제2항에 의하여 그 피담보채권의 준거법에 의하여야 한다. 그런데 선박우선특권에 의하여 담보되는 채권이 선원근로계약에 의하여 발생되는 임금채권인 경우 그 임금채권에 관한 사항은 선원근로계약의 준거법에 의하여야 하고, 선원근로계약에 관하여는 선적국을 선원이 일상적으로 노무를 제공하는 국가로 볼 수 있어 선원근로계약에 의하여 발생되는 임금채권에 관한 사항에 대하여는 특별한 사정이 없는 한 국제사법 제28조 제2항에 의하여 선적국법이 준거법이 되므로, 결국 선원임금채권의 양도가능성, 채무자 및 제3자에 대한 채권양도의 효력과 선원임금채권의 대위에 관한 사항은 그 선원임금채권을 담보하는 선박우선특권에 관한 사항과 마찬가지로 선적국법에 의한다"(대법원 2007.7.12. 선고 2005다47939 판결).

(ㄴ) 선박에 적재한 화물의 침수로 발생한 용선자의 운송인에 대한 손해배상채권이 선적국인 파나마국 해상법의 선박우선특권에 의하여 담보되는 채권인지가 문제된 사안에서, "파나마국 대법원판례 및 용선자가 제출한 파나마국 법률사무소의 의견서만으로는 위 손해배상채권이 파나마국 해상법에 의한 선박우선특권의 피담보채권으로 인정되는지가 명확하지 아니하므로, 이는 한국법 및 일반 법원리에 따라 판단하여야 하고, 최후 항해 이전에 운송인의 감항능력 주의의무 위반으로 인하여 발생한 위 손해배상채권은 선박우선특권에 의하여 담보되는 채권으로 볼 수 없다."고 한 사례(대법원 2011.2.8. 자 2010마970 결정).

(ㄷ) "국제사법 제60조 제1호는 해상에 관한 '선박의 소유권 및 저당권, 선박우선특권 그 밖의 선박에 관한 물권'은 선적국법에 의한다고 규정하고 있으므로 선박우선특권의 성립 여부는 선적국법에 의하여야 할 것이나, 선박우선특권이 우리나라에서 실행되는 경우에 실행기간을 포함한 실행방법은 우리나라의 절차법에 의하여야 한다"(대법원 2011.10.13. 선고 2009다96625 판결).

(ㄹ) "외국국적인 선박에 대하여 대한민국에서 경매절차가 진행되는 경우 그 집행절차는 대한민국 민사집행법의 규정에 따르는 것이 당연하지만, 그 집행절차에 따른 소유권의 취득은 절차법이 아닌 실체법적 영역이므로 선적국법인 외국의 법률에 따라 판단하여야 한다"(부산지법 2008.4.30. 선고 2007가합4762 판결).

3. 반정의 불허

국제사법규정에 의하여 선적국법이 지정되는 경우에는 반정의 적용이 배제된다(국제사법 제22조 2항 5호). 구섭외사법은 본국법이 준거법으로 적용되는 경우에만 반정을 하는 것으로 규정하고 있었으므로 선적국법이 준거법이 된 경우에는 반정이 적용될 여지가 없었으며, 대법원 판례도 이 점을 명확히 하고 있었다.[33] 그러나 국제사법은 외국법이 준거법으로 지정된 경우에 그 국가의 법이 대한민국 법을 준거법으로 지정한 때에는 반정을 인정하고 있으므로(제22조 1항), 원칙적으로 본다면 외국법이 선적국법으로 지정된 경우라도 이 법이 대한민국법을 지정하고 있으면 반정을 할 수 있는 것이나, 이때 반정을 인정하지 않겠다는 것이다. 이와 같이 국제사법이 반정 적용에 예외를 인정한 것은 선박에 관한 물권의 준거법을 선적국법으로 정한 이유가 선박에 관하여 많은 이해관계를 가지는 저당권자, 우선특권자, 선용품공급업자, 화주 등의 예측가능성을 높이고자 하는데 있는 바, 반정이 적용될 경우 이러한 예측가능성이 깨져 버리고, 또한 반정에 따른 선적국의 국제사법 규정을 확인하는 것도 쉬운 일이 아니므로 신속을 요하는 해상분쟁 처리의 요청에 부응하기 위해서이다.

판 례

"섭외사법 제4조의 반정규정은 당사자의 본국법에 의하여야 할 경우에 한하여 적용되고 섭외사법 제44조의 적용을 받아 선적국법에 의하여야 할 경우에는 적용되지 않는다"(대법원 1989.7.25. 선고 88다카22411 판결).

---

[33] 대법원 1989.7.25. 선고 88다카22411 판결; 동 1991.12.10. 선고 90다9728 판결 참조.

Ⅳ. 선박충돌

1. 선박충돌의 의의

선박충돌이란 상법상의 항해선 상호간 또는 항해선과 내수항행선 간에 일방 또는 쌍방의 고의·과실로 인해서 직접 또는 간접으로 수면에서 충돌함으로 인하여 생긴 공동불법행위를 말한다(상법 제843조). 선박충돌도 고의·과실로 인한 불법행위라는 점에서 일반적 불법행위와 유사하나, 이는 선박이라는 특수한 물건에 관한 것이고, 또 그 사건이 해양 또는 수상이라는 특수한 장소에서 발생하는 것이므로 이에 대해서는 특별한 규정을 두고 있다.

2. 선박충돌 사건의 국제재판관할

선박의 충돌이나 그 밖의 사고에 관한 소는 다음 장소가 대한민국에 있는 경우 대한민국 법원에 제기할 수 있다(제92조). 즉 ① 가해 선박의 선적지 또는 소재지, ② 사고 발생지, ③ 피해 선박이 사고 후 최초로 도착한 곳, ④ 가해 선박이 압류등이 된 곳. 이들 장소는 선박충돌사건과 가장 밀접한 관련을 가진 장소이기 때문이다.

3. 선박충돌의 준거법

선박충돌의 준거법에 관해 국제사법은 이를 개항·하천 또는 영해에서의 충돌과 공해에서의 충돌로 나누어 규정하고 있다(제95조).

(1) 개항·하천 또는 영해에서의 선박충돌

개항·하천 또는 영해에서의 선박충돌에 관한 책임은 그 충돌지법에 따른다(동조 1항). 개항·하천 또는 영해는 특정 국가의 영역 내임이 분명하므로 이때에는 원칙에 따라 불법행위지법에 의하여 규율하고자 한 것이다.

(2) 공해상에서의 선박충돌

공해에서의 선박충돌에 관한 책임은 각 선박이 동일한 선적국에 속하는 때에는 그 선적국법에 의하고, 각 선박이 선적국을 달리하는 때에는 가해선박의 선적국법에 따른다(동조 2항).[34]

판 례
"섭외사법 제13조 제1항은 불법행위로 인하여 생긴 채권의 성립 및 효력은 그 원인된 사실이 발생한 곳의 법에 의한다고 규정하여 불법행위의 준거법에 관한 행위지법주의를 채택하였고 여기에서 원인된 사실이 발생한 곳이라 함은 불법행위의 행위지 뿐만 아니라 손해의 결과발생지도 포함한다고 할 것인바 공해를 항해중인 선박의 침몰로 인한 불법행위에 있어서는 행위지법이 존재하지 아니하므로 그 준거법은 같은법 제44조, 제46조의 규정취지에 따라 그 선박의 선적국법이 준거법이 된다"(대법원 1985.5.28. 선고 84다카966 판결).

V. 해난구조

1. 해난구조의 의의

해난구조는 해양사고구조라고도 하던 것으로 항해선, 내수항행선 또는 그 적하 기타의 물건이 어떠한 수면에서 위난을 당한 경우에 의무 없이 이를 구조한 것을 말하며, 이를 구조한 자는 그 결과에 대해 상당한 보수를 청구할 수 있다(상법 제882조). 구조자와 피구조자 사이에 구조에 관한 계약이 있다면 물론 그 계약의 준거법에 의하게 될 것이나, 해난구조는 그러한 의무 없이 구조한 것이므로 이는 정의와 형평의 관념에 입각한 제도로서 사무관리와 유사한 구조를 가지고 있다.

2. 해난구조에 관한 소의 국제재판관할

해난구조에 관한 소는 다음 장소가 대한민국에 있는 경우 대한민국 법원에

---

34) 대법원 1985.5.28. 선고 84다카966 판결.

제기할 수 있다(제93조). 즉 ① 해난구조가 있었던 곳, ② 구조된 선박이 최초로 도착한 곳, ③ 구조된 선박이 압류 등이 된 곳. 역시 이들 장소가 해난구조와 관련된 소와 가장 밀접한 관련을 가지기 때문이다.

3. 해난구조의 준거법

국제사법은 해난구조에 관하여 영해에서 구조행위를 한 경우와 공해에서 구조행위를 한 때를 나누어 규정하고 있다(제96조).

먼저 해난구조가 한 나라의 영해에서 행하여졌을 경우에는 사실발생지법인 영해소속국의 법을 준거법으로 적용해야 하는데 대하여 별다른 이론이 없다. 이에 국제사법은 그 구조행위가 영해에서 있는 때에는 행위지법에 의하는 것으로 하고 있다(동조 전단).

한편, 공해상의 해난구조에 대하여는 구조한 선박의 선적국법에 의하자는 견해와 구조된 선박의 선적국법에 의하자는 견해가 대립되고 있는데, 후자의 견해도 구조된 선박의 선적국이 통상 법정지가 되므로 법정지와 준거법을 일치시킨다는 점에서 타당성이 있다고 할 수 있으나, 해난구조에 대한 장려 차원에서 구조선박측을 고려하여야 한다고 하여 구섭외사법과 마찬가지로 구조한 선박의 선적국법에 의하는 것으로 규정하고 있다(동조 후단).

참고문헌

1. 국내문헌

김명기, 국제사법요론, 법지사, 1994.

김용한/조명래, 국제사법, 정일출판사, 1996.

김진, 국제사법, 법문사, 1960.

박기갑, 국제사법총론, 삼우사, 1996.

박상조/윤종진, 현대국제사법, 한올출판사, 1998.

서헌제, 국제거래법, 법문사, 1996.

서희원, 국제사법강의, 일조각, 1992.

석광현, 국제사법과 국제소송 제1권·제2권(2001)·제3권(2004)·제4권(2007), 박영사.

석광현, 국제사법해설, 도서출판 지산, 2001.

신창선, 국제사법, 도서출판 피데스, 2006.

신창섭, 국제사법, 세창출판사, 2007.

이근식, 국제사법, 한국사법행정학회, 1981.

이기수, 국제거래법, 세창출판사, 1999.

이호정, 국제사법, 경문사, 1983.

이호정, 섭외사법, 한국방송통신대학, 1991.

장문철, 국제사법총론, 홍문사, 1996.

최공웅, 국제소송, 육법사, 1994.

황산덕/김용한, 신국제사법, 박영사, 1987.

법무부, 국제사법해설, 법무부 국제법무과, 2001.

법무부, 국제화 시대의 섭외사법 개정방향, 법무자료 제226집, 1999.

법무부, 각국의 국제사법, 법무자료 240집, 2000.

법원행정처, 섭외사건의 제문제(상)(하), 재판자료 제33집·제34집, 1986.

2. 일본문헌

江川英文, 國際私法, 有斐閣, 1975.

廣江健司, 國際私法, 成文堂, 2000.

久保岩太郎, 國際私法構造論, 有斐閣, 1955.

山田鐐一, 國際私法, 筑摩書房, 1982.

山田鐐一, 國際私法, 第3版, 有斐閣, 2004.

山田鐐一, 國際私法の研究, 有斐閣, 1969.

山田三良, 國際私法, 有斐閣, 1932.

三浦正人, 國際私法, 靑林書院新社, 1983.

三浦正人編, 國際私法, 靑林書院, 1990.

石黑一憲, 國際私法, 新世社, 1994.

石黑一憲, 現代國際私法(上), 東京大學出版會, 1986.

實方正雄, 國際私法槪論, 有斐閣, 1952.

溜池良夫, 國際私法講義, 有斐閣, 1993.

跡部定次郎, 國際私法論, 弘文堂, 1925.

折茂豊, 國際私法(各論), 有斐閣, 1972.

池原季雄, 國際私法(總論), 有斐閣, 1973.

川上太郎, 國際私法要綱, 有信堂, 1952.

澤木敬郎・道垣內正人, 國際私法入門, 有斐閣, 2000.

3. 외국문헌

E. Bartin, Etudes de droit International Privé, Paris, 1899.

J.H. Beale, A Treatise on the Conflicts of Laws, Vol.Ⅲ, Bake Voorhis, 1953.

Beitzke, Juristische Personen im Internationalprivatrecht und Fremdenrecht, 1938.

Binder, Zur Auflockerung des Deliktsstatuts, Rabels Z., 20 Jg, 1955.

G.C. Cheshire, Private International Law, 7th ed., Butterworth, 1965.

W.W. Cook, The Logical and Legal Bases of the Conflict of Laws, Harvard Univ. Press, 1942.

Despagnet, "Des Conflits de lois relatifs á la qualification des rapport juridiques," Journal de Droit International. Année 25, 1898.

A.V. Dicey, Conflict of Laws, 7th ed., Stevens, 1958.

Ehrenzweig, Torts in the Horei, La vie internationale et le droit, Recueil d'études en l'honneur de Hidebumi Egawa, 1961.

A. Flessner, Fakultatives Kollisionsrecht, Rabels Z, 1970.

E. Foelix, Traité du Droit International privé; Tome I, 1886.

J.J.G. Foelix, Trqité du droit international privé, 1843.

E. Frankenstein, Internationales Privatrecht, Bd I, Berlin, 1929.

Haudek, Die Bedeutung des Parteiwillens im Internationalen Privatrecht, 1931.

O. Kahn, Abhandlungen zum Internationalen Privatrecht, Bd Ⅰ, Lenel und Lewald, 1928.

G. Kegel, International Privatrecht, 4 Aufl., C.H.Beck, 1977.

A. Kuhn, Comparative Commentaries on Private International Law, Macmillan, 1937.

Lando, Die Anwendung ausländischen Rechts in IPR, 1968.

Laurent, Droit civil international, Ⅷ, 1881.

F. Melchior, Die Grundlagen des Deutschen Internationalen Privatrechts, 1932.

Morelli, Elementi di diritto internationale privato italiano, 1952.

R.G. Neumann, Internationales Privatrecht in Form eines Gesetzentwurfs nebst Motiven Materialien, 1896.

J.P. Niboyet, Traité de droit international privé français, t. V, Paris, 1949.

T. Niemeyer. Das Internationales Privatrecht, 1901.

A. Nussbaum, Deutsches Internationales Privatrecht, Tübingen, 1932.

A. Pillet, Principes de droit International Privé, Paris, 1903.

A. Pillet, Traité pratique de droit international privé, Ⅱ, 1924.

Poullet, Manuel de droit International privé belge, 1947.

Raape, Internationales Privatrecht, 5 Aufl., 1961.

E. Rabel, The Conflict of Laws, A Comparative Study., 2nd ed., Vol. Ⅰ, Michigan, 1958.

Rolin, Principes du droit international privé, Ⅰ, 1897.

F.C von Savigny, System des heutigen römishen Rechts, Bd Ⅷ, Berlin, 1849.

Schütz, Deutsches Internationale Zivilprozeßrecht, 1985.

Staudingers-Raape, Staudingers Kommentar zum BGB und EG, V12, 9 Aufl., 1931.

J.A.C. Thomas, Private International Law, Hutchinson, 1955.

G. Walker, Internationales Privatrecht, 4 Aufl., 1926.

Weiss, Traité theorique et pratique de droit international privé, Ⅳ, 1901.

M. Wolff, Private International Law, 2nd ed., Clarendon, 1950.

Wächter, über die Kollision der Privatrechrgesetze verschiedener Staaten, Archiv für die civilistische Praxis, Bd. 25, 1842.

E. Zitelmann, Internationales Privatrecht, Bd. Ⅰ, Leipzig, 1892.

국제사법

[신구 대비표]

[시행 2016. 1. 19.] [법률 제13759호, 2016. 1. 19., 일부개정]	[시행 2022. 7. 5.] [법률 제18670호, 2022. 1. 4., 전부개정]
제 1 장 총 칙	**제 1 장 총 칙** **제 1 절 목 적**
제1조(목적) 이 법은 외국적 요소가 있는 법률관계에 관하여 국제재판관할에 관한 원칙과 준거법을 정함을 목적으로 한다.	**제1조(목적)** 이 법은 외국과 관련된 요소가 있는 법률관계에 관하여 국제재판관할과 준거법(準據法)을 정함을 목적으로 한다. **제 2 절 국제재판관할**
제2조(국제재판관할) ① 법원은 당사자 또는 분쟁이 된 사안이 대한민국과 실질적 관련이 있는 경우에 국제재판관할권을 가진다. 이 경우 법원은 실질적 관련의 유무를 판단함에 있어 국제재판관할 배분의 이념에 부합하는 합리적인 원칙에 따라야 한다. ② 법원은 국내법의 관할 규정을 참작하여 국제재판관할권의 유무를 판단하되, 제1항의 규정의 취지에 비추어 국제재판관할의 특수성을 충분히 고려하여야 한다.	**제2조(일반원칙)** ① 대한민국 법원(이하 "법원"이라 한다)은 당사자 또는 분쟁이 된 사안이 대한민국과 실질적 관련이 있는 경우에 국제재판관할권을 가진다. 이 경우 법원은 실질적 관련의 유무를 판단할 때에 당사자 간의 공평, 재판의 적정, 신속 및 경제를 꾀한다는 국제재판관할 배분의 이념에 부합하는 합리적인 원칙에 따라야 한다. ② 이 법이나 그 밖의 대한민국 법령 또는 조약에 국제재판관할에 관한 규정이 없는 경우 법원은 국내법의 관할 규정을 참작하여 국제재판관할권의 유무를 판단하되, 제1항의 취지에 비추어 국제재판관할의 특수성을 충분히 고려하여야 한다. **제3조(일반관할)** ① 대한민국에 일상거소(habitual residence)가 있는 사람에 대한 소(訴)에 관하여는 법원에 국제재판관할이 있다. 일상거소가 어느 국가에도 없거나 일상거소를 알 수 없는 사람의 거소가 대한민국에 있는 경우에도 또한 같다. ② 제1항에도 불구하고 대사(大使)·공사

(公使), 그 밖에 외국의 재판권 행사대상에서 제외되는 대한민국 국민에 대한 소에 관하여는 법원에 국제재판관할이 있다.

③ 주된 사무소·영업소 또는 정관상의 본거지나 경영의 중심지가 대한민국에 있는 법인 또는 단체와 대한민국 법에 따라 설립된 법인 또는 단체에 대한 소에 관하여는 법원에 국제재판관할이 있다.

제4조(사무소·영업소 소재지 등의 특별관할) ① 대한민국에 사무소·영업소가 있는 사람·법인 또는 단체에 대한 대한민국에 있는 사무소 또는 영업소의 업무와 관련된 소는 법원에 제기할 수 있다.

② 대한민국에서 또는 대한민국을 향하여 계속적이고 조직적인 사업 또는 영업활동을 하는 사람·법인 또는 단체에 대하여 그 사업 또는 영업활동과 관련이 있는 소는 법원에 제기할 수 있다.

제5조(재산소재지의 특별관할) 재산권에 관한 소는 다음 각 호의 어느 하나에 해당하는 경우 법원에 제기할 수 있다.

1. 청구의 목적 또는 담보의 목적인 재산이 대한민국에 있는 경우

2. 압류할 수 있는 피고의 재산이 대한민국에 있는 경우. 다만, 분쟁이 된 사안이 대한민국과 아무런 관련이 없거나 근소한 관련만 있는 경우 또는 그 재산의 가액이 현저하게 적은 경우는 제외한다.

제6조(관련사건의 관할) ① 상호 밀접한 관련이 있는 여러 개의 청구 가운데 하나에 대하여 법원에 국제재판관할이 있으면 그 여러 개의 청구를 하나의 소로 법원에 제기할 수 있다.

② 공동피고 가운데 1인의 피고에 대하여 법원이 제3조에 따른 일반관할을 가지는 때에는 그 피고에 대한 청구와 다른 공동피고에 대한 청구 사이에 밀접한 관련이 있어서 모순된 재판의 위험을 피할 필요가 있는 경우에만 공동피고에 대한 소를 하나의 소로

법원에 제기할 수 있다.

③ 다음 각 호의 사건의 주된 청구에 대하여 제56조부터 제61조까지의 규정에 따라 법원에 국제재판관할이 있는 경우에는 친권자·양육자 지정, 부양료 지급 등 해당 주된 청구에 부수되는 부수적 청구에 대해서도 법원에 소를 제기할 수 있다.

1. 혼인관계 사건
2. 친생자관계 사건
3. 입양관계 사건
4. 부모·자녀 간 관계 사건
5. 부양관계 사건
6. 후견관계 사건

④ 제3항 각 호에 따른 사건의 주된 청구에 부수되는 부수적 청구에 대해서만 법원에 국제재판관할이 있는 경우에는 그 주된 청구에 대한 소를 법원에 제기할 수 없다.

제7조(반소관할) 본소(本訴)에 대하여 법원에 국제재판관할이 있고 소송절차를 현저히 지연시키지 아니하는 경우 피고는 본소의 청구 또는 방어방법과 밀접한 관련이 있는 청구를 목적으로 하는 반소(反訴)를 본소가 계속(係屬)된 법원에 제기할 수 있다.

제8조(합의관할) ① 당사자는 일정한 법률관계로 말미암은 소에 관하여 국제재판관할의 합의(이하 이 조에서 "합의"라 한다)를 할 수 있다. 다만, 합의가 다음 각 호의 어느 하나에 해당하는 경우에는 효력이 없다.

1. 합의에 따라 국제재판관할을 가지는 국가의 법(준거법의 지정에 관한 법규를 포함한다)에 따를 때 그 합의가 효력이 없는 경우
2. 합의를 한 당사자가 합의를 할 능력이 없었던 경우
3. 대한민국의 법령 또는 조약에 따를 때 합의의 대상이 된 소가 합의로 정한 국가가 아닌 다른 국가의 국제재판관할에 전속하는 경우
4. 합의의 효력을 인정하면 소가 계속된 국

가의 선량한 풍속이나 그 밖의 사회질서
에 명백히 위반되는 경우

② 합의는 서면[전보(電報), 전신(電信), 팩
스, 전자우편 또는 그 밖의 통신수단에 의
하여 교환된 전자적(電子的) 의사표시를
포함한다]으로 하여야 한다.

③ 합의로 정해진 관할은 전속적인 것으로
추정한다.

④ 합의가 당사자 간의 계약 조항의 형식으
로 되어 있는 경우 계약 중 다른 조항의 효
력은 합의 조항의 효력에 영향을 미치지 아
니한다.

⑤ 당사자 간에 일정한 법률관계로 말미암
은 소에 관하여 외국법원을 선택하는 전속
적 합의가 있는 경우 법원에 그 소가 제기
된 때에는 법원은 해당 소를 각하하여야 한
다. 다만, 다음 각 호의 어느 하나에 해당하
는 경우에는 그러하지 아니하다.

1. 합의가 제1항 각 호의 사유로 효력이 없
   는 경우

2. 제9조에 따라 변론관할이 발생하는 경우

3. 합의에 따라 국제재판관할을 가지는 국
   가의 법원이 사건을 심리하지 아니하기
   로 하는 경우

4. 합의가 제대로 이행될 수 없는 명백한 사
   정이 있는 경우

제9조(변론관할) 피고가 국제재판관할이 없음
을 주장하지 아니하고 본안에 대하여 변론
하거나 변론준비기일에서 진술하면 법원에
그 사건에 대한 국제재판관할이 있다.

제10조(전속관할) ① 다음 각 호의 소는 법원
에만 제기할 수 있다.

1. 대한민국의 공적 장부의 등기 또는 등록
   에 관한 소. 다만, 당사자 간의 계약에 따
   른 이전이나 그 밖의 처분에 관한 소로
   서 등기 또는 등록의 이행을 청구하는
   경우는 제외한다.

2. 대한민국 법령에 따라 설립된 법인 또는
   단체의 설립 무효, 해산 또는 그 기관의

결의의 유효 또는 무효에 관한 소

3. 대한민국에 있는 부동산의 물권에 관한 소 또는 부동산의 사용을 목적으로 하는 권리로서 공적 장부에 등기나 등록이 된 것에 관한 소

4. 등록 또는 기탁에 의하여 창설되는 지식재산권이 대한민국에 등록되어 있거나 등록이 신청된 경우 그 지식재산권의 성립, 유효성 또는 소멸에 관한 소

5. 대한민국에서 재판의 집행을 하려는 경우 그 집행에 관한 소

② 대한민국의 법령 또는 조약에 따른 국제재판관할의 원칙상 외국법원의 국제재판관할에 전속하는 소에 대해서는 제3조부터 제7조까지 및 제9조를 적용하지 아니한다.

③ 제1항 각 호에 따라 법원의 전속관할에 속하는 사항이 다른 소의 선결문제가 되는 경우에는 제1항을 적용하지 아니한다.

제11조(국제적 소송경합) ① 같은 당사자 간에 외국법원에 계속 중인 사건과 동일한 소가 법원에 다시 제기된 경우에 외국법원의 재판이 대한민국에서 승인될 것으로 예상되는 때에는 법원은 직권 또는 당사자의 신청에 의하여 결정으로 소송절차를 중지할 수 있다. 다만, 다음 각 호의 어느 하나에 해당하는 경우에는 그러하지 아니하다.

1. 전속적 국제재판관할의 합의에 따라 법원에 국제재판관할이 있는 경우

2. 법원에서 해당 사건을 재판하는 것이 외국법원에서 재판하는 것보다 더 적절함이 명백한 경우

② 당사자는 제1항에 따른 법원의 중지 결정에 대해서는 즉시항고를 할 수 있다.

③ 법원은 대한민국 법령 또는 조약에 따른 승인 요건을 갖춘 외국의 재판이 있는 경우 같은 당사자 간에 그 재판과 동일한 소가 법원에 제기된 때에는 그 소를 각하하여야 한다.

④ 외국법원이 본안에 대한 재판을 하기 위

하여 필요한 조치를 하지 아니하는 경우 또는 외국법원이 합리적인 기간 내에 본안에 관하여 재판을 선고하지 아니하거나 선고하지 아니할 것으로 예상되는 경우에 당사자의 신청이 있으면 법원은 제1항에 따라 중지된 사건의 심리를 계속할 수 있다.

⑤ 제1항에 따라 소송절차의 중지 여부를 결정하는 경우 소의 선후(先後)는 소를 제기한 때를 기준으로 한다.

제12조(국제재판관할권의 불행사) ① 이 법에 따라 법원에 국제재판관할이 있는 경우에도 법원이 국제재판관할권을 행사하기에 부적절하고 국제재판관할이 있는 외국법원이 분쟁을 해결하기에 더 적절하다는 예외적인 사정이 명백히 존재할 때에는 피고의 신청에 의하여 법원은 본안에 관한 최초의 변론기일 또는 변론준비기일까지 소송절차를 결정으로 중지하거나 소를 각하할 수 있다. 다만, 당사자가 합의한 국제재판관할이 법원에 있는 경우에는 그러하지 아니하다.

② 제1항 본문의 경우 법원은 소송절차를 중지하거나 소를 각하하기 전에 원고에게 진술할 기회를 주어야 한다.

③ 당사자는 제1항에 따른 법원의 중지 결정에 대해서는 즉시항고를 할 수 있다.

제13조(적용 제외) 제24조, 제56조부터 제59조까지, 제61조, 제62조, 제76조제4항 및 제89조에 따라 국제재판관할이 정하여지는 사건에는 제8조 및 제9조를 적용하지 아니한다.

제14조(보전처분의 관할) ① 보전처분에 대해서는 다음 각 호의 어느 하나에 해당하는 경우 법원에 국제재판관할이 있다.

1. 법원에 본안에 관한 국제재판관할이 있는 경우

2. 보전처분의 대상이 되는 재산이 대한민국에 있는 경우

② 제1항에도 불구하고 당사자는 긴급히 필요한 경우에는 대한민국에서만 효력을 가지는 보전처분을 법원에 신청할 수 있다.

제15조(비송사건의 관할) ① 비송사건의 국제 재판관할에 관하여는 성질에 반하지 아니 하는 범위에서 제2조부터 제14조까지의 규 정을 준용한다.

② 비송사건의 국제재판관할은 다음 각 호 의 구분에 따라 해당 규정에서 정한 바에 따른다.

1. 실종선고 등에 관한 사건: 제24조
2. 친족관계에 관한 사건: 제56조부터 제61 조까지
3. 상속 및 유언에 관한 사건: 제76조
4. 선박소유자 등의 책임제한에 관한 사건: 제89조

③ 제2항 각 호에서 규정하는 경우 외에 개 별 비송사건의 관할에 관하여 이 법에 다른 규정이 없는 경우에는 제2조에 따른다.

제 3 절 준 거 법

제3조(본국법) ① 당사자의 본국법에 의하여 야 하는 경우에 당사자가 둘 이상의 국적을 가지는 때에는 그와 가장 밀접한 관련이 있 는 국가의 법을 그 본국법으로 정한다. 다 만, 그 국적중 하나가 대한민국인 때에는 대한민국 법을 본국법으로 한다.

② 당사자가 국적을 가지지 아니하거나 당 사자의 국적을 알 수 없는 때에는 그의 상 거소(常居所)가 있는 국가의 법(이하 "상 거소지법"이라 한다)에 의하고, 상거소를 알 수 없는 때에는 그의 거소가 있는 국가 의 법에 의한다.

③ 당사자가 지역에 따라 법을 달리하는 국 가의 국적을 가지는 때에는 그 국가의 법 선택규정에 따라 지정되는 법에 의하고, 그 러한 규정이 없는 때에는 당사자와 가장 밀 접한 관련이 있는 지역의 법에 의한다.

제4조(상거소지법) 당사자의 상거소지법(常居 所地法)에 의하여야 하는 경우에 당사자의 상거소를 알 수 없는 때에는 그의 거소가

제16조(본국법) ① 당사자의 본국법에 따라야 하는 경우에 당사자가 둘 이상의 국적을 가 질 때에는 그와 가장 밀접한 관련이 있는 국가의 법을 그 본국법으로 정한다. 다만, 국적 중 하나가 대한민국일 경우에는 대한 민국 법을 본국법으로 한다.

② 당사자가 국적을 가지지 아니하거나 당 사자의 국적을 알 수 없는 경우에는 그의 일상거소가 있는 국가의 법[이하 "일상거 소지법"(日常居所地法)이라 한다]에 따르 고, 일상거소를 알 수 없는 경우에는 그의 거소가 있는 국가의 법에 따른다.

③ 당사자가 지역에 따라 법을 달리하는 국 가의 국적을 가질 경우에는 그 국가의 법 선택규정에 따라 지정되는 법에 따르고, 그 러한 규정이 없는 경우에는 당사자와 가장 밀접한 관련이 있는 지역의 법에 따른다.

제17조(일상거소지법) 당사자의 일상거소지법 에 따라야 하는 경우에 당사자의 일상거소 를 알 수 없는 경우에는 그의 거소가 있는

있는 국가의 법에 의한다.

제5조(외국법의 적용) 법원은 이 법에 의하여 지정된 외국법의 내용을 직권으로 조사·적용하여야 하며, 이를 위하여 당사자에게 그에 대한 협력을 요구할 수 있다.

제6조(준거법의 범위) 이 법에 의하여 준거법으로 지정되는 외국법의 규정은 공법적 성격이 있다는 이유만으로 그 적용이 배제되지 아니한다.

제7조(대한민국 법의 강행적 적용) 입법목적에 비추어 준거법에 관계없이 해당 법률관계에 적용되어야 하는 대한민국의 강행규정은 이 법에 의하여 외국법이 준거법으로 지정되는 경우에도 이를 적용한다.

제8조(준거법 지정의 예외) ① 이 법에 의하여 지정된 준거법이 해당 법률관계와 근소한 관련이 있을 뿐이고, 그 법률관계와 가장 밀접한 관련이 있는 다른 국가의 법이 명백히 존재하는 경우에는 그 다른 국가의 법에 의한다.
② 제1항의 규정은 당사자가 합의에 의하여 준거법을 선택하는 경우에는 이를 적용하지 아니한다.

제9조(준거법 지정시의 반정(反定)) ① 이 법에 의하여 외국법이 준거법으로 지정된 경우에 그 국가의 법에 의하여 대한민국 법이 적용되어야 하는 때에는 대한민국의 법(준거법의 지정에 관한 법규를 제외한다)에 의한다.
② 다음 각호중 어느 하나에 해당하는 경우에는 제1항의 규정을 적용하지 아니한다.
1. 당사자가 합의에 의하여 준거법을 선택하는 경우
2. 이 법에 의하여 계약의 준거법이 지정되는 경우
3. 제46조의 규정에 의하여 부양의 준거법이 지정되는 경우
4. 제50조제3항의 규정에 의하여 유언의 방식의 준거법이 지정되는 경우

국가의 법에 따른다.

제18조(외국법의 적용) 법원은 이 법에 따라 준거법으로 정해진 외국법의 내용을 직권으로 조사·적용하여야 하며, 이를 위하여 당사자에게 협력을 요구할 수 있다.

제19조(준거법의 범위) 이 법에 따라 준거법으로 지정되는 외국법의 규정은 공법적 성격이 있다는 이유만으로 적용이 배제되지 아니한다.

제20조(대한민국 법의 강행적 적용) 입법목적에 비추어 준거법에 관계없이 해당 법률관계에 적용되어야 하는 대한민국의 강행규정은 이 법에 따라 외국법이 준거법으로 지정되는 경우에도 적용한다.

제21조(준거법 지정의 예외) ① 이 법에 따라 지정된 준거법이 해당 법률관계와 근소한 관련이 있을 뿐이고, 그 법률관계와 가장 밀접한 관련이 있는 다른 국가의 법이 명백히 존재하는 경우에는 그 다른 국가의 법에 따른다.
② 당사자가 합의에 따라 준거법을 선택하는 경우에는 제1항을 적용하지 아니한다.

제22조(외국법에 따른 대한민국 법의 적용) ① 이 법에 따라 외국법이 준거법으로 지정된 경우에 그 국가의 법에 따라 대한민국 법이 적용되어야 할 때에는 대한민국의 법(준거법의 지정에 관한 법규는 제외한다)에 따른다.
② 다음 각 호의 어느 하나에 해당하는 경우에는 제1항을 적용하지 아니한다.
1. 당사자가 합의로 준거법을 선택하는 경우
2. 이 법에 따라 계약의 준거법이 지정되는 경우
3. 제73조에 따라 부양의 준거법이 지정되는 경우
4. 제78조제3항에 따라 유언의 방식의 준거법이 지정되는 경우
5. 제94조에 따라 선적국법이 지정되는 경우

5. 제60조의 규정에 의하여 선적국법이 지정되는 경우

6. 그 밖에 제1항의 규정을 적용하는 것이 이 법의 지정 취지에 반하는 경우

제10조(사회질서에 반하는 외국법의 규정) 외국법에 의하여야 하는 경우에 그 규정의 적용이 대한민국의 선량한 풍속 그 밖의 사회질서에 명백히 위반되는 때에는 이를 적용하지 아니한다.

제 2 장 사 람

6. 그 밖에 제1항을 적용하는 것이 이 법의 준거법 지정 취지에 반하는 경우

제23조(사회질서에 반하는 외국법의 규정) 외국법에 따라야 하는 경우에 그 규정의 적용이 대한민국의 선량한 풍속이나 그 밖의 사회질서에 명백히 위반될 때에는 그 규정을 적용하지 아니한다.

제 2 장 사 람

제 1 절 국제재판관할

제24조(실종선고 등 사건의 특별관할) ① 실종선고에 관한 사건에 대해서는 다음 각 호의 어느 하나에 해당하는 경우 법원에 국제재판관할이 있다.

1. 부재자가 대한민국 국민인 경우

2. 부재자의 마지막 일상거소가 대한민국에 있는 경우

3. 부재자의 재산이 대한민국에 있거나 대한민국 법에 따라야 하는 법률관계가 있는 경우. 다만, 그 재산 및 법률관계에 관한 부분으로 한정한다.

4. 그 밖에 정당한 사유가 있는 경우

② 부재자 재산관리에 관한 사건에 대해서는 부재자의 마지막 일상거소 또는 재산이 대한민국에 있는 경우 법원에 국제재판관할이 있다.

제25조(사원 등에 대한 소의 특별관할) 법원이 제3조제3항에 따른 국제재판관할을 가지는 경우 다음 각 호의 소는 법원에 제기할 수 있다.

1. 법인 또는 단체가 그 사원 또는 사원이었던 사람에 대하여 소를 제기하는 경우로서 그 소가 사원의 자격으로 말미암은 것인 경우

2. 법인 또는 단체의 사원이 다른 사원 또

제11조(권리능력) 사람의 권리능력은 그의 본
국법에 의한다.

제12조(실종선고) 법원은 외국인의 생사가 분
명하지 아니한 경우에 대한민국에 그의 재
산이 있거나 대한민국 법에 의하여야 하는
법률관계가 있는 때, 그 밖에 정당한 사유
가 있는 때에는 대한민국 법에 의하여 실종
선고를 할 수 있다.

제13조(행위능력) ① 사람의 행위능력은 그의
본국법에 의한다. 행위능력이 혼인에 의하
여 확대되는 경우에도 또한 같다.
② 이미 취득한 행위능력은 국적의 변경에
의하여 상실되거나 제한되지 아니한다.

제14조(한정후견개시, 성년후견개시 심판 등)
법원은 대한민국에 상거소 또는 거소가 있는
외국인에 대하여 대한민국 법에 의하여 한
정후견개시, 성년후견개시, 특정후견개시 및
임의후견감독인선임의 심판을 할 수 있다.

제15조(거래보호) ① 법률행위를 행한 자와
상대방이 법률행위의 성립 당시 동일한 국
가안에 있는 경우에 그 행위자가 그의 본국
법에 의하면 무능력자이더라도 법률행위가
행하여진 국가의 법에 의하여 능력자인 때
에는 그의 무능력을 주장할 수 없다. 다만,
상대방이 법률행위 당시 그의 무능력을 알
았거나 알 수 있었을 경우에는 그러하지 아
니하다.
② 제1항의 규정은 친족법 또는 상속법의

는 사원이었던 사람에 대하여 소를 제기
하는 경우로서 그 소가 사원의 자격으로
말미암은 것인 경우
3. 법인 또는 단체의 사원이었던 사람이 법
인 · 단체의 사원에 대하여 소를 제기하
는 경우로서 그 소가 사원의 자격으로
말미암은 것인 경우

제 2 절 준 거 법

제26조(권리능력) 사람의 권리능력은 그의 본
국법에 따른다.

제27조(실종과 부재) ① 실종선고 및 부재자
재산관리는 실종자 또는 부재자의 본국법
에 따른다.
② 제1항에도 불구하고 외국인에 대하여 법
원이 실종선고나 그 취소 또는 부재자 재산
관리의 재판을 하는 경우에는 대한민국 법
에 따른다.

제28조(행위능력) ① 사람의 행위능력은 그의
본국법에 따른다. 행위능력이 혼인에 의하
여 확대되는 경우에도 또한 같다.
② 이미 취득한 행위능력은 국적의 변경에
의하여 상실되거나 제한되지 아니한다.

제29조(거래보호) ① 법률행위를 한 사람과 상
대방이 법률행위의 성립 당시 동일한 국가
에 있는 경우에 그 행위자가 그의 본국법에
따르면 무능력자이더라도 법률행위가 있었
던 국가의 법에 따라 능력자인 때에는 그의
무능력을 주장할 수 없다. 다만, 상대방이
법률행위 당시 그의 무능력을 알았거나 알
수 있었을 경우에는 그러하지 아니하다.
② 제1항은 친족법 또는 상속법의 규정에
따른 법률행위 및 행위지 외의 국가에 있는

규정에 의한 법률행위 및 행위지 외의 국가에 있는 부동산에 관한 법률행위에는 이를 적용하지 아니한다.

제16조(법인 및 단체) 법인 또는 단체는 그 설립의 준거법에 의한다. 다만, 외국에서 설립된 법인 또는 단체가 대한민국에 주된 사무소가 있거나 대한민국에서 주된 사업을 하는 경우에는 대한민국 법에 의한다.

제 3 장 법률행위

제17조(법률행위의 방식) ① 법률행위의 방식은 그 행위의 준거법에 의한다.

② 행위지법에 의하여 행한 법률행위의 방식은 제1항의 규정에 불구하고 유효하다.

③ 당사자가 계약체결시 서로 다른 국가에 있는 때에는 그 국가중 어느 한 국가의 법이 정한 법률행위의 방식에 의할 수 있다.

④ 대리인에 의한 법률행위의 경우에는 대리인이 있는 국가를 기준으로 제2항에 규정된 행위지법을 정한다.

⑤ 제2항 내지 제4항의 규정은 물권 그 밖에 등기하여야 하는 권리를 설정하거나 처분하는 법률행위의 방식에 관하여는 이를 적용하지 아니한다.

제18조(임의대리) ① 본인과 대리인간의 관계는 당사자간의 법률관계의 준거법에 의한다.

② 대리인의 행위로 인하여 본인이 제3자에 대하여 의무를 부담하는지의 여부는 대리인의 영업소가 있는 국가의 법에 의하며, 대리인의 영업소가 없거나 영업소가 있더라도 제3자가 이를 알 수 없는 경우에는 대리인이 실제로 대리행위를 한 국가의 법에 의한다.

③ 대리인이 본인과 근로계약 관계에 있고, 그의 영업소가 없는 경우에는 본인의 주된 영업소를 그의 영업소로 본다.

④ 본인은 제2항 및 제3항의 규정에 불구하

부동산에 관한 법률행위에는 이를 적용하지 아니한다.

제30조(법인 및 단체) 법인 또는 단체는 그 설립의 준거법에 따른다. 다만, 외국에서 설립된 법인 또는 단체가 대한민국에 주된 사무소가 있거나 대한민국에서 주된 사업을 하는 경우에는 대한민국 법에 따른다.

제 3 장 법률행위

제31조(법률행위의 방식) ① 법률행위의 방식은 그 행위의 준거법에 따른다.

② 행위지법에 따라 한 법률행위의 방식은 제1항에도 불구하고 유효하다.

③ 당사자가 계약체결 시 서로 다른 국가에 있을 때에는 그 국가 중 어느 한 국가의 법에서 정한 법률행위의 방식에 따를 수 있다.

④ 대리인에 의한 법률행위의 경우에는 대리인이 있는 국가를 기준으로 행위지법을 정한다.

⑤ 제2항부터 제4항까지의 규정은 물권이나 그 밖에 등기하여야 하는 권리를 설정하거나 처분하는 법률행위의 방식에는 적용하지 아니한다.

제32조(임의대리) ① 본인과 대리인 간의 관계는 당사자 간의 법률관계의 준거법에 따른다.

② 대리인의 행위로 인하여 본인이 제3자에 대하여 의무를 부담하는지 여부는 대리인의 영업소가 있는 국가의 법에 따르며, 대리인의 영업소가 없거나 영업소가 있더라도 제3자가 알 수 없는 경우에는 대리인이 실제로 대리행위를 한 국가의 법에 따른다.

③ 대리인이 본인과 근로계약 관계에 있고, 그의 영업소가 없는 경우에는 본인의 주된 영업소를 그의 영업소로 본다.

④ 본인은 제2항 및 제3항에도 불구하고 대

고 대리의 준거법을 선택할 수 있다. 다만, 준거법의 선택은 대리권을 증명하는 서면에 명시되거나 본인 또는 대리인에 의하여 제3자에게 서면으로 통지된 경우에 한하여 그 효력이 있다.

⑤ 대리권이 없는 대리인과 제3자간의 관계에 관하여는 제2항의 규정을 준용한다.

리의 준거법을 선택할 수 있다. 다만, 준거법의 선택은 대리권을 증명하는 서면에 명시되거나 본인 또는 대리인이 제3자에게 서면으로 통지한 경우에만 그 효력이 있다.

⑤ 대리권이 없는 대리인과 제3자 간의 관계에 관하여는 제2항을 준용한다.

제 4 장 물   권

제 4 장 물   권

제19조(물권의 준거법) ① 동산 및 부동산에 관한 물권 또는 등기하여야 하는 권리는 그 목적물의 소재지법에 의한다.

② 제1항에 규정된 권리의 득실변경은 그 원인된 행위 또는 사실의 완성 당시 그 목적물의 소재지법에 의한다.

제20조(운송수단) 항공기에 관한 물권은 그 국적소속국법에 의하고, 철도차량에 관한 물권은 그 운행허가국법에 의한다.

제21조(무기명증권) 무기명증권에 관한 권리의 득실변경은 그 원인된 행위 또는 사실의 완성 당시 그 무기명증권의 소재지법에 의한다.

제22조(이동중의 물건) 이동중의 물건에 관한 물권의 득실변경은 그 목적지법에 의한다.

제23조(채권 등에 대한 약정담보물권) 채권·주식 그 밖의 권리 또는 이를 표창하는 유가증권을 대상으로 하는 약정담보물권은 담보대상인 권리의 준거법에 의한다. 다만, 무기명증권을 대상으로 하는 약정담보물권은 제21조의 규정에 의한다.

제33조(물권) ① 동산 및 부동산에 관한 물권 또는 등기하여야 하는 권리는 그 동산·부동산의 소재지법에 따른다.

② 제1항에 규정된 권리의 취득·상실·변경은 그 원인된 행위 또는 사실의 완성 당시 그 동산·부동산의 소재지법에 따른다.

제34조(운송수단) 항공기에 관한 물권은 그 항공기의 국적이 소속된 국가의 법에 따르고, 철도차량에 관한 물권은 그 철도차량의 운행을 허가한 국가의 법에 따른다.

제35조(무기명증권) 무기명증권에 관한 권리의 취득·상실·변경은 그 원인된 행위 또는 사실의 완성 당시 그 무기명증권의 소재지법에 따른다.

제36조(이동 중인 물건) 이동 중인 물건에 관한 물권의 취득·상실·변경은 그 목적지가 속하는 국가의 법에 따른다.

제37조(채권 등에 대한 약정담보물권) 채권·주식, 그 밖의 권리 또는 이를 표창하는 유가증권을 대상으로 하는 약정담보물권은 담보대상인 권리의 준거법에 따른다. 다만, 무기명증권을 대상으로 하는 약정담보물권은 제35조에 따른다.

국제사법 [신구 대비표] **527**

제 5 장 지식재산권

제 1 절 국제재판관할

제38조(지식재산권 계약에 관한 소의 특별관할) ① 지식재산권의 양도, 담보권 설정, 사용허락 등의 계약에 관한 소는 다음 각 호의 어느 하나에 해당하는 경우 법원에 제기할 수 있다.

1. 지식재산권이 대한민국에서 보호되거나 사용 또는 행사되는 경우
2. 지식재산권에 관한 권리가 대한민국에서 등록되는 경우

② 제1항에 따른 국제재판관할이 적용되는 소에는 제41조를 적용하지 아니한다.

제39조(지식재산권 침해에 관한 소의 특별관할) ① 지식재산권 침해에 관한 소는 다음 각 호의 어느 하나에 해당하는 경우 법원에 제기할 수 있다. 다만, 이 경우 대한민국에서 발생한 결과에 한정한다.

1. 침해행위를 대한민국에서 한 경우
2. 침해의 결과가 대한민국에서 발생한 경우
3. 침해행위를 대한민국을 향하여 한 경우

② 제1항에 따라 소를 제기하는 경우 제6조제1항을 적용하지 아니한다.

③ 제1항 및 제2항에도 불구하고 지식재산권에 대한 주된 침해행위가 대한민국에서 일어난 경우에는 외국에서 발생하는 결과를 포함하여 침해행위로 인한 모든 결과에 관한 소를 법원에 제기할 수 있다.

④ 제1항 및 제3항에 따라 소를 제기하는 경우 제44조를 적용하지 아니한다.

제 2 절 준 거 법

제24조(지식재산권의 보호) 지식재산권의 보호는 그 침해지법에 의한다.

제40조(지식재산권의 보호) 지식재산권의 보호는 그 침해지법에 따른다.

제 5 장 채　　권

제 6 장 채　　　권

제 1 절 국제재판관할

제41조(계약에 관한 소의 특별관할) ① 계약에 관한 소는 다음 각 호의 어느 하나에 해당하는 곳이 대한민국에 있는 경우 법원에 제기할 수 있다.

1. 물품공급계약의 경우에는 물품인도지
2. 용역제공계약의 경우에는 용역제공지
3. 물품인도지와 용역제공지가 복수이거나 물품공급과 용역제공을 함께 목적으로 하는 계약의 경우에는 의무의 주된 부분의 이행지

② 제1항에서 정한 계약 외의 계약에 관한 소는 청구의 근거인 의무가 이행된 곳 또는 그 의무가 이행되어야 할 곳으로 계약당사자가 합의한 곳이 대한민국에 있는 경우 법원에 제기할 수 있다.

제42조(소비자계약의 관할) ① 소비자가 자신의 직업 또는 영업활동 외의 목적으로 체결하는 계약으로서 다음 각 호의 어느 하나에 해당하는 경우 대한민국에 일상거소가 있는 소비자는 계약의 상대방(직업 또는 영업활동으로 계약을 체결하는 자를 말한다. 이하 "사업자"라 한다)에 대하여 법원에 소를 제기할 수 있다.

1. 사업자가 계약체결에 앞서 소비자의 일상거소가 있는 국가(이하 "일상거소지국"이라 한다)에서 광고에 의한 거래 권유 등 직업 또는 영업활동을 행하거나 소비자의 일상거소지국 외의 지역에서 소비자의 일상거소지국을 향하여 광고에 의한 거래의 권유 등 직업 또는 영업활동을 행하고 그 계약이 사업자의 직업 또는 영업활동의 범위에 속하는 경우
2. 사업자가 소비자의 일상거소지국에서 소비자의 주문을 받은 경우

3. 사업자가 소비자로 하여금 소비자의 일
상거소지국이 아닌 국가에 가서 주문을
하도록 유도한 경우

② 제1항에 따른 계약(이하 "소비자계약"이
라 한다)의 경우에 소비자의 일상거소가 대
한민국에 있는 경우에는 사업자가 소비자
에 대하여 제기하는 소는 법원에만 제기할
수 있다.

③ 소비자계약의 당사자 간에 제8조에 따른
국제재판관할의 합의가 있을 때 그 합의는
다음 각 호의 어느 하나에 해당하는 경우에
만 효력이 있다.

1. 분쟁이 이미 발생한 후 국제재판관할의
합의를 한 경우

2. 국제재판관할의 합의에서 법원 외에 외
국법원에도 소비자가 소를 제기할 수 있
도록 한 경우

제43조(근로계약의 관할) ① 근로자가 대한민
국에서 일상적으로 노무를 제공하거나 최
후로 일상적 노무를 제공한 경우에는 사용
자에 대한 근로계약에 관한 소를 법원에 제
기할 수 있다. 근로자가 일상적으로 대한민
국에서 노무를 제공하지 아니하거나 아니
하였던 경우에 사용자가 그를 고용한 영업
소가 대한민국에 있거나 있었을 때에도 또
한 같다.

② 사용자가 근로자에 대하여 제기하는 근
로계약에 관한 소는 근로자의 일상거소가
대한민국에 있거나 근로자가 대한민국에서
일상적으로 노무를 제공하는 경우에는 법
원에만 제기할 수 있다.

③ 근로계약의 당사자 간에 제8조에 따른
국제재판관할의 합의가 있을 때 그 합의는
다음 각 호의 어느 하나에 해당하는 경우에
만 효력이 있다.

1. 분쟁이 이미 발생한 경우

2. 국제재판관할의 합의에서 법원 외에 외
국법원에도 근로자가 소를 제기할 수 있
도록 한 경우

제25조(당사자 자치) ① 계약은 당사자가 명시적 또는 묵시적으로 선택한 법에 의한다. 다만, 묵시적인 선택은 계약내용 그 밖에 모든 사정으로부터 합리적으로 인정할 수 있는 경우에 한한다.

② 당사자는 계약의 일부에 관하여도 준거법을 선택할 수 있다.

③ 당사자는 합의에 의하여 이 조 또는 제26조의 규정에 의한 준거법을 변경할 수 있다. 다만, 계약체결후 이루어진 준거법의 변경은 계약의 방식의 유효성과 제3자의 권리에 영향을 미치지 아니한다.

④ 모든 요소가 오로지 한 국가와 관련이 있음에도 불구하고 당사자가 그 외의 다른 국가의 법을 선택한 경우에 관련된 국가의 강행규정은 그 적용이 배제되지 아니한다.

⑤ 준거법 선택에 관한 당사자의 합의의 성립 및 유효성에 관하여는 제29조의 규정을 준용한다.

제26조(준거법 결정시의 객관적 연결) ① 당사자가 준거법을 선택하지 아니한 경우에 계약은 그 계약과 가장 밀접한 관련이 있는 국가의 법에 의한다.

② 당사자가 계약에 따라 다음 각호중 어느 하나에 해당하는 이행을 행하여야 하는 경우에는 계약체결 당시 그의 상거소가 있는 국가의 법(당사자가 법인 또는 단체인 경우에는 주된 사무소가 있는 국가의 법)이 가

제44조(불법행위에 관한 소의 특별관할) 불법행위에 관한 소는 그 행위가 대한민국에서 행하여지거나 대한민국을 향하여 행하여지는 경우 또는 대한민국에서 그 결과가 발생하는 경우 법원에 제기할 수 있다. 다만, 불법행위의 결과가 대한민국에서 발생할 것을 예견할 수 없었던 경우에는 그러하지 아니하다.

제 2 절 준 거 법

제45조(당사자 자치) ① 계약은 당사자가 명시적 또는 묵시적으로 선택한 법에 따른다. 다만, 묵시적인 선택은 계약내용이나 그 밖의 모든 사정으로부터 합리적으로 인정할 수 있는 경우로 한정한다.

② 당사자는 계약의 일부에 관하여도 준거법을 선택할 수 있다.

③ 당사자는 합의에 의하여 이 조 또는 제46조에 따른 준거법을 변경할 수 있다. 다만, 계약체결 후 이루어진 준거법의 변경은 계약 방식의 유효 여부와 제3자의 권리에 영향을 미치지 아니한다.

④ 모든 요소가 오로지 한 국가와 관련이 있음에도 불구하고 당사자가 그 외의 다른 국가의 법을 선택한 경우에 관련된 국가의 강행규정은 적용이 배제되지 아니한다.

⑤ 준거법 선택에 관한 당사자 간 합의의 성립 및 유효성에 관하여는 제49조를 준용한다.

제46조(준거법 결정 시의 객관적 연결) ① 당사자가 준거법을 선택하지 아니한 경우에 계약은 그 계약과 가장 밀접한 관련이 있는 국가의 법에 따른다.

② 당사자가 계약에 따라 다음 각 호의 어느 하나에 해당하는 이행을 하여야 하는 경우에는 계약체결 당시 그의 일상거소가 있는 국가의 법(당사자가 법인 또는 단체인 경우에는 주된 사무소가 있는 국가의 법을

장 밀접한 관련이 있는 것으로 추정한다. 다만, 계약이 당사자의 직업 또는 영업활동으로 체결된 경우에는 당사자의 영업소가 있는 국가의 법이 가장 밀접한 관련이 있는 것으로 추정한다.

1. 양도계약의 경우에는 양도인의 이행
2. 이용계약의 경우에는 물건 또는 권리를 이용하도록 하는 당사자의 이행
3. 위임·도급계약 및 이와 유사한 용역제공계약의 경우에는 용역의 이행

③ 부동산에 대한 권리를 대상으로 하는 계약의 경우에는 부동산이 소재하는 국가의 법이 가장 밀접한 관련이 있는 것으로 추정한다.

제27조(소비자계약) ① 소비자가 직업 또는 영업활동 외의 목적으로 체결하는 계약이 다음 각호중 어느 하나에 해당하는 경우에는 당사자가 준거법을 선택하더라도 소비자의 상거소가 있는 국가의 강행규정에 의하여 소비자에게 부여되는 보호를 박탈할 수 없다.

1. 소비자의 상대방이 계약체결에 앞서 그 국가에서 광고에 의한 거래의 권유 등 직업 또는 영업활동을 행하거나 그 국가 외의 지역에서 그 국가로 광고에 의한 거래의 권유 등 직업 또는 영업활동을 행하고, 소비자가 그 국가에서 계약체결에 필요한 행위를 한 경우
2. 소비자의 상대방이 그 국가에서 소비자의 주문을 받은 경우
3. 소비자의 상대방이 소비자로 하여금 외국에 가서 주문을 하도록 유도한 경우

② 당사자가 준거법을 선택하지 아니한 경우에 제1항의 규정에 의한 계약은 제26조의 규정에 불구하고 소비자의 상거소지법에 의한다.

③ 제1항의 규정에 의한 계약의 방식은 제17조제1항 내지 제3항의 규정에 불구하고 소비자의 상거소지법에 의한다.

④ 제1항의 규정에 의한 계약의 경우에 소

말한다)이 가장 밀접한 관련이 있는 것으로 추정한다. 다만, 계약이 당사자의 직업 또는 영업활동으로 체결된 경우에는 당사자의 영업소가 있는 국가의 법이 가장 밀접한 관련이 있는 것으로 추정한다.

1. 양도계약의 경우에는 양도인의 이행
2. 이용계약의 경우에는 물건 또는 권리를 이용하도록 하는 당사자의 이행
3. 위임·도급계약 및 이와 유사한 용역제공계약의 경우에는 용역의 이행

③ 부동산에 대한 권리를 대상으로 하는 계약의 경우에는 부동산이 있는 국가의 법이 가장 밀접한 관련이 있는 것으로 추정한다.

제47조(소비자계약) ① 소비자계약의 당사자가 준거법을 선택하더라도 소비자의 일상거소가 있는 국가의 강행규정에 따라 소비자에게 부여되는 보호를 박탈할 수 없다.

② 소비자계약의 당사자가 준거법을 선택하지 아니한 경우에는 제46조에도 불구하고 소비자의 일상거소지법에 따른다.

③ 소비자계약의 방식은 제31조제1항부터 제3항까지의 규정에도 불구하고 소비자의 일상거소지법에 따른다.

비자는 그의 상거소가 있는 국가에서도 상
대방에 대하여 소를 제기할 수 있다.

⑤ 제1항의 규정에 의한 계약의 경우에 소
비자의 상대방이 소비자에 대하여 제기하
는 소는 소비자의 상거소가 있는 국가에서
만 제기할 수 있다.

⑥ 제1항의 규정에 의한 계약의 당사자는
서면에 의하여 국제재판관할에 관한 합의
를 할 수 있다. 다만, 그 합의는 다음 각호
중 어느 하나에 해당하는 경우에 한하여 그
효력이 있다.

1. 분쟁이 이미 발생한 경우

2. 소비자에게 이 조에 의한 관할법원에 추
   가하여 다른 법원에 제소하는 것을 허용
   하는 경우

제28조(근로계약) ① 근로계약의 경우에 당사
자가 준거법을 선택하더라도 제2항의 규정
에 의하여 지정되는 준거법 소속 국가의 강
행규정에 의하여 근로자에게 부여되는 보
호를 박탈할 수 없다.

② 당사자가 준거법을 선택하지 아니한 경
우에 근로계약은 제26조의 규정에 불구하
고 근로자가 일상적으로 노무를 제공하는
국가의 법에 의하며, 근로자가 일상적으로
어느 한 국가안에서 노무를 제공하지 아니
하는 경우에는 사용자가 근로자를 고용한
영업소가 있는 국가의 법에 의한다.

③ 근로계약의 경우에 근로자는 자신이 일
상적으로 노무를 제공하거나 또는 최후로
일상적 노무를 제공하였던 국가에서도 사
용자에 대하여 소를 제기할 수 있으며, 자
신이 일상적으로 어느 한 국가안에서 노무
를 제공하지 아니하거나 아니하였던 경우
에는 사용자가 그를 고용한 영업소가 있거
나 있었던 국가에서도 사용자에 대하여 소
를 제기할 수 있다.

④ 근로계약의 경우에 사용자가 근로자에
대하여 제기하는 소는 근로자의 상거소가
있는 국가 또는 근로자가 일상적으로 노무

제48조(근로계약) ① 근로계약의 당사자가 준
거법을 선택하더라도 제2항에 따라 지정되
는 준거법 소속 국가의 강행규정에 따라 근
로자에게 부여되는 보호를 박탈할 수 없다.

② 근로계약의 당사자가 준거법을 선택하지
아니한 경우 근로계약은 제46조에도 불구
하고 근로자가 일상적으로 노무를 제공하
는 국가의 법에 따르며, 근로자가 일상적으
로 어느 한 국가 안에서 노무를 제공하지
아니하는 경우에는 사용자가 근로자를 고
용한 영업소가 있는 국가의 법에 따른다.

를 제공하는 국가에서만 제기할 수 있다.

⑤ 근로계약의 당사자는 서면에 의하여 국제재판관할에 관한 합의를 할 수 있다. 다만, 그 합의는 다음 각호중 어느 하나에 해당하는 경우에 한하여 그 효력이 있다.

1. 분쟁이 이미 발생한 경우

2. 근로자에게 이 조에 의한 관할법원에 추가하여 다른 법원에 제소하는 것을 허용하는 경우

제29조(계약의 성립 및 유효성) ① 계약의 성립 및 유효성은 그 계약이 유효하게 성립하였을 경우 이 법에 의하여 적용되어야 하는 준거법에 따라 판단한다.

② 제1항의 규정에 의한 준거법에 따라 당사자의 행위의 효력을 판단하는 것이 모든 사정에 비추어 명백히 부당한 경우에는 그 당사자는 계약에 동의하지 아니하였음을 주장하기 위하여 그의 상거소지법을 원용할 수 있다.

제30조(사무관리) ① 사무관리는 그 관리가 행하여진 곳의 법에 의한다. 다만, 사무관리가 당사자간의 법률관계에 기하여 행하여진 경우에는 그 법률관계의 준거법에 의한다.

② 다른 사람의 채무를 변제함으로써 발생하는 청구권은 그 채무의 준거법에 의한다.

제31조(부당이득) 부당이득은 그 이득이 발생한 곳의 법에 의한다. 다만, 부당이득이 당사자간의 법률관계에 기하여 행하여진 이행으로부터 발생한 경우에는 그 법률관계의 준거법에 의한다.

제32조(불법행위) ① 불법행위는 그 행위가 행하여진 곳의 법에 의한다.

② 불법행위가 행하여진 당시 동일한 국가안에 가해자와 피해자의 상거소가 있는 경우에는 제1항의 규정에 불구하고 그 국가의 법에 의한다.

③ 가해자와 피해자간에 존재하는 법률관계가 불법행위에 의하여 침해되는 경우에는

제49조(계약의 성립 및 유효성) ① 계약의 성립 및 유효성은 그 계약이 유효하게 성립하였을 경우 이 법에 따라 적용되어야 하는 준거법에 따라 판단한다.

② 제1항에 따른 준거법에 따라 당사자의 행위의 효력을 판단하는 것이 모든 사정에 비추어 명백히 부당한 경우에는 그 당사자는 계약에 동의하지 아니하였음을 주장하기 위하여 그의 일상거소지법을 원용할 수 있다.

제50조(사무관리) ① 사무관리는 그 관리가 행하여진 곳의 법에 따른다. 다만, 사무관리가 당사자 간의 법률관계에 근거하여 행하여진 경우에는 그 법률관계의 준거법에 따른다.

② 다른 사람의 채무를 변제함으로써 발생하는 청구권은 그 채무의 준거법에 따른다.

제51조(부당이득) 부당이득은 그 이득이 발생한 곳의 법에 따른다. 다만, 부당이득이 당사자 간의 법률관계에 근거한 이행으로부터 발생한 경우에는 그 법률관계의 준거법에 따른다.

제52조(불법행위) ① 불법행위는 그 행위를 하거나 그 결과가 발생하는 곳의 법에 따른다.

② 불법행위를 한 당시 동일한 국가 안에 가해자와 피해자의 일상거소가 있는 경우에는 제1항에도 불구하고 그 국가의 법에 따른다.

③ 가해자와 피해자 간에 존재하는 법률관계가 불법행위에 의하여 침해되는 경우에

제1항 및 제2항의 규정에 불구하고 그 법률관계의 준거법에 의한다.

④ 제1항 내지 제3항의 규정에 의하여 외국법이 적용되는 경우에 불법행위로 인한 손해배상청구권은 그 성질이 명백히 피해자의 적절한 배상을 위한 것이 아니거나 또는 그 범위가 본질적으로 피해자의 적절한 배상을 위하여 필요한 정도를 넘는 때에는 이를 인정하지 아니한다.

제33조(준거법에 관한 사후적 합의) 당사자는 제30조 내지 제32조의 규정에 불구하고 사무관리·부당이득·불법행위가 발생한 후 합의에 의하여 대한민국 법을 그 준거법으로 선택할 수 있다. 다만, 그로 인하여 제3자의 권리에 영향을 미치지 아니한다.

제34조(채권의 양도 및 채무의 인수) ① 채권의 양도인과 양수인간의 법률관계는 당사자간의 계약의 준거법에 의한다. 다만, 채권의 양도가능성, 채무자 및 제3자에 대한 채권양도의 효력은 양도되는 채권의 준거법에 의한다.

② 제1항의 규정은 채무인수에 이를 준용한다.

제35조(법률에 의한 채권의 이전) ① 법률에 의한 채권의 이전은 그 이전의 원인이 된 구채권자와 신채권자간의 법률관계의 준거법에 의한다. 다만, 이전되는 채권의 준거법에 채무자 보호를 위한 규정이 있는 경우에는 그 규정이 적용된다.

② 제1항과 같은 법률관계가 존재하지 아니하는 경우에는 이전되는 채권의 준거법에 의한다.

제 6 장 친 족

는 제1항 및 제2항에도 불구하고 그 법률관계의 준거법에 따른다.

④ 제1항부터 제3항까지의 규정에 따라 외국법이 적용되는 경우에 불법행위로 인한 손해배상청구권은 그 성질이 명백히 피해자의 적절한 배상을 위한 것이 아니거나 그 범위가 본질적으로 피해자의 적절한 배상을 위하여 필요한 정도를 넘을 때에는 인정하지 아니한다.

제53조(준거법에 관한 사후적 합의) 당사자는 제50조부터 제52조까지의 규정에도 불구하고 사무관리·부당이득·불법행위가 발생한 후 합의에 의하여 대한민국 법을 그 준거법으로 선택할 수 있다. 다만, 그로 인하여 제3자의 권리에 영향을 미치지 아니한다.

제54조(채권의 양도 및 채무의 인수) ① 채권의 양도인과 양수인 간의 법률관계는 당사자 간의 계약의 준거법에 따른다. 다만, 채권의 양도가능성, 채무자 및 제3자에 대한 채권양도의 효력은 양도되는 채권의 준거법에 따른다.

② 채무인수에 관하여는 제1항을 준용한다.

제55조(법률에 따른 채권의 이전) ① 법률에 따른 채권의 이전은 그 이전의 원인이 된 구(舊)채권자와 신(新)채권자 간의 법률관계의 준거법에 따른다. 다만, 이전되는 채권의 준거법에 채무자 보호를 위한 규정이 있는 경우에는 그 규정이 적용된다.

② 제1항과 같은 법률관계가 존재하지 아니하는 경우에는 이전되는 채권의 준거법에 따른다.

제 7 장 친 족

제 1 절 국제재판관할

제56조(혼인관계에 관한 사건의 특별관할) ① 혼인관계에 관한 사건에 대해서는 다음 각

호의 어느 하나에 해당하는 경우 법원에 국
제재판관할이 있다.
1. 부부 중 한쪽의 일상거소가 대한민국에
   있고 부부의 마지막 공동 일상거소가 대
   한민국에 있었던 경우
2. 원고와 미성년 자녀 전부 또는 일부의
   일상거소가 대한민국에 있는 경우
3. 부부 모두가 대한민국 국민인 경우
4. 대한민국 국민으로서 대한민국에 일상거
   소를 둔 원고가 혼인관계 해소만을 목적
   으로 제기하는 사건의 경우
② 부부 모두를 상대로 하는 혼인관계에 관
한 사건에 대해서는 다음 각 호의 어느 하
나에 해당하는 경우 법원에 국제재판관할
이 있다.
1. 부부 중 한쪽의 일상거소가 대한민국에
   있는 경우
2. 부부 중 한쪽이 사망한 때에는 생존한
   다른 한쪽의 일상거소가 대한민국에 있
   는 경우
3. 부부 모두가 사망한 때에는 부부 중 한
   쪽의 마지막 일상거소가 대한민국에 있
   었던 경우
4. 부부 모두가 대한민국 국민인 경우

제57조(친생자관계에 관한 사건의 특별관할)
친생자관계의 성립 및 해소에 관한 사건에
대해서는 다음 각 호의 어느 하나에 해당하
는 경우 법원에 국제재판관할이 있다.
1. 자녀의 일상거소가 대한민국에 있는 경우
2. 자녀와 피고가 되는 부모 중 한쪽이 대
   한민국 국민인 경우

제58조(입양관계에 관한 사건의 특별관할) ①
입양의 성립에 관한 사건에 대해서는 양자
가 되려는 사람 또는 양친이 되려는 사람의
일상거소가 대한민국에 있는 경우 법원에
국제재판관할이 있다.
② 양친자관계의 존부확인, 입양의 취소 또
는 파양(罷養)에 관한 사건에 관하여는 제
57조를 준용한다.

제59조(부모 · 자녀 간의 법률관계 등에 관한 사건의 특별관할) 미성년인 자녀 등에 대한 친권, 양육권 및 면접교섭권에 관한 사건에 대해서는 다음 각 호의 어느 하나에 해당하는 경우 법원에 국제재판관할이 있다.

1. 자녀의 일상거소가 대한민국에 있는 경우
2. 부모 중 한쪽과 자녀가 대한민국 국민인 경우

제60조(부양에 관한 사건의 관할) ① 부양에 관한 사건에 대해서는 부양권리자의 일상거소가 대한민국에 있는 경우 법원에 국제재판관할이 있다.

② 당사자가 부양에 관한 사건에 대하여 제8조에 따라 국제재판관할의 합의를 하는 경우 다음 각 호의 어느 하나에 해당하면 합의의 효력이 없다.

1. 부양권리자가 미성년자이거나 피후견인인 경우. 다만, 해당 합의에서 미성년자이거나 피후견인인 부양권리자에게 법원 외에 외국법원에도 소를 제기할 수 있도록 한 경우는 제외한다.
2. 합의로 지정된 국가가 사안과 아무런 관련이 없거나 근소한 관련만 있는 경우

③ 부양에 관한 사건이 다음 각 호의 어느 하나에 해당하는 경우에는 제9조를 적용하지 아니한다.

1. 부양권리자가 미성년자이거나 피후견인인 경우
2. 대한민국이 사안과 아무런 관련이 없거나 근소한 관련만 있는 경우

제61조(후견에 관한 사건의 특별관할) ① 성년인 사람의 후견에 관한 사건에 대해서는 다음 각 호의 어느 하나에 해당하는 경우 법원에 국제재판관할이 있다.

1. 피후견인(피후견인이 될 사람을 포함한다. 이하 같다)의 일상거소가 대한민국에 있는 경우
2. 피후견인이 대한민국 국민인 경우
3. 피후견인의 재산이 대한민국에 있고 피후

견인을 보호하여야 할 필요가 있는 경우

② 미성년자의 후견에 관한 사건에 대해서는 다음 각 호의 어느 하나에 해당하는 경우 법원에 국제재판관할이 있다.

1. 미성년자의 일상거소가 대한민국에 있는 경우

2. 미성년자의 재산이 대한민국에 있고 미성년자를 보호하여야 할 필요가 있는 경우

제62조(가사조정사건의 관할) 제56조부터 제61조까지의 규정에 따라 법원에 국제재판관할이 있는 사건의 경우에는 그 조정사건에 대해서도 법원에 국제재판관할이 있다.

제 2 절 준 거 법

제36조(혼인의 성립) ① 혼인의 성립요건은 각 당사자에 관하여 그 본국법에 의한다.

② 혼인의 방식은 혼인거행지법 또는 당사자 일방의 본국법에 의한다. 다만, 대한민국에서 혼인을 거행하는 경우에 당사자 일방이 대한민국 국민인 때에는 대한민국 법에 의한다.

제37조(혼인의 일반적 효력) 혼인의 일반적 효력은 다음 각호에 정한 법의 순위에 의한다.

1. 부부의 동일한 본국법

2. 부부의 동일한 상거소지법

3. 부부와 가장 밀접한 관련이 있는 곳의 법

제38조(부부재산제) ① 부부재산제에 관하여는 제37조의 규정을 준용한다.

② 부부가 합의에 의하여 다음 각호의 법중 어느 것을 선택한 경우에는 부부재산제는 제1항의 규정에 불구하고 그 법에 의한다. 다만, 그 합의는 일자와 부부의 기명날인 또는 서명이 있는 서면으로 작성된 경우에 한하여 그 효력이 있다.

1. 부부중 일방이 국적을 가지는 법

2. 부부중 일방의 상거소지법

3. 부동산에 관한 부부재산제에 대하여는 그 부동산의 소재지법

제63조(혼인의 성립) ① 혼인의 성립요건은 각 당사자에 관하여 그 본국법에 따른다.

② 혼인의 방식은 혼인을 한 곳의 법 또는 당사자 중 한쪽의 본국법에 따른다. 다만, 대한민국에서 혼인을 하는 경우에 당사자 중 한쪽이 대한민국 국민인 때에는 대한민국 법에 따른다.

제64조(혼인의 일반적 효력) 혼인의 일반적 효력은 다음 각 호의 법의 순위에 따른다.

1. 부부의 동일한 본국법

2. 부부의 동일한 일상거소지법

3. 부부와 가장 밀접한 관련이 있는 곳의 법

제65조(부부재산제) ① 부부재산제에 관하여는 제64조를 준용한다.

② 부부가 합의에 의하여 다음 각 호의 어느 하나에 해당하는 법을 선택한 경우 부부재산제는 제1항에도 불구하고 그 법에 따른다. 다만, 그 합의는 날짜와 부부의 기명날인 또는 서명이 있는 서면으로 작성된 경우에만 그 효력이 있다.

1. 부부 중 한쪽이 국적을 가지는 법

2. 부부 중 한쪽의 일상거소지법

3. 부동산에 관한 부부재산제에 대해서는 그 부동산의 소재지법

③ 외국법에 의한 부부재산제는 대한민국에서 행한 법률행위 및 대한민국에 있는 재산에 관하여 이를 선의의 제3자에게 대항할 수 없다. 이 경우 그 부부재산제에 의할 수 없는 때에는 제3자와의 관계에 관하여 부부재산제는 대한민국 법에 의한다.

④ 외국법에 의하여 체결된 부부재산계약은 대한민국에서 등기한 경우 제3항의 규정에 불구하고 이를 제3자에게 대항할 수 있다.

제39조(이혼) 이혼에 관하여는 제37조의 규정을 준용한다. 다만, 부부중 일방이 대한민국에 상거소가 있는 대한민국 국민인 경우에는 이혼은 대한민국 법에 의한다.

제40조(혼인중의 친자관계) ① 혼인중의 친자관계의 성립은 자(子)의 출생 당시 부부중 일방의 본국법에 의한다.

② 제1항의 경우 부(夫)가 자(子)의 출생전에 사망한 때에는 사망 당시 본국법을 그의 본국법으로 본다.

제41조(혼인 외의 친자관계) ① 혼인 외의 친자관계의 성립은 자(子)의 출생 당시 모의 본국법에 의한다. 다만, 부자간의 친자관계의 성립은 자(子)의 출생 당시 부(父)의 본국법 또는 현재 자(子)의 상거소지법에 의할 수 있다.

② 인지는 제1항이 정하는 법 외에 인지 당시 인지자의 본국법에 의할 수 있다.

③ 제1항의 경우 부(父)가 자(子)의 출생전에 사망한 때에는 사망 당시 본국법을 그의 본국법으로 보고, 제2항의 경우 인지자가 인지전에 사망한 때에는 사망 당시 본국법을 그의 본국법으로 본다.

제42조(혼인외 출생자에 대한 준정(準正)) ① 혼인외의 출생자가 혼인중의 출생자로 그 지위가 변동되는 경우에 관하여는 그 요건인 사실의 완성 당시 부(父) 또는 모의 본국법 또는 자(子)의 상거소지법에 의한다.

② 제1항의 경우 부(父) 또는 모가 그 요건인 사실이 완성되기 전에 사망한 때에는 사

③ 대한민국에서 행한 법률행위 및 대한민국에 있는 재산에 관하여는 외국법에 따른 부부재산제로써 선의의 제3자에게 대항할 수 없다. 이 경우 외국법에 따를 수 없을 때에 제3자와의 관계에서 부부재산제는 대한민국 법에 따른다.

④ 제3항에도 불구하고 외국법에 따라 체결된 부부재산계약을 대한민국에서 등기한 경우에는 제3자에게 대항할 수 있다.

제66조(이혼) 이혼에 관하여는 제64조를 준용한다. 다만, 부부 중 한쪽이 대한민국에 일상거소가 있는 대한민국 국민인 경우 이혼은 대한민국 법에 따른다.

제67조(혼인 중의 부모·자녀관계) ① 혼인 중의 부모·자녀관계의 성립은 자녀의 출생 당시 부부 중 한쪽의 본국법에 따른다.

② 제1항의 경우에 남편이 자녀의 출생 전에 사망한 때에는 남편의 사망 당시 본국법을 그의 본국법으로 본다.

제68조(혼인 외의 부모·자녀관계) ① 혼인 외의 부모·자녀관계의 성립은 자녀의 출생 당시 어머니의 본국법에 따른다. 다만, 아버지와 자녀 간의 관계의 성립은 자녀의 출생 당시 아버지의 본국법 또는 현재 자녀의 일상거소지법에 따를 수 있다.

② 인지는 제1항에서 정하는 법 외에 인지 당시 인지자의 본국법에 따를 수 있다.

③ 제1항의 경우에 아버지가 자녀의 출생 전에 사망한 때에는 사망 당시 본국법을 그의 본국법으로 보고, 제2항의 경우에 인지자가 인지 전에 사망한 때에는 사망 당시 본국법을 그의 본국법으로 본다.

제69조(혼인 외의 출생자) ① 혼인 외의 출생자가 혼인 중의 출생자로 그 지위가 변동되는 경우에 관하여는 그 요건인 사실의 완성 당시 아버지 또는 어머니의 본국법 또는 자녀의 일상거소지법에 따른다.

② 제1항의 경우에 아버지 또는 어머니가 그 요건인 사실이 완성되기 전에 사망한 때

망 당시 본국법을 그의 본국법으로 본다.

제43조(입양 및 파양) 입양 및 파양은 입양 당시 양친(養親)의 본국법에 의한다.

제44조(동의) 제41조 내지 제43조의 규정에 의한 친자관계의 성립에 관하여 자(子)의 본국법이 자(子) 또는 제3자의 승낙이나 동의 등을 요건으로 할 때에는 그 요건도 갖추어야 한다.

제45조(친자간의 법률관계) 친자간의 법률관계는 부모와 자(子)의 본국법이 모두 동일한 경우에는 그 법에 의하고, 그 외의 경우에는 자(子)의 상거소지법에 의한다.

제46조(부양) ① 부양의 의무는 부양권리자의 상거소지법에 의한다. 다만, 그 법에 의하면 부양권리자가 부양의무자로부터 부양을 받을 수 없는 때에는 당사자의 공통 본국법에 의한다.

② 대한민국에서 이혼이 이루어지거나 승인된 경우에 이혼한 당사자간의 부양의무는 제1항의 규정에 불구하고 그 이혼에 관하여 적용된 법에 의한다.

③ 방계혈족간 또는 인척간의 부양의무의 경우에 부양의무자는 부양권리자의 청구에 대하여 당사자의 공통 본국법에 의하여 부양의무가 없다는 주장을 할 수 있으며, 그러한 법이 없는 때에는 부양의무자의 상거소지법에 의하여 부양의무가 없다는 주장을 할 수 있다.

④ 부양권리자와 부양의무자가 모두 대한민국 국민이고, 부양의무자가 대한민국에 상거소가 있는 경우에는 대한민국 법에 의한다.

제47조(그 밖의 친족관계) 친족관계의 성립 및 친족관계에서 발생하는 권리의무에 관하여 이 법에 특별한 규정이 없는 경우에는 각 당사자의 본국법에 의한다.

제48조(후견) ① 후견은 피후견인의 본국법에

에는 아버지 또는 어머니의 사망 당시 본국법을 그의 본국법으로 본다.

제70조(입양 및 파양) 입양 및 파양은 입양 당시 양부모의 본국법에 따른다.

제71조(동의) 제68조부터 제70조까지의 규정에 따른 부모·자녀관계의 성립에 관하여 자녀의 본국법이 자녀 또는 제3자의 승낙이나 동의 등을 요건으로 할 때에는 그 요건도 갖추어야 한다.

제72조(부모·자녀 간의 법률관계) 부모·자녀 간의 법률관계는 부모와 자녀의 본국법이 모두 동일한 경우에는 그 법에 따르고, 그 외의 경우에는 자녀의 일상거소지법에 따른다.

제73조(부양) ① 부양의 의무는 부양권리자의 일상거소지법에 따른다. 다만, 그 법에 따르면 부양권리자가 부양의무자로부터 부양을 받을 수 없을 때에는 당사자의 공통 본국법에 따른다.

② 대한민국에서 이혼이 이루어지거나 승인된 경우에 이혼한 당사자 간의 부양의무는 제1항에도 불구하고 그 이혼에 관하여 적용된 법에 따른다.

③ 방계혈족 간 또는 인척 간의 부양의무와 관련하여 부양의무자는 부양권리자의 청구에 대하여 당사자의 공통 본국법에 따라 부양의무가 없다는 주장을 할 수 있으며, 그러한 법이 없을 때에는 부양의무자의 일상거소지법에 따라 부양의무가 없다는 주장을 할 수 있다.

④ 부양권리자와 부양의무자가 모두 대한민국 국민이고, 부양의무자가 대한민국에 일상거소가 있는 경우에는 대한민국 법에 따른다.

제74조(그 밖의 친족관계) 친족관계의 성립 및 친족관계에서 발생하는 권리의무에 관하여 이 법에 특별한 규정이 없는 경우에는 각 당사자의 본국법에 따른다.

제75조(후견) ① 후견은 피후견인의 본국법에

의한다.

② 대한민국에 상거소 또는 거소가 있는 외국인에 대한 후견은 다음 각호중 어느 하나에 해당하는 경우에 한하여 대한민국 법에 의한다. 〈개정 2016. 1. 19.〉

1. 그의 본국법에 의하면 후견개시의 원인이 있더라도 그 후견사무를 행할 자가 없거나 후견사무를 행할 자가 있더라도 후견사무를 행할 수 없는 경우

2. 대한민국에서 한정후견개시, 성년후견개시, 특정후견개시 및 임의후견감독인선임의 심판을 한 경우

3. 그 밖에 피후견인을 보호하여야 할 긴급한 필요가 있는 경우

제 7 장 상   속

따른다.

② 법원이 제61조에 따라 성년 또는 미성년자인 외국인의 후견사건에 관한 재판을 하는 때에는 제1항에도 불구하고 다음 각 호의 어느 하나에 해당하는 경우 대한민국 법에 따른다.

1. 피후견인의 본국법에 따른 후견개시의 원인이 있더라도 그 후견사무를 수행할 사람이 없거나, 후견사무를 수행할 사람이 있더라도 후견사무를 수행할 수 없는 경우

2. 대한민국에서 후견개시의 심판(임의후견감독인선임 심판을 포함한다)을 하였거나 하는 경우

3. 피후견인의 재산이 대한민국에 있고 피후견인을 보호하여야 할 필요가 있는 경우

제 8 장 상   속

제 1 절 국제재판관할

제76조(상속 및 유언에 관한 사건의 관할) ① 상속에 관한 사건에 대해서는 다음 각 호의 어느 하나에 해당하는 경우 법원에 국제재판관할이 있다.

1. 피상속인의 사망 당시 일상거소가 대한민국에 있는 경우. 피상속인의 일상거소가 어느 국가에도 없거나 이를 알 수 없고 그의 마지막 일상거소가 대한민국에 있었던 경우에도 또한 같다.

2. 대한민국에 상속재산이 있는 경우. 다만, 그 상속재산의 가액이 현저하게 적은 경우에는 그러하지 아니하다.

② 당사자가 상속에 관한 사건에 대하여 제8조에 따라 국제재판관할의 합의를 하는 경우에 다음 각 호의 어느 하나에 해당하면 합의의 효력이 없다.

1. 당사자가 미성년자이거나 피후견인인 경우. 다만, 해당 합의에서 미성년자이거나

피후견인인 당사자에게 법원 외에 외국 법원에도 소를 제기하는 것을 허용하는 경우는 제외한다.

2. 합의로 지정된 국가가 사안과 아무런 관련이 없거나 근소한 관련만 있는 경우

③ 상속에 관한 사건이 다음 각 호의 어느 하나에 해당하는 경우에는 제9조를 적용하지 아니한다.

1. 당사자가 미성년자이거나 피후견인인 경우

2. 대한민국이 사안과 아무런 관련이 없거나 근소한 관련만 있는 경우

④ 유언에 관한 사건은 유언자의 유언 당시 일상거소가 대한민국에 있거나 유언의 대상이 되는 재산이 대한민국에 있는 경우 법원에 국제재판관할이 있다.

⑤ 제1항에 따라 법원에 국제재판관할이 있는 사건의 경우에는 그 조정사건에 관하여도 법원에 국제재판관할이 있다.

제 2 절 준 거 법

제49조(상속) ① 상속은 사망 당시 피상속인의 본국법에 의한다.	제77조(상속) ① 상속은 사망 당시 피상속인의 본국법에 따른다.
② 피상속인이 유언에 적용되는 방식에 의하여 명시적으로 다음 각호의 법중 어느 것을 지정하는 때에는 상속은 제1항의 규정에 불구하고 그 법에 의한다.	② 피상속인이 유언에 적용되는 방식에 의하여 명시적으로 다음 각 호의 어느 하나에 해당하는 법을 지정할 때에는 상속은 제1항에도 불구하고 그 법에 따른다.
1. 지정 당시 피상속인의 상거소가 있는 국가의 법. 다만, 그 지정은 피상속인이 사망시까지 그 국가에 상거소를 유지한 경우에 한하여 그 효력이 있다.	1. 지정 당시 피상속인의 일상거소지법. 다만, 그 지정은 피상속인이 사망 시까지 그 국가에 일상거소를 유지한 경우에만 효력이 있다.
2. 부동산에 관한 상속에 대하여는 그 부동산의 소재지법	2. 부동산에 관한 상속에 대해서는 그 부동산의 소재지법
제50조(유언) ① 유언은 유언 당시 유언자의 본국법에 의한다.	제78조(유언) ① 유언은 유언 당시 유언자의 본국법에 따른다.
② 유언의 변경 또는 철회는 그 당시 유언자의 본국법에 의한다.	② 유언의 변경 또는 철회는 그 당시 유언자의 본국법에 따른다.
③ 유언의 방식은 다음 각호중 어느 하나의	③ 유언의 방식은 다음 각 호의 어느 하나

법에 의한다.
1. 유언자가 유언 당시 또는 사망 당시 국적을 가지는 국가의 법
2. 유언자의 유언 당시 또는 사망 당시 상거소지법
3. 유언당시 행위지법
4. 부동산에 관한 유언의 방식에 대하여는 그 부동산의 소재지법

제 8 장 어음·수표

제51조(행위능력) ① 환어음, 약속어음 및 수표에 의하여 채무를 부담하는 자의 능력은 그의 본국법에 의한다. 다만, 그 국가의 법이 다른 국가의 법에 의하여야 하는 것을 정한 경우에는 그 다른 국가의 법에 의한다.
② 제1항의 규정에 의하면 능력이 없는 자라 할지라도 다른 국가에서 서명을 하고 그 국가의 법에 의하여 능력이 있는 때에는 그 채무를 부담할 수 있는 능력이 있는 것으로 본다.

제52조(수표지급인의 자격) ① 수표지급인이 될 수 있는 자의 자격은 지급지법에 의한다.
② 지급지법에 의하면 지급인이 될 수 없는 자를 지급인으로 하여 수표가 무효인 경우에도 동일한 규정이 없는 다른 국가에서 행한 서명으로부터 생긴 채무의 효력에는 영향을 미치지 아니한다.

제53조(방식) ① 환어음, 약속어음 및 수표행위의 방식은 서명지법에 의한다. 다만, 수표

의 법에 따른다.
1. 유언자가 유언 당시 또는 사망 당시 국적을 가지는 국가의 법
2. 유언자의 유언 당시 또는 사망 당시 일상거소지법
3. 유언 당시 행위지법
4. 부동산에 관한 유언의 방식에 대해서는 그 부동산의 소재지법

제 9 장 어음·수표

제 1 절 국제재판관할

제79조(어음·수표에 관한 소의 특별관할) 어음·수표에 관한 소는 어음·수표의 지급지가 대한민국에 있는 경우 법원에 제기할 수 있다.

제 2 절 준거법

제80조(행위능력) ① 환어음, 약속어음 및 수표에 의하여 채무를 부담하는 자의 능력은 그의 본국법에 따른다. 다만, 그 국가의 법이 다른 국가의 법에 따르도록 정한 경우에는 그 다른 국가의 법에 따른다.
② 제1항에 따르면 능력이 없는 자라 할지라도 다른 국가에서 서명을 하고 그 국가의 법에 따라 능력이 있을 때에는 그 채무를 부담할 수 있는 능력이 있는 것으로 본다.

제81조(수표지급인의 자격) ① 수표지급인이 될 수 있는 자의 자격은 지급지법에 따른다.
② 지급지법에 따르면 지급인이 될 수 없는 자를 지급인으로 하여 수표가 무효인 경우에도 동일한 규정이 없는 다른 국가에서 한 서명으로부터 생긴 채무의 효력에는 영향을 미치지 아니한다.

제82조(방식) ① 환어음·약속어음의 어음행위 및 수표행위의 방식은 서명지법에 따른

행위의 방식은 지급지법에 의할 수 있다.

② 제1항의 규정에 의하여 행위가 무효인 경우에도 그 후 행위의 행위지법에 의하여 적법한 때에는 그 전 행위의 무효는 그 후 행위의 효력에 영향을 미치지 아니한다.

③ 대한민국 국민이 외국에서 행한 환어음, 약속어음 및 수표행위의 방식이 행위지법에 의하면 무효인 경우에도 대한민국 법에 의하여 적법한 때에는 다른 대한민국 국민에 대하여 효력이 있다.

제54조(효력) ① 환어음의 인수인과 약속어음의 발행인의 채무는 지급지법에 의하고, 수표로부터 생긴 채무는 서명지법에 의한다.

② 제1항에 규정된 자 외의 자의 환어음 및 약속어음에 의한 채무는 서명지법에 의한다.

③ 환어음, 약속어음 및 수표의 소구권을 행사하는 기간은 모든 서명자에 대하여 발행지법에 의한다.

제55조(원인채권의 취득) 어음의 소지인이 그 발행의 원인이 되는 채권을 취득하는지 여부는 어음의 발행지법에 의한다.

제56조(일부인수 및 일부지급) ① 환어음의 인수를 어음 금액의 일부에 제한할 수 있는지 여부 및 소지인이 일부지급을 수락할 의무가 있는지 여부는 지급지법에 의한다.

② 제1항의 규정은 약속어음의 지급에 준용한다.

제57조(권리의 행사·보전을 위한 행위의 방식) 환어음, 약속어음 및 수표에 관한 거절증서의 방식, 그 작성기간 및 환어음, 약속어음 및 수표상의 권리의 행사 또는 보전에 필요한 그 밖의 행위의 방식은 거절증서를 작성하여야 하는 곳 또는 그 밖의 행위를 행하여야 하는 곳의 법에 의한다.

제58조(상실 및 도난) 환어음, 약속어음 및 수표의 상실 또는 도난의 경우에 행하여야 하는 절차는 지급지법에 의한다.

제59조(수표의 지급지법) 수표에 관한 다음

다. 다만, 수표행위의 방식은 지급지법에 따를 수 있다.

② 제1항에서 정한 법에 따를 때 행위가 무효인 경우에도 그 후 행위지법에 따라 행위가 적법한 때에는 그 전 행위의 무효는 그 후 행위의 효력에 영향을 미치지 아니한다.

③ 대한민국 국민이 외국에서 한 환어음·약속어음의 어음행위 및 수표행위의 방식이 행위지법에 따르면 무효인 경우에도 대한민국 법에 따라 적법한 때에는 다른 대한민국 국민에 대하여 효력이 있다.

제83조(효력) ① 환어음의 인수인과 약속어음의 발행인의 채무는 지급지법에 따르고, 수표로부터 생긴 채무는 서명지법에 따른다.

② 제1항에 규정된 자 외의 자의 환어음·약속어음에 의한 채무는 서명지법에 따른다.

③ 환어음, 약속어음 및 수표의 상환청구권을 행사하는 기간은 모든 서명자에 대하여 발행지법에 따른다.

제84조(원인채권의 취득) 어음의 소지인이 그 발행의 원인이 되는 채권을 취득하는지 여부는 어음의 발행지법에 따른다.

제85조(일부인수 및 일부지급) ① 환어음의 인수를 어음 금액의 일부로 제한할 수 있는지 여부 및 소지인이 일부지급을 수락할 의무가 있는지 여부는 지급지법에 따른다.

② 약속어음의 지급에 관하여는 제1항을 준용한다.

제86조(권리의 행사·보전을 위한 행위의 방식) 환어음, 약속어음 및 수표에 관한 거절증서의 방식, 그 작성기간 및 환어음, 약속어음 및 수표상의 권리의 행사 또는 보전에 필요한 그 밖의 행위의 방식은 거절증서를 작성하여야 하는 곳 또는 그 밖의 행위를 행하여야 하는 곳의 법에 따른다.

제87조(상실·도난) 환어음, 약속어음 및 수표의 상실 또는 도난의 경우에 수행하여야 하는 절차는 지급지법에 따른다.

제88조(수표의 지급지법) 수표에 관한 다음

각호의 사항은 수표의 지급지법에 의한다.

1. 수표가 일람출급을 요하는지 여부, 일람 후 정기출급으로 발행할 수 있는지 여부 및 선일자수표의 효력

2. 제시기간

3. 수표에 인수, 지급보증, 확인 또는 사증을 할 수 있는지 여부 및 그 기재의 효력

4. 소지인이 일부지급을 청구할 수 있는지 여부 및 일부지급을 수락할 의무가 있는지 여부

5. 수표에 횡선을 표시할 수 있는지 여부 및 수표에 "계산을 위하여"라는 문구 또는 이와 동일한 뜻이 있는 문구의 기재의 효력. 다만, 수표의 발행인 또는 소지인이 수표면에 "계산을 위하여"라는 문구 또는 이와 동일한 뜻이 있는 문구를 기재하여 현금의 지급을 금지한 경우에 그 수표가 외국에서 발행되고 대한민국에서 지급하여야 하는 것은 일반횡선수표의 효력이 있다.

6. 소지인이 수표자금에 대하여 특별한 권리를 가지는지 여부 및 그 권리의 성질

7. 발행인이 수표의 지급위탁을 취소할 수 있는지 여부 및 지급정지를 위한 절차를 취할 수 있는지 여부

8. 배서인, 발행인 그 밖의 채무자에 대한 소구권 보전을 위하여 거절증서 또는 이와 동일한 효력을 가지는 선언을 필요로 하는지 여부

제 9 장 해   상

각 호의 사항은 수표의 지급지법에 따른다.

1. 수표가 일람출급(一覽出給)이 필요한지 여부, 일람 후 정기출급으로 발행할 수 있는지 여부 및 선일자수표(先日字手標)의 효력

2. 제시기간

3. 수표에 인수, 지급보증, 확인 또는 사증을 할 수 있는지 여부 및 그 기재의 효력

4. 소지인이 일부지급을 청구할 수 있는지 여부 및 일부지급을 수락할 의무가 있는지 여부

5. 수표에 횡선을 표시할 수 있는지 여부 및 수표에 "계산을 위하여"라는 문구 또는 이와 동일한 뜻이 있는 문구의 기재의 효력. 다만, 수표의 발행인 또는 소지인이 수표면에 "계산을 위하여"라는 문구 또는 이와 동일한 뜻이 있는 문구를 기재하여 현금의 지급을 금지한 경우에 그 수표가 외국에서 발행되고 대한민국에서 지급하여야 하는 것은 일반횡선수표의 효력이 있다.

6. 소지인이 수표자금에 대하여 특별한 권리를 가지는지 여부 및 그 권리의 성질

7. 발행인이 수표의 지급위탁을 취소할 수 있는지 여부 및 지급정지를 위한 절차를 수행할 수 있는지 여부

8. 배서인, 발행인, 그 밖의 채무자에 대한 상환청구권 보전을 위하여 거절증서 또는 이와 동일한 효력을 가지는 선언이 필요한지 여부

제10장 해   상

제 1 절 국제재판관할

제89조(선박소유자등의 책임제한사건의 관할) 선박소유자·용선자(傭船者)·선박관리인·선박운항자, 그 밖의 선박사용인(이하 "선박소유자등"이라 한다)의 책임제한사건

에 대해서는 다음 각 호의 어느 하나에 해당하는 곳이 대한민국에 있는 경우에만 법원에 국제재판관할이 있다.

1. 선박소유자등의 책임제한을 할 수 있는 채권(이하 "제한채권"이라 한다)이 발생한 선박의 선적(船籍)이 있는 곳
2. 신청인인 선박소유자등에 대하여 제3조에 따른 일반관할이 인정되는 곳
3. 사고발생지(사고로 인한 결과 발생지를 포함한다)
4. 사고 후 사고선박이 최초로 도착한 곳
5. 제한채권에 의하여 선박소유자등의 재산이 압류 또는 가압류된 곳(압류에 갈음하여 담보가 제공된 곳을 포함한다. 이하 "압류등이 된 곳"이라 한다)
6. 선박소유자등에 대하여 제한채권에 근거한 소가 제기된 곳

제90조(선박 또는 항해에 관한 소의 특별관할) 선박소유자등에 대한 선박 또는 항해에 관한 소는 선박이 압류등이 된 곳이 대한민국에 있는 경우 법원에 제기할 수 있다.

제91조(공동해손에 관한 소의 특별관할) 공동해손(共同海損)에 관한 소는 다음 각 호의 어느 하나에 해당하는 곳이 대한민국에 있는 경우 법원에 제기할 수 있다.

1. 선박의 소재지
2. 사고 후 선박이 최초로 도착한 곳
3. 선박이 압류등이 된 곳

제92조(선박충돌에 관한 소의 특별관할) 선박의 충돌이나 그 밖의 사고에 관한 소는 다음 각 호의 어느 하나에 해당하는 곳이 대한민국에 있는 경우 법원에 제기할 수 있다.

1. 가해 선박의 선적지 또는 소재지
2. 사고 발생지
3. 피해 선박이 사고 후 최초로 도착한 곳
4. 가해 선박이 압류등이 된 곳

제93조(해난구조에 관한 소의 특별관할) 해난구조에 관한 소는 다음 각 호의 어느 하나에 해당하는 곳이 대한민국에 있는 경우 법

원에 제기할 수 있다

1. 해난구조가 있었던 곳
2. 구조된 선박이 최초로 도착한 곳
3. 구조된 선박이 압류등이 된 곳

제 2 절 준 거 법

제60조(해상) 해상에 관한 다음 각호의 사항은 선적국법에 의한다.

1. 선박의 소유권 및 저당권, 선박우선특권 그 밖의 선박에 관한 물권
2. 선박에 관한 담보물권의 우선순위
3. 선장과 해원의 행위에 대한 선박소유자의 책임범위
4. 선박소유자·용선자·선박관리인·선박운항자 그 밖의 선박사용인이 책임제한을 주장할 수 있는지 여부 및 그 책임제한의 범위
5. 공동해손
6. 선장의 대리권

제61조(선박충돌) ① 개항·하천 또는 영해에서의 선박충돌에 관한 책임은 그 충돌지법에 의한다.

② 공해에서의 선박충돌에 관한 책임은 각 선박이 동일한 선적국에 속하는 때에는 그 선적국법에 의하고, 각 선박이 선적국을 달리하는 때에는 가해선박의 선적국법에 의한다.

제62조(해양사고구조) 해양사고구조로 인한 보수청구권은 그 구조행위가 영해에서 있는 때에는 행위지법에 의하고, 공해에서 있는 때에는 구조한 선박의 선적국법에 의한다.

부 칙〈제13759호, 2016. 1. 19.〉

이 법은 공포한 날부터 시행한다.

제94조(해상) 해상에 관한 다음 각 호의 사항은 선적국법에 따른다.

1. 선박의 소유권 및 저당권, 선박우선특권, 그 밖의 선박에 관한 물권
2. 선박에 관한 담보물권의 우선순위
3. 선장과 해원(海員)의 행위에 대한 선박소유자의 책임범위
4. 선박소유자등이 책임제한을 주장할 수 있는지 여부 및 그 책임제한의 범위
5. 공동해손
6. 선장의 대리권

제95조(선박충돌) ① 개항(開港)·하천 또는 영해에서의 선박충돌에 관한 책임은 그 충돌지법에 따른다.

② 공해에서의 선박충돌에 관한 책임은 각 선박이 동일한 선적국에 속하는 경우에는 그 선적국법에 따르고, 각 선박이 선적국을 달리하는 경우에는 가해선박의 선적국법에 따른다.

제96조(해난구조) 해난구조로 인한 보수청구권은 그 구조행위가 영해에서 있는 경우에는 행위지법에 따르고, 공해에서 있는 때에는 구조한 선박의 선적국법에 따른다.

부 칙〈제18670호, 2022. 1. 4.〉

제1조(시행일) 이 법은 공포 후 6개월이 경과한 날부터 시행한다.

제2조(계속 중인 사건의 관할에 관한 경과조치) 이 법 시행 당시 법원에 계속 중인 사

| | 건의 관할에 대해서는 종전의 규정에 따른다.
제3조(준거법 적용에 관한 경과조치) 이 법 시행 전에 생긴 사항에 적용되는 준거법에 대해서는 종전의 규정에 따른다. 다만, 이 법 시행 전후에 계속(繼續)되는 법률관계에 대해서는 이 법 시행 이후의 법률관계에 대해서만 이 법의 규정을 적용한다. |

판례색인

사항색인

〈저 자 약 력〉

김 연(金 演)
부산대학교 법학박사
University of Missouri-Columbia visiting scholar
경성대학교 법학과 교수
現. 경북대학교 법학전문대학원 교수

[저서] 가사소송법 / 여성과 법률 /
법학통론 / 가족법(이상 공저) /
민사소송법 / 민사보전법

박정기(朴正基)
日本 고베(神戸)大學 법학박사
University of Washington visiting scholar
Washington University in St. Louis visiting scholar
부경대학교 법학과 교수
現. 경북대학교 법학전문대학원 교수

[저서] 생활과 법률 / 여성과 법률 / 법학통론 / 가족법 /
국제거래법 / 인터넷과 전자상거래법(이상 공저)

김인유(金仁猷)
한국해양대학교 법학박사
現. 한국해양대학교 해양인문사회과학대학 해사법학부 교수

[저서] 선박담보물권법 / 자율운항선박 건조 · 운항에 따른 민사책임 /
바다를 둘러싼 법적 쟁점과 과제 Ⅰ-Ⅳ(공저) /
국제거래법 / 여성과 법률(이상 공저)

국제사법 [제4판]

2002년 2월 28일 초판 발행
2006년 8월 30일 제2판 발행
2012년 8월 30일 제3판 발행
2014년 3월 5일 제3판 보정판 발행
2022년 6월 30일 제4판 1쇄 발행

저 자   김연 · 박정기 · 김인유
발행인   배   효   선
발 행 처   도서
출판   法 文 社

주 소   10881 경기도 파주시 회동길 37-29
등 록   1957년 12월 12일 제 2-76호(윤)
전화 031-955-6500~6, 팩스 031-955-6525
e-mail(영업) : bms@bobmunsa.co.kr
    (편집) : edit66@bobmunsa.co.kr
홈페이지 http : //www.bobmunsa.co.kr
조 판   광   진   사

정가 33,000원   ISBN 978-89-18-91317-9